QUINTA EDICIÓN

Aproximaciones

al estudio de la literatura hispánica

CARMELO VIRGILLO
Professor Emeritus
Arizona State University

L. TERESA VALDIVIESO
Arizona State University

EDWARD H. FRIEDMAN
Vanderbilt University

Boston   Burr Ridge, IL   Dubuque, IA   Madison, WI   New York   San Francisco   St. Louis
Bangkok   Bogotá   Caracas   Kuala Lumpur   Lisbon   London   Madrid   Mexico City
Milan   Montreal   New Delhi   Santiago   Seoul   Singapore   Sydney   Taipei   Toronto

Higher Education

This is an ⫐𝐁⫐ book.

Aproximaciones al estudio de la literatura hispánica, quinta edición

Published by McGraw-Hill Higher Education, an operating unit of The McGraw-Hill Companies, Inc., 1221 Avenue of the Americas, New York, NY, 10020. Copyright © 2004, 1999, 1994, 1989, 1983 by The McGraw-Hill Companies. All rights reserved. No part of this publication may be reproduced or distributed in any form or by any means, or stored in a database or retrieval system, without the prior written consent of The McGraw-Hill Companies, Inc. including, but no limited to network or other electronic storage or transmission, or broadcast for distance learning.

This book is printed on acid-free paper.

1 2 3 4 5 6 7 8 9 DOC/DOC 0 9 8 7 6 5 4 3

ISBN 0-07-255846-6

Editor-in-chief: Thalia Dorwick
Publisher: William Glass
Sponsoring editor: Christa Harris
Developmental editor: Max Ehrsam
Project manager: Roger Geissler
Production supervisor: Rich Devitto
Designer: Violeta Díaz
Photo researcher: Alexandra Ambrose
Supplements coordinator: Louis Swaim
Compositor: Interactive Composition Corporation
Printer: RR Donnelly, Crawfordsville

Library of Congress Cataloging-in Publication Data

Virgillo, Carmelo, 1934–
    Aproximaciones al estudio de la literatura hispánica / Carmelo
Virgillo, Edward H. Friedman, L. Teresa Valdivieso. — 5. ed.
        p. cm.
    Spanish and English
    ISBN 0-07-255846-6
    1. Spanish—History and criticism.   2. Spanish American literature—History and criticism.
    3. Spanish literature. 4. Spanish American Literature.   I. Friedman, Edward H.
    II. Valdivieso, Teresa.   III. Title.

PQ 6037.V57   2003
860.9—dc21

2003037732

http://www.mhhe.com

ÍNDICE GENERAL

Preface vii

INTRODUCCIÓN 1

La literatura como arte y fenómeno estético 2
El autor y su obra frente al público: implicaciones socioculturales 5

LA NARRATIVA 9

Introducción a la narrativa 10
Práctica 19
Panorama histórico y categorías fundamentales 24
Práctica 39
El cuento: Guía general para el lector 40
La novela: Guía para el lector de *San Manuel Bueno, mártir* 40

Lecturas 41

Don Juan Manuel (España): «Lo que sucedió a un mozo que casó con
    una muchacha de muy mal carácter» 42
Ricardo Palma (Perú): «La camisa de Margarita» 46
Emilia Pardo Bazán (España): «Las medias rojas» 50
Teresa de la Parra (Venezuela): «Blanca Nieves y Compañía» 54
Julio Cortázar (Argentina): «La noche boca arriba» 60
Jorge Luis Borges (Argentina): «El etnógrafo» 66
Juan Rulfo (México): «No oyes ladrar los perros» 69
Ana María Matute (España): «Pecado de omisión» 74
Marco Denevi (Argentina): «El dios de las moscas» 78
Elena Poniatowska (México): «El recado» 80
Cristina Peri Rossi (Uruguay): «El Museo de los Esfuerzos Inútiles» 83
Isabel Allende (Chile): «La mujer del juez» 89
Miguel de Unamuno (España): *San Manuel Bueno, mártir* 96

LA POESÍA 123

Introducción a la poesía 124
Práctica 137

El lenguaje literario 138
Práctica 144
Panorama histórico y categorías fundamentales 147
Práctica 157
La poesía: Guía general para el lector 158

Lecturas **160**

Anónimo (España): «El Enamorado y la Muerte» 161
  «Romance del conde Arnaldos» 162
Garcilaso de la Vega (España): «Soneto I» 163
  «Soneto XXIII» 164
Santa Teresa de Jesús (España): «Vivo sin vivir en mí» 166
  «Nada te turbe» 167
San Juan de la Cruz (España): «Llama de amor viva» 169
  «Noche oscura» 170
Luis de Góngora (España): «Soneto CLXVI» 172
  «Ándeme yo caliente y ríase la gente» 172
Francisco de Quevedo (España): «Salmo XVII» 175
  «Amante agradecido a las lisonjas mentirosas de un sueño» ... 175
Lope de Vega (España): *Rimas sacras:* «XVIII» 177
  Rimas humanas: «CXCI» 177
Sor Juana Inés de la Cruz (México):
  «En que satisface un recelo con la retórica del llanto» 179
  «A una rosa» 179
José de Espronceda (España): «Canción del pirata» 181
  «Soneto» 182
Gertrudis Gómez de Avellaneda (Cuba): «Al partir» 184
  «A Él» 184
Gustavo Adolfo Bécquer (España): «Rima XI» 187
  «Rima LIII» 187
José Martí (Cuba): «Si ves un monte de espumas» 189
  «Dos patrias» 190
José Asunción Silva (Colombia): «Los maderos de San Juan» ... 191
  «Nocturno III» 193
Rubén Darío (Nicaragua): «El cisne» 196
  «Canción de otoño en primavera» 196
Amado Nervo (México): «La pregunta» 198
  «Si Tú me dices "¡Ven!"» 199
Antonio Machado (España): *Proverbios y cantares:* «XXIX» ... 201
  «La saeta» 201
Juan Ramón Jiménez (España): «Inteligencia, dame» 203
  «Vino, primero, pura» 203
Gabriela Mistral (Chile): «Meciendo» 204
  «Yo no tengo soledad» 205
César Vallejo (Perú): «Yuntas» 206
  «El momento más grave de la vida» 207
Vicente Huidobro (Chile): «Arte poética» 209
  «La capilla aldeana» (fragmento) 209

Juana de Ibarbourou (Uruguay): «La higuera» 211
    «Rebelde» 212
Federico García Lorca (España): «Prendimiento de
    Antoñito el Camborio en el camino de Sevilla» 213
    «Canción primaveral» 215
Luis Palés Matos (Puerto Rico): «Danza negra» 217
    «El gallo» 218
Nicolás Guillén (Cuba): «Sensemayá
    (Canto para matar a una culebra)» 219
    «No sé por qué piensas tú» 220
Pablo Neruda (Chile): «Me gustas cuando callas» 221
    «Verbo» 222
Gloria Fuertes (España): «Sale caro ser poeta» 224
    «Mis mejores poemas» 224
Octavio Paz (México): «El sediento» 226
    «Cifra» 226
Ernesto Cardenal (Nicaragua): «Epigramas» (fragmentos) 228
Ana María Fagundo (España): «Letanía» 231
    «Trinos» 232
Nancy Morejón (Cuba): «Renacimiento» 234
    «Mujer Negra» 234

EL DRAMA **237**

Introducción al drama 238
Práctica 251
Panorama histórico y categorías fundamentales 258
Práctica 271
El drama: Guía general para el lector 273

Lecturas **274**

Jacinto Benavente (España): *El nietecito* 275
Osvaldo Dragún (Argentina): *Historia del hombre
    que se convirtió en perro* 282
Emilio Carballido (México): *El censo* 290
Griselda Gambaro (Argentina): *Antígona furiosa* 300
Paloma Pedrero (España): *Resguardo personal* 317
Federico García Lorca (España): *La casa de Bernarda Alba* 324

EL ENSAYO **361**

Introducción al ensayo 362
Práctica 369

Panorama histórico y categorías fundamentales 372
Práctica 386
El ensayo: Guía general para el lector 388

Lecturas **389**

Mariano José de Larra (España): «Vuelva usted mañana» 390
Eugenio María de Hostos (Puerto Rico): «El cholo» 401
Eva Perón (Argentina): «Los obreros y yo» 405
Rosario Castellanos (México): «Y las madres, ¿qué opinan?» 410
Rosario Ferré (Puerto Rico):
    «La autenticidad de la mujer en el arte» 414

Apéndice 1: El ensayo crítico 419
Apéndice 2: Clasificación de los versos según
   el número de sílabas 420
Apéndice 3: Términos literarios y paraliterarios
   relacionados con el texto 421
*Indice cronológico de obras literarias hispánicas
   comparado con cuadros sinópticos* 428

# PREFACE

Aproximaciones al estudio de la literatura hispánica, Fifth Edition, offers the undergraduate Spanish student—major or nonmajor—an elementary yet comprehensive introduction to literary analysis. Such a text is essential if one is to develop an adequate appreciation of Spanish and Spanish-American literature. Aimed primarily, but not exclusively, at the third-year level of the college curriculum, *Aproximaciones* provides those possessing a relatively limited knowledge of Spanish, as well as native speakers, with the opportunity not only to grasp the various levels of meaning of the literary texts contained herein, but also to acquire the technical vocabulary needed to describe and debate literary issues appropriately.

The text begins with an **Introducción** that, after providing a general discussion of the artistic implications of literature, addresses the critical question of relating to what one reads. The text then devotes a unit to each of the four basic literary genres: **narrativa, poesía, drama,** and **ensayo.** Each unit follows the same internal organization.

- The **Introducción** is an overview of the genre itself, in which the theoretical concepts are introduced and reinforced by numerous examples. To further assist nonnative speakers of Spanish in comprehending the introductory materials, English equivalents of key Spanish terms are provided parenthetically throughout the preparatory materials.
- Thereafter, to ensure the desired step-by-step understanding of that discussion, a **Práctica** section provides specially designed analytical exercises for the genre under study.
- A historical introduction to the genre (**Panorama histórico y categorías fundamentales**) then follows, tracing the genre's origins and major developments. Each **Panorama** features an overview of periods, movements, significant figures, and literary currents—in both Spain and Spanish America—to enable students to place the specific selections of the anthology within the overall context of Hispanic literature.
- This is then followed by another **Práctica** section, a questionnaire that assesses students' comprehension of the most relevant points of this historical introduction.
- The last of the preparatory materials is a set of guidelines (**Guía general para el lector**), designed specifically to maximize students' comprehension of the readings that follow. These guidelines are in the form of general questions about the various aspects of the genre, and students are encouraged to try to answer these questions for each text they read.
- The final section of each unit, **Lecturas,** contains the literary selections for the genre. Each reading includes additional helpful features. An expanded author biography links the writer's life and work with his or her particular cultural,

social, political, and artistic situation. The readings themselves also include glosses that explain difficult, archaic, or dialectical vocabulary and footnotes that furnish further cultural background on names, allusions, and so on.

- All readings in the narrative, drama, and essay units are followed by three sets of practical activities: **Cuestionario,** which assesses students' understanding of the major points of the reading; **Identificaciones,** which asks students to define key characters, references, and other aspects of the reading; and **Temas,** in which students are challenged to go beyond basic comprehension and discuss theme, motive, structure, and so forth. Selections in the poetry unit are followed by **Cuestionario.**

In light of the specific challenges presented by poetry, this unit includes a special section that goes beyond the instructional materials shared by the other major divisions of the text, **El lenguaje literario.** This part of the text is a general appraisal of figurative language, with each figure defined and then illustrated through examples from selected texts.

In keeping with the commitment to make the text relevant to the present and future needs of literature students, four **Apéndices** have been incorporated. The first discusses critical articles and how to read them. The second contains examples of verse classification by syllables. The third appendix consists of a glossary of literary and paraliterary terms, ranging from short definitions of rhetorical figures, such as periphrasis, to longer discussions of literary movements and philosophical doctrines. The fourth appendix is a chronological chart that shows the development of Hispanic literature by genre, along with some of the critical historical and cultural events that shaped the times.

Carmelo Virgillo prepared the Preface and collaborated with Teresa Valdivieso in composing the first part of **Introducción: La literatura como arte y fenómeno literario.** He is responsible for the section entitled **El autor y su obra frente al público,** as well as the selection of visuals that follow. He wrote the bio-bibliographies, whose format—**Vida y obra** and **El autor y su contexto**— he conceived. In addition, he authored the four **Panoramas históricos** and the entire **Ensayo** unit. He is also credited with all glossary entries relating to movements, philosophical doctrines and genres, and with the contents and charting of the **Índice cronológico de obras literarias hispánicas comparado con cuadros sinópticos.** Edward Friedman composed the unit on narrative, the anthological section on poetry, the guides to the genres, and the appendix on the critical essay. He also coordinated the footnotes and exercises for all selections. Teresa Valdivieso was in charge of the unit on drama, the theoretical introductions to poetry and literary language, and the appendix on poetry. She was also the linguistic coordinator for the project.

CHANGES IN THE FIFTH EDITION

The Fifth Edition of *Aproximaciones al estudio de la literatura hispánica* was revised for the most part in accordance with suggestions and recommendations from colleagues at various universities. As a result, this new edition features a number of changes that make the book more accessible and relevant to the needs and expectations of today's student.

- There are several new readings in this new edition, namely: **«Blanca Nieves y Compañía»** (Teresa de la Parra), **«El Museo de los Esfuerzos Inútiles»** (Cristina Peri Rossi), **«La mujer del juez»** (Isabel Allende), **«Romance del conde Arnaldos»** (anónimo), **«Llama de amor viva»** (San Juan de la Cruz), **«Ándeme yo caliente y ríase la gente»** (Luis de Góngora), **«En que satisface un recelo con la retórica del llanto»** (Sor Juana Inés de la Cruz), **«Soneto»** (José de Espronceda), **«Canción primaveral»** (Federico García Lorca), **«Letanía»** (Ana María Fagundo), **«Antígona furiosa»** (Griselda Gambaro), and **«Vuelva usted mañana»** (Mariano José de Larra).
- The updated **Introducción** explains, simply and concisely, one of the most elusive concepts in the study of artistic creation: *the significance of art and aesthetics.* Then, to show that literature need not be «otherworldly» or irrelevant, that is, to help students *relate to what they read,* the section shows how history, society, and culture come together to create movements, currents, and styles that reflect the characteristics and moods of a given people at a particular point in time. The text indicates that such trends—which affect both the artist and the general public—decline and fade from view but invariably return in modified forms, proving that while values may change with the times, human feelings, needs, and aspirations do not. This idea is illustrated by four visuals showing the self-regenerating process that occurs in painting and architecture.
- The theoretical and pedagogical materials have been further elaborated and simplified in order to enable students to spend more time on the literary texts, while still providing the theoretical format needed to understand and appreciate the reading selections.
- The number of explanatory notes and glosses has been increased to make the book more user-friendly.
- The new **Panoramas históricos** now indicate works that are impacting our times not just as literary masterpieces that bear witness to political and social revolutions, but also as sources of award-winning stage and film adaptations. Aware of the very limited space accorded women in traditional historical discussions of literature, the current **Panoramas** strive to pay greater attention to the pluralistic and significant role of Spanish and Spanish American female writers of today.
- At the request of some of our adopters, we have brought back favorite authors from past editions while adding three new ones—all distinguished women writers. Thus this new edition contains several more selections than preceding versions. To update the anthology, without deleting important authors, we have replaced certain readings from previous editions with new reading selections by the same authors. Regrettably, some of the writers most often requested by our colleagues around the country are still reluctant to have their works anthologized.
- Some exercises have been revised and streamlined.
- **Apéndice 3: Términos literarios y paraliterarios** contains now several new entries.

- The **Índice cronológico** has been updated substantially. It has also been augmented to include significant historical, political, social, economic and literary events previously omitted.
- A new Website (www.mhhe.com/aproximaciones5) is available with the Fifth Edition. This website provides writing activities related to many of the authors featured in *Aproximaciones*. Students are directed to websites that provide biographical information, literary interpretation, and other author-related web articles, and complete the writing assignments based on the information these sites provide. Students are invited to further explore these topics and are provided with key terms to aid them in their Internet search.

SUPPLEMENTS

The supplements listed here may accompany *Aproximaciones al estudio de la literatura hispánica,* Fifth Edition. Please contact your local McGraw-Hill representative for details concerning policies, prices, and availability, as some restrictions may apply.

- **Workbook/Study Guide.** An English-language text featuring study hints, further information about the genres under study, and abundant practice materials, all fully integrated with the content of the main text.
- **Ultralingua en español Spanish-English Dictionary on CD-ROM.** This is an interactive bilingual dictionary, available for purchase, offering additional opportunities for students to enrich their vocabulary and improve their Spanish.
- **Sin falta Spanish Writing Software.** This robust software on CD-ROM includes a variety of tools, such as a word processor, a bilingual dictionary, a grammar reference, and a spell-checker that facilitate the development of writing skills at all levels of study.

ACKNOWLEDGMENTS

The authors and publisher would like to thank those instructors who participated in various reviews of *Aproximaciones* in its five editions, in particular, the following instructors, whose comments were enormously useful in the development of the current edition. The appearance of their names in this list does not necessarily constitute their endorsement of the text or its methodology.

Samuel Amago, University of Virginia
Judith Bissett, Miami University
Matt Borden, Marquette University
Victoria A. Burrus, Vanderbilt University
Anthony J. Cardenas-Rotunno, University of New Mexico

Henry Cohen, Kalamazoo College
Jose F. Colmeiro, Michigan State University
Robert Felkel, Western Michigan University
Denise Keyes Filios, University of Iowa
Maria Alicia Garza, Boise State University
Bonnie Gasior, California State University, Long Beach
Anna J. Gemrich, University of Wisconsin, Madison
David Akbar Gilliam, University of Illinois at Chicago
Denis Heyck, Loyola University, Chicago
Juh Highfill, University of Michigan
Hana Muzika Kahn, College of New Jersey
Kimberle S. López, University of New Mexico
Ruth Sánchez Imizcoz, The University of the South, Sewanee
Cristina Martínez-Carazo, University of California, Davis
Kathryn J. McKnight, University of New Mexico
Gloria S. Meléndez, Brigham Young University
Nina L. Molinaro, University of Colorado at Boulder
Leslie Susan Nord, California State University, Long Beach
Francisco Orley, University of Wisconsin, Madison
Marisa Herrera Postlewate, University of Texas at Arlington
David Diego Rodriguez, University of Illinois at Chicago
Donald L. Schmidt, University of Colorado at Denver
Alvin F. Sherman, Jr., Brigham Young University
Wendy Woodrich, Lewis and Clark College

We would like to express our appreciation to our colleagues and students for their valuable suggestions and encouragement in the preparation of this edition of **Aproximaciones.** We owe particular gratitude to Professor Victoria Burrus of Vanderbilt College for her thoughtful comments and suggestions. Special thanks are due authors Ernesto Cardenal and Ana María Fagundo for aiding us in updating/upgrading their bio-bibliographies. We also wish to acknowledge the assistance of Professor Ángel Sánchez of Arizona State University in the final stages of revision. In addition, we would like to express our appreciation to Ana Virgillo for reading parts of the manuscript and offering valuable suggestions, and to Laura Chastain for her careful reading of the complete manuscript.

Finally, we acknowledge with gratitude the support of Thalia Dorwick, Bill Glass, Christa Harris, Max Ehrsam, and the McGraw-Hill production staff.

The Authors

Dedicatoria

A nuestros seres queridos —Ana, Susan, Jorge—
cuya comprensión hizo posible esta obra

Carmelo Virgillo (Ph.D., Indiana University, Bloomington) is Professor Emeritus of Romance Languages at Arizona State University, where he taught Spanish, Portuguese, and Italian at the undergraduate and graduate levels from 1965 to 1993. In addition to serving as coordinator of Portuguese and Hispanic literature, he directed Arizona State University's programs in Florence and Siena, Italy. He also served as book review editor of the *Latin American Digest*. His publications include *Correspondência de Machado de Assis com Magalhães de Azeredo, Woman as Myth and Metaphor in Latin American Literature* (with Naomi E. Lindstrom), and *Bibliografía analítico-descritiva de Henriqueta Lisboa*. He is also the author of many articles and reviews on nineteenth- and twentieth-century Spanish, Spanish American, and Brazilian literature, as well as translations. He was a contributor to the *Suplemento literário do Minas Gerais*. The recipient of several nominations for excellence in teaching, he has been cited by the Italian Ministry of Education for his contributions to the promotion of Italian studies in the United States.

L. Teresa Valdivieso is Professor of Spanish at Arizona State University, Tempe. She has served as coordinator of the Spanish section in the Department of Languages and Literatures, director of the Spanish graduate program, and acting director of the Center for Latin American Studies. She chairs the Spanish undergraduate committee, is a member of the Deans's Faculty Advisory Council, and also of the Languages Articulation Task Force for the state of Arizona. She was visiting professor at Middlebury College, and lecturer at the Universidad Autónoma de Guadalajara, Mexico. She is the author of *España: Bibliografía de un teatro silenciado, Negocios y comunicaciones,* and co-author of *Studia Hispanica Medievalia, La mujer hispana en el mundo: sus triunfos y sus retos,* and more recently *Voces y textos literarios del Ecuador* (2003). She has also authored numerous articles on literature. She is a founding-member and past president of the Asociación de Literatura Femenina Hispánica. At present, she is the vice-president of the Asociación Hispánica de Humanidades, and senior bibliographer of the Modern Language Association. In 1980 she was the recipient of the Dean's Award for excellence in teaching, and in 2002 she received the Outstanding Faculty Committed to Teaching and Learning Award.

Edward H. Friedman (Ph.D., Johns Hopkins University) is Professor of Spanish and Comparative Literature at Vanderbilt University. His primary field of research is early modern Spanish literature, and he has also worked widely in contemporary narrative and drama. His publications include *The Unifying Concept: Approaches to the Structure of Cervantes* Comedias, *The Antiheroine's Voice: Narrative Discourse and Transformations of the Picaresque, Wit's End: An Adaptation of Lope de Vega's* La dama boba, and *El cuento: arte y análisis*. He has received grants from the National Endowment for the Humanities, Fulbright, and the National Humanities Center. He is editor of *Bulletin of the Comediantes* and has served as president of the Cervantes Society of America. He has been the recipient of a Burlington Northern Foundation award for excellence in teaching (Arizona State University) and a FACET teaching award (Indiana University).

INTRODUCCIÓN

2 LA LITERATURA COMO ARTE Y
FENÓMENO ESTÉTICO

5 EL AUTOR Y SU OBRA FRENTE AL
PÚBLICO: IMPLICACIONES
SOCIOCULTURALES

LA LITERATURA COMO ARTE Y FENÓMENO ESTÉTICO

¿Cuál es el mejor modo de aproximarse (*approach*) —es decir, de conocer, analizar a fondo (*in depth*) y valorar (*appraise*)— a la literatura? A fin de poder contestar esta pregunta es preciso reflexionar (*reflect*), ante todo, sobre el concepto de la literatura misma.

LA LITERATURA

Se llama *literatura* al conjunto de obras creativas —orales o escritas— que nos ponen en contacto con los hechos (*deeds*) realizados (*carried out*) por los seres humanos así como con el espíritu humano, con la complejidad de su psicología y de su vida. A través de la literatura podemos llegar a conocer mejor a las personas y a los pueblos, acercándonos más a nuestro mundo.

La palabra *literatura* viene del latín *littera,* que significa *letra;* de ahí que se pueda decir que la mayor parte de la literatura está representada por documentos escritos. Por consiguiente, la manera de ponernos en contacto con ellos es mediante (*through*) la lectura (*reading*).

La lectura como información

La lectura es un proceso informativo que comprende (*is made up of*) dos elementos. El primero es un elemento pasivo; consiste en la información depositada en el documento en forma codificada (*encoded*), o sea, expresada de una manera sutil e indirecta. El segundo elemento es un proceso que implica la activación de ese documento realizada por el lector en el momento en que éste —a quien le toca (*whose job it is*) descifrar el código comunicativo del autor— se pone en contacto con el escrito. La lectura es, pues, un proceso dinámico, en el que el elemento principal es el lector. Aunque existieran grandes cantidades de libros, si no hubiera lectores, esos libros se convertirían en material muerto. Por lo tanto, son los lectores los que dan vida a esos documentos por medio de la lectura.

La lectura como comunicación

La lectura, además de ser un proceso informativo, es también un acto de comunicación que se lleva a cabo (*is carried out*) cuando el lector pone en juego (*applies*) su competencia lingüística y cultural para captar, entender e interpretar lo que lee. Este proceso se define como una ecuación con tres elementos: el *autor* (emisor), el cual comunica algo; el *receptor* (lector), quien recibe la información que se quiere comunicar, y el *mensaje* o contenido de la obra literaria. (Ver también p. 11.)

La literatura como arte

La palabra *arte* se origina del latín *ars,* que significa *conjunto de reglas* o *habilidad para hacer bien una cosa.* De este concepto se deriva el sentido de la palabra *arte* como *trabajo bien realizado.*

El escritor latino Horacio (65–8 a.C.) en su obra la *Poética,* estableció una doble función para toda obra de arte al decir que ésta, llamada también *obra maestra (masterpiece),* tiene que ser *dulce et utile:* dulce porque produce placer y útil porque desempeña (*performs*) una función práctica, pragmática y, por lo tanto, merece nuestra atención.

CATEGORÍAS ARTÍSTICAS

Las categorías artísticas corresponden a las diversas interpretaciones que hace el artista de la realidad. Entre estas categorías se destacan (*stand out*) (1) el arte por el arte, (2) el arte con un fin docente y (3) el arte comprometido.

1. *Arte por el arte (Art for art's sake).* Esta frase resume (*sums up*) la posición de aquéllos que creen que el arte no tiene que tener un fin pragmático o utilitario.
2. *Arte con un fin docente (Instructive art).* Este es el arte que se propone instruir o enseñar, entendiendo que el arte está destinado a mejorar la condición humana.
3. *Arte comprometido ("Engagé" art; art with a commitment).* Es el arte que implica una actitud crítica o no conformista. Esta es la actitud de los que mantienen que todo artista tiene la obligación moral de poner su obra al servicio de una causa social o política.

Si se relacionaran dichas categorías con la fórmula horaciana del dulce y útil, se tendría el cuadro siguiente.

dulce	*dulce y útil*	*útil*
arte por el arte	arte docente	arte comprometido

El arte y la estética

De lo que se ha dicho anteriormente, se entiende que una obra bien ejecutada por su creador o maestro (*master*) —un escrito (*written work*), una escultura o una composición musical— es apreciada por su valor artístico. Se dice también que esa obra de arte u obra maestra es estimada por su valor *estético,* es decir, por su extraordinaria capacidad de afectar emocionalmente al que la lea, mire o escuche. Si por un lado hay que admirar al artista por su gran inteligencia, sensibilidad e imaginación creadora, también hay que estimarlo por su capacidad de expresar sus sentimientos, ideas o fantasías de tal manera que su obra produzca una profunda sensación en quienes la contemplen.

Y es precisamente de la palabra griega *aisthesis* (sensación) que se deriva la palabra *estética,* término que originariamente significó *ciencia de lo bello y de la creación artística.* En realidad, al principio se dijo que una obra poseía valor estético o artístico cuando apelaba (*appealed*) a las facultades intuitivas del individuo —a su capacidad de *sentir* las cosas— procurando satisfacer la inclinación natural del ser humano por la búsqueda de la belleza. Hoy día ya no se acepta esa definición en su sentido estricto, como se verá a continuación.

La estética en su sentido moderno

La mayor parte de los sistemas filosóficos, desde Platón (427–347 a.C.) hasta el presente, concuerda en que lo que se considera *bello* en una obra artística no es precisamente lo que atrae o agrada (*pleases*), sino más bien lo que causa una reacción espiritual *inmediata,* de efecto *perdurable* (*long-lasting*) y *desinteresada* (*with no ulterior motives*). Se dice que tal reacción es inmediata porque es espontánea, no premeditada, puesto que la sensación representa una manera natural de reaccionar ante un determinado estímulo —en este caso, la creación artística. Efectivamente (*In effect*), basta escuchar los primeros compases (*notes, bars*) de una composición musical para saber en seguida que esta obra ha causado una profunda impresión en nosotros.

La creación artística es también perdurable porque su efecto es permanente. Se puede tomar, por ejemplo, el caso de Quasimodo, el jorobado (*hunchback*) de *Nuestra Señora de París* (*Notre Dame*), personaje diestramente (*skillfully*) creado por el escritor francés Víctor Hugo (1802–1885). Quasimodo, el protagonista de esta obra maestra, no obstante (*despite*) su enorme fealdad, es la figura que, por su valor artístico o estético, domina en toda la novela. La perdurabilidad de esta obra y la inmortalidad de su personaje central quedan comprobadas no sólo por los innumerables ejemplares (*copies*) del libro que se han vendido desde su publicación en 1831, sino también por la popularidad de las varias adaptaciones teatrales y cinematográficas que se han hecho. La última de éstas, *The Hunchback of Notre Dame,* ha sido realizada recientemente en forma de dibujos animados (*cartoons*) por los estudios de Walt Disney.

Otro buen ejemplo de perdurabilidad son las figuras universales de don Quijote y Sancho Panza, creaciones cómico-burlescas de Miguel de Cervantes (1574–1616). Esta pareja literaria apareció en la España del siglo XVII, pero continúa viva en la mente y en el corazón de los lectores de Cervantes e incluso en los de aquellas personas que, aunque no hayan leído esa obra, han oído hablar de las aventuras de don Quijote, o han presenciado (*seen*) la moderna y muy exitosa (*successful*) versión musical en Broadway, *Man of La Mancha.*

De esto se deduce que lo que en su estado natural aparece, o *se presenta,* feo o ridículo, cuando es elaborado, o *representado,* artísticamente puede originar obras de suma belleza. Así se puede concluir que una obra maestra es bella no tanto porque es atractiva o agradable, sino porque nos conmueve (*touches us emotionally*), despertando emociones profundas y variadas: empatía, compasión y amor, así como antipatía (*dislike*), terror, disgusto, rabia (*rage*) y odio. No ha de sorprender, por eso, que los franceses hayan creado el término *belles lettres* para referirse a la literatura —término universal que se usa todavía, generalmente en forma abreviada (*lettres;* en español, *letras*).

Por último, se puede afirmar que la reacción ante la obra artística es desinteresada ya que no se produce pensando en ninguna recompensa material. Lo que se deriva del acto de leer, escuchar o contemplar un objeto artístico es, a fin de cuentas, el impacto emotivo que dicha obra ocasiona (*brings about*), de distintas maneras, en cada individuo.

EL TRIPLE PLANO DE LA LITERATURA

De todo lo dicho, se puede concluir que la literatura está integrada por tres campos de acción: (1) un campo informativo/comunicativo, que se refiere a la información que comunica el texto literario; (2) un campo artístico, que nos muestra los medios que ha utilizado el escritor para hacer que su obra sea una obra de arte, y (3) un campo psicológico, que nos hace reflexionar acerca de las relaciones entre ese texto literario y la vida humana.

Por consiguiente, el estudio de la literatura consistirá en captar los mecanismos que operen en todos y cada uno de estos campos. El objeto de este libro es iniciar a los estudiantes en la apreciación de estos tres campos en el ámbito de (*in the realm of*) las letras de España e Hispanoamérica.

EL AUTOR Y SU OBRA FRENTE AL PÚBLICO: IMPLICACIONES SOCIOCULTURALES

EL AUTOR Y SU OBRA

Al examinar el concepto de literatura, se dijo que la lectura de una obra literaria es un proceso a la vez comunicativo e informativo en el que participan tres elementos: el autor, la obra y el lector. Este acto de reciprocidad tripartita (*three-way interchange*) no se podría efectuar si no existiera una relación social y cultural entre esos tres componentes. De ahí que para interpretar bien un texto no baste saber el idioma en que está escrito; hay que conocer y apreciar también el espacio geográfico, el momento histórico y el ambiente sociopolítico y económico dentro de los cuales una determinada obra ha sido concebida y realizada. El escritor, a pesar de poseer su propia manera de ver y codificar la realidad, es a fin de cuentas un individuo que vive o ha vivido en un determinado lugar del mundo, en cierta época y en una sociedad caracterizada por rasgos singulares. Por lo tanto, su visión del mundo o *cosmovisión* (*worldview*) no es del todo individual. Por original que sea una obra literaria, por su inimitable estructura lingüística y por la actitud personal del autor ante la vida, tal obra es, sin embargo, el producto de una determinada época, la cual posee rasgos fundamentales que el autor no puede menos de (*cannot help but*) integrar a lo que escribe a fin de aplaudirlos o condenarlos.

EL PÚBLICO LECTOR

Habiendo determinado lo que el escritor expresa y la función que representa en el acto comunicativo, ¿quién es el público lector y qué papel desempeña? Entendemos por *público lector* el conjunto (*ensemble*) de individuos que lee cierta obra literaria y la juzga, interpretándola o descifrándola cada uno a su modo, pero de acuerdo con toda una serie de factores subjetivos —entre otros, su cultura, su temperamento, su actitud o postura ante la vida y sus gustos personales. De la misma manera, es posible que una obra sea apreciada en una determinada época, mientras que no lo es en otro momento histórico. Por consiguiente, las implicaciones socioculturales son algo que no puede ser ignorado al analizar la literatura.

Con este fin, en el esbozo (*blurb, sketch*) biográfico que precede a toda lectura se hace mención de las circunstancias de cada escritor, a las que éste reacciona —de una manera favorable o desfavorable, con menor o mayor intensidad y originalidad— a través del texto literario. Se ponen de relieve, por lo tanto, los elementos siguientes.

1. el lenguaje y los temas —la temática— de las distintas obras, considerando la época en que cada obra fue concebida y escrita
2. las técnicas que cada autor utiliza para presentar en forma literaria tanto las preocupaciones de su propio país como los dilemas universales y eternos a los que ha venido enfrentándose el ser humano desde el principio de la historia
3. los factores históricos, políticos, sociales, económicos y culturales que motivaron las obras literarias, intentando identificar al público al que están destinadas

FACTORES AMBIENTALES E HISTÓRICOS Y EL ESTILO DE LA ÉPOCA

Lo que diferencia una obra de arte de otra es el estilo: es decir, los rasgos que distinguen las creaciones de un artista de las de otro. Cuanto más original el artista, tanto más inconfundible su estilo. Con todo, el escritor, el pintor, el arquitecto, etcétera, son influenciados por su ambiente y por el momento histórico en que viven. Sus obras, aunque ejecutadas de una manera individual, particular, dejan traslucir (*shine through*) lo que pudiera llamarse el *estilo de la época*. Este correspondería a un factor que reúne en sí varias manifestaciones culturales comunes a una determinada generación o generaciones.

Tal vez el elemento que más explícitamente permite distinguir cierta época de otra es la moda (*fashion*). Si se comparan, por ejemplo, dos retratos que exhiben la sencilla o la esmerada (*elaborate*) vestimenta de una modelo, su peinado y maquillaje, la cantidad y tipo de adornos que lleva, su modo de posar y hasta su porte (*stature*) y expresión, es posible determinar que los retratos pertenecen a épocas distintas. Sin embargo, aun cuando la moda evidencia, como hoy día, el inconformismo general, la informalidad y la autonomía personal de toda una generación que celebra —entre otros fenómenos socioculturales— la liberación de la mujer, la diversidad humana y la prosperidad económica de la pos-Guerra Fría, no es difícil destacar en cualquier revista el toque personal de modistos de alta costura (*fashion designers*) como Oscar de la Renta, Christian Dior o Gianni Versace.

De igual manera, basta echar un vistazo (*take a look*) a los cuadros del pintor español El Greco (1540–1614) y del argentino Antonio Berni (1905–1981) para descubrir elementos que representan a cada artista en particular y a su respectiva época en general. Aunque el tema es el mismo —la Crucifixión— la pintura de El Greco se caracteriza por el alargamiento (*lengthening*) de las figuras, la irregularidad de la composición y el misticismo. Si tales rasgos constituyen el sello personal (*signature*) de este artista español de ascendencia griega, en otro ejemplifican lo mejor del estilo barroco, con su énfasis en lo complejo y desproporcionado —estilo asociado con un momento histórico de gran introspección, pesimismo y celo (*zeal, fervor*) religioso. En cambio, el Cristo de Berni —solitario, emaciado, sangriento y rodeado de símbolos de progreso tecnológico y económico— ejemplifica el arte comprometido, concientizador (*consciousness-raising*) de la época actual. Alude

Cristo en el garaje (Antonio Berni, Argentina, siglo XX; realismo social)

La crucifixión (El Greco, España, siglo XVI; barroco)

a realidades concretas de importancia especial para Latinoamérica, según lo indica la figura central de un Cristo mestizo. Sin embargo, Berni confiere universalidad a lo local de una manera implacable, típicamente suya, injuiciando (*indicting*) el materialismo capitalista, que tanto en América como en otras partes del mundo hace mártires políticos y sociales de los indefensos: los pensadores y los pobres. De una manera similar, los dos templos que aquí se reproducen comparten el mismo fin (*scope*) —celebrar la magnitud de lo infinito— a través de variantes que corresponden al estilo de toda una época y al genio individual del artista.

EL ESTILO PREVALECIENTE ANTE LOS GUSTOS PERSONALES

Cabe recordar que lo que le agrada a una persona puede no agradarle a otra, de manera que dentro de cualquier época habrá siempre una gran variedad de gustos. De esto se deducirá que en la misma época puedan coexistir varios y distintos estilos. Entonces, ¿a qué se debe el hecho de que cierto estilo se imponga sobre todos los otros? Se debe al gusto de la clase social dominante, la cual dicta las normas con sus debidas variantes, que se han de seguir en el comportamiento personal y en la expresión artística.

El templo de Poseidón (Italia, c. 600 a.C.; clasicismo)

La catedral metropolitana de Nuesta Señora Aparecida (Brasil, c. 1960; futurismo)

EL ESTILO Y LOS PERIODOS LITERARIOS

La literatura, igual que las artes plásticas (por ejemplo, la pintura y la escultura) y las musicales, es influenciada por el gusto en boga (*vogue*). Sea la clase dominante, la aristocrática, la intelectual, la media o cualquier otra, su estilo es influenciado por el momento histórico, el clima político y las condiciones económicas y culturales del país. De ahí que en este libro se hablará de periodos literarios (la época medieval, el humanismo, el Renacimiento, el Barroco y el neoclasicismo, entre otros) para indicar épocas caracterizadas por una manera particular de ver, sentir y expresar las cosas.

Si bien todo periodo literario consiste en tres fases fundamentales —el principio, el punto culminante y la decadencia o caída— hay que tener en cuenta que ninguna fase comienza y acaba en un momento determinado. Hay quienes han querido fijar el siglo, el año, el mes y hasta el día en que cierto movimiento literario, o corriente (*current, trend*) literaria, se inicia o extingue. Dichos criterios, aunque son oficialmente aceptados en ciertos casos, no dejan de ser arbitrarios. Como las propias palabras *movimiento* y *corriente* lo indicarían, cualquier tendencia es dinámica y, como tal, implica evolución y progreso. Así es que, con el transcurso del tiempo, mientras que un estilo declina otro surge (*emerges*), fundiéndose y confundiéndose uno con otro. Además de eso, según lo comprueban movimientos artísticos como el Renacimiento y el neoclasicismo, inspirados por la cultura de los antiguos imperios griego y romano, ningún estilo desaparece del todo. Dicho estilo perdura dentro de otro estilo, integrándose a éste para formar parte constitutiva de la cultura universal. Siguiendo este concepto, se entiende que los estilos literarios en particular y los artísticos en general sólo pierden su popularidad —pasan de moda— pero reaparecen, con variantes propias, en otra época.

Adoptando la postura de que la historia de la literatura representa a la larga la de la humanidad y de los diferentes estilos, en este libro nos aproximaremos al estudio de las letras hispánicas teniendo en cuenta la multiplicidad de factores que contribuyen a la creación de una obra literaria.

LA NARRATIVA

10 INTRODUCCIÓN A LA NARRATIVA

19 PRÁCTICA

24 PANORAMA HISTÓRICO Y CATEGORÍAS FUNDAMENTALES

39 PRÁCTICA

40 EL CUENTO: GUÍA GENERAL PARA EL LECTOR

40 LA NOVELA: GUÍA PARA EL LECTOR DE *SAN MANUEL BUENO, MÁRTIR*

41 LECTURAS

I Las formas narrativas

Según Robert Scholes y Robert Kellogg en *The Nature of Narrative* (1966), la palabra *narrativa* se refiere a todas las obras literarias que satisfagan dos requisitos: la presencia de una historia y la presencia de un narrador. Las formas narrativas existen desde la antigüedad. El grado cero de la narrativa, es decir, el punto de origen, lo constituyen los *mitos;* por ejemplo, el mito de Prometeo, el mito de Sísifo y otros. Los mitos han existido en todas las civilizaciones y son historias inventadas por los hombres para satisfacer su deseo de explicar y dominar el mundo que los rodea.

La *novela* es la forma narrativa más estudiada, aunque su desarrollo es un fenómeno relativamente reciente. La diferencia principal entre la novela y el *cuento* es la extensión y profundidad. El *novelista* tiene mayor libertad en cuanto a la selección de material literario y es fácil notar la gran complejidad de la novela, no sólo respecto al lenguaje, sino también respecto al nivel temático. En cambio el *cuentista,* como escribe narraciones breves, no tiene la oportunidad ni de ampliar las ideas ni de usar tantos recursos literarios como el novelista. Por lo tanto, el impacto producido por el cuento tiene que ser inmediato y muchas veces el final es inesperado. No obstante, el cuento bien escrito y estructurado puede resultar una obra de arte en miniatura.

II Análisis de la narrativa

EL TEXTO LITERARIO COMO COMUNICACIÓN

El elemento más importante para la lectura de la obra narrativa es el *texto literario*. El texto literario, o sea, lo que se ve en la página misma, es un compendio de palabras, una fuente de significación o significaciones. Según algunos críticos y teóricos, el *lector* es responsable de buscar la significación formulada por el autor; según otros, es el lector mismo quien da la significación al texto. En el primer caso, el texto es visto como algo misterioso cuyos indicios (*clues*) pueden llevar al lector a una interpretación válida —tiene una vida propia y una estructura preestablecida que el lector tiene que descubrir y analizar. En el segundo caso, el texto existe sólo cuando el lector empieza a leerlo y a comparar su comprensión del mundo con la del autor —hay una interacción entre el texto y el lector. La creación se explica así como una reacción del lector ante el estímulo verbal, o sea, ante el texto.

Las distintas maneras de estudiar un texto producen gran actividad crítica. En cierto sentido, cualquier metodología analítica puede justificarse, con tal que por su medio se explique o se clarifique algún aspecto del texto. A pesar de las múltiples posibilidades metodológicas, la lectura crítica debe evitar dos cosas: el análisis mecánico y la subjetividad absoluta. Al hacer un análisis puramente mecánico, el crítico puede depender demasiado de una serie de reglas o ideas preestablecidas, y así se pierde la interacción directa entre texto y lector. De una manera correspondiente, un análisis guiado por una subjetividad absoluta —el caso en que el lector parece tener más valor que la lectura— puede resultar en el olvido del texto. Entre estos polos opuestos residen los elementos de la investigación literaria, siendo importante reconocer que una obra literaria puede ser estudiada desde muchas perspectivas. Por consiguiente, podremos hablar de las posibles *aproximaciones* al estudio de una obra literaria.

En la comunicación oral, el que habla —el emisor— emite un mensaje dirigido al oyente —al receptor. En una obra literaria, el que escribe comunica un mensaje al lector. Esta división tripartita del lenguaje hablado —emisor/mensaje/receptor— se adapta a la escritura —autor/texto/lector— pero lo más revelador de la analogía no son las semejanzas sino las diferencias entre los dos medios de comunicación.

El código comunicativo:
La comunicación oral frente al texto literario

LA COMUNICACIÓN ORAL		
El emisor **(El hablante)**	**El mensaje** (lo que se transmite, por lo general, de forma directa)	**El receptor** **(El oyente)**

EL TEXTO LITERARIO		
El autor	*El texto*	*El lector*
El autor **El narrador** **Los personajes** (diálogo) **Los pensamientos** (monólogo interior)	**El discurso** (lenguaje) **La historia** (lo que se cuenta) **El tema** (significación y mensaje de lo que se cuenta)	**El lector real** **El narratario** (el lector ficticio)

El emisor = el autor o el narrador

En el código comunicativo, el emisor se relaciona con el autor y con el narrador. El autor inventa el texto siguiendo las convenciones del arte literario, pero el verdadero emisor del mensaje, el que posee la voz intratextual, es decir, la persona que habla dentro del texto, en un cuento o en una novela, es el *narrador*. La voz narrativa o narrador determina el punto de vista de la obra. A veces se emplea el *yo* de la primera persona, el *yo* de una voz subjetiva que puede pertenecer al protagonista, a un personaje secundario o a un testigo de la acción. La voz narrativa puede ser un narrador *omnisciente* que nos puede contar todo, incluso los pensamientos de los personajes. También puede hacer el oficio de narrador un observador externo o testigo (*witness*), el cual, por ver los acontecimientos desde afuera, presenta una visión limitada. En algunos casos el narrador tiene una personalidad definida; en otros, no se manifiestan rasgos individuales. De todos modos, hay que distinguir muy claramente entre el autor, quien controla la narración desde afuera, y el narrador, quien la controla desde adentro. Por ejemplo, la novela picaresca *Lazarillo de Tormes* (1554) pretende ser el relato autobiográfico del protagonista, en este caso Lazarillo, contado por él mismo: «Pues sepa Vuestra Merced ante todas cosas, que a mí llaman Lázaro de Tormes...». De este modo el narrador se convierte en emisor del mensaje, controlando a la vez la narración desde adentro. El autor, por su parte, por ser el inventor del texto, la controla desde afuera.

El narrador no tiene la obligación de decir la verdad, ni siquiera de intentar decirla. Por eso, al analizar un texto, debe analizarse a la vez el papel del narrador y la relación que existe entre lo que se dice y lo que se muestra. Wayne C. Booth, en *The Rhetoric of Fiction* (1961), habla de dos clases de narradores ficticios: el narrador *fidedigno* (*reliable narrator*) y el narrador *indigno de confianza* (*unreliable narrator*). La acción, el diálogo y otros elementos textuales suelen enfatizar lo contado por un narrador fidedigno, mientras que el narrador indigno de confianza —con intención o sin ella— desconcierta al lector con una representación falsa de la materia. Si un narrador le dice al lector, «Juan López es bueno, en toda la extensión de la palabra», es posible que sea la verdad o que no lo sea. Si dentro de la narración Juan ayuda a los pobres y se sacrifica por su familia, se puede decir que el narrador ha sido fidedigno. Sin embargo, si Juan, sin justificación, mata a seres inocentes, el narrador sería indigno de confianza, pues no estaría de acuerdo lo dicho por éste con lo mostrado por Juan. Si la actitud del narrador va en contra de la norma, puede ser indigno de confianza sin intención de serlo. Por ejemplo, los prejuicios de un narrador racista, aunque intentara decir la verdad, podrían inspirar desconfianza en el lector. Para la comprensión de un texto narrativo, será necesario considerar si el narrador es fidedigno o si es indigno de confianza, y cómo este aspecto de la narración influye en un análisis de la obra.

El mensaje = el texto

El segundo elemento literario del código comunicativo es el texto, el cual equivale al mensaje de la comunicación oral. Por lo general, el mensaje oral se presenta de una manera directa: «Cómete la naranja», «Está lloviendo», «Acabo de comprar un condominio». El mensaje de una obra de ficción puede ser directo o indirecto, presentado en términos literales o en sentido figurado. El escritor busca con frecuencia modos de presentar lo común como algo nuevo y original, y por eso, el lector tiene que buscar el mensaje a través de una interpretación de las múltiples facetas de la narrativa.

El receptor = el lector

El que oye el mensaje comunicado por un hablante es el receptor. En muchas obras narrativas hay un narratario (*narratee*) además de un lector real. Tomando de nuevo como ejemplo la obra *Lazarillo de Tormes,* esta narración va dirigida a «Vuestra Merced» (*"Your Excellency"*), persona conocida por el protagonista, Lázaro, y quien ha exigido a éste que dé una explicación de su condición social. Dice Lázaro en el prólogo:

> Y pues Vuestra Merced escribe [que] se le escriba y relate el caso muy por extenso, parecióme[1] no tomalle[2] por el medio, sino del principio, porque[3] se tenga entera noticia de mi persona…

> [1]me pareció   [2]tomarle   [3]para que

Lo que motiva la novela es la petición de «Vuestra Merced», quien por ser el receptor del mensaje se convierte en narratario. Como resultado, podemos distinguir en el *Lazarillo de Tormes* dos receptores: un narratario, situado dentro de la novela, y un lector real, fuera de ella. Todos nosotros seremos lectores reales de las obras que leamos. Nosotros somos los lectores del texto escrito por el autor, mientras que en el mundo ficticio el narratario es el lector de lo «escrito» por el narrador.

ELEMENTOS PRINCIPALES DEL TEXTO LITERARIO

En toda obra narrativa, el autor se sirve de ciertas convenciones literarias para comunicar su mensaje; éstos son los recursos literarios (*literary devices*) que forman parte del mundo ficticio. Tanto el cuento como la novela, ambos derivados de formas antiguas, están constituidos por tres componentes: la *historia,* el *discurso* y el *tema.* La historia trata de lo que pasa en una obra; el discurso se refiere a la manera de narrarlo, y el tema es la significación de lo que pasa.

La historia

La historia, llamada también *fábula* o *argumento,* tiene varios elementos constitutivos, típicos de la narrativa en general, que forman la *trama* (*plot*) u organización de la materia. Estos elementos son la *exposición,* el *desarrollo,* el *suspenso,* el *punto decisivo,* el *clímax* y el *desenlace.*

La exposición o planteamiento del asunto. Son los datos necesarios para entender la acción de la obra; por ejemplo, la descripción del ambiente, una explicación de la circunstancia inicial, las relaciones entre los personajes, dónde y cuándo la obra tiene lugar.

El desarrollo. Representa la introducción del asunto mismo de la obra, es decir, las acciones de los personajes y sus motivos.

El suspenso. Se manifiesta en la tensión dramática y es una especie de anticipación, por parte del lector, de lo que va a pasar.

El punto decisivo (*turning point*). Puede ser una acción, una decisión o la revelación de algo que cambia la dirección de la obra.

El clímax. Es el momento culminante —el punto más alto de la acción— el resultado del punto decisivo.

El desenlace (*dénouement*). Es la parte que presenta las consecuencias finales del clímax.

Una obra narrativa puede tener un *final cerrado* o un *final abierto*. En el caso de un final cerrado, se ve la solución o resolución del hilo argumental; por ejemplo, la muerte del protagonista en *Don Quijote* o el descubrimiento del asesino en una novela policíaca. Si la acción queda incompleta o sin resolución fija, el final se considera abierto; por ejemplo, el grito de esperanza de Scarlett O'Hara en *Lo que el viento se llevó* (*Gone with the Wind*): «Mañana será otro día» ("*Tomorrow is another day*") lleva implícita la idea de un desarrollo posterior. Asimismo, el desenlace sorpresivo de una obra, como por ejemplo, la revelación de que todo ha sido un sueño, podría clasificarse como un *final irónico*.

Si en el desenlace hay correspondencia entre los buenos motivos de los personajes y un final feliz —o entre los malos motivos y un final trágico— se podría hablar de la *justicia poética*. O sea, que si en la obra los buenos son premiados y los malos castigados, se puede decir que hay un caso de justicia poética. A veces en la literatura, al igual que en la vida, no reina la justicia poética.

El discurso

La historia representa el contenido de la obra narrativa. El discurso representa la expresión misma de esa historia, o sea, el conjunto de elementos lingüísticos y formales que la constituyen. En términos generales, el lenguaje narrativo comprende las partes siguientes: la *descripción,* el *diálogo,* la *narración,* el *comentario del narrador,* la *organización y presentación de la materia,* la *creación del ambiente* y el *tono.*

La descripción. Sirve para crear el marco escénico (*setting*): tiempo y lugar. Puesto que no podemos *ver* nada, el narrador tiene que pintar con palabras a las personas y las cosas.

El diálogo. Refleja la interacción verbal entre los personajes, mientras que el narrador omnisciente puede presentar los pensamientos de éstos. A veces se emplea la forma del monólogo interior (*stream of consciousness*) para reproducir los pensamientos de un personaje literario de una forma que imite con naturalidad los pensamientos de éste.

La narración. Presenta la acción o los eventos del texto.

Los comentarios del narrador. Ofrecen datos —y, muy a menudo, juicios— sobre la situación narrativa o sobre los personajes.

La organización y presentación de la materia. Es la forma en que el autor ha organizado los elementos que componen la obra.

La creación del ambiente. Es la manera cómo usa el autor los elementos de la obra para producir efectos emotivos y cómo el lector reacciona ante dichos elementos.

El tono. Es la actitud que adopta el narrador ante los asuntos textuales, es decir, ante lo que está narrando. El tono puede ser serio, cómico, burlesco, etcétera.

Todas estas partes del discurso, denominadas *funciones discursivas,* contribuyen, a la vez, a la presentación de los personajes literarios. Generalmente, un personaje puede ser descrito por el narrador o por otro personaje. Sin embargo, hay que tener presente que las descripciones pueden ser acertadas (*accurate*) o no; por eso hay que fijarse en el tono de las mismas. El diálogo también es importante para conocer a los personajes porque por medio de sus propias palabras a veces podemos descubrir sus pensamientos. A pesar de todo, no se puede juzgar a un personaje sólo por lo que él dice o por lo que los otros opinan de él, sino que es necesario juzgarlo por sus acciones. La interacción de un personaje con los demás y con su medio ambiente puede ser reveladora y debe analizarse detenidamente.

Discurso literal y discurso figurado. El discurso literario puede ser directo o indirecto, literal o figurado. Por ejemplo, el escritor puede utilizar la palabra *rosa* para referirse a la flor misma, es decir, a la cosa; en este caso, hay correspondencia directa entre el *significante* (*signifier,* el signo lingüístico) y el *significado* (*signified,* el objeto representado por el signo lingüístico). Pero el escritor también puede utilizar la palabra *rosa* no para referirse a la flor, sino a la *belleza* (porque la rosa es bella), o para presentar una imagen de la *brevedad de la vida* (porque la rosa se marchita pronto). En ambos casos la correspondencia entre el significante y el significado es indirecta —simbólica— y la palabra se convierte así en *símbolo.* Otros ejemplos de correspondencia indirecta serían el *camino* como símbolo de la progresión de la vida, y el color rojo que simboliza la pasión o el sacrificio.

Cualquier palabra puede tener una significación simbólica, pero si el símbolo tiene aceptación universal, es decir, si es una especie de modelo original que sirve como ejemplar, se llama *arquetipo.* Por ejemplo, la figura mítica de Venus, así como la rosa, sería un arquetipo porque representa la imagen de la belleza y de la perfección física de la mujer.

A veces el sentido figurado no está representado por una sola palabra sino por un conjunto de palabras o yuxtaposición verbal. Las yuxtaposiciones verbales forman *imágenes* y *figuras retóricas;* estos elementos están presentes en la narrativa y son fundamentales para la creación artística poética. Por ejemplo, en «El incendio», un cuento de Ana María Matute, el protagonista prende fuego a un carro para que la mujer que él ama no se vaya. Antes de describir el acto mismo, la narradora dice: «Algo como un incendio se le subió dentro. Un infierno de rencor». La imagen del incendio tiene valor literal porque representa la acción del fuego, pero también tiene valor figurado al referirse al estado emotivo del joven. Así se establece un equilibrio entre los puntos de referencia internos y externos de la obra. La palabra *infierno* sirve para complementar la significación. Es decir, que la angustia mental del protagonista se compara con un incendio; a esta comparación entre dos cosas usando la partícula *como* o *cual* se le llama en literatura *símil.* De la misma manera se podría asociar el rencor que el joven siente con la discordia y con el fuego del infierno; esta asociación de significados se denomina *metáfora*.

Cada autor se vale de las convenciones literarias para crear un estilo propio. La originalidad de una obra no se manifiesta en usar formas exóticas, sino más bien en crear nuevas combinaciones de las formas tradicionales o en la manera distinta de ver las cosas cotidianas. Véase, por ejemplo, la introducción de don Francisco Torquemada, en *Torquemada en la hoguera* (1889) de Benito Pérez Galdós:

> Voy a contar cómo fue al quemadero el inhumano que tantas vidas infelices consumió en llamas; que a unos les traspasó los hígados[1] con un hierro candente,[2] a otros les puso en cazuela bien mechados,[3] y a los demás los achicharró[4] por partes, a fuego lento, con rebuscada y metódica saña.[5] Voy a contar cómo vino el fiero sayón[6] a ser víctima; cómo los odios que provocó se le volvieron lástima, y las nubes de maldiciones arrojaron sobre él lluvia de piedad; caso patético, caso muy ejemplar, señores, digno de contarse para enseñanza de todos, aviso de condenados y escarmiento[7] de inquisidores. Mis amigos conocen ya, por lo que de él se me antojó[8] referirles, a don Francisco Torquemada, a quien algunos historiadores inéditos de estos tiempos llaman *Torquemada el Peor*.

[1] (fig.) entrañas [2] ardiente [3] ready for roasting [4] scorched [5] furor [6] executioner [7] advertencia [8] ocurrió

Galdós traza en esta novela el sufrimiento del usurero del siglo XIX, don Francisco Torquemada, por la enfermedad de su hijo y su fracasado esfuerzo por salvarle de la muerte. En el fragmento citado, hay una analogía implícita, tanto al nivel lingüístico como al nivel conceptual. El apellido del protagonista ficticio, Torquemada, lo relaciona con el Inquisidor Tomás de Torquemada, figura de la Inquicición española. Las imágenes de este fragmento se refieren a don Francisco, pero en forma figurada, pues son alusiones al fuego inquisitorial del otro Torquemada. El mensaje es que don Francisco, el usurero, había hecho sufrir a todos los que le debían dinero, de la misma manera que el Inquisidor hizo sufrir a los acusados por la Inquisición, pero ahora es el mismo don Francisco quien sufre. Para enfatizar la maldad del usurero, le llaman *el Peor* para demostrar que fue *peor* que el históricamente cruel Inquisidor. Aquí el discurso galdosiano funciona como transmisor de un mensaje y como artífice creador: se relata algo y este relato se hace de manera original y artística.

El tema

El tema marca la base ideológica del texto; es, pues, una síntesis o punto de contacto entre la historia y la forma lingüística de una obra literaria. Por *tema* se entiende la idea central o la unidad de los conceptos del texto, tanto como el *valor significativo* —el mensaje fundamental— de estos conceptos. El ejemplo siguiente ilustra este doble sentido. En *Doña Perfecta* (1876), otra novela de Galdós, se presenta el conflicto entre la protagonista, doña Perfecta, encarnación de un conservadurismo antiprogresista e intolerante, y su sobrino Pepe Rey, representante de un antitradicionalismo científico. Dispuesta a sacrificarlo todo por su causa, doña Perfecta es moralmente culpable de la muerte de Pepe Rey. Puede decirse que el tema de esta novela, en su primer sentido, como unidad de conceptos, como idea central del texto, es la intolerancia, o, quizá, el triunfo de la intolerancia.

Ahora bien, cuando se aplica el tema a la experiencia humana y se dice, en el caso de *Doña Perfecta,* que no se debe soportar una actitud intolerante, o que hay que aceptar la posibilidad de modificar la tradición mediante nuevas ideas progresistas, se tiene el valor del tema en su segundo sentido, *valor normativo o axiomático.* En otras palabras, se trata de hallar en la obra un *mensaje* determinado. Es importante reconocer que en *Doña Perfecta* se refleja una visión de la España de la época, un país que vacilaba entre el sueño dorado de un imperio católico y la revolución industrial y científica europea. Al plantear el problema, Galdós reacciona en contra del *status quo,* pero sin defender en términos absolutos las tendencias progresistas.

El tema de una obra literaria puede ser *explícito* (expresado de una manera directa) o *implícito* (expresado de una manera indirecta o sutil). En *El conde Lucanor,* una colección de cuentos del siglo XIV, don Juan Manuel escribe al final de cada cuento una moraleja, la cual de forma explícita revela el tema del cuento. Por ejemplo: «No aventures nunca tu riqueza / por consejo del que vive en pobreza» (Cuento XX) y «Mal acabará el que suele mentir / por eso debemos la mentira huir» (Cuento XXIV).

En «La conciencia», otro cuento de Ana María Matute, se presenta el caso de un vagabundo que llega a controlar los actos de la protagonista y su marido. El vagabundo afirma «lo vi todo», y se nota que los dos tendrán algo que ocultar. En realidad, el vagabundo no ha visto nada, pero con tal amenaza puede dominarlos hasta el extremo de aprovecharse de ellos, asegurando así lo que se dice en el cuento: «Nadie hay en el mundo con la conciencia pura, ni siquiera los niños». Este cuento es, por consiguiente, un buen ejemplo de tema explícito.

Sin embargo, en la mayor parte de las obras narrativas, el tema está implícito. Se puede formular el tema según el efecto creado por el texto: el énfasis conceptual del autor, la significación de las acciones, lo que pasa con los personajes, los comentarios de los personajes y del narrador. Por ejemplo, volviendo a la obra *Doña Perfecta,* se ve que al hacer triunfar la intolerancia de la protagonista mediante la presentación de los resultados trágicos de la falta de comprensión, Galdós no necesita ofrecer moralejas; el lector puede intuir el tema que se está presentando —la intolerancia. Por eso en el capítulo final de la novela, sólo se necesitan dos oraciones: «Esto se acabó. Es cuanto por ahora podemos decir de las personas que parecen buenas y no lo son». Lógicamente, si se trata de un tema explícito, los lectores verán de manera clara cuál es el tema. En el caso de un tema implícito, habrá más posibilidades interpretativas, pues cada lector tendrá su propia manera de analizar un texto cuyos mensajes se presenten de forma indirecta.

Ironía dramática e ironía circunstancial. En el tema del cuento «La conciencia» y en el de la novela *Doña Perfecta* se ve cierta *ironía,* pues el cuento se basa en *lo no visto* y la novela en el *triunfo del personaje hipócrita.* A continuación se analizarán otros ejemplos de ironía. En el cuento «El ausente», también de Ana María Matute, la protagonista se da cuenta del amor de su marido, no cuando éste está presente, sino cuando está ausente. Esta inversión de los conceptos de la ausencia y de la presencia —la creación de una situación inesperada— además de ser irónica, es paradójica porque en la *paradoja,* la verdad parece contradecir las leyes de la lógica. Un ejemplo por excelencia de ironía es el mito de Edipo, base de la tragedia de Sófocles, *Edipo Rey.* Edipo se casa con la reina viuda Yocasta y se propone descubrir al asesino del rey, quien es a la vez el ex esposo de ésta.

Irónicamente, el resultado de su búsqueda revela que es Edipo mismo quien ha matado al rey, el cual a su vez era su padre y, por lo tanto, la reina con quien está casado es su madre. De esta forma, el detective y el asesino son la misma persona. Intensifica la ironía de la obra la presencia de un público teatral tan familiarizado con el mito de Edipo como lo estaba el público de Sófocles, pues el espectador, o lector, que sabe más que el personaje, puede seguir la progresión dramática con plena conciencia del desenlace. Por eso la ironía se llama *dramática*. Pero hay también otra clase de ironía, la ironía *circunstancial* que tiene lugar cuando el lector no se entera de la situación irónica hasta el momento de la culminación de los hechos. El lector del cuento «El ausente», por ejemplo, no llega a entender la ironía de la ausencia hasta el cambio de actitud de la protagonista.

Leitmotivo. Es común notar ciertas variaciones sobre un mismo tema literario dentro de un texto. Los temas (o situaciones o ideas) que recurren o que se repiten de forma variada se llaman *leitmotivos.* Por ejemplo, en *The Canterbury Tales* de Geoffrey Chaucer (¿1340?–1400) todos los caminantes narran una historia y el proceso de narrar se convierte en el leitmotivo central de la obra. Un mismo leitmotivo puede presentarse en obras diferentes. Como ejemplo se puede citar el del protagonista que deja que el curso de su vida sea determinado por influencia de las novelas que lee, como es el caso de don Quijote en la novela de Miguel de Cervantes y el de Madame Bovary en la obra del novelista francés Gustave Flaubert (1821–1880). De igual modo, se puede señalar como leitmotivo la convención de un personaje literario que pone en duda —dentro del marco de la obra— la superioridad de su creador. Entre los ejemplos de este tipo figuran *Niebla* de Miguel de Unamuno (1864–1936) y *Sei personaggi in cerca d'autore* (*Seis personajes en busca de un autor*) del dramaturgo italiano Luigi Pirandello (1867–1936). En la novela *Niebla* de Unamuno, por ejemplo, hay un debate entre el personaje principal (Augusto Pérez) y el autor (transformado aquí en personaje novelesco, personaje ficticio) para probar quién de los dos es más real. Según algunos críticos, el que triunfa en el debate es Augusto Pérez. Un tema musical también puede servir de leitmotivo. La conocida «Obertura de Guillermo Tell» (de la ópera «Guglielmo Tell» del compositor Gioacchino Rossini [1792–1868]) se ha utilizado en el cine y en la televisión para señalar la llegada del Vaquero Solitario (*The Lone Ranger*).

Cosmovisión. Después de haber leído varias obras de un mismo autor, es posible que el lector perciba una relación definida entre sus temas y note que a través de la escritura se revela cierta uniformidad en el pensamiento del autor. Este modo sostenido de concebir la interacción entre los hombres o entre los seres humanos y el universo se llama *cosmovisión* (*worldview,* o *Weltanschauung* en alemán). Por ejemplo, en casi toda la obra de Miguel de Unamuno se ve la preocupación del escritor con el concepto de la muerte y, sobre todo, un intento de resolver su angustia ante el problema de la inmortalidad. Unamuno confronta esta problemática desde múltiples perspectivas tanto literarias como conceptuales y sentimentales. En las obras de otros autores, se ve una clara repetición de temas, como, por ejemplo, las relaciones entre las clases sociales, el papel de la mujer en el matrimonio y dentro de la sociedad en general, el racismo, etcétera, y de esta forma se puede identificar un proyecto unido y unificador por parte del autor. Al reflexionar sobre estos elementos en común, el lector puede percibir la cosmovisión del artista.

APROXIMACIONES CRÍTICAS AL ANÁLISIS DEL TEXTO

Se le llama *estructura* de un texto a la combinación de todos los elementos literarios, al resultado final. Los críticos emplean varias *metodologías* y *aproximaciones críticas* para analizarla. Las aproximaciones que dependen exclusivamente de la materia textual se llaman *formalistas,* pues se basan en un examen de los aspectos formales de la obra. Otras tienen un punto de enfoque *extratextual* y provienen de una consideración de la obra en función de otro sistema: biográfico, sociohistórico, filosófico, psicológico, lingüístico, etcétera. Un estudio del desarrollo de la trama de una obra o de la perspectiva narrativa o de la creación de imágenes, tendría una base formalista. Al contrario, una comparación entre la temática filosófica de una obra y sus antecedentes teóricos o el análisis de un personaje literario según las teorías psicoanalíticas de Sigmund Freud (1856–1939) o arquetípicas de Carl Jung (1875–1961) o también el análisis de un texto como documento biográfico sobre el autor, tendrían una base extratextual. Las aproximaciones más modernas, tales como el estructuralismo, la semiótica y la fenomenología, se basan en investigaciones lingüísticas y filosóficas. Al analizar los textos literarios ponen énfasis ya sea en la producción de estructuras y significaciones (*estructuralismo*), en los complejos signos que forman un texto (la *semiótica*) o en la revelación de la conciencia autorial (la *fenomenología*), en la revelación de la significación a través del juego de presencia y ausencia (la *desconstrucción*), en el juego interdisciplinario de textos y contextos (los *estudios culturales*) y, en términos generales, en el acto complejo y agradable de leer un texto. (Ver Apéndice 3.)

PRÁCTICA

1. Analice el *punto de vista* de cada uno de los fragmentos siguientes. ¿Qué tipo de narrador se presenta? ¿primera o tercera persona? ¿Quién habla? ¿el protagonista? ¿un personaje secundario? ¿un testigo u observador externo?

   a. Call me Ishmael. Some years ago—never mind how long precisely—having little or no money in my purse, and nothing particular to interest me on shore, I thought I would sail about a little and see the watery part of the world. It is a way I have of driving off the spleen, and regulating the circulation. Whenever I find myself growing grim about the mouth; whenever it is a damp, drizzly November in my soul; whenever I find myself involuntarily pausing before coffin warehouses, and bringing up the rear of every funeral I meet; and especially whenever my hypos get such an upper hand of me, that it requires a strong moral principle to prevent me from deliberately stepping into the street, and methodically knocking people's hats off—then I account it high time to get to sea as soon as I can.

   (Herman Melville, *Moby Dick,* 1851)

   b. Aquella noche Laura no podía dormir. Pensaba una vez y otra en la modista, en su traje, en el bolso, que había que limpiar para que disimulara un poco las señales del mucho uso, pero sobre todo en el sombrero.

   …Don Manuel, mientras tanto, pensaba: «Estos subalternos, estos subalternos… Fue una debilidad mía invitarle».

   (Felicidad Blanc, «El cock-tail», 1947)

   c. (Habla el Dr. Watson, compañero del famoso detective Sherlock Holmes.)
   I had seen little of Holmes lately. My marriage had drifted us away from each other.

My own complete happiness, and the home-centered interests which rise up around the man who first finds himself master of his own establishment, were sufficient to absorb all my attention; while Holmes, who loathed every form of society with his whole Bohemian soul, remained in our lodgings in Baker Street, buried among his old books, and alternating from week to week between cocaine and ambition, the drowsiness of the drug, and the fierce energy of his own keen nature. He was still, as ever, deeply attracted by the study of crime, and occupied his immense faculties and extraordinary powers of observation in following out those clues, and clearing up those mysteries, which had been abandoned as hopeless by the official police.

(Sir Arthur Conan Doyle, "A Scandal in Bohemia,"
The Adventures of Sherlock Holmes, c. 1900)

d. Martina, la criada, era una muchacha alta y robusta, con una gruesa trenza, negra y luciente, arrollada en la nuca. Martina tenía los modales bruscos y la voz áspera. También tenía fama de mal genio, y en la cocina del abuelo [el abuelo de la mujer que habla] todos sabían que no se le podía gastar bromas ni burlas… Yo la recuerdo cargando grandes baldes de ropa sobre sus ancas de yegua, y dirigiéndose al río descalza, con las desnudas piernas, gruesas y morenas, brillando al sol. Martina tenía la fuerza de dos hombres, según decía Marta la cocinera, y el genio de cuatro sargentos.

(Ana María Matute, «Envidia», *Historias de la Artámila,* 1961)

e. Billy Tully was a fry cook in a Main Street lunchroom. His face, a youthful pink, was lined around the mouth. There was a dent in the middle of his nose. Thin scars lay one above another at the outer edges of his brows. Crew-cut on top and combed back long on the sides, his rust-colored hair was abundant. He was short, deep-chested, compact, neither heavy or thin nor very muscular, his bones thick, his flesh spare. It was the size of his neck that gave his clothed figure its look of strength. The result of years of exercise, of lifting ten- and twenty-pound weights with a headstrap, it had been developed for a single purpose—to absorb the shock of blows.

Tully had not had a bout since his wife had left him, but last night he had hit a man in the Ofis Inn. What the argument involved he could no longer clearly recall, and he gave it little thought. What concerned him was what had been revealed about himself. He had thrown one punch and the man had dropped. Tully now believed he had given up his career too soon. He was still only twenty-nine.

(Leonard Gardner, *Fat City,* 1969)

f. La mujer de Demetrio Macías, loca de alegría, salió a encontrarlo por la vereda de la sierra, llevando de la mano al niño.

¡Casi dos años de ausencia!

Se abrazaron y permanecieron mudos; ella embargada por los sollozos y las lágrimas.

Demetrio, pasmado, veía a su mujer envejecida, como si diez o veinte años hubieran transcurrido ya. Luego miró al niño, que clavaba en él sus ojos con azoro. Y su corazón dio un vuelco cuando reparó en la reproducción de las mismas líneas de acero de su rostro y el brillo flamante de sus ojos. Y quiso atraerlo y abrazarlo; pero el chiquillo, muy asustado, se refugió en el regazo de la madre.

—¡Es tu padre, hijo! …¡Es tu padre!

(Mariano Azuela, *Los de abajo,* 1916)

g. (El fragmento se refiere a Delia Grinstead, una mujer al borde de una crisis de identidad.) Halfway home, she had a sudden realization: she should have given him the groceries he had picked out. Good heavens—all that pasta, those little grains of orzo, and now she remembered his consommé too. Consommé madrilene: she wasn't even sure how to pronounce it. She was driving away with property that belonged to someone else, and it was shameful how pleased she felt, and how lucky, and how rich.

(Anne Tyler, *Ladder of Years,* 1995)

h. (Lo que sigue son las primeras oraciones del cuento «Paulo Pumilio».)

Soy plenamente consciente, al iniciar la estructura de estos folios, de que mis contemporáneos no sabrán comprenderme. Entre mis múltiples desgracias se cuenta la de la inoportunidad con que nací: vine al mundo demasiado pronto o demasiado tarde. En cualquier caso, fuera de mi época. Pasarán muchos años antes de que los lectores de esta confesión sean capaces de entender mis razones, de calibrar mi desarrollada sensibilidad amén de la grandeza épica de mis actos. Corren tiempos banales y chatos en los que no hay lugar para epopeyas. Me llaman criminal, me tachan de loco y de degenerado. Y, sin embargo, yo sé bien que todo lo que hice fue equitativo, digno y razonable.

(Rosa Montero, «Paulo Pumilio», 1982)

2. ¿Cómo se puede clasificar al narrador de cada uno de los trozos siguientes? ¿Es fidedigno o indigno de confianza?

a. (Aquí se presenta a la protagonista Benina, una mujer dispuesta a ayudar a los demás a toda costa. Por sus actos benéficos, llega a ser considerada como una verdadera santa.)

La mujer de negro vestida, más que vieja, envejecida prematuramente, era, además de *nueva* [entre los mendigos], temporera, porque acudía a la mendicidad por lapsos de tiempo más o menos largos, y a lo mejor desaparecía, sin duda por encontrar un buen acomodo o almas caritativas que la socorrieran. Respondía al nombre de la señá Benina (de lo cual se infiere que Benigna se llamaba), y era la más callada y humilde de la comunidad, si así puede decirse; bien criada, modosa y con todas las trazas de perfecta sumisión a la divina voluntad. …Con todas y con todos hablaba el mismo lenguaje afable y comedido. [Sigue una descripción física.] Con este pergenio y la expresión sentimental y dulce de su rostro, todavía bien compuesto de líneas, parecía una Santa Rita de Casia que andaba por el mundo en penitencia.

(Benito Pérez Galdós, *Misericordia,* 1897)

b. (Se presenta a «Timoteo el incomprendido» en relación con su devoción al arte puro.)

Timoteo Moragona y Juarrucho era un artista incomprendido. Las vecinas se cachondeaban de él y de decían:

—¿Qué, Timoteo, le han encargado a usted algún San Roque?[1]

—¡No señor! ¡No me han encargado ningún San Roque! ¡Yo no soy un artista de encargos! [La vecina más atrevida continúa burlándose de él.]

Y entonces, Timoteo le pegó una patada en el vientre y la tiró por encima del puestecillo de una vieja que vendía chufas y cacahuetes.

—¡Tome usted! ¡Para que escarmiente y no se vuelva a meter con los artistas!

(Camilo José Cela, «Timoteo el incomprendido», 1952)

[1]le... are you doing some work on commission?

c. (El narrador es un personaje sin nombre, un inglés —según le llama la gente— que narra la historia del traidor John Vincent Moon, quien denunció a un amigo suyo en la época de la lucha por la independencia irlandesa. La narración termina así:)

—Yo soy Vincent Moon. Ahora desprécieme.

(Jorge Luis Borges, «La forma de la espada», *Ficciones,* 1944)

3. ¿Cuál es el término que señala el papel de los «señores» que aparecen en los dos pasajes siguientes y a quienes va dirigida la narrativa?

a. Yo, señor, soy de Segovia. Mi padre se llamó Clemente, natural del mismo pueblo; Dios le tenga en el cielo.

(Francisco de Quevedo, *El Buscón,* 1626)

b. Yo, señor, no soy malo, aunque no me faltarían motivos para serlo.

(Camilo José Cela, La familia de Pascual Duarte, 1942)

4. Indique qué clase de final (cerrado, abierto o irónico) es cada uno de los siguientes. ¿En cuál de ellos se ve un caso de justicia poética?

a. (En la novela se presenta una modernización del mito de Caín y Abel. Abel Sánchez ya ha muerto. El sujeto del párrafo final es Joaquín Monegro, figura de Caín.)
Calló. No quiso o no pudo proseguir. Besó a los suyos. Horas después rendía su último cansado suspiro.

(Miguel de Unamuno, Abel Sánchez, 1917)

b. (Al protagonista Gold le han encargado un libro sobre sus experiencias familiares; éste es el asunto principal de la novela misma.)
Gold continued to Esther's for Belle and drove home. He owed Pomoroy a book. Where could he begin?

(Joseph Heller, Good as Gold, 1979)

c. (La joven Tristana, víctima de don Lope Garrido y de una enfermedad cruel, acaba casándose con el viejo don Lope. Inexplicablemente, los dos parecen haberse adaptado a la nueva vida.)
¿Eran felices una y otro? …Tal vez.

(Benito Pérez Galdós, Tristana, 1892)

d. (El médico don Amador, invitado a cenar en casa del abuelo de la narradora, muy a disgusto sale a visitar a un enfermo pobre. Antes del tratamiento, el médico exige que la familia le pague la cuenta, y se jacta de eso al volver a la casa.)
Era muy tarde cuando el médico se fue. Se había emborrachado a conciencia y al cruzar el puente, sobre el río crecido, se tambaleó y cayó al agua. Nadie se enteró ni oyó sus gritos. Amaneció ahogado, más allá de Valle Tinto, como un tronco derribado, preso entre unas rocas, bajo las aguas negruzcas y viscosas del [río] Agaro.

(Ana María Matute, «La chusma», Historias de la Artámila, 1961)

5. En «La conciencia» de Ana María Matute, un vagabundo llega a la posada de Mariana, y al decirle que ha visto algo que Mariana no quiere que se sepa, logra aprovecharse de ella (y luego de su marido). Por fin, Mariana no puede soportar más la situación y le pide al vagabundo que se vaya. Al marcharse, éste le confiesa que no ha visto nada y le da un consejo: «Vigila a tu Antonio».

En el esquema que sigue, ¿cómo se clasifican los diversos elementos de la trama, según las categorías de *exposición, desarrollo, suspenso, punto decisivo, clímax* y *desenlace?*

a. Hacía muy mal tiempo. El vagabundo le pidió a la posadera hospedaje por una noche.

b. El vagabundo se niega a marcharse. Amenaza a la posadera, diciéndole que lo ha visto todo. La mujer teme que la haya visto con su amante. Vuelve el marido. El vagabundo se queda.

c. Mariana está cada vez más desesperada. El lector no sabe cómo va a resultar todo eso.

d. Mariana decide echar al vagabundo de la casa, pase lo que pase.

e. Ella echa al vagabundo, quien le dice que no ha visto nada, pero que sabe que nadie tiene la conciencia pura.

f. Al marcharse, el vagabundo le advierte a Mariana: «Vigila a tu Antonio».

6. Analice el discurso (la narración, el lenguaje y la relación entre lenguaje y concepto, el tono) de cada uno de los fragmentos siguientes.

a. FOETEO ERGO SUM.

I stink, therefore I am.

Descartes had to be French, right? That's the problem with the French. Always putting Descartes before the horse.

I thought I'd open with a joke. Loosen things up a bit, if you know what I mean. You see, I'm not a writer. I'm an accountant. It's my brother who's the writer. He's Jack. I'm Jerry. He's the one who should be writing this book. But he's not here right now.

(Gerald Rosen, *The Carmen Miranda Memorial Flagpole,* 1977)

b. Was every day of life to be as busy a day as this,——and to take up,——truce——

I will not finish that sentence till I have made an observation upon the strange state of affairs between the reader and myself, just as things stand at present——an observation never applicable before to any one biographical writer since the creation of the world but to myself. . . .

I am this month one whole year older than I was this time twelve-month; and having got, as you perceive, almost into the middle of my fourth volume——and no farther than to my first day's life——'tis demonstrative that I have three hundred and sixty-four days more life to write just now, than when I first set out; so that instead of advancing, as a common writer, in my work with what I have been doing at it——on the contrary, I am just thrown so many volumes back——was every day of my life to be as busy a day as this——And why not?——and the transactions and opinions of it to take up as much description——And for what reason should they be cut short? as at this rate I should just live 364 times faster than I should write——It must follow, an' please your Worships, that the more I write, the more I shall have to write——and consequently, the more your Worships will have to read.

(Laurence Sterne, *Tristram Shandy,* 1760)

c. (Sigue una descripción del exageradamente erudito Antolín S. Paparrigópulos.)
Preparaba una edición popular de los apólogos de *Calila y Dimna* [una colección medieval de cuentos] con una introducción acerca de la influencia de la literatura índica en la Edad Media española, y ojalá hubiese llegado a publicarla, porque su lectura habría apartado, de seguro, al pueblo de la taberna y de perniciosas doctrinas de imposibles redenciones económicas. Pero las dos obras magnas que preparaba Paparrigópulos eran una historia de los escritores oscuros españoles, es decir, de aquellos que no figuran en las historias literarias corrientes o figuran sólo en rápida mención por la supuesta insignificación de sus obras, corrigiendo así la injusticia de los tiempos, injusticia que tanto deploraba y aun temía, y era otra su obra acerca de aquellos cuyas obras se han perdido sin que nos quede más que la mención de sus nombres y a lo sumo de los títulos de las que escribieron. Y estaba a punto de acometer la historia de aquellos otros que habiendo pensado escribir no llegaron a hacerlo.

(Miguel de Unamuno, *Niebla,* 1914)

d. Lees ese anuncio: una oferta de esa naturaleza no se hace todos los días. Lees y relees el aviso. Parece dirigido a ti, a nadie más. Distraído, dejas que la ceniza del cigarro caiga dentro de la taza de té que has estado bebiendo en este cafetín sucio y barato. Tú releerás. Se solicita historiador joven. Ordenado. Escrupuloso. Conocedor de la lengua francesa. Conocimiento perfecto, coloquial. Capaz de desempeñar labores de secretario. Juventud, conocimiento del francés, preferible si ha vivido en Francia algún tiempo. Tres mil pesos mensuales, comida y recámara cómoda, asoleada, apropiada estudio. Sólo falta tu nombre. Sólo falta que las letras más negras y llamativas del aviso informen: Felipe Montero. Se solicita Felipe Montero, antiguo becario [estudiante que tiene beca] en la Sorbona, historiador cargado de datos inútiles, acostumbrado a exhumar papeles amarillentos, profesor auxiliar en escuelas particulares, novecientos pesos mensuales. Pero si leyeras eso, sospecharías, lo tomarías a broma. Donceles 815 [la dirección]. Acuda en persona. No hay teléfono.

(Carlos Fuentes, Aura, 1962)

7. Comente la presentación de Augusto Pérez, protagonista de *Niebla,* en los primeros párrafos de la novela. ¿De qué recursos hace uso, o sea, qué técnica emplea el narrador para presentar a Augusto Pérez? ¿Cómo está caracterizado Augusto?

Al aparecer Augusto a la puerta de su casa extendió el brazo derecho, con la mano palma abajo y abierta, y dirigiendo los ojos al cielo quedóse[1] un momento parado en esta actitud estatuaria y augusta. No era que tomaba posesión del mundo exterior, sino era que observaba si llovía. Y al recibir en el dorso de la mano el frescor del lento orvallo[2] frunció el entrecejo.[3] Y no era tampoco que le molestase la llovizna, sino el tener que abrir el paraguas. ¡Estaba tan elegante, tan esbelto, plegado y dentro de su funda[4]! Un paraguas cerrado es tan elegante como es feo un paraguas abierto.

«Es una desgracia esto de tener que servirse uno de las cosas —pensó Augusto—; tener que usarlas. El uso estropea y hasta destruye toda belleza. La función más noble de los objetos es la de ser contemplados. ¡Qué bella es una naranja antes de comida! Esto cambiará en el cielo cuando todo nuestro oficio se reduzca, o más bien se ensanche,[5] a contemplar a Dios y todas las cosas en Él. Aquí, en esta pobre vida, no nos cuidamos sino de servirnos de Dios; pretendemos abrirlo, como a un paraguas, para que nos proteja de toda suerte de males».

Díjose así y se agachó[6] a recojerse[7] los pantalones. Abrió el paraguas por fin y se quedó un momento suspenso y pensando: «Y ahora, ¿hacia dónde voy?, ¿tiro[8] a la derecha o a la izquierda?» Porque Augusto no era un caminante, sino un paseante de la vida. «Esperaré a que pase un perro —se dijo— y tomaré la dirección inicial que él tome».

[1]se quedó [2]lluvia menuda [3]frunció... *frowned* [4]cubierta [5]amplíe [6]inclinó [7]*to roll up* [8]voy

PANORAMA HISTÓRICO Y CATEGORÍAS FUNDAMENTALES

EL GÉNERO NARRATIVO: DEFINICIÓN Y ORÍGENES

En un sentido amplio, a la narrativa se le ha dado el nombre de ficción. La razón es que toda historia inventada o imaginada representa efectivamente una ficción. La palabra «fingir» —de la cual se deriva «ficción»— viene del latín *fingere* (*to pretend, feign*). Por eso, al referirse a la ficción, se piensa en algo fabricado, artificial, simulado (*faked*). Esto puede ayudar a comprender el carácter fundamental de la narrativa y la relación que existe entre el concepto de «vida» y el de «arte» (literario en este caso). Pero ¿por qué la realidad ficticia del cuento o de la novela causa la impresión de ser tan «verdadera» que capta la atención del lector? La respuesta a esta pregunta la proporcionaría el término «historia», que reúne en sí dos conceptos: el de «vida», representado por los hechos reales (*history*), y el de «imitación de la vida» o «mimesis», que corresponde a la ficción en particular y al arte en general (*story*). Se podría decir entonces que la obra de ficción, u obra narrativa, quiere ser una imagen de la vida y del mundo en donde el autor representa su cosmovisión (*world view, philosophy of life*) o sea, su actitud ante la vida.

El género narrativo existe, de una forma u otra, desde hace mucho tiempo. Los antiguos egipcios han dejado relatos (*stories, accounts*) que se remontan (*date back*) a los años 4000 antes de Cristo (a.C.). Asimismo, la Biblia contiene historias que preceden a la literatura clásica. Por su parte, los griegos y los romanos han dejado como legado (*legacy*) sus epopeyas o poemas épicos —*La Ilíada* y *La Odisea* de Homero y *La Eneida* de Virgilio.

La Ilíada (siglo IX a.C.) es el primer ejemplo que se conserva de la literatura narrativa occidental (*Western*). Según la leyenda, el poeta griego Homero reunió en este poema épico los mitos y leyendas populares acerca de la guerra de Troya, inmortalizando así los actos heroicos de los guerreros que con su victoria contribuyeron a la fundación de la civilización occidental. Aunque la existencia de tales hechos ha sido probada arqueológicamente, nada sabríamos de los participantes y de sus móviles (*motives*) si no fuera por *La Ilíada,* ya que los hechos y los seres humanos se olvidan pronto y su verdadera existencia comienza sólo cuando sus hazañas (*heroic feats*) se convierten en ficción y el lector, con su imaginación, participa en ellas a través del texto.

EL CID, EL CONDE LUCANOR Y LA NARRATIVA MEDIEVAL EN ESPAÑA

La influencia de las epopeyas grecorromanas produce más tarde, en la Edad Media, el *romance* (*ballad*) (p. 160) y la *épica,* del griego *épicos,* que quiere decir *relato* o *canción*. Este tipo de poesía narrativa y heroica, estructurada en forma episódica, relata las proezas (*noble deeds*) de héroes que simbolizan el carácter nacional —carácter en el que se reflejan los valores religiosos y culturales de la época. En España, los temas del romance y de la épica giran (*revolve*) en torno a la historia y tradición de la Península Ibérica. El canto épico nacional es el *Poema del Cid* o *Cantar de Mio Cid* (c. 1140). En él se narran las hazañas, extraordinarias y a la vez humanas, de Rodrigo Díaz de Vivar, «El Cid», héroe nacional de España. En este personaje, que lucha contra los infieles por su propia honra (*honor*) y por el amor a su familia, se unen el *realismo práctico* y el *noble idealismo* que ejemplifican el espíritu español.

Es el siglo XIV el que marca el florecimiento de la narrativa. Con el intento de entretener, aparece en la literatura castellana el libro de caballerías *Historia del caballero Cifar* (1300), donde figuran varios relatos en los que se combinan muchos elementos que caracterizarán a las futuras novelas de caballerías (*romances of chivalry*): leyendas fantásticas, batallas y milagros. Pero la obra maestra de la prosa de ficción española de ese siglo es *El conde Lucanor* o *Libro de Patronio* (1335) (p. 41), obra de fin didáctico escrita por don Juan Manuel (1282–¿1349?).

LA PROSA NARRATIVA RENACENTISTA

Debido a la entusiástica valoración (*appreciation*) del mundo y la humanidad, la época del *Renacimiento* (ver Apéndice 3) engendra una narrativa destinada a entretener y a concientizar (*raise people's consciousness*). En ella se destacan dos vertientes (*strands*): la idealista y la realista. La primera exalta los ideales de la época —el valor, la lealtad y el amor— a través de historias llenas de fantásticas aventuras y de episodios extraordinarios. La segunda corriente retrata la realidad viva y satiriza una sociedad injusta y cruel.

Siguiendo la vertiente idealista, aparece alrededor de 1508 la obra caballeresca más notable, el *Amadís de Gaula,* novela en la que se ensalza (*is praised, extolled*) la vida del caballero andante (*knight errant*) y que servirá de modelo para los numerosos *libros de caballerías* que se compondrán en el siglo XVI.

Dentro de esta misma corriente idealista aparece en 1559 la *Diana* de Jorge Montemayor, modelo de la *novela pastoril* que celebra la vida bucólica, o sea, la vida campestre de sus personajes —los pastores (*shepherds*)— y sus amores.

En la *novela morisca* se refleja la influencia de la cultura de los moros (*Moors*). En este tipo de narrativa se idealiza el amor del galán (*lover*) árabe por su dama. Típica de este género es la anónima *Historia del Abencerraje y de la hermosa Jarifa* (1565).

Otra categoría de narrativa extensa es la *novela dramática* o *dialogada,* cuya obra maestra es la *Tragicomedia de Calisto y Melibea,* de Fernando de Rojas. Conocida mejor como *La Celestina* (1499), esta obra combina el drama —escrito para ser leído, no representado— y la novela. Uno de los muchos méritos literarios de esta obra clásica de la literatura hispánica es la perfecta fusión del idealismo más puro y del más crudo realismo.

Dentro de la vertiente realista es imprescindible (*essential*) señalar la obra *Vida de Lazarillo de Tormes* (1554). Esta novela ocupa un lugar de suma importancia en el desarrollo de la narrativa. Es el primer ejemplo de la «novela» en el sentido moderno de la palabra y a la vez prototipo del *género picaresco*. Dicha clase de obra es estructurada como el relato de una serie de episodios independientes entre sí unidos por la presencia del protagonista o personaje central —el *pícaro* (*rogue*). Este es un individuo de bajo origen, cuya mala suerte le ha hecho nacer en un ambiente hostil contra el cual está obligado a luchar para sobrevivir. Irónicamente, lejos de satisfacer el hambre que le persigue sin descanso y que motiva sus acciones, el pícaro no recibe más que golpes. El humor y la sátira social se mezclan en la narración, que, en forma autobiográfica y con deslumbrante realismo, presenta el protagonista.

CERVANTES Y EL APOGEO (*PINNACLE*) DE LA NOVELA EN EL «SIGLO DE ORO»

Uno de los más celebrados prosistas de todos los tiempos, y el mayor del «Siglo de Oro» —nombre que se le ha dado en España a la época que se extiende desde principios del siglo XVI hasta fines del XVII— es Miguel de Cervantes Saavedra. Siguiendo la corriente idealista del Renacimiento, escribe dos novelas: *La Galatea* (1585) de tipo pastoril y *Los trabajos de Persiles y Sigismunda* (obra póstuma, 1617) que por tratarse de las aventuras y peripecias (*changes of fortune*) de dos amantes se cataloga como poético-fantástica. Las *Novelas ejemplares* (1613) siguen la corriente realista.

La obra maestra de Cervantes es, sin duda, *El ingenioso hidalgo don Quijote de la Mancha,* cuyas dos partes aparecen en 1605 y 1615. Traducida a casi todos los idiomas principales del mundo, es tal vez la novela más popular de la historia. En ella se relatan las aventuras, cómicas y a la vez patéticas, de Alonso Quijano, un anciano señor que pierde la razón a fuerza de tanto leer novelas caballerescas. En este estado se convierte en don Quijote de la Mancha, caballero andante, quien sale al mundo resuelto a luchar contra la injusticia hasta acabar con ella. Aunque tales aventuras deleitan (*delight*) por lo divertido de las situaciones en las que irónicamente el protagonista paga caro sus nobles intenciones, el valor de la obra radica, a la postre (*in the final analysis*), en su capacidad de conmover con su visión tragicómica de la vida. Concebida por su autor como parodia de los libros de caballerías de la época, el *Quijote* ha llegado a ser una especie de comedia humana universal en la que don Quijote y su tosco escudero (*crude squire*) Sancho Panza simbolizan la antítesis humana del idealismo y del realismo y la interrelación entre los dos polos. Su elaborada estructura integra magistralmente un gran número de géneros y modos narrativos —lo caballeresco, lo pastoril, lo sentimental, lo picaresco y lo psicológico. Por todo esto, así como por su impecable caracterización y cuidado estilístico, *Don Quijote* ha de considerarse el primer modelo o prototipo para la teoría del arte novelístico.

LA NARRATIVA DEL BARROCO

Al momento renacentista que exaltaba al mundo y a los hombres —momento en que se estudiaba y admiraba la antigüedad clásica— sigue una época en la cual el individuo pierde su desenfrenado (*unrestrained*) optimismo y se convierte en un ser pesimista, introspectivo y escéptico (*skeptical*). Contra esta actitud de amargura y desengaño (*disillusionment*), y ante la Reforma protestante, la Iglesia católica reacciona con un movimiento de renovación espiritual denominado *Contrarreforma*. Surge por lo tanto el estilo *barroco* (ver Apéndice 3) como expresión de la desvalorización de la vida terrenal y de la naturaleza humana así como manifestación del rechazo de los principios estéticos del clasicismo renacentista. En España, el período barroco, que abarca (*covers, spans*) el siglo XVII, coincide con la decadencia política, social y económica del país ocasionada principalmente por la conquista y colonización de América, la expulsión de judíos y moriscos y las incesantes guerras en Europa. La novela picaresca refleja como ninguna otra modalidad la visión caótica, amarga y pesimista de un pueblo que presenciaba el deterioro de la grandeza española. Como ejemplo de la cosmovisión del Barroco español cabe señalar *La vida del Buscón* (1626) de Francisco de Quevedo. Aunque los episodios son muy parecidos a los de otras novelas picarescas, en el sentido de que muestran al protagonista en lucha continua contra el hambre y la mala suerte, ya no se encuentra la risueña (*good-humored*) ironía del *Lazarillo* ante el desengaño. Al contrario, en la obra de Quevedo se nota un humorismo crudo, unas bufonadas groseras (*crude pranks*) y una fuerza sarcástica que hiere (*hurts*) con frecuencia.

Una de las grandes obras de la narrativa del Barroco y de la literatura universal es *El criticón,* de Baltasar Gracián, novela filosófica dividida y publicada en tres partes (*En la primavera de la niñez y en el estío de la juventud,* 1651; *En el otoño de la edad varonil,* 1653; *En el invierno de la vejez,* 1657). La obra, que por su marcado pesimismo influyó mucho en pensadores y escritores europeos como La

Rochefoucauld, Schopenhauer, Hartman y Nietzsche, representa en términos alegóricos o simbólicos la deplorable condición humana. Según Gracián las acciones de los hombres son motivadas por el egoísmo. De ahí, la vida no es otra cosa sino una guerra constante y fútil contra una humanidad esencialmente perversa.

LA NOVELA DEL «SIGLO DE LAS LUCES» O «ILUSTRACIÓN» (*ENLIGHTENMENT*)

La decadencia del imperio español, a principios del siglo XVII, hace que Inglaterra y Francia sustituyan a España como superpotencias políticas y culturales. De este modo, las doctrinas de filósofos como Bacon, Locke, Diderot y Descartes —que proponían una aproximación experimental al estudio de las ciencias y de las humanidades— se difunden por toda Europa, incluyendo a España. Por lo tanto, durante casi todo el siglo XVIII —época conocida como el «Siglo de las Luces» (*The Age of Enlightenment*) o «Ilustración» (ver Apéndice 3)— se producen aquí más que nada obras de tipo crítico y didáctico, muchas de ellas compuestas al estilo neoclásico francés. Ningún género decayó tanto en la literatura como la novela. En España la única obra que merece la atención del lector moderno es *Fray Gerundio de Campazas* (1758), del jesuita Francisco de Isla. En esta obra, que satiriza los excesos del lenguaje barroco, se nota el espíritu analítico y reformista de la Ilustración, así como ciertas características de la narrativa del siglo anterior. Estas son (1) la narración episódica de la infancia y de la temprana educación del rústico y grotesco héroe, (2) la ironía socarrona (*cunning*) y (3) la gracia natural —rasgos típicos del género picaresco.

LA NARRATIVA DE LA CONQUISTA Y DE LA ÉPOCA COLONIAL EN AMÉRICA

Se ofrecen dos posibles razones para explicar la falta de una verdadera narrativa hispanoamericana hasta principios del siglo XIX. Una de ellas atribuye el fenómeno al hecho de que las autoridades españolas prohibieron la difusión de toda obra de ficción en América por considerarse este género ocioso (*idle*) y peligroso. La otra tiene que ver con la actitud misma de los escritores de la Conquista y Colonia. Estos, en su mayor parte soldados, aventureros y clérigos, encontraron que el Nuevo Mundo en sí mismo era una maravilla y, en cuanto a aventuras, no necesitaban imaginárselas. De modo que los escritores hispanoamericanos de los siglos XVI y XVII consideraron su actividad literaria como una misión personal con un fin más bien (*rather*) didáctico (*teaching*) que consistía en informar a Europa de los distintos aspectos de América, convertir a los indígenas y educar a la sociedad colonial. Para ello se valieron de la *crónica* y de la *épica* (ver Apéndice 3).

Además de la prosa histórica y de la poesía épica, también se compusieron desde muy temprano escritos que contienen rasgos narrativos. Entre los principales se encuentran crónicas como la *Verdadera historia de la conquista de la Nueva España* (1568) de Bernal Díaz del Castillo, *Naufragios* (1541–1555) de Alvar Núñez Cabeza de Vaca y *Comentarios reales* (1609–1617) y *La Florida del Inca* (1605) del Inca Garcilaso de la Vega. La importancia del Inca Garcilaso consiste en que este mestizo, hijo de un hidalgo español y una princesa indígena, se sirvió de la educación humanística (ver Humanismo, Apéndice 3) adquirida en España y de los testimonios de parientes y amigos de su madre para investigar y luego producir, con los *Comentarios,* el primer tratado sobre los orígenes, la historia, la forma de gobierno, las costumbres y la cultura de los incas. Otro escrito de tipo documental y narrativo es *Los infortunios de Alonso Ramírez* (1690) del mexicano Carlos de Sigüenza y Góngora. Este relato, que narra, al estilo picaresco y en un lenguaje algo barroco, las desventuras de un joven puertorriqueño que viaja alrededor del mundo, reúne elementos reales y ficticios que anticipan la prosa novelística del neoclasicismo (ver Apéndice 3).

LA PROSA HISPANOAMERICANA DE LA ILUSTRACIÓN Y DEL NEOCLASICISMO

El hispanoamericano se ha sentido siempre obligado a hacer de su obra un espejo de la realidad geográfica, histórica, política y social de su tierra. El primer ejemplo de este tipo de narrativa posiblemente sea *El Lazarillo de ciegos caminantes* (1773) del peruano Calixto Bustamante Carlos Inca —alias «Concolorcorvo»— o, según las especulaciones más recientes, del español Alonso Carrió de la Vandera (¿1715?– 1758). Al igual que el relato de Sigüenza y Góngora, *El Lazarillo* abunda en elementos picarescos, en el sentido de que no hay una verdadera trama, sino una serie de episodios sueltos, a los cuales el protagonista confiere unidad. En ambas novelas, el narrador es una especie de vagabundo que relata, en la primera persona y en un tono muy humorístico, sus peripecias y un sinfín de lances (*difficult situations*).

Sin embargo, la primera obra narrativa de Hispanoamérica, en sí misma considerada, es la novela *El periquillo sarniento* (1816) del mexicano José Fernández de Lizardi. Sirviéndose del personaje picaresco de Periquillo, Lizardi critica las instituciones políticas, sociales y religiosas de su país, en vísperas (*on the eve*) de la Independencia. Trátase de un país agobiado (*oppressed, overwhelmed*) por el conservadurismo, la apatía social y un sistema de educación intolerable. Lizardi, al redimir a su antihéroe al final de la obra, muestra su fe en la humanidad, en la razón y en el propio futuro de México —actitud optimista, típica del iluminismo. Cabe señalar asimismo (*as well*) que ya en esta novela se nota una tendencia que se manifiesta en las letras hispanoamericanas: el conflicto interior del escritor dividido entre sus dos herencias (*heritages*) —la europea y la americana.

EL ESPÍRITU LIBERAL Y EL ROMANTICISMO EN ESPAÑA

Se ha dicho, y con razón, que la literatura romántica de principios del siglo XIX intentó imitar en el plano artístico lo que habían logrado a nivel político las varias y distintas luchas por las reformas sociales y por la independencia nacional. De hecho, los postulados de la Revolución francesa —«libertad, igualdad y fraternidad»— se convirtieron en el lema (*motto*) del artista romántico, quien abogaba por (*advocated*) el reconocimiento de la libertad individual y de la libre expresión de la emoción. En España el *Romanticismo* (ver Apéndice 3) coincide con tres eventos políticos. El primero, y tal vez el más importante, fue la Guerra de la Independencia (1808–1813), que expulsó a las tropas invasoras de Napoleón juntando así a todos los españoles y eliminando las diferencias de clase. El segundo fue sin duda la Constitución de 1812, que abolió el absolutismo e impuso reformas democráticas. Por fin, la vuelta a España de muchos liberales, por la mayor parte intelectuales y artistas que se habían refugiado en el extranjero durante el gobierno tiránico de Fernando VII (1814–1833), trajo al país la influencia del Romanticismo inglés, francés y alemán.

Aunque la corriente romántica española dejó en la poesía y en el drama algunas de las páginas más originales y bellas de la literatura universal, en la novela no produjo nada de verdadero mérito literario. Dejó sí el caudal (*abundant volume*) de sus *cuadros de costumbres* —retratos de la vida del pueblo con todos sus detalles, así como pinturas de tipos y personajes populares.

EL ROMANTICISMO EN LA NARRATIVA HISPANOAMERICANA

El Romanticismo hispanoamericano ha de entenderse como fenómeno que ocurre paralelamente al proceso de independencia política (1810–1824) y al subsecuente período de luchas entre los liberales, que exigían reformas democráticas, y los conservadores —partidarios (*supporters*) de los caudillajes o dictaduras que surgieron tras la independencia. El movimiento romántico en Hispanoamérica coincide asimismo con el momento fundamental de definición de nacionalidad de las nuevas repúblicas y con la valorización del suelo americano, del indígena, del pasado histórico, así como de las leyendas y tradiciones populares.

No ha de sorprender, por consiguiente, que la novela sea el género que predomina en casi toda la literatura romántica del Nuevo Mundo hispánico. Esta refleja una narrativa en formación que si en sus temas se esfuerza por (*strives to*) reflejar la realidad americana, en su técnica se ve ligada a la tradición idealizadora forjada por el Romanticismo europeo. Dentro del género novelesco hay varias categorías, como se verá a continuación.

En el ámbito (*realm*) de la *novela política*, la obra principal es *Amalia* (1851) del argentino José Mármol, que trata de la persecución de los intelectuales por el dictador Juan Manuel Rosas en la Argentina. *María* (1867), del colombiano Jorge Isaacs, es sin duda la obra cumbre de la *novela sentimental*. El mejor modelo de la *novela indianista* o *de idealización del indígena* es *Cumandá o Un drama entre salvajes* (1879), del ecuatoriano Juan León Mera. *Cecilia Valdés* (1892), de Cirilo Villaverde, cubano, representa la *novela abolicionista* o *de defensa del esclavo negro*. La *novela histórica* de mayor relieve es *Enriquillo* (1878–1882), del dominicano Manuel Jesús Galván —documento vívido de la exterminación de los indígenas en Santo Domingo.

DOS GÉNEROS AMERICANOS: LO «GAUCHESCO» Y LA «TRADICIÓN»

La narrativa romántica de sello (*stamp*) nítidamente americano cuenta ante todo con el poema narrativo *Martín Fierro* (1872–1879) del argentino José Hernández, obra maestra del género gauchesco —versos relacionados con el legendario vaquero de la pampa, el *gaucho*— y uno de los clásicos de la literatura hispánica.

En las *Tradiciones peruanas* de Ricardo Palma (pp. 45–46), se ve el proceso evolutivo de esta prosa americana netamente autóctona (*native*). Estos relatos son una feliz combinación de documento histórico, tradiciones y ficción anecdótica.

EL REALISMO Y EL NATURALISMO EN LA NOVELA COSTUMBRISTA ESPAÑOLA

Si en la primera mitad del siglo XIX la visión subjetiva, espiritualista, de la realidad había creado el Romanticismo que idealizaba al mundo, en la segunda, el énfasis en el progreso científico y económico engendra (*engenders, produces*) una concepción *objetiva, materialista,* de la vida. De ahí, el artista se siente obligado a retratar (*depict*) la realidad —invariablemente su propio medio ambiente (*social environment, milieu*)— con la mayor fidelidad. Nace así el estilo de época denominado *realismo* (ver Apéndice 3).

En la literatura española el realismo usó como materia prima el *cuadro de costumbres,* de cuño (*stamp*) romántico, para elaborar una obra realmente nacional basada en las tradiciones regionales. Dicha obra es la *novela regional o costumbrista.* Como ejemplo de ésta cabe señalar *Escenas montañesas* (1864) y *Peñas arriba* (1895) de José María de Pereda. Sin embargo, es Fernán Caballero (seudónimo de Cecilia Böhl de Fáber) quien inaugura el género con *La Gaviota* (1849). De notable valor literario son también *Pepita Jiménez* (1874) de Juan Valera y *El sombrero de tres picos* (1874) de Pedro Antonio de Alarcón.

La novelista Emilia Pardo Bazán (pp. 49–50) fue quien intentó introducir el *naturalismo* en España. El naturalismo, influido por el *determinismo positivista* (ver Positivismo, Apéndice 3) que explica la degradación del individuo como resultado de la herencia y del ambiente, no echó raíces en un país católico como España. En la novela *Los pazos de Ulloa* (1886) y en su segunda parte, *La Madre Naturaleza* (1887), de la mencionada novelista, se encuentran detalles naturalistas, aunque las obras que más se adhieren a esta tendencia son *La Regenta* (1884–1885) de Leopoldo Alas («Clarín») y *La barraca* (1898) de Vicente Blasco Ibáñez.

GALDÓS Y EL FLORECIMIENTO DE LA MODERNA NOVELA ESPAÑOLA

Al seguir la orientación realista, la novela española experimenta su propio Siglo de Oro. Benito Pérez Galdós, maestro del realismo, cultivó y perfeccionó en el siglo XIX los múltiples géneros novelísticos, así como Cervantes lo había hecho en su época. Con Cervantes comparte también el papel de padre de la novela española. Galdós estudia la sociedad de su país mediante el contacto personal con el pueblo —el resultado es una obra que refleja un profundo conocimiento de la naturaleza humana en general y del carácter español en particular. Galdós cultiva todo género novelístico. En la *novela histórica* mezcla la realidad con la ficción para analizar los orígenes de la revolución española del siglo XIX; el mejor ejemplo de tal tipo de novela son los *Episodios nacionales* (1873–1912). La *novela de tesis* encierra la denuncia de ciertos males (*evils, ills*) sociales, especialmente el fanatismo religioso. Aquí es preciso mencionar *Doña Perfecta* (1876), *Gloria* (1877) y *Fortunata y Jacinta* (1886–1887). En *Misericordia* (1897), novela de *contenido idealista,* Galdós se concentra en las implicaciones psicológicas de la

miseria (*poverty*) y de la mendicidad (*begging*) con las que se enfrentan diariamente sus personajes.

LA NARRATIVA REALISTA Y NATURALISTA
EN HISPANOAMÉRICA

El realismo y el naturalismo en la literatura hispanoamericana tratan, como en
Europa, de retratar al ser humano en lucha contra el medio ambiente que necesita
reforma. La narrativa del realismo urbano y del realismo regional se desarrolla
contra el trasfondo (*backdrop*) de la injusticia social y de la explotación del indígena o del minero. *Martín Rivas* (1862) del chileno Alberto Blest Gana inaugura
el movimiento realista con sus cuadros de costumbres y el relato de las luchas
políticas del Chile de la época. En las novelas *Santa* (1903) del mexicano Federico
Gamboa y *La maestra normal* (1914) del argentino Manuel Gálvez se nota la
influencia del naturalismo en el determinismo que destruye la vida de los protagonistas. Ambas obras son representativas del realismo urbano con sus temas del al-
coholismo, la prostitución y el crimen.

Entre las obras del realismo regional se destaca *Aves sin nido* (1889) de la peruana Clorinda Matto de Turner, la primera obra narrativa *indigenista* o *de reivindicación del indígena*. Los cuentos naturalistas de Baldomero Lillo *Sub terra*
(1904) y *Sub sole* (1907) representan una protesta contra las lamentables condiciones sociales de los mineros de Chile. En los relatos del uruguayo Javier de
Viana (*Escenas de la vida del campo*, 1896) y del argentino Roberto Jorge Payró
(*Pago chico*, 1908) se hace patente el *criollismo* —tendencia propia del regionalismo hispanoamericano que consiste en describir detalladamente el campo y sus
distintos tipos de habitantes (ver Apéndice 3).

DARÍO Y EL MODERNISMO: INAUGURACIÓN DE UNA
AUTÉNTICA LITERATURA HISPANOAMERICANA

Como reacción contra la literatura realista y naturalista, destinada más que nada a
concientizar al lector con respecto a los problemas sociales de su tierra, surge el
primer movimiento literario de origen hispanoamericano. Trátase del modernismo
(ver Apéndice 3). Es ésta una corriente renovadora que proclama la independencia
del artista, exhortándole a rechazar el provincialismo y el activismo social. Según
los modernistas, los jóvenes escritores americanos tendrían como misión modernizar el lenguaje literario importando nuevas palabras —*neologismos*— de otros
idiomas, preferiblemente del francés y de las lenguas clásicas. Los temas serían
universales ya que la literatura volvía a ser independiente, «cosmopolita». El
nicaragüense Rubén Darío (p. 195), el portavoz (*spokesperson*) más autorizado del
modernismo, inaugura oficialmente este movimiento con su colección de relatos y
poemas titulada *Azul* (1888). Rasgos del nuevo movimiento se notan en la prosa
poética del cubano José Martí (pp. 188–189) (*La edad de oro*, 1889), posiblemente el primer modernista, y también en los *Cuentos de humo* (1890–1894) del
mexicano Manuel Gutiérrez Nájera. Representan la narrativa modernista los cuentos *Las fuerzas extrañas* (1906) del argentino Leopoldo Lugones y la novela *La
gloria de don Ramiro* (1908) del también argentino Enrique Larreta.

LA GENERACIÓN DEL 98 EN ESPAÑA: RENOVACIÓN ESPIRITUAL Y ARTÍSTICA

Ante la falta de voluntad individual y colectiva ocasionada en España por su desastrosa guerra contra los Estados Unidos (Guerra hispanoamericana, 1898), un grupo de escritores —la llamada Generación del 98— proclama el fracaso de la España tradicional y aboga por la creación de una política nueva y un nuevo espíritu nacional que sustituya a los antiguos valores. En la prosa narrativa, las figuras más representativas de esta regeneración ideológica y estética que coincide cronológicamente con el modernismo son Ramón del Valle-Inclán, Miguel de Unamuno (p. 96), Pío Baroja y José Martínez Ruiz («Azorín»). Valle-Inclán es quien más se adhiere al esteticismo modernista («arte por el arte») —una exquisita sensualidad y el culto supremo de la forma se manifiestan en sus novelas líricas (las *Sonatas,* 1902–1905). En los llamados por él *esperpentos,* Valle-Inclán introduce un nuevo género de tipo satírico. Se trata de novelas dramáticas llenas de personajes e incidentes grotescos que dan forma estética al desasosiego (*disquiet*) del pueblo español, deformando, por otro lado, la realidad objetiva y convencional. En contraste, la narrativa de Unamuno, figura cumbre (*top, foremost*) de la Generación del 98, revela explícitamente la crisis espiritual del país —crisis con la cual el propio escritor se identifica. Esto se nota en su producción novelística, en la que figuran *Niebla* (1914), *Abel Sánchez* (1917), *La tía Tula* (1921) y *San Manuel Bueno, mártir* (1933; p. 96). Tal vez sea en esta última obra, como en ninguna otra, donde Unamuno pone de manifiesto (*makes manifest*) su postura existencialista. Otra figura, José Martínez Ruiz («Azorín»), se distingue por novelas de tipo autobiográfico, como *La voluntad* (1902), *Antonio Azorín* (1903) y *Las confesiones de un pequeño filósofo* (1904). Lo más valioso de tales obras no es la intriga sino la descripción detallada, eminentemente poética, del ambiente, de los tipos y del paisaje español. El gran maestro de la narrativa de la Generación del 98 es sin duda Pío Baroja. Hábil narrador de aventuras, refleja en sus escritos su visión pesimista de los hombres y de la sociedad (*Zalacaín el aventurero,* 1909; *El árbol de la ciencia,* 1911; *Memorias de un hombre de acción,* 1913–1928).

La narrativa más destacada del postmodernismo español está representada por la prosa poética de *Platero y yo* (1914) de Juan Ramón Jiménez, ganador del Premio Nobel de Literatura en 1956 (p. 202).

EL VANGUARDISMO EN LATINOAMÉRICA: BÚSQUEDA DE UNA IDENTIDAD

La desorientación moral y espiritual ocasionada en Europa por la primera guerra mundial (1914–1918) —guerra cuya brutalidad minó (*undermined*) la fe en todos los valores tradicionales— fue la última de varias etapas que pusieron seriamente en peligro la cultura occidental. Mientras que el europeo busca afanosamente (*zealously*) cualquier manera de salir de su crisis material, moral y espiritual, el hispanoamericano vuelve la mirada hacia dentro. Busca en sus elementos nativos una identidad propia. En la narrativa esa búsqueda sigue dos corrientes: la *criollista* o *regional* y la *europea.* Por un lado, el escritor americano teje (*weaves*) su obra alrededor de lo local —paisajes, habitantes, sucesos. Por otro, se une a los vanguardistas europeos —cubistas, dadaístas y superrealistas (ver Apéndice 3)— en reinterpretar y, de ahí, revolucionar la expresión artística.

LA NARRATIVA HISPANOAMERICANA DE AFILIACIÓN CRIOLLISTA

Pertenecen a la corriente criollista o regional las *narrativas telúricas* o de la tierra. Aquí hay que destacar *Doña Bárbara* (1924) del venezolano Rómulo Gallegos, *La vorágine* (1924) del colombiano José Eustasio Rivera y *Los pasos perdidos* (1954) del cubano Alejo Carpentier. En dichas obras el suelo americano en general y la selva en particular ya han perdido el carácter puramente descriptivo del realismo regional para convertirse en personajes míticos —en representaciones marcadamente metafóricas. Caben en esta misma categoría obras de tema indigenista como *El indio* (1931) del mexicano Gregorio López y Fuentes y *El mundo es ancho y ajeno* (1941) del peruano Ciro Alegría. Cabe señalar asimismo, dentro de la categoría de narrativas telúricas, obras de otros tres tipos: las *afro-antillanas,* las *histórico-políticas* y las *comprometidas.* En estas clases se inscriben, respectivamente, la novela *Jujungo* del ecuatoriano Adalberto Ortiz (1943), *Los de abajo* (1916) del mexicano Mariano Azuela y *El señor Presidente* (1946) del guatemalteco Miguel Angel Asturias.

LA NARRATIVA HISPANOAMERICANA DE SELLO VANGUARDISTA

La ficción hispanoamericana vinculada con el vanguardismo europeo se caracteriza por sus temas psicológicos y filosóficos y por sus técnicas surrealistas. El artista rompe con la visión racional de la realidad y produce obras que giran en torno a (*revolve around*) lo absurdo y lo inexplicable. En el ámbito (*Within the scope*) de tal literatura, *Barrabás y otros relatos* (1928) del venezolano Arturo Uslar Pietri introduce el *realismo mágico* —corriente que concibe la realidad como una representación onírica (*oneiric*), es decir, como la imagen del mundo que se experimentaría (*one would experience*) en los sueños. Dicha visión fragmentada y desordenada de la realidad constituye la esencia de la llamada «literatura fantástica» —de molde surrealista— que resalta por la originalidad de sus temas y por sus novedosas (*innovative*) técnicas narrativas. Entre las primeras obras mágico-realistas están las novelas *La amortajada* (1938) de la chilena María Luisa Bombal y *Pedro Páramo* (1955) del mexicano Juan Rulfo. Cabe señalar asimismo toda una serie de relatos (*narrations, stories*) argentinos que incluyen *La invención de Morel* (1940) de Adolfo Bioy Casares (1914–1999), *Autobiografía de Irene* (1948) de Silvina Ocampo (1903–1993) y *Bestiario* (1951) de Julio Cortázar (1914–1984). Un lugar preeminente le corresponde al argentino Jorge Luis Borges (1899–1986), el escritor hispanoamericano más renombrado del siglo XX. Entre sus muchos y variados aportes, Borges inventó la «ficción» —mitad ensayo, mitad cuento— que ilustra un problema filosófico, arrancando (*starting off*) de una circunstancia enigmática (*Ficciones,* 1944). A esta misma vertiente pertenecen *El pozo* (1939) del uruguayo Juan Carlos Onetti y *El túnel* (1948) del argentino Ernesto Sábato: novelas psicológico-filosóficas que manifiestan la influencia de Sigmund Freud y Carl Jung, así como el *existencialismo* de Jean Paul Sartre y Albert Camus (ver Apéndice 3).

LA NARRATIVA ESPAÑOLA DE LA POSGUERRA

En la misma vertiente (*current*) psicológica y existencialista se inscriben (*belong*) aquellos narradores que presenciaron la barbarie de la guerra civil (1936–1939) en su tierra y de la segunda guerra mundial (1939–1945) en el resto de Europa. Influidos por la guerra civil, tanto los escritores exiliados (Ramón Sender, *Crónica del alba,* 1942; *Réquiem por un campesino español,* 1960) como los que permanecieron en España (Juan Antonio Zunzunegui, *La quiebra,* 1947) recogen impresiones de la guerra y la sociedad desmoralizada, en plena crisis espiritual. Pero es la sucesiva generación de prosistas que asume una postura ética y moral durante la posguerra (*postwar period*). Destacan en este grupo figuras como Camilo José Cela, creador del «tremendismo» (ver Apéndice 3) y ganador del Premio Nobel de Literatura, 1989 (*La familia de Pascual Duarte,* 1942; *La colmena,* 1951), Carmen Laforet (*Nada,* 1944), José María Gironella (*Los cipreces creen en Dios,* 1953), Ana María Matute (*Los hijos muertos,* 1957), Juan Benet (*Volverás a región,* 1967) y Juan Goytisolo (*Reivindicación del conde don Julián,* 1970).

EL «BOOM» LITERARIO EN HISPANOAMÉRICA (1962–1975)

A partir de los años cuarenta, la prosa narrativa de Hispanoamérica refleja la influencia de las literaturas europea y norteamericana. Tal fenómeno se evidencia en las obras de narradores hispanos —la llamada generación del «Boom». Sus exponentes rompen con el *criollismo* que enfocaba el paisaje (*landscape*) y lo pintoresco para concentrarse, en cambio, en la compleja realidad urbana —proceso para el cual idean (*devise*) nuevos temas y técnicas. Este tipo de ficción de tipo psicológico y existencial (ver Existencialismo, Apéndice 3) cuenta con algunos de los novelistas más insignes (*distinguished*) de la literatura hispana y mundial: figuras como el mexicano Carlos Fuentes (*La muerte de Artemio Cruz,* 1962), el cubano Guillermo Cabrera Infante (*Tres tristes tigres,* 1967), el peruano Mario Vargas Llosa (*Conversación en la catedral,* 1969), el argentino Julio Cortázar (*Rayuela,* 1963), el chileno José Donoso (*El obsceno pájaro de la noche,* 1970) y el cubano Severo Sarduy (*De donde son los cantantes,* 1967). La figura más ilustre de dicho conjunto es el colombiano Gabriel García Márquez, ganador en 1982 del Premio Nobel de Literatura. Aunque su popularísima novela *Cien años de soledad* (1967) es fruto de las memorias infantiles del autor, éste transforma el ambiente de su historia —el pueblo rural de Macondo— en un lugar trascendente. En esa atmósfera se funden y confunden la realidad con el mito y lo más concreto y reconocible con lo improbable y maravilloso, lo temporal con lo intemporal, lo local con lo universal, y la saga de una familia colombiana con la historia de toda la humanidad.

LA NARRATIVA HISPANOAMERICANA DE LAS ÚLTIMAS DÉCADAS

Según ya se ha dicho, el artista —individuo extraordinariamente inteligente y sensible— expresa, de una manera muy personal sus sentimientos ante sus circunstancias, su ambiente, su época, y así sucesivamente (*and so on*). Como tal, el escritor de nuestros tiempos ha funcionado como cronista e intérprete de una rápida sucesión de eventos que han revolucionado tanto las ciencias y la tecnología así como la política, la economía y la conducta social. Tal vez el factor más determinante para el narrador de nuestros días haya sido el desarrollo de los medios de comunicación. Por lo tanto, identificar los móviles (*motivating forces*) de los autores contemporáneos, su temática y sus técnicas significa examinar los fenómenos antes mencionados —fenómenos que han creado nuevos horizontes ideológicos y artísticos.

EL DESPOTISMO MILITAR EN ESPAÑA Y LA MORAL «NACIONAL-CATÓLICA»

A raíz de la sangrienta Guerra Civil Española (1936–1939) el general Francisco Franco tomó las riendas (*reins*) del país —poder totalitario que no soltaría hasta su fallecimiento en 1975. Si por un lado Franco impuso su voluntad férrea (*iron will*) sobre la opinión pública con los métodos brutales de toda dictadura, por otro se apoyó en la rígida tradición religiosa de España para consolidar su poder absoluto. Con ese fin instituyó el llamado «nacional-catolicismo», cuyos cánones prohibían la libre expresión de ideologías contrarias a la «oficial» y la discusión abierta de temas considerados ofensivos a la moral. De modo que si el disidente político venía (*was routinely*) silenciado con el encarcelamiento, la tortura y la muerte, casi igual suerte le tocaba —por obra de la censura— a la materia literaria y artística que exploraba la sexualidad humana.

LA NARRATIVA ESPAÑOLA CONTEMPORÁNEA

La narrativa peninsular post-franquista de los últimos treinta años refleja, en cambio, el proceso de maduración y conversión en una nación democrática y moderna. Por consiguiente, la prosa actual lucha por definirse, buscando en el nuevo espíritu de la época elementos que no están en su tradición. De ahí que en la novela y el cuento se discierna la tensión entre las altas expectativas del español de hoy y los conflictos de una sociedad todavía en fase de transición. Lo que configura las últimas promociones de la narrativa española es el mundo de los sueños y los claroscuros de la memoria. Tales rasgos caracterizan las obras de narradores como José María Merino (*La orilla oscura,* 1985), Antonio Muñiz Molina (*Beltenebros,* 1989), Javier Marías (*Corazón tan blanco,* 1982), Ignacio Carrión (*Cruzar el Danubio,* 1995), Carlos Cañeque (*Quién,* 1997) y Manuel de Prada (*La tempestad,* 1997).

HISPANOAMÉRICA ANTE LA DICTADURA

La historia de Hispanoamérica está asociada con la violencia y la dictadura desde la fundación de las primeras repúblicas —hecho comprobado por Bolivia que a partir de su independencia en 1825 no logró iniciar un proceso de democratización hasta el año 1982. Guatemala, cuya población maya supera el sesenta por ciento de los habitantes, se encuentra en peores condiciones. Habiéndose liberado de los militares en 1999, es gobernada hoy día por una minoría mestiza conservadora —los *ladinos*— determinada a expropiar las tierras de los indígenas y exterminar la raza. No obstante, al comienzo del siglo XX muchos pensaron que el comercio con Norteamérica y Europa crearía un clima socioeconómico favorable a la creación de estados democráticos. Sin embargo, los Estados Unidos y Europa, sin fondos (*financially strapped*) a causa de la Gran Depresión de los años 30, cortaron las importaciones, dejando a Latinoamérica en la miseria. El desempleo general ocasionó violentos disturbios civiles que exigieron (*demanded*) la intervención de las fuerzas armadas. Surgieron por consiguiente numerosas dictaduras militares destinadas a proteger los intereses de la oligarquía y las corporaciones multinacionales contra la amenaza del fascismo y el comunismo. De todos esos regímenes tiránicos los más perversos y represivos han sido los que iniciaron durante las últimas cuatro décadas del siglo XX. De índole derechista (*right wing*), regímenes militares como los de El Salvador (1932–1980), Nicaragua (1967–1979), Paraguay (1962–1989), Argentina (1976–1983), Uruguay (1973–1985) y Chile (1973–1990) han perseguido despiadadamente (*unmercifully*) a cientos de miles de disidentes —muchos de ellos, intelectuales, periodistas, escritores, críticos y artistas. Los que lograron escapar se marcharon al exilio, otros fueron encarcelados, torturados, asesinados, o simplemente «desaparecidos» (*made to disappear*). La dictadura comunista de Fidel Castro (1927) —todavía en el poder desde el principio de los años sesenta— ha traído a Cuba vejámenes (*abuses*) similares. Recientemente, con motivo de la guerra en Irak, Castro ha quedado más sospechoso que nunca de todo disidente, intensificando espantosamente las persecuciones.

LA REPRESIÓN POLÍTICA Y LA NARRATIVA TESTIMONIAL

Como era de esperarse, el terror engendrado por la persecución política no ha podido menos que (*could not help but*) afectar la vida personal y la actividad creadora del escritor hispano. Los que lograron (*managed to*) sobrevivir a los crímenes de los militares argentinos —la llamada «guerra sucia»— han seguido escribiendo y publicando en el extranjero. Manuel Puig (1933–1990), uno de los mayores innovadores del género narrativo, terminó en México su famosa novela, *El beso de la mujer araña* (1976), que luego adaptó para el cine en la Argentina en 1985. Juan Carlos Onetti (*El astillero,* 1961), el más leído y premiado autor uruguayo, fue encarcelado en 1974 por la junta militar y al año siguiente se exilió a España para nunca más volver a su patria. También por razones políticas, sus compatriotas Mario Benedetti (*La tregua,* 1960) y Cristina Peri Rossi, dos de los novelistas más populares de la literatura mundial, tuvieron que abandonar su país luego del (*right after*) golpe militar de 1973, para vivir en el extranjero. Mientras que Onetti anduvo por Argentina, Perú, Cuba y España —peregrinaciones (*wanderings*) que integraría en la novela *Primavera con la esquina rota* (1982)— Peri Rossi se mudó permanentemente a España, donde sigue viviendo. Otras obras narrativas de carácter autobiográfico-testimonial son las del chileno Hernán Valdés (*Tejas verdes: diario de un campo de concentración,* 1974) y de dos ex guerrilleros sandinistas, los nicaragüenses Omar Cabezas (*La montaña es más que una estepa verde,* 1982) y Ernesto Cardenal (*Memorias,* 2000, 2001, 2003). Entre los narradores chilenos exiliados con motivo de la dictadura de Pinochet, cabe mencionar a Ariel Dorfman, a Antonio Skármeta y a Isabel Allende. Versátil y prolífico literato (*man of letters*), Dorfman se refugió en los Estados Unidos, donde dio testimonio con su novela *Viudas* (1981) de la detención, tortura, muerte y desaparición de miles de chilenos por obra de Pinochet. Renombrado escritor y guionista de cine, Skármeta documentó la barbarie de la dictadura a través de los ojos del joven protagonista de la novela *La composición* (1998). Otra novela que se desarrolla contra el trasfondo político, *Ardiente paciencia: El cartero de Neruda* (1975), fue adaptado para el cine. El guión de la segunda versión —«Il postino»— ganó un premio Oscar en 1992. Allende se refugió en Venezuela y luego en los Estados Unidos tras el asesinato de su tío, Salvador Allende Gossens (1973), presidente de Chile. La novela *De amor y de sombra* (1984) se desenvuelve (*unfolds*) contra el trasfondo de uno de los cementerios clandestinos donde la dictadura enterraba a cientos de disidentes asesinados o «desaparecidos». Memorable asimismo es el caso de los escritores cubanos Guillermo Cabrera Infante, Severo Sarduy y Reinaldo Arenas. Estos lucharon en la revolución contra el dictador Fulgencio Batista pero fueron luego perseguidos por el régimen castrista a causa de su campaña para reinstaurar la libertad de expresión. Si para Infante lo fundamental era el derecho de disputar públicamente la política del gobierno, para Sarduy (*Cobra,* 1972) y Arenas (*Antes que anochezca,* 1992) la iniciativa significaba algo más. Los dos reclamaban la liberación de los homosexuales, lo que consideraban la extensión lógica de la revolución social que ya había «liberado» de la discriminación a la mujer y a la raza afrocubana. Por desgracia, el castrismo no lo entendió así y desterró (*banished*) a tres de los exponentes más brillantes de la presente literatura cubana.

LA MUJER HISPÁNICA DE HOY Y LA NUEVA NARRATIVA

El movimiento de liberación de la mujer, principiado en Francia en los años 40 por Simone de Beauvoir, ha influido sobremanera (*overwhelmingly*) en las letras de España e Hispanoamérica. Tras el fin de la dictadura franquista, las narradoras —casi todas periodistas— han abrazado la causa de la emancipación de la mujer. En España el feminismo ha seguido dos vertientes. En la primera se inscriben figuras como las de Carmen Rico-Godoy (*Cómo ser mujer y no morir en el intento,* 1990), Rosa Regás (*Azul,* 1994) y Almudena Grandes (*Modelos de mujer,* 1996). A la segunda pertenecen aquellas narradoras que andan buscando su identidad sexual dentro de una nueva escritura femenina que deja trasparecer la angustia de seres despistados (*confused*), solitarios y carentes de amor que recuerdan con resentimiento el despotismo paterno y la insensibilidad materna. Es lo que se nota en narradoras como Rosa Montero (*Crónica de desamor,* 1979) Esther Tusquets (*Varada desde el último naufragio,* 1980) y Marina Mayoral (*La sombra del ángel,* 2000). En su narrativa metaficcional, la vida de la autora se entrelaza (*intertwines*) con las de sus protagonistas —en su mayoría lesbianas, en constante lucha entre la verdad interior y la apariencia.

En el Nuevo Mundo hispánico, la nueva mujer, reconociendo su condición centenaria (*centuries old*) de víctima y producto del abandono y la marginación, busca autodefinición en el activismo social en pro de los marginados —las mujeres, los niños abandonados en la calle, los pobres, los perseguidos políticos, los indígenas y los afroamericanos. Dicha causa es abrazada por toda una serie de brillantes prosistas. Sus obras, además de poner en tela de juicio (*exposing*) los centenarios problemas políticos y sociales del país —problemas fundamentados en la tradición machista— destacan el genio intelectual y artístico de las propias autoras. Entre otras, cabe señalar a las mexicanas Rosario Castellanos (*Rito de iniciación,* 1965), a Laura Esquivel (*Como agua para chocolate,* 1989; obra adaptada para el cine en 1992) y a Elena Poniatowska (*Paseo de la Reforma,* 1996); a la puertorriqueña Rosario Ferré (*La casa de la laguna,* 1996); a la costarricense Rima de Vallbona (*Mujeres y agonías,* 1982); a la nicaragüense Gioconda Belli (*Sofía de los presagios,* 1990) y a la nicaragüense-salvadoreña Claribel Alegría (*Luisa en el país de la realidad,* 1987).

PRÁCTICA

Cuestionario

1. Si se piensa en el concepto de *vida* y en el de *arte,* ¿qué representa la *ficción*? ¿Qué se entiende por *mimesis* y de qué manera figura dentro de la narrativa?
2. ¿Cuáles son las dos primeras manifestaciones de una literatura nacional española en la Edad Media?
3. ¿A qué siglo pertenece *El conde Lucanor* y qué importancia tiene dentro del desarrollo de la narrativa española y europea?
4. ¿En qué sentido se puede decir que con el *Lazarillo de Tormes* (1554) estableció España dos grandes precedentes en la evolución de la literatura mundial?
5. ¿Cuál es la obra maestra de Miguel de Cervantes? ¿A qué factores debe el libro su éxito entre los críticos y entre los lectores en general?
6. ¿Cómo se explicaría el hecho de que la narrativa hispanoamericana propiamente dicha no se realiza sino hasta principios del siglo XIX? Mencione dos explicaciones dadas por algunos historiadores literarios.
7. Benito Pérez Galdós es considerado el padre de la novela española. ¿A qué se debe su papel? ¿Qué tiene en común Galdós con Cervantes?
8. ¿Qué representa el género gauchesco? ¿Cuál es la obra maestra de este género y quién es su autor?
9. ¿Qué diferencia hay entre el realismo y el naturalismo? ¿Dónde colocaría usted a Emilia Pardo Bazán? ¿Qué características de su obra revelan su afiliación a cierta corriente o a un determinado movimiento literario?
10. ¿Dónde nació el movimiento modernista? ¿Cuáles son sus principales características y sus exponentes más notables? ¿Qué lugar ocupa el cubano José Martí dentro del modernismo?
11. ¿Qué importancia tienen, dentro de la actual literatura hispanoamericana, Jorge Luis Borges, Gabriel García Márquez y Manuel Puig? ¿Cuáles son sus obras más conocidas?

Identificaciones

1. Homero
2. «El Cid»
3. Laura Esquivel
4. *La vida del Buscón*
5. el Inca Garcilaso de la Vega
6. *El periquillo sarniento*
7. la novela regional o costumbrista
8. la novela de tesis
9. Jorge Isaacs
10. las *Tradiciones peruanas*
11. 1888
12. el «Boom» literario
13. Unamuno
14. las narrativas telúricas
15. *La Celestina*

EL CUENTO: GUÍA GENERAL PARA EL LECTOR

1. ¿Quién es el autor del cuento, y a qué época (y movimiento o tradición literaria) pertenece?
2. ¿Quién narra el cuento? ¿Es fidedigno el narrador o, por el contrario, es un narrador indigno de confianza? ¿Hay un narratario?
3. ¿Cuál es el marco escénico?
4. ¿Se pueden aplicar los seis elementos generales de la trama a este texto?
5. ¿Cómo se presentan los personajes del cuento?
6. ¿Cuáles son las características principales del lenguaje del cuento? ¿Hay descripciones? ¿narración de acciones? ¿diálogo? ¿Se emplea el lenguaje figurado? ¿Cuáles son los leitmotivos más importantes?
7. ¿Cuál es el tema del cuento? ¿Está explícito o implícito?
8. ¿Qué relación existe entre fondo (mensaje) y forma en el cuento?
9. ¿Qué elementos se destacan más en el estilo del cuentista?
10. ¿Qué impresión le causa a usted como lector este cuento?
11. ¿Qué maneras hay de aproximarse críticamente al texto?

LA NOVELA: GUÍA PARA EL LECTOR DE
SAN MANUEL BUENO, MÁRTIR

1. ¿Quién narra la novela?
2. ¿Cuál es el pretexto de la composición? ¿A quién está dirigida?
3. ¿Cuál es el marco escénico de la novela? ¿Tiene algún valor simbólico el marco escénico?
4. ¿Cómo se marca el paso del tiempo narrativo?
5. ¿Qué tipo de progresión se nota en los personajes de la novela?
6. ¿Qué técnicas narrativas y descriptivas se utilizan para presentar al protagonista de la novela?
7. ¿Qué elementos lingüísticos sobresalen?
8. ¿Cuál es el tema de la obra, y de qué manera se presenta?
9. ¿Qué relación existe entre las conclusiones de la narradora y las de usted como lector del texto?
10. ¿Qué papel desempeña Unamuno en su novela (*nivola*)?
11. ¿Cuáles son los elementos más característicos del estilo de Unamuno?
12. ¿Qué efecto(s) produce la lectura de *San Manuel Bueno, mártir?*
13. ¿Cuáles serían las aproximaciones críticas más apropiadas para el estudio de esta novela?

LECTURAS

Don Juan Manuel

Vida y obra

El Infante (*son of a Spanish king*) don Juan Manuel (1282–¿1349?), sobrino del rey Alfonso X el Sabio (1221–1284), guerreó en su juventud contra los moros y se mezcló en numerosas intrigas de la corte durante los reinados de Fernando IV (1285–1312) y Alfonso XI de Castilla (1312–1350). Durante esa época de grandes conflictos políticos y guerras civiles, en más de una ocasión don Juan Manuel desobedeció al rey y luchó en contra de él, aliándose con príncipes extranjeros, incluso con los moros de Granada. Al darse cuenta de que el rey Alfonso XI ganaba cada vez más partidarios, don Juan Manuel llegó a un acuerdo con él y acabó siendo uno de sus defensores más leales. En medio de su vida turbulenta, siempre halló tiempo para cultivar la literatura. Escribió varias obras —algunas poéticas— la mayor parte de ellas ahora desaparecida. De las que se conservan, las más importantes son el *Libro del caballero y del escudero,* el *Libro de los estados* (1330) y el *Libro de Patronio o conde Lucanor,* conocido simplemente como *El conde Lucanor* (1335).

El autor y su contexto

A diferencia del siglo XIII, en el que se habían producido en España escritos de valor histórico y científico —como los de Alfonso el Sabio— el siglo XIV se distingue por un gran adelanto (*advance*) de tipo puramente literario. Con su obra maestra *El conde Lucanor,* don Juan Manuel introduce en Europa la prosa novelística (*prose fiction*), anticipándose de este modo a los mayores narradores de fines de la Edad Media, como el italiano Giovanni Boccaccio (*Il Decamerone,* 1353) y el inglés Geoffrey Chaucer (*The Canterbury Tales,* 1400). El formato de *El conde Lucanor,* colección de cincuenta y un cuentos, es bastante sencillo y uniforme: (1) al conde se le presenta un problema; (2) su ayo (*tutor*) Patronio, en vez de aconsejarle de manera directa, le narra un *ejemplo* (una narrativa corta que se usa para ilustrar una lección provechosa); (3) de este ejemplo se saca una moraleja (*moral*). Esta obra continúa la tradición didáctico-moral de la prosa castellana del siglo anterior, pero con una variante muy significativa: en vez de limitarse a instruir a sus lectores, el autor pone de manifiesto su conciencia de escritor, lo que caracterizará la narrativa a partir de esa fecha.

Lo que sucedió a un mozo que casó con una muchacha de muy mal carácter

Otra vez, hablando el conde Lucanor con Patronio, su consejero, díjole[1] así:

—Patronio, uno de mis deudos[2] me ha dicho que le están tratando de casar con una mujer muy rica y más noble que él, y que este casamiento le convendría mucho si no fuera porque le aseguran que es la mujer de peor carácter que hay en el mundo. Os[3] ruego que me digáis si he de aconsejarle que se case con ella, conociendo su genio,[4] o si habré de aconsejarle que no lo haga.

—Señor conde—respondió Patronio—, si él es capaz de hacer lo que hizo un mancebo[5] moro, aconsejadle[6] que se case con ella; si no lo es, no se lo aconsejéis.

El conde le rogó que le refiriera qué había hecho aquel moro.

Patronio le dijo que en un pueblo había un hombre honrado que tenía un hijo que era muy bueno, pero que no tenía dinero para vivir como él deseaba. Por ello andaba el mancebo muy preocupado, pues tenía el querer, pero no el poder.

En aquel mismo pueblo había otro vecino más importante y rico que su padre, que tenía una sola hija, que era muy contraria del mozo, pues todo lo que éste tenía de buen carácter, lo tenía ella de malo, por lo que nadie quería casarse con aquel demonio. Aquel mozo tan bueno vino un día a su padre y le dijo que bien sabía que él no era tan rico que pudiera dejarle con qué vivir decentemente, y que, pues tenía que pasar miserias o irse de allí, había pensado, con su beneplácito,[7] buscarse algún partido[8] con que poder salir de pobreza. El padre le respondió que le agradaría mucho que pudiera hallar algún partido que le conviniera. Entonces le dijo el mancebo que, si él quería, podría pedirle a aquel honrado vecino su hija. Cuando el padre lo oyó se asombró mucho y le preguntó que cómo se le había ocurrido una cosa así, que no había nadie que la conociera que, por pobre que fuese, se quisiera casar con ella. Pidióle el hijo, como un favor, que le tratara aquel casamiento. Tanto le rogó que, aunque el padre lo encontraba muy raro, le dijo lo haría.

Fuese[9] en seguida a ver a su vecino, que era muy amigo suyo, y le dijo lo que el mancebo le había pedido, y le rogó que, pues se atrevía a casar con su hija, accediera a ello. Cuando el otro oyó la petición le contestó diciéndole:

—Por Dios, amigo, que si yo hiciera esto os haría a vos muy flaco servicio, pues vos tenéis un hijo muy bueno y yo cometería una maldad muy grande si permitiera su desgracia o su muerte, pues estoy seguro que si se casa con mi hija, ésta le matará o le hará pasar una vida mucho peor que la muerte. Y no creáis que os digo esto por desairaros,[10] pues, si os empeñáis,[11] yo tendré mucho gusto en darla a vuestro hijo o a cualquier otro que la saque de casa.

El padre del mancebo le dijo que le agradecía mucho lo que le decía y que, pues su hijo quería casarse con ella, le tomaba la palabra.

Se celebró la boda y llevaron a la novia a casa del marido. Los moros tienen la costumbre de prepararles la cena a los novios, ponerles la mesa y dejarlos solos en su casa hasta el día siguiente. Así lo hicieron, pero estaban los padres y parientes de

---

[1]le dijo (forma arcaica) [2]familiares [3]complemento indirecto de **vos (vosotras)**, utilizado aquí como forma singular de cortesía [4]carácter [5]joven [6]forma imperativa de **vos (vosotros)** [7]aprobación [8]*good match*
[9]Se fue (forma arcaica) [10]rechazaros [11]insistís

40 los novios con mucho miedo, temiendo que al otro día le encontrarían a él muerto o malherido.

En cuanto se quedaron solos en su casa se sentaron a la mesa, más antes que ella abriera la boca miró el novio alrededor de sí, vio un perro y le dijo muy airadamente:[12]

45 —¡Perro, danos agua a las manos!

El perro no lo hizo. El mancebo comenzó a enfadarse y a decirle aún con más enojo que les diese agua a las manos. El perro no lo hizo. Al ver el mancebo que no lo hacía, se levantó de la mesa muy enfadado, sacó la espada y se dirigió al perro. Cuando el perro le vio venir empezó a huir y el mozo a perseguirle, saltando ambos 50 sobre los muebles y el fuego, hasta que lo alcanzó y le cortó la cabeza y las patas y lo hizo pedazos, ensangrentando toda la casa.

Muy enojado y lleno de sangre se volvió a sentar y miró alrededor. Vio entonces un gato, al cual le dijo que les diese agua a las manos. Como no lo hizo, volvió a decirle:

55 —¿Cómo, traidor, no has visto lo que hice con el perro porque no quiso obedecerme? Te aseguro que, si un poco o más conmigo porfías,[13] lo mismo haré contigo que hice con el perro.

El gato no lo hizo, pues tiene tan poca costumbre de dar agua a las manos como el perro. Viendo que no lo hacía, se levantó el mancebo, lo cogió por las patas, dio 60 con él en la pared y lo hizo pedazos con mucha más rabia que al perro. Muy indignado y con la faz[14] torva[15] se volvió a la mesa y miró a todas partes. La mujer, que le veía hacer esto, creía que estaba loco y no le decía nada.

Cuando hubo mirado por todas partes vio un caballo que tenía en su casa, que era el único que poseía, y le dijo lleno de furor que les diese agua a las manos. El 65 caballo no lo hizo. Al ver el mancebo que no lo hacía, le dijo al caballo:

—¿Cómo, don caballo? ¿Pensáis que porque no tengo otro caballo os dejaré hacer lo que queráis? Desengañaos,[16] que si por vuestra mala ventura no hacéis lo que os mando, juro a Dios que os he de dar tan mala muerte como a los otros; y no hay en el mundo nadie que a mí me desobedezca con el que yo no haga otro tanto.[17]

70 El caballo se quedó quieto. Cuando vio el mancebo que no le obedecía, se fue a él y le cortó la cabeza y lo hizo pedazos. Al ver la mujer que mataba el caballo, aunque no tenía otro, y que decía que lo mismo haría con todo el que le desobedeciera, comprendió que no era una broma, y le entró tanto miedo que ya no sabía si estaba muerta o viva.

75 Bravo, furioso y ensangrentado se volvió el marido a la mesa, jurando[18] que si hubiera en casa más caballos, hombres o mujeres que le desobedecieran, los mataría a todos. Se sentó y miró a todas partes, teniendo la espada llena de sangre entre las rodillas.

Cuando hubo mirado a un lado y a otro sin ver a ninguna otra criatura viviente, 80 volvió los ojos muy airadamente hacia su mujer y le dijo con furia, la espada en la mano:

—Levántate y dame agua a las manos.

La mujer, que esperaba de un momento a otro ser despedazada, se levantó muy de prisa y le dio agua a las manos.

85 Díjole el marido:

---

[12]furiosamente   [13]discutes   [14]cara   [15]amenazadora   [16]*Realize the truth*   [17]otro... lo mismo   [18]amenazando

—¡Ah, cómo agradezco a Dios el que hayas hecho lo que te mandé! Si no, por el enojo que me han causado esos majaderos,[19] hubiera hecho contigo lo mismo.

Después le mandó que le diese de comer. Hízolo[20] la mujer. Cada vez que le mandaba una cosa, lo hacía con tanto enfado y tal tono de voz que ella creía que su cabeza andaba por el suelo. Así pasaron la noche los dos, sin hablar la mujer, pero haciendo siempre lo que él mandaba. Se pusieron a dormir y, cuando ya habían dormido un rato, le dijo el mancebo:

—Con la ira que tengo no he podido dormir bien esta noche; ten cuidado de que no me despierte nadie mañana y de prepararme un buen desayuno.

A media mañana los padres y parientes de los dos fueron a la casa, y, al no oír a nadie, temieron que el novio estuviera muerto o herido. Viendo por entre las puertas a ella y no a él, se alarmaron más. Pero cuando la novia les vio a la puerta se les acercó silenciosamente y les dijo con mucho miedo:

—Pillos, granujas,[21] ¿qué hacéis ahí? ¿Cómo os atrevéis a llegar a esta puerta ni a rechistar[22]? Callad, que si no, todos seremos muertos.

Cuando oyeron esto se llenaron de asombro. Al enterarse de cómo habían pasado la noche, estimaron en mucho al mancebo, que sí había sabido, desde el principio, gobernar su casa. Desde aquel día en adelante fue la muchacha muy obediente y vivieron juntos con mucha paz.

A los pocos días el suegro[23] quiso hacer lo mismo que el yerno[24] y mató un gallo que no obedecía. Su mujer le dijo:

—La verdad, don Fulano, que te has acordado tarde, pues ya de nada te valdrá matar cien caballos; antes tendrías que haber empezado, que ahora te conozco.

Vos, señor conde, si ese deudo vuestro quiere casarse con esa mujer y es capaz de hacer lo que hizo este mancebo, aconsejadle que se case, que él sabrá cómo gobernar su casa, pero si no fuere[25] capaz de hacerlo, dejadle que sufra su pobreza sin querer salir de ella. Y aun os aconsejo que a todos los que hubieren[26] de tratar con vos les deis a entender desde el principio cómo han de portarse.

El conde tuvo este consejo por bueno, obró según él y le salió muy bien.

Como don Juan vio que este cuento era bueno, lo hizo escribir en este libro y compuso unos versos que dicen así:

Si al principio no te muestras cómo eres,
no podrás hacerlo cuando tú quisieres.[27]

---

[19]necios [20]Lo hizo [21]Pillos… (*fig.*) Maliciosos [22]intentar hablar [23]padre de la mujer [24]marido de la hija
[25]futuro de subjuntivo (forma arcaica) de **ser** [26]futuro de subjuntivo de **haber** [27]futuro de subjuntivo de **querer**

Cuestionario

1. ¿Cuál es el formato de los cuentos de *El conde Lucanor*?
2. ¿Cuál es el problema que tiene el conde Lucanor en este cuento?
3. ¿Por qué quiere el mozo casarse con la mujer brava?
4. ¿Cómo se crea el suspenso en el ejemplo?
5. ¿Cómo se emplea el paralelismo en la acción del ejemplo?
6. ¿Cuál es el punto decisivo del cuento? ¿el clímax? ¿el desenlace?
7. ¿En qué sentido es didáctico el cuento, o sea, qué nos enseña?
8. ¿Quién es el narratario del cuento?

Identificaciones

1. Patronio
2. el ejemplo
3. «Danos agua a las manos.»
4. don Juan
5. la moraleja

Temas

1. El caso de la mujer brava es una convención literaria común. ¿Qué otros ejemplos de esta clase hay en la literatura universal?
2. La ironía en el ejemplo (entendiendo por *ironía* la inversión de lo esperado o previsto)
3. La importancia del diálogo en el cuento
4. La presentación de los personajes

RICARDO PALMA

Vida y obra

Ricardo Palma nació en Lima, Perú, ciudad donde pasó la mayor parte de su vida. Abandonó los estudios universitarios para dedicarse a la literatura, al periodismo y a la política. Sus ideas liberales y anticlericales le costaron tres años de exilio político en Chile (1860–1863). A su retorno al Perú, el nuevo gobierno le envió de cónsul al Brasil, estancia (*sojourn*) tras la cual viajó a Francia, España y los Estados Unidos. Ocupó varios cargos (*posts, positions*) gubernamentales que le dejaron muy decepcionado (*disappointed*), induciéndole a retirarse de la vida política y dedicarse a las letras. Fue director de la Biblioteca Nacional que él hizo reconstruir después de la guerra del Pacífico (1879–1883) entre su país y Chile. Palma logró recobrar y coleccionar muchos de los manuscritos que se habían librado (*had been saved*) del fuego y del saqueo (*plundering*) de las tropas chilenas, conservando así el pasado histórico y la cultura de su tierra. Aunque como dramaturgo (*La hermana del verdugo*, 1851) y poeta romántico (*Poesías*, 1877) su obra es de escasa (*little*) importancia, Palma sobresalió como ensayista (*Anales de la Inquisición en Lima*, 1863; *La bohemia de mi tiempo*, 1887). Con todo (*Even so*), su renombre se debe principalmente a sus *Tradiciones peruanas*, que escribió intermitentemente entre 1872 y 1910.

El autor y su contexto

Palma vivió en una época en la que un creciente número de escritores hispanoamericanos exigían (*demanded*) drásticas reformas sociales y políticas en sus respectivos países. En el Perú, las obras revolucionarias e izquierdistas (*leftist*) de Manuel González Prada (1848–1918) denunciaban un pasado opresivo e intolerable que había sido la causa de la peor forma de injusticia social en su país. Por otra parte, Palma, amante de la rica historia cultural de su patria, sostuvo intensas polémicas con González Prada e «iluminó románticamente» el pasado peruano inaugurando un nuevo género narrativo, la *tradición,* especie de relato en el que se funden anécdota, documento histórico, cuadro de costumbres, sátira social y pura ficción. La estructura de las tradiciones varía mucho en cuanto a la extensión de las obras y el asunto tratado, pero siempre depende del humorismo, de un suspenso sostenido y de un desenlace sorpresivo. El ambiente geográfico e histórico abarca todo el Perú y las épocas que van desde los incas precolombinos (*pre-Columbian; before Columbus' voyages*) hasta los días en que vivió el propio Palma. Los personajes comprenden la gama (*range*) entera de tipos sociales. La temática de la tradición es variada e incierta (*unpredictable*): puede ser inspirada por un suceso histórico, por la vida de un santo, por unos versos o por el relato de un misionero y, en el caso de «La camisa de Margarita», por un simple refrán (*saying*) popular.

La camisa de Margarita

Probable es que algunos de mis lectores hayan oído decir a las viejas de Lima, cuando quieren ponderar lo subido de precio de un artículo:

—¡Qué! Si esto es más caro que la camisa de Margarita Pareja.

Habríame quedado con la curiosidad de saber quién fue esa Margarita, cuya
5 camisa anda en lenguas, si en *La América,* de Madrid, no hubiera tropezado con[1] un artículo firmado por don Ildefonso Antonio Bermejo (autor de un notable libro sobre el Paraguay), quien, aunque muy a la ligera,[2] habla de la niña y de su camisa, me puso en vía de desenredar el ovillo,[3] alcanzando a sacar en limpio la historia que van ustedes a leer.

I

10 Margarita Pareja era (por los años de 1765) la hija más mimada[4] de don Raimundo Pareja, caballero de Santiago y colector general del Callao.

La muchacha era una de esas limeñitas[5] que, por su belleza, cautivan al mismo diablo y lo hacen persignarse[6] y tirar piedras. Lucía un par de ojos negros que eran como dos torpedos cargados con dinamita y que hacían explosión sobre las entrete-
15 las[7] del alma de los galanes[8] limeños.

Llegó por entonces de España un arrogante mancebo, hijo de la coronada villa del oso y del madroño,[9] llamado don Luis Alcázar. Tenía éste en Lima un tío solterón y acaudalado,[10] aragonés[11] rancio[12] y linajudo,[13] y que gastaba más orgullo que los hijos del rey Fruela.[14]

---

[1]tropezado... hallado por casualidad   [2]a... sin profundizar   [3](*fig.*) cosa compleja   [4]tratada con cuidado excesivo   [5]señoritas de la ciudad de Lima   [6]hacerse la señal de la cruz   [7](*fig.*) lo íntimo del corazón   [8]señores jóvenes y elegantes   [9]la... Madrid, ciudad en cuyo escudo se ve un oso al lado de un árbol llamado *madroño*
[10]rico   [11]de Aragón, región de España   [12]de familia antigua   [13]aristócrata   [14]rey... antiguo rey de Asturias, región del norte de España caracterizada por el orgullo de sus habitantes

20 Por supuesto que, mientras le llegaba la ocasión de heredar al tío, vivía nuestro don Luis tan pelado[15] como una rata y pasando la pena negra. Con decir que hasta sus trapicheos[16] eran al fiado y para pagar cuando mejorase de fortuna, creo que digo lo preciso.

En la procesión de Santa Rosa conoció Alcázar a la linda Margarita. La
25 muchacha le llenó el ojo y le flechó el corazón. La echó flores,[17] y aunque ella no le contestó ni sí ni no, dio a entender con sonrisitas y demás armas del arsenal femenino que el galán era plato muy de su gusto. La verdad, como si me estuviera confesando, es que se enamoraron hasta la raíz del pelo.

Como los amantes olvidan que existe la aritmética, creyó don Luis que para
30 el logro de sus amores no sería obstáculo su presente pobreza, y fue al padre de Margarita y, sin muchos perfiles,[18] le pidió la mano de su hija.

A don Raimundo no le cayó en gracia la petición, y cortésmente despidió al postulante, diciéndole que Margarita era aún muy niña para tomar marido, pues, a pesar de sus diez y ocho mayos, todavía jugaba a las muñecas.

35 Pero no era ésta la verdadera madre del ternero.[19] La negativa nacía de que don Raimundo no quería ser suegro de un pobretón; y así hubo de decirlo en confianza a sus amigos, uno de los que fue con el chisme a don Honorato, que así se llamaba el tío aragonés. Este, que era más altivo que el Cid,[20] trinó[21] de rabia y dijo:

—¡Cómo se entiende! ¡Desairar[22] a mi sobrino! Muchos se darían con un canto
40 en el pecho[23] por emparentar con el muchacho, que no le hay más gallardo en todo Lima. ¡Habráse visto insolencia de la laya[24]! Pero ¿adónde ha de ir conmigo ese colectorcito de mala muerte?

Margarita, que se anticipaba a su siglo, pues era nerviosa como una damisela de hoy, gimoteó,[25] y se arrancó el pelo, y tuvo pataleta,[26] y si no amenazó con enve-
45 nenarse fue porque todavía no se habían inventado los fósforos.

Margarita perdía colores y carnes, se desmejoraba a vista de ojos, hablaba de meterse monja y no hacía nada en concierto.

—¡O de Luis o de Dios! —gritaba cada vez que los nervios se le sublevaban, lo que acontecía una hora sí y otra también.

50 Alarmóse el caballero santiagués,[27] llamó físicos y curanderas, y todos declararon que la niña tiraba a tísica[28] y que la única melecina[29] salvadora no se vendía en la botica.

O casarla con el varón de su gusto, o encerrarla en el cajón[30] de palma y corona.[31] Tal fue el *ultimátum* médico.

55 Don Raimundo (¡al fin padre!), olvidándose de coger capa y bastón, se encaminó como loco a casa de don Honorato, y le dijo:

—Vengo a que consienta usted en que mañana mismo se case su sobrino con Margarita, porque si no la muchacha se nos va por la posta.[32]

---

[15](fig.) pobre   [16]medios de buscar recursos   [17](fig.) flattering compliments   [18]sin… *without beating around the bush*   [19]verdadera… *true mother of the calf;* (fig.) verdadera razón de la decisión   [20]Rodrigo Díaz de Vivar (siglo XI), héroe nacional de España y protagonista del poema épico nacional, el *Poema del Cid*   [21]se enfureció   [22]Despreciar   [23]se… harían cualquier cosa   [24]de… de este tipo   [25]gimió, lloró   [26]convulsión (por lo general fingida)   [27]de la orden militar de Santiago, fundada en el siglo XII   [28]tiraba… tenía propensión a la tuberculosis   [29]forma coloquial de **medicina**   [30]sepultura   [31]de… en estado de virgen   [32]se… se nos muere muy rápido

—No puede ser —contestó con desabrimiento[33] el tío—. Mi sobrino es un *po-bretón*,[34] y lo que usted debe buscar para su hija es un hombre que varee[34] la plata.

El diálogo fue borrascoso.[35] Mientras más rogaba don Raimundo, más se subía el aragonés a la parra,[36] y ya aquél iba a retirarse desahuciado,[37] cuando don Luis, terciando[38] en la cuestión, dijo:

—Pero, tío, no es de cristianos que matemos a quien no tiene la culpa.

—¿Tú te das por satisfecho?

—De todo corazón, tío y señor.

—Pues bien, muchacho, consiento en darte gusto; pero con una condición, y es ésta: don Raimundo me ha de jurar ante la Hostia[39] consagrada que no regalará un ochavo[40] a su hija ni la dejará un real[41] en la herencia.

Aquí se entabló[42] nuevo y más agitado litigio.

—Pero, hombre —arguyó don Raimundo—, mi hija tiene veinte mil duros[43] de dote.[44]

—Renunciamos a la dote. La niña vendrá a casa de su marido nada más que con lo encapillado.[45]

—Concédame usted entonces obsequiarla los muebles y el ajuar[46] de novia.

—Ni un alfiler. Si no acomoda,[47] dejarlo y que se muera la chica.

—Sea usted razonable, don Honorato. Mi hija necesita llevar siquiera una camisa para reemplazar la puesta.

—Bien; paso por esa funda para que no me acuse de obstinado. Consiento en que le regale la camisa de novia, y san se acabó.[48]

Al día siguiente don Raimundo y don Honorato se dirigieron muy de mañana a San Francisco, arrodillándose para oír misa, y, según lo pactado, en el momento en que el sacerdote elevaba la Hostia divina, dijo el padre de Margarita:

—Juro no dar a mi hija más que la camisa de novia. Así Dios me condene si perjurare.

II

Y don Raimundo Pareja cumplió *ad pedem litterae*[49] su juramento, porque ni en vida ni en muerte dio después a su hija cosa que valiera un maravedí.

Los encajes[50] de Flandes que adornaban la camisa de la novia costaron dos mil setecientos duros, según lo afirma Bermejo, quien parece copió este dato de las *Relaciones secretas* de Ulloa y don Jorge Juan.[51]

Item, el cordoncillo que ajustaba al cuello era una cadeneta de brillantes, valorizada en treinta mil morlacos.[52]

Los recién casados hicieron creer al tío aragonés que la camisa a lo más valdría una onza;[53] porque don Honorato era tan testarudo,[54] que, a saber lo cierto, habría forzado al sobrino a divorciarse.

Convengamos en que fue muy merecida la fama que alcanzó la camisa nupcial de Margarita Pareja.

---

[33]falta de interés   [34](inf.: **varear**) *measures out*   [35]violento   [36]se... se obstinaba   [37]sin esperanza   [38]metiéndose   [39]*Eucharistic bread*   [40]moneda antigua   [41]moneda española equivalente a 25 centavos   [42]se... empezó   [43]monedas españolas equivalentes a 5 pesetas   [44]*dowry*   [45]lo... la ropa que lleva puesta   [46]conjunto de joyas, ropa, etcétera, que lleva la novia al matrimonio   [47]Si... Si no está de acuerdo   [48]san... eso es todo   [49]*ad...* al pie de la letra (latín)   [50]*lace*   [51]*Relaciones...* dos comentarios sobre la América del siglo XVIII   [52]monedas de plata   [53]moneda antigua   [54]terco, obstinado

Cuestionario

1. ¿Cuál es el pretexto del cuento, o sea, qué se va a explicar en él?
2. ¿Quién es Margarita Pareja? ¿Cómo es ella?
3. ¿Quién es don Luis Alcázar?
4. ¿Con qué propósito va don Luis a la casa de don Raimundo?
5. ¿Cómo reacciona don Raimundo? ¿Y el tío de don Luis?
6. ¿Qué le pasa a Margarita?
7. ¿Qué hace el padre de Margarita para remediar la situación?
8. ¿Qué condiciones impone el tío de don Luis?
9. ¿Cuál es el clímax del cuento?

Identificaciones

1. limeño
2. «la villa del oso y del madroño»
3. «más orgulloso que los hijos del rey Fruela»
4. don Honorato
5. la dote

Temas

1. La presentación de los personajes del cuento
2. El tema del amor frente al orgullo
3. La ironía del cuento
4. Los elementos sociohistóricos de este ejemplo de las *Tradiciones peruanas*

EMILIA PARDO BAZÁN

Vida y obra

La condesa (*countess*) Emilia Pardo Bazán (1851–1921) nació en La Coruña, España. Fue una mujer muy culta (*learned*). Desempeñó varios cargos importantes, entre ellos los de profesora de literaturas neolatinas (*Romance literature*) en la Universidad de Madrid —cátedra (*chair*) creada expresamente para ella— y de consejera de Instrucción Pública. Pasó su juventud en su *pazo* (*ancestral palace*), pero después de casarse se trasladó con su marido a Madrid y a París. Pocos años después de regresar a España, dejó a su esposo y se estableció en la capital. Allí se dedicó al estudio de la literatura francesa contemporánea, colaboró en periódicos madrileños y dio tertulias literarias en su casa. Escribió cuentos, novelas, poesía, libros de viajes, estudios sociales, crítica histórica y crítica social. Lo mejor de su producción lo constituyen las novelas que tratan de la vida y costumbres de Galicia, su región natal. Entre éstas cabe mencionar su obra maestra *Los pazos de Ulloa*

(1886) y su secuela *La Madre Naturaleza* (1887). Entre sus numerosos libros de cuentos se destacan los de ambiente regional, siendo el mejor de ellos *Cuentos de la tierra*. Hay que indicar asimismo *La cuestión palpitante* (1883), estudio literario muy significativo sobre el movimiento naturalista francés.

La autora y su contexto

Pardo Bazán se distingue, ante todo, por haber introducido en la literatura española el naturalismo, movimiento literario originado en Francia por Emile Zola (1840–1902). Por lo tanto, lo que se nota en su producción novelística y cuentística es el énfasis en la representación minuciosa y científica —casi fotográfica— de la realidad. Se percibe también la preferencia por los aspectos más feos y desagradables de la vida con el fin de demostrar cómo los males heredados (*inherited*) y un medio ambiente hostil acaban por destruir al ser humano. No obstante (*In spite of*) el efecto algo mitigante de las creencias católicas de la escritora, de su origen aristocrático y su amor por el paisaje, costumbres y lenguaje pintorescos (*colorful, picturesque*) de su región natal, sus escritos más representativos manifiestan los rasgos distintivos del naturalismo (ver Apéndice 3). En *Los pazos de Ulloa* y *La Madre Naturaleza,* así como en el cuento a continuación, «Las medias rojas», la autora utiliza a los personajes y sus circunstancias para estudiar las condiciones sociales a través de situaciones sórdidas, detalles minuciosos e insinuaciones destinadas a convencer al lector de que la humanidad es víctima de un destino implacable y cruel.

Las medias rojas

Cuando la rapaza[1] entró, cargada con el haz de leña[2] que acababa de merodear[3] en el monte del señor amo, el tío[4] Clodio no levantó la cabeza, entregado a la ocupación de picar[5] un cigarro, sirviéndose, en vez de navaja, de una uña córnea[6] color de ámbar oscuro, porque la había tostado el fuego de las apuradas colillas.[7]

5 Ildara soltó el peso en tierra y se atusó[8] el cabello, peinado a la moda «de las señoritas» y revuelto por los enganchones[9] de las ramillas que se agarraban[10] a él. Después, con la lentitud de las faenas[11] aldeanas, preparó el fuego, lo prendió, desgarró[12] las berzas,[13] las echó en el pote[14] negro, en compañía de unas patatas mal troceadas[15] y de unas judías[16] asaz[17] secas, de la cosecha anterior, sin remojar. Al
10 cabo de estas operaciones, tenía el tío Clodio liado[18] su cigarrillo, y lo chupaba[19] desgarbadamente,[20] haciendo en los carrillos[21] dos hoyos[22] como sumideros,[23] grises, entre lo azuloso de la descuidada barba.

Sin duda la leña estaba húmeda de tanto llover la semana entera, y ardía mal, soltando una humareda acre;[24] pero el labriego[25] no reparaba: al humo, ¡bah!, estaba él bien hecho desde niño. Como Ildara se inclinase para soplar y activar la
15 llama, observó el viejo cosa más insólita:[26] algo de color vivo, que emergía de las remendadas y encharcadas[27] sayas[28] de la moza… Una pierna robusta, aprisionada en una media roja, de algodón…

[1]muchacha   [2]haz... *bundle of brushwood or kindling*   [3]recoger   [4]aquí, tratamiento dado al hombre entrado en edad en los pueblos   [5]cortar   [6]dura y curvada   [7]extremo que queda de los cigarros   [8]se... se alisó el pelo con la mano   [9]efecto de prenderse accidentalmente la cabellera en un gancho (*hook*)   [10]se... *were held together*   [11]trabajos   [12]separó en pedazos   [13]*heads of cabbage*   [14]*pot*   [15]divididas en pedazos   [16]*beans*   [17]bastante   [18]*rolled up*   [19]*sucked*   [20]*ungainly*   [21]mejillas   [22]*dimples*   [23]*sewers*   [24]humareda... humo fuerte que hace toser   [25]labrado   [26]extraordinaria   [27]mojadas   [28]faldas

—¡Ey! ¡Ildara!

20 —¡Señor padre!

—¿Qué novidá[29] es ésa?

—¿Cuál novidá?

—¿Ahora me gastas medias, como la hirmán[30] del abade[31]?

Incorporóse[32] la muchacha, y la llama, que empezaba a alzarse,[33] dorada, lame-
25 dora[34] de la negra panza del pote,[35] alumbró su cara redonda, bonita, de facciones
pequeñas, de boca apetecible, de pupilas claras, golosas de vivir.

—Gasto medias, gasto medias —repitió, sin amilanarse—.[36] Y si las gasto, no
se las debo a ninguén.[37]

—Luego nacen los cuartos[38] en el monte —insistió el tío Clodio con ame-
30 nazadora sorna.[39]

—¡No nacen!... Vendí al abade unos huevos, que no dirá menos él... Y con eso
merqué[40] las medias.

Una luz de ira cruzó por los ojos pequeños, engarzados[41] en duros párpados,
bajo cejas hirsutas, del labrador... Saltó del banco donde estaba escarranchado,[42] y
35 agarrando a su hija por los hombros, la zarandeó[43] brutalmente, arrojándola contra
la pared, mientras barbotaba:[44]

—¡Engañosa! ¡Engañosa! ¡Cluecas[45] andan las gallinas que no ponen!

Ildara, apretando los dientes por no gritar de dolor, se defendía la cara con las
manos. Era siempre su temor de mociña[46] guapa y requebrada,[47] que el padre la
40 mancase,[48] como le había sucedido a la Mariola, su prima, señalada por su propia
madre en la frente con el aro de la criba,[49] que le desgarró los tejidos. Y tanto más
defendía su belleza, hoy que se acercaba el momento de fundar en ella un sueño de
porvenir. Cumplida la mayor edad, libre de la autoridad paterna, la esperaba el
barco, en cuyas entrañas[50] tantos de su parroquia y de las parroquias circunvecinas
45 se habían ido hacia la suerte, hacia lo desconocido de los lejanos países donde el
oro rueda por las calles y no hay sino bajarse para cogerlo. El padre no quería
emigrar, cansado de una vida de labor, indiferente a la esperanza tardía: pues que se
quedase él... Ella iría sin falta; ya estaba de acuerdo con el gancho,[51] que le ade-
lantaba los pesos para el viaje, y hasta le había dado cinco de señal,[52] de los cuales
50 habían salido las famosas medias... Y el tío Clodio, ladino,[53] sagaz, adivinador o
sabedor, sin dejar de tener acorralada[54] y acosada[55] a la moza, repetía:

—Ya te cansaste de andar descalza[56] de pie y pierna, como las mujeres de bien,
¿eh, condenada? ¿Llevó medias alguna vez tu madre? ¿Peinóse como tú, que siempre estás dale que tienes con el cacho de espejo[57]? Toma, para que te acuerdes...

55 Y con el cerrado puño hirió primero la cabeza, luego el rostro, apartando las
medrosas manecitas, de forma no alterada aún por el trabajo, con que se escudaba[58]

---

[29]forma regional de **novedad** [30]hermana [31]cura [32]Se levantó [33]subir [34]*licking* [35]panza... parte más
ancha del recipiente [36]asustarse [37]forma regional de **nadie** [38]dinero [39]malicia [40](*inf.*: **mercar**) compré
[41]fijados [42]*with legs spread apart* [43]sacudió con violencia [44]decía entre dientes [45]*Broody* (que se echa
sobre los huevos para empollarlos) [46]muchacha [47]cortejada [48]la... la hiriera dejándole una marca permanente [49]aro... *ring of a sieve* [50]en... en cuyo interior [51]*middleman* [52]de... *as honest money* [53](*fig.*) as-
tuto [54]*cornered* [55]atacada [56]sin zapatos [57]estás... estás peinándote una y otra vez delante de un pedazo
de espejo [58]protegía

Ildara, trémula. El cachete más violento cayó sobre un ojo, y la rapaza vio, como un cielo estrellado, miles de puntos brillantes envueltos en una radiación de intensos coloridos sobre un negro terciopeloso.[59] Luego, el labrador aporreó[60] la nariz,
60 los carrillos. Fue un instante de furor, en que sin escrúpulo la hubiese matado, antes que verla marchar, dejándole a él solo, viudo, casi imposibilitado de cultivar la tierra que llevaba en arriendo,[61] que fecundó con sudores tantos años, a la cual profesaba un cariño maquinal, absurdo. Cesó al fin de pegar; Ildara, aturdida de espanto, ya no chillaba[62] siquiera.

65   Salió fuera, silenciosa, y en el regato[63] próximo se lavó la sangre. Un diente bonito, juvenil, le quedó en la mano. Del ojo lastimado, no veía.

       Como que el médico, consultado tarde y de mala gana, según es uso de labriegos, habló de un desprendimiento[64] de la retina, cosa que no entendió la muchacha, pero que consistía… en quedarse tuerta.[65]

70   Y nunca más el barco la recibió en sus concavidades para llevarla hacia nuevos horizontes de holganza[66] y lujo. Los que allá vayan, han de ir sanos, válidos, y las mujeres, con sus ojos alumbrando y su dentadura completa…

---

[59]*velvety*   [60]golpeó   [61]en… alquilada   [62]gritaba   [63]charco   [64]*detachment*   [65]sin vista en un ojo   [66]placer

Cuestionario

1. ¿Qué está haciendo Ildara al comienzo del cuento?
2. ¿Cómo se presenta al tío Clodio en la primera parte del cuento?
3. ¿En qué se fija el tío Clodio? ¿Cómo reacciona éste?
4. ¿De qué tiene miedo Ildara?
5. ¿Qué planes tiene Ildara para el futuro?
6. ¿Qué le hace el padre a su hija?
7. ¿Cómo afecta esto los planes de Ildara?

Identificaciones

1. «la hirmán del abade»
2. la Mariola
3. el médico

Temas

1. Los motivos de los dos personajes
2. La presentación de la situación y su significación temática
3. La ironía trágica del cuento

Teresa de la Parra

Vida y obra

Ana Teresa Parra Sanojo (1889–1936) nació en París, Francia, de padres venezolanos acomodados (*well-off*). La familia volvió a Caracas cuando la niña tenía apenas dos años de edad y vivió primero en la hacienda familiar, El Tazón, y luego en la capital. Fallecido el marido (1897), la madre se mudó a España para educar a los seis hijos y Teresa ingresó en el Colegio de las Damas del Sagrado Corazón, en Valencia. Diez años más tarde volvió a Caracas, donde publicó artículos y cuentos en periódicos locales. En 1924 dos factores trazaron el rumbo definitivo de su carrera: 1) el primer premio ganado en un concurso literario auspiciado por el Instituto Hispanoamericano de Cultura Francesa y 2) la publicación de *Ifigenia*, bajo el pseudónimo de Teresa de la Parra. En 1927 participó en la Conferencia Interamericana de Periodistas, en la Habana, entablando gran amistad con la escritora cubana Lydia Cabrera. No obstante los primeros síntomas de la tuberculosis, viajó con la amiga a Italia y a Suiza. Durante esta época se publicó en París su obra maestra, *Las memorias de Mamá Blanca* (1929). Antes de volver a Venezuela en 1931 estuvo en Bogotá, Colombia, para presentar una serie de conferencias sobre el papel seminal de la mujer a lo largo de la historia de Latinoamérica. Al año siguiente, perseguida más que nunca por la enfermedad, regresó a España para internarse en un sanatorio madrileño y allí falleció rodeada de su madre, su hermana María y la inseparable compañera, Lydia Cabrera.

La autora y su contexto

El tema central de las obras de Teresa de la Parra gira en torno a la búsqueda de la identidad sexual de la autora, efectuada a través del desarrollo psicológico de sus protagonistas. En *Ifigenia*, novela escrita en forma de una larga carta destinada a una amiga, la autora se basa en sus propias experiencias —su residencia en París y un amor malogrado— para crear al personaje de María Eugenia, su *alter ego*. En calidad de remitente (*sender*), narradora y protagonista, dicho personaje revela las frustraciones de una mujer inteligente, moderna y creativa, constreñida por el arcaico ambiente social latinoamericano. En cambio, en *Las memorias de Mamá Blanca*, la escritora evoca nostálgicamente los felices años infantiles transcurridos en El Tazón, antes de que el padre vendiera la hacienda y transfiriera la familia a la capital. Asumiendo el papel de mera *editora* de las memorias de cierta Mamá Blanca a quién había conocido presuntamente en su niñez, la autora opera una serie de transformaciones. Convierte la hacienda familiar en una especie de jardín terrenal y a los padres en seres trascendentes. La escritora se identifica con su protagonista, Blanca Nieves, la niña, y Doña Blanca, la anciana (*old woman*). La lectura que sigue refleja, como en un espejo, la divergencia entre la autenticidad a la que todo individuo tiene derecho y las convenciones sociales que se niegan a reconocerla.

Blanca Nieves y Compañía

Blanca Nieves,[1] la tercera de las niñitas por orden de edad y de tamaño, tenía entonces cinco años, el cutis[2] muy trigueño,[3] los ojos oscuros, el pelo muy negro, las piernas quemadísimas de sol, los brazos más quemados aún, y tengo que confesarlo humildemente, sin merecer en absoluto semejante nombre, Blanca Nieves era yo.

5 Siendo inseparables mi nombre y yo, formábamos juntos a todas horas un disparate ambulante[4] que sólo la costumbre, con su gran tolerancia, aceptaba indulgentemente sin hacer ironías fáciles ni pedir explicaciones. Como se verá más adelante, la culpa de tan flagrante disparate la tenía Mamá, quien por temperamento de poeta despreciaba la realidad y la sometía sistemáticamente a unas leyes arbitrarias y amables que de continuo le dictaba su fantasía. Pero la realidad no se sometía

10 nunca. De ahí que Mamá sembrara a su paso[5] con mano pródiga profusión de errores que tenían la doble propiedad de ser irremediables y de estar llenos de gracia.[6] «Blanca Nieves» fue un error que a mis expensas, durante mucho tiempo, hizo reír sin maldad a todo el mundo. Violeta, la hermanita que me llevaba trece meses, era otro error de orden moral mucho mayor todavía. Pero eso lo contaré más ade-

15 lante. Básteme decir, por ahora, que en aquellos lejanos tiempos mis cinco hermanitas y yo estábamos colocadas muy ordenadamente en una suave escalerilla que subía desde los siete meses hasta los siete años, y que desde allí, firmes en nuestra escalera, reinábamos sin orgullo sobre toda la creación. Esta se hallaba entonces

20 encerrada dentro de los límites de nuestra hacienda Piedra Azul, y no tenía evidentemente más objeto que alojarnos[7] en su seno[8] y descubrir diariamente a nuestros ojos nuevas y nuevas sorpresas.

Desde el principio de los tiempos, junto a Mamá, presididas por Papá, especie de deidad ecuestre con polainas,[9] espuelas,[10] barba castaña[11] y sombrero alón[12] de

25 jipijapa,[13] vivíamos en Piedra Azul, cuyos fabulosos linderos[14] ninguna de nosotras seis había traspasado nunca.

Además de Papá y de Mamá, había Evelyn, una mulata inglesa de la isla de Trinidad, quien nos bañaba, cosía nuestra ropa, nos regañaba[15] en un español sin artículos y aparecía desde por la mañana muy arreglada con su corsé, su blusa plan-

30 chada, su delantal[16] y su cinturón de cuero. Dentro de su corsé, bajo su rebelde pelo lanudo,[17] algo reluciente y lo más liso[18] posible, Evelyn exhalaba a todas horas orden, simetría, don de mando,[19] y un tímido olor a aceite de coco. Sus pasos iban siempre escoltados o precedidos por unos suaves chss, chss, chss, que proclamaban en todos lados su amor al almidón[20] y su espíritu positivista adherido continua-

35 mente a la realidad como la ostra[21] está adherida a la concha. Por oposición de caracteres, Mamá admiraba a Evelyn. Cuando ésta se alejaba dentro de su aura sonora, con una o con dos de nosotras cogidas de la mano, era bastante frecuente el

---

[1]Blanca... *Snow White*   [2]*piel*   [3]*dark, olive*   [4]*disparate... walking contradiction*   [5]*sembrara... left scattered in her path*   [6]*charm*   [7]*to shelter us*   [8]*bosom*   [9]*leggings*   [10]*spurs*   [11]*chestnut-colored*   [12]*broad-brimmed* [13]*straw*   [14]*boundaries*   [15]*scolded*   [16]*apron*   [17]*woolly*   [18]*smooth, straight*   [19]*don... the gift of giving orders* [20]*starch*   [21]*oyster*

que Mamá levantara los ojos al cielo y exclamara dulce e intensamente en tono de patética acción de gracias y cantando muchísimo las palabras, cosa que era en ella
40 forma habitual e invariable de expresar sus pensamientos:

—¡Evelyn es mi tranquilidad! ¡Qué sería de mí sin ella!

Según supe muchos años después, Evelyn, «mi tranquilidad», se había trasladado desde Trinidad hasta Piedra Azul, con el objeto único y exclusivo de que las niñitas aprendieran inglés. Pero nosotras ignorábamos semejante detalle, por la
45 sencilla razón de que en aquella época, a pesar de la propia Evelyn, no teníamos aún la más ligera sospecha de que existiese el inglés, cosa que a todas luces era una complicación innecesaria. En cambio, por espíritu de justicia y de compensación cuando Evelyn decía indignada:

—Ya ensuciaste vestido limpio, terca,[22] por sentarse en suelo.

50 Nosotras no le exigíamos[23] para nada los artículos, los cuales, al fin y al cabo, tampoco eran indispensables.

Al lado de Evelyn, formando a sus órdenes una especie de estado mayor, había tres cuidadoras que la asistían en lo de bañarnos, vestirnos y acostarnos y se reemplazaban tan a menudo en la casa que hoy sólo conservo mezclados vaguísimos re-
55 cuerdos de aquellos rostros negros y de aquellos nombres tan familiares como inusitados: Hermenegilda… Eufemia… Pastora… Armanda… Independientes del estado mayor había las dos sirvientas de adentro: Altagracia, que servía la mesa, y Jesusita, que tendía las camas y «le andaba en[24] la cabeza» a Mamá durante horas enteras, mientras ella, con su lindo ondulado pelo suelto, se balanceaba impercepti-
60 blemente en la hamaca.

En la cocina, con medio saco prendido en la cintura a guisa de[25] delantal y un latón oxidado[26] en la mano a guisa de soplador,[27] siempre de mal humor, había Candelaria, de quien Papá decía frecuentemente saboreando una hallaca[28] o una taza de café negro: «De aquí se puede ir todo el mundo menos Candelaria». Razón
65 por la cual los años pasaban, los acontecimientos se sucedían y Candelaria continuaba impertérrita[29] con su saco y su latón, transportando de la piedra de moler[30] al colador[31] del café, entre violencias y cacerolas,[32] aquella alma suya eternamente furibunda.[33.]

Por fin, más allá de la casa y de la cocina, había el mayordomo,[34] los media-
70 neros,[35] los peones, el trapiche,[36] las vacas, los becerritos,[37] los mangos, el río, las mariposas, los horribles sapos,[38] las espantosas culebras[39] semilegendarias y muchas cosas más que sería largo enumerar aquí.

Como he dicho ya, nosotras seis ocupábamos en escalera y sin discusión ninguna el centro de ese Cosmos. Sabíamos muy bien que empezando por Papá y
75 Mamá hasta llegar a las culebras, después de haber pasado por Evelyn y Candelaria, todos, absolutamente todos, eran a nuestro lado seres[40] y cosas secundarias creadas únicamente para servirnos. Lo sabíamos las seis con entera certeza, y lo sabíamos

---

[22]*you stubborn girl* [23]*no… didn't demand of her* [24]*le… watched over* [25]*a… in the form of, acting as*
[26]*latón… rusty piece of brass* [27]*fan (for the fire)* [28]*banana-leaf "wrap" of meat and vegetables* [29]*undaunted*
[30]*de… grinding* [31]*filter* [32]*saucepans* [33]*frantic* [34]*overseer* [35]*tenant farmers* [36]*sugar mill* [37]*little calves*
[38]*toads* [39]*snakes* [40]*beings*

corte de caña, tu silueta lejana, caracoleando[78] en Caramelo, coronada por el sombrero alón de jipijapa, vista desde el pretil, no venía a ser más sensible[79] a nuestras almas que la de aquel Bolívar militar, quien a caballo también, caracoleando como tú sobre la puerta cerrada de tu escritorio, desde el centro de su marco de caoba y bajo el brillo de su espada desnuda dirigía con arrogancia todo el día en la batalla gloriosa de Carabobo.

[78]caracoling (executing half-turns)   [79]meaningful, dear

Cuestionario

1. ¿Quién narra el cuento?
2. ¿Cómo es la familia de Blanca Nieves?
3. ¿Cómo describe Blanca Nieves su vida de niña?
4. ¿Por qué va la madre de Blanca Nieves a Caracas con cierta frecuencia?
5. ¿Cómo reaccionan las niñas ante la ausencia de su madre?
6. ¿A qué se debe el cambio de tono en la parte final del cuento?
7. ¿Cuál es el mensaje?

Identificaciones

1. «un disparate ambulante»
2. «nos regañaba en un español sin artículos»
3. «'le andaba en la cabeza' a Mamá»
4. «De aquí se puede ir todo el mundo menos Candelaria»
5. «el papel ingratísimo de Dios»
6. Juan Manuel
7. «aquel Bolívar militar»

Temas

1. La forma del cuento: organización de los elementos
2. El tono y el estilo discursivo de la narradora
3. La base del conflicto en el cuento
4. «Blanca Nieves y Compañía» como documento social
5. «Blanca Nieves y Compañía»: ¿obra feminista?

Julio Cortázar

Vida y obra

El escritor argentino Julio Cortázar (1914–1984) nació en Bruselas, Bélgica (*Belgium*), donde su padre desempeñaba varios cargos diplomáticos. A raíz de (*Soon after*) la primera guerra mundial (1914–1918), la familia volvió a la Argentina, donde Cortázar obtuvo el título de maestro de escuela secundaria. Por algunos años se dedicó a la enseñanza. Siendo profesor en la Universidad de Cuyo, en Mendoza, renunció a este cargo para mostrar su oposición al régimen neofascista de Juan Domingo Perón (1895–1974). Antes de marcharse a París en 1951, fue traductor de francés e inglés en varias editoriales (*publishing houses*) argentinas. En Francia fue traductor independiente de la UNESCO (*United Nations Educational, Scientific, and Cultural Organization*), reservando ocho meses al año para sus actividades literarias. Participó activamente en los asuntos políticos de Latinoamérica, y siempre apoyó las causas sociales. En cierta ocasión donó a un frente popular chileno el dinero obtenido en uno de sus premios. Entre sus cuentos más celebrados se hallan «Final del juego» (1956), «Las armas secretas» (1959), «Historias de cronopios y famas» (1962), «Todos los fuegos el fuego» (1966) y «Deshoras» (1983). Sus novelas incluyen *Rayuela* (1963) y *62—modelo para armar* (1968). Entre sus ensayos cabe mencionar *Instrucciones para subir una escalera* (1962), *La vuelta al día en ochenta mundos* (1967) y *Nicaragua tan violentamente dulce* (1983).

El autor y su contexto

Cortázar se destaca por su rol de innovador de la narrativa argentina e hispanoamericana. Su obra —influenciada por la literatura de lo absurdo, sobre todo por la surrealista, la cual se enfoca en los aspectos subconscientes e irracionales de la existencia humana— está compuesta en una forma aparentemente disparatada (*nonsensical*). El autor viola constantemente las convenciones literarias: rompe con el concepto cronológico del tiempo, mezcla lo real con lo ficticio, junta lo cómico con lo trágico, emplea simultáneamente varios planos de la realidad y usa a menudo los sueños. No vacila (*hesitate*) en inventar palabras ni en intercalar (*to insert*) palabras o frases en francés o inglés. También emplea frecuentemente el monólogo interior, a través del cual revela más íntimamente la excentricidad de sus personajes narradores. Sin embargo, debajo de la forma irracional, *lúdica,* de sus escritos —o sea, debajo del juego medio loco del autor con el lector— se descubre que la incoherencia es más aparente que real. Se concluye al final que este escritor, que se sintió tan argentino pero que prefirió vivir lejos de su país; que apoyó el comunismo, predicando a la vez la libertad individual; que trató humorísticamente los aspectos más serios de la vida, fue en el fondo un ser muy perplejo, atormentado por la angustia existencial. Según uno de sus intérpretes, Cortázar ha creado con su obra enigmática, juguetona (*playful*), que ofrece varias posibilidades de lectura, una especie de corralito para niños (*playpen*). Dentro de éste, autor y lector pueden moverse y explorar el mundo, sin ninguna restricción.

La noche boca arriba

Y salían en ciertas épocas a cazar enemigos; le llamaban la guerra florida.[1]

A mitad del largo zaguán[2] del hotel pensó que debía ser tarde, y se apuró[3] a salir a la calle y sacar la motocicleta del rincón donde el portero de al lado le permitía guardarla. En la joyería de la esquina vio que eran las nueve menos diez; llegaría con tiempo sobrado[4] adonde iba. El sol se filtraba entre los altos edificios del cen-
5 tro, y él —porque para sí mismo, para ir pensando, no tenía nombre— montó en la máquina saboreando el paseo. La moto ronroneaba entre sus piernas, y un viento fresco le chicoteaba[5] los pantalones.

Dejó pasar los ministerios (el rosa, el blanco) y la serie de comercios con brillantes vitrinas[6] de la calle Central. Ahora entraba en la parte más agradable del
10 trayecto, el verdadero paseo: una calle larga, bordeada de árboles, con poco tráfico y amplias villas que dejaban venir los jardines hasta las aceras, apenas demarcadas por setos[7] bajos. Quizá algo distraído, pero corriendo sobre la derecha como correspondía, se dejó llevar por la tersura,[8] por la leve crispación[9] de ese día apenas em-
pezado. Tal vez su involuntario relajamiento le impidió prevenir el accidente.
15 Cuando vio que la mujer parada en la esquina se lanzaba a la calzada a pesar de las luces verdes, ya era tarde para las soluciones fáciles. Frenó con el pie y la mano, desviándose a la izquierda; oyó el grito de la mujer, y junto con el choque perdió la visión. Fue como dormirse de golpe.

Volvió bruscamente del desmayo. Cuatro o cinco hombres jóvenes lo estaban
20 sacando de debajo de la moto. Sentía gusto a sal y sangre, le dolía una rodilla, y cuando lo alzaron gritó, porque no podía soportar la presión en el brazo derecho. Voces que no parecían pertenecer a las caras supendidas sobre él, lo alentaban[10] con bromas y seguridades. Su único alivio fue oír la confirmación de que había estado en su derecho al cruzar la esquina. Preguntó por la mujer, tratando de dominar la
25 náusea que le ganaba la garganta. Mientras lo llevaban boca arriba hasta una far-
macia próxima, supo que la causante del accidente no tenía más que rasguños[11] en las piernas. «Usté la agarró apenas, pero el golpe le hizo saltar la máquina de costado…» Opiniones, recuerdos, despacio, éntrenlo de espaldas, así va bien, y alguien con guardapolvo[12] dándole a beber un trago que lo alivió, en la penumbra de
30 una pequeña farmacia de barrio.

La ambulancia policial llegó a los cinco minutos, y lo subieron a una camilla blanda donde pudo tenderse a gusto. Con toda lucidez, pero sabiendo que estaba bajo los efectos de un shock terrible, dio sus señas al policía que lo acompañaba. El brazo casi no le dolía; de una cortadura en la ceja goteaba sangre por toda la cara.
35 Una o dos veces se lamió los labios para beberla. Se sentía bien, era un accidente, mala suerte; unas semanas quieto y nada más. El vigilante le dijo que la motocicleta no parecía muy estropeada. «Natural», dijo él. «Como que me la ligué encima…» Los dos se rieron, y el vigilante le dio la mano al llegar al hospital y le deseó buena

---

[1]guerra… guerra ritual en la que los aztecas buscaban víctimas para sus sacrificios   [2]vestíbulo, pasillo   [3]dio prisa   [4]tiempo… más tiempo de lo que se necesita   [5]*whipped*   [6]*display windows*   [7]*hedges*   [8]transparencia
[9]*edginess*   [10]animaban   [11]*scratches*   [12]*dustcoat*

suerte. Ya la náusea volvía poco a poco; mientras lo llevaban en una camilla de
ruedas hasta un pabellón del fondo, pasando bajo árboles llenos de pájaros, cerró
los ojos y deseó estar dormido o cloroformado. Pero lo tuvieron largo rato en una
pieza con olor a hospital, llenando una ficha, quitándole la ropa y vistiéndolo con
una camisa grisácea y dura. Le movían cuidadosamente el brazo, sin que le doliera.
Las enfermeras bromeaban todo el tiempo, y si no hubiera sido por las contrac-
ciones del estómago se habría sentido muy bien, casi contento.

Lo llevaron a la sala de radio, y veinte minutos después, con la placa todavía
húmeda puesta sobre el pecho como una lápida[13] negra, pasó a la sala de operaciones. Alguien de blanco, alto y delgado, se le acercó y se puso a mirar la radiografía. Manos de mujer le acomodaban la cabeza, sintió que lo pasaban de una
camilla a otra. El hombre de blanco se le acercó otra vez, sonriendo, con algo que
le brillaba en la mano derecha. Le palmeó la mejilla e hizo una señal a alguien
parado atrás.

Como sueño era curioso porque estaba lleno de olores y él nunca soñaba olores.
Primero un olor a pantano, ya que a la izquierda de la calzada empezaban las maris-
mas,[14] los tembladerales[15] de donde no volvía nadie. Pero el olor cesó, y en cambio
vino una fragancia compuesta y oscura como la noche en que se movía huyendo de
los aztecas. Y todo era tan natural, tenía que huir de los aztecas que andaban a caza
de hombre, y su única probabilidad era la de esconderse en lo más denso de la
selva, cuidando de no apartarse de la estrecha calzada que sólo ellos, los motecas,[16]
conocían.

Lo que más le torturaba era el olor, como si aun en la absoluta aceptación del
sueño algo se rebelara contra eso que no era habitual, que hasta entonces no había
participado del juego. «Huele a guerra», pensó, tocando instintivamente el puñal
de piedra atravesado en su ceñidor[17] de lana tejida. Un sonido inesperado lo hizo
agacharse[18] y quedar inmóvil, temblando. Tener miedo no era extraño, en sus
sueños abundaba el miedo. Esperó, tapado por las ramas de un arbusto y la noche
sin estrellas. Muy lejos, probablemente del otro lado del gran lago, debían estar
ardiendo fuegos de vivac;[19] un resplandor rojizo teñía esa parte del cielo. El
sonido no se repitió. Había sido como una rama quebrada. Tal vez un animal que
escapaba como él del olor de la guerra. Se enderezó despacio, venteando. No se
oía nada, pero el miedo seguía allí como el olor, ese incienso dulzón de la guerra
florida. Había que seguir, llegar al corazón de la selva evitando las ciénagas.[20] A
tientas,[21] agachándose a cada instante para tocar el suelo más duro de la calzada,
dio algunos pasos. Hubiera querido echar a correr, pero los tembladerales palpita-
ban a su lado. Siguiendo el sendero en tinieblas, reanudó lentamente la fuga.
Entonces sintió una bocanada horrible del olor que más temía, y saltó desesperado
hacia adelante.

—Se va a caer de la cama —dijo el enfermo de al lado—. No brinque tanto,
amigazo.

Abrió los ojos y era de tarde, con el sol ya bajo en los ventanales de la larga
sala. Mientras trataba de sonreír a su vecino, se despegó casi físicamente de la última visión de la pesadilla. El brazo, enyesado,[22] colgaba de un aparato con pesas[23]

[13]*tombstone*   [14]*marshes*   [15]*quagmires*   [16]neologismo derivado de la combinación de **motocicleta** con la terminación **-eca,** propia de palabras indígenas de México, tal como **azteca** y **tolteca**   [17]*cinturón*   [18]*squat*
[19]*bivouac*   [20]*swamps*   [21]A... *Vacilantemente*   [22]*cast in plaster*   [23]*weights*

sus compañeros que llenarían otras mazmorras, y en los que ascendían ya los peldaños[40] del sacrificio. Gritó de nuevo, sofocadamente, casi no podía abrir la boca, tenía las mandíbulas agarrotadas[41] y a la vez como si fueran de goma y se abrieran lentamente, con un esfuerzo interminable. El chirriar de los cerrojos lo sacudió como un látigo. Convulso, retorciéndose, luchó por zafarse[42] de las cuerdas que se le hundían en la carne. Su brazo derecho, el más fuerte, tiraba hasta que el dolor se hizo intolerable y tuvo que ceder. Vio abrirse la doble puerta, y el olor de las antorchas le llegó antes que la luz. Apenas ceñidos con el taparrabos[43] de la ceremonia, los acólitos de los sacerdotes se le acercaron mirándolo con desprecio. Las luces se reflejaban en los torsos sudados, en el pelo negro lleno de plumas. Cedieron las sogas, y en su lugar lo aferraron manos calientes, duras como bronce; se sintió alzado, siempre boca arriba, tironeado[44] por los cuatro acólitos que lo llevaban por el pasadizo. Los portadores de antorchas iban adelante, alumbrando vagamente el corredor de paredes mojadas y techo tan bajo que los acólitos debían agachar[45] la cabeza. Ahora lo llevaban, lo llevaban, era el final. Boca arriba, a un metro del techo de roca viva que por momentos se iluminaba con un reflejo de antorcha. Cuando en vez del techo nacieran las estrellas, y se alzara frente a él la escalinata[46] incendiada de gritos y danzas, sería el fin. El pasadizo no acababa nunca, pero ya iba a acabar, de repente olería el aire libre lleno de estrellas, pero todavía no, andaban llevándolo sin fin en la penumbra roja, tironeándolo brutalmente; y él no quería, pero cómo impedirlo si le habían arrancado el amuleto que era su verdadero corazón, el centro de la vida.

Salió de un brinco a la noche del hospital, al alto cielorraso dulce, a la sombra blanda que lo rodeaba. Pensó que debía haber gritado, pero sus vecinos dormían callados. En la mesa de noche, la botella de agua tenía algo de burbuja, de imagen traslúcida contra la sombra azulada de los ventanales. Jadeó, buscando el alivio de los pulmones, el olvido de esas imágenes que seguían pegadas a sus párpados. Cada vez que cerraba los ojos las veía formarse instantáneamente, y se enderezaba aterrado[47] pero gozando a la vez de saber que ahora estaba despierto, que la vigilia lo protegía, que pronto iba a amanecer, con el buen sueño profundo que se tiene a esa hora, sin imágenes, sin nada… Le costaba mantener los ojos abiertos, la modorra[48] era más fuerte que él. Hizo un último esfuerzo, con la mano sana esbozó un gesto hacia la botella de agua; no llegó a tomarla, sus dedos se cerraron en un vacío otra vez negro, y el pasadizo seguía inacabable, roca tras roca, con súbitas fulguraciones rojizas, y él boca arriba gimió apagadamente porque el techo iba a acabarse, subía, abriéndose como una boca de sombra, y los acólitos se enderezaban y de la altura una luna menguante[49] le cayó en la cara donde los ojos no querían verla, desesperadamente se cerraban y abrían buscando pasar al otro lado, descubrir otra vez el cielorraso protector de la sala. Y cada vez que se abrían era otra vez la noche y la luna mientras lo subían por la escalinata, ahora con la cabeza colgando hacia abajo, y en lo alto estaban las hogueras, las rojas columnas de humo perfumado, y de golpe vio la piedra roja, brillante de sangre que chorreaba, y el vaivén de los pies del sacrificado que arrastraban para tirarlo rodando por las escalinatas del norte.

[40]*steps* [41]*stiff* [42]*librarse* [43]*loincloth* [44]*dragged* [45]*bajar* [46]*gran escalera* [47]*lleno de terror* [48]*sueño pesado* [49]*waning*

Con una última esperanza apretó los párpados, gimiendo por despertar. Durante un segundo creyó que lo lograría, porque otra vez estaba inmóvil en la cama, a salvo del balanceo cabeza abajo. Pero olía la muerte, y cuando abrió los ojos vio la figura ensangrentada del sacrificador que venía hacia él con el cuchillo de piedra en la mano. Alcanzó a cerrar otra vez los párpados, aunque ahora sabía que no iba a despertarse, que estaba despierto, que el sueño maravilloso había sido el otro, absurdo como todos los sueños; un sueño en el que había andado por extrañas avenidas de una ciudad asombrosa, con luces verdes y rojas que ardían sin llama ni humo, con un enorme insecto de metal que zumbaba bajo sus piernas. En la mentira infinita de ese sueño también lo habían alzado del suelo, también alguien se le había acercado con un cuchillo en la mano, a él tendido boca arriba, a él boca arriba con los ojos cerrados entre las hogueras.

Cuestionario

1. ¿Qué suceso pone en marcha la acción de «La noche boca arriba»?
2. ¿Adónde es llevado el motociclista?
3. ¿Cuál es el carácter de los sueños del motociclista?
4. ¿Qué le pasa al protagonista de los sueños?
5. ¿Cuál es el elemento paradójico del desenlace de «La noche boca arriba»?

Identificaciones

1. «un olor a pantano»
2. «la calzada»
3. los motecas
4. «boca arriba»

Temas

1. La estructura de «La noche boca arriba»
2. La creación del suspenso en este cuento
3. La realidad frente al sueño en «La noche boca arriba»
4. Hacia una interpretación del desenlace de «La noche boca arriba»
5. Las características principales del arte narrativo de Julio Cortázar, según una lectura de este cuento

JORGE LUIS BORGES

Vida y obra

Jorge Luis Borges (1899–1986) nació en Buenos Aires de familia rica y continuó su educación en Suiza e Inglaterra. De 1918 a 1921 residió en España, donde conoció a los más ilustres representantes del *ultraísmo,* movimiento de renovación artística derivado de las escuelas de vanguardia europeas (ver Apéndice 3). A su retorno a Buenos Aires, participó en la prensa local y fundó una serie de revistas que propagaron la corriente vanguardista en la Argentina —entre ellas, *Prisma* (1921–1922), *Proa* (1922–1925) y *Martín Fierro* (1924–1927). Tras la caída en 1955 del régimen dictatorial de Juan Domingo Perón (1895–1974), quien siempre había mirado con malos ojos las actividades intelectuales de Borges, éste ingresó a la Academia Argentina de las Letras. Asimismo asumió los cargos de profesor de literatura inglesa en la Universidad de Buenos Aires y de director de la Biblioteca Nacional. A partir de esta época la vista de Borges comenzó a deteriorarse, hasta que por fin quedó totalmente ciego. Este prolífico autor cultivó tres géneros: la poesía (*Fervor de Buenos Aires,* 1923; *La rosa profunda,* 1955; *El oro de los tigres,* 1972), el ensayo (*Inquisiciones,* 1925; *Historia de la eternidad,* 1936; *Nueva refutación del tiempo,* 1948; *Otras inquisiciones,* 1952; *Siete noches,* 1980; *Los conjurados,* 1985) y el cuento (*Historia universal de la infamia,* 1935; *El jardín de los senderos que se bifurcan,* 1941; *Ficciones,* 1944; *El Aleph,* 1949).

El autor y su contexto

La fama internacional de Borges ha de atribuirse principalmente a sus *ficciones* —parte ensayo, parte relato— en las que muestra una cosmovisión eminentemente singular. Dicha actitud ante la vida muestra a un Borges escéptico que se niega a aceptar la verdad absoluta y usa su vasta cultura y una mente extraordinariamente lógica e incisiva para burlarse de (*mock*) la humanidad. Borges halla absurdo que el ser humano ponga su confianza en los sistemas científicos y matemáticos, puesto que para él es imposible explicarse algo tan incierto e inexplicable como la realidad. Para expresar estas ideas Borges se sirve, tanto en sus ensayos como en sus cuentos, de los mismos temas, símbolos y metáforas. En cierto caso representa el universo como un laberinto caótico; en otro lo compara con la biblioteca de Babel, en donde resulta absurdo encontrar una salida sola o un libro único. En otras ficciones el autor identifica el universo con la supuesta exactitud de números y con la biografía de cierto hombre. Al final, se sabe que los números acaban irónicamente por decepcionar y matar al matemático mismo, mientras que la biografía de ese hombre resulta ser la historia de la humanidad entera. «El etnógrafo» ejemplifica con toda claridad el pensamiento y las técnicas narrativas del autor.

El etnógrafo

El caso me lo refirieron en Texas, pero había acontecido en otro estado. Cuenta con un solo protagonista, salvo que en toda historia los protagonistas son miles, visibles e invisibles, vivos y muertos. Se llamaba, creo, Fred Murdock. Era alto a la manera americana, ni rubio ni moreno, de perfil de hacha,[1] de muy pocas palabras.

---

[1] de... *of sharp profile*

5 Nada singular había en él, ni siquiera esa fingida singularidad que es propia de los jóvenes. Naturalmente respetuoso, no descreía de los libros ni de quienes escriben los libros. Era suya esa edad en que el hombre no sabe aún quién es y está listo a entregarse a lo que le propone el azar:[2] la mística del persa o el desconocido origen del húngaro, las aventuras de la guerra o del álgebra, el puritanismo o la orgía. En
10 la universidad le aconsejaron el estudio de las lenguas indígenas. Hay ritos esotéricos que perduran en ciertas tribus del oeste; su profesor, un hombre entrado en años, le propuso que hiciera su habitación en una toldería,[3] que observara los ritos y que descubriera el secreto que los brujos revelan al iniciado. A su vuelta, redactaría una tesis que las autoridades del instituto darían a la imprenta. Murdock aceptó
15 con alacridad.[4] Uno de sus mayores había muerto en las guerras de la frontera; esa antigua discordia de sus estirpes[5] era un vínculo[6] ahora. Previó, sin duda, las dificultades que lo aguardaban; tenía que lograr que los hombres rojos lo aceptaran como uno de los suyos. Emprendió la larga aventura. Más de dos años habitó en la pradera,[7] bajo toldos de cuero o a la intemperie.[8] Se levantaba antes del alba, se
20 acostaba al anochecer, llegó a soñar en un idioma que no era el de sus padres. Acostumbró su paladar[9] a sabores ásperos, se cubrió con ropas extrañas, olvidó los amigos y la ciudad, llegó a pensar de una manera que su lógica rechazaba. Durante los primeros meses de aprendizaje tomaba notas sigilosas,[10] que rompería después, acaso para no despertar la suspicacia de los otros, acaso porque ya no las precisaba.
25 Al término de un plazo prefijado por ciertos ejercicios, de índole[11] moral y de índole física, el sacerdote le ordenó que fuera recordando sus sueños y que se los confiara al clarear el día. Comprobó que en las noches de luna llena soñaba con bisontes. Confió estos sueños repetidos a su maestro; éste acabó por revelarle su doctrina secreta. Una mañana, sin haberse despedido de nadie, Murdock se fue.

30 En la ciudad, sintió la nostalgia de aquellas tardes iniciales de la pradera en que había sentido, hace tiempo, la nostalgia de la ciudad. Se encaminó al despacho del profesor y le dijo que sabía el secreto y que había resuelto no publicarlo.

—¿Lo ata[12] su juramento? —preguntó el otro.

—No es ésa mi razón —dijo Murdock—. En esas lejanías aprendí algo que no
35 puedo decir.

—¿Acaso el idioma inglés es insuficiente? —observaría el otro.

—Nada de eso, señor. Ahora que poseo el secreto, podría enunciarlo de cien modos distintos y aun contradictorios. No sé muy bien cómo decirle que el secreto es precioso y que ahora la ciencia, nuestra ciencia, me parece una mera frivolidad.

40 Agregó al cabo de una pausa:

—El secreto, por lo demás, no vale lo que valen los caminos que me condujeron a él. Esos caminos hay que andarlos.

El profesor le dijo con frialdad:

—Comunicaré su decisión al Concejo. ¿Usted piensa vivir entre los indios?

45 Murdock le contestó:

—No. Tal vez no vuelva a la pradera. Lo que me enseñaron sus hombres vale para cualquier lugar y para cualquier circunstancia.

Tal fue, en esencia, el diálogo.

Fred se casó, se divorció y es ahora uno de los bibliotecarios de Yale.

---

[2]casualidad   [3]campamento indígena   [4]alegría   [5]linajes   [6]punto de unión   [7]prairie   [8]a... al aire libre
[9]palate   [10]secretas   [11]tipo, carácter   [12]Lo... Se lo impide

Cuestionario

1. Según el texto, ¿cómo llega el narrador a enterarse de la historia de Fred Murdock?
2. ¿Qué tipo de persona es Murdock?
3. ¿Qué le propone el profesor a Murdock?
4. ¿Cómo vive Murdock durante los dos años de su estancia en la pradera?
5. ¿Qué le ordena el sacerdote a Murdock?
6. ¿Por qué razón se niega Murdock a revelar el secreto?
7. ¿Qué es ahora Fred Murdock?

Identificaciones

1. la toldería
2. el aprendizaje
3. «El secreto, por lo demás, no vale lo que valen los caminos que me condujeron a él.»

Temas

1. El papel del narrador en «El etnógrafo»
2. La presentación de los sucesos de la vida de Fred Murdock
3. La ironía del cuento
4. Hacia una interpretación del secreto de Murdock

JUAN RULFO

Vida y obra

El mexicano Juan Rulfo (1917–1986) nació en Suyula, Jalisco, y pertenecía a una familia de hacendados (*ranchers*). Cuando tenía seis años su padre fue asesinado. Tras la ruina financiera de su familia y la muerte de su madre, Rulfo vivió brevemente con una de sus abuelas, pero luego fue internado en un orfelinato (*orphanage*) de Guadalajara. Intentó ingresar en la universidad de aquella ciudad, pero no pudo debido a una prolongada huelga (*strike*) estudiantil. Luego, ya establecido en la Ciudad de México, quiso hacerse abogado, pero tampoco lo logró. Trabajó, en cambio, en oficios diversos: fue vendedor de llantas, agente de inmigración, asesor (*advisor*) del Centro Mexicano de Escritores y, asimismo, un celebrado fotógrafo. Se desempeñó como guionista (*script writer*) e hizo adaptaciones de películas para la televisión. A partir de 1962 coordinó y dirigió el Instituto Indigenista, organización encargada de proteger e integrar a las comunidades indígenas del país. Sus escritos incluyen la colección de cuentos *El llano en llamas* (1953) y la novela *Pedro Páramo* (1955). Su exitoso desempeño como guionista lo persuadió finalmente a publicar *El gallo de oro y otros textos para el cine* (1980). En estos escritos se funden la narrativa vanguardista de los años 50 y las técnicas cinematográficas más recientes.

El autor y su contexto

No obstante el haber producido sólo dos obras fundamentales, Rulfo es uno de los prosistas más distinguidos y, en su concepción del arte, tal vez el más profundo de los prosistas mexicanos de la generación de los años cuarenta. Aunque escasa, su producción le ha valido el reconocimiento internacional y premios como el Premio Nacional de Letras (1970) y el Premio Príncipe de Asturias de España (1983). Confesó haber destruido su primera novela porque después le parecieron muy complejos los personajes y muy sofisticado el lenguaje de éstos. Más tarde creó personajes sencillos que se expresan en un español primitivo. Hablan poco, articulando con su silencio una actitud fatalista. En realidad, la humanidad ficticia creada por Rulfo se compone de gente del campo ignorante, pobre y desolada. Al igual que los propios peones de la región natal del autor —gente obligada a vivir en una tierra árida, devastada por los vientos y por el calor— los personajes de Rulfo luchan constante e inútilmente contra un destino hostil del cual saben que no hay escape. A través del *realismo mágico* —técnica en la que la realidad concreta se confunde con lo fantástico y lo sobrenatural creando un ambiente vago, extraño, algo parecido al mundo de los sueños (ver Apéndice 3)— Rulfo cuenta historias extraordinariamente patéticas. En ellas aparece toda una galería de víctimas de la injusticia social y de una naturaleza despiadada (*merciless*). Las tramas tratan el fanatismo religioso, las tragedias familiares, la venganza de los oprimidos, el hambre, el dolor e, invariablemente, la muerte. Para el autor su región natal, la cual inspiró su obra, era tierra de muertos y moribundos (*dying people*), pensamiento al que dio forma estética en *Pedro Páramo,* donde los personajes son fantasmas de un pasado cercano pero ya olvidado y sus palabras son las voces de su subconsciente.[a]

[a]Véase Alexander Coleman, ed. *Cinco maestros: cuentos de Hispanoamérica* (New York: Harcourt, Brace and World, 1969), pp. 117–119.

No oyes ladrar los perros

Tú que vas allá arriba, Ignacio, dime si no oyes alguna señal de algo o si ves alguna luz en alguna parte.

—No se ve nada.

—Ya debemos estar cerca.

5 —Sí, pero no se oye nada.

—Mira bien.

—No se ve nada.

—Pobre de ti, Ignacio.

La sombra larga y negra de los hombres siguió moviéndose de arriba abajo, 10 trepándose[1] a las piedras, disminuyendo y creciendo según avanzaba por la orilla del arroyo. Era una sola sombra, tambaleante.[2]

La luna venía saliendo de la tierra, como una llamarada[3] redonda.

—Ya debemos estar llegando a ese pueblo, Ignacio. Tú que llevas las orejas de fuera, fíjate a ver si no oyes ladrar los perros. Acuérdate que nos dijeron que Tonaya 15 estaba detrasito[4] del monte. Y desde qué horas que hemos dejado el monte. Acuérdate, Ignacio.

[1]subiéndose   [2]*staggering*   [3]llama grande, fuego   [4]detrás mismo

—Sí, pero no veo rastro[5] de nada.

—Me estoy cansando.

—Bájame.

El viejo se fue reculando[6] hasta encontrarse con el paredón[7] y se recargó allí,[8] sin soltar la carga de sus hombros. Aunque se le doblaban las piernas, no quería sentarse, porque después no hubiera podido levantar el cuerpo de su hijo, al que allá atrás, horas antes, le habían ayudado a echárselo a la espalda. Y así lo había traído desde entonces.

—¿Cómo te sientes?

—Mal.

Hablaba poco. Cada vez menos. En ratos parecía dormir. En ratos parecía tener frío. Temblaba. Sabía cuándo le agarraba[9] a su hijo el temblor por las sacudidas[10] que le daba, y porque los pies se le encajaban[11] en los ijares[12] como espuelas.[13] Luego las manos del hijo, que traía trabadas[14] en su pescuezo,[15] le zarandeaban[16] la cabeza como si fuera una sonaja.[17]

El apretaba los dientes[18] para no morderse la lengua y cuando acababa aquello le preguntaba:

—¿Te duele mucho?

—Algo —contestaba él.

Primero le había dicho: «Apéame[19] aquí… Déjame aquí… Vete tú solo. Yo te alcanzaré mañana o en cuanto me reponga un poco». Se lo había dicho como cincuenta veces. Ahora ni siquiera eso decía.

Allí estaba la luna. Enfrente de ellos. Una luna grande y colorada que les llenaba de luz los ojos y que estiraba[20] y oscurecía más su sombra sobre la tierra.

—No veo ya por dónde voy —decía él.

Pero nadie le contestaba.

El otro iba allá arriba, todo iluminado por la luna, con su cara descolorida, sin sangre, reflejando una luz opaca. Y él acá abajo.

—¿Me oíste, Ignacio? Te digo que no veo bien.

Y el otro se quedaba callado.

Siguió caminando, a tropezones.[21] Encogía[22] el cuerpo y luego se enderezaba[23] para volver a tropezar de nuevo.

—Este no es ningún camino. Nos dijeron que detrás del cerro estaba Tonaya. Ya hemos pasado el cerro. Y Tonaya no se ve, ni se oye ningún ruido que nos diga que está cerca. ¿Por qué no quieres decirme qué ves, tú que vas allá arriba, Ignacio?

—Bájame, padre.

—¿Te sientes mal?

—Sí.

—Te llevaré a Tonaya a como dé lugar. Allí encontraré quien te cuide. Dicen que allí hay un doctor. Yo te llevaré con él. Te he traído cargando desde hace horas y no te dejaré tirado aquí para que acaben contigo quienes sean.

Se tambaleó[24] un poco. Dio dos o tres pasos de lado y volvió a enderezarse.

—Te llevaré a Tonaya.

—Bájame.

---

[5]señal   [6]retrocediendo   [7]pared grande, alta   [8]se… *leaned against it*   [9]*held*   [10]*shaking*   [11]metían
[12]*sides*   [13]*spurs*   [14]agarradas   [15]cuello   [16]sacudían   [17]*rattle*   [18]apretaba… *gnashed his teeth*   [19]Bájame
[20]extendía   [21]a… tropezando, andando con dificultad   [22]Contraía   [23]ponía derecho   [24]Se… *He staggered*

Su voz se hizo quedita, apenas murmurada:

—Quiero acostarme un rato.

—Duérmete allí arriba. Al cabo te llevo bien agarrado.

La luna iba subiendo, casi azul, sobre un cielo claro. La cara del viejo, mojada
en sudor, se llenó de luz. Escondió los ojos para no mirar de frente, ya que no podía
agachar[25] la cabeza agarrotada[26] entre las manos de su hijo.

—Todo esto que hago, no lo hago por usted. Lo hago por su difunta madre.
Porque usted fue su hijo. Por eso lo hago. Ella me reconvendría[27] si yo lo hubiera
dejado tirado allí, donde lo encontré, y no lo hubiera recogido para llevarlo a que lo
curen, como estoy haciéndolo. Es ella la que me da ánimos, no usted. Comenzando
porque a usted no le debo más que puras dificultades, puras mortificaciones, puras
vergüenzas.

Sudaba al hablar. Pero el viento de la noche le secaba el sudor. Y sobre el sudor
seco, volvía a sudar.

—Me derrengaré,[28] pero llegaré con usted a Tonaya, para que le alivien esas
heridas que le han hecho. Y estoy seguro de que, en cuanto se sienta usted bien,
volverá a sus malos pasos. Eso ya no me importa. Con tal que se vaya lejos,
donde yo no vuelva a saber de usted. Con tal de eso… Porque para mí usted ya
no es mi hijo. He maldecido la sangre que usted tiene de mí. La parte que a mí
me tocaba la he maldecido. He dicho: «¡Que se le pudra[29] en los riñones[30] la
sangre que yo le di!» Lo dije desde que supe que usted andaba trajinando[31] por
los caminos, viviendo del robo y matando gente… Y gente buena. Y si no, allí
está mi compadre Tranquilino. El que lo bautizó a usted. El que le dio su nombre.
A él también le tocó la mala suerte de encontrarse con usted. Desde entonces dije:
«Ese no puede ser mi hijo».

—Mira a ver si ya ves algo. O si oyes algo. Tú que puedes hacerlo desde allá
arriba, porque yo me siento sordo.

—No veo nada.

—Peor para ti, Ignacio.

—Tengo sed.

—¡Aguántate![32] Ya debemos estar cerca. Lo que pasa es que ya es muy noche
y han de haber apagado la luz en el pueblo. Pero al menos debías de oír si ladran
los perros. Haz[33] por oír.

—Dame agua.

—Aquí no hay agua. No hay más que piedras. Aguántate. Y aunque la hubiera,
no te bajaría a tomar agua. Nadie me ayudaría a subirte otra vez y yo solo no puedo.

—Tengo mucha sed y mucho sueño.

—Me acuerdo cuando naciste. Así eras entonces. Despertabas con hambre y
comías para volver a dormirte. Y tu madre te daba agua, porque ya te habías
acabado la leche de ella. No tenías llenadero.[34] Y eras muy rabioso.[35] Nunca pensé
que con el tiempo se te fuera a subir aquella rabia a la cabeza… Pero así fue. Tu
madre, que descanse en paz, quería que te criaras fuerte. Creía que cuando tú
crecieras irías a ser su sostén.[36] No te tuvo más que a ti. El otro hijo que iba a tener
la mató. Y tú la hubieras matado otra vez si ella estuviera viva a estas alturas.[37]

---

[25]bajar   [26]garroted   [27]reprocharía   [28]Me… I'll break my back   [29](inf.: **pudrir**) rot   [30]kidneys
[31]andando de un sitio a otro   [32]Ten paciencia   [33]Esfuérzate   [34]No… You couldn't get enough.   [35]furioso
[36]apoyo, protección   [37]a… ahora, todavía

105   Sintió que el hombre aquel que llevaba sobre sus hombros dejó de apretar las rodillas y comenzó a soltar[38] los pies, balanceándolos de un lado para otro. Y le pareció que la cabeza, allá arriba, se sacudía como si sollozara.[39]

    Sobre su cabello sintió que caían gruesas gotas, como de lágrimas.

    —¿Lloras, Ignacio? Lo hace llorar a usted el recuerdo de su madre, ¿verdad?

110 Pero nunca hizo usted nada por ella. Nos pagó siempre mal. Parece que, en lugar de cariño, le hubiéramos retacado[40] el cuerpo de maldad. ¿Y ya ve? Ahora lo han herido. ¿Qué pasó con sus amigos? Los mataron a todos. Pero ellos no tenían a nadie. Ellos bien hubieran podido decir: «No tenemos a quién darle nuestra lástima». ¿Pero usted, Ignacio?

115   Allí estaba ya el pueblo. Vio brillar los tejados bajo la luz de la luna. Tuvo la impresión de que lo aplastaba el peso de su hijo al sentir que las corvas[41] se le doblaban en el último esfuerzo. Al llegar al primer tejabán,[42] se recostó[43] sobre el pretil[44] de la acera y soltó el cuerpo, flojo, como si lo hubieran descoyuntado.[45]

    Destrabó[46] difícilmente los dedos con que su hijo había venido sosteniéndose

120 de su cuello y, al quedar libre, oyó cómo por todas partes ladraban los perros.

    —¿Y tú no los oías, Ignacio? —dijo—. No me ayudaste ni siquiera con esta esperanza.

---

[38]aflojar, dejar libres   [39]*he were sobbing*   [40](*fig.*) llenado repetidamente   [41]parte de la pierna opuesta a la rodilla   [42]casa rústica con techo de tejas   [43]reclinó   [44]*railing*   [45]dislocado   [46]Separó

Cuestionario

1. ¿Cuál es la circunstancia de los dos hombres al comienzo del cuento?
2. ¿Cuál es el parentesco entre estos dos hombres?
3. ¿Adónde se dirigen?
4. ¿Qué recuerda el padre del pasado?
5. ¿Cuáles son los elementos más destacados del final de «No oyes ladrar los perros»?

Identificaciones

1. Tonaya
2. Ignacio
3. «No me ayudaste ni siquiera con esta esperanza.»

Temas

1. La función del diálogo en «No oyes ladrar los perros»
2. La interacción entre los dos hombres
3. El ambiente del cuento
4. El viaje es un leitmotivo de la literatura universal. ¿Cómo se emplea en este cuento?
5. Hacia una interpretación del desenlace del cuento

Ana María Matute

Vida y obra

Ana María Matute (n. 1926) —cuentista, novelista y ensayista española— nació en Barcelona, ciudad en donde reside actualmente. Ha vivido también en Madrid. En su niñez pasó una larga temporada en Mansilla de la Sierra, un pueblo rural de la Rioja, convaleciendo de una grave enfermedad. Tras sus estudios secundarios en un colegio de monjas excesivamente autoritarias, cultivó la lectura. Durante el franquismo (1939–1975), dictadura militar de Francisco Franco (1892–1975), se integró a los círculos intelectuales madrileños y barceloneses y ahí se relacionó con jóvenes escritores reaccionarios. En 1942, la *Revista Destino* de Barcelona, con la cual colaboraba, le publicó el cuento «El chico de al lado», suceso que la animó a dedicarse exclusivamente a la escritura. Su carrera literaria comenzó con la publicación de *Los Abel* (1948), novela traducida en seguida a varios idiomas. Casada en 1952 con el escritor Ramón Eugenio Goicochea, tuvo un hijo, Juan Pablo, pero el matrimonio acabó en 1965. Luego emprendió una serie de viajes al extranjero, sobre todo a Norteamérica, donde desempeñó cargos de conferencista, profesora visitante y escritora residente. Su ficción incluye *Los hijos muertos* (1958), *Primera memoria* (1963), *La trampa* (1973), *Los soldados mueren de noche* (1977) y *Luciérnagas* (1993). Últimamente se ha concentrado en la literatura infantil (*El verdadero final de la Bella durmiente,* 1995; *Olvidado rey Gudú,* 1996; *Aranmanoth,* 2000 y *Cuentos de infancia,* 2002). Miembro de la Real Academia Española de la Lengua, ha recibido numerosos galardones (*awards*), entre ellos el Premio Nadal, el Premio Nacional de Literatura y el Premio de Literatura Infantil.

La autora y su contexto

Matute figura entre los escritores que experimentaron (*experienced*) de cerca la Guerra Civil española (1936–1939), objeto del tema del fratricidio (*Los Abel*) y la opresiva y devastadora dictadura franquista. Por ende, sus primeras obras se adhieren al realismo social que dominó la literatura española de los años cuarenta y cincuenta. Como otros prosistas de su generación, Matute describió las arduas condiciones de vida de la clase trabajadora y la gente del campo, sin poder identificar las causas, debido a la censura. Muchos de sus personajes son niños y adolescentes, quienes, sofocados por un sistema arcaico y opresivo, resienten la autoridad de los adultos y recelan (*fear*) el futuro. En la trilogía semi-autobiográfica *Los mercaderes* (*Primera memoria, Los soldados mueren de noche* y *La trampa*) la obra de Matute entra en su segunda fase. Aquí la autora enfoca, contra el trasfondo (*backdrop*) de la guerra, la penosa transición de la mujer, de adolescente a adulta. Sus obras se distinguen por un lenguaje lírico que refleja las experiencias y los anhelos (*longings*) infantiles de la autora. Este rasgo se nota en «Pecado de omisión» (*Historias de la Artámila,* 1961). La autora explica que la «Artámila» es el ser ficticio que inventó basándose en individuos «que conocí en las montañas, durante los cálidos veranos de mi infancia... durante algún tiempo que estuve enferma y viví con ellos». Otras veces, se inspiró en «comentarios de pastores, de criados, de campesinos y de los labios de mi madre o de mi abuela».

Pecado de omisión

Alos trece años se le murió la madre,[1] que era lo último que le quedaba. Al quedar huérfano[2] ya hacía lo menos tres años que no acudía[3] a la escuela, pues tenía que buscarse el jornal[4] de un lado para otro. Su único pariente era un primo de su padre, llamado Emeterio Ruiz Heredia. Emeterio era el alcalde[5] y tenía una casa de dos pisos asomada a la plaza del pueblo, redonda y rojiza bajo el sol de agosto. Emeterio tenía doscientas cabezas de ganado[6] paciendo[7] por las laderas[8] de Sagrado, y una hija moza,[9] bordeando los veinte, morena, robusta, riente y algo necia. Su mujer, flaca y dura como un chopo,[10] no era de buena lengua y sabía mandar. Emeterio Ruiz no se llevaba bien con aquel primo lejano, y a su viuda, por cumplir,[11] la ayudó buscándole jornales extraordinarios. Luego, al chico, aunque lo recogió una vez huérfano, sin herencia ni oficio, no le miró a derechas.[12] Y como él los de su casa.

La primera noche que Lope durmió en casa de Emeterio, lo hizo debajo del granero.[13] Se le dio cena y un vaso de vino. Al otro día,[14] mientras Emeterio se metía la camisa dentro del pantalón, apenas apuntando el sol en el canto de los gallos, le llamó por el hueco de la escalera, espantando a las gallinas que dormían entre los huecos:

—¡Lope!

Lope bajó descalzo,[15] con los ojos pegados de legañas.[16] Estaba poco crecido para sus trece años y tenía la cabeza grande, rapada.[17]

—Te vas de pastor a Sagrado.

Lope buscó las botas y se las calzó. En la cocina, Francisca, la hija, había calentado patatas con pimentón. Lope las engulló[18] de prisa, con la cuchara de aluminio goteando a cada bocado.

—Tú ya conoces el oficio. Creo que anduviste una primavera por las lomas de Santa Aurea, con las cabras del Aurelio Bernal.

—Sí, señor.

—No irás solo. Por allí anda Roque el Mediano. Iréis juntos.

—Sí, señor.

Francisca le metió una hogaza[19] en el zurrón,[20] un cuartillo de aluminio, sebo[21] de cabra y cecina.[22]

—Andando[23] —dijo Emeterio Ruiz Heredia.

Lope le miró. Lope tenía los ojos negros y redondos, brillantes.

—¿Qué miras? ¡Arreando[24]!

Lope salió, zurrón al hombro. Antes, recogió el cayado,[25] grueso y brillante por el uso, que aguardaba, como un perro, apoyado en la pared.

---

[1]se... se murió la madre de él   [2]sin padres   [3]asistía   [4]buscarse... buscar cómo ganarse la vida   [5]*mayor*
[6]*livestock*   [7]comiendo yerba   [8]*slopes*   [9]joven   [10]*black poplar*   [11]hacer lo correcto   [12]a... con simpatía
[13]*cornloft*   [14]Al... Al día siguiente   [15]sin zapatos   [16]con... *with sleep in his eyes*   [17]*close-cropped*   [18]devoró
[19]pan de más de dos libras   [20]*knapsack*   [21]grasa   [22]carne seca   [23]*Get going*   [24]Date prisa   [25]bastón que usan los pastores

Cuando iba ya trepando[26] por la loma de Sagrado, lo vio don Lorenzo, el maestro. A la tarde, en la taberna, don Lorenzo lio un cigarrillo junto a Emeterio, que fue a echarse una copa de anís.[27]

40 —He visto al Lope —dijo—. Subía para Sagrado. Lástima de chico.

—Sí —dijo Emeterio, limpiándose los labios con el dorso de la mano—. Va de pastor. Ya sabe: hay que ganarse el currusco.[28] La vida está mala. El «esgraciao»[29] del Pericote no le dejó ni una tapia[30] en que apoyarse y reventar.[31]

—Lo malo —dijo don Lorenzo, rascándose la oreja con su uña larga y amari-
45 llenta— es que el chico vale. Si tuviera medios podría sacarse partido de él. Es listo. Muy listo. En la escuela…

Emeterio le cortó, con la mano frente a los ojos:

—¡Bueno, bueno! Yo no digo que no. Pero hay que ganarse el currusco. La vida está peor cada día que pasa.

50 Pidió otra de anís. El maestro dijo que sí, con la cabeza.

Lope llegó a Sagrado, y voceando encontró a Roque el Mediano. Roque era algo retrasado y hacía unos quince años que pastoreaba para Emeterio. Tendría cerca de cincuenta años y no hablaba casi nunca. Durmieron en el mismo chozo[32] de barro, bajo los robles,[33] aprovechando el abrazo de las raíces. En el chozo sólo
55 cabían echados[34] y tenían que entrar a gatas,[35] medio arrastrándose.[36] Pero se estaba fresco en el verano y bastante abrigado en el invierno.

El verano pasó. Luego el otoño y el invierno. Las pastores no bajaban al pueblo, excepto el día de la fiesta. Cada quince días un zagal[37] les subía la «collera[38]»: Pan, cecina, sebo, ajos. A veces, una bota[39] de vino. Las cumbres de
60 Sagrado eran hermosas, de un azul profundo, terrible, ciego. El sol, alto y redondo, como una pupila impertérrita,[40] reinaba allí. En la neblina del amanecer, cuando aún no se oía el zumbar de las moscas ni crujido alguno, Lope solía despertar, con la techumbre de barro encima de los ojos. Se quedaba quieto un rato, sintiendo en el costado el cuerpo de Roque el Mediano, como un bulto alentante.[41] Luego, arras-
65 trándose, salía para el cerradero.[42] En el cielo, cruzados como estrellas fugitivas, los gritos se perdían, inútiles y grandes. Sabía Dios hacia qué parte caerían. Como las piedras. Como los años. Un año, dos, cinco.

Cinco años más tarde, una vez, Emeterio le mandó llamar, por el zagal. Hizo reconocer a Lope por el médico, y vio que estaba sano y fuerte, crecido como un
70 árbol.

¡Vaya roble! —dijo el médico, que era nuevo. Lope enrojeció y no supo qué contestar.

Francisca se había casado y tenía tres hijos pequeños, que jugaban en el portal de la plaza. Un perro se le acercó, con la lengua colgando. Tal vez le recordaba. En-
75 tonces vio a Manuel Enríquez, el compañero de la escuela que siempre le iba a la zaga.[43] Manuel vestía un traje gris y llevaba corbata. Pasó a su lado y les saludó con la mano.

---

[26]subiendo   [27]*licorice-flavored liqueur*   [28]ganarse… ganarse la vida   [29]forma coloquial de **desgraciado**
[30]pared   [31](*fig.*) drop dead   [32]cabaña, barraca   [33]*oaks*   [34]recostados   [35]a… *on all fours*   [36]*crawling*
[37]joven   [38]forma coloquial de **ración**   [39]recipiente de cuero para vino   [40]inmóvil   [41]que respira; con vida
[42]corral   [43]le… *lagged behind (in his studies)*

Francisca comentó:

—Buena carrera, ése. Su padre lo mandó estudiar y ya va para abogado.

Al llegar a la fuente volvió a encontrarlo. De pronto, quiso llamarle. Pero se le quedó el grito detenido, como una bola, en la garganta.

—¡Eh! —dijo solamente. O algo parecido.

Manuel se volvió a mirarle, y lo conoció. Parecía mentira: le conoció. Sonreía.

—¡Lope! ¡Hombre, Lope…!

¿Quién podía entender lo que decía? ¡Qué acento tan extraño tienen los hombres, qué raras palabras salen por los oscuros agujeros de sus bocas! Una sangre espesa iba llenándole las venas, mientras oía a Manuel Enríquez.

Manuel abrió una cajita plana,[44] de color de plata, con los cigarrillos más blancos, más perfectos que vio en su vida. Manuel se la tendió, sonriendo.

Lope avanzó su mano. Entonces se dio cuenta de que era áspera, gruesa. Como un trozo de cecina. Los dedos no tenían flexibilidad, no hacían el juego. Qué rara mano la de aquel otro: una mano fina, con dedos como gusanos[45] grandes, ágiles, blancos, flexibles. Qué mano aquélla, de color de cera, con las uñas brillantes, pulidas. Qué mano extraña: ni las mujeres la tenían igual. La mano de Lope rebuscó, torpe. Al fin, cogió el cigarrillo, blanco y frágil, extraño, en sus dedos amazacotados:[46] inútil, absurdo, en sus dedos. La sangre de Lope se le detuvo entre las cejas. Tenía una bola de sangre agolpada, quieta, fermentando entre las cejas. Aplastó el cigarrillo con los dedos y se dio media vuelta. No podía detenerse, ni ante la sorpresa de Manuelito, que seguía llamándole:

—¡Lope! ¡Lope!

Emeterio estaba sentado en el porche, en mangas de camisa,[47] mirando a sus nietos. Sonreía viendo a su nieto mayor, y descansando de la labor, con la bota de vino al alcance de la mano. Lope fue directo a Emeterio y vio sus ojos interrogantes y grises.

—Anda, muchacho, vuelve a Sagrado, que ya es hora…

En la plaza había una piedra cuadrada, rojiza. Una de esas piedras grandes como melones que los muchachos transportan desde alguna pared derruida.[48] Lentamente, Lope la cogió entre sus manos. Emeterio le miraba, reposado, con una leve curiosidad. Tenía la mano derecha metida entre la faja[49] y el estómago. Ni siquiera le dio tiempo de sacarla: el golpe sordo, el salpicar[50] de su propia sangre en el pecho, la muerte y la sorpresa, como dos hermanas, subieron hasta él, así, sin más.

Cuando se lo llevaron esposado,[51] Lope lloraba. Y cuando las mujeres, aullando como lobas, le querían pegar e iban tras él, con los mantos alzados sobre las cabezas, en señal de duelo,[52] de indignación «Dios mío, él, que le había recogido. Dios mío, él, que le hizo hombre. Dios mío, se habría muerto de hambre si él no le recoge…» Lope sólo lloraba y decía:

—Sí, sí, sí…

---

[44]flat   [45]worms   [46]pesados y duros   [47]mangas… shirt sleeves   [48]torn down   [49]sash   [50]splattering   [51]hand-cuffed   [52]en… in mourning

Cuestionario

1. ¿Por qué recogió Emeterio Ruiz a Lope?
2. ¿A qué categoría social pertenece don Emeterio?
3. ¿Cómo trata don Emeterio a Lope?
4. ¿Adónde manda don Emeterio a Lope?
5. ¿Cuántos años pasa Lope fuera del pueblo?
6. ¿Por qué vuelve Lope al pueblo?
7. ¿Cómo se siente Lope al encontrarse con Manuel Enríquez?
8. ¿Cuál es el clímax del cuento?
9. ¿Qué pasa con Lope al final del cuento?

Identificaciones

1. don Lorenzo
2. Francisca
3. Roque el Mediano
4. «Dios mío, él, que le hizo hombre.»

Temas

1. La presentación de los personajes
2. La significación de (a) la estancia de Lope en Sagrado con Roque el Mediano; (b) la opinión de don Lorenzo («el chico vale...»); (c) la reunión de Lope con Manuel Enríquez; (d) el acto violento de Lope; (e) la reacción de la gente ante este acto
3. La relación entre el tema de «Pecado de omisión» y la perspectiva (el punto de vista) del narrador, es decir, entre *lo que pasa* y *cómo se presenta*

MARCO DENEVI

Vida y obra

Marco Denevi (1922–1998) nació en Buenos Aires de padre italiano y madre argentina. En 1936 obtuvo el bachillerato en el Colegio Nacional de Buenos Aires y en 1956 el doctorado en Leyes en la Universidad de Buenos Aires. A partir de 1980 practicó el periodismo político, actividad que, según él, complementaba perfectamente su profesión de escritor. Su carrera literaria comenzó con la novela *Rosaura a las diez* (1955), por la que ganó el Premio Kraft y fama instantánea. Posteriormente recibió otras distinciones, entre ellas el Premio Nacional de Teatro por *Los expedientes* (1957) y el Premio Argentores por *El cuarto de la noche* (1962). Sus otros logros incluyen *Un pequeño café* y

Falsificaciones (1966). Entre su producción más reciente están *Enciclopedia secreta de una familia argentina* (1986), *Hierba de cielo* (1991) y *El amor es un pájaro rebelde* (1993).

El autor y su contexto

Denevi es uno de los escritores hispanoamericanos de resonancia mundial (*world fame*) —fama debida a su obra imaginativa, profunda y deslumbrante (*dazzling*). Experimentó la prepotencia (*bullying*) del peronismo y afirmó que se había lanzado al periodismo porque en toda sociedad era bueno que circularan y se contrapusieran (*be pitted against each other*) las ideas. No queriendo enfrentarse con los gobernantes corruptos e hipócritas de su país en calidad (*capacity*) de político, prefiere denunciarlos como periodista. Dicho rol de guardián de la ética y la moral resalta (*stands out*) en sus obras literarias, donde se burla de la incompetencia humana. Según Denevi, muchas personas —o por falta de conocimientos o por pereza— se dejan llevar por los demás en vez de buscar soluciones adecuadas a los problemas que les plantea la realidad. El genio de Denevi consiste en su capacidad de ver en la realidad humana dimensiones inusitadas (*unusual*), mágicas, que él revela al lector de una manera sutil y sorpresiva. En ninguna de sus obras es dicho don (*attribute*) más evidente y su sátira más punzante (*biting*) y eficaz que en sus *fábulas*—relatos publicados originalmente en revistas y suplementos literarios. En *Falsificaciones* el autor asume el papel de moralista, se vale (*he avails himself*) de la fórmula de la fábula clásica y la adapta a su visión irónica del mundo moderno. La locura de tal mundo y la originalidad del autor se reflejan en la estructura singular, en la temática y en la caracterización de relatos como «El dios de las moscas», que sigue.

El dios de las moscas

Las moscas imaginaron a su dios. Era otra mosca. El dios de las moscas era una mosca, ya verde, ya negra y dorada, ya rosa, ya blanca, ya purpúrea, una mosca inverosímil, una mosca bellísima, una mosca monstruosa, una mosca terrible, una mosca benévola, una mosca vengativa, una mosca justiciera, una mosca joven,

5 una mosca vieja, pero siempre una mosca. Algunos aumentaban su tamaño hasta volverla enorme como un buey,[1] otros la ideaban tan microscópica que no se la veía. En algunas religiones carecía de alas («Vuela, sostenían, pero no necesita alas»), en otras tenía infinitas alas. Aquí disponía de antenas como cuernos, allá los ojos le comían toda la cabeza. Para unos zumbaba[2] constantemente, para otros era

10 muda pero se hacía entender lo mismo. Y para todos, cuando las moscas morían, los conducía en un vuelo arrebatado[3] hasta el paraíso. Y el paraíso era un trozo de carroña,[4] hediondo[5] y putrefacto, que las almas de las moscas muertas devoraban por toda la eternidad y que no se consumía nunca, pues aquella celestial bazofia[6] continuamente renacía y se renovaba bajo el enjambre[7] de las moscas. De las buenas.

15 Porque también había moscas malas y para éstas había un infierno. El infierno de las moscas condenadas era un sitio sin excrementos, sin desperdicios, sin basura, sin hedor,[8] sin nada de nada, un sitio limpio y reluciente y para colmo iluminado por una luz deslumbradora, es decir, un lugar abominable.

[1]ox [2]*it buzzed* [3]rápido [4]carne corrompida [5]de mal olor [6]inmundicia, basura [7]muchedumbre
[8]mal olor

Cuestionario

1. ¿Cómo imaginaron las moscas a su dios?
2. ¿Cómo es el paraíso de las moscas?
3. ¿Cómo es el infierno de las moscas?

Identificaciones

1. «una mosca benévola, una mosca vengativa»
2. carroña
3. «un lugar abominable»

Temas

1. El motivo del multiperspectivismo en «El dios de las moscas»
2. Hacia una interpretación del paraíso de las moscas
3. El estilo cuentístico de Denevi según este ejemplo de *Falsificaciones*

ELENA PONIATOWSKA

Vida y obra

Elena Poniatowska (1933–) nació en París, Francia, de padre polaco y madre mexicana. Cuando tenía nueve años, su familia se trasladó a México. De adolescente pasó dos años en los Estados Unidos, donde perfeccionó el inglés aprendido en una escuela privada de México. A los veinte años inició su carrera profesional en la Ciudad de México, entrevistando para el periódico *Excélsior* a las figuras más notables de la literatura, del arte y de la música. Más tarde colaboró en el periódico *Novedades,* en el que siguió dejando su sello (*mark*) de talentosa entrevistadora y reportera. Al mismo tiempo que relataba los acontecimientos del día, cultivaba la literatura, medio del cual todavía se sirve para ahondar en el alma mexicana. Sus obras incluyen las colecciones *Los cuentos de Lilus Kinkus* (1954) y *De noche vienes* (1979) y las novelas *Hasta no verte, Jesús mío* (1969), *Querido Diego, te abraza Quiela* (1978), *La flor de lis* (1988), *Tinísima* (1992), *Paseo de la Reforma* (1996) y *La piel del cielo* (Premio Alfaguara, 2001). Muy significativos son *La noche de Tlatelolco* (1971), *¡Ay, vida, no me mereces!* (1982) y *Nada, nadie, las voces del temblor* (1988) —entrevistas y ensayos por los cuales se le ha otorgado el Premio Nacional de Periodismo (1978). La ensayística más reciente de la autora destaca su enfoque en las mujeres atrevidas, emprendedoras y resolutas que han jugado un papel fundamental en la historia y cultura de México. Resalta aquí *Las soldaderas* (1998), especie de álbum en el que la autora refacciona (*refashions*) la imagen unidimensional femenina que aparece en el «corrido» y crea en su lugar mujeres —parte ángeles, parte demonios— que en la Revolución Mexicana compartieron con sus hombres el amor, el hogar y la lucha. De igual manera,

Las siete cabritas (2000) consiste en retratos de ilustres artistas y escritoras mexicanas (i.e., Frida Kahlo, Rosario Castellanos) que la autora describe como «mujeres emblemáticas, vanguardistas, osadas (*brave*) y heridas».

La autora y su contexto

Partiendo de sus experiencias como reportera y columnista, Poniatowska utiliza ingeniosos recursos para captar, con suma eficacia, tanto la realidad cotidiana de su país como la histórica. En este sentido, su ensayo y narrativa despliegan un arsenal de modalidades: la entrevista, la deposición de testigos oculares (*eyewitnesses*), las noticias diarias, las cartas y los datos históricos. El resultado es una multitud de escritos eminentemente creíbles e impresionantes, según revela una de sus mayores contribuciones a las letras nacionales: la «novela testimonio» (i.e., *Hasta no verte, Jesús mío*). Criada de niña en un ambiente europeo, desarrolló desde su llegada a México un extraordinario interés por la cultura de su país adoptivo, prefiriendo el español a su idioma nativo, el francés. El español lo aprendió con sus criadas mexicanas, con quienes forjó lazos emocionales. Estos moldearon (*shaped*) su visión del mundo y dieron forma a su papel de escritora «comprometida» que ha abrazado un gran número de causas sociales y políticas en México. El «clásico» de Poniatowska es *La noche de Tlatelolco:* parte reportaje, parte narrativa y parte drama. Esta obra describe, con inusitado realismo y con el resentimiento de quien odia toda forma de opresión, la masacre de cientos de civiles perpetrada por las autoridades militares en la Ciudad de México el 2 de octubre de 1968. «El recado» ejemplifica la narrativa de Poniatowska, quien denuncia el machismo, así como a la mujer que se somete a su tiranía. Mediante una de sus técnicas favoritas —el *yo* protagonista— la autora expone el conflicto de la «nueva mujer» hispanoamericana, ansiosa de cambiar su antiguo papel pasivo y sumiso por el rol activo y productivo de compañera y copartícipe en la vida del hombre.

El recado

$\mathbf{V}$ine Martín, y no estás. Me he sentado en el peldaño[1] de tu casa, recargada en[2] tu puerta y pienso que en algún lugar de la ciudad, por una onda que cruza el aire, debes intuir que aquí estoy. Es este tu pedacito de jardín; tu mimosa se inclina hacia afuera y los niños al pasar le arrancan[3] las ramas más accesibles… En la
5   tierra, sembradas alrededor del muro, muy rectilíneas y serias veo unas flores que tienen hojas como espadas. Son azul marino, parecen soldados. Son muy graves, muy honestas. Tú también eres un soldado. Marchas por la vida, uno, dos, uno, dos… Todo tu jardín es sólido, es como tú, tiene una reciedumbre[4] que inspira confianza.
10   Aquí estoy contra el muro de tu casa, así como estoy a veces contra el muro de tu espalda. El sol da también contra el vidrio de tus ventanas y poco a poco se debilita porque ya es tarde. El cielo enrojecido ha calentado tu madreselva[5] y su olor se vuelve aún más penetrante. Es el atardecer. El día va a decaer. Tu vecina pasa. No sé si me habrá visto. Va a regar su pedazo de jardín. Recuerdo que ella te trae
15   una sopa de pasta cuando estás enfermo y que su hija te pone inyecciones… Pienso en ti muy despacito, como si te dibujara dentro de mí y quedaras allí grabado. Quisiera tener la certeza de que te voy a ver mañana y pasado mañana y siempre en

---

[1]*step (of stairway)*   [2]*recargada… leaning against*   [3]quitan con fuerza   [4]vigor   [5]*honeysuckle*

una cadena ininterrumpida de días; que podré mirarte lentamente aunque ya me
sé cada rinconcito de tu rostro; que nada entre nosotros ha sido provisional o un
20 accidente.

Estoy inclinada ante una hoja de papel y te escribo todo esto y pienso que
ahora, en alguna cuadra donde camines apresurado, decidido como sueles hacerlo,
en alguna de esas calles por donde te imagino siempre: Donceles y Cinco de
Febrero o Venustiano Carranza, en alguna de esas banquetas[6] grises y monocordes
25 rotas sólo por el remolino de gente[7] que va a tomar el camión, has de saber dentro
de ti que te espero. Vine nada más a decirte que te quiero y como no estás te lo escribo. Ya casi no puedo escribir porque ya se fue el sol y no sé bien a bien lo que
te pongo. Afuera pasan más niños, corriendo. Y una señora con una olla advierte irritada: «No me sacudas[8] la mano porque voy a tirar la leche…» Y dejo este lápiz,
30 Martín, y dejo la hoja rayada y dejo que mis brazos cuelguen inútilmente a lo largo
de mi cuerpo y te espero. Pienso que te hubiera querido abrazar. A veces quisiera
ser más vieja porque la juventud lleva en sí, la imperiosa, la implacable necesidad
de relacionarlo todo al amor.

Ladra un perro; ladra agresivamente. Creo que es hora de irme. Dentro de
35 poco vendrá la vecina a prender la luz de tu casa; ella tiene llave y encenderá el
foco[9] de la recámara[10] que da hacia afuera porque en esta colonia[11] asaltan
mucho, roban mucho. A los pobres les roban mucho; los pobres se roban entre
sí… Sabes, desde mi infancia me he sentado así a esperar, siempre fui dócil,
porque te esperaba. Te esperaba a ti. Sé que todas las mujeres aguardan. Aguardan
40 la vida futura, todas esas imágenes forjadas en la soledad, todo ese bosque que
camina hacia ellas; toda esa inmensa promesa que es el hombre; una granada[12]
que de pronto se abre y muestra sus granos rojos, lustrosos; una granada como
una boca pulposa de mil gajos.[13] Más tarde esas horas vividas en la imaginación, hechas horas reales, tendrán que cobrar peso y tamaño y crudeza.
45 Todos estamos —oh mi amor— tan llenos de retratos interiores, tan llenos de
paisajes no vividos.

Ha caído la noche y ya casi no veo lo que estoy borroneando[14] en la hoja
rayada. Ya no percibo las letras. Allí donde no le entiendas en los espacios blancos,
en los huecos, pon: «Te quiero»… No sé si voy a echar esta hoja debajo de la
50 puerta, no sé. Me has dado un tal respeto de ti mismo… Quizá ahora que me vaya,
sólo pase a pedirle a la vecina que te dé el recado; que te diga que vine.

[6]aceras (*sidewalks*)   [7]remolino… muchedumbre   [8]muevas   [9]bombilla de la luz eléctrica   [10]dormitorio
[11]barrio, vecindad   [12]*pomegranate*   [13]partes   [14]*scrawling*

Cuestionario

1. ¿Cuál es la forma narrativa de este cuento?
2. ¿Quién habla? ¿A quién se dirige?
3. ¿Qué significación tiene el título del cuento?
4. ¿Cuál es el desenlace del cuento?

Identificaciones

1. Martín
2. «A veces quisiera ser más vieja»
3. la vecina

Temas

1. La perspectiva (el punto de vista) de la narradora
2. La presentación indirecta de una situación en una relación amorosa
3. El cuento como progresión: ¿Se puede ver un cambio de actitud en la protagonista en la parte final del cuento?

CRISTINA PERI ROSSI

Vida y obra

La uruguaya Cristina Peri Rossi (n. 1941) estudió literatura en la Universidad de Montevideo, siendo más tarde periodista y profesora universitaria. Perseguida políticamente por sus ideas procomunistas, se refugió en España, donde reside desde 1972. Sus cuentos, novelas, poesías, ensayos y crítica literaria, la mayor parte de ellos publicados en Barcelona, manifiestan una actitud no conformista. Peri Rossi satiriza cualquier tendencia que prive (*deprives*) al individuo de la libre expresión y de la libertad absoluta. Escritos como *Indicios pánicos* (1970) —parte cuento, parte poema, parte ensayo— y *El museo de los esfuerzos inútiles* (1983) —mezcla de cuento y crónica— desdeñan (*scorn*) las restrictivas convenciones literarias, el opresivo sistema patriarcal y la tiranía política. Rasgos semejantes caracterizan las novelas *El libro de mis primos* (1968) y *La nave de los locos* (1984). En éstas la autora emplea toda una serie de recursos inusitados (*unusual*) para crear una literatura sin restricciones: varía los caracteres tipográficos, mezcla verso con prosa, cambia las voces narrativas, inserta noticias periodísticas y hasta coloca notas al pie de la página. Con estas transgresiones intenta expresar su empatía por aquellos elementos de la sociedad que son marginados (*ostracized*) por vivir fuera de las normas —entre ellos, los homosexuales, las prostitutas, los niños de la calle, las víctimas de persecuciones políticas y las mujeres que abortan por ser indigentes. Otros logros de Peri Rossi son los poemas de *Evohé* (1971), *Descripción de un naufragio* (1975), *Inmovilidad de los barcos* (1997), *Poemas de amor y desamor* (1998) y *Las musas inquietantes* (1999). De entre su narrativa más reciente sobresalen los cuentos de *Desastres íntimos* (1997) y la novela *El amor es una dura droga* (1999).

La autora y su contexto

La salida del Uruguay, además de salvar a Peri Rossi de la persecución política, le permitió librarse de su padre, un inmigrante italiano a la antigua (*in the Old World tradition*) que quería hacer de ella una ama de casa (*housewife*) sumisa. Su resentimiento por la represión paterna y su odio a todo régimen dictatorial (los militares gobernaron el Uruguay de 1973 a 1984), unidos al hecho de haber leído ella las obras de las activistas europeas, hacen que Peri Rossi se adhiera al movimiento de liberación de la mujer. A la larga, el sentido de solidaridad con las mujeres se transmuta en empatía por todas las víctimas de la discriminación social. La estructura de *La nave de los locos,* una de sus obras más enigmáticas, concibe el mundo como un tapiz (*tapestry*) en el que todas las varias y distintas piezas coexisten en perfecta armonía, de acuerdo con el diseño divino y en contraste con los males sociales que interfieren con la voluntad de Dios. Los temas recurrentes de Peri Rossi son la política, la injusticia social, el amor lésbico y el arte. «El museo de los esfuerzos inútiles», texto que integra la colección de cuentos homónima (*bearing the same name or title*), satiriza al ser humano que se deja arrastrar por sus pasiones.

El Museo de los Esfuerzos[1] Inútiles

Todas las tardes voy al Museo de los Esfuerzos Inútiles. Pido el catálogo y me siento frente a la gran mesa de madera. Las páginas del libro están un poco borrosas,[2] pero me gusta recorrerlas lentamente, como si pasara las hojas del tiempo. Nunca encuentro a nadie leyendo; debe ser por eso que la empleada me presta tanta
5   atención. Como soy uno de los pocos visitantes, me mima.[3] Seguramente tiene miedo de perder el empleo por falta de público. Antes de entrar miro bien el cartel que cuelga de la puerta de vidrio, escrito con letras de imprenta. Dice: *Horario: Mañanas, de 9 a 14 horas. Tardes, de 17 a 20. Lunes, cerrado.* Aunque casi siempre sé qué Esfuerzo Inútil me interesa consultar, igual pido el catálogo para que la
10 muchacha tenga algo que hacer.

—¿Qué año quiere? —me pregunta muy atentamente.

—El catálogo de mil novecientos veintidós —le contesto, por ejemplo.

Al rato ella aparece con un grueso[4] libro forrado[5] en piel color morado y lo deposita sobre la mesa, frente a mi silla. Es muy amable, y si le parece que la luz que
15 entra por la ventana es escasa,[6] ella misma enciende la lámpara de bronce con tulipán verde y la acomoda de modo que la claridad se dirija sobre las páginas del libro. A veces, al devolver el catálogo, le hago algún comentario breve. Le digo, por ejemplo:

—El año mil novecientos veintidós fue un año muy intenso. Mucha gente es-
20 taba empeñada[7] en esfuerzos inútiles. ¿Cuántos tomos hay?

—Catorce —me contesta ella muy profesionalmente.

Y yo observo alguno de los esfuerzos inútiles de ese año, miro niños que intentan volar, hombres empeñados en hacer riqueza, complicados mecanismos que nunca llegaron a funcionar, y numerosas parejas.

25 —El año mil novecientos setenta y cinco fue mucho más rico —me dice con un poco de tristeza—. Aún no hemos registrado todos los ingresos.[8]

—Los clasificadores tendrán mucho trabajo —reflexiono en voz alta.

—Oh, sí —responde ella—. Recién están en la letra C y ya hay varios tomos publicados. Sin contar los repetidos.

[1]*Efforts*   [2]*blurred, indistinct*   [3]*me... she spoils me*   [4]*de muchas páginas (thick)*   [5]*covered*   [6]*poca*
[7]*muy ocupada*   [8]*income*

30 Es muy curioso que los esfuerzos inútiles se repitan, pero en el catálogo no se los incluye: ocuparían mucho espacio. Un hombre intentó volar siete veces, provisto de[9] diferentes aparatos; algunas prostitutas quisieron encontrar otro empleo; una mujer quería pintar un cuadro; alguien procuraba perder el miedo; casi todos intentaban ser inmortales o vivían como si lo fueran.

35 La empleada asegura que sólo una ínfima[10] parte de los esfuerzos inútiles consigue llegar al museo. En primer lugar, porque la administración pública carece de[11] dinero y prácticamente no se pueden realizar compras, o canjes,[12] ni difundir[13] la obra del museo en el interior y en el exterior; en segundo lugar, porque la exorbitante cantidad de esfuerzos inútiles que se realizan continuamente exigiría[14] que

40 mucha gente trabajara, sin esperar recompensa ni comprensión pública. A veces, desesperando de la ayuda oficial, se ha apelado a la iniciativa privada, pero los resultados han sido escasos y desalentadores.[15] Virginia —así se llama la gentil empleada del museo que suele conversar conmigo— asegura que las fuentes particulares a las cuales se recurrió se mostraron siempre muy exigentes y poco com-

45 prensivas, falseando el sentido del museo.

El edificio se levanta en la periferia de la ciudad, en un campo baldío,[16] lleno de gatos y de desperdicios,[17] donde todavía se pueden encontrar, sólo un poco más abajo de la superficie del terreno, balas de cañón de una antigua guerra, pomos[18] de espadas enmohecidos,[19] quijadas[20] de burro carcomidas[21] por el tiempo.

50 —¿Tiene un cigarrillo? —me pregunta Virginia con un gesto que no puede disimular la ansiedad.

Busco en mis bolsillos. Encuentro una llave vieja, algo mellada;[22] la punta de un destornillador[23] roto, el billete de regreso del autobús, un botón de mi camisa, algunos níqueles y, por fin, dos cigarrillos estrujados. Fuma disimuladamente, es-

55 condida entre los gruesos volúmenes de lomos[24] desconchados,[25] el marcador del tiempo que contra la pared siempre indica una hora falsa, generalmente pasada, y las viejas molduras llenas de polvo. Se cree que allí donde ahora se eleva el museo, antes hubo una fortificación, en tiempos de guerra. Se aprovecharon las gruesas piedras de la base, algunas vigas,[26] se apuntalaron las paredes. El museo fue inau-

60 gurado en 1946. Se conservan algunas fotografías de la ceremonia, con hombres vestidos de frac[27] y damas con faldas largas, oscuras, adornos de estraza[28] y sombreros con pájaros o flores. A lo lejos se adivina una orquesta que toca temas de salón; los invitados tienen el aire entre solemne y ridículo de cortar un pastel adornado con la cinta oficial.

65 Olvidé decir que Virginia es ligeramente estrábica.[29] Este pequeño defecto le da a su rostro un toque cómico que disminuye su ingenuidad. Como si la desviación de la mirada fuera un comentario lleno de humor que flota, desprendido[30] del contexto.

Los Esfuerzos Inútiles se agrupan por letras. Cuando las letras se acaban, se agregan[31] números. El cómputo es largo y complicado. Cada uno tiene un

70 casillero,[32] su folio, su descripción. Andando entre ellos con extraordinaria agilidad,

---

[9]provisto... *supplied with*   [10]pequeñísima   [11]carece... *lacks*   [12]intercambios   [13]extender, compartir   [14]*would demand*   [15]*discouraging*   [16]*vacant*   [17]*waste*   [18]*pommel (knob on the hilt of a sword)*   [19]*rusty*   [20]*jawbones*   [21]decaídas   [22]*dented*   [23]*screwdriver*   [24]*spines of books*   [25]*flaking*   [26]*beams, rafters*   [27]*tails (formal attire)*   [28]pedazos de tela   [29]bizca (*cross-eyed*)   [30]separado   [31]añaden   [32]*shelf*

Virginia parece una sacerdotisa,[33] la virgen de un culto antiguo y desprendido del tiempo.

Algunos son Esfuerzos Inútiles bellos; otros, sombríos. No siempre nos ponemos de acuerdo acerca de esta clasificación.

75   Hojeando uno de los volúmenes, encontré a un hombre que durante diez años intentó hacer hablar a su perro. Y otro, que puso más de veinte en conquistar a una mujer. Le llevaba flores, plantas, catálogos de mariposas, le ofrecía viajes, compuso poemas, inventó canciones, construyó una casa, perdonó todos sus errores, toleró a sus amantes y luego se suicidó.

80   —Ha sido una empresa ardua —le digo a Virginia—. Pero, posiblemente, estimulante.

—Es una historia sombría —responde Virginia—. El museo posee una completa descripción de esa mujer. Era una criatura frívola, voluble, inconstante, perezosa y resentida. Su comprensión dejaba mucho que desear y además era egoísta.

85   Hay hombres que han hecho largos viajes persiguiendo lugares que no existían, recuerdos irrecuperables, mujeres que habían muerto y amigos desaparecidos. Hay niños que emprendieron tareas imposibles, pero llenas de fervor. Como aquellos que cavaban[34] un pozo[35] que era continuamente cubierto por el agua.

En el museo está prohibido fumar y también cantar. Esta última prohibición 90 parece afectar a Virginia tanto como la primera.

—Me gustaría entonar una cancioncilla de vez en cuando —confiesa, nostálgica.

Gente cuyo esfuerzo inútil consistió en intentar reconstruir su árbol genealógico, escarbar[36] la mina en busca de oro, escribir un libro. Otros tuvieron la esperanza de ganar la lotería.

95   —Prefiero a los viajeros —me dice Virginia.

Hay secciones enteras del museo dedicadas a esos viajes. En las páginas de los libros los reconstruimos. Al cabo de un tiempo de vagar por diferentes mares, atravesar bosques umbríos, conocer ciudades y mercados, cruzar puentes, dormir en los trenes o en los bancos[37] del andén,[38] olvidan cuál era el sentido del viaje y, sin em- 100 bargo, continúan viajando. Desaparecen un día sin dejar huella[39] ni memoria, perdidos en una inundación, atrapados en un subterráneo o dormidos para siempre en un portal. Nadie los reclama.

Antes, me cuenta Virginia, existían algunos investigadores privados; aficionados que suministraban materiales al museo. Incluso puedo recordar un periodo en que estu- 105 tuvo de moda coleccionar Esfuerzos Inútiles, como la filatelia[40] o los formicantes.[41]

—Creo que la abundancia de piezas hizo fracasar la afición —declara Virginia—. Sólo resulta estimulante buscar lo que escasea, encontrar lo raro.

Entonces llegaban al museo de lugares distintos, pedían información, se interesaban por algún caso, salían con folletos y regresaban cargados de historias, que 110 reproducían en los impresos, adjuntando las fotografías correspondientes. Esfuerzos Inútiles que llevaban al museo, como mariposas, o insectos extraños. La historia de aquel hombre, por ejemplo, que estuvo cinco años empeñado en evitar una guerra,

---

[33]priestess   [34]were digging   [35]well; deep hole   [36]scraping   [37]benches   [38]platform (in a train station)
[39]rastro (trace)   [40]philately (stamp collecting)   [41][observación de los] movimientos propios de la hormiga (ant)

hasta que la primera bala de un mortero[42] lo descabezó. O Lewis Carroll, que se pasó la vida huyendo de las corrientes de aire y murió de un resfriado, una vez que olvidó la gabardina.[43]

No sé si he dicho que Virginia es ligeramente estrábica. A menudo me entretengo persiguiendo la dirección de esa mirada que no sé adónde va. Cuando la veo atravesar el salón, cargada de folios, de volúmenes, toda clase de documentos, no puedo menos que levantarme de mi asiento e ir a ayudarla.

A veces, en medio de la tarea, ella se queja un poco.

—Estoy cansada de ir y venir —dice—. Nunca acabaremos de clasificarlos a todos. Y los periódicos también. Están llenos de esfuerzos inútiles.

Como la historia de aquel boxeador que cinco veces intentó recuperar el título, hasta que lo descalificaron por un mal golpe en el ojo. Seguramente ahora vagabundea de café en café, en algún barrio sórdido, recordando la edad en que veía bien y sus puños[44] eran mortíferos. O la historia de la trapecista con vértigo, que no podía mirar hacia abajo. O la del enano[45] que quería crecer y viajaba por todas partes buscando un médico que lo curara.

Cuando se cansa de trasladar volúmenes se sienta sobre una pila de diarios viejos, llenos de polvo, fuma un cigarrillo —con disimulo, pues está prohibido hacerlo— y reflexiona en voz alta.

—Sería necesario tomar otro empleado —dice con resignación.

O:

—No sé cuándo me pagarán el sueldo[46] de este mes.

La he invitado a caminar por la ciudad, a tomar un café o ir al cine. Pero no ha querido. Sólo consiente en conversar conmigo entre las paredes grises y polvorientas del museo.

Si el tiempo pasa, yo no lo siento, entretenido como estoy todas las tardes. Pero los lunes son días de pena y de abstinencia, en los que no sé qué hacer, cómo vivir.

El museo cierra a las ocho de la noche. La propia Virginia coloca la simple llave de metal en la cerradura,[47] sin más precauciones, ya que nadie intentaría asaltar el museo. Sólo una vez un hombre lo hizo, me cuenta Virginia, con el propósito de borrar su nombre del catálogo. En la adolescencia había realizado un esfuerzo inútil y ahora se avergonzaba de él, no quería que quedaran huellas.

—Lo descubrimos a tiempo —relata Virginia—. Fue muy difícil disuadirlo. Insistía en el carácter privado de su esfuerzo, deseaba que se lo devolviéramos. En esa ocasión me mostré muy firme y decidida. Era una pieza rara, casi de colección, y el museo habría sufrido una grave pérdida si ese hombre hubiera obtenido su propósito.

Cuando el museo cierra abandono el lugar con melancolía. Al principio me parecía intolerable el tiempo que debía transcurrir hasta el otro[48] día. Pero aprendí a esperar. También me he acostumbrado a la presencia de Virginia y, sin ella, la existencia del museo me parecería imposible. Sé que el señor director también lo cree así (ése, el de la fotografía con una banda bicolor en el pecho), ya que ha decidido ascenderla. Como no existe escalafón[49] consagrado por la ley o el uso, ha

---

[42]mortar (type of cannon) [43]impermeable (raincoat) [44]fists [45]dwarf [46]salario [47]lock [48]próximo
[49]puesto, rango (position, rank)

inventado un nuevo cargo, que en realidad es el mismo, pero ahora tiene otro nombre. La ha nombrado vestal[50] del templo, no sin recordarle el carácter sagrado de su misión, cuidando, a la entrada del museo, la fugaz memoria de los vivos.

[50]*vestal virgin (serving the goddess of chastity)*

Cuestionario

1. ¿Qué llega a saber el lector sobre el carácter del narrador del cuento?
2. ¿Cómo pasa sus días el narrador/protagonista?
3. ¿Quién es Virginia? ¿Cuál es su trabajo?
4. ¿Por qué «mima» Virginia al protagonista?
5. ¿Cuáles son algunos ejemplos de «los esfuerzos inútiles»?
6. ¿En qué parte de la ciudad se ha construido el museo?
7. ¿En qué contexto se menciona Lewis Carroll, autor de *Alicia en el País de las Maravillas?*
8. ¿Por qué no ha querido Virginia reunirse con el protagonista fuera del museo?
9. ¿Cómo es el ascenso de Virginia?

Identificaciones

1. «pido el catálogo para que la muchacha tenga algo que hacer»
2. «sólo una ínfima parte de los esfuerzos inútiles consigue llegar al museo»
3. «Virginia es ligeramente estrábica»
4. «Si el tiempo pasa, yo no lo siento»
5. «aprendí a esperar»
6. «la fugaz memoria de los vivos»

Temas

1. El simbolismo del Museo de los Esfuerzos Inútiles
2. El valor de los ejemplos citados de «esfuerzos inútiles»
3. El tono del cuento
4. La personalidad del narrador/protagonista y su relación con la base temática del cuento
5. Virginia: su carácter, el simbolismo de su nombre y de su «ascenso»
6. El valor simbólico de 1946, el año de la inauguración del museo

Isabel Allende
Vida y obra

De familia chilena, Isabel Allende (n. 1942) nació en Lima, Perú, donde el padre—primo hermano (*first cousin*) del futuro presidente de Chile, Salvador Allende Gossens— desempeñaba el cargo de diplomático. Anulado su matrimonio (1945), la madre volvió a Santiago a vivir con sus tres hijos en la casa de los padres. A raíz del nuevo casamiento de su madre con el diplomático Ramón Huidobro, la familia viajó a Bolivia y al Líbano, donde Isabel frecuentó escuelas norteamericanas e inglesas. De primer casamiento de Isabel Allende con Miguel Frías (1962) nacieron dos hijos, Paula y Nicolás. Tras el golpe militar de 1973 que derrocó el gobierno democrático de Salvador Allende e impuso la dictadura de Augusto Pinochet, Allende cesó su colaboración en periódicos y revistas para prestar asilo y alimentos a los perseguidos y a todo necesitado. A la postre, halló prudente exiliarse en Venezuela. Hoy día reside con su segundo marido en San Rafael, California. Allende, quien ha hecho también cine y televisión y ha enseñado literatura en varias universidades de Norteamérica, ha sido notablemente premiada por su narrativa que incluye *La casa de los espíritus* (1982), *De amor y de sombra* (1984), *Eva Luna* (1987), *Cuentos de Eva Luna* (1988), *Hija de la fortuna* (1999), *Retrato en sepia* (2001), *La ciudad de las bestias* (2002) y *Mi país inventado* (2003). Cabe indicar asimismo sus piezas de teatro *El embajador* (1971), *La balada del medio pelo* (1973) y *Los siete espejos* (1974).

La autora y su contexto

Para apreciar la cosmovisión, la temática y el arte de Isabel Allende, hay que considerar el ambiente familiar y político que inspiró sus primeras obras, las más populares y exitosas. Desaparecido el padre, la niña y sus hermanos se criaron en casa de los abuelos maternos, lugar lleno de libros, antigüedades, documentos ancestrales y objetos curiosos (entre ellos, un esqueleto humano). La atmósfera de los años infantiles, impregnada con fantasmas del pasado, y la represión política documentada veinte años más tarde, se reflejan en la trilogía que comprende *La casa de los espíritus, De amor y de sombra* y *Eva Luna.* Parte ficción, parte historia, estas novelas relatan las vicisitudes o *saga* de cuatro miembros de la familia Truebas del Valle desde principios del siglo XIX hasta la dictadura del general Pinochet. En ellas resaltan el tema de la represión política y el estilo periodístico-documental. Desfilan en dichos escritos personajes femeninos confiados en sí mismos y esperanzados (*full of hope*). En la última de las tres novelas, Allende deja de enfocar directamente la temática de la dictadura para dar rienda suelta (*free rein*) a la fantasía. La protagonista Eva Luna es una niña huérfana y especie de *pícara* contemporánea. Igual que su contraparte barroca, víctima de la injusticia social, Eva sufre a causa de un sistema político aún más devastador. Sin embargo, a través de una serie de peripecias que la ponen en contacto con todas las categorías sociales, triunfa del desamparo (*helplessness*) y de la pobreza en virtud de su espíritu emprendedor (*resourceful*), radicado sobre todo en el saber contar una gran variedad de historias. A la larga, como la propia Allende, la protagonista llega a ser escritora y se realiza plenamente (*achieves total fulfillment*). *Historias de Eva Luna,* colección de cuentos y especie de secuela, introduce una galería de *tipos* que, como se verá en la lectura que sigue, no vacilan (*hesitate*) en desafiar las convenciones sociales para reclamar su autenticidad innata.

La mujer del Juez

Nicolás Vidal siempre supo que perdería la vida por una mujer. Lo pronosticaron el día de su nacimiento y lo confirmó la dueña del almacén[1] en la única ocasión en que él permitió que le viera la fortuna en la borra[2] del café, pero no imaginó que la causa sería Casilda, la esposa del Juez Hidalgo. La divisó[3] por primera vez el día en que ella llegó al pueblo a casarse. No la encontró atractiva, porque prefería las hembras[4] desfachatadas[5] y morenas, y esa joven transparente en su traje de viaje, con la mirada huidiza[6] y unos dedos finos, inútiles para dar placer a un hombre, le resultaba inconsistente como un puñado[7] de ceniza.[8] Conociendo bien su destino, se cuidaba de las mujeres y a lo largo de su vida huyó de todo contacto sentimental, secando su corazón para el amor y limitándose a encuentros rápidos para burlar la soledad. Tan insignificante y remota le pareció Casilda que no tomó precauciones con ella, y llegado el momento olvidó la predicción que siempre estuvo presente en sus decisiones. Desde el techo del edificio, donde se había agazapado[9] con dos de sus hombres, observó a la señorita de la capital cuando ésta bajó del coche el día de su matrimonio. Llegó acompañada por media docena de sus familiares, tan lívidos[10] y delicados como ella, que asistieron a la ceremonia abanicándose[11] con aire de franca consternación y luego partieron para nunca más regresar.

Como todos los habitantes del pueblo, Vidal pensó que la novia no aguantaría el clima y dentro de poco las comadres deberían vestirla para su propio funeral. En el caso improbable de que resistiera el calor y el polvo que se introducía por la piel y se fijaba en el alma, sin duda sucumbiría ante el mal humor y las manías de solterón[12] de su marido. El Juez Hidalgo la doblaba en edad y llevaba tantos años durmiendo solo, que no sabía por dónde comenzar a complacer a una mujer. En toda la provincia temían su temperamento severo y su terquedad[13] para cumplir la ley, aun a costa de la justicia. En el ejercicio de sus funciones ignoraba las razones del buen sentimiento, castigando con igual firmeza el robo de una gallina que el homicidio calificado. Vestía de negro riguroso para que todos conocieran la dignidad de su cargo, y a pesar de la polvareda irreductible de ese pueblo sin ilusiones llevaba siempre los botines[14] lustrados con cera de abeja.[15] Un hombre así no está hecho para marido, decían las comadres, sin embargo no se cumplieron los funestos presagios de la boda, por el contrario, Casilda sobrevivió a tres partos[16] seguidos y parecía contenta. Los domingos acudía con su esposo a la misa de doce, imperturbable bajo su mantilla española, intocada por las inclemencias de ese verano perenne, descolorida y silenciosa como una sombra. Nadie le oyó algo más que un saludo tenue, ni le vieron gestos más osados[17] que una inclinación de cabeza o una sonrisa fugaz, parecía volátil, a punto de esfumarse[18] en un descuido.[19] Daba la

---

[1]*general store* [2]*sediment* [3]*vio* [4]*mujeres* [5]*audaces; sin vergüenza* [6]*evasiva* [7]*handful* [8]*ashes*
[9]*crouched down* [10]*pálidos* [11]*fanning themselves* [12]*confirmed bachelor* [13]*stubbornness* [14]*zapatos*
[15]*cera... beeswax* [16]*births* [17]*atrevidos* [18]*desvanecerse, desaparecer* [19]*en... suddenly, when least expected*

impresión de no existir, por eso todos se sorprendieron al ver su influencia en el Juez, cuyos cambios eran notables.

Si bien Hidalgo continuó siendo el mismo en apariencia, fúnebre y áspero, sus
40 decisiones en la Corte dieron un extraño giro.[20] Ante el estupor público dejó en libertad a un muchacho que robó a su empleador, con el argumento de que durante tres años el patrón le había pagado menos de lo justo y el dinero sustraído era una forma de compensación. También se negó a castigar a una esposa adúltera, argumentando que el marido no tenía autoridad moral para exigirle[21] honradez, si él
45 mismo mantenía una concubina. Las lenguas maliciosas del pueblo murmuraban que el Juez Hidalgo se daba vuelta como un guante[22] cuando traspasaba el umbral[23] de su casa, se quitaba los ropajes solemnes, jugaba con sus hijos, se reía y sentaba a Casilda sobre sus rodillas, pero esas murmuraciones nunca fueron confirmadas. De todos modos, atribuyeron a su mujer aquellos actos de benevolencia y su presti-
50 gio mejoró, pero nada de eso interesaba a Nicolás Vidal, porque se encontraba fuera de la ley y tenía la certeza de que no habría piedad para él cuando pudieran llevarlo engrillado[24] delante del Juez. No prestaba oídos a los chismes sobre doña Casilda y las pocas veces que la vio de lejos, confirmó su primera apreciación de que era sólo un borroso ectoplasma.

55 Vidal había nacido treinta años antes en una habitación sin ventanas del único prostíbulo[25] del pueblo, hijo de Juana La Triste y de padre desconocido. No tenía lugar en este mundo y su madre lo sabía, por eso intentó arrancárselo del vientre con yerbas, cabos de vela,[26] lavados de lejía[27] y otros recursos brutales, pero la criatura se empeñó en sobrevivir. Años después Juana La Triste, al ver a ese hijo tan dife-
60 rente, comprendió que los drásticos sistemas para abortar que no consiguieron eliminarlo, en cambio templaron su cuerpo y su alma hasta darle la dureza del hierro. Apenas nació, la comadrona lo levantó para observarlo a la luz de un quinqué[28] y de inmediato notó que tenía cuatro tetillas.

—Pobrecito, perderá la vida por una mujer —pronosticó guiada por su expe-
65 riencia en esos asuntos.

Esas palabras pesaron como una deformidad en el muchacho. Tal vez su existencia hubiera sido menos mísera con el amor de una mujer. Para compensarlo por los numerosos intentos de matarlo antes de nacer, su madre escogió para él un nombre pleno de belleza y un apellido sólido, elegido al azar;[29] pero ese nombre de
70 príncipe no bastó para conjurar los signos fatales y antes de los diez años el niño tenía la cara marcada a cuchillo por las peleas y muy poco después vivía como fugitivo. A los veinte era jefe de una banda de hombres desesperados. El hábito de la violencia desarrolló la fuerza de sus músculos, la calle lo hizo despiadado[30] y la soledad, a la cual estaba condenado por temor a perderse de amor, determinó la ex-
75 presión de sus ojos. Cualquier habitante del pueblo podía jurar al verlo que era el hijo de Juana La Triste, porque tal como ella, tenía las pupilas aguadas de lágrimas sin derramar. Cada vez que se cometía una fechoría[31] en la región, los guardias salían con perros a cazar a Nicolás Vidal para callar la protesta de los ciudadanos,

[20]turn [21]demand of her [22]glove [23]threshold [24]shackled [25]casa de prostitutas [26]cabos... ends (stubs) of candles [27]lavados... cleansings with lye [28]oil lamp [29]al... at random [30]sin piedad, cruel [31]crimen

pero después de unas vueltas por los cerros[32] regresaban con las manos vacías. En verdad no deseaban encontrarlo, porque no podían luchar con él. La pandilla[33] consolidó en tal forma su mal nombre, que las aldeas y las haciendas pagaban un tributo para mantenerla alejada. Con esas donaciones los hombres podían estar tranquilos, pero Nicolás Vidal los obligaba a mantenerse siempre a caballo, en medio de una ventolera[34] de muerte y estropicio[35] para que no perdieran el gusto por la guerra ni se les mermara[36] el desprestigio. Nadie se atrevía a enfrentarlos. En un par de ocasiones el Juez Hidalgo pidió al Gobierno que enviara tropas del ejército para reforzar a sus policías, pero después de algunas excursiones inútiles volvían los soldados a sus cuarteles y los forajidos[37] a sus andanzas.

Sólo una vez estuvo Nicolás Vidal a punto de caer en las trampas de la justicia, pero lo salvó su incapacidad para conmoverse. Cansado de ver las leyes atropelladas, el Juez Hidalgo decidió pasar por alto los escrúpulos y preparar una trampa para el bandolero. Se daba cuenta de que en defensa de la justicia iba a cometer un acto atroz, pero de dos males escogió el menor. El único cebo[38] que se le ocurrió fue Juana La Triste, porque Vidal no tenía otros parientes ni se le conocían amores. Sacó a la mujer del local, donde fregaba pisos y limpiaba letrinas a falta de clientes dispuestos a pagar por sus servicios, la metió dentro de una jaula[39] fabricada a su medida y la colocó en el centro de la Plaza de Armas, sin más consuelo que un jarro de agua.

—Cuando se le termine el agua empezará a gritar. Entonces aparecerá su hijo y yo estaré esperándolo con los soldados —dijo el Juez.

El rumor de ese castigo, en desuso desde la época de los esclavos cimarrones,[40] llegó a oídos de Nicolás Vidal poco antes de que su madre bebiera el último sorbo del cántaro. Sus hombres lo vieron recibir la noticia en silencio, sin alterar su impasible máscara de solitario ni el ritmo tranquilo con que afilaba su navaja contra una cincha de cuero. Hacía muchos años que no tenía contacto con Juana La Triste y tampoco guardaba ni un solo recuerdo placentero de su niñez, pero ésa no era una cuestión sentimental, sino un asunto de honor. Ningún hombre puede aguantar semejante ofensa, pensaron los bandidos, mientras alistaban sus armas y sus monturas, dispuestos a acudir a la emboscada[41] y dejar en ella la vida si fuera necesario. Pero el jefe no dio muestras de prisa.

A medida que transcurrían las horas, aumentaba la tensión en el grupo. Se miraban unos a otros sudando, sin atreverse a hacer comentarios, esperando impacientes, las manos en las cachas[42] de los revólveres, en las crines[43] de los caballos, en las empuñaduras[44] de los lazos. Llegó la noche y el único que durmió en el campamento fue Nicolás Vidal. Al amanecer las opiniones estaban divididas entre los hombres, unos creían que era mucho más desalmado[45] de lo que jamás imaginaron y otros que su jefe planeaba una acción espectacular para rescatar a su madre. Lo único que nadie pensó fue que pudiera faltarle el coraje, porque había dado muestras de tenerlo en exceso. Al mediodía no soportaron más la incertidumbre y fueron a preguntarle qué iba a hacer.

[32]colinas [33]gang [34]whirlwind [35]destrucción [36]disminuyera, redujera [37]bandidos [38]bait [39]cage
[40]esclavos… runaway slaves [41]ambush [42]handles [43]manes [44]grips [45]insensible (sin alma)

—Nada —dijo.

—¿Y tu madre?

—Veremos quién tiene más cojones,[46] el Juez o yo —replicó imperturbable Nicolás Vidal.

Al tercer día Juana La Triste ya no clamaba piedad ni rogaba por agua, porque se le había secado la lengua y las palabras morían en su garganta antes de nacer, yacía ovillada en el suelo de su jaula con los ojos perdidos y los labios hinchados,[47] gimiendo[48] como un animal en los momentos de lucidez y soñando con el infierno el resto del tiempo. Cuatro guardias armados vigilaban a la prisionera para impedir que los vecinos le dieran de beber. Sus lamentos ocupaban todo el pueblo, entraban por los postigos[49] cerrados, los introducía el viento a través de las puertas, se quedaban prendidos en los rincones, los recogían los perros para repetirlos aullando,[50] contagiaban a los recién nacidos y molían[51] los nervios de quien los escuchaba. El Juez no pudo evitar el desfile de gente por la plaza compadeciendo a la anciana, ni logró detener la huelga[52] solidaria de las prostitutas, que coincidió con la quincena de los mineros. El sábado las calles estaban tomadas por los rudos trabajadores de las minas, ansiosos por gastar sus ahorros antes de volver a los socavones,[53] pero el pueblo no ofrecía ninguna diversión, aparte de la jaula y ese murmullo de lástima llevado de boca en boca, desde el río hasta la carretera de la costa. El cura encabezó a un grupo de feligreses[54] que se presentaron ante el Juez Hidalgo a recordarle la caridad cristiana y suplicarle que eximiera[55] a esa pobre mujer inocente de aquella muerte de mártir, pero el magistrado pasó el pestillo[56] de su despacho y se negó a oírlos, apostando a[57] que Juana La Triste aguantaría un día más y su hijo caería en la trampa. Entonces los notables del pueblo decidieron acudir a doña Casilda.

La esposa del Juez los recibió en el sombrío salón de su casa y atendió sus razones callada, con los ojos bajos, como era su estilo. Hacía tres días que su marido se encontraba ausente, encerrado en su oficina, aguardando a Nicolás Vidal con una determinación insensata. Sin asomarse a la ventana, ella sabía todo lo que ocurría en la calle, porque también a las vastas habitaciones de su casa entraba el ruido de ese largo suplicio. Doña Casilda esperó que las visitas se retiraran, vistió a sus hijos con las ropas de domingo y salió con ellos rumbo a la plaza. Llevaba una cesta con provisiones y una jarra con agua fresca para Juana La Triste. Los guardias la vieron aparecer por la esquina y adivinaron[58] sus intenciones, pero tenían órdenes precisas, así es que cruzaron sus rifles delante de ella y cuando quiso avanzar, observada por una muchedumbre expectante, la tomaron por los brazos para impedírselo. Entonces los niños comenzaron a gritar.

El Juez Hidalgo estaba en su despacho frente a la plaza. Era el único habitante del barrio que no se había taponeado[59] las orejas con cera, porque permanecía atento a la emboscada, acechando[60] el sonido de los caballos de Nicolás Vidal. Durante tres días con sus noches aguantó el llanto[61] de su víctima y los insultos de los vecinos amotinados ante el edificio, pero cuando distinguió las voces de sus hijos

[46]«balls» [47]swollen [48]moaning [49]shutters [50]howling [51]grated on [52]strike [53]tunnels [54]parishioners
[55]librara [56]bolt [57]apostando... betting [58]they guessed [59]plugged [60]listening for [61]weeping

comprendió que había alcanzado el límite de su resistencia. Agotado,[62] salió de su Corte con una barba del miércoles, los ojos afiebrados por la vigilia y el peso de su derrota en la espalda. Atravesó la calle, entró en el cuadrilátero de la plaza y se

165 aproximó a su mujer. Se miraron con tristeza. Era la primera vez en siete años que ella lo enfrentaba y escogió hacerlo delante de todo el pueblo. El Juez Hidalgo tomó la cesta y la jarra de manos de doña Casilda y él mismo abrió la jaula para socorrer a su prisionera.

—Se los dije, tiene menos cojones que yo —rió Nicolás Vidal al enterarse de
170 lo sucedido.

Pero sus carcajadas[63] se tornaron amargas al día siguiente, cuando le dieron la noticia de que Juana La Triste se había ahorcado[64] en la lámpara del burdel[65] donde gastó la vida, porque no pudo resistir la vergüenza de que su único hijo la abandonara en una jaula en el centro de la Plaza de Armas.

175 —Al Juez le llegó su hora —dijo Vidal.

Su plan consistía en entrar al pueblo de noche, atrapar al magistrado por sorpresa, darle una muerte espectacular y colocarlo dentro de la maldita jaula, para que al despertar al otro día todo el mundo pudiera ver sus restos humillados. Pero se enteró de que la familia Hidalgo había partido a un balneario[66] de la costa para pasar
180 el mal gusto de la derrota.[67]

El indicio de que los perseguían para tomar venganza alcanzó al Juez Hidalgo a mitad de ruta, en una posada donde se habían detenido a descansar. El lugar no ofrecía suficiente protección hasta que acudiera el destacamento[68] de la guardia, pero llevaba algunas horas de ventaja y su vehículo era más rápido que los caballos.
185 Calculó que podría llegar al otro pueblo y conseguir ayuda. Ordenó a su mujer subir al coche con los niños, apretó[69] a fondo el pedal y se lanzó a la carretera. Debió llegar con un amplio margen de seguridad, pero estaba escrito que Nicolás Vidal se encontraría ese día con la mujer de la cual había huido toda su vida.

Extenuado por las noches de vela,[70] la hostilidad de los vecinos, el bochorno[71]
190 sufrido y la tensión de esa carrera para salvar a su familia, el corazón del Juez Hidalgo pegó un brinco y estalló[72] sin ruido. El coche sin control salió del camino, dio algunos tumbos y se detuvo por fin en la vera. Doña Casilda tardó un par de minutos en darse cuenta de lo ocurrido. A menudo se había puesto en el caso de quedar viuda, pues su marido era casi un anciano, pero no imaginó que la dejaría a merced
195 de sus enemigos. No se detuvo a pensar en eso, porque comprendió la necesidad de actuar de inmediato para salvar a los niños. Recorrió con la vista el sitio donde se encontraba y estuvo a punto de echarse a llorar de desconsuelo, porque en aquella desnuda extensión, calcinada por un sol inmisericorde, no se vislumbraban[73] rastros[74] de vida humana, sólo los cerros agrestes y un cielo blanqueado por la luz.
200 Pero con una segunda mirada distinguió en una ladera la sombra de una gruta[75] y hacia allá echó a correr llevando a dos criaturas en brazos y la tercera prendida a sus faldas.

---

[62]Fatigado   [63]risa exagerada   [64]hanged   [65]bordello   [66]spa; baths   [67]defeat   [68]detachment   [69]he pressed   [70]de... sin dormir   [71]sentido de deshonra o vergüenza   [72]exploded, burst   [73]veían   [74]signos   [75]cueva

Tres veces escaló Casilda cargando uno por uno a sus hijos hasta la cima. Era una cueva natural, como muchas otras en los montes de esa región. Revisó el interior para cerciorarse[76] de que no fuera la guarida[77] de algún animal, acomodó a los niños al fondo y los besó sin una lágrima.

—Dentro de algunas horas vendrán los guardias a buscarlos. Hasta entonces no salgan por ningún motivo, aunque me oigan gritar, ¿han entendido? —les ordenó.

Los pequeños se encogieron aterrados y con una última mirada de adiós la madre descendió del cerro. Llegó hasta el coche, bajó los párpados de su marido, se sacudió[78] la ropa, se acomodó el peinado y se sentó a esperar. No sabía de cuántos hombres se componía la banda de Nicolás Vidal, pero rezó para que fueran muchos, así les daría trabajo saciarse de ella, y reunió sus fuerzas preguntándose cuánto tardaría morir si se esmeraba en hacerlo poco a poco. Deseó ser opulenta[79] y fornida[80] para oponerles mayor resistencia y ganar tiempo para sus hijos.

No tuvo que aguardar largo rato. Pronto divisó polvo en el horizonte, escuchó un galope y apretó los dientes. Desconcertada, vio que se trataba de un solo jinete,[81] que se detuvo a pocos metros de ella con el arma en la mano. Tenía la cara marcada de cuchillo y así reconoció a Nicolás Vidal, quien había decidido ir en persecución del Juez Hidalgo sin sus hombres, porque ése era un asunto privado que debían arreglar entre los dos. Entonces ella comprendió que debería hacer algo mucho más difícil que morir lentamente.

Al bandido le bastó una mirada para comprender que su enemigo se encontraba a salvo de cualquier castigo, durmiendo su muerte en paz, pero allí estaba su mujer flotando en la reverberación de la luz. Saltó del caballo y se le acercó. Ella no bajó los ojos ni se movió y él se detuvo sorprendido, porque por primera vez alguien lo desafiaba[82] sin asomo de temor. Se midieron en silencio durante algunos segundos eternos, calibrando cada uno las fuerzas del otro, estimando su propia tenacidad y aceptando que estaban ante un adversario formidable. Nicolás Vidal guardó el revólver y Casilda sonrió.

La mujer del juez se ganó cada instante de las horas siguientes. Empleó todos los recursos de seducción registrados desde los albores del conocimiento humano y otros que improvisó inspirada por la necesidad, para brindar a aquel hombre el mayor deleite. No sólo trabajó sobre su cuerpo como diestra[83] artesana, pulsando cada fibra en busca del placer, sino que puso al servicio de su causa el refinamiento de su espíritu. Ambos entendieron que se jugaban la vida y eso daba a su encuentro una terrible intensidad. Nicolás Vidal había huido del amor desde su nacimiento, no conocía la intimidad, la ternura, la risa secreta, la fiesta de los sentidos, el alegre gozo de los amantes. Cada minuto transcurrido acercaba el destacamento de guardias y con ellos el pelotón de fusilamiento,[84] pero también lo acercaba a esa mujer prodigiosa y por eso los entregó con gusto a cambio de los dones[85] que ella le ofrecía. Casilda era pudorosa y tímida y había estado casada con un viejo austero ante quien nunca se mostró desnuda. Durante esa inolvidable tarde ella no perdió de vista que su objetivo era ganar tiempo, pero en algún momento se abandonó,

---

[76]asegurarse   [77]refugio   [78]se... she dusted   [79]voluptuosa   [80]robusta   [81]hombre montado a caballo
[82]was challenging   [83]expert   [84]pelotón... firing squad   [85]gifts

maravillada de su propia sensualidad, y sintió por ese hombre algo parecido a la gratitud. Por eso, cuando oyó el ruido lejano de la tropa le rogó que huyera y se ocultara en los cerros. Pero Nicolás Vidal prefirió envolverla en sus brazos para besarla por última vez, cumpliendo así la profecía que marcó su destino.

Cuestionario

1. ¿Cuál va a ser el destino de Nicolás Vidal, según lo que se pronosticó el día de su nacimiento?
2. ¿Cómo es la mujer del juez?
3. ¿Cómo se describe el carácter del juez?
4. ¿Cómo ha sido la vida de Nicolás Vidal?
5. ¿Cómo reacciona la gente a la presencia de Vidal y su pandilla en los cerros cercanos?
6. ¿Qué plan tiene el juez para capturar a Vidal?
7. ¿Cuáles son los resultados del plan?
8. ¿Qué le pasa al juez?
9. ¿Cómo se venga Vidal del juez?
10. ¿Qué se revela de la mujer del juez en la parte final? ¿Qué se revela de Vidal?

Identificaciones

1. «la señorita de la capital»
2. «las manías de solterón»
3. «Juana La Triste»
4. «un apellido sólido, escogido al azar»
5. «En verdad no deseaban encontrarlo»
6. «cebo»
7. «sus carcajadas se volvieron amargas»
8. «Deseó ser opulenta y fornida»
9. «como diestra artesana»
10. «Nicolás Vidal prefirió envolverla en sus brazos»

Temas

1. El uso de la ironía en «La mujer del juez»
2. La caracterización de los personajes principales
3. El tema del destino
4. Las ideas que ofrece el cuento sobre la psicología humana
5. El cuento como comentario sobre la sociedad

MIGUEL DE UNAMUNO

Vida y obra

El español Miguel de Unamuno (1864–1936) nació en Bilbao, ciudad industrial del País Vasco (*Basque Country*). Se doctoró en Letras y Filosofía en la Universidad de Madrid. A partir de 1891 ocupó la cátedra de Griego en la Universidad de Salamanca, universidad de la cual llegó a ser rector (*president*). En 1923, instalada la dictadura militar de Miguel Primo de Rivera (1870–1930), Unamuno fue destituido (*fired*) por razones políticas. Tras siete años de exilio en la isla de Fuerteventura y en Francia, volvió a ocupar el rectorado de su antigua universidad y a participar en la vida política. En 1936, Francisco Franco lo destituyó nuevamente, recluyéndolo en su domicilio (*placing him under house arrest*). Unamuno, desolado, falleció poco después. Compuso la mayor parte de sus obras en Salamanca, una antigua y tranquila ciudad rica en tradición. Sus escritos más significativos pertenecen a los campos del ensayo y de la narrativa. Entre sus novelas resaltan *Paz en la guerra* (1897), *Niebla* (1914), *Abel Sánchez* (1917), *La tía Tula* (1921) y *San Manuel Bueno, mártir* (1931). Su obra ensayística sobresaliente es *Del sentimiento trágico de la vida* (1913).

El autor y su contexto

Dramaturgo, novelista, cuentista, poeta, ensayista y filósofo, Unamuno pertenece a la Generación del 98. Se le dio este nombre a un conjunto de escritores que se identificaron con el desaliento (*dejection*) de sus compatriotas tras la derrota de España en la Guerra hispanoamericana de 1898 e intentaron renovar el amor por la patria y por su tradición espiritual y artística (ver Apéndice 3). Aficionado en su juventud a las ideas progresistas extranjeras, Unamuno pensó que, para regenerarse, España necesitaba abandonar su tradición «muerta» e integrarse a Europa, adoptando una «tradición universal, cosmopolita». Sin embargo, en 1897, una crisis religiosa personal hizo que Unamuno, sin condenar el progreso científico moderno, afirmara la superioridad del espíritu español frente al racionalismo europeo. En su obra maestra *Del sentimiento trágico de la vida,* el autor, al debatir la cuestión de la mortalidad humana, expone el conflicto entre la razón y la fe. El mismo conflicto que presenta en dicho ensayo, o sea, la lucha entre el anhelo natural de inmortalidad de todo ser humano y el escepticismo instigado por la lógica, forma el tema recurrente de su obra. En *San Manuel Bueno, mártir,* el autor alude a su propia crisis religiosa. Lo confirman el fuerte simbolismo cristiano, las citas, los nombres bíblicos, los episodios de la vida de Cristo y las referencias a las distintas partes de la misa católica.

San Manuel Bueno, mártir

Si sólo en esta vida esperamos en Cristo, somos los más miserables de los hombres todos.
(San Pablo. I, *Corintios,* XV, 19)

Ahora que el obispo de la diócesis de Renada,[a] a la que pertenece esta mi querida aldea de Valverde de Lucerna,[b] anda, a lo que se dice, promoviendo el proceso para la beatificación[c] de nuestro Don Manuel, o mejor San Manuel Bueno, que fue en ésta párroco,[1] quiero dejar aquí consignado,[2] a modo de confesión y sólo Dios sabe, que no yo, con qué destino, todo lo que sé y recuerdo de aquel varón matriarcal que llenó toda la más entrañada[3] vida de mi alma, que fue mi verdadero padre espiritual, el padre de mi espíritu, del mío, el de Ángela Carballino.

Al otro, a mi padre carnal y temporal, apenas si le conocí, pues se me murió siendo yo muy niña. Sé que había llegado de forastero a nuestra Valverde de Lucerna, que aquí arraigó[4] al casarse aquí con mi madre. Trajo consigo unos cuantos libros, el *Quijote,* obras de teatro clásico, algunas novelas, historias, el *Bertoldo,*[d] todo revuelto, y de esos libros, los únicos casi que había en toda la aldea, devoré yo ensueños[5] siendo niña. Mi buena madre apenas si me contaba hechos o dichos de mi padre. Los de Don Manuel, a quien, como todo el pueblo, adoraba, de quien estaba enamorada —claro que castísimamente[6]—, le habían borrado el recuerdo de los de su marido. A quien encomendaba a Dios, y fervorosamente, cada día al rezar el rosario.

De nuestro Don Manuel me acuerdo como si fuese de cosa de ayer, siendo yo niña, a mis diez años, antes de que me llevaran al Colegio de Religiosas de la ciudad catedralicia[7] de Renada. Tendría él, nuestro santo, entonces unos treinta y siete años. Era alto, delgado, erguido,[8] llevaba la cabeza como nuestra Peña del Buitre[9] lleva su cresta, y había en sus ojos toda la hondura azul de nuestro lago. Se llevaba las miradas de todos y tras ellas, los corazones, y él, al mirarnos, parecía, traspasando la carne como un cristal, mirarnos al corazón. Todos le queríamos, pero sobre todo los niños. ¡Qué cosas nos decía! Eran cosas, no palabras. Empezaba el pueblo a olerle[10] la santidad; se sentía lleno y embriagado[11] de su aroma.

Entonces fue cuando mi hermano Lázaro,[e] que estaba en América, de donde nos mandaba regularmente dinero con que vivíamos en decorosa holgura,[12] hizo que mi madre me mandase al Colegio de Religiosas, a que se completara fuera de la aldea mi educación, y esto aunque a él, a Lázaro, no le hiciesen mucha gracia las monjas. «Pero como ahí —nos escribía— no hay hasta ahora, que yo sepa, colegios laicos[13] y progresivos, y menos para señoritas, hay que atenerse a lo que haya. Lo importante es que Angelita se pula[14] y que no siga entre esas zafias[15] aldeanas». Y entré en el colegio, pensando en un principio hacerme en él maestra, pero luego se me atragantó[16] la pedagogía.

---

[1]*parish priest* [2]puesto por escrito [3]íntima [4]se estableció [5]ilusiones [6]virtuosamente [7]forma adjetival de **catedral** [8]recto [9]Peña... nombre de un pico del lugar [10]percibir [11]*intoxicated* [12]bienestar [13]sin base religiosa [14]se... se quite la rusticidad [15]incultas [16]se... me atrajo cada vez menos

---

[a]El nombre ficticio de la ciudad tiene cierto valor simbólico, pues hace pensar en las palabras (1) **renada,** forma arcaica de **renacida,** del verbo **renacer,** y (2) **re-nada,** la intensificación de **la nada.** Se puede relacionar este doble sentido semántico con la problemática expuesta por la novela misma a través del «secreto» de Don Manuel.

[b]El nombre del pueblo alude a una aldea legendaria (Villaverde de Lucerna) sumergida en el lago de San Martín de Castañeda, en la provincia de Zamora.

[c]parte del proceso eclesiástico de reconocer como santo a alguien

[d]colección de cuentos del italiano Giulio Cesare Croce (1550–1609), muy popular en España

[e]Cuatro días después de morir, el Lázaro bíblico es resucitado por Jesucristo (San Juan 11:1–44).

En el colegio conocí a niñas de la ciudad e intimé[17] con algunas de ellas. Pero seguía atenta a las cosas y a la gente de nuestra aldea, de la que recibía frecuentes noticias y tal vez alguna visita. Y hasta al colegio llegaba la fama de nuestro párroco, de quien empezaba a hablarse en la ciudad episcopal. Las monjas no hacían sino
40 interrogarme respecto a él.

Desde muy niña alimenté, no sé bien cómo, curiosidades, preocupaciones e inquietudes, debidas, en parte al menos, a aquel revoltijo[18] de libros de mi padre, y todo ello se me medró[19] en el colegio, en el trato, sobre todo, con una compañera que se me aficionó[20] desmedidamente y que unas veces me proponía que entráse-
45 mos juntas a la vez en un mismo convento, jurándonos, y hasta firmando el juramento con nuestra sangre, hermandad perpetua, y otras veces me hablaba, con los ojos semicerrados, de novios y de aventuras matrimoniales. Por cierto que no he vuelto a saber de ella ni de su suerte. Y eso que cuando se hablaba de nuestro Don Manuel, o cuando mi madre me decía algo de él en sus cartas —y era en casi
50 todas—, que yo leía a mi amiga, ésta exclamaba como en arrobo:[21] «¡Qué suerte, chica, la de poder vivir cerca de un santo así, de un santo vivo, de carne y hueso, y poder besarle la mano! Cuando vuelvas a tu pueblo escríbeme mucho, mucho y cuéntame de él».

Pasé en el colegio unos cinco años, que ahora se me pierden como un sueño de
55 madrugada[22] en la lejanía del recuerdo, y a los quince volví a mi Valverde de Lucerna. Ya toda ella era Don Manuel; Don Manuel con el lago y con la montaña. Llegué ansiosa de conocerle, de ponerme bajo su protección, de que él me marcara el sendero[23] de mi vida.

Decíase[24] que había entrado en el Seminario para hacerse cura, con el fin de
60 atender a los hijos de una su hermana recién viuda, de servirles de padre; que en el Seminario se había distinguido por su agudeza mental[25] y su talento y que había rechazado ofertas de brillante carrera eclesiástica porque él no quería ser sino de su Valverde de Lucerna, de su aldea prendida[26] como un broche entre el lago y la montaña que se mira en él.

65 ¡Y cómo quería a los suyos! Su vida era arreglar matrimonios desavenidos,[27] reducir[28] a sus padres hijos indómitos[29] o reducir los padres a sus hijos, y, sobre todo, consolar a los amargados y atediados[30] y ayudar a todos a bien morir.[31]

Me acuerdo, entre otras cosas, de que al volver de la ciudad la desgraciada hija de la tía Rabona, que se había perdido y volvió, soltera y desahuciada,[32] trayendo
70 un hijito consigo, Don Manuel no paró hasta que hizo que se casase con ella su antiguo novio Perote y reconociese como suya a la criaturita, diciéndole:

—Mira, da padre a este pobre crío que no le tiene más que en el cielo.

—¡Pero, Don Manuel, si no es mía la culpa…!

—¡Quién lo sabe, hijo, quién lo sabe…!, y sobre todo, no se trata de culpa.

75 Y hoy el pobre Perote, inválido, paralítico, tiene como báculo[33] y consuelo de su vida al hijo aquel que, contagiado por la santidad de Don Manuel, reconoció por suyo no siéndolo.

---

[17]me hice amiga   [18]mezcla, desorden   [19]se… se aumentó   [20]se… *became fond of me*   [21]éxtasis   [22]primeras horas de la mañana   [23]camino   [24]Se decía   [25]agudeza… inteligencia   [26]*stuck*   [27]incompatibles   [28]dominar
[29]indomables   [30]aburridos   [31]bien… morir cristianamente   [32]sin esperanza   [33]bastón; (*fig.*) ayuda

En la noche de San Juan, la más breve del año, solían y suelen acudir a nuestro lago todas las pobres mujerucas, y no pocos hombrecillos, que se creen poseídos, endemoniados,[34] y que parece no son sino histéricos y a las veces epilépticos, y Don Manuel emprendió la tarea de hacer él de lago, de piscina probática,[35] y de tratar de aliviarles y si era posible de curarles. Y era tal la acción de su presencia, de sus miradas, y tal sobre todo la dulcísima autoridad de sus palabras y sobre todo de su voz —¡qué milagro de voz!—, que consiguió curaciones sorprendentes. Con lo que creció su fama, que atraía a nuestro lago y a él a todos los enfermos del contorno.[36] Y alguna vez llegó una madre pidiéndole que hiciese un milagro en su hijo, a lo que contestó sonriendo tristemente:

—No tengo licencia del señor obispo para hacer milagros.

Le preocupaba, sobre todo, que anduviesen todos limpios. Si alguno llevaba un roto en su vestidura, le decía: «Anda a ver al sacristán, y que te remiende eso». El sacristán era sastre. Y cuando el día primero de año iban a felicitarle por ser el de su santo[f] —su santo patrono era el mismo Jesús Nuestro Señor[g]—, quería Don Manuel que todos se le presentasen con camisa nueva, y al que no la tenía se la regalaba él mismo.

Por todos mostraba el mismo afecto, y si a algunos distinguía más con él era a los más desgraciados y a los que aparecían como más díscolos.[37] Y como hubiera en el pueblo un pobre idiota de nacimiento, Blasillo el bobo, a éste es a quien más acariciaba y hasta llegó a enseñarle cosas que parecía milagro que las hubiese podido aprender. Y es que el pequeño rescoldo[38] de inteligencia que aún quedaba en el bobo se le encendía en imitar, como un pobre mono, a su Don Manuel.

Su maravilla era la voz, una voz divina que hacía llorar. Cuando al oficiar en misa mayor o solemne entonaba el prefacio, estremecíase[39] la iglesia y todos los que le oían sentíanse conmovidos en sus entrañas. Su canto, saliendo del templo, iba a quedarse dormido sobre el lago y al pie de la montaña. Y cuando en el sermón de Viernes Santo clamaba aquello de: «¡Dios mío, Dios mío!, ¡por qué me has abandonado?»[h] pasaba por el pueblo todo un temblor hondo como por sobre las aguas del lago en días de cierzo de hostigo.[40] Y era como si oyesen a Nuestro Señor Jesucristo mismo, como si la voz brotara de aquel viejo crucifijo a cuyos pies tantas generaciones de madres habían depositado sus congojas.[41] Como que una vez, al oírlo su madre, la de Don Manuel, no pudo contenerse, y desde el suelo del templo, en que se sentaba, gritó: «¡Hijo mío!» Y fue un chaparrón[42] de lágrimas entre todos. Creeríase que el grito maternal había brotado de la boca entreabierta de aquella Dolorosa[i] —el corazón traspasado por siete espadas— que había en una de las capillas del templo. Luego Blasillo el tonto iba repitiendo en tono patético por las callejas, y como un eco el «¡Dios mío, Dios mío!, ¿por qué me has abandonado?», y de tal

---

[34]*possessed by the devil*   [35]*piscina... piscina donde se lavan los enfermos*   [36]*los alrededores*   [37]*rebeldes*
[38]*ember*   [39]*se estremecía, temblaba*   [40]*cierzo... viento del norte*   [41]*angustias*   [42]*lluvia breve que cae en grandes cantidades*

---

[f]Muchos católicos son bautizados con nombres de santos y en algunos países se celebra el día del santo de una persona en vez de, o además de, su cumpleaños.
[g]Emmanuel es otro nombre de Jesucristo. Quiere decir «Dios con nosotros» (San Mateo 1:23).
[h]palabras de Jesucristo antes de morir en la cruz (San Mateo 27:46)
[i]imagen de la Virgen María representada con siete espadas que simbolizan los siete dolores que sufrió por su hijo Jesucristo

manera que al oírselo se les saltaban a todos las lágrimas, con gran regocijo[43] del bobo por su triunfo imitativo.

Su acción sobre las gentes era tal, que nadie se atrevía a mentir ante él, y todos, sin tener que ir al confesionario, se le confesaban. A tal punto que como hubiese una vez ocurrido un repugnante crimen en una aldea próxima, el juez, un insensato que conocía mal a Don Manuel, le llamó y le dijo:

—A ver si usted, Don Manuel, consigue que este bandido declare la verdad.

—¿Para que luego pueda castigársele? —replicó el santo varón—. No, señor juez, no; yo no saco a nadie una verdad que le lleve acaso a la muerte. Allá entre él y Dios… La justicia humana no me concierne. «No juzguéis para no ser juzgados»,[j] dijo Nuestro Señor…

—Pero es que yo, señor cura…

—Comprendido; dé usted, señor juez, al César lo que es del César, que yo daré a Dios lo que es de Dios.[k]

Y al salir, mirando fijamente al presunto reo,[44] le dijo:

—Mira bien si Dios te ha perdonado, que es lo único que importa.

En el pueblo todos acudían a misa, aunque sólo fuese por oírle y por verle en el altar, donde parecía transfigurarse, encendiéndosele el rostro. Había un santo ejercicio que introdujo en el culto popular y es que, reuniendo en el templo a todo el pueblo, hombres y mujeres, viejos y niños, unas mil personas, recitábamos al unísono, en una sola voz, el Credo: «Creo en Dios Padre Todopoderoso, Creador del Cielo y de la Tierra…» y lo que sigue. Y no era un coro, sino una sola voz, una voz simple y unida, fundidas[45] todas en una y haciendo como una montaña, cuya cumbre, perdida a las veces en nubes, era Don Manuel. Y al llegar a lo de «creo en la resurrección de la carne y la vida perdurable[46]», la voz de Don Manuel se zambullía,[47] como en un lago, en la del pueblo todo, y era que él se callaba. Y yo oía las campanadas de la villa que se dice aquí está sumergida en el lecho del lago —campanadas que se dice también se oyen la noche de San Juan— y eran las de la villa sumergida en el lago espiritual de nuestro pueblo; oía la voz de nuestros muertos que en nosotros resucitaban en la comunión de los santos. Después, al llegar a conocer el secreto de nuestro santo, he comprendido que era como si una caravana en marcha por el desierto, desfallecido[48] el caudillo[49] al acercarse al término de su carrera, le tomaran en hombros los suyos para meter su cuerpo sin vida en la tierra de promisión.

Los más no querían morirse sino cojidos[l] de su mano como de un ancla.

Jamás en sus sermones se ponía a declamar contra impíos,[50] masones, liberales o herejes. ¿Para qué, si no los había en la aldea? Ni menos contra la mala prensa. En cambio, uno de los más frecuentes temas de sus sermones era contra la mala lengua.[51] Porque él lo disculpaba todo y a todos disculpaba. No quería creer en la mala intención de nadie.

---

[43]alegría [44]acusado [45]unidas [46]eterna [47]sumergía [48]debilitado [49]líder [50]gente que no tiene fe religiosa [51]mala… *evil tongue*

---

[j]uno de los preceptos de la doctrina enseñada por Jesús (San Mateo 7:1)
[k]Jesucristo dio la misma respuesta al ser interrogado (por quienes dudaban de sus intenciones respecto a la autoridad) acerca de si era justo dar tributo al César (San Lucas 20:25).
[l]Unamuno utilizaba la «j» en vez de la «g» al escribir palabras como **cogidos, recoger, escoger, mágica,** etcétera.

—La envidia —gustaba repetir— la mantienen los que se empeñan en[52] creerse envidiados, y las más de las persecuciones son efecto más de la manía persecutoria que no de la perseguidora.

—Pero fíjese, Don Manuel, en lo que me ha querido decir…

160 Y él:

—No debe importarnos tanto lo que uno quiera decir como lo que diga sin querer…

Su vida era activa y no contemplativa, huyendo cuanto podía de no tener nada que hacer. Cuando oía eso de que la ociosidad[53] es la madre de todos los vicios,
165 contestaba: «Y del peor de todos, que es el pensar ocioso». Y como yo le preguntara una vez qué es lo que con eso quería decir, me contestó: «Pensar ocioso es pensar para no hacer nada o pensar demasiado en lo que se ha hecho y no en lo que hay que hacer. A lo hecho pecho,[54] y a otra cosa, que no hay peor que remordimiento sin enmienda[55]». ¡Hacer!, ¡hacer! Bien comprendí yo ya desde entonces que Don
170 Manuel huía de pensar ocioso y a solas, que algún pensamiento le perseguía.

Así es que estaba siempre ocupado, y no pocas veces en inventar ocupaciones. Escribía muy poco para sí, de tal modo que apenas nos ha dejado escritos o notas; mas, en cambio, hacía de memorialista para los demás, y a las madres, sobre todo, les redactaba[56] las cartas para sus hijos ausentes.

175 Trabajaba también manualmente, ayudando con sus brazos a ciertas labores del pueblo. En la temporada de trilla[57] íbase a la era a trillar y aventar,[58] y en tanto les aleccionaba[59] o les distraía. Sustituía a las veces a algún enfermo en su tarea. Un día del más crudo invierno se encontró con un niño, muertito de frío, a quien su padre le enviaba a recojer una res[60] a larga distancia, en el monte.

180 —Mira —le dijo al niño—, vuélvete a casa, a calentarte, y dile a tu padre que yo voy a hacer el encargo.

Y al volver con la res se encontró con el padre, todo confuso, que iba a su encuentro. En invierno partía leña[61] para los pobres. Cuando se secó aquel magnífico nogal[62] —«un nogal matriarcal» le llamaba—, a cuya sombra había jugado de niño
185 y con cuyas nueces se había durante tantos años regalado, pidió el tronco, se lo llevó a su casa y después de labrar en él seis tablas, que guardaba al pie de su lecho, hizo del resto leña para calentar a los pobres. Solía hacer también las pelotas para que jugaran los mozos y no pocos juguetes para los niños.

Solía acompañar al médico en su visita, y recalcaba[63] las prescripciones de éste. Se
190 interesaba sobre todo en los embarazos[64] y en la crianza[65] de los niños, y estimaba como una de las mayores blasfemias aquello de: «¡teta y gloria!», y lo otro de: «angelitos al cielo».[m] Le conmovía profundamente la muerte de los niños.

—Un niño que nace muerto o que se muere recién nacido y un suicidio —me dijo una vez— son para mí de los más terribles misterios: ¡un niño en cruz!

---

[52]se… insisten en   [53]la… no trabajar o gastar mal el tiempo   [54]A… *What's done is done*   [55]corregir la falta
[56]escribía   [57]*threshing*   [58]trillar… *thresh and winnow*   [59]enseñaba   [60]vaca   [61]madera para el fuego
[62]*walnut tree*   [63]enfatizaba   [64]estado de la mujer que espera un hijo   [65]acción de criar, alimentar o educar a los niños

---

[m]¡teta… dos refranes que se refieren a la idea de que los recién nacidos al morir van al cielo

195 Y como una vez, por haberse quitado uno la vida le preguntara el padre del suicida, un forastero, si le daría tierra sagrada,[n] le contestó:

—Seguramente, pues en el último momento, en el segundo de la agonía, se
arrepintió sin duda alguna.

Iba también a menudo a la escuela a ayudar al maestro, a enseñar con él, y no
200 sólo el catecismo. Y es que huía de la ociosidad y de la soledad. De tal modo que
por estar con el pueblo, y sobre todo con el mocerío[66] y la chiquillería,[67] solía ir al
baile. Y más de una vez se puso en él a tocar el tamboril para que los mozos y las
mozas bailasen, y esto, que en otro hubiera parecido grotesca profanación del sacerdocio, en él tomaba un sagrado carácter y como de rito religioso. Sonaba el An-
205 gelus,[o] dejaba el tamboril y el palillo, se descubría, y todos con él, y rezaba: «El
ángel del Señor anunció a María: Ave María…» Y luego:

—Y ahora, a descansar para mañana.

—Lo primero —decía— es que el pueblo esté contento, que estén todos contentos de vivir. El contentamiento de vivir es lo primero de todo. Nadie debe querer
210 morirse hasta que Dios quiera.

—Pues yo sí —le dijo una vez una recién viuda—, yo quiero seguir a mi
marido…

—¿Y para qué? —le respondió—. Quédate aquí para encomendar su alma a
Dios.

215 En una boda dijo una vez: «¡Ay, si pudiese cambiar el agua toda de nuestro lago
en vino, en un vinillo que por mucho que de él se bebiera alegrara sin emborrachar
nunca… o por lo menos con una borrachera alegre[p]!»

Una vez pasó por el pueblo una banda de pobres titiriteros.[68] El jefe de ella, que
llegó con la mujer gravemente enferma y embarazada, y con tres hijos que le ayu-
220 daban, hacía de payaso.[69] Mientras él estaba, en la plaza del pueblo, haciendo reír
a los niños y aun a los grandes, ella, sintiéndose de pronto gravemente indispuesta,
se tuvo que retirar y se retiró escoltada[70] por una mirada de congoja[71] del payaso y
una risotada[72] de los niños. Y escoltada por Don Manuel, que luego, en un rincón
de la cuadra de la posada, le ayudó a bien morir. Y cuando, acabada la fiesta, supo
225 el pueblo y supo el payaso la tragedia, fuéronse todos a la posada y el pobre hombre, diciendo con llanto en la voz: «Bien se dice, señor cura, que es usted todo un
santo», se acercó a éste queriendo tomarle la mano para besársela, pero Don
Manuel se adelantó y tomándosela al payaso pronunció ante todos:

—El santo eres tú, honrado payaso; te vi trabajar y comprendí que no sólo lo
230 haces para dar pan a tus hijos, sino también para dar alegría a los de los otros, y yo
te digo que tu mujer, la madre de tus hijos, a quien he despedido a Dios mientras
trabajabas y alegrabas, descansa en el Señor, y que tú irás a juntarte con ella y a que
te paguen riendo los ángeles a los que haces reír en el cielo de contento.

Y todos, niños y grandes, lloraban y lloraban tanto de pena como de un miste-
235 rioso contento en que la pena se ahogaba. Y más tarde, recordando aquel solemne

[66]jóvenes   [67]niños   [68]puppeteers   [69]clown   [70]acompañada   [71]preocupación   [72]risa ruidosa

---

[n]Según la tradición católica, a los suicidas no se les da cristiana sepultura porque el suicidio es considerado un
pecado mortal.
[o]toque de campana que invita a orar en honor del momento en que un ángel anunció a la Virgen María que
Jesucristo tomaría forma humana en su seno
[p]alusión al milagro de Jesús en las bodas de Caná en las que convierte el agua en vino (San Juan 2:1–11)

rato, he comprendido que la alegría imperturbable de Don Manuel era la forma temporal y terrena de una infinita tristeza que con heroica santidad recataba[73] a los ojos y los oídos de los demás.

Con aquella su constante actividad, con aquel mezclarse en las tareas y las diversiones de todos, parecía querer huir de sí mismo, querer huir de su soledad. «Le temo a la soledad», repetía. Mas, aun así, de vez en cuando se iba solo, orilla del lago, a las ruinas de aquella vieja abadía[74] donde aún parecen reposar las almas de los piadosos cistercienses[75] a quienes ha sepultado en el olvido la Historia. Allí está la celda del llamado Padre Capitán, y en sus paredes se dice que aún quedan señales de las gotas de sangre con que las salpicó[76] al mortificarse.[77] ¿Qué pensaría allí nuestro Don Manuel? Lo que sí recuerdo es que como una vez, hablando de la abadía, le preguntase yo cómo era que no se le había ocurrido ir al claustro,[78] me contestó:

—No es sobre todo porque tenga, como tengo, mi hermana viuda y mis sobrinos a quienes sostener, que Dios ayuda a sus pobres, sino porque yo no nací para ermitaño,[79] para anacoreta;[80] la soledad me mataría el alma, y en cuanto a un monasterio, mi monasterio es Valverde de Lucerna. Yo no debo vivir solo; yo no debo morir solo. Debo vivir para mi pueblo, morir para mi pueblo. ¿Cómo voy a salvar mi alma si no salvo la de mi pueblo?

—Pero es que ha habido santos ermitaños, solitarios… —le dije.

—Sí, a ellos les dio el Señor la gracia de soledad que a mí me ha negado, y tengo que resignarme. Yo no puedo perder a mi pueblo para ganarme el alma. Así me ha hecho Dios. Yo no podría soportar las tentaciones del desierto. Yo no podría llevar solo la cruz del nacimiento.

He querido con estos recuerdos, de los que vive mi fe, retratar a nuestro Don Manuel tal como era cuando yo, mocita de cerca de dieciséis años, volví del colegio de religiosas de Renada a nuestro monasterio de Valverde de Lucerna. Y volví a ponerme a los pies de su abad.

—¡Hola, la hija de la Simona —me dijo en cuanto me vio—, y hecha ya toda una moza, y sabiendo francés y bordar[81] y tocar el piano y qué sé yo qué más! Ahora a prepararte para darnos otra familia. Y tu hermano Lázaro, ¿cuándo vuelve? Sigue en el Nuevo Mundo, ¿no es así?

—Sí, señor, sigue en América…

—¡El Nuevo Mundo! Y nosotros en el Viejo. Pues bueno, cuando le escribas, dile de mi parte, de parte del cura, que estoy deseando saber cuándo vuelve del Nuevo Mundo a este Viejo, trayéndonos las novedades de por allá. Y dile que encontrará al lago y a la montaña como les dejó.

Cuando me fui a confesar con él, mi turbación era tanta que no acertaba[82] a articular palabra. Recé el «yo pecadora» balbuciendo[83] casi sollozando.[84] Y él, que lo observó, me dijo:

—Pero ¿qué te pasa, corderilla[85]? ¿De qué o de quién tienes miedo? Porque tú no tiemblas ahora al peso de tus pecados ni por temor de Dios, no; tú tiemblas de mí, ¿no es eso?

[73]escondía [74]abbey [75]monjes de la orden benedictina [76]splattered [77]castigarse [78]monasterio [79]a hermit [80]religioso que vive en un lugar solitario, dedicado a la contemplación [81]how to embroider [82]lograba [83]stammering [84]sobbing [85]little lamb

Me eché a llorar.

—Pero ¿qué es lo que te han dicho de mí? ¿Qué leyendas son ésas? ¿Acaso tu madre? Vamos, vamos, cálmate y haz cuenta que estás hablando con tu hermano…

Me animé y empecé a confiarle mis inquietudes, mis dudas, mis tristezas.

—¡Bah, bah, bah! ¿Y dónde has leído eso, marisabidilla[86]? Todo eso es literatura. No te des demasiado a ella, ni siquiera a Santa Teresa. Y si quieres distraerte, lee al *Bertoldo,* que leía tu padre.

Salí de aquella mi primera confesión con el santo hombre profundamente consolada. Y aquel mi temor primero, aquel más que respeto miedo, con que me acerqué a él trocóse[87] en una lástima profunda. Era yo entonces una mocita, una niña casi; pero empezaba a ser mujer, sentía en mis entrañas[88] el jugo de la maternidad, y al encontrarme en el confesionario junto al santo varón, sentí como una callada confesión suya en el susurro[89] sumiso de su voz y recordé cómo cuando, al clamar él en la iglesia las palabras de Jesucristo: «¡Dios mío, Dios mío!, ¿por qué me has abandonado?», su madre, la de Don Manuel respondió desde el suelo: «¡Hijo mío!», y oí este grito que desgarraba[90] la quietud del templo. Y volví a confesarme con él para consolarle.

Una vez que en el confesionario le expuse una de aquellas dudas, me contestó:

—A eso, ya sabes, lo del Catecismo: «eso no me lo preguntéis a mí, que soy ignorante; doctores tiene la Santa Madre Iglesia que os sabrán responder».

—¡Pero si el doctor aquí es usted, Don Manuel…!

—¿Yo, yo doctor?, ¿doctor yo? ¡Ni por pienso! Yo, doctorcilla, no soy más que un pobre cura de aldea. Y esas preguntas, ¿sabes quién te las insinúa, quién te las dirige? Pues… ¡el Demonio!

Y entonces, envalentonándome,[91] le espeté a boca de jarro:[92]

—¿Y si se las dirigiese a usted, Don Manuel?

—¿A quién? ¿A mí? ¿Y el Demonio? No nos conocemos, hija, no nos conocemos.

—¿Y si se las dirigiera?

—No le haría caso. Y basta, ¿eh?, despachemos,[93] que me están esperando unos enfermos de verdad.

Me retiré, pensando, no sé por qué que nuestro Don Manuel, tan afamado curandero de endemoniados, no creía en el Demonio. Y al irme hacia mi casa topé con Blasillo el bobo, que acaso rondaba el templo, y al verme, para agasajarme[94] con sus habilidades, repitió: —¡y de qué modo!— lo de «¡Dios mío, Dios mío!, ¿por qué me has abandonado?» Llegué a casa acongojadísima[95] y me encerré en mi cuarto para llorar, hasta que llegó mi madre.

—Me parece, Angelita, con tantas confesiones, que tú te me vas a ir monja.

—No lo tema, madre —le contesté—, pues tengo harto[96] que hacer aquí, en el pueblo, que es mi convento.

—Hasta que te cases.

—No pienso en ello —le repliqué.

---

[86]mujer que presume de sabia   [87]se trocó, se convirtió   [88]interior   [89]*whisper*   [90]rompía   [91]animándome
[92]espeté… dije abruptamente   [93]démonos prisa   [94]entretenerme   [95]muy afligida   [96]bastante

320   Y otra vez que me encontré con Don Manuel, le pregunté, mirándole derechamente a los ojos:

—¿Es que hay Infierno, Don Manuel?

Y él, sin inmutarse:

—¿Para ti, hija? No.

325 —¿Y para los otros, le hay?

—¿Y a ti qué te importa, si no has de ir a él?

—Me importa por los otros. ¿Le hay?

—Cree en el cielo, en el cielo que vemos. Míralo —y me lo mostraba sobre la montaña y abajo, reflejado en el lago.

330 —Pero hay que creer en el Infierno, como en el cielo —le repliqué.

—Sí, hay que creer todo lo que cree y enseña a creer la Santa Madre Iglesia Católica, Apostólica, Romana. ¡Y basta!

Leí no sé qué honda tristeza en sus ojos, azules como las aguas del lago.

    Aquellos años pasaron como un sueño. La imagen de Don Manuel iba cre-
335 ciendo en mí sin que yo de ello me diese cuenta, pues era un varón tan cotidiano, tan de cada día como el pan que a diario pedimos en el padrenuestro. Yo le ayuda-ba cuanto podía en sus menesteres,[97] visitaba a sus enfermos, a nuestros enfermos, a las niñas de la escuela, arreglaba el ropero de la iglesia, le hacía, como me lla-maba él, de diaconisa.[98] Fui unos días invitada por una compañera de colegio a
340 la ciudad, y tuve que volverme, pues en la ciudad me ahogaba,[99] me faltaba algo, sentía sed de la vista de las aguas del lago, hambre de la vista de las peñas de la montaña; sentía, sobre todo, la falta de mi Don Manuel y como si su ausencia me llamara, como si corriese un peligro lejos de mí, como si me necesitara. Empezaba yo a sentir una especie de afecto maternal hacia mi padre espiritual; quería aliviarle
345 del peso de su cruz del nacimiento.

    Así fui llegando a mis veinticuatro años, que es cuando volvió de América, con un caudalillo[100] ahorrado, mi hermano Lázaro. Llegó acá, a Valverde de Lucerna, con el propósito de llevarnos a mí y a nuestra madre a vivir a la ciudad, acaso a Madrid.
350 —En la aldea —decía— se entontece, se embrutece y se empobrece uno.

Y añadía:

—Civilización es lo contrario de ruralización; ¡aldeanerías, no!, que no hice que fueras al colegio para que te pudras[101] luego aquí, entre estos zafios patanes.[102]

Yo callaba, aun dispuesta a resistir la emigración; pero nuestra madre, que
355 pasaba ya de la sesentena, se opuso desde un principio. «¡A mi edad, cambiar de aguas!», dijo primero; mas luego dio a conocer claramente que ella no podría vivir fuera de la vista de su lago, de su montaña y sobre todo de su Don Manuel.

—¡Sois como las gatas, que os apegáis[103] a la casa! —repetía mi hermano.

Cuando se percató[104] de todo el imperio que sobre el pueblo todo y en especial
360 sobre nosotras, sobre mi madre y sobre mí, ejercía el santo varón evangélico, se irritó contra éste. Le pareció un ejemplo de la oscura teocracia en que él suponía hundida a España. Y empezó a barbotar[105] sin descanso todos los viejos lugares

---

[97]deberes   [98]deaconess   [99]me... *(fig.)* no podía respirar   [100]pequeña fortuna   [101]te... *you would rot*
[102]zafios... *country bumpkins*   [103]os... os gusta estar   [104]dio cuenta   [105]recitar rápidamente de memoria

comunes anticlericales y hasta antirreligiosos y progresistas que había traído reno-
vados del Nuevo Mundo.

365   —En esta España de calzonazos[106] —decía— los curas manejan a las mujeres
y las mujeres a los hombres… ¡y luego el campo!, ¡el campo!, este campo feudal…

    Para él feudal era un término pavoroso;[107] feudal y medieval eran los dos cali-
ficativos que prodigaba cuando quería condenar algo.[q]

    Le desconcertaba el ningún efecto que sobre nosotras hacían sus diatribas[108] y
370 el casi ningún efecto que hacían en el pueblo, donde se le oía con respetuosa indiferencia. «A estos patanes no hay quien les conmueva». Pero como era bueno por
ser inteligente, pronto se dio cuenta de la clase de imperio que Don Manuel ejercía
sobre el pueblo, pronto se enteró de la obra del cura de su aldea.

    —¡No, no es como los otros —decía—, es un santo!

375   —¿Pero tú sabes cómo son los otros curas? —le decía yo, y él:
    —Me lo figuro.

    Mas aun así ni entraba en la iglesia ni dejaba de hacer alarde[109] en todas partes
de su incredulidad, aunque procurando siempre dejar a salvo a Don Manuel. Y ya
en el pueblo se fue formando, no sé cómo, una expectativa, la de una especie de
380 duelo[110] entre mi hermano Lázaro y Don Manuel, o más bien se esperaba la conversión de aquél por éste. Nadie dudaba de que al cabo el párroco le llevaría a su
parroquia. Lázaro, por su parte, ardía en deseos—me lo dijo luego—de oír a Don
Manuel, de verle y oírle en la iglesia, de acercarse a él y con él conversar, de conocer el secreto de aquel su imperio espiritual sobre las almas. Y se hacía rogar para
385 ello hasta que al fin, por curiosidad —decía—, fue a oírle.

    —Sí, esto es otra cosa —me dijo luego de haberle oído—; no es como los otros,
pero a mí no me la da; es demasiado inteligente para creer todo lo que tiene que
enseñar.

    —¿Pero es que le crees un hipócrita? —le dije.

390   —¡Hipócrita… no!, pero es el oficio del que tiene que vivir.

    En cuanto a mí, mi hermano se empeñaba en[111] que yo leyese de libros que él
trajo y de otros que me incitaba a comprar.

    —Conque, ¿tu hermano Lázaro —me decía Don Manuel— se empeña en que
leas? Pues lee, hija mía, lee y dale así gusto. Sé que no has de leer sino cosa buena;
395 lee aunque sea novelas. No son mejores las historias que llaman verdaderas. Vale
más que leas que no el que te alimentes de chismes[112] y comadrerías[113] del pueblo.
Pero lee sobre todo libros de piedad que te den contento de vivir, un contento apacible y silencioso.

    ¿Le tenía él?

---

[106]personas débiles   [107]espantoso   [108]discursos violentos   [109]hacer… poner en evidencia   [110]desafío
[111]se… insistía en   [112]*gossip*   [113]*old wives' tales*

---

[q]En su colección de ensayos *En torno al casticismo* (1895), Unamuno, como Lázaro, afirma que España tiene
que abrirse a lo moderno europeo sin perder el momento presente por las glorias del pasado. Poco después
Unamuno abandona esta postura y empieza a desarrollar una ideología que afirma la superioridad del espíritu
español frente a la sociedad europea.

Por entonces enfermó de muerte y se nos murió nuestra madre, y en sus últimos días todo su hipo[114] era que Don Manuel convirtiese a Lázaro, a quien esperaba volver a ver un día en el cielo, en un rincón de las estrellas desde donde se viese el lago y la montaña de Valverde de Lucerna. Ella se iba ya, a ver a Dios.

—Usted no se va —le decía Don Manuel—, usted se queda. Su cuerpo aquí, en esta tierra, y su alma también aquí, en esta casa viendo y oyendo a sus hijos, aunque éstos ni le vean ni le oigan.

—Pero yo, padre —dijo—, voy a ver a Dios.

—Dios, hija mía, está aquí como en todas partes, y le verá usted desde aquí, desde aquí. Y a todos nosotros en Él, y a Él en nosotros.

—Dios se lo pague —le dije.

—El contento con que tu madre se muera —me dijo— será su eterna vida.

Y volviéndose a mi hermano Lázaro:

—Su cielo es seguir viéndote, y ahora es cuando hay que salvarla. Dile que rezarás por ella.

—Pero…

—¿Pero…? Dile que rezarás por ella, a quien debes la vida, y sé que una vez que se lo prometas rezarás y sé que luego que reces…

Mi hermano, acercándose, arrasados[115] sus ojos en lágrimas, a nuestra madre agonizante, le prometió solemnemente rezar por ella.

—Y yo en el cielo por ti, por vosotros —respondió mi madre, y besando el crucifijo y puestos sus ojos en los de Don Manuel, entregó su alma a Dios.

—«¡En tus manos encomiendo mi espíritu!»[r] —rezó el santo varón.

Quedamos mi hermano y yo solos en la casa. Lo que pasó en la muerte de nuestra madre puso a Lázaro en relación con Don Manuel, que pareció descuidar algo a sus demás pacientes, a sus demás menesterosos, para atender a mi hermano. Ibanse por las tardes de paseo, orilla del lago, o hacia las ruinas, vestidas de hiedra,[116] de la vieja abadía de cistercienses.

—Es un hombre maravilloso —me decía Lázaro—. Ya sabes que dicen que en el fondo de este lago hay una villa sumergida y que en la noche de San Juan, a las doce, se oyen las campanadas de su iglesia.

—Sí —le contestaba yo—, una villa feudal y medieval…

—Y creo —añadía él— que en el fondo del alma de nuestro Don Manuel hay también sumergida, ahogada, una villa y que alguna vez se oyen sus campanadas.

—Sí —le dije—, esa villa sumergida en el alma de Don Manuel, ¿y por qué no también en la tuya?, es el cementerio de las almas de nuestros abuelos, los de esta nuestra Valverde de Lucerna… ¡feudal y medieval!

Acabó mi hermano por ir a misa siempre, a oír a Don Manuel, y cuando se dijo que cumpliría con la parroquia, que comulgaría cuando los demás comulgasen, recorrió un íntimo regocijo al pueblo todo, que creyó haberle recobrado. Pero fue un regocijo tal, tan limpio, que Lázaro no se sintió ni vencido ni disminuido.[117]

---

[114]*hiccough*: en este caso se refiere al repetido deseo de la madre   [115]llenos   [116]*ivy*   [117]reducido

[r]últimas palabras de Jesucristo al morir en la cruz (San Lucas 23:46)

Y llegó el día de su comunión, ante el pueblo todo, con el pueblo todo. Cuando llegó la vez a mi hermano pude ver que Don Manuel, tan blanco como la nieve de enero en la montaña y temblando como tiembla el lago cuando le hostiga el cierzo,[118] se le acercó con la sagrada forma[119] en la mano, y de tal modo le temblaba ésta al arrimarla[120] a la boca de Lázaro, que se le cayó la forma a tiempo que le daba un vahído.[121] Y fue mi hermano mismo quien recogió la hostia[122] y se la llevó a la boca. Y el pueblo al ver llorar a Don Manuel, lloró diciéndose: «¡Cómo le quiere[123]!» Y entonces, pues era la madrugada, cantó un gallo.[s]

Al volver a casa y encerrarme en ella con mi hermano, le eché los brazos al cuello y besándole, le dije:

—Ay, Lázaro, Lázaro, qué alegría nos has dado a todos, a todos, a todo el pueblo, a todo, a los vivos y a los muertos, y sobre todo a mamá, a nuestra madre. ¿Viste? El pobre Don Manuel lloraba de alegría. ¡Qué alegría nos has dado a todos!

—Por eso lo he hecho —me contestó.

—¿Por eso? ¿Por darnos alegría? Lo habrás hecho ante todo por ti mismo, por conversión.

Y entonces Lázaro, mi hermano, tan pálido y tan tembloroso como Don Manuel cuando le dio la comunión, me hizo sentarme, en el sillón mismo donde solía sentarse nuestra madre, tomó huelgo,[124] y luego, como en íntima confesión doméstica y familiar, me dijo:

—Mira, Angelita, ha llegado la hora de decirte la verdad, toda la verdad, y te la voy a decir, porque debo decírtela, porque a ti no puedo, no debo callártela y porque además habrías de adivinarla y a medias, que es lo peor, más tarde o más temprano.

Y entonces, serena y tranquilamente, a media voz, me contó una historia que me sumergió en un lago de tristeza. Cómo Don Manuel le había venido trabajando, sobre todo en aquellos paseos a las ruinas de la vieja abadía cisterciense, para que no escandalizase, para que diese buen ejemplo, para que se incorporase a la vida religiosa del pueblo, para que fingiese creer si no creía, para que ocultase sus ideas al respecto, mas sin intentar siquiera catequizarle, convertirle de otra manera.

—¿Pero es eso posible? —exclamé, consternada.

—¡Y tan posible, hermana, y tan posible! Y cuando yo le decía: «¿Pero es usted, usted, el sacerdote el que me aconseja que finja?», él, balbuciente:[125] «¿Fingir?, ¡fingir no!, ¡eso no es fingir! Toma agua bendita, que dijo alguien, y acabarás creyendo». Y como yo, mirándole a los ojos, le dijese: «¿Y usted celebrando misa ha acabado por creer?», él bajó la mirada al lago y se le llenaron los ojos de lágrimas. Y así es cómo le arranqué[126] su secreto.

—¡Lázaro! —gemí.[127]

Y en aquel momento pasó por la calle Blasillo el bobo, clamando su: «¡Dios mío, Dios mío!, ¿por qué me has abandonado?» Y Lázaro se estremeció[128] creyendo oír la voz de Don Manuel, acaso la de Nuestro Señor Jesucristo.

---

[118]cuando... *when the wind presses against it*   [119]sagrada... *host, holy water*   [120]acercarla   [121]mareo
[122]*host*   [123]Cómo... Cómo quiere Don Manuel a Lázaro   [124]tomó... *took a deep breath*   [125]*stammering*
[126]saqué   [127]dije llorando   [128]se... *shuddered*

---

[s]alusión al momento en que San Pedro niega ser uno de los discípulos de Jesucristo y, por consiguiente, símbolo de la falta de fe y de lealtad (San Mateo 26:34–35 y 74–75)

—Entonces —prosiguió mi hermano— comprendí sus móviles[129] y con esto comprendí su santidad; porque es un santo, hermana, todo un santo. No trataba al emprender ganarme para su santa causa —porque es una causa— porque es una causa santa, santísima—, arrogarse un triunfo,[130] sino que lo hacía por la paz, por
485 la felicidad, por la ilusión si quieres, de los que le están encomendados; comprendí que si les engaña así —si es que esto es engaño— no es por medrar.[131] Me rendí a sus razones, y he aquí mi conversión. Y no me olvidaré jamás del día en que diciéndole yo: «Pero, Don Manuel, la verdad, la verdad ante todo», él, temblando, me susurró al oído —y eso que estábamos solos en medio del campo—: «¿La verdad?
490 La verdad, Lázaro, es acaso algo terrible, algo intolerable, algo mortal; la gente sencilla no podría vivir con ella». «¿Y por qué me la deja entrever[132] ahora aquí, como en confesión?», le dije. Y él: «Porque si no, me atormentaría tanto, tanto, que acabaría gritándola en medio de la plaza, y eso jamás, jamás, jamás. Yo estoy para hacer vivir a las almas de mis feligreses,[133] para hacerles felices, para hacerles que
495 se sueñen inmortales y no para matarles. Lo que aquí hace falta es que vivan sanamente, que vivan en unanimidad de sentido, y con la verdad, con mi verdad, no vivirían. Que vivan. Y esto hace la Iglesia, hacerles vivir. ¿Religión verdadera? Todas las religiones son verdaderas, en cuanto hacen vivir espiritualmente a los pueblos que las profesan, en cuanto les consuelan de haber tenido que nacer para
500 morir, y para cada pueblo la religión más verdadera es la suya, la que le ha hecho. ¿Y la mía? La mía es consolarme en consolar a los demás, aunque el consuelo que les doy no sea el mío». Jamás olvidaré estas sus palabras.

—¡Pero esa comunión tuya ha sido un sacrilegio! —me atreví a insinuar, arrepintiéndome al punto de haberlo insinuado.
505 —¿Sacrilegio? ¿Y él que me la dio? ¿Y sus misas?

—¡Qué martirio! —exclamé.

—Y ahora —añadió mi hermano— hay otro más para consolar al pueblo.

—¿Para engañarle? —dije.

—Para engañarle, no —me replicó—, sino para corroborarle en su fe.
510 —Y él, el pueblo —dije—, ¿cree de veras?

—¡Qué sé yo…! Cree sin querer, por hábito, por tradición. Y lo que hace falta es no despertarle. Y que viva en su pobreza de sentimientos para que no adquiera torturas de lujo. ¡Bienaventurados los pobres de espíritu![t]

—Eso, hermano, lo has aprendido de Don Manuel. Y ahora, dime, ¿has
515 cumplido aquello que le prometiste a nuestra madre cuando ella se nos iba a morir, aquello de que rezarías por ella?

—¡Pues no se lo había de cumplir! Pero, ¿por quién me has tomado, hermana? ¿Me crees capaz de faltar a mi palabra, a una promesa solemne, y a una promesa hecha, y en el lecho de muerte, a una madre?
520 —¡Qué sé yo…! Pudiste querer engañarla para que muriese consolada.

—Es que si yo no hubiese cumplido la promesa viviría sin consuelo.

—¿Entonces?

—Cumplí la promesa y no he dejado de rezar ni un solo día por ella.

---

[129]razones   [130]arrogarse… ganarse un trofeo   [131]aprovecharse   [132]*get a glimpse of*   [133]gente del pueblo que pertenece a la parroquia

---

[t]Jesús se refiere a los que tendrán la suerte de ver a Dios después de morir (San Mateo 5:3–5).

—¿Sólo por ella?

525 —Pues, ¿por quién más?

—¡Por ti mismo! Y de ahora en adelante, por Don Manuel.

Nos separamos para irnos cada uno a su cuarto, yo a llorar toda la noche, a pedir por la conversión de mi hermano y de Don Manuel, y él, Lázaro, no sé bien a qué.

530 Después de aquel día temblaba yo de encontrarme a solas con Don Manuel, a quien seguía asistiendo en sus piadosos menesteres. Y él pareció percatarse[134] de mi estado íntimo y adivinar su causa. Y cuando al fin me acerqué a él en el tribunal de la penitencia —¿quién era el juez y quién el reo?—, los dos, él y yo, doblamos en silencio la cabeza y nos pusimos a llorar. Y fue él, Don Manuel, quien rompió el 535 tremendo silencio para decirme con voz que parecía salir de una huesa:[135]

—Pero tú, Angelina, tú crees como a los diez años, ¿no es así? ¿Tú crees?

—Sí creo, padre.

—Pues sigue creyendo. Y si se te ocurren dudas, cállatelas a ti misma. Hay que vivir.

540 Me atreví, y toda temblorosa le dije:

—Pero usted, padre, ¿cree usted?

Vaciló un momento y reponiéndose me dijo:

—¡Creo!

—¿Pero en qué, padre, en qué? ¿Cree usted en la otra vida?, ¿cree usted que al 545 morir no nos morimos del todo?, ¿cree que volveremos a vernos, a querernos en otro mundo venidero[136]?, ¿cree en la otra vida?

El pobre santo sollozaba.

—¡Mira, hija, dejemos eso!

Y ahora, al escribir esta memoria, me digo: ¿Por qué no me engañó?, ¿por qué no 550 me engañó entonces como engañaba a los demás? ¿Por qué se acongojó[137]?, ¿porque no podía engañarse a sí mismo, o porque no podía engañarme? Y quiero creer que se acongojaba porque no podía engañarse para engañarme.

—Y ahora —añadió—, reza por mí, por tu hermano, por ti misma, por todos. Hay que vivir. Y hay que dar vida.

555 Y después de una pausa:

—¿Y por qué no te casas, Angelina?

—Ya sabe usted, padre mío, por qué.

—Pero no, no; tienes que casarte. Entre Lázaro y yo te buscaremos un novio. Porque a ti te conviene casarte para que se te curen esas preocupaciones.

560 —¿Preocupaciones, Don Manuel?

—Yo sé bien lo que me digo. Y no te acongojes demasiado por los demás, que harto tiene cada cual con tener que responder de sí mismo.

—¡Y que sea usted, don Manuel, el que me diga eso!, ¡que sea usted el que me aconseje que me case para responder de mí y no acuitarme[138] por los demás!, 565 ¡que sea usted!

—Tienes razón, Angelina, no sé ya lo que me digo; no sé ya lo que me digo desde que estoy confesándome contigo. Y sí, sí hay que vivir, hay que vivir.

---

[134]darse cuenta [135]sepultura [136]por venir [137]afligió [138]preocuparme

Y cuando yo iba a levantarme para salir del templo, me dijo:

—Y ahora, Angelina, en nombre del pueblo, ¿me absuelves?

570 Me sentí como penetrada de un misterioso sacerdocio y le dije:

—En nombre de Dios Padre, Hijo y Espíritu Santo, le absuelvo, padre.

Y salimos de la iglesia, y al salir se me estremecían[139] las entrañas maternales.

Mi hermano, puesto ya del todo al servicio de la obra de Don Manuel, era su más asiduo colaborador y compañero. Les anudaba,[140] además, el común secreto.
575 Le acompañaba en sus visitas a los enfermos, a las escuelas, y ponía su dinero a disposición del santo varón. Y poco faltó para que no aprendiera a ayudarle a misa. E iba entrando cada vez más en el alma insondable[141] de Don Manuel.

—¡Qué hombre! —me decía—. Mira, ayer, paseando a orillas del lago, me dijo: «He aquí mi tentación mayor». Y como yo le interrogase con la mirada, añadió:
580 «Mi pobre padre, que murió de cerca de noventa años, se pasó la vida, según me lo confesó él mismo, torturado por la tentación del suicidio, que le venía no recordaba desde cuándo, de nación,[142] decía, y defendiéndose de ella. Y esa defensa fue su vida. Para no sucumbir a tal tentación extremaba los cuidados por conservar la vida. Me contó escenas terribles. Me parecía como una locura. Y yo la he heredado. ¡Y
585 cómo me llama esa agua que con su aparente quietud—la corriente va por dentro— espeja al cielo! ¡Mi vida, Lázaro, es una especie de suicidio continuo, un combate contra el suicidio, que es igual; pero que vivan ellos, que vivan los nuestros!» Y luego añadió: «Aquí se remansa[143] el río en lago, para luego, bajando a la meseta, precipitarse en cascadas, saltos y torrenteras por las hoces[144] y encañadas,[145] junto
590 a la ciudad, y así se remansa la vida, aquí, en la aldea. Pero la tentación del suicidio es mayor aquí, junto al remanso que espeja de noche las estrellas, que no junto a las cascadas que dan miedo. Mira, Lázaro, he asistido a bien morir a pobres aldeanos, ignorantes, analfabetos, que apenas si habían salido de la aldea, y he podido saber de sus labios, y cuando no adivinarlo, la verdadera causa de su enfermedad de
595 muerte, y he podido mirar, allí, a la cabecera de su lecho de muerte, toda la negrura de la sima[146] del tedio de vivir. ¡Mil veces peor que el hambre! Sigamos, pues, Lázaro, suicidándonos en nuestra obra y en nuestro pueblo, y que sueñe éste su vida como el lago sueña el cielo».

—Otra vez —me decía también mi hermano—, cuando volvíamos acá vimos a
600 una zagala,[147] una cabrera,[148] que enhiesta[149] sobre un picacho[150] de la falda[151] de la montaña, a la vista del lago, estaba cantando con una voz más fresca que las aguas de éste. Don Manuel me detuvo, y señalándomela, dijo: «Mira, parece como si se hubiera acabado el tiempo, como si esa zagala hubiese estado ahí siempre, y como está, y cantando como está, y como si hubiera de seguir estando así siempre,
605 como estuvo cuando no empezó mi conciencia, como estará cuando se me acabe. Esa zagala forma parte, con las rocas, las nubes, los árboles, las aguas, de la naturaleza y no de la historia». ¡Cómo siente, cómo anima Don Manuel a la naturaleza! Nunca olvidaré el día de la nevada en que me dijo: «¿Has visto, Lázaro, misterio mayor que el de la nieve cayendo en el lago y muriendo en él mientras cubre con su
610 toca[152] a la montaña?»

---

[139]se... me temblaban   [140]unía   [141]impenetrable   [142]nacimiento   [143]se... *eddies*   [144]*ravines*   [145]*gorges*
[146]abismo (En este caso se refiere al profundo aburrimiento de la vida.)   [147]muchacha   [148]*goatherd*   [149]erecta
[150]pico agudo   [151]*slope*   [152](*fig.*) velo

Don Manuel tenía que contener a mi hermano en su celo[153] y en su inexperiencia de neófito. Y como supiese que éste andaba predicando contra ciertas supersticiones populares, hubo de decirle:

—¡Déjalos! ¡Es tan difícil hacerles comprender dónde acaba la creencia ortodoxa y dónde empieza la superstición! Y más para nosotros. Déjalos, pues, mientras se consuelen. Vale más que lo crean todo, aun cosas contradictorias entre sí, a no que no crean nada. Eso de que el que cree demasiado acaba por no creer nada, es cosa de protestantes. No protestemos. La protesta mata el contento.

Una noche de plenilunio[154] —me contaba también mi hermano— volvían a la aldea por la orilla del lago, a cuyo sobrehaz[155] rizaba entonces la brisa montañesa y en el rizo cabrilleaban[156] las razas[157] de la luna llena, y Don Manuel le dijo a Lázaro:

—¡Mira, el agua está rezando la letanía y ahora dice: *ianua caeli, ora pro nobis,* «puerta del cielo, ruega por nosotros»!

Y cayeron temblando de sus pestañas a la yerba del suelo dos huideras lágrimas en que también, como en rocío, se bañó temblorosa la lumbre de la luna llena.

E iba corriendo el tiempo y observábamos mi hermano y yo que las fuerzas de Don Manuel empezaban a decaer, que ya no lograba contener del todo la insondable[158] tristeza que le consumía, que acaso una enfermedad traidora le iba minando[159] el cuerpo y el alma. Y Lázaro, acaso para distraerle más, le propuso si no estaría bien que fundasen en la iglesia algo así como un sindicato[160] católico agrario.

—¿Sindicato? —respondió tristemente Don Manuel—. ¿Sindicato? ¿Y qué es eso? Yo no conozco más sindicato que la Iglesia, y ya sabes aquello de «mi reino no es de este mundo».[u] Nuestro reino, Lázaro, no es de este mundo…

—¿Y del otro?

Don Manuel bajó la cabeza:

—El otro, Lázaro, está aquí también, porque hay dos reinos en este mundo. O mejor, el otro mundo… vamos, que no sé lo que me digo. Y en cuanto a eso del sindicato es en ti un resabio[161] de tu época de progresismo. No, Lázaro, no; la religión no es para resolver los conflictos económicos o políticos de este mundo que Dios entregó a las disputas de los hombres. Piensen los hombres y obren los hombres como pensaren y como obraren, que se consuelen de haber nacido, que vivan lo más contentos que puedan en la ilusión de que todo esto tiene una finalidad. Yo no he venido a someter los pobres a los ricos, ni a predicar a éstos que se sometan a aquéllos. Resignación y caridad en todos y para todos. Porque también el rico tiene que resignarse a su riqueza, y a la vida, y también el pobre tiene que tener caridad para con el rico. ¿Cuestión social? Deja eso, eso no nos concierne. Que traen una nueva sociedad, en que no haya ya ricos ni pobres, en que esté justamente repartida la riqueza, en que todo sea de todos, ¿y qué? ¿Y no crees que del bienestar general surgirá más fuerte el tedio a la vida? Sí, ya sé que uno de esos caudi-

---

[153]entusiasmo   [154]luna llena   [155]*surface*   [156]resplandecían   [157]rayos de luz   [158]sin fondo   [159]consumiendo   [160]*union*   [161]vestigio

[u]respuesta de Jesucristo al preguntársele si era Rey de los Judíos (San Juan 18:36)

llos[162] de la que llaman la revolución social ha dicho que la religión es el opio del pueblo.[v] Opio… Opio… Opio, sí. Démosle opio, y que duerma y que sueñe. Yo mismo con esta mi loca actividad me estoy administrando opio. Y no logro dormir
655 bien y menos soñar bien… ¡Esta terrible pesadilla! Y yo también puedo decir con el Divino Maestro: «Mi alma está triste hasta la muerte».[w] No, Lázaro, no; nada de sindicatos por nuestra parte. Si lo forman ellos me parecerá bien, pues que así se distraen. Que jueguen al sindicato, si eso les contenta.

El pueblo todo observó que a Don Manuel le menguaban[163] las fuerzas, que se
660 fatigaba. Su voz misma, aquella voz que era un milagro, adquirió un cierto temblor íntimo. Se le asomaban las lágrimas[164] con cualquier motivo. Y sobre todo cuando hablaba al pueblo del otro mundo, de la otra vida, tenía que detenerse a ratos cerrando los ojos. «Es que lo está viendo», decían. Y en aquellos momentos era Blasillo el bobo el que con más cuajo[165] lloraba. Porque ya Blasillo lloraba más
665 que reía, y hasta sus risas sonaban a lloros.

Al llegar la última Semana de Pasión que con nosotros, en nuestro mundo, en nuestra aldea, celebró Don Manuel, el pueblo todo presintió el fin de la tragedia. ¡Y cómo sonó entonces aquel: «¡Dios mío, Dios mío!, ¿por qué me has abandonado?», el último que en público solloló Don Manuel! Y cuando dijo lo del Divino Maestro
670 al buen bandolero[166] —«todos los bandoleros son buenos», solía decir nuestro Don Manuel—, aquello de: «mañana estarás conmigo en el paraíso».[x] ¡Y la última comunión general que repartió nuestro santo! Cuando llegó a dársela a mi hermano, esta vez con mano segura, después del litúrgico: «…in vitam aeternam», se le inclinó al oído y le dijo: «No hay más vida eterna que ésta… que la sueñen eterna…
675 eterna de unos pocos años…» Y cuando me la dio a mí me dijo: «Reza, hija mía, reza por nosotros». Y luego, algo tan extraordinario que lo llevo en el corazón como el más grande misterio, y fue que me dijo con voz que parecía de otro mundo: «y reza también por Nuestro Señor Jesucristo…».

Me levanté sin fuerzas y como sonámbula. Y todo en torno me pareció un
680 sueño. Y pensé: «Habré de rezar también por el lago y por la montaña». Y luego: «¿Es que estaré endemoniada?» Y en casa ya, cojí el crucifijo con el cual en las manos había entregado a Dios su alma mi madre, y mirándolo a través de mis lágrimas y recordando el: «¡Dios mío, Dios mío!, ¿por qué me has abandonado?» de nuestros dos Cristos, el de esta tierra y el de esta aldea, recé: «hágase tu voluntad
685 así en la tierra como en el cielo», primero, y después: «y no nos dejes caer en la tentación, amén».[y] Luego me volví a aquella imagen de la Dolorosa, con su corazón traspasado por siete espadas, que había sido el más doloroso consuelo de mi pobre madre, y recé: «Santa María, madre de Dios, ruega por nosotros pecadores, ahora y

---

[162]líderes [163]disminuían [164]Se… *He burst into tears* [165](fig.) fuerza [166]ladrón

---

[v] Alude Don Manuel a lo dicho por Karl Marx, proponente de la «revolución social»: *«Religion is the opiate of the people»*.

[w] Jesucristo, consciente de su cercana muerte, pronuncia esas palabras. Horas después, su discípulo Judas lo vende por treinta monedas de plata (San Mateo 26:38).

[x] respuesta de Jesucristo al buen ladrón que, crucificado a su lado, le pide que se acuerde de él cuando esté en el cielo (San Lucas 23:43).

[y] fragmento del Padrenuestro (*Our Father*), oración enseñada por Jesucristo a sus discípulos y que comprende algunas de sus enseñanzas (San Mateo 6:9–13)

en la hora de nuestra muerte, amén». Y apenas lo había rezado cuando me dije:
690 «¿pecadores?, ¿nosotros pecadores?, ¿y cuál es nuestro pecado, cuál?» Y anduve
todo el día acongojada por esta pregunta.

Al día siguiente acudí a Don Manuel, que iba adquiriendo una solemnidad de
religioso ocaso,[167] y le dije:

—¿Recuerda, padre mío, cuando hace ya años, al dirigirle yo una pregunta me
695 contestó: «Eso no me lo preguntéis a mí, que soy ignorante; doctores tiene la Santa
Madre Iglesia que os sabrán responder»?

—¡Que si me acuerdo!… y me acuerdo que te dije que ésas eran preguntas que
te dictaba el Demonio.

—Pues bien, padre, hoy vuelvo yo, la endemoniada, a dirigirle otra pregunta
700 que me dicta mi demonio de la guarda.[z]

—Pregunta.

—Ayer, al darme de comulgar, me pidió que rezara por todos nosotros y hasta
por…

—Bien, cállalo y sigue.

705 —Llegué a casa y me puse a rezar, y al llegar a aquello de «ruega por nosotros,
pecadores, ahora y en la hora de nuestra muerte», una voz íntima me dijo:
«¿pecadores nosotros?, ¿y cuál es nuestro pecado?» ¿Cuál es nuestro pecado,
padre?

—¿Cuál? —me respondió—. Ya lo dijo un gran doctor de la Iglesia Católica
710 Apostólica Española, ya lo dijo el gran doctor[aa] de *La vida es sueño,* ya dijo que «el
delito[168] mayor del hombre es haber nacido». Ese es, hija, nuestro pecado: el de
haber nacido.

—¿Y se cura, padre?

—¡Vete y vuelve a rezar! Vuelve a rezar por nosotros, pecadores, ahora y en la
715 hora de nuestra muerte… Sí, al fin se cura el sueño… al fin se cura la vida… al fin
se acaba la cruz del nacimiento… Y como dijo Calderón, el hacer bien, y el engañar
bien, ni aun en sueños se pierde…

Y la hora de su muerte llegó por fin. Todo el pueblo la veía llegar. Y fue su más
grande lección. No quiso morirse ni solo ni ocioso.[169] Se murió predicando al
720 pueblo, en el templo. Primero, antes de mandar que le llevasen a él, pues no podía
ya moverse por la perlesía,[170] nos llamó a su casa a Lázaro y a mí. Y allí, los tres a
solas, nos dijo:

—Oíd: cuidad de estas pobres ovejas, que se consuelen de vivir, que crean lo
que yo no he podido creer. Y tú, Lázaro, cuando hayas de morir, muere como yo,
725 como morirá nuestra Ángela, en el seno de la Santa Madre Católica Apostólica Romana, de la Santa Madre Iglesia de Valverde de Lucerna, bien entendido. Y hasta
nunca más ver, pues se acaba este sueño de la vida…

---

[167]final   [168]crimen, pecado   [169]desocupado   [170]debilidad muscular acompañada de temblor

---

[z] De acuerdo con la tradición religiosa, Dios le señala a cada persona un ángel bueno, el ángel de la guarda, para que la proteja y la guíe. Ángela hace alusión a su ángel, a quien ella llama irónicamente «demonio de la guarda», haciendo eco de las palabras de Don Manuel.

[aa]Pedro Calderón de la Barca (1600–1681), gran dramaturgo español del Siglo de Oro y autor de *La vida es sueño.* Las citas siguientes se basan en esta obra: «El delito mayor del hombre es haber nacido» (I, ii) y «No se pierde obrar bien, aun en sueños» (III, iv).

—¡Padre, padre! —gemí yo.

—No te aflijas, Ángela, y sigue rezando por todos los pecadores, por todos los nacidos. Y que sueñen, que sueñen. ¡Qué ganas tengo de dormir, dormir, dormir sin fin, dormir por toda una eternidad y sin soñar!, ¡olvidando el sueño! Cuando me entierren, que sea en una caja hecha con aquellas seis tablas que tallé[171] del viejo nogal, ¡pobrecito!, a cuya sombra jugué de niño, cuando empezaba a soñar… ¡Y entonces sí que creía en la vida perdurable[172]! Es decir, me figuro ahora que creía entonces. Para un niño creer no es más que soñar. Y para un pueblo. Esas seis tablas que tallé con mis propias manos, las encontraréis al pie de mi cama.

Le dio un ahogo y, repuesto de él, prosiguió:

—Recordaréis que cuando rezábamos todos en uno, en unanimidad de sentido, hechos pueblo, el Credo, al llegar al final yo me callaba. Cuando los israelitas iban llegando al fin de su peregrinación[173] por el desierto, el Señor les dijo a Aarón y a Moisés que por no haberle creído no meterían a su pueblo en la tierra prometida, y les hizo subir al monte de Hor, donde Moisés hizo desnudar a Aarón, que allí murió, y luego subió Moisés desde las llanuras de Moab al monte Nebo, a la cumbre del Fasga, enfrente de Jericó, y el Señor le mostró toda la tierra prometida a su pueblo, pero diciéndole a él: «¡No pasarás allá!», y allí murió Moisés y nadie supo su sepultura. Y dejó por caudillo a Josué. Sé, tú, Lázaro, mi Josué, y si puedes detener al sol detenle y no te importe del progreso. Como Moisés, he conocido al Señor, nuestro supremo ensueño, cara a cara y ya sabes que dice la Escritura que el que le ve la cara a Dios, que el que le ve al sueño los ojos de la cara con que nos mira, se muere sin remedio y para siempre.[bb] Que no le vea, pues, la cara a Dios este nuestro pueblo mientras viva, que después de muerto ya no hay cuidado, pues no verá nada…

—¡Padre, padre, padre! —volví a gemir.

Y él:

—Tú, Ángela, reza siempre, sigue rezando para que los pecadores todos sueñen hasta morir la resurrección de la carne y la vida perdurable…

Yo esperaba un «¿y quién sabe…?» cuando le dio otro ahogo a Don Manuel.

—Y ahora —añadió—, ahora, en la hora de mi muerte, es hora de que hagáis que se me lleve, en este mismo sillón, a la iglesia, para despedirme allí de mi pueblo, que me espera.

Se le llevó a la iglesia y se le puso, en el sillón, en el presbiterio, al pie del altar. Tenía entre sus manos un crucifijo. Mi hermano y yo nos pusimos junto a él, pero fue Blasillo el bobo quien más se arrimó.[174] Quería cojer de la mano a Don Manuel, besársela. Y como algunos trataran de impedírselo, Don Manuel les reprendió[175] diciéndoles:

—Dejadle que se me acerque. Ven, Blasillo, dame la mano.

El bobo lloraba de alegría. Y luego Don Manuel dijo:

—Muy pocas palabras, hijos míos, pues apenas me siento con fuerzas sino para morir. Y nada nuevo tengo que deciros. Ya os lo dije todo. Vivid en paz y contentos y esperando que todos nos veamos un día, en la Valverde de Lucerna que hay allí,

[171]hice   [172]la… la vida que existe para el alma después de la muerte   [173]*pilgrimage*   [174]le acercó
[175]amonestó

[bb]alusión a Moisés, profeta de Israel

entre las estrellas de la noche que se reflejan en el lago, sobre la montaña. Y rezad, rezad a María Santísima, rezad a Nuestro Señor. Sed buenos, que esto basta. Perdonadme el mal que haya podido haceros sin quererlo y sin saberlo. Y ahora, después de que os dé mi bendición, rezad todos a una el Padrenuestro, el Avemaría, la
775 Salve y por último el Credo.

Luego, con el crucifijo que tenía en la mano dio la bendición al pueblo, llorando las mujeres y los niños y no pocos hombres, y en seguida empezaron las oraciones, que Don Manuel oía en silencio y cojido de la mano por Blasillo, que al son del ruego se iba durmiendo. Primero el Padrenuestro con su «hágase tu voluntad así
780 en la tierra como en el cielo», luego el Santa María con su «ruega por nosotros, pecadores, ahora y en la hora de nuestra muerte», a seguida la Salve con su «gimiendo y llorando en este valle de lágrimas», y por último el Credo. Y al llegar a la «resurrección de la carne y la vida perdurable», todo el pueblo sintió que su santo había entregado su alma a Dios. Y no hubo que cerrarle los ojos, porque
785 se murió con ellos cerrados. Y al ir a despertar a Blasillo nos encontramos con que se había dormido en el Señor para siempre. Así que hubo luego que enterrar dos cuerpos.

El pueblo todo se fue en seguida a la casa del santo a recojer reliquias,[176] a repartirse retazos[177] de sus vestiduras, a llevarse lo que pudieran como reliquia y re-
790 cuerdo del bendito mártir. Mi hermano guardó su breviario,[178] entre cuyas hojas encontró, desecada y como en un herbario,[179] una clavellina[180] pegada a un papel y en éste una cruz con una fecha.

Nadie en el pueblo quiso creer en la muerte de Don Manuel; todos esperaban verle a diario, y acaso le veían, pasar a lo largo del lago y espejado en él o teniendo
795 por fondo la montaña; todos seguían oyendo su voz, y todos acudían a su sepultura, en torno a la cual surgió todo un culto. Las endemoniadas venían ahora a tocar la cruz de nogal, hecha también por sus manos y sacada del mismo árbol de donde sacó las seis tablas en que fue enterrado. Y los que menos queríamos creer que se hubiese muerto éramos mi hermano y yo.
800 Él, Lázaro, continuaba la tradición del santo y empezó a redactar lo que le había oído, notas de que me he servido para esta mi memoria.

—Él me hizo un hombre nuevo, un verdadero Lázaro,[cc] un resucitado —me decía—. Él me dio fe.

—¿Fe? —le interrumpía yo.
805 —Sí, fe, fe en el consuelo de la vida, fe en el contento de la vida. Él me curó de mi progresismo. Porque hay, Ángela, dos clases de hombres peligrosos y nocivos:[181] los que convencidos de la vida de ultratumba, de la resurrección de la carne, atormentan, como inquisidores que son, a los demás para que, despreciando[182] esta vida como transitoria, se ganen la otra, y los que no creyendo más
810 que en este...

---

[176]objetos que pertenecieron a un santo   [177]pedazos   [178]libro que utilizan los sacerdotes para su oración
[179]colección de plantas secas para el estudio de sus propiedades   [180]carnation   [181]malos   [182]no haciendo
caso de

[cc]referencia a Lázaro, amigo de Jesucristo, a quien éste devolvió la vida después de cuatro días de muerto
(San Juan 11:1–45)

—Como acaso tú… —le decía yo.

—Y sí, y como Don Manuel. Pero no creyendo más que en este mundo esperan no sé qué sociedad futura y se esfuerzan en negarle al pueblo el consuelo de creer en otro…

815 —De modo que…

—De modo que hay que hacer que vivan de la ilusión.

El pobre cura que llegó a sustituir a Don Manuel en el curato entró en Valverde de Lucerna abrumado[183] por el recuerdo del santo y se entregó a mi hermano y a mí para que le guiásemos. No quería sino seguir las huellas del santo. Y mi hermano le 820 decía: «Poca teología, ¿eh?, poca teología; religión, religión». Y yo al oírselo me sonreía pensando si es que no era también teología lo nuestro.

Yo empecé entonces a temer por mi pobre hermano. Desde que se nos murió Don Manuel no cabía decir que viviese. Visitaba a diario su tumba y se pasaba horas muertas contemplando el lago. Sentía morriña[184] de la paz verdadera.

825 —No mires tanto al lago —le decía yo.

—No, hermana, no temas. Es otro el lago que me llama; es otra la montaña. No puedo vivir sin él.

—¿Y el contento de vivir, Lázaro, el contento de vivir?

—Eso para otros pecadores, no para nosotros, que le hemos visto la cara a Dios, 830 a quienes nos ha mirado con sus ojos el sueño de la vida.

—Qué, ¿te preparas a ir a ver a Don Manuel?

—No, hermana, no; ahora y aquí en casa, entre nosotros solos, toda la verdad, por amarga que sea, amarga como el mar a que van a parar las aguas de este dulce lago, toda la verdad para ti, que estás abroquelada[185] contra ella…

835 —¡No, no, Lázaro; ésa no es la verdad!

—La mía, sí.

—La tuya, ¿pero y la de…?

—También la de él.

—¡Ahora, no, Lázaro; ahora, no! Ahora cree otra cosa, ahora cree…

840 —Mira, Ángela, una de las veces en que al decirme Don Manuel que hay cosas que aunque se las diga uno a sí mismo debe callárselas a los demás, le repliqué que me decía eso por decírselas a él, esas mismas, a sí mismo, acabó confesándome que creía que más de uno de los más grandes santos, acaso el mayor, había muerto sin creer en la otra vida.

845 —¿Es posible?

—¡Y tan posible! Y ahora, hermana, cuida que no sospechen siquiera aquí en el pueblo, nuestro secreto…

—¿Sospecharlo? —le dije—. Si intentase, por locura, explicárselo, no lo entenderían. El pueblo no entiende de palabras; el pueblo no ha entendido más que 850 vuestras obras. Querer exponerles eso sería como leer a unos niños de ocho años unas páginas de Santo Tomás de Aquino… en latín.

—Bueno, pues cuando yo me vaya, reza por mí y por él y por todos.

Y por fin le llegó también su hora. Una enfermedad que iba minando[186] su robusta naturaleza pareció exacerbársele[187] con la muerte de Don Manuel.

---

[183]overwhelmed   [184]melancolía   [185]shielded   [186]destruyendo poco a poco   [187]to flare up

⁸⁵⁵ —No siento tanto tener que morir —me decía en sus últimos días—, como que conmigo se muere otro pedazo del alma de Don Manuel. Pero lo demás de él vivirá contigo. Hasta que un día hasta los muertos nos moriremos del todo.

Cuando se hallaba agonizando[188] entraron, como se acostumbra en nuestras aldeas, los del pueblo a verle agonizar, y encomendaban su alma a Don Manuel, a
⁸⁶⁰ San Manuel Bueno, el mártir. Mi hermano no les dijo nada, no tenía ya nada que decirles; les dejaba dicho todo, todo lo que queda dicho. Era otra laña[189] más entre las dos Valverdes de Lucerna, la del fondo del lago y la que en su sobrehaz se mira; era ya uno de nuestros muertos de vida, uno también, a su modo, de nuestros santos.

⁸⁶⁵ Quedé más que desolada,[190] pero en mi pueblo, y con mi pueblo. Y ahora, al haber perdido a mi San Manuel, al padre de mi alma, y a mi Lázaro, mi hermano aún más que carnal,[191] espiritual, ahora es cuando me doy cuenta de que he envejecido y de cómo he envejecido. Pero ¿es que los he perdido?, ¿es que he envejecido?, ¿es que me acerco a mi muerte?

⁸⁷⁰ ¡Hay que vivir! Y él me enseñó a vivir, él nos enseñó a vivir, a sentir la vida, a sentir el sentido de la vida, a sumergirnos en el alma de la montaña, en el alma del lago, en el alma del pueblo de la aldea, a perdernos en ellas para quedar en ellas. El me enseñó con su vida a perderme en la vida del pueblo de mi aldea, y no sentía yo más pasar las horas, y los días y los años, que no sentía pasar el agua del lago. Me
⁸⁷⁵ parecía como si mi vida hubiese de ser siempre igual. No me sentía envejecer. No vivía yo ya en mí, sino que vivía en mi pueblo y mi pueblo vivía en mí. Yo quería decir lo que ellos, los míos, me decían sin querer. Salía a la calle, que era la carretera, y como conocía a todos, vivía en ellos y me olvidaba de mí, mientras que en Madrid, donde estuve alguna vez con mi hermano, como a nadie conocía, sen-
⁸⁸⁰ tíame en terrible soledad y torturada por tantos desconocidos.

Y ahora, al escribir esta memoria, esta confesión íntima de mi experiencia de la santidad ajena, creo que Don Manuel Bueno, que mi San Manuel, y que mi hermano Lázaro se murieron creyendo no creer lo que más nos interesa, pero sin creer creerlo, creyéndolo en una desolación activa y resignada.[dd]

⁸⁸⁵ Pero ¿por qué —me he preguntado muchas veces— no trató Don Manuel de convertir a mi hermano también con un engaño, con una mentira, fingiéndose creyente sin serlo? Y he comprendido que fue porque comprendió que no le engañaría, que para con él no le serviría el engaño, que sólo con la verdad, con su verdad, le convertiría; que no habría conseguido nada si hubiese pretendido representar para con él una comedia —tragedia más bien—, la que representaba para salvar
⁸⁹⁰ al pueblo. Y así le ganó, en efecto, para su piadoso fraude; así le ganó con la verdad de muerte a la razón de vida. Y así me ganó a mí, que nunca dejé trasparentar

---

[188]muriendo   [189](fig.) clamp   [190]triste   [191]del mismo padre y madre

---

[dd]Lo que hace Ángela aquí es presentar una perspectiva sobre la lucha eterna entre la fe y la razón; paradójicamente, se utiliza la razón para mostrar la superioridad de la fe. Este tipo de racionalización espiritual forma la base de la obra filosófica más conocida de Unamuno, *Del sentimiento trágico de la vida*. Véase, por ejemplo, el siguiente trozo de esa obra: «Creer en Dios es anhelar que le haya y es además conducirse como si le hubiera; es vivir de ese anhelo y hacer de él nuestro íntimo resorte de acción. De este anhelo o hambre de divinidad surge la esperanza; de ésta, la fe, y de la fe y la esperanza, la caridad; de ese anhelo arrancan los sentimientos de belleza, de finalidad, de bondad» (Capítulo 8).

a los otros su divino, su santísimo juego. Y es que creía y creo que Dios Nuestro Señor, por no sé qué sagrados y no escudriñaderos[192] designios, les hizo creerse incrédulos. Y que acaso en el acabamiento de su tránsito se les cayó la venda.[193] ¿Y yo, creo?

Y al escribir esto ahora, aquí, en mi vieja casa materna, a mis más que cincuenta años, cuando empiezan a blanquear con mi cabeza mis recuerdos, está nevando, nevando sobre el lago, nevando sobre la montaña, nevando sobre las memorias de mi padre, el forastero; de mi madre, de mi hermano Lázaro, de mi pueblo, de mi San Manuel, y también sobre la memoria del pobre Blasillo, de mi San Blasillo, y que él me ampare[194] desde el cielo. Y esta nieve borra esquinas y borra sombras, pues hasta de noche la nieve alumbra.[195] Y yo no sé lo que es verdad y lo que es mentira, ni lo que vi y lo que soñé —o mejor lo que soñé y lo que sólo vi—, ni lo que supe ni lo que creí. Ni sé si estoy traspasando a este papel, tan blanco como la nieve, mi conciencia que en él se ha de quedar, quedándome yo sin ella. ¿Para qué tenerla ya...?

¿Es que sé algo?, ¿es que creo algo? ¿Es que esto que estoy aquí contando ha pasado y ha pasado tal y como lo cuento? ¿Es que pueden pasar estas cosas? ¿Es que todo esto es más que un sueño soñado dentro de otro sueño? ¿Seré yo, Ángela Carballino, hoy cincuentona, la única persona que en esta aldea se ve acometida[196] de estos pensamientos extraños para los demás? ¿Y éstos, los otros, los que me rodean, creen? ¿Qué es eso de creer? Por lo menos, viven. Y ahora creen en San Manuel Bueno, mártir, que sin esperar inmortalidad les mantuvo en la esperanza de ella.

Parece que el ilustrísimo señor obispo, el que ha promovido el proceso de beatificación de nuestro santo de Valverde de Lucerna, se propone escribir su vida, una especie de manual del perfecto párroco, y recoge para ello toda clase de noticias. A mí me las ha pedido con insistencia, ha tenido entrevistas conmigo, le he dado toda clase de datos, pero me he callado siempre el secreto trágico de Don Manuel y de mi hermano. Y es curioso que él no lo haya sospechado. Y confío en que no llegue a su conocimiento todo lo que en esta memoria dejo consignado. Les temo a las autoridades de la tierra, a las autoridades temporales aunque sean las de la Iglesia.

Pero aquí queda esto, y sea de su suerte lo que fuere.

¿Cómo vino a parar a mis manos este documento, esta memoria de Ángela Carballino? He aquí[197] algo, lector, algo que debo guardar en secreto. Te la doy tal y como a mí ha llegado, sin más que corregir pocas, muy pocas particularidades de redacción. ¿Que se parece mucho a otras cosas que yo he escrito? Esto nada prueba contra su objetividad, su originalidad. ¿Y sé yo, además, si no he creado fuera de mí seres reales y efectivos, de *alma*[198] inmortalidad? ¿Sé yo si aquel Augusto Pérez,[ee] el de mi novela *Niebla*, no tenía razón al pretender ser más real, más objetivo que

---

[192]*fathomable*   [193]*se... (fig.)* pudieron ver la verdad   [194]*ayude*   [195]*ilumina*   [196]*invadida*   [197]*He... Behold*
[198]*sacred, venerable*

[ee]Augusto Pérez, protagonista de *Niebla*, sufre una crisis de identidad parecida a la de Unamuno mismo, paradójicamente convertido éste en personaje de su propia novela y obligado a defenderse del personaje creado por él mismo.

yo mismo, que creía haberle inventado? De la realidad de este San Manuel Bueno, mártir, tal como me le ha revelado su discípula e hija espiritual Ángela Carballino, de esta realidad no se me ocurre dudar. Creo en ella más que creía el mismo santo; creo en ella más que creo en mi propia realidad.

Y ahora, antes de cerrar este epílogo, quiero recordarte, lector paciente, el versillo noveno de la Epístola del olvidado apóstol San Judas —¡lo que hace un nombre!—, donde se nos dice cómo mi celestial patrono, San Miguel Arcángel — Miguel quiere decir «¿Quién como Dios?», y arcángel archimensajero—, disputó con el Diablo —Diablo quiere decir acusador, fiscal[199]—, por el cuerpo de Moisés y no toleró que se lo llevase en juicio de maldición, sino que le dijo al Diablo: «El Señor te reprenda». Y el que quiera entender, que entienda.

Quiero también, ya que Ángela Carballino mezcló a su relato sus propios sentimientos, ni sé que otra cosa quepa,[200] comentar yo aquí lo que ella dejó dicho de que si Don Manuel y su discípulo Lázaro hubiesen confesado al pueblo su estado de creencia, éste, el pueblo, no les habría entendido. Ni les habría creído, añado yo. Habrían creído a sus obras y no a sus palabras, porque las palabras no sirven para apoyar las obras, sino que las obras se bastan. Y para un pueblo como el de Valverde de Lucerna no hay más confesión que la conducta. Ni sabe el pueblo qué cosa es fe, ni acaso le importa mucho.

Bien sé que en lo que se cuenta en este relato, si se quiere novelesco —y la novela es la más íntima historia, la más verdadera, por lo que no me explico que haya quien se indigne de que se llame novela al Evangelio, lo que es elevarle, en realidad, sobre un cronicón cualquiera—, bien sé que en lo que se cuenta en este relato no pasa nada; mas espero que sea porque en ello todo se queda, como se quedan los lagos y las montañas, y las santas almas sencillas asentadas más allá de la fe y de la desesperación, que en ellos, en los lagos y las montañas, fuera de la historia, en divina novela, se cobijaron.[201]

[199]*prosecuting attorney*   [200]*(inf.:* **caber***) could be possible*   [201]*refugiaron*

Cuestionario

1. ¿Cómo se caracteriza Ángela Carballino a sí misma?
2. Según Ángela, ¿cuál es el poder que ejerce Don Manuel sobre los del pueblo?
3. ¿Qué simbolizan el lago y la montaña de Valverde de Lucerna?
4. ¿Quién es Blasillo?
5. ¿Cuál es el valor simbólico de la escena del Viernes Santo?
6. ¿Cuál es la primera señal del secreto de Don Manuel?
7. ¿Qué quiere Don Manuel para la gente del pueblo?
8. ¿Por qué no había entrado Don Manuel en un claustro?
9. ¿Cómo reacciona Lázaro, al volver de América, frente a la influencia que tiene Don Manuel en la aldea?
10. ¿Qué ideas expresa Lázaro sobre la ciudad y la aldea?
11. ¿Por qué no se mudan Lázaro, Ángela y su madre a la ciudad?
12. ¿Cómo se presenta la primera comunión de Lázaro?

13. Según Lázaro (después de convertirse en amigo íntimo del cura), ¿cuál es el móvil de Don Manuel?
14. ¿Cuál es la actitud de Don Manuel con respecto a la religión y la revolución social?
15. Según Don Manuel, ¿cuál es la religión verdadera?
16. ¿Qué representa Ángela para Don Manuel?
17. ¿Cuál es la «tentación mayor» de Don Manuel?
18. ¿Qué tipo de fe le dio Don Manuel a Lázaro?
19. ¿Por qué dice Lázaro que Don Manuel le curó de su progresismo?
20. ¿Qué aspecto simbólico tiene la escena de la muerte de Don Manuel?
21. ¿Cuál es la base de la analogía entre Don Manuel y Moisés?
22. ¿Cómo reacciona el pueblo ante la muerte de Don Manuel?
23. Según Lázaro, ¿cuáles son los dos tipos de hombres peligrosos?
24. ¿Qué consejo le da Lázaro al nuevo cura?
25. ¿Cuál es el juicio que hace Ángela sobre la incredulidad de Don Manuel y de Lázaro?
26. ¿Con que frase termina la narración de Ángela?
27. ¿Quién es el narrador del último párrafo de la novela?

Identificaciones

1. Renada
2. «un nogal matriarcal»
3. «¡Dios mío, Dios mío!, ¿por qué me has abandonado?»
4. la Simona
5. *La vida es sueño*
6. Augusto Pérez

Temas

1. La importancia de Ángela como narradora
2. La función de las historias intercaladas (de la hija de la tía Rabona, del payaso, del reo, etcétera) en *San Manuel Bueno, mártir*
3. La función simbólica de los nombres
4. La presentación de una crisis religiosa
5. El manuscrito de Ángela y la intervención del novelista al final: la estructura de *San Manuel Bueno, mártir*
6. Hacia una aproximación biográfica a *San Manuel Bueno, mártir:* al consultarse una biografía de Miguel de Unamuno, se puede buscar una relación entre la crisis religiosa de San Manuel y la de Unamuno mismo

LA POESÍA

124 INTRODUCCIÓN A LA POESÍA

137 PRÁCTICA

138 EL LENGUAJE LITERARIO

144 PRÁCTICA

147 PANORAMA HISTÓRICO Y CATEGORÍAS FUNDAMENTALES

157 PRÁCTICA

158 LA POESÍA: GUÍA GENERAL PARA EL LECTOR

160 LECTURAS

INTRODUCCIÓN A LA POESÍA

I *La poesía*

Hasta ahora, nadie ha podido dar una definición acertada de la poesía. ¿Qué es lo que hace que un escrito sea poesía y no prosa? Desafortunadamente no hay una respuesta satisfactoria para esta pregunta. Aristóteles (384–322 a.C.) explicaba la poesía como la *imitación de la naturaleza* (*mimesis*); Platón (¿427?–347 a.C.) la fundaba en el *entusiasmo;* el Marqués de Santillana (1398–1458) decía que es «fingimiento de cosas útiles, cubiertas o veladas con muy fermosa [hermosa] cobertura». Otros escritores identifican la poesía con elementos tales como ideas e imágenes bellas, sentimientos profundos, etcétera; pero en la prosa también aparecen esos elementos. Frente a este tipo de prosa, que bien pudiéramos llamar «poética», existe una poesía que en vez de cantar narra, que parece prosa y por eso se llama *poesía narrativa.* Un buen ejemplo de ésta sería el poema «El momento más grave de la vida» del peruano César Vallejo (p. 207).

¿Dónde estará, entonces, la diferencia entre la prosa y la poesía? Se podría decir que lo que establece la diferencia es el *ritmo.* Cuando se cuenta algo, se puede añadir a lo que se cuenta un ritmo musical y entonces surge el *verso* como contrario de la *prosa.*

Ningún tema es en sí mismo poético, porque lo que hace que un texto sea prosa o poesía no tiene nada que ver con el tema que se transmite sino con el modo de transmitirlo, es decir, con el arte que utiliza el poeta para transmitirlo. Por lo contrario, se podría decir que cualquier tema puede ser objeto de un poema: incluso la misma definición de poesía se ha convertido en tema poético, tal como se puede comprobar al leer el poema del chileno Vicente Huidobro, «Arte poética», que figura en la página 209.

La poesía, del griego *poiesis* que significa *creación, fabricación, construcción,* es la expresión artística de la belleza por medio de la palabra sometida a un cierto ritmo y a una cierta medida (*measure*); esto quiere decir que la poesía da al lenguaje musicalidad, sonoridad y armonía.

Platón y Aristóteles señalaron tres clases de poesía: poesía *lírica,* poesía *épica* y poesía *dramática.* La poesía lírica es *subjetiva* y, generalmente, el poeta —o el hablante poético— la utiliza para comunicar al lector sus sentimientos. La poesía épica es más *objetiva* ya que el poeta es una especie de narrador que cuenta hechos o hazañas; estas composiciones poéticas, cuando expresan grandes valores nacionales o universales, reciben el nombre de *epopeyas* o *poemas épicos* (p. 25). La poesía dramática es *subjetivo-objetiva* ya que, aunque se cuenten sentimientos íntimos, el poeta desaparece detrás de los personajes que representan el drama. En este capítulo se tratará de la poesía lírica y épica, dejando la poesía dramática para ser estudiada en el capítulo correspondiente al drama.

Es interesante notar que en la poesía, a fin de dar al lenguaje esa musicalidad de que antes se habló, las palabras se combinan siguiendo las reglas de la *Poética* (conjunto de normas relacionadas con la poesía) y forman unas estructuras fijas denominadas *estrofas* (*stanzas*). Las estrofas, a su vez, están formadas por *versos* (generalmente cada línea es un verso); el verso es la unidad de la versificación y cada verso tiene su medida particular o *metro.*

Por consiguiente, se llamará versificación al estudio del verso; y verso, siguiendo a Wolfgang Kayser en *Interpretación y análisis de la obra literaria* (1961), a la articulación de un grupo de unidades menores (sílabas) en una unidad ordenada. Esto quiere decir que esa unidad superior, a la que se llama verso, exige un orden que en español consiste en un número determinado de sílabas y en un cierto ritmo.

Antiguamente en las lenguas clásicas, latín y griego, el verso no se estructuraba como los versos en español y en otras lenguas románicas (*Romance languages*), sino que su versificación se fundaba en unidades de tiempo, es decir, en la medida del tiempo necesario para recitar los versos, clasificando con exactitud las sílabas en largas y breves. En chino, lo importante para la estructuración del verso es el timbre de la voz (*pitch*). En alemán, lo que se considera es el peso de las sílabas y éste se mide por el grado de acentuación. La poesía inglesa, basada también en la acentuación, tiene como unidad básica para medir el verso el *pie,* en lugar de la sílaba; generalmente un pie consta de dos o tres sílabas, una de las cuales es tónica (*stressed*). El siguiente ejemplo tendría cinco pies.

> Shall Í | compáre | thee tó | a súm | mer's dáy?
> (Shakespeare, «Sonnet XVIII»)

II   *Elementos de la versificación española*

Al analizar un poema en español se nota que los elementos más importantes de la versificación son dos: el cómputo silábico (número de sílabas) y el ritmo (la colocación del acento). Hay otros elementos que también serán estudiados, tales como la *rima,* la *pausa,* el *encabalgamiento* y la *estrofa.*

CÓMPUTO SILÁBICO: FENÓMENOS QUE AFECTAN EL METRO DE UN VERSO

Clasificación de los versos

Al contar las sílabas de un verso, lo primero que hay que tener en cuenta es que no es lo mismo contar sílabas *comunes* o gramaticales que contar sílabas *poéticas,* ya que existen diversos fenómenos que afectan el cómputo silábico. En primer lugar, hay que saber que en español cada verso puede ser de tres clases: verso *llano* (o *paroxítono*), verso *agudo* (u *oxítono*) y verso *esdrújulo* (o *proparoxítono*).

Para determinar cuándo un verso es llano, agudo o esdrújulo hay que considerar si el verso termina en palabra llana, aguda o esdrújula. A este respecto, se debe recordar que una palabra es llana cuando lleva la fuerza de la voz en la penúltima (*next to last*) sílaba: *casa, ventana,* etcétera; es aguda cuando dicha fuerza cae en la última sílaba: *corazón, ciudad, doctor,* etcétera, y es esdrújula cuando la fuerza de la voz recae en la antepenúltima sílaba: *público, pájaro,* etcétera.

1. *Verso llano.* El verso llano se toma como norma para el cómputo de sílabas del verso porque la lengua española es fundamentalmente paroxítona; es decir, lo que más abunda son las palabras llanas. Cuando un verso es llano o paroxítono el número de sílabas gramaticales o comunes y el número de sílabas poéticas será el mismo. Por ejemplo, en el verso siguiente hay catorce sílabas comunes y catorce sílabas poéticas.

       1 2 3 4 5 6 7 8 9 10 11 12 13 14
       ¡Po-bre-ci-ta prin-ce-sa de los o-jos a-zu-les!

   No sucede lo mismo cuando el verso es agudo o esdrújulo.

2. *Verso agudo.* Al contar las sílabas de un verso agudo, se añade una sílaba al número de sílabas gramaticales o comunes. La razón es que la palabra aguda, por tener el acento en la última sílaba, suena con mayor intensidad y requiere más espacio de tiempo; por eso se cuenta una sílaba más.

                      1 2   3 4 5 6 7 8 9
   (verso llano)   Ju-ven-tud di-vi-no te-so-ro   = 9
                      1 2 3 4 5 6   7   8
   (verso agudo)   ¡ya te vas pa-ra no vol-ver! (8 + 1) = 9

3. *Verso esdrújulo.* Si el verso es esdrújulo, se cuenta una sílaba menos porque al poner la fuerza de la voz en la antepenúltima sílaba se pronuncia más rápidamente; por esa razón se suprime una sílaba.

                      1 2   3 4   5 6 7 8 9   10 11 12
   (verso llano)   Mi-rad có-mo los ga-jos de las mag-no-lias   = 12
                      1 2 3 4 5 6   7 8 9   10 11 12 13
   (verso esdrújulo) a-gi-tan dul-ce-men-te las bri-sas cá-li-das (13 – 1) = 12

La sinalefa

Otro fenómeno que afecta el cómputo silábico es la sinalefa. La sinalefa no es un fenómeno exclusivamente poético. Se observa fácilmente en el lenguaje hablado; no se dice, por ejemplo:

               1 2 3 4 5 6
               ¿Có-mo-es-tá-us-ted?

       sino:
               1   2   3   4
               ¿Có-mo es-tá us-ted?

En el ejemplo hay seis sílabas según la división gramatical, pero sólo cuatro sílabas fonológicas (la sílaba fonológica es la unidad de pronunciación de una lengua). Lo mismo ocurre en la poesía; cuando una palabra termina en vocal y la siguiente empieza también con una vocal se cuenta una sola sílaba. A veces esta unión, a la que se llama sinalefa, puede reunir más de dos vocales.

       1   2   3 4
       Vol-vió a Eu-ro-pa

En la estrofa siguiente, se ven otros cinco ejemplos de sinalefa.

```
  1   2   3   4   5 6  7  8 9 10 11
Mien-tras por com-pe-tir con tu ca-be-llo
1 2 3 4   5   6 7 8    9   10 11
o-ro bru-ñi-do al sol re-lum-bra en va-no,

  1   2   3   4  5  6   7    8   9   10 11
mien-tras con me-nos-pre-cio en me-dio el lla-no

  1  2  3   4   5   6    7  8 9 10 11
mi-ra tu blan-ca fren-te el li-rio be-llo.
```

Otros fenómenos que afectan el cómputo silábico: licencias poéticas

A veces el poeta, a fin de conservar el número de sílabas del verso, no sigue las normas establecidas del lenguaje; esto es lo que se entiende por *licencia poética* o *licencia métrica*. Así, por ejemplo, en el primer verso de su «Soneto XI» a continuación, el poeta Garcilaso de la Vega hizo uso de una licencia poética ya que dicho verso tiene doce sílabas gramaticales, pero el poeta, apartándose de la norma del lenguaje que establece que la palabra *río* tiene dos sílabas, *rí-o,* las redujo a una sola sílaba poética.

Her-mo-sas nin-fas que, en el río me-ti-das

Respecto a las licencias poéticas hay que considerar tres clases de fenómenos: (1) *sinéresis,* (2) *diéresis* y (3) *hiato.*

1. *Sinéresis.* Es el fenómeno que se produce cuando en el interior de una palabra se unen dos vocales que generalmente no forman diptongo: poe-ta, leal-tad.
2. *Diéresis.* Es el fenómeno contrario de la sinéresis porque consiste en separar dos vocales que generalmente forman diptongo: sü-a-ve, ru-ï-do.
3. *Hiato.* Es el fenómeno contrario a la sinalefa porque consiste en pronunciar separadamente dos vocales que, aunque perteneciendo a palabras diferentes, deberían pronunciarse juntas por sinalefa: *mú-si-cas de a-las.* Normalmente en este ejemplo habría cinco sílabas poéticas, debido a la sinalefa de las palabras *de alas;* sin embargo, el poeta se vale del hiato para obtener las seis sílabas que el ritmo de su verso necesita.

RITMO

Como ya se ha dicho, el verso es la unidad más pequeña de la estructura del poema. Su ritmo se determina por la distribución de los acentos principales que son: (1) *acento estrófico,* (2) *acento rítmico* y (3) *acento extrarrítmico.*

1. *Acento estrófico.* Este es el acento más importante y corresponde siempre a la penúltima sílaba del verso; es decir, que si el verso tuviera once sílabas, el acento estrófico estaría en la décima sílaba; si tuviera nueve, estaría en la octava sílaba, y así sucesivamente. Por ejemplo, en el verso

```
1   2   3   4   5  6 7 8
Yo soy un hom-bre sin-ce-ro
```

como tiene ocho sílabas, el acento estrófico está en la séptima sílaba, la cual aparece subrayada.

2. *Acentos rítmicos.* Son los acentos en el interior del verso que coinciden con el acento estrófico en el sentido de que, si el acento estrófico corresponde a una sílaba impar (*uneven*), los acentos rítmicos estarán también en las sílabas impares. Por ejemplo, en el verso anterior, como el acento estrófico está en la séptima sílaba que es impar, los acentos rítmicos estarán en las sílabas impares, es decir, en las sílabas primera, tercera y quinta. Si, por el contrario, el acento estrófico correspondiera a una sílaba par (*even*), los acentos rítmicos estarían en las sílabas pares. Así tenemos que, en un verso de once sílabas, como el acento estrófico estaría en la décima sílaba, la cual es sílaba par, los acentos rítmicos corresponderían a las sílabas pares: segunda, cuarta, sexta y octava.

3. *Acentos extrarrítmicos.* Son los demás acentos que no coinciden con el acento estrófico en el hecho de hallarse en las sílabas pares o impares.

III Clasificación de los versos según el número de sílabas

En cuanto al número de sílabas, hay versos desde dos hasta catorce sílabas inclusive. Si el verso tiene dos sílabas, se llama *bisílabo;* si tiene tres, *trisílabo;* si tiene cuatro, *tetrasílabo,* y así sucesivamente (ver Apéndice 2).

En español los versos más importantes son el *heptasílabo* (verso de siete sílabas), el *octosílabo* (verso de ocho sílabas), el *endecasílabo* (verso de once sílabas) y el *alejandrino* (verso de catorce sílabas).

1. *Verso heptasílabo.* El heptasílabo se emplea principalmente en combinación con el endecasílabo para formar estrofas como la *lira* y la *silva* compuestas de versos combinados de siete y de once sílabas. El ejemplo siguiente corresponde a una lira.

Si de mi baja lira	7
tanto pudiese el son, que en un momento	11
aplacase la ira	7
del animoso viento,	7
y la furia del mar y el movimiento.	11

(Garcilaso de la Vega, «Canción V»)

También se emplea el verso heptasílabo en la composición del alejandrino, el cual está formado por dos versos heptasílabos tal como se ve en el ejemplo siguiente.

La princesa está triste. | ¿Qué tendrá la princesa?	7 + 7
Los suspiros se escapan | de su boca de fresa	7 + 7
que ha perdido la risa, | que ha perdido el color	7 + 7

(Rubén Darío, «Sonatina»)

2. *Verso octosílabo.* El octosílabo es la medida más popular; se ha utilizado para los *romances,* los *corridos mexicanos,* la *canción,* etcétera. El ejemplo

siguiente corresponde a *Martín Fierro,* obra escrita también en versos octosílabos por el poeta argentino José Hernández.

Aquí me pongo a cantar

al compás de la vigüela,

que el hombre que lo desvela

una pena extraordinaria,

como la ave solitaria

con el cantar se consuela.

A continuación sigue el ejemplo de un corrido mexicano dedicado a Emiliano Zapata.

Voy a cantar el corrido

de la traición insensata

en que perdió el caudillo

don Emiliano Zapata.

Fue en el año diecinueve

mismo de mil novecientos

y era en el nueve de abril

cuando sucedió el suceso.

3. *Verso endecasílabo.* El endecasílabo es el verso más rico, flexible y armonioso. De origen italiano, fue ensayado por el Marqués de Santillana y alcanzó su mayor perfección con Garcilaso de la Vega.

4. *Verso alejandrino.* El verso alejandrino fue usado en las canciones épicas medievales sobre Alejandro Magno, de ahí su nombre «alejandrino». Ya en el siglo XIII, el poeta Gonzalo de Berceo lo adoptó para expresar su poesía.

Versos de arte mayor y de arte menor

Los versos comprendidos entre dos y ocho sílabas se llaman tradicionalmente de *arte menor* y los versos de nueve sílabas en adelante se denominan de *arte mayor.* Muchas veces los versos de arte mayor son el resultado de la combinación de versos de arte menor. Así, por ejemplo, el poeta colombiano José Asunción Silva en el poema titulado «Nocturno» ha usado versos de veinticuatro sílabas, aunque en realidad son seis grupos de versos de cuatro sílabas escritos consecutivamente.

por los cielos | azulosos | infinitos | y profundos | esparcía | su luz blanca

   4   +   4   +   4   +   4   +   4   +   4

IV Otros elementos importantes de la versificación española

RIMA

Otro elemento de la versificación española es la rima. Aunque la poesía moderna se caracterice por la falta de rima, no se puede negar que la rima sirve para fijar con mayor precisión el ritmo.

La rima, según Antonio Quilis en su estudio *Métrica española* (1969), es la total o parcial identidad acústica entre dos o más versos, de los fonemas situados a partir de la última vocal tónica, entendiendo por *vocal tónica* la que recibe la fuerza de la voz y por *fonema* la más pequeña unidad fonológica de la lengua. En inglés, por ejemplo, las palabras *pin* y *bin* se diferencian en un solo fonema, así como se diferencian en un solo fonema las palabras españolas *cara* y *cada*. La rima puede ser *consonante* o *asonante*.

1. *Rima consonante.* Hay rima consonante cuando existe identidad fonética, o sea; igualdad, de todos los sonidos, vocálicos y consonánticos, entre dos o más versos, a partir de la última vocal tónica.

> Yo no sé si eres muerte o eres vida,   A
> si toco rosa en ti, si toco estrella,   B
> si llamo a Dios o a ti cuando te llamo.   C
> Junco en el agua o sorda piedra herida   A
> sólo sé que la tarde es ancha y bella,   B
> sólo sé que soy hombre y que te amo.   C
> (Dámaso Alonso, «Ciencia de amor»)

> Ya viene el cortejo!   a
> ¡Ya viene el cortejo! Ya se oyen los claros clarines.   B
> La espada se anuncia con vivo reflejo;   A
> ya viene, oro y hierro, el cortejo de los paladines.   B
> (Rubén Darío, «Marcha triunfal»)

> Allí la pobre cayó   a
> de rodillas sobre el suelo,   b
> alzó los ojos al cielo   b
> y cuatro credos rezó.   a
> (Estanislao del Campo, *Fausto*)

Para marcar la rima se usan las letras mayúsculas y minúsculas del alfabeto. Las mayúsculas representan versos de arte mayor y las minúsculas de arte menor; ø significa que el verso es blanco, es decir, sin rima. Así en los versos del primer ejemplo, se ha marcado la terminación *-ida* con una A, la terminación *-ella* con una B y la terminación *-amo* con una C, dando como resultado el esquema ABC, ABC. En el segundo ejemplo, los versos primero y tercero tienen la misma rima, pero el primero ha sido marcado con una *a* minúscula porque, por tratarse de un verso de seis sílabas, es de arte menor. En el tercer ejemplo el esquema de la rima aparece con letras minúsculas porque se trata de versos octosílabos, o sea, de arte menor.

2. *Rima asonante.* Existe rima asonante cuando la identidad fonética ocurre solamente en las vocales, específicamente a partir de la última vocal tónica.

> La más bella niña   a su madre dice
> de nuestro lugar,   que escucha su mal:
> hoy viuda y sola   dejadme llorar
> y ayer por casar,   orillas del mar.
> viendo que sus ojos   (Luis de Góngora, «Romancillo»)
> a la guerra van

En este ejemplo, el poeta ha empleado la rima asonante en a en los versos pares y en los dos últimos que forman estribillo (*refrain*). Los versos impares no tienen rima; este tipo de verso se llama *verso suelto o blanco* (*blank verse* en la poética inglesa). No se debe confundir el verso blanco con el verso libre; el verso libre no solamente no tiene rima sino que también carece de medida precisa, de ahí su nombre de *verso libre*.

La luna vino a la fragua
con su polisón de nardos.
El niño la mira, mira.
El niño la está mirando.

En el aire conmovido
mueve la luna sus brazos
y enseña, lúbrica y pura,
sus senos de duro estaño.
(Federico García Lorca,
«Romance de la luna, luna»)

En este segundo ejemplo también tenemos rima asonante en a-o en los versos pares.

La observación más importante respecto a la rima asonante es que si alguna de las sílabas que la forman fuera una sílaba con diptongo, la vocal débil que forma el diptongo no se tomaría en cuenta para la rima. Así, hay rima asonante entre palabras como *lluvia* (u-a) y *tumba* (u-a).

Otras clases de rima

Según la ordenación de las rimas, éstas se clasifican en *rima abrazada, rima encadenada* o *cruzada, rima gemela* y *rima continua.*

1. *Rima abrazada.* Sucede cuando el esquema de la rima es de tipo abba, cddc, … o ABBA, CDDC, … , etcétera.

   Hombres necios que acusáis   a
   a la mujer sin razón,   b
   sin ver que sois la ocasión   b
   de lo mismo que culpáis.   a
   (Sor Juana Inés de la Cruz,
   «Redondillas»)

2. *Rima encadenada o cruzada.* Se produce esta rima cuando el orden es de tipo abab… , cdcd… o ABAB… , CDCD… , etcétera.

   Dichoso el árbol, que es apenas sensitivo,   A
   y más la piedra dura porque ésa ya no siente,   B
   pues no hay dolor más grande que el dolor de ser vivo   A
   ni mayor pesadumbre que la vida consciente.   B
   (Rubén Darío, «Lo fatal»)

3. *Rima gemela.* Ocurre este tipo de rima cuando el esquema es de tipo aa, bb, cc, dd, … o AA, BB, CC, DD, … , es decir, una serie de *pareados* o estrofas de dos versos.

   ¡Por qué tú te rebelas! ¡Por qué tu ánimo agitas!   A
   ¡Tonto! ¡Si comprendieras las dichas infinitas   A
   de plegarse a los fines del Señor que nos rige!   B
   ¿Qué quieres? ¿Por qué sufres? ¿qué sueñas? ¿qué te aflige?   B
   ¡Imaginaciones que se extinguen en cuanto   C
   aparecen… En cambio, yo canto, canto, canto!   C
   Canto, mientras tú penas, la voluntad ignota;   D
   canto, cuando soy chorro; canto cuando soy gota,   D
   y al ir, Proteo extraño, de mi destino en pos,   E
   murmuro: —¡Que se cumpla la santa ley de Dios!   E
   (Amado Nervo, «La hermana agua»)

4. *Rima continua.* Se produce esta rima cuando todos los versos de una estrofa riman entre sí; en este caso se llama *estrofa monorrima.*

Como dice Salamo y dice la verdad:	A
Que las cosas del mundo todas son vanidad,	A
Todas las pasaderas vanse con la edad,	A
Salvo amor de Dios, todas son liviandad.	A

      (Arcipreste de Hita, *Libro de buen amor*)

PAUSAS

Anteriormente se ha mencionado la combinación de versos de arte menor para formar versos de arte mayor. Así, por ejemplo, el verso alejandrino (de catorce sílabas) que aparece en el *Cantar de Mío Cid* es una combinación de dos grupos de versos heptasílabos o dos *hemistiquios* (*hemistich*) —se llama hemistiquio a la mitad de un verso— separados por una pausa que en este caso recibe el nombre de *cesura* (*caesura* o *cut*). Por consiguiente, se puede definir la cesura como la pausa que divide el verso en dos hemistiquios iguales o desiguales.

Estas palabras dichas — la tienda recogida
    1er hemistiquio   2do hemistiquio
     (7 sílabas)   (7 sílabas)

Para el cómputo silábico del verso, cada hemistiquio es una unidad independiente: no admite sinalefa y hay que tener en cuenta si el verso es agudo, llano o esdrújulo.

Las pausas son importantes y todavía hay otros dos tipos que deben ser considerados: la *pausa estrófica* y la *pausa versal.* Llamamos pausa estrófica a la que tiene lugar al final de cada estrofa. Es pausa versal la que se produce al final de cada verso; ambas son indispensables.

ENCABALGAMIENTO

Es interesante notar que a veces existe un desequilibrio entre la pausa versal y la sintaxis del verso, es decir, la pausa versal se reduce al mínimo porque la oración que comenzó en un verso continúa en el verso siguiente; este fenómeno recibe el nombre de encabalgamiento (*enjambement*) ya que el sentido del verso cabalga sobre el verso siguiente.

Cerrar podrá mis ojos la postrera
sombra, que me llevare el blanco día.
        (Francisco de Quevedo,
           «Soneto 471»)

Rodado por las ruedas
de los relojes.
    (Leopoldo Lugones,
      «La blanca soledad»)

LA ESTROFA

De la misma manera que antes se dijo que las palabras se ordenan en una unidad superior que se denomina verso, ahora se puede decir que los versos se ordenan en unidades superiores denominadas estrofas. La estrofa es, pues, una unidad estructural mayor que el verso y menor que el poema. Generalmente cada estrofa se compone de dos o más versos que forman cualquiera de las partes o divisiones de una composición poética.

Tipos de estrofa

Los principales tipos de estrofa, teniendo en cuenta el número de versos, son los siguientes.

DOS VERSOS:

Pareado: AA; aa; aA; Aa.

Si al principio no te muestras cómo eres,	A
no podrás hacerlo cuando tú quisieres.	A
(Don Juan Manuel, *El conde Lucanor*)	

TRES VERSOS:

Terceto: AØA

Y en este titubeo de aliento y agonía,	A
cargo lleno de penas lo que apenas soporto.	Ø
¿No oyes caer las gotas de mi melancolía?	A
(Rubén Darío, «Melancolía»)	

Terceto encadenado: ABA BCB CDC...

No he de callar, por más que con el dedo,	A
ya tocando la boca y ya la frente,	B
silencio avises o amenaces miedo.	A
¿No ha de haber un espíritu valiente?	B
¿Siempre se ha de sentir lo que se dice?	C
¿Nunca se ha de decir lo que se siente?	B
(Francisco de Quevedo, «Epístola censoria»)	

CUATRO VERSOS:

Cuarteto o copla de arte mayor: ABBA

Vuelve hacia atrás la vista, caminante,	A
verás lo que te queda de camino;	B
desde el oriente de tu cuna, el sino	B
ilumina tu marcha hacia adelante.	A
(Miguel de Unamuno, «De Fuerteventura a París»)	

Serventesio: ABAB

> Mi infancia son recuerdos de un patio de Sevilla, A
> y un huerto claro donde madura el limonero; B
> mi juventud, veinte años en tierras de Castilla; A
> mi historia, algunos casos que recordar no quiero. B
>> (Antonio Machado, *Campos de Castilla*)

Redondilla o copla de arte menor: abba

> Cultivo una rosa blanca a
> en julio como en enero, b
> para el amigo sincero b
> que me da su mano franca. a
> (José Martí, *Versos sencillos*)

Cuarteta: abab

> En el corazón tenía a
> la espina de una pasión, b
> logré arrancármela un día: a
> ya no siento el corazón. b
> (Antonio Machado, *Soledades*)

CINCO VERSOS:

Lira: aBabB (combinación de versos heptasílabos y endecasílabos)

> ¡Qué descansada vida a
> la del que huye del mundanal ruido B
> y sigue la escondida a
> senda, por donde han ido b
> los pocos sabios que en el mundo han sido! B
>> (Fray Luis de León, «Vida retirada»)

OCHO VERSOS:

Octava real: ABABABCC

> La furia del herirse y golpearse, A
> andaba igual, y en duda la fortuna, B
> sin muestra ni señal de declararse A
> mínima de ventaja en parte alguna: B
> ya parecían aquéllos mejorarse; A
> ya ganaban aquéstos la laguna; B
> y la sangre de todos derramada C
> tornaba la agua turbia, colorada. C
>> (Alonso de Ercilla, *La Araucana*)

V El poema

El poema es una unidad estructural superior a la estrofa. Un poema puede estar constituido por una o por varias estrofas. Hay *poemas estróficos* o divididos en estrofas y *poemas no estróficos*.

POEMAS ESTRÓFICOS

Los poemas estróficos más importantes son el *soneto* y la *letrilla*.

1. *El soneto.* Es una combinación de catorce versos, los cuales están estructurados en dos cuartetos seguidos por dos tercetos. El esquema de la rima más general es ABBA, ABBA, CDC, DCD, aunque son posibles otros esquemas. El ejemplo de un soneto que a continuación se da sirve para recordar la estructura del soneto mismo; su autor es Lope de Vega.

Un soneto me manda hacer Violante,	A
que en mi vida me he visto en tanto aprieto;[1]	B
catorce versos dicen que es soneto,	B
burla burlando van los tres delante.	A
Yo pensé que no hallara consonante	A
y estoy a la mitad de otro cuarteto,	B
mas si me veo en el primer terceto,	B
no hay cosa en los cuartetos que me espante.[2]	A
Por el primer terceto voy entrando,	C
y parece que entré con pie derecho	D
pues fin con este verso le voy dando.	C
Ya estoy en el segundo y aun sospecho	D
que voy los trece versos acabando:	C
contad si son catorce y está hecho.	D

[1]dificultad   [2]dé miedo

Es muy común encontrar en la poesía hispanoamericana sonetos formados con serventesios ABAB, ABAB.

Como viejos curacas[1] van los bueyes[2]
camino de Trujillo, meditando…
Y al hierro de la tarde, fingen reyes
que por muertos dominios van llorando.

En el muro de pie, pienso en las leyes
que la dicha y la angustia van trocando:
ya en las viudas pupilas de los bueyes
se pudren sueños que no tienen cuándo.

La aldea, ante su paso, se reviste
de un rudo gris, en que un mugir[3] de vaca
se aceita en sueño y emoción de huaca.[4]

Y en el festín del cielo azul yodado
gime en el cáliz de la esquila triste
un viejo coraquenque[5] desterrado.
   (César Vallejo, «Nostalgias imperiales»)

[1]jefe de un conglomerado de indígenas del imperio inca   [2]*oxen*   [3]sonido vocal que emiten las vacas
[4]tesoro enterrado   [5]persona nacida en Coracora, ciudad del Perú

2. *La letrilla.* Es una composición poética de versos cortos con un estribillo de uno o más versos repetidos a intervalos iguales. Son famosas las letrillas de Góngora «Andeme yo caliente, y ríase la gente» (p. 172) y la de Quevedo «Poderoso caballero es don Dinero».

Andeme yo caliente,
y ríase la gente.
Traten otros del gobierno
del mundo y sus monarquías,
mientras gobiernan mis días

mantequillas y pan tierno,
y las mañanas de invierno
naranjada y aguardiente,
y ríase la gente.

POEMAS NO ESTRÓFICOS

Entre los poemas no estróficos se estudiarán el romance, la silva y el poema de versos libres.

1. *El romance.* El romance tiene un número indeterminado de versos octosílabos (de ocho sílabas) con rima asonante en los versos pares, quedando sin rimas los impares. El esquema de rima sería ØaØaØaØaØa… Como ejemplo se puede ver el romance de «El Enamorado y la Muerte» en la página 161.

2. *La silva.* Es un poema formado por versos endecasílabos y heptasílabos que alternan en diferentes formas. Es famosa la silva «A la agricultura de la zona tórrida» del poeta venezolano Andrés Bello.

> ¡Salve, fecunda zona,
> que al sol enamorado circunscribes
> el vago curso, y cuanto ser se anima
> en cada vario clima,
> acariciada de su luz, concibes!

Otro buen ejemplo de silva se encuentra en la *Egloga I* de Garcilaso de la Vega.

> Saliendo de las ondas encendido,
> rayaba de los montes el altura[1]
> el sol, cuando Salicio, recostado
> al pie de un alta haya,[2] en la verdura,
> por donde un agua clara con sonido
> atravesaba el fresco y verde prado,
> él, con canto acordado[3]
>
> al rumor que sonaba,
> del agua que pasaba,
> se quejaba tan dulce y blandamente
> como si no estuviera de allí ausente
> la que de su dolor culpa tenía;
> y así, como presente,
> razonando con ella, le decía.

[1]el… la altura   [2]tipo de árbol   [3]en armonía

3. *El poema de versos libres.* Es un poema que puede no tener estrofas, ni rima, ni medida de versos, pero que conserva los otros elementos que hacen posible la función poética. Sirva como ejemplo «El momento más grave de la vida» de César Vallejo que aparece en la página 207.

OTRAS FORMAS DE POESÍA: POESÍA CONCRETA

Como ya se ha dicho, el elemento básico de la poesía es la palabra. Pero, ¿qué son las palabras? Se podría decir que son simplemente un conjunto de signos lingüísticos (significante) que tienen un significado convencional que da el diccionario —denotación— y otro significado emotivo o sugerido —connotación—. Así, por ejemplo, la palabra *perro* según la referencia de objeto que da el diccionario se refiere a un animal carnívoro y doméstico de la clase de los mamíferos; pero, según la referencia de interpretante, la palabra *perro* sugiere, entre otras, la idea de fidelidad o de lealtad. Este poder sugeridor de la palabra hace que un poema no se componga sólo de palabras, sino de intenciones, de significaciones profundas.

Así nacieron los llamados *ideogramas,* que son una representación de ideas por medio de imágenes gráficas; los *caligramas,* que vienen a ser un dibujo compuesto de palabras, y los *topoemas,* de Octavio Paz. En estos últimos, el poema deja de ser una alineación sintáctica de palabras, para convertirse en un espacio, es decir, en un lugar en donde se mezclan los elementos lingüísticos y los elementos visuales —círculos, líneas, palabras invertidas, diferentes tipos de letras, etcétera. Al unirse los dos sistemas, el lingüístico y el gráfico, la poesía es más emotiva, más sugeridora y se multiplican las significaciones simbólicas.

Esta es la base de la *poesía concreta* o *espacial* en donde el lenguaje es considerado desde el punto de vista fonético y visual. Esta dualidad de elementos hace que el poema se transforme en un enigma y que el lector sea el único que pueda desentrañar o descifrar los significados que encierra. Además de la muy conocida poesía concreta del norteamericano e e cummings, el chileno Vicente Huidobro nos ofrece un buen ejemplo en «La capilla aldeana» que figura en la página 209. El poema del mexicano Octavio Paz, «Cifra» (p. 226), es también un ejemplo excelente de este tipo de poesía.

PRÁCTICA

Conteste estas preguntas sobre los cuatro poemas que siguen.

1. ¿Cuál es el cómputo silábico de cada poema?
2. ¿Hay ejemplos de versos heptasílabos, octosílabos, endecasílabos o alejandrinos?
3. ¿Cuáles de los poemas son ejemplos de arte mayor y cuáles son de arte menor?
4. ¿Qué tipo de rima se emplea en cada poema?
5. ¿Cuáles son poemas estróficos? En los poemas estróficos, ¿qué tipo de estrofa se emplea?
6. ¿Qué forma poética tiene la obra de Quevedo? ¿Qué elemento extraordinario se ve en ese poema?

a. «El que espera desespera»,
dice la voz popular,
¡Qué verdad tan verdadera!

La verdad es lo que es,
y sigue siendo verdad
aunque se piense al revés.
(Antonio Machado,
Campos de Castilla, «XXX»)

b. Bueno es saber que los vasos
nos sirven para beber;
lo malo es que no sabemos
para qué sirve la sed.
(Antonio Machado,
Campos de Castilla, «XLI»)

c.

CANSANCIO

Está cansada ya de gritar mi laringe,[1]
interrogando a cada mundo del firmamento;
está cansado ya mi pobre pensamiento
de proponer enigmas a la inmutable Esfinge[2]...

¡A qué pensar, a qué lanzar nuestro reproche
a lo desconocido!
¡Comamos y bebamos!
¡Quizás es preferible que nunca comprendamos
el enorme secreto que palpita en la noche!

(Amado Nervo, *Serenidad*)

[1]*larynx* [2]*Sphinx*

d. CELEBRA A UNA DAMA POETA,
LLAMADA ANTONIA

Antes alegre andaba; agora[1] apenas
alcanzo alivio, ardiendo aprisionado;
armas a Antandra aumento acobardado;
aire abrazo, agua aprieto, aplico arenas.

Al áspid adormido, a las amenas
ascuas acerco atrevimiento alado;
alabanzas acuerdo al aclamado
aspecto, a quien admira antigua Atenas.

Agora, amenazándome atrevido,
Amor aprieta aprisa arcos, aljaba;
aguardo al arrogante agradecido.

Apunta airado; al fin, amando, acaba
aqueste amante al árbol alto asido,
adonde alegre, ardiendo, antes amaba.

(Francisco de Quevedo,
El Parnaso Español)

[1]*ahora*

EL LENGUAJE LITERARIO

I El lenguaje literario

El lenguaje es el elemento esencial de la literatura, pero ésta es a la vez una creación lingüística y una creación artística. Para hacer de la literatura una creación artística, el escritor se vale de ciertos recursos, entre ellos las *figuras estilísticas* o *retóricas* y los *tropos*. El lenguaje literario se utiliza en todos los géneros, pero sobre todo en la poesía.

II *Figuras retóricas*

Existen dos clases de figuras retóricas: (1) las figuras llamadas de *pensamiento* que, como su nombre lo indica, no dependen tanto de la forma lingüística como del asunto, de la idea, del pensamiento, y que subsisten aunque se altere el orden de las palabras y (2) las figuras llamadas de *lenguaje* o de *dicción* que se basan en la colocación especial de las palabras en la oración, de tal modo que, si se cambiara su orden, desaparecería la figura.

FIGURAS DE PENSAMIENTO

Las figuras de pensamiento se pueden clasificar en tres grupos, teniendo en cuenta el efecto que producen en la obra literaria.

1. *Figuras patéticas,* cuyo efecto es despertar emociones; se debe destacar la *hipérbole,* la *prosopopeya* o *personificación* y el *apóstrofe.*
2. *Figuras lógicas,* cuyo efecto es poner de relieve una idea. Entre ellas tenemos el *símil,* la *antítesis,* la *paradoja,* la *sinestesia* y el *clímax.*
3. *Figuras oblicuas* o *intencionales,* cuyo efecto es expresar los pensamientos de un modo indirecto de acuerdo con la intención del autor; entre ellas podemos citar la *perífrasis.*

1. *Figuras patéticas*

a. *Hipérbole.* Consiste en exagerar las cosas aumentando o disminuyendo la verdad de lo que se dice (se usa también en el lenguaje ordinario, por ejemplo, «tengo un sueño que me muero»). Veamos otro ejemplo en el soneto «A una nariz» de Francisco de Quevedo.

> Erase un naricísimo infinito,
> muchísimo nariz, nariz tan fiera,
> que en la cara de Anás fuera delito.

b. *Prosopopeya o personificación.* Consiste en atribuir cualidades propias de los seres animados y corpóreos a los inanimados y, en particular, atributos humanos a otros seres animados o inanimados.

> Empieza el llanto
> de la guitarra.
> ....
> Llora monótona
> como llora el agua,
> como llora el viento
> sobre la nevada.
> (Federico García Lorca,
> *Poema del cante jondo*)

c. *Apóstrofe.* Es una especie de invocación que el escritor dirige a una determinada persona o a otros seres ya sean animados o inanimados.

> Río verde, río verde,
> más negro vas que la tinta
> entre ti y Sierra Bermeja
> murió gran caballería.
> (de *Romances fronterizos*)

2. *Figuras lógicas*

a. *Símil o comparación.* Expresa de una manera explícita la semejanza entre dos ideas valiéndose de las partículas *como* y *cual.*

> ...y le hice sentir el fierro
> y ya salió como el perro
> cuando le pisan la cola.
> (José Hernández,
> *Martín Fierro*)

b. *Antítesis o contraste.* Es una contraposición de conceptos, es decir, una asociación de conceptos por contraste.

> ...que ya tengo
> blanca mi color morena.
> (Rafael Alberti,
> «Joselito en su gloria»)

> ...se apagaron los faroles
> y se encendieron los grillos.
> (Federico García Lorca,
> «La casada infiel»)

c. *Paradoja.* Como dice Pelayo H. Fernández (*Estilística,* 1975), «la paradoja es una antítesis superada» porque une ideas, contradictorias por naturaleza, en un mismo pensamiento el cual generalmente encierra una verdad profunda.

> ...este vivir que es el vivir desnudo
> ¿no es acaso la vida de la muerte?
> (Miguel de Unamuno,
> «La vida de la muerte»)

d. *Sinestesia.* Es la descripción de una experiencia sensorial en términos de otra; los modernistas usaron mucho esta figura.

> Bajo la sensación del cloroformo
> me hacen temblar con alarido interno
> la luz de acuario de un jardín moderno,
> y el amarillo olor del cloroformo.
> (Ramón del Valle-Inclán,
> «Rosa del sanatorio»)

En el lenguaje ordinario también se usa la sinestesia, por ejemplo, «colores chillones (*shocking*)».

e. *Clímax*. Se llama también *gradación* porque expresa una cadena o serie de pensamientos que siguen una progresión ascendente o descendente.

> ...no sólo en plata o viola truncada
> se vuelva, mas tú y ello juntamente
> en tierra, en humo, en polvo, en sombra, en nada.
> (Luis de Góngora, «Soneto»)

3. Figuras oblicuas

Perífrasis o circunlocución. Se llama también *rodeo de palabras*. Resulta de mencionar una persona o cosa cualquiera no dándole su propio nombre, sino el de alguna cualidad o circunstancia suya a fin de que podamos reconocerla. A veces puede ser extensa y suele guardar relación con otros recursos estilísticos como la hipérbole y la metáfora. «El ciego dios del amor» sería una manera perifrástica de referirse a Cupido, por ejemplo.

> Las piquetas de los gallos }
> cavan buscando la aurora. }   Significa el *amanecer*.
> (Federico García Lorca, «Romance de la pena negra»)

FIGURAS DE LENGUAJE O DE DICCIÓN

Estas figuras se pueden producir de cuatro maneras. A continuación se mencionan las figuras principales.

1. Añadiendo palabras resulta el *epíteto*.
2. Suprimiendo palabras tenemos el *asíndeton*.
3. Repitiendo palabras se originan la *anáfora* y el *polisíndeton*.
4. Combinando las palabras resultan la *aliteración,* la *onomatopeya* y el *hipérbaton*.

1. Añadiendo palabras

Epíteto. Es el adjetivo que, colocado delante del sustantivo, expresa una cualidad de alguna persona o cosa. Hay que tener presente que este adjetivo no es indispensable para el sentido de la frase. Por ejemplo, en «el *terrible* Caín», *terrible* es el adjetivo que modifica a Caín innecesariamente porque ya se sabe que Caín era terrible. Otro ejemplo sería «la *blanca* nieve». Son epítetos las frases asociadas con ciertos personajes célebres —reyes, héroes— como, por ejemplo, Pedro el Cruel.

2. Suprimiendo palabras

Asíndeton. Consiste en omitir las conjunciones para dar a la frase mayor dinamismo. Ejemplo: «*Veni, vidi, vici*» («Vine, vi, vencí») de Julio César. Otro buen ejemplo se encuentra en los siguientes versos de Federico García Lorca.

> Verte desnuda es recordar la tierra,
> la tierra lisa, limpia de caballos,
> la tierra sin mi junco, forma pura,
> cerrada al porvenir, confín de plata.

3. Repitiendo palabras

a. *Anáfora.* Es una repetición de palabras al principio de un verso o al principio de frases semejantes.

> Aquí tengo una voz decidida,
> aquí tengo una vida combatida y airada,
> aquí tengo un rumor, aquí tengo una vida.
> (Miguel Hernández, «Recoged esta voz»)

b. *Polisíndeton.* Consiste en usar más conjunciones de las necesarias para dar a la frase una mayor solemnidad.

> …se queda, como se quedan los lagos y las montañas y las santas almas sencillas.
> (Miguel de Unamuno, *San Manuel Bueno, mártir*)

4. Combinando las palabras

a. *Aliteración.* Es una repetición del sonido inicial en varias palabras de un mismo verso, estrofa o frase.

> Si piensas que no soy su dueño, Alcino,
> suelta y verás si a mi choza viene
> que aún tienen sal las manos de su dueño.
> (Lope de Vega, *Rimas humanas*)

b. *Onomatopeya.* Consiste en imitar sonidos reales por medio del ritmo de las palabras.

> vuela la sensación, que al fin se borra
> verde mosca, zumbándome en la frente.
> (Ramón del Valle-Inclán,
> «Rosa del sanatorio»)

c. *Hipérbaton.* Consiste en invertir el orden acostumbrado de las palabras en la oración.

> 2   3   6
> Abanicos de aplausos, en bandadas,
> 4   1   5
> descienden, giradores, del tendido,
> 8   7   9
> la ronda a coronar de los espadas.[1]
> (Rafael Alberti,
> «Corrida de toros»)

[1]toreros

III   Tropos

Existen dos tipos de lenguaje: lenguaje *directo* y lenguaje *figurado* (*figurative language*). Por ejemplo, si a un león se le llama *león,* se usa la palabra en sentido directo; pero si a un hombre se le llama *león,* se la usa en sentido figurado. Por lo tanto, hay que tener en cuenta que las palabras pueden usarse en sentido directo o literal, pero también pueden implicar otro sentido, el sentido figurado. Esta manera de expresión figurada es lo que se llama *tropo (trope),* que significa en griego *cambio, vuelta, rodeo,* es decir, un cambio de significado. Los tropos principales son la *metonimia,* la *sinécdoque,* la *metáfora,* la *alegoría,* la *parábola* y el *símbolo.*

1. *Metonimia.* Consiste en dar a un objeto el nombre de otro por una relación de causa u origen. Ejemplos: «compró un *Picasso*» (Picasso es el origen del cuadro); «vive de su *trabajo*» (el trabajo origina el dinero que se necesita para vivir); «le gusta leer a *Chaucer*» (Chaucer es quien ha originado las obras). En general se puede decir que la metonimia consiste en designar una cosa con el nombre de otra en virtud de una relación real entre ambas.

> Aquel país fue su cuna y su sepulcro
>   ↓   ↓
>   nacimiento   muerte

2. *Sinécdoque.* Es una especie de metonimia que consiste en designar un objeto con el nombre de otro debido a que hay una relación de coexistencia. La sinécdoque más usada es la que designa el todo por la parte. Ejemplos: «Hay que ganar el *pan* de cada día» (se refiere a todas las cosas necesarias para el diario vivir porque el pan coexiste con las demás cosas); «sólo asistieron diez *almas* al concierto» (se refiere a diez personas porque el alma coexiste con la persona). La sinécdoque es, por lo tanto, una especie de metonimia.

3. *Metáfora.* Es el tropo más común. La metáfora es una identificación de un objeto con otro en virtud de una relación de semejanza que hay entre ellos, es decir, una comparación. Ejemplos: «sus dientes son perlas» (la semejanza se encuentra en el brillo y la blancura); «aquel chico es un tesoro» (la semejanza está en lo valioso); «la vida es un sueño» (la semejanza está en la brevedad de la vida que se considera que sólo dura un instante como un sueño).

4. *Alegoría.* Es una metáfora continuada a lo largo de una composición literaria o parte de ella. Ejemplo: el drama *El gran teatro del mundo* de Pedro Calderón de la Barca es una alegoría porque la vida es vista como un teatro y los seres humanos como los actores.

5. *Parábola.* Es una narrativa que tiene intención didáctica (una enseñanza o lección moral). Ejemplo: la parábola bíblica del hijo pródigo (*prodigal son*). La alegoría y la parábola facilitan la comprensión de los conceptos abstractos.

6. *Símbolo.* Es una relación entre dos elementos, uno concreto —sensorial— y otro abstracto, de tal manera que el elemento concreto revele lo abstracto. Teniendo en cuenta que la realidad expresada por el símbolo es abstracta, su naturaleza es necesariamente difusa, lo cual quiere decir que el símbolo no representa una identificación perfecta. Ciertos símbolos usados con frecuencia se convierten en emblemas fácilmente reconocibles (la *cruz* como símbolo del cristianismo, la *rosa* como símbolo del amor, y otros más). Un buen ejemplo de símbolo se encuentra en el siguiente soneto de Unamuno en el cual, según algunos críticos, se utiliza el buitre (*vulture*) como símbolo de la muerte. Sin

LA POESÍA NARRATIVA Y LÍRICA DE LA EDAD MEDIA

La Edad Media se caracteriza por el teocentrismo, o sea, por la idea de que Dios es el centro del universo y que la Providencia divina rige (*governs*) el orden social, político y religioso. Por lo tanto, considerando el mundo como obra de Dios, el hombre medieval obedece a una jerarquía inflexible que coloca a la clerecía (*clergy*) y a la nobleza en cargo de la humanidad —la primera para divulgar la fe cristiana, la segunda para servir como modelo de integridad personal y de valor. En cuanto a la vasta mayoría de la gente —el pueblo— se pensaba que éste había sido creado por Dios con el único fin de trabajar y servirle. Lógicamente, el clérigo pasa a ser respetado como autoridad religiosa y persona culta, mientras que el guerrero —normalmente de noble casta— es idolatrado por su rectitud ante el rey y ante la familia así como por sus hazañas en defensa del cristianismo y de la patria.

En la introducción histórica al género narrativo se mencionó cómo los grandes guerreros y sus proezas habían sido inmortalizados en la poesía épica grecolatina por Homero y Virgilio (p. 25). A lo largo de la Edad Media, es el juglar (*minstrel*), especie de poeta ambulante, anónimo, quien va por plazas y castillos recitando composiciones *líricas,* es decir, llenas de sentimiento, y hechos heroicos, acompañado de instrumentos musicales. Esta poesía tenía el mismo propósito de la épica clásica —exaltar las proezas de héroes nacionales— según se ve en las *sagas* de Escandinavia y en los *cantares de gesta* de Inglaterra (*Beowulf,* c. siglo VIII) y de Alemania (*Nibelungenlied,* c. 1200). Estas obras inspiraron sin duda los primeros poemas épicos o narrativos escritos en romance, es decir, compuestos en los varios idiomas derivados del latín. Tales son la *Chanson de Roland* (c. 1070) en Francia y el *Cantar de Mío Cid* (c. 1140) en España.

LA POESÍA MEDIEVAL ESPAÑOLA

En España, país en donde con más fervor se propagó la fe cristiana, hubo originalmente dos tipos de composiciones poéticas: los poemas populares de fondo histórico, de los juglares, asociados con el *mester de juglaría* (*art of minstrelsy*), y los cultos, de propósito literario, que los clérigos componían de acuerdo con el *mester de clerecía* (*clerics' mode*). El mejor ejemplo del mester de juglaría es el *Cantar de Mío Cid.* Como se constató (*was stated*) previamente en la historia de la narrativa, este poema presenta ciertas características de la epopeya nacional española: el elogio del valor y del carácter humano del héroe y la sobriedad y sencillez del lenguaje.

Gonzalo de Berceo es el primer poeta español del cual se tiene conocimiento. Su obra principal, los *Milagros de Nuestra Señora* (siglo XIII), es un ejemplo típico del mester de clerecía, categoría a la que pertenecen las obras de tipo didáctico o moralizador. Sin embargo, el mayor exponente de este género es *El libro de buen amor* (1343) de Juan Ruiz, Arcipreste de Hita, obra en que éste contrasta los goces (*joys*) del amor divino con los peligros del amor humano.

En la poesía del siglo XV se ve la transformación del juglar callejero (*street minstrel*) en trovador (*troubadour*) cortesano. Poeta oficial de las cortes feudales, el trovador refina tanto sus composiciones hasta convertir la poesía en un género artificioso, es decir, ingenioso. Varios nombres ilustres se inscriben en esta tradición: entre ellos cabe mencionar a Jorge Manrique, famoso por las *Coplas por la muerte de su padre* (c. 1476), y a Íñigo López de Mendoza, Marqués de Santillana. Este es conocido por sus sonetos al estilo italiano, composiciones de versos endecasílabos, que siguen el modelo del *Canzoniere* (*Cancionero*) de Francesco Petrarca (1304–1374).

EL HUMANISMO Y LA POESÍA DE TRANSICIÓN: EL «ROMANCE»

En el siglo XV, período de transición entre la Edad Media y el Renacimiento, Europa se beneficia de la influencia del *humanismo italiano* (ver Apéndice 3). Petrarca inicia una afanosa (*eager*) búsqueda de manuscritos grecorromanos que conduce al redescubrimiento de la antigüedad clásica y a una nueva cosmovisión o manera de concebir el mundo. Las investigaciones paleográficas de Petrarca y de sus seguidores, la invención de la imprenta que difunde (*disseminates, publishes*) esos manuscritos y los varios descubrimientos científicos y geográficos —entre ellos los del astrónomo polaco Copérnico (1473–1543) y la invención de la brújula (*compass*), que posibilita el descubrimiento de América y de otras tierras— hacen que el hombre se sienta orgulloso de sí mismo y reclame su independencia. Por consiguiente, se rechazan las concepciones tradicionales y el hombre pasa a considerarse a sí mismo como el centro del universo, fenómeno llamado *antropocentrismo*.

En España, como en el resto de Europa, el espíritu humanístico inspira el afán de buscar y propagar el caudal (*wealth*) de tesoros culturales de su pasado. Ocurre de este modo un fenómeno de suma importancia para las letras españolas: el florecimiento de la lírica popular —el romance. A ello contribuyen la compilación y difusión del *Romancero viejo* (siglos XIV–XV), colección de poemas cortos y populares, posiblemente fragmentos de poemas épicos que, por ser favoritos del público, el juglar repetía. Es probable también que muchos de dichos romances hayan sido composiciones originales.

EL SIGLO DE ORO Y EL APOGEO DE LA POESÍA ESPAÑOLA

El humanismo italiano, con su énfasis en el individuo, en la naturaleza y en el pasado clásico, influye sobremanera en la vida y en el arte renacentistas. Inspirándose en la poesía de Petrarca, la lírica española de principios del Siglo de Oro retrata el amor humano como un penoso (*painful*) conflicto entre la razón y los sentidos. Contra el trasfondo (*backdrop*) de una naturaleza complaciente, el atormentado poeta medita sobre sus sentimientos amorosos y analiza su estado de ánimo (*mood*).

El máximo exponente de esta postura y el más famoso poeta de la primera mitad del Renacimiento es Garcilaso de la Vega (pp. 162–163). Éste cultiva y perfecciona en lengua española el soneto endecasílabo italiano que ha de servir de modelo para todos los poetas del siglo XVI (ver Apéndice 2).

LOS GRANDES MÍSTICOS Y EL CRISTIANISMO HUMANÍSTICO

Si por un lado la cosmovisión del Renacimiento disminuye el fervor religioso, por otro celebra un *cristianismo humanístico* basado —según lo propone el holandés Erasmo (1469–1536)— en la religiosidad íntima y no en la pompa y ceremonias del culto externo. Las manifestaciones más significativas de esta corriente son el *ascetismo* (*asceticism*), que implica un rechazo del mundo material en favor de una vida austera, y el *misticismo* (*mysticism*), que conduce a la unión del alma con Dios por medio de la contemplación pura y la oración. En España, las figuras sobresalientes de la lírica religiosa son Santa Teresa de Jesús (p. 165), San Juan de la Cruz (p. 168) y Fray Luis de León (*Odas* «Qué descansada vida», c. 1557; «Noche serena», c. 1571).

LA ÉPICA RENACENTISTA: EXORDIO (*BIRTH*) DE LA LITERATURA HISPANOAMERICANA

La poesía épica renacentista escrita en español viene de América, lo cual no es sorprendente, ya que allí había tantas hazañas que contar y cantar. La epopeya es la forma que da principio a la literatura del Nuevo Mundo hispanohablante. El poema épico más famoso es *La Araucana* (1569–1589) del español Alonso de Ercilla y Zúñiga, cuyo tema son las luchas de los valientes indígenas araucos de Chile.

LA LÍRICA DEL BARROCO EN ESPAÑA Y EN AMÉRICA

Ante el desequilibrio (*turmoil, confusion*) espiritual que caracteriza la época del Barroco, el escritor busca la evasión en un arte que le proporcione autonomía y originalidad. En consecuencia, los escritores utilizan las estructuras gramaticales más complicadas y el lenguaje más rebuscado (*unnatural, affected*). Tales tendencias afectan de modo especial la poesía. Esta es atravesada (*run through*) por dos corrientes: el *culteranismo* y el *conceptismo*. Luis de Góngora, autor de las *Soledades,* es el líder de la corriente culterana que consiste en el refinamiento de la palabra mediante la asimilación de términos clásicos y la distorsión de la sintaxis. El conceptismo da importancia sobre todo a la agudeza y originalidad de ideas y conceptos y es más característico de la prosa que de la poesía. Sin embargo, hay obras poéticas, como las de Francisco de Quevedo, que se distinguen por sus rasgos conceptistas.

En Hispanoamérica, la figura cumbre (*top*) de la poesía lírica del Renacimiento y del Barroco es Sor Juana Inés de la Cruz (p. 178). La contribución de esta monja mexicana a las letras hispanoamericanas no se limita solamente a su trabajo sobresaliente como escritora, sino también a su papel de defensora de los derechos de la mujer y de la intelectualidad.

LA ILUSTRACIÓN Y EL NEOCLASICISMO EN LA POESÍA HISPÁNICA

Durante el siglo XVIII —el Siglo de las Luces o Ilustración— la poesía, género creativo por excelencia, sufre de modo particular a causa del espíritu racionalista y analítico de la época. Por eso, excluyendo imitaciones de obras neoclásicas francesas, lo más destacado (*outstanding, prominent*) de la poética española son las *Fábulas literarias* (1782) de Tomás de Iriarte y las *Fábulas morales* (1781–1784) de Félix María Samaniego.

Lo contrario sucede en el Nuevo Mundo, donde se produce en este periodo una poesía significativa, mientras las colonias viven el momento histórico de su pre-Independencia. Dos son los autores que se destacan en el neoclasicismo hispanoamericano: el ecuatoriano José Joaquín Olmedo y el venezolano Andrés Bello. Olmedo, en su oda «La victoria de Junín: canto a Bolívar» —el mejor ejemplo de épica clásica compuesta en América— toma al superhéroe de la Independencia, el general Simón Bolívar, como símbolo de la grandeza del hombre latinoamericano. Bello, en cambio, en su silva «A la agricultura de la zona tórrida» —obra que evoca la poética de los latinos Virgilio y Horacio— exhorta a sus compatriotas a abandonar las armas y a cultivar la tierra.

TIERRA, INDÍGENA Y GAUCHO EN LA POESÍA ROMÁNTICA AMERICANA

El anhelo (*longing*) de algunos románticos europeos de descubrir la naturaleza en su forma primitiva, como América la ofrecía, es sentido por el hispanoamericano mismo, dando origen al Romanticismo autóctono o local. Así como lo había hecho el prosista, el poeta romántico latinoamericano también vuelve la mirada hacia atrás buscando su identidad nacional en la naturaleza virgen, en el indígena y en el enigmático hijo de la pampa —el gaucho.

Inspirado por el francés Chateaubriand (1768–1848), que había idealizado el suelo americano y al indígena proponiéndolos como modelo de un mundo ideal (*Viaje a América,* 1828), el cubano José María de Heredia compone versos que son un verdadero tributo al continente americano. Esto se nota particularmente en los poemas «Al Niágara» y «En el Teocalli de Cholula». Ese mismo interés por el suelo y por el indígena se encuentra en dos poemas marcadamente románticos, *La cautiva* (1837) del argentino Esteban Echeverría y *Tabaré* (1888) del uruguayo Juan Zorrilla de San Martín. Esta última obra, de carácter indianista (ver «Indianismo», Apéndice 3), dramatiza el conflicto del nativo de América frente a la civilización europea.

Al igual que el indígena, el gaucho aparece estilizado —estereotipado— en la poesía del siglo XIX, constituyendo otra vertiente mitificadora del Romanticismo americano: el género gauchesco. Las obras más valiosas de dicho género son los poemas narrativos de dos argentinos: *Fausto* (1886) de Estanislao del Campo y *Martín Fierro* (1886) de José Hernández, siendo esta última la obra maestra del género.

En el desarrollo de la poesía romántica hispánica hay que reservar un eminente lugar a la cubana Gertrudis Gómez de Avellaneda (p. 183). Sus escritos, que oscilan (*waver, fluctuate*) entre lo íntimamente personal y la temática nacional y universal, evidencian su papel de defensora, como Sor Juana Inés de la Cruz, de la integridad y autonomía femeninas.

EL ROMANTICISMO Y EL POSTROMANTICISMO EN LA POESÍA PENINSULAR

Según se observó anteriormente, el Romanticismo en España va ligado sobretodo a dos circunstancias históricas: la invasión napoleónica (1808) y el absolutismo del rey Fernando VII (1784–1833). Los dos acontecimientos oponen dos tendencias ideológicas muy distintas: el *liberalismo* y el *conservadurismo*. Al partido liberal pertenecen los jóvenes revolucionarios que habían buscado refugio en el extranjero, trayendo luego a España el espíritu progresista europeo que predicaba la iniciativa individual —el llamado culto al «yo». En cambio, junto a dichos liberales, hay en la Península Ibérica una clase de conservadores que rechaza las tendencias filosóficas y artísticas extranjeras. Estas dos vertientes se combinan para dar un carácter inconfundible al movimiento romántico español.

Ángel de Saavedra, Duque de Rivas (*Romances históricos,* 1841), es el primer romántico en cultivar la poesía tradicional; sin embargo, la obra más representativa de esta vertiente es la de José Zorrilla, renombrado por su poesía narrativa de leyendas y tradiciones históricas (*Los cantos del trovador,* 1840–1841; *La leyenda del Cid,* 1882). El poeta de mayor importancia de la tendencia liberal es José de Espronceda (p. 180), activista político cuyos versos lanzan una protesta social que rompe con toda tradición artística.

Los últimos románticos, o postrománticos, españoles, son el andaluz Gustavo Adolfo Bécquer y Rosalía de Castro (1837–1885), quien escribió casi exclusivamente en gallego, su idioma nativo. El lirismo puro de las *Rimas* (1871) —su intimidad, su lenguaje sencillo, la tenue musicalidad del verso, su mundo de ensueño y fantasía— hacen de Bécquer (p. 186) el precursor indiscutible de la poesía modernista. *En las orillas del Sar* (1884), la única obra de Rosalía de Castro escrita en castellano, destaca (*features, brings out*) la pureza y la sonoridad del verso, así como la vaguedad —trazos que la aproximan a Bécquer. Con todo, lo que distingue inconfudiblemente a la poeta gallega es el tono casi «elegíaco» de sus composiciones, en las que traslucen (*shine through*) una tristeza indecible y la resignación cristiana.

LA POÉTICA MODERNISTA: COSMOPOLITISMO Y MUNDONOVISMO

Si el modernismo hispanoamericano, a fines del siglo XIX, fue un movimiento destinado a renovar la expresión artística en general, su influencia afectó en especial a la poesía. Esta se beneficia de cambios radicales en la temática y en la técnica para reaccionar contra la objetividad del realismo y del naturalismo y para rechazar el excesivo sentimentalismo de los románticos. De esto resulta una lírica ecléctica, o sea, una poesía que combina lo mejor de las tres corrientes artísticas francesas de la época. Del Romanticismo los modernistas asimilan la intimidad y sonoridad del verso; del parnasianismo (ver Apéndice 3) derivan una poesía impersonal, objetiva, dedicada a enfatizar casi exclusivamente la forma, y del simbolismo heredan los elementos de la vaguedad, del color, de la musicalidad, del ritmo y del *versolibrismo* que consiste en usar versos libres, es decir, sin rima ni medida.

La primera manifestación de un arte nuevo —el llamado «primer modernismo», de tendencias románticas— cuenta con cuatro representantes: el cubano José Martí (p. 188); el mexicano Manuel Gutiérrez Nájera —quien utilizó el seudónimo «Duque Job»— («Para entonces»; «Non omnis moriar»); el colombiano José Asunción Silva (p. 190) («Los maderos de San Juan»; «Nocturno III»; «Ars»), y el nicaragüense Rubén Darío (p. 195).

LOS PRIMEROS MODERNISTAS

Las figuras cumbres de este primer grupo de modernistas son Martí, cuyo libro *Ismaelillo* (1882) inaugura el movimiento, y Darío. La obra de éste es especialmente importante por sintetizar el modernismo, ya que atraviesa y demarca sus tres fases. Se alude aquí a (1) la fase *esteticista* que enfatiza los valores estéticos y universales, o sea, el *arte por el arte* y el *cosmopolitismo;* (2) la *plenitud* o punto culminante del movimiento, y (3) el *momento mundonovista* y *metafísico* que da preferencia a los temas americanos y a la introspección.

La primera fase de la obra de Darío y, por lo tanto, del propio movimiento modernista, puede apreciarse en *Azul* (1888), libro en verso y en prosa, en donde el escritor, adscribiéndose al *esteticismo* (ver Apéndice 3), persigue la belleza ideal a través de la forma de sus composiciones. La plenitud o segunda fase del modernismo coincide con otra publicación de Darío, *Prosas profanas* (1896) (título que corresponde a «poemas no sagrados, escritos en el vernáculo o idioma popular»). Las «prosas» revelan innovaciones lingüísticas y métricas que dan al verso nuevos ritmos. La tercera etapa del modernismo, de carácter mundonovista (*New World–oriented*) y metafísico —fase en la que el artista expresa su preocupación por los problemas de su tierra y por el propio dilema existencial— encuentra su momento más alto en otra obra trascendente de este escritor nicaragüense, *Cantos de vida y esperanza* (1905). Aquí se perfila un Darío que traza la evolución de su arte, llegando a la conclusión de que ya no le basta vivir en la torre de marfil (*ivory tower*) que se había construido en la juventud («Yo soy aquél que ayer no más decía / el verso azul y la canción profana»). Preocupado por la presencia de los Estados Unidos en el Caribe y por la intervención estadounidense en Panamá, a raíz de la Guerra hispanoamericana (1898), Darío deja de perseguir el cisne (*swan*) —símbolo de la previa indiferencia del artista a la realidad externa. Ahora cuestiona proféticamente, al igual que Martí y otros modernistas, esa misma realidad —el destino colectivo e individual de la raza hispanoamericana: «¿Seremos entregados a los bárbaros fieros? / ¿Tantos millones de hombres hablaremos inglés? / ¿Ya no hay nobles hidalgos ni bravos caballeros? / ¿Callaremos ahora para llorar después?»

LA GENERACIÓN DEL 98: RENOVACIÓN ESPIRITUAL Y ARTÍSTICA EN ESPAÑA

Preocupaciones parecidas figuran en la temática de la poesía española de la Generación del 98. Frente a su propia crisis espiritual ocasionada por la misma guerra contra los Estados Unidos y por la consecuente pérdida de sus últimas colonias ultramarinas (*overseas*), poetas como Miguel de Unamuno (*Poesías,* 1907; *Romances del destierro,* 1928) vuelven la mirada hacia dentro, refugiándose en el sentimiento religioso, familiar, y en la contemplación del suelo nativo. Los escritores de la generación sintieron asimismo la influencia del modernismo americano. Esto lo demuestran Ramón del Valle-Inclán, cuya poesía (*Aromas de leyenda,* 1907) representa una visión mítica de Galicia, y Antonio Machado (p. 200), el poeta más destacado de la generación. Su obra maestra, *Campos de Castilla* (1912), indica que la poesía tiene una misión: eternizar el momento.

LA LÍRICA POSTMODERNISTA Y VANGUARDISTA EN ESPAÑA Y EN AMÉRICA

Al declinar el modernismo, la poesía hispánica sigue dos rumbos: el postmodernismo y el vanguardismo. En la península, la obra de Juan Ramón Jiménez (p. 202), figura cumbre de la poesía de la segunda década del siglo XX, representa una especie de puente entre ambas corrientes. En realidad, *Jardines lejanos* (1904), poesía conservadora al estilo postmodernista, muestra una forma sencilla, rítmica y sensual. En cambio, los versos revolucionarios, vanguardistas, de *Diario de un poeta recién casado* (1916) destacan una poesía pura, «desnuda», que busca la esencia de las cosas.

En Hispanoamérica, el postmodernismo indica que aunque se había rechazado el concepto esteticista del «arte por el arte», el espíritu modernista proporcionaba ahora al poeta el modo de expresar las emociones humanas de acuerdo con los más altos valores estéticos. Varias escritoras ilustres se adhieren a esta tendencia, entre ellas la chilena Gabriela Mistral (p. 204), Premio Nobel de Literatura en 1945. En sus versos, como en los de Delmira Agustini (*Los cálices vacíos,* 1913), Alfonsina Storni (*Irremediablemente,* 1919) y Juana de Ibarbourou (p. 210), se perfila la escritora moderna que reclama sus derechos de mujer y de ser humano.

LA GENERACIÓN DEL 27 Y LA VANGUARDIA ESPAÑOLA

En la poética vanguardista peninsular figura la llamada Generación del 27, que incluye a Federico García Lorca (pp. 212–213), Rafael Alberti, Jorge Guillén, Pedro Salinas, Luis Cernuda, Dámaso Alonso y Vicente Aleixandre. Une a estos poetas tanto su amistad personal como la influencia del ultraísmo —reacción artística de carácter anárquico y subversivo (ver Apéndice 3). De ahí que la obra de los poetas de este grupo presente tal característica. La figura más renombrada de la generación es García Lorca.

Además de García Lorca, también Aleixandre (*Historia del corazón,* 1954; *En un vasto dominio,* 1962; *Poemas de la consumación,* 1968) se distinguió en su tierra así como en el extranjero. Ganador del Premio Nobel de Literatura en 1977, es tal vez el portavoz más elocuente de una nueva generación de poetas españoles que progresivamente tienden a expresar las realidades de la sociedad contemporánea.

HUIDOBRO, VALLEJO, NERUDA Y EL VANGUARDISMO AMERICANO

En Hispanoamérica es Vicente Huidobro (p. 208) quien abre las puertas a la poesía contemporánea de vanguardia con el creacionismo. Esta tendencia artística consiste en suprimir lo emocional, lo ornamental y los nexos lógicos en el verso. (Ver Apéndice 3 y también el poema «Arte poética», p. 209.) Con todo, más representativos del panorama poético moderno son el peruano César Vallejo (pp. 205–206) y el chileno Pablo Neruda (p. 221).

LA POESÍA ESPAÑOLA DE LOS ÚLTIMOS AÑOS

La poesía peninsular se ha caracterizado en las últimas dos décadas por un marcado individualismo. Hay posiblemente dos denominadores comunes dentro de tanta diversidad. Uno es, sin duda, la preocupación de cada poeta por acudir a la realidad circunstante e inmediata (*the here and now*), razón por la cual la temática comprende (*includes*) todo aspecto de la realidad cotidiana (*daily*), desde los problemas urbanos hasta la búsqueda de una razón de ser (*purpose in life*). Otro factor que aúna (*unites*) a la presente generación de poetas españoles es la convicción de que el camino más indicado (*best route to follow*) para descubrir la verdad hay que buscarlo en el propio acto de creación artística. De ahí que la búsqueda de una realidad trascendente en un mundo inestable e incomprensible se transmute en (*turns into*) definiciones individuales de lo que es la poesía y en subsecuentes postulados de nuevas teorías sobre el lenguaje. Se deduce de eso que las múltiples ambigüedades y trasgresiones lingüísticas que caracterizan las distintas obras corresponden a los enigmas existenciales que confunden diariamente al artista y al resto de la humanidad con la que éste se identifica a través de sus versos. Dicha poesía, que va del expresionismo al enigma, gira en torno a los temas más variados, desde la política hasta el nihilismo (ver Apéndice 3) y desde la anarquía al compromiso social. Poetas como Ángel González (*Prosemas o menos,* 1984), José Ángel Valente (*Tres lecciones de Tinieblas,* 1980), Claudio Rodríguez (*Casi una leyenda,* 1991), Carlos Sahún (*Invisibles redes,* 1989), Concha García (*Pormenores,* 1990), García Luis Montero, (*Habitaciones separadas,* 1993), Roger Wolfe (*Mensajes en botellas rotas,* 1996), Gloria Fuertes (p. 233), Ana María Fagundo (p. 230) y Jorge Riechman (*Desandarlo andado,* 2001) repudian toda especie de represión o simplismo. En cambio, dichos poetas consideran la poesía como el mejor medio de liberación, y sus creaciones artísticas como la libre expresión de su integridad personal.

LA METAPOESÍA: DESAFÍO A LA POÉTICA ESPAÑOLA TRADICIONAL

Habiendo cimentado (*established*) la autonomía de su obra al romper con la convención lingüística, el poeta de la actualidad (*contemporary period*) ya no confía en el valor activo de la palabra. De ahí que se produzca el llamado metapoema: composición volcada sobre (*oriented toward*) sí misma, que habla de sí misma y que reconoce sólo la realidad expresada en el propio lenguaje. En España este fenómeno se evidencia en los versos de Pedro Gimferrer (*Dietaria*, 1984), Felipe Benítez Reyes, (*Equipaje*, 1996), Jenaro Talens, (*Viaje al fin del invierno*, 1997) y Guillermo Carnero (*Espejo de gran tiniebla*, 2002), entre otros.

LA POESÍA MODERNA EN AMÉRICA: INNOVACIÓN Y COMPROMISO

La poesía hispanoamericana de la segunda mitad del siglo xx se caracteriza por la búsqueda de nuevas modalidades capaces de expresar la postura del artista frente a la realidad de su tierra y de sus tiempos. Por ende, los poetas de dicho periodo incorporan en sus versos las influencias intelectuales más diversas —romanticismo, surrealismo, existencialismo— y las técnicas más atrevidas del vanguardismo literario universal, creando obras de gran originalidad. Dos poetas resaltan enseguida por sus innovaciones temáticas y técnicas: el cubano Nicolás Guillén (p. 218) y el puertorriqueño Luis Pales Matos (p. 216). Su lírica reproduce el habla y los ritmos musicales afroantillanos. Por su versatilidad y carisma, las figuras más distinguidas de la Generación del 50 son el peruano Salazar Bondy (*Confidencia en alta voz,* 1960) y los mexicanos José Emilio Pacheco (*No me preguntes cómo pasa el tiempo,* 1969) y Octavio Paz (p. 225) (*Topoemas,* 1971). Este último —uno de los intelectuales, pensadores y literatos más geniales de la historia— ganó el Premio Nobel de Literatura en 1990. Entre otros poetas de esta época figuran la argentina Olga Orozco (*La oscuridad es otro sol,* 1967); los peruanos Antonio Cisneros (*Canto ceremonial contra un oso hormiguero,* 1968) y Blanca Varela (*Valses y otras falsas confesiones,* 1972); el chileno Oscar Hahn (*Arte de morir,* 1977) y el venezolano Eugenio Montejo (*Terredad,* 1978).

En las décadas sucesivas —con motivo del movimiento puertorriqueño de independencia, de las brutales dictaduras centro y suramericanas y de los movimientos de emancipación de la mujer, del indígena y del afroamericano— surge (*emerges*) una generación de poetas «comprometidos». Este conjunto, dedicado al activismo político y social, incluye a las puertorriqueñas Julia de Burgos (*Obra poética,* 1961) y Rosario Ferré, a los cubanos Eberto Padilla (*Fuera del juego,* 1968) y Nancy Morejón (p. 233), a la mexicana Rosario Castellanos, al argentino Juan Gelman (*Hechos y relaciones,* 1980), a los nicaragüenses Ernesto Cardenal (p. 227) y Gioconda Belli (*Poesía reunida,* 1989) y a la nicaragüense-salvadoreña Claribel Alegría (*Despierta, mi bien, despierta,* 1986).

LAS ÚLTIMAS PROMOCIONES DE LA POESÍA IBEROAMERICANA

La lírica hispanoamericana más reciente se distingue por su pureza y gran variedad de temas. Estos abarcan desde el misticismo hasta la visión irónica de la vida burguesa, desde el feminismo hasta la nostalgia del pasado, y desde la meditación metafísica hasta el erotismo más desenfrenado. En esta generación se inscriben los nombre de algunos expatriados que viven actualmente en los Estados Unidos. Entre los nuevos poetas cabe indicar a los cubanos José Kozer (*Bajo este cien,* 1983) y Orlando Gonzáles Esteva (*El pájaro tras la flecha,* 1988); la costarricense Ana Istarú (*Verbo madre,* 1995), los mexicanos Elsa Cross (*Poemas desde la India,* 1993), David Huerta (*La música de lo que pasa,* 1997) y Coral Bracho (*La voluntad de ámbar,* 1998); la chilena Marjorie Agosín (*Noche estrellada,* 1996) y los peruanos Abelardo Sánchez (*El túnel de la herradura,* 1995) y Eduardo Chirinos (*Abecedario del agua,* 2000).

PRÁCTICA

Cuestionario

1. ¿Cuáles son los orígenes de la poesía? ¿Cuándo y cómo nació?
2. ¿Qué se entiende por «épica clásica»? ¿De qué manera se parece ésta a la épica medieval europea? ¿Cuál es el propósito de ambas?
3. ¿Qué epopeya produce en España el mester de juglaría? ¿Qué características colectivas del pueblo español ejemplifica y exalta esa obra en su contenido y estilo?
4. ¿A qué tipo de composición poética pertenece el *Libro de buen amor*? ¿Quién es su autor y de qué trata la obra?
5. ¿En qué consiste el *Romancero viejo*? ¿En qué época se produjo? ¿A qué fenómeno importante contribuyó dicha obra?
6. ¿Qué le debe la literatura española a Garcilaso de la Vega?
7. ¿Qué diferencias básicas existen entre el culteranismo y el conceptismo? ¿Quiénes son sus mayores exponentes? ¿En qué movimiento cultural se inscriben las dos corrientes?
8. ¿Qué representa Sor Juana Inés de la Cruz en Hispanoamérica? ¿Por qué?
9. Al siglo XVIII suelen asociarse dos corrientes. ¿Cuáles son? ¿Cuál de ellas afecta el pensamiento y cuál la expresión artística de la época?
10. ¿Qué características autóctonas o locales evidencia el Romanticismo hispanoamericano? ¿Qué rasgos independientes, propios, exhibe el movimiento romántico español?
11. ¿Por qué razones hay que separar a Gustavo Adolfo Bécquer de los demás románticos españoles? ¿Qué papel desempeña su obra en la evolución de la poesía española?

12. ¿De qué elementos o aspectos de la poesía romántica, simbolista y parnasiana francesa se vale el poeta modernista hispánico?

13. ¿Quién es considerado como la figura más típica e importante de la poesía modernista y por qué?

14. ¿Qué lugar se reserva a la obra poética de Juan Ramón Jiménez?

15. ¿A qué movimiento pertenecen Gabriela Mistral, Alfonsina Storni y Juana de Ibarbourou? ¿Qué rasgos manifiesta dicho movimiento o corriente? ¿Qué característica general se perfila en las obras de estas tres poetas hispanoamericanas?

16. ¿Dentro de qué corriente poética peninsular (española) figuran Federico García Lorca y Dámaso Alonso?

17. ¿Qué se entiende por «poeta comprometido»? ¿Qué compromiso asumen los siguientes autores: Pablo Neruda, Ernesto Cardenal, Nicolás Guillén, Rosario Castellanos y Gloria Fuertes?

18. ¿Por qué ocupa Octavio Paz un lugar importante en la literatura contemporánea? ¿Cuáles han sido sus contribuciones a esta literatura?

19. ¿Qué rasgos aúnan (*unite*) a los siguientes autores: Orlando González Esteva, Marjorie Agosín, David Huerta y Eduardo Chirinos?

Identificaciones

1. los *Milagros de Nuestra Señora*
2. juglar y trovador
3. *La Araucana*
4. el Marqués de Santillana
5. el ascetismo y el misticismo
6. la Ilustración
7. *Tabaré*
8. José Hernández
9. Gertrudis Gómez de Avellaneda
10. 1808
11. José Zorrilla y José de Espronceda
12. las *Rimas*
13. *Azul*
14. «metapoema»
15. Claribel Alegría

LA POESÍA: GUÍA GENERAL PARA EL LECTOR

Aspectos formales

1. ¿Qué tipo de poema es éste? ¿Se trata de un soneto, romance, poema de versos libres o de otra forma?

2. ¿Cuál es el cómputo silábico de los versos? ¿Son versos de arte mayor o de arte menor?

3. ¿Qué clase de rima emplea el poeta?
4. ¿Cuál es el ritmo del poema? O sea, ¿cuáles son las sílabas del verso que llevan el acento rítmico?
5. De acuerdo con su estructura, ¿es éste un poema narrativo, lírico o dramático? ¿Es dialogado o se trata de un monólogo?
6. ¿Quién habla en el poema? ¿Hay algún cambio de voz? ¿A quién se dirige el poeta? ¿a sí mismo? ¿a los lectores en general o a un lector en particular, etcétera?
7. Teniendo en cuenta el lenguaje empleado, ¿cuál es el tono del poema? ¿serio, humorístico, irónico, etcétera? Explíquelo.
8. ¿Qué figuras retóricas y tropos se utilizan? ¿metáforas, símiles, anáforas, onomatopeyas, retruécanos (*puns*), prosopopeyas, etcétera?

Aspectos conceptuales

1. Resuma brevemente el asunto del poema.
2. ¿Cuál es el tema o idea central de esta composición poética? ¿Hay algún subtema o idea secundaria?
3. ¿Cómo revelan el tema el título, las imágenes, los símbolos y las figuras retóricas?
4. En su opinión, ¿cuál es el mensaje del poema?

LECTURAS

Anónimo

El romance: carácter e historia

Los romances (*ballads*) son poemas que aparecieron en colecciones —los llamados *romanceros*— a partir del siglo XVI, pero que habían circulado por España dos siglos antes, en folletos sueltos (*loose-leaf pamphlets*). Según el estudioso (*scholar*) español Ramón Menéndez Pidal (1869–1968), los romances son composiciones basadas en cantos épicos nacionales, como el *Poema del Cid* (c. 1140), o simplemente inspiradas por ellos. Los *romances viejos,* compuestos por autores anónimos para ser cantados, se dividen en romances *tradicionales* y romances *juglarescos*. Ambos tipos contienen los temas siguientes: (1) los *históricos,* dedicados a la tradición española y a la clásica (de Grecia y Roma); (2) los *carolingios,* basados en la epopeya (*epic*) francesa y en las hazañas de héroes como Carlomagno (*Charlemagne*) y Roldán; (3) los *novelescos,* generalmente de tipo sentimental, y (4) los *líricos,* esencialmente amorosos. Los romances juglarescos se diferencian de los tradicionales por su mayor extensión, su ritmo lento y pausado, su colorido (*colorfulness*) y su popularidad tanto entre las clases bajas como entre la aristocracia. En el género juglaresco figuran los romances *fronterizos* y los *moriscos* —obras que tratan de las luchas y amores entre cristianos y musulmanes durante la guerra de la Reconquista (718–1492). Desde el siglo XVI la palabra *romance* se ha referido a un tipo específico de composición poética (ver «El poema»).

El romance y su contexto

El romance aparece en España con la corriente humanista que atraviesa Europa en el siglo XVI —corriente que anima a cada país a redescubrir y propagar sus tesoros culturales. En realidad, esa tendencia se había manifestado en España en el año 1449, cuando Iñigo López de Mendoza, Marqués de Santillana (1398–1458), anunció oficialmente la existencia de un caudal de lírica popular —noticia que culminó un siglo más tarde con la compilación y propagación del *Romancero viejo*. Los siguientes poemas, «El Enamorado y la Muerte» y «Romance del conde Arnaldos», ejemplifican por su forma métrica, estilo y tema los romances líricos y novelescos. Compuestos de un número indefinido de versos octosílabos con rima asonante en los versos pares, dichos poemas manifiestan una técnica fragmentarista que favorece el suspenso, así como el carácter popular y entretenido (*entertaining*) del género.

El Enamorado y la Muerte

Un sueño soñaba anoche,
soñito[1] del alma mía,
soñaba con[2] mis amores,
que en mis brazos los tenía.
5 Vi entrar señora tan blanca,
muy[3] más que la nieve fría.

«¿Por dónde has entrado,
    amor?
¿Cómo has entrado, mi vida?
10 Las puertas están cerradas,
ventanas y celosías.»[4]
«No soy el amor, amante:
la Muerte que Dios te envía.»

«Ay, Muerte tan rigorosa,
15 ¡déjame vivir un día!»
«Un día no puede ser,
un[5] hora tienes de vida.»
    Muy de prisa se calzaba,[6]
más de prisa se vestía;
20 ya se va para la calle,

en donde su amor vivía.
«Ábreme la puerta, blanca,[7]
ábreme la puerta, niña!»
«¿Cómo te podré yo abrir
25 si la ocasión no es venida[8]?
Mi padre no fue al palacio,
mi madre no está dormida.»

«Si no me abres esta noche,
ya no me abrirás, querida;
30 la Muerte me está buscando,
junto a ti vida sería.»
«Vete bajo la ventana
donde labraba[9] y cosía,
te echaré cordón de seda[10]
35 para que subas arriba,
y si el cordón no alcanzare[11]
mis trenzas[12] añadiría.»
    La fina seda se rompe;
la Muerte que allí venía:
40 «Vamos, el enamorado,
que la hora ya está cumplida.»

[1]forma diminutiva de **sueño**   [2]about   [3]mucho   [4]shutters   [5]una; se quitó la a para que el verso tuviera las ocho sílabas propias de un romance   [6]se... se ponía los zapatos   [7]hermosa   [8]si... si no es buena hora   [9]I embroider   [10]cordón... silk cord (related to the concept of the "thread of life")   [11]does not reach (forma arcaica)   [12]tresses, braids

Cuestionario

1. ¿Qué se sabe del narrador del romance?
2. ¿Con qué sueña el hablante poético?
3. ¿Quién entra en la habitación? ¿Cómo se ve?
4. ¿Qué le pide el Enamorado a la Muerte? ¿Cuál es la respuesta?
5. ¿Qué va a hacer la mujer amada?
6. ¿Cuál es el desenlace del poema?

Romance del conde Arnaldos

¡Quién hubiese tal ventura[1]
sobre las aguas del mar,
como hubo el conde Arnaldos
la mañana de San Juan![2]
5 Con un falcón en la mano
la caza iba a cazar,
vio venir una galera
que a tierra quiere llegar.[3]
Las velas traía de seda,
10 la jarcia[4] de un cendal,[5]
marinero que la manda
diciendo viene un cantar[6]
que la mar facía[7] en calma,

los vientos hace amainar,[8]
15 los peces que andan en el hondo
arriba los hace andar,
las aves que andan volando
en el mástil las hace posar.
Allí fabló el conde Arnaldos,
20 bien oiréis lo que dirá:
—Por Dios te ruego, marinero,
dígasme ora[9] ese cantar—
Respondióle el marinero,
tal respuesta le fue a dar:[10]
25 —Yo no digo esta canción
sino a quien conmigo va.

[1]¡Quién... Quién pudiera tener tanta fortuna [2]la... el solsticio de verano, día que evoca la alegría y la magia [3]quiere... se acerca lentamente [4]*rigging and cordage* [5]gasa (*gauze*) o seda [6]diciendo... viene cantando [7]ponía [8]disminuir [9]ahora [10]le... le dio

Cuestionario

1. ¿Qué está haciendo el conde Arnaldos al comienzo del poema?
2. ¿Qué ve el conde?
3. ¿Qué efecto le produce el cantar del marinero?
4. ¿Qué le pide el conde al marinero?
5. ¿Cuál es la contestación del marinero, y cómo se puede interpretar dicha contestación?

GARCILASO DE LA VEGA

Vida y obra

Garcilaso de la Vega (c. 1501–1536) nació en Toledo, España. Descendiente de una familia noble, recibió la educación propia de un perfecto caballero: música, equitación (*horseback riding*), manejo de las armas (*swordsmanship*) e instrucción en las lenguas y literaturas latinas. En 1520 entró al servicio del emperador Carlos V (1500–1558), a quien acompañó al extranjero y por quien peleó (*he fought*) valientemente. En 1525, tal vez para complacer al emperador, se casó con una noble dama con quien no fue feliz. Al año siguiente se enamoró apasionadamente de Isabel Freire, hermosa dama portuguesa, que fue el gran amor platónico de su vida. Sin embargo, sus sueños se desvanecieron (*were dashed*) tres años más tarde, cuando Isabel se casó con otro hombre. Decepcionado, Garcilaso acompañó al emperador a Italia y tras un breve destierro (*banishment*) por insubordinación, se estableció en Nápoles, donde se familiarizó con las literaturas italiana y clásica. La noticia de la súbita (*sudden*) muerte de Isabel le abrumó (*crushed*) y, no obstante el haber conocido a otra mujer, volvió desesperado al campo de batalla donde pereció durante el asalto a una torre francesa. Su producción poética se remonta (*dates back*) al año 1526, cuando, inspirado por Isabel y animado por su amigo Juan Boscán, comenzó a componer poemas al estilo italiano. Su obra consiste en una epístola, dos elegías, cinco canciones, tres églogas y treinta y ocho sonetos.

El autor y su contexto

Valiente guerrero, inspirado artista, profundo conocedor de la cultura clásica y persona de intensa vida sentimental, Garcilaso es el hombre renacentista ejemplar (*ideal*). Es asimismo el más celebrado exponente del Renacimiento español (siglo XVI), época en la que atravesó el país la corriente humanista que promovía, además del redescubrimiento de las antiguas culturas de Roma y Grecia, el respeto por los intereses, los valores y la dignidad de cada individuo. Por consiguiente, la obra poética de Garcilaso —que gira en torno de los temas amorosos y de los bucólicos o pastoriles— versa sobre (*deals with*) su propia persona. Ya sea en sus canciones, en sus églogas —lo mejor de su poesía— o en los sonetos endecasílabos inspirados por el italiano Francesco Petrarca (1304–1374), Garcilaso lamenta su desdichado (*ill-fated*) amor por Isabel y expresa su deseo de huir al campo para encontrar en la belleza y en la simplicidad de la naturaleza la paz espiritual, antes de que sea demasiado tarde. En esto se ve la influencia clásica de Horacio y sus temas, el *beatus ille* (*lucky they who can enjoy the simple life of the country*) y el *carpe diem* (*enjoy the moment, for tomorrow may never come*). Los dos poemas de esta antología ejemplifican tanto la temática previamente comentada del poeta como su estilo, que tanto influyó en la lírica del Renacimiento español. Este estilo se distingue por la claridad y naturalidad del lenguaje, la elegancia, la moderación, la suave musicalidad del verso y el ritmo pausado y fluido al mismo tiempo.

Soneto I

Cuando me paro a contemplar mi estado,[1]
y a ver los pasos[2] por do[3] me han traído,
hallo, según por do anduve perdido,
que a mayor mal[4] pudiera haber llegado;

5   mas cuando del camino estó[5] olvidado,
a tanto mal no sé por dó he venido;
sé que me acabo,[6] y más he yo sentido
ver acabar comigo[7] mi cuidado.[8]

Yo acabaré, que me entregué sin arte[9]
10 a quien sabrá perderme y acabarme,[10]
si quisiere,[11] y aun sabrá querello;[12]

que pues mi voluntad[13] puede matarme,
la suya,[14] que no es tanto de mi parte,[15]
pudiendo, ¿qué hará sino hacello?[16]

---

[1]condición [2]el camino [3]donde [4]mala fortuna [5]estoy [6]muero [7]conmigo (forma arcaica) [8]sufrimiento amoroso
[9]me... perseguí [a la mujer] sin saber lo que tenía que hacer para lograr lo que deseaba [10]perderme... destruirme y quitarme la vida
[11]quisiera (forma arcaica) [12]quererlo [13]*will, mental state* [14]la... la de ella [15]no... está menos inclinada a defender mis intereses
[16]hacerlo (se refiere a **matarme**)

Cuestionario

1. ¿Qué actitud expresa el hablante poético en el primer cuarteto?
2. ¿Parece más optimista en el segundo cuarteto o más pesimista? Responda dando una explicación.
3. ¿Cuál es la causa de su dilema?
4. ¿Por qué cree el «yo» poético que va a «acabarse»?
5. ¿Cuál es la base de la paradoja presentada en los tercetos?

Soneto XXIII

En tanto que[1] de rosa y de azucena[2]
se muestra la[3] color en vuestro gesto,[4]
y que vuestro mirar ardiente, honesto,[5]
enciende al corazón y lo refrena;

5   y en tanto que el cabello, que en la vena
del oro se escogió, con vuelo presto,[6]
por el hermoso cuello blanco, enhiesto,[7]
el viento mueve, esparce[8] y desordena;

coged de vuestra alegre primavera
10   el dulce fruto,[9] antes que el tiempo airado[10]
cubra de nieve la hermosa cumbre.[11]

Marchitará[12] la rosa el viento helado,
todo lo mudará[13] la edad ligera[14]
por no hacer mudanza en su costumbre.

[1]En... Mientras [2]lily [3]ahora, el [4]cara [5]casto, puro [6]con... con un movimiento rápido [7]upright, lofty [8]scatters [9]coged... mensaje del carpe diem, tradición poética según la cual un hombre intenta convencer a una mujer de la importancia de gozar de la vida mientras ella sea joven y bella [10]enojado; (fig.) feroz [11]mountain top; (fig.) cabeza [12]Destruirá [13]transformará [14]la... el tiempo fugaz (rápido)

Cuestionario

1. ¿Con qué se compara la cara de la mujer amada?
2. ¿Con qué se compara el cabello de la mujer?
3. ¿Cuál es el mensaje del poema? ¿Cómo se expresa?
4. ¿A qué se refiere la «nieve» del verso 11?
5. ¿Cuál es la base de la paradoja del segundo terceto? O sea, ¿cuál es la única cosa no sujeta a los efectos de la mudanza?

Santa Teresa De Jesús

Vida y obra

Teresa de Cepeda y Ahumada (1515–1582) nació en Avila, de estirpe (*stock*) noble. Demostró desde niña vocación por las empresas (*undertakings*) evangélicas. A los siete años soñó que su misión era morir martirizada y se escapó de casa con su hermanito para ir a luchar contra los moros. Su fervor religioso la indujo a hacerse monja (*nun*), y a los diecinueve años profesó (*she took her vows*) en el convento de las Carmelitas de Ávila. Más tarde, hallando relajada la disciplina del convento y queriendo devolver la antigua austeridad a los claustros, intentó reformar su orden, la Orden del Carmelo, lo que le trajo burlas y persecuciones. Sin embargo, su firme compromiso (*commitment*) le permitió fundar, con la cooperación de San Juan de la Cruz, más de treinta conventos y monasterios. Fue canonizada cuarenta años después de su muerte. Sus obras en prosa y en verso —casi todas escritas a pedido de su confesor y otras personas— comprenden tres categorías. A la primera, de carácter autobiográfico, pertenecen el *Libro de su vida* y el *Libro de las fundaciones.* En la segunda se encuentran los escritos de contenido didáctico-moral, que incluyen *Camino de perfección* y *Las moradas o Castillo interior.* En la tercera categoría figuran las *Cartas* y las *Poesías.* Sus escritos fueron publicados póstumamente, gran parte de ellos en 1588.

La autora y su contexto

En la formación espiritual e intelectual de Santa Teresa influyó, ante todo, su personalidad de mujer valiente, decidida y enérgica, cualidades que en su época se atribuían sólo a los hombres. El impacto que tuvo en ella la temprana lectura de libros de caballería, cuyos protagonistas andaban por el país haciendo justicia, se nota en su compromiso de corregir los errores e injusticias que se cometían dentro de la propia Iglesia. Ni siquiera la Inquisición logró frenar (*refrain, stop*) a esta mujer en su misión de reformadora, pues además de su fuerza viril, poseía un carácter femenino encantador: era dulce, alegre y cariñosa. Tales virtudes le ganaron la simpatía del Papa Pío IV (1499–1565) y del rey Felipe II (1527–1598), partidarios (*supporters*) como ella de la Contrarreforma (siglos XVI–XVII) —movimiento que combatía la Reforma protestante y defendía la integridad del dogma católico decaído en el siglo XV. Las obras místicas de Santa Teresa representan lo mejor de su producción y perfilan (*profile*) sus experiencias espirituales, su vida interna. En *Las moradas o Castillo interior,* su obra maestra, el alma se convierte alegóricamente en un castillo de diamantes, cuyas doce habitaciones conducen a Dios. Su poesía —usualmente glosas (ver Apéndice 3) de estribillo o villancicos octosílabos— no alcanza la calidad de su prosa. Dicha poesía, de carácter místico, trata de la salvación mediante la fe y expresa el deseo del alma de unirse con Dios. Según se puede apreciar en los poemas que siguen, lo que hace agradable leer a Santa Teresa son la sencillez, la espontaneidad, la viveza (*liveliness*), la fluidez y la gracia del español hablado en su época.

Vivo sin vivir en mí

Vivo sin vivir en mí,
y de tal manera espero,
que muero porque no muero.

Vivo ya fuera de mí,
5 después que muero de amor;
porque vivo en el Señor,
que me quiso para sí.
Cuando el corazón le di
puse en él nuestro letrero:
10 *que muero porque no muero.*

Esta divina prisión
del amor con que yo vivo
ha hecho a Dios mi cautivo,
y libre mi corazón;
15 y causa en mí tal pasión
ver a Dios mi prisionero,
que muero porque no muero.

¡Ay, qué larga es esta vida!
¡Qué duros estos destierros[1]!
20 Esta cárcel, estos hierros[2]
en que el alma está metida.
Sólo esperar la salida
me causa dolor tan fiero,[3]
que muero porque no muero.

25 ¡Ay, qué vida tan amarga
do[4] no se goza el Señor!
Porque si es dulce el amor,
no lo es la esperanza larga;
quíteme Dios esta carga,[5]
30 más pesada que el acero,[6]
que muero porque no muero.

Sólo con la confianza
vivo de que he de morir,
porque muriendo el vivir
35 me asegura mi esperanza;
muerte do el vivir se alcanza,
no te tardes, que te espero,
que muero porque no muero.

Mira que el amor es fuerte;
40 vida, no me seas molesta,
mira que sólo te resta,[7]
para ganarte, perderte;
venga ya la dulce muerte,
el morir venga ligero,
45 *que muero porque no muero.*

Aquella vida de arriba,
que es la vida verdadera,
hasta que esta vida muera,
no se goza estando viva;
50 muerte, no me seas esquiva;[8]
viva muriendo primero,
que muero porque no muero.

Vida, ¿qué puedo yo darte
a mi Dios, que vive en mí,
55 si no es el perderte a ti
para merecer ganarte?
Quiero muriendo alcanzarte,
pues tanto a mi Amado[9] quiero,
que muero porque no muero.

---

[1]exilios   [2]*bars*   [3]grande   [4]donde   [5]*burden*   [6]*steel*   [7]queda   [8]desdeñosa   [9]ser querido (Dios)

Cuestionario

1. ¿Cuál es la base de la paradoja central de «muero porque no muero»?
2. ¿Cuál es la actitud del «yo» poético ante la vida de este mundo, y cómo se refleja esta actitud a través de las imágenes del poema?
3. ¿Qué ejemplos hay de oxímoron y de antítesis en el poema? ¿Por qué habrá utilizado estas figuras la poeta?
4. ¿Por qué quiere el «yo» poético que Dios le quite «esta carga» (v. 29)?
5. ¿Cómo explica el apóstrofe en la última estrofa el dilema existencial o vital de la poeta?

Nada te turbe...

Nada te turbe,[1]
nada te espante,[2]
todo se pasa,
Dios no se muda.[3]
5 La paciencia
todo lo alcanza,
quien a Dios tiene
nada le falta:
sólo Dios basta.

[1]Nada... No permitas que nada te perturbe o inquiete   [2]asuste   [3]no... no cambia

Cuestionario

1. ¿Cuál es el mensaje de este poema?
2. Según su lectura del poema, ¿de quién será la voz poética? ¿A quién dirige sus palabras?
3. ¿Qué valor tienen las palabras «La paciencia / todo lo alcanza»?
4. En el verso 7, ¿de qué figura retórica es ejemplo la palabra «Dios»?

San Juan de la Cruz

Vida y obra

San Juan de la Cruz (Juan de Yepes y Álvarez, 1542–1591) nació en una humilde familia en Fontiveros, Ávila. Por algún tiempo fue enfermero en el hospital de Medina del Campo, ingresando en 1564 en la Orden del Carmelo. Cursó teología en la Universidad de Salamanca y, cuando tenía veinticinco años, comenzó a colaborar con Santa Teresa de Jesús en la reforma de la orden —empresa que causó que ambos fueran víctimas de continuas persecuciones. Encarcelado en un convento de Toledo, sufrió indecibles abusos físicos y mentales. Finalmente logró escaparse y fue desterrado a un solitario monasterio andaluz. Separadas las dos ramas de los carmelitas, San Juan ocupó altos cargos en su orden hasta que, a causa de unas disputas dentro de ésta, fue relegado a un monasterio en la Sierra Morena. Poco después, a punto de ser trasladado de nuevo —esta vez a América— falleció en Ubeda, Jaén, víctima de su frágil constitución y de una vida de incesante activismo y privaciones. Sus obras, publicadas póstumamente, incluyen *Subida al Monte Carmelo* (1578–1583), *Noche oscura del alma* (¿1584?) *Llama de amor viva* (1584) y *Cántico espiritual* (1584).

El autor y su contexto

San Juan ejemplifica como ningún otro español el misticismo —doctrina que enseña la comunicación directa del ser humano con Dios a través de la fe. Como poeta ocupa un lugar prominente en la literatura mundial por el incomparable simbolismo que da forma a su pensamiento teológico y a las emociones de su experiencia mística. Si bien el arte de San Juan de la Cruz revela la originalidad de su estilo, su vida refleja la complejidad y la contradicción típicas de la época de la Contrarreforma. En efecto, coexisten en este poeta el hombre enfermizo y débil y el indomable reformador, el monje reservado y piadoso y el valiente activista. No obstante su fortaleza espiritual, las marcas dejadas en su persona por los calabozos (*dungeons*) se perciben tanto en su pensamiento como en su estética. El deseo de escaparse de las prisiones sombrías en las que estuvo en la vida real se manifiesta en su actitud mística que rehuye (*flees from*) la dura realidad del mundo. Estilísticamente, casi toda la doctrina de San Juan gira en torno a la imagen dualística de la «Noche oscura». Este artificio (*device*) sugiere la negación de las cosas materiales que no se ven en la oscuridad y evoca así el misterio de lo eterno y lo divino. La oscuridad simboliza por un lado las duras pruebas que Dios le manda al ser humano y por otro la purificación. Dicha purificación ilumina (*enlightens*) al individuo y le permite conocer a Dios, el cual es luz, es vida, es todo. Como místico, el poeta busca —a través de la contemplación— la separación del alma y del cuerpo para que el alma, abandonando este mundo, se reúna con Dios. El resultado es una poesía amorosa «a lo divino» que representa la unión espiritual de la amada (el alma) con el Amado (Dios).

Llama de amor viva

CANCIONES

Del alma en la íntima comunicación de unión de amor de Dios.

¡Oh llama de amor viva,[1]
que tiernamente hieres[2]
de mi alma en el más profundo centro!,
pues ya no eres esquiva,[3]
5 acaba ya si quieres,
rompe la tela[4] de este dulce encuentro.

¡Oh cauterio suave!,
¡oh regalada llaga!,
10 ¡oh mano blanda!, ¡oh toque delicado,
que a vida eterna sabe,
y toda deuda paga!
Matando, muerte en vida la has trocado.[5]

¡Oh lámparas de fuego,
15 en cuyos resplandores,
las profundas cavernas del sentido,
que estaba oscuro y ciego,
con extraños primores[6]
calor y luz dan junto a su querido!

20 ¡Cuán manso y amoroso
recuerdas en mi seno,[7]
donde secretamente solo moras;[8]
y en tu aspirar sabroso,
de bien y gloria lleno,
25 cuán delicadamente me enamoras!

---

[1]llama... *living flame of love* (amor de Dios) [2]*wounds* [3]*coyish* [4]la tela... se refiere a la vida corporal [5]has...
has cambiado [6]cosas bellas [7]pecho [8]habitas, vives

Cuestionario

1. El tema de este poema es la unión mística del alma con Dios. Teniendo esto en cuenta, ¿cuáles son los elementos dominantes en este poema?
2. ¿Qué imágenes emplea San Juan de la Cruz para expresar el amor de Dios?
3. Explique el uso de las expresiones admirativas.
4. Mencione las paradojas que se presentan en la segunda estrofa.

Noche oscura

En una noche oscura
con ansias en amores inflamada,
¡oh dichosa ventura!
salí sin ser notada
5 estando ya mi casa sosegada.[1]
  A escuras,[2] y segura
por la secreta escala disfrazada,
¡oh dichosa ventura!
a escuras, y en celada,[3]
10 estando ya mi casa sosegada.
  En la noche dichosa,
en secreto, que nadie me veía,
ni yo miraba cosa,
sin otra luz y guía,
15 sino la que en el corazón ardía.
  Aquesta[4] me guiaba
más cierto que la luz del mediodía,
a donde me esperaba
quien yo bien me sabía,[5]
20 en parte donde nadie parecía.

  ¡Oh noche, que guiaste,
oh noche amable más que el alborada;[6]
oh noche, que juntaste
Amado con amada,
25 amada en el Amado transformada!
  En mi pecho florido,
que entero para él sólo se guardaba,
allí quedó dormido,
y yo le regalaba,[7]
30 y el ventalle[8] de cedros[9] aire daba.
  El aire de la almena,[10]
cuando yo sus cabellos esparcía,[11]
con su mano serena
en mi cuello hería,
35 y todos mis sentidos suspendía.
  Quedéme, y olvidéme,
el rostro recliné sobre el Amado,
cesó todo, y dejéme,
dejando mi cuidado
40 entre las azucenas[12] olvidado.

[1]tranquila [2]A... A oscuras (forma arcaica), en la oscuridad [3]en... ocultamente [4]ésta (forma arcaica) [5]me... yo sabía bien [6]amanecer [7]acariciaba [8]abanico [9]cedars [10]battlement between openings at the top of a fortress [11]extendía, acariciaba [12]lirios blancos

Cuestionario

1. ¿En qué condiciones sale el «yo» poético de su casa?
2. ¿Cuál podría ser el valor simbólico de la casa? ¿Y el de la persona que sale?
3. ¿Cómo se puede interpretar el verso 25, «amada en el Amado transformada»?
4. ¿Qué tipo de imágenes se utilizan para presentar la escena final?

Luis de Góngora

Vida y obra

Luis de Góngora y Argote (1561–1627) nació en Córdoba, de familia aristocrática. Siendo sacerdote (*priest*), más por obligación que por vocación, fue nombrado racionero (*clergyman who is awarded a stipend*) de la Catedral de Córdoba. No tomó en serio su sacerdocio, prefiriendo dedicarse a la poesía, a la música, a las corridas de toros y al juego (*gambling*). Sin embargo, llegó a ser capellán (*chaplain*) de la corte de Felipe III (1578–1621) y viajó por España con varias misiones eclesiásticas. En Madrid gozó de gran notoriedad como poeta, relacionándose con las figuras literarias más distinguidas de la época. En 1626, incapacitado por un ataque cerebral, volvió a Córdoba, donde falleció al año siguiente. Entre sus composiciones poéticas, objeto de mucha controversia a lo largo de los siglos, figuran los poemas extensos *Fábula de Polifemo y Galatea* (1612) y *Soledades* (1613), así como unos cien romances y doscientos sonetos.

El autor y su contexto

Según se puede observar en el retrato que aquí aparece (atribuido al pintor Diego Rodrigo de Silva y Velázquez, 1599–1660), Góngora fue un hombre austero y malhumorado. Pero su apariencia escondía un alma muy sensible (*sensitive*). Su obra —la máxima expresión de la poesía barroca española— revela a un ser que por su temperamento encarna el periodo de la Contrarreforma, época de desequilibrio espiritual y desasosiego (*restlessness*). Amante de los placeres de la vida, frustrado por la carrera religiosa que le había impuesto su familia, angustiado por su adicción al juego y exacerbado por las disputas con sus adversarios personales y literarios —escritores como Lope de Vega y Francisco de Quevedo— Góngora se refugió en su arte. El resultado es una poesía dualística que oscila entre la de versos cortos populares (las letrillas y los romances) y la de versos endecasílabos (los sonetos, *Polifemo* y *Soledades*). Los dos tipos tienen objetivos distintos. El primero, de carácter burlesco, degrada la realidad a través de una sátira despiadada de una sociedad a la que el poeta indudablemente atribuía su infelicidad. El segundo tipo, poesía culta, busca un escape en la búsqueda de la belleza y de la perfección absoluta. La temática refleja los dos motivos recurrentes del Barroco, que se remontan a la tradición clásica: (1) la brevedad de la vida y la necesidad de aprovechar el momento presente, el llamado *carpe diem,* y (2) la alabanza de la belleza pura y sencilla de la naturaleza —ejemplificada por la vida de los pastores y pescadores, el motivo clásico del *beatus ille*— y la denuncia de una sociedad viciada y corrupta. Toda la obra poética de Góngora se distingue por el culteranismo o *gongorismo*. Este estilo intensifica, con menor o mayor énfasis, todos los recursos (*devices*) literarios de la poesía renacentista y barroca, sobre todo las palabras sonoras y pictóricas, la metáfora, el hipérbaton y la hipérbole (ver «El lenguaje literario»), a fin de transformar la realidad más banal en una verdadera experiencia estética o artística.

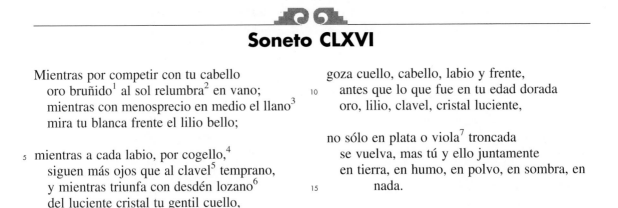

Soneto CLXVI

Mientras por competir con tu cabello
  oro bruñido[1] al sol relumbra[2] en vano;
mientras con menosprecio en medio el llano[3]
mira tu blanca frente el lilio bello;

5 mientras a cada labio, por cogello,[4]
siguen más ojos que al clavel[5] temprano,
y mientras triunfa con desdén lozano[6]
del luciente cristal tu gentil cuello,

10 goza cuello, cabello, labio y frente,
antes que lo que fue en tu edad dorada
oro, lilio, clavel, cristal luciente,

no sólo en plata o viola[7] troncada
se vuelva, mas tú y ello juntamente
15 en tierra, en humo, en polvo, en sombra, en
nada.

---

[1]burnished [2]brilla [3]terreno plano [4]cogerlo, besarlo [5]carnation [6]orgulloso [7]violeta (forma arcaica)

Cuestionario

1. ¿Qué elementos sirven de base a la serie de comparaciones?
2. ¿De qué manera se hacen estas comparaciones? ¿De quién es el triunfo?
3. Según el que habla, ¿por qué debe la mujer gozar de su belleza durante la juventud?
4. ¿Qué efecto poético produce el segundo terceto (v. 12–14)?

Letrilla

Ándeme yo caliente y ríase la gente.[1]

Traten otros del gobierno
del mundo y sus monarquías,
mientras gobiernan mis días
mantequillas y pan tierno,
5 y las mañanas de invierno
naranjada y agua ardiente,[2]
  y ríase la gente.

Coma en dorada vajilla[3]
el Príncipe mil cuidados,
10 como píldoras dorados;
que yo en mi pobre mesilla
quiero más una morcilla[4]
que en el asador reviente,[5]
  y ríase la gente.

---

[1]Ándeme... *Let me get all worked up, and let the people have their laugh* [2]agua... *brandy* [3]conjunto de platos que se emplea para el servicio de la mesa [4]*blood sausage* [5]que... exquisitamente cocinada

¹⁵ Cuando cubra las montañas
de blanca nieve el Enero,
tenga yo lleno el brasero⁶
de bellotas y castañas,⁷
y quien las dulces patrañas
²⁰ del Rey que rabió⁸ me cuente,
  y ríase la gente.

Busque muy en hora buena
el mercader nuevos soles;⁹
yo conchas y caracoles
²⁵ entre la menuda arena,
escuchando a Filomena^a
sobre el chopo¹⁰ de la fuente,
  y ríase la gente.

Pase a media noche el mar
³⁰ y arda en amorosa llama
Leandro^b por ver su dama;
que yo más quiero pasar
del golfo de mi lagar¹¹
la blanca o roja corriente,¹²
³⁵   *y ríase la gente.*

Pues Amor es tan crüel,
que de Píramo^c y su amada
hace tálamo¹³ una espada
do se junten ella y él,
⁴⁰ sea mi Tisbe^d un pastel,
y la espada sea mi diente,
  y ríase la gente.

⁶recipiente de metal en el que se quema carbón [*coal*] para calentar los cuartos ⁷bellotas... *acorns and chestnuts*
⁸patrañas... *fictitious account* ⁹nuevos... nuevos países ¹⁰*black-poplar tree* ¹¹lugar donde se hace el vino
¹²la... el vino ¹³*bridal chamber*

---

^aNombre mitológico de una princesa de Atenas convertida en ruiseñor (*nightingale*) para salvarla de su seductor.
^bPersonaje mitológico el cual se ahogó al cruzar a nado el Helesponto para ver a su amada Hero.
^cEl enamorado de Tisbe quien, pensando que ella se había muerto, se mató con su propia espada para unirse a ella en la muerte.
^dLa mujer, símbolo de los amores desgraciados, la cual se suicidó al ver muerto a Píramo.

Cuestionario

1. El poeta se burla irónicamente de los valores colectivos. ¿Cuáles son?
2. ¿Cuáles son las aspiraciones del poeta?
3. ¿Con qué propósito se mencionan los personajes mitológicos en este poema?
4. ¿Se puede aplicar a nuestra vida diaria los versos, «Ande yo caliente / y ríase la gente»?

Francisco de Quevedo

Vida y obra

Francisco de Quevedo y Villegas (1580–1645) nació en Madrid, de familia noble. Siguió cursos humanísticos, lingüísticos y teológicos en las universidades de Alcalá de Henares y de Valladolid. Viajó a Italia como secretario del duque de Osuna, virrey de Sicilia y Nápoles, conduciendo para éste misiones en las que estuvo a punto de perder la vida. Cuando Osuna cayó en desgracia y fue destituido (*dismissed*), Quevedo sufrió las consecuencias y fue desterrado. De vuelta en la corte española, se casó a los cincuenta y cuatro años con una viuda de quien se separó casi en seguida. De carácter agudo, enigmático y arrogante, se vio involucrado en varios escándalos políticos, siendo por fin acusado de haber escrito una poesía en contra del conde-duque de Olivares. Esto le costó cuatro años de prisión, tras los cuales volvió a sus posesiones de Torre de Juan Abad, falleciendo al año siguiente. Fue un escritor y poeta prodigioso y entre sus muchas obras se destacan la novela picaresca *La vida del buscón* (1603), *Los sueños* (1627) —fantasías satírico-morales iniciadas en 1606— y numerosos poemas de tipo satírico, burlesco, moral, amoroso y sagrado. Estos fueron publicados en *El Parnaso español* (1648) y *Las tres últimas musas* (1670).

El autor y su contexto

Al igual que las obras barrocas de su época, los escritos de Quevedo revelan a un ser pesimista atormentado por la duda. Toda la vida estuvo dividido entre su fe en Dios y su profundo desdén por la sociedad y sus vicios, a la cual nunca se cansó de satirizar, retratándola como una farsa grotesca. Con el pasar de los años, sus sueños de triunfar sobre sus desdichas (*misfortunes*) políticas y problemas personales fueron desvaneciéndose. Por consiguiente, viendo que su lealtad a sus superiores, amigos y amantes le había causado tantas dificultades, dedujo que la vida era un montón de falsas apariencias y que la única verdad indiscutible era la muerte. Esta actitud negativa ante el mundo y la vida se convirtió en una verdadera obsesión que constituye la idea dominante y recurrente de su poesía y su prosa. Dicho leitmotivo resalta, ante todo, en su poesía de carácter político, en la que el poeta lamenta con profundo dolor, en un estilo barroco y austero, la decadencia material y moral de España. Se destaca también en la lírica de asunto ascético que condena los vicios de la sociedad y aboga (*advocates*), en cambio, por la perfección cristiana. Su amargura (*bitterness*) ante la sociedad se intensifica en su lírica satírico-burlesca. En ella el poeta se sirve del conceptismo, estilo que expresa conceptos profundos y vagos mediante un vocabulario rebuscado (*pedantic*), la inversión de los términos de una proposición (*clause*) y el uso de numerosas metáforas atrevidas (*daring*). Por otra parte, en las composiciones de tipo amoroso se presenta otro Quevedo, el cual evita las hondas reflexiones y la complejidad sintáctica conceptista para crear bellos juegos poéticos en los que el lenguaje metafórico produce una refinada belleza. Los dos poemas a continuación ilustran las dos facetas del pensamiento y arte de Quevedo.

Salmo XVII

Miré los muros de la patria mía,
si un tiempo fuertes, ya desmoronados,[1]
de la carrera de la edad cansados,
por quien caduca[2] ya su valentía.

5 Salíme[3] al campo, vi que el sol bebía
los arroyos del yelo desatados,[4]
y del monte quejosos los ganados,
que con sombras hurtó su luz al día.[5]

Entré en mi casa; vi que, amancillada,[6]
10 de anciana habitación era despojos;[7]
mi báculo,[8] más corvo[9] y menos fuerte.

Vencida de la edad sentí mi espada,
y no hallé cosa en que poner los ojos
que no fuese recuerdo de la muerte.[10]

[1]falling apart   [2]diminishes   [3]Me salí (forma arcaica)   [4]del... *after the ice* (**hielo**) *had melted*   [5]hurtó... *robbed the light of day*   [6]*yellowed with age*   [7]*remnants*   [8]*walking stick*   [9]*bent*   [10]recuerdo... alusión al tema clásico del *memento mori*, la idea de que todo a nuestro alrededor sirve de signo de la inevitable llegada de la muerte

Cuestionario

1. ¿Qué observa el hablante poético al fijarse en los muros de su «patria»? ¿Cuál es el valor simbólico de la palabra *patria?*
2. ¿Qué ve el hablante en el campo? ¿Y en su casa?
3. ¿Qué representan el «báculo» del verso 11 y la «espada» del verso 12?
4. ¿Cuál es la significación de los dos versos finales?

Amante agradecido a las lisonjas[1] mentirosas de un sueño

¡Ay, Floralba! Soñé que te... ¿Dirélo?[2]
Sí, pues que sueño fue: que te gozaba.
¿Y quién, sino un amante que soñaba
juntara tanto infierno a tanto cielo?

5 Mis llamas con tu nieve y con tu yelo,[3]
cual suele opuestas flechas de su aljaba,[4]
mezclaba Amor, y honesto[5] las mezclaba,
como mi adoración en su desvelo.[6]

Y dije: «Quiera Amor, quiera mi suerte,
10 que nunca duerma yo, si estoy despierto,
y que si duermo, que jamás despierte».

Mas desperté del dulce desconcierto;
y vi que estuve vivo con la muerte,
y vi que con la vida estaba muerto.

[1]adulaciones   [2]¿lo diré?   [3]hielo   [4]caja para llevar las flechas   [5]castamente, puramente   [6](fig.) cuidado

Cuestionario

1. ¿Qué ha soñado el «yo» poético?
2. ¿Qué sentido tienen las palabras *infierno* y *cielo* en el verso 4?
3. ¿Cuál es el mensaje del primer terceto (v. 9–11)?
4. ¿Cómo se emplea la antítesis vivo/muerto en la estrofa final?

LOPE DE VEGA

Vida y obra

Lope Félix de Vega Carpio (1562–1635) nació en Madrid, de familia humilde. Tuvo una vida amorosa muy turbulenta: estuvo casado dos veces, viéndose involucrado muchas otras veces con mujeres solteras y casadas. Se alistó en la desdichada «Armada Invencible» (1588) y fue secretario del duque de Alba. Viudo por segunda vez en su edad madura, se ordenó de sacerdote, pensando que de este modo resistiría a las tentaciones de la carne (*flesh*). Sin embargo, por sinceras y profundas que fueran sus convicciones religiosas, nunca dejó de perseguir mujeres, lo que le causó continuas desventuras (*misfortunes*). Su producción literaria fue prodigiosa, lo cual le ha valido el título de «Monstruo de la naturaleza». Escribió dos docenas de tomos de poesía y prosa, así como más de cuatrocientas piezas de longitud normal (*full-length plays*) y unos cuarenta «autos» de un acto. Sus novelas más notables son la novela pastoril *La Arcadia* (1598) y la dialogada *La Dorotea* (1632). Entre sus obras dramáticas más conocidas figuran *Peribáñez y el comendador de Ocaña* (¿1613?), *Fuenteovejuna* (¿1612–1614?), *El mejor alcalde el rey* (¿1620–1623?) y *El caballero de Olmedo* (¿1620–1625?).

El autor y su contexto

En las obras de Lope de Vega resaltan características que reflejan a la vez el momento histórico y la personalidad singular de su autor. Producto del período de la Contrarreforma (siglos XVI–XVII), dichas obras destacan el desasosiego espiritual, la introspección y el celo (*zeal*) religioso de la época a la vez que el carácter contradictorio de Lope. Amable, caritativo y generoso al extremo con los amigos y con los necesitados, fue también impetuoso y agresivo con otros. En el amor fue tierno e ingrato, mientras que su fe en Dios y su idealismo se alternaron a menudo con momentos de profunda duda y angustia. Esto se percibe en seguida en las dos *Rimas* de esta antología. Lope fue el fundador del teatro nacional español (la «comedia» del Siglo de Oro) y, junto con Pedro Calderón de la Barca (1600–1681), representa la culminación del arte dramático. Lope expuso los principios de su teatro en *El arte nuevo de hacer comedias en este tiempo* (1609), largo poema en el que rechazaba el arte dramático clásico, arte que el pueblo no entendía y con el cual tampoco se identificaba. En cambio, propuso un teatro popular que reflejara la tradición nacional y que coincidiera con la psicología del público español de la época —público inquieto que deseaba ser entretenido. Con este fin, Lope utiliza —tanto en las comedias de tipo religioso como en las de carácter profano (*non-religious*)— recursos que le permiten ser entendido y apreciado por las masas, entre ellos, el lenguaje natural de la gente, la mezcla de lo trágico con lo cómico, la acción en diferentes lugares y las ocurrencias sorpresivas.

Rimas sacras, XVIII

¿Qué tengo yo, que mi amistad procuras[1]?
¿Qué interés se te sigue, Jesús mío,
que a mi puerta cubierto de rocío
pasas las noches del invierno oscuras?

5 ¡Oh cuánto fueron mis entrañas duras,
pues no te abrí! ¡Qué extraño desvarío,[2]
si de mi ingratitud el hielo frío
secó las llagas[3] de tus plantas[4] puras!

¡Cuántas veces el Angel me decía:
10 «Alma, asómate agora[5] a la ventana,
verás con cuánto amor llamar porfía»!

Y ¡cuántas, Hermosura soberana,[6]
«mañana le abriremos», respondía,
para lo mismo responder mañana!

[1]buscas [2]cosa fuera de la razón; locura [3]heridas [4]pies [5]asómate... sal ahora [6]suprema

Cuestionario

1. ¿Cómo presenta el poeta a Jesucristo en este poema?
2. ¿Cómo trata el poeta a Jesucristo?
3. ¿Qué significan las palabras del Angel en el primer terceto (v. 9–11)?
4. ¿Cuál es la significación de los dos versos finales?

Rimas humanas, CXCI

Es la mujer del hombre lo más bueno,
y locura decir que lo más malo,
su vida suele ser y su regalo,
su muerte suele ser y su veneno.

5 Cielo a los ojos cándido y sereno,
que muchas veces al infierno igualo,
por raro al mundo su valor señalo,
por falso al hombre su rigor condeno.

Ella nos da su sangre, ella nos cría,
10 no ha hecho el cielo cosa más ingrata;
es un ángel, y a veces una arpía.[1]

Quiere, aborrece, trata bien, maltrata,
y es la mujer, al fin, como sangría,[2]
que a veces da salud y a veces mata.

[1]monstruo fabuloso con cara de mujer y cuerpo de ave de rapiña (*harpy*) [2]*bloodletting*

Cuestionario

1. ¿Cómo es la mujer, según Lope?
2. ¿Qué tipo de lenguaje utiliza el poeta para describir a la mujer?
3. ¿Por qué es la mujer «como sangría» (v. 13)?
4. ¿Cuál es el tono del soneto?

SOR JUANA INÉS DE LA CRUZ

Vida y obra

Juana de Asbaje y Ramírez (1651–1695) nació en San Miguel de Nepantla, México. Fue hija ilegítima de un español y una criolla (*person of Spanish blood born in America*) iletrada. Mostró desde temprana edad precocidad y afán (*curiosity*) intelectual. Aprendió a leer y a escribir a los tres años de edad. Admirada por la fama que crecía en torno de su prodigiosa inteligencia y de sus dotes intelectuales, la virreina (*vice-queen*) de México trajo a Juana a su palacio como dama de honor cuando ésta tenía unos trece años. Más tarde, curiosa por ver la Universidad de México y sabiendo que no la dejarían entrar por ser mujer, Juana se disfrazó (*disguised herself*) de hombre. En 1669 rechazó la vida seglar (*secular, worldly*) e ingresó a un convento que se convirtió en centro cultural y religioso de la vida de México. En 1694, presionada por la Iglesia —que no aprobaba sus actividades literarias y científicas dentro del claustro— y atormentada por su propia conciencia, Sor Juana Inés de la Cruz renunció a los estudios para dedicarse exclusivamente a la vida monástica. Escribió prosa («La carta atenagórica», 1690; «Respuesta a Sor Filotea de la Cruz», 1691), teatro (*Los empeños de una casa* y *Amor es más laberinto,* 1668) y poesía, la cual es lo mejor de su obra.

La autora y su contexto

Sor Juana es la figura intelectual y literaria más significativa de Hispanoamérica en el siglo XVII y, como poeta, la más celebrada de España y América en la segunda mitad del siglo. Su poesía, producto de la Contrarreforma, muestra las tendencias del estilo barroco. Es de tipo religioso así como profano y se subdivide en lírica sagrada, amorosa, filosófica y popular. Sin embargo, si bien la autora es fiel al dogma católico, aboga al mismo tiempo por la libertad del ser humano y defiende a las personas perseguidas por ser inteligentes, como le ocurrió a ella misma. En su ensayo autobiográfico «Respuesta a Sor Filotea de la Cruz», donde proclama sus dones intelectuales, y en su obra maestra *Primero sueño* —poema al estilo de las *Soledades* de Góngora en el que relata alegóricamente el vuelo de su alma hacia el conocimiento— Sor Juana trasciende (*goes beyond*) su generación y su humilde estado de monja. En estas y otras obras, sirviéndose del estilo barroco y de las técnicas del culteranismo y del conceptismo con su énfasis en la ironía, el vocabulario erudito, las palabras de doble sentido, las ideas sutiles y las construcciones sintácticas rebuscadas, la autora ahonda en (*delves into*) los temas más variados y controvertidos. Entre ellos resaltan el amor romántico y el divino, la transitoriedad (*fleeting nature*) del tiempo, la vanidad humana y la crítica del machismo. Además de anticipar el feminismo del siglo XX con su defensa de los derechos de la mujer, Sor Juana se adelanta también al tratar el tema de la cultura popular, lo que se manifiesta en la presencia de personajes portugueses, negros y mestizos tanto en su poesía como en su teatro.

En que satisface un recelo[1] con la retórica del llanto

Esta tarde, mi bien, cuando te hablaba,
como en tu rostro y tus acciones vía[2]
que con palabras no te persuadía,
que el corazón me vieses deseaba.[3]
5 Y Amor, que mis intentos ayudaba,
venció lo que imposible parecía;
pues entre el llanto[4] que el dolor vertía,
el corazón deshecho destilaba.

10 Baste ya de rigores, mi bien, baste;
no te atormenten más celos[5] tiranos,
ni el vil recelo tu quietud contraste[6]
con sombras necias,[7] con indicios vanos,[8]
pues ya en líquido humor[9] viste y tocaste
mi corazón deshecho entre tus manos.

[1]miedo, sospecha (*suspicion*) [2]veía [3][hipérbaton]: deseaba que me vieses el corazón [4]*crying* [5]*jealousy*
[6]compare [7]tontas [8]indicios... indicaciones falsas [9]líquido... lágrimas

Cuestionario

1. ¿Qué situación se presenta en el poema?
2. ¿Qué personas intervienen?
3. Comente los versos: «pues ya en líquido humor viste y tocaste / mi corazón deshecho entre tus manos».
4. La autora de este poema pertenece al siglo XVII. ¿Se produciría una situación semejante en la vida moderna?

A una rosa

(En que da moral censura a una rosa, y en ella a sus semejantes.)

Rosa divina que en gentil cultura
eres, con tu fragante sutileza,
magisterio purpúreo en la belleza,
enseñanza nevada a la hermosura.
5 Amago[1] de la humana arquitectura,
ejemplo de la vana gentileza,
en cuyo ser unió naturaleza
la cuna alegre y triste sepultura.

¡Cuán altiva[2] en tu pompa, presumida,
10 soberbia, el riesgo de morir desdeñas,
y luego desmayada y encogida[3]
de tu caduco[4] ser das mustias[5] señas,[6]
con que con docta[7] muerte y necia vida,
viviendo engañas y muriendo enseñas!

[1]Imitación [2]orgullosa [3]*shrunk* [4]perecedero, mortal [5]marchitas [6]pruebas [7]sabia

Cuestionario

1. ¿De qué es símbolo la rosa?
2. ¿Qué quiere decir «la humana arquitectura» en el verso 5?
3. ¿Por qué se habla de una unión entre *cuna* y *sepultura* (v. 7–8)?
4. ¿Cómo se puede interpretar el verso final?

José de Espronceda

Vida y obra

José de Espronceda (1808–1842) nació en Almendralejo (Badajoz), España. De temperamento impulsivo, odió desde adolescente toda tiranía y se involucró en todo tipo de actividades subversivas. Luchó en la revolución de 1830, participó en un complot contra el dictador español, el rey Fernando VII, y se alistó también en la guerra de liberación de Polonia —empresas que le trajeron el destierro y la prisión. En 1826, en Lisboa, se enamoró locamente de Teresa Mancha, hija de un coronel español. Trasladado éste a Londres, Espronceda persiguió a Teresa, ya casada con un comerciante rico. Ella abandonó por algún tiempo a su marido y huyó con el poeta a París. Tras la muerte de Fernando VII en 1833, la amnistía de los disidentes políticos y toda una serie de aventuras, abandonos y reconciliaciones con Teresa, Espronceda vuelve a España, donde Teresa lo abandona una vez más. Agobiado (*Devastated*) por la muerte de su amada en 1839, el poeta se dedica a la política, a la diplomacia, al periodismo y a la literatura. Entre sus obras destacan «Himno al sol», «A Jarifa en una orgía», «Canto del cosaco», «El mendigo», «El reo», «La canción del pirata», el poema narrativo *El estudiante de Salamanca* (1840) y el extenso poema *El diablo mundo* (1840), inspirado en el *Faust* de Johann Wolfgang von Goethe (1749–1832).

El autor y su contexto

Por su actitud inconformista ante la política, la moral y la literatura, Espronceda es la encarnación de una de las dos vertientes del Romanticismo español: la vertiente liberal que los escritores exiliados trajeron a España. Por lo tanto, su obra se distingue por su espíritu progresista y su extremado individualismo. Estos rasgos reflejan la influencia de las ideas y del estilo de notables románticos europeos como Víctor Hugo y Alphonse de Lamartine (Francia), Johann Wolfgang Goethe (Alemania) y, de modo particular, George Byron (Inglaterra). Así como en los escritos de sus maestros, en la poesía de Espronceda resaltan el énfasis en el individualismo —el llamado culto al «yo»— el anhelo de libertad absoluta, la protesta social, el escape a lugares lejanos y exóticos y el predominio de la sensibilidad y la imaginación sobre la razón. La forma de la poesía de Espronceda revela asimismo el gusto extravagante de la época. De ahí que dicha poesía sea poco profunda y enfatice, en cambio, el «efectismo», o sea, el uso de los efectos sensacionales. El tono es estridente debido al empleo de palabras o frases exageradamente emotivas como «martirio horrendo», «escena lúgubre», «fatal tormento» y otras. Tales características, así como la libertad absoluta en el terreno de la métrica, se pueden apreciar en las selecciones «Soneto» y «Canción del pirata».

Canción del pirata

Con diez cañones por banda,[1]
viento en popa, a toda vela,[2]
no corta el mar, sino vuela
un velero bergantín.[3]
5 Bajel[4] pirata que llaman,
por su bravura, el *Temido,*
en todo mar conocido
del uno al otro confín.[5]

La luna en el mar riela,[6]
10 en la lona[7] gime[8] el viento,
y alza[9] en blando movimiento
olas de plata y azul;
y ve el capitán pirata,
cantando alegre en la popa,
15 Asia a un lado, al otro Europa,
y allá a su frente Stambul.

«Navega, velero mío,
sin temor,
que ni enemigo navío,[10]
20 ni tormenta, ni bonanza[11]
tu rumbo a torcer[12] alcanza,
ni a sujetar tu valor.

Veinte presas[13]
hemos hecho
25 a despecho
del[14] inglés,
y han rendido[15]
sus pendones[16]
cien naciones
30 a mis pies.

Que es mi barco mi tesoro,
que es mi dios la libertad,

mi ley, la fuerza y el viento,
mi única patria, la mar.

35 Allá muevan feroz guerra
ciegos reyes
por un palmo[17] más de tierra;
que yo aquí tengo por mío
cuanto abarca el mar bravío,
40 a quien nadie impuso leyes.

Y no hay playa,
sea cualquiera,
ni bandera
de esplendor,[18]
45 que no sienta
mi derecho
y dé pecho[19]
a mi valor.

Que es mi barco, *etcétera*

50 A la voz de «¡barco viene!»
es de ver
cómo vira[20] y se previene
a todo trapo[21] a escapar.
Que yo soy el rey del mar,
55 y mi furia es de temer.

En las presas
yo divido
lo cogido
por igual.
60 Sólo quiero
por riqueza
la belleza
sin rival.

---

[1]por... a cada lado   [2]a... a toda velocidad   [3]velero... barco de velas   [4]Barco   [5]límite   [6]brilla   [7]en... (*fig.*) en las velas   [8](*inf.:* **gemir**) (*fig.*) se lamenta   [9]levanta   [10]nave, barco   [11]mar tranquilo   [12]cambiar   [13]barcos capturados   [14]a... a pesar del   [15]entregado   [16]banderas o estandartes   [17](*fig.*) cantidad insignificante   [18]de... lustre   [19]dé... (*fig.*) pague tributo   [20]muda de dirección   [21]a... a toda velocidad

Que es mi barco, *etcétera*

80 Son mi música mejor
     aquilones,[25]
el estrépito[26] y temblor
de los cables sacudidos,
del negro mar los bramidos[27]
85 y el rugir[28] de mis cañones.

65 Sentenciado estoy a muerte.
     Yo me río;
no me abandone la suerte,
y al mismo que me condena
colgaré de alguna entena[22]
70 quizá en su propio navío.

     Y si caigo,
     ¿qué es la vida?
     Por perdida
     ya la di,
75 cuando el yugo[23]
     del esclavo,
     como un bravo
     sacudí.[24]

     Y del trueno
     al son violento,
     y del viento
     al rebramar,[29]
90 yo me duermo
     sosegado,[30]
     arrullado[31]
     por el mar.

     Que es mi barco mi tesoro,
95 que es mi dios la libertad,
     mi ley, la fuerza y el viento,
     mi única patria, la mar».

Que es mi barco, *etcétera*

[22]mástil [23]yoke [24](me) quité [25]vientos del norte [26]estruendo, gran ruido [27]ruidos del mar furioso [28]ruido, estruendo
[29]bramar o soplar violentamente [30]sereno [31]adormecido

Cuestionario

1. ¿Cómo presenta el poeta el carácter del capitán pirata?
2. ¿Qué valores pone de manifiesto el estribillo «Que es mi barco mi tesoro…»?
3. ¿Qué dice el pirata acerca de los reyes (v. 35–40)?
4. ¿Cómo reacciona el pirata ante la muerte?
5. ¿Cuál es el efecto poético producido por la penúltima estrofa (v. 86–93)?
6. ¿Cuál es la visión social presentada en el poema?

Soneto

     Fresca, lozana, pura y olorosa,
Gala y adorno del pensil[1] florido,
Gallarda[2] puesta sobre el ramo erguido,
Fragancia esparce la naciente rosa;

5   Mas si el ardiente sol lumbre enojosa
Vibra del can[3] en llamas encendido,[4]
El dulce aroma y el color perdido,
Sus hojas lleva el aura presurosa.

[1]jardín hermoso [2]De bello aspecto [3]forma culta de «perro»; la «canícula» es el período del año en el que la
estrella Sirio —*Dog Star*— sale y se pone con el sol (coincide con el verano) [4]Vibra... [hipérbaton]: Vibra
encendido en llamas del can

Así brilló un momento mi ventura⁵	Mas ¡ay! que el bien trocóse⁶ en amargura,
En alas del amor, y hermosa nube	Y deshojada por los aires sube
Fingí tal vez de gloria y de alegría:	La dulce flor de la esperanza mía.

10

⁵fortuna ⁶se volvió

Cuestionario

1. ¿Cómo se describe la rosa en la primera estrofa?
2. ¿Cómo se relacionan los dos cuartetos con los dos últimos tercetos?
3. ¿Cuál es el tema del poema?
4. ¿En qué sentido se puede comparar este poema con la vida de una persona?

GERTRUDIS GÓMEZ DE AVELLANEDA

Vida y obra

Gertrudis Gómez de Avellaneda (1814–1873) nació en Camagüey, Cuba, pero en 1836 se trasladó a España. Excepto por su breve vuelta a la isla, de 1859 a 1863, vivió en Madrid y Andalucía donde produjo y publicó piezas teatrales, novelas, relatos o «leyendas» y cartas. Fue sin duda una de las eminentes precursoras del feminismo literario. Su poesía —lo mejor de su obra— contiene una temática que versa sobre (*deals with*) el amor dividido en el amor por el hombre, por Dios y por el arte. Otros rasgos de su lírica son el elemento pasional, la capacidad de adaptar la forma a sus sentimientos y las innovaciones métricas, como el uso de la polimetría —versificación que contiene una gran variedad de sílabas.

La autora y su contexto

El hecho de haber publicado casi todas sus obras en España sería suficiente para ubicar (*place*) a Gómez de Avellaneda en la literatura nacional de su país adoptivo. Sin embargo, los cubanos la consideran, junto con José María de Heredia (1803–1839), uno de sus poetas más sobresalientes. En realidad, es indisputable la recurrente nostalgia por su tierra natal, según se nota en los célebres versos de «Al partir». Indiscutible asimismo es la presencia de motivos americanos, como lo muestra, por ejemplo, su novela más notable *Sab* (1841), cuyo tema fundamental es la esclavitud presenciada por ella con horror en Cuba. El espíritu rebelde, inconformista e inquieto (*restless*) que tipifica su obra —gran parte de la cual publicó bajo el seudónimo de «La Peregrina» (*"The Wanderer"*)— se manifiesta ya cuando, a los veintidós años, rompe con la tradición y sale de su país rechazando las ventajas de un casamiento lucrativo. Más tarde, a través de sus *Cartas* y sus poemas, se sabrá el motivo de su apresurada salida: la amarga desilusión ante el gran amor, no correspondido, por cierto Ignacio de Cepeda. En esta antología aparece «A Él», tal vez la obra más conocida de Avellaneda. Aquí la poeta, aunque neoclásica por su «buen gusto», corrección (*correctness*), claridad y elegancia lingüística, despliega (*discloses*), por el contenido y la forma de la composición, el tumulto, la frustración, la tristeza y la desesperación que experimenta su corazón de escritora romántica. Irónicamente, esta mujer que buscó el amor con tanta intensidad y atrevimiento, que tuvo tantos amantes y maridos dentro de una sociedad machista, intolerante y opresiva, se realizaría (*would find fulfillment*) plenamente sólo a través de su arte.

Al partir

¡Perla del mar! ¡Estrella de Occidente!
¡Hermosa Cuba! tu brillante cielo
la noche cubre con su opaco velo
como cubre el dolor mi triste frente.

5 ¡Voy a partir!… La chusma[1] diligente
para arrancarme[2] del nativo suelo
las velas iza[3] y pronta a su desvelo[4]
la brisa acude de tu zona ardiente.

¡Adiós, patria feliz, Edén querido!
10 ¡Doquier[5] que el hado[6] en su furor me impela,
tu dulce nombre halagará[7] mi oído!

¡Adiós!… ¡Ya cruje[8] la turgente[9] vela…
el ancla[10] se alza,[11] …el buque,[12]
estremecido,[13]
15 las olas corta y silencioso vuela!

---

[1]*crew*   [2]alejarme   [3]levanta   [4]acción de extender las velas   [5]Dondequiera   [6]destino   [7]alegrará   [8]*rustles*   [9]abultada, hinchada
[10]áncora   [11]levanta   [12]barco   [13]agitado

Cuestionario

1. ¿Qué describe la poeta en «Al partir»?
2. ¿Qué es lo que siente ella?
3. ¿Qué imágenes utiliza para describir a Cuba? ¿Y para describir sus sentimientos?

A Él

Era la edad lisonjera[1]
en que es un sueño la vida,
era la aurora hechicera[2]
de mi juventud florida
5 en su sonrisa primera

cuando contenta vagaba
por el campo, silenciosa,
y en escuchar me gozaba
la tórtola[3] que entonaba
10 su querella[4] lastimosa.

Melancólico fulgor[5]
blanca luna repartía,
y el aura leve mecía[6]

con soplo murmurador
15 la tierna flor que se abría.

¡Y yo gozaba! El rocío,
nocturno llanto del cielo,
el bosque espeso[7] y umbrío,[8]
la dulce quietud del suelo,
20 el manso correr del río,

y de la luna el albor,[9]
y el aura que murmuraba
acariciando[10] a la flor,
y el pájaro que cantaba…
25 todo me hablaba de amor.

---

[1]agradable   [2]encantadora   [3]*turtledove*   [4]lamento   [5]brillo, resplandor   [6](*inf.:* **mecer**) *was rocking*   [7]denso   [8]cubierto de sombra
[9]luz, como la del alba   [10]tocando suavemente

Y trémula, palpitante,
en mi delirio extasiada,
miré una visión brillante,
como el aire perfumada
30 como las nubes flotante.

Ante mí resplandecía
como un astro brillador,
y mí loca fantasía
al fantasma seductor
35 tributaba idolatría.

Escuchar pensé su acento
en el canto de las aves;
eran las auras su aliento
cargadas de aromas suaves,
40 y su estancia el firmamento.

¿Qué ser divino era aquél?
¿Era un ángel o era un hombre?
¿Era un Dios o era Luzbel?
¿Mi visión no tiene nombre?
45 ¡Ah! nombre tiene… ¡Era Él!

El alma guardaba su imagen divina
y en ella reinabas, ignoto[11] señor,
que instinto secreto tal vez ilumina
la vida futura que espera el amor.

50 Al sol que en el cielo de Cuba destella[12]
del trópico ardiente brillante fanal[13]
tus ojos eclipsan, tu frente descuella,[14]
cual se alza[15] en la selva la palma real.

Del genio la aureola radiante sublime,
55 ciñendo[16] contemplo tu pálida sien,[17]
y al verte mi pecho palpita y se oprime
dudando si formas mi mal o mi bien.

Que tú eres, no hay duda, mi sueño adorado,
el ser que vagando mi mente buscó;
60 mas ¡ay! que mil veces el hombre arrastrado
por fuerza enemiga, su mal anheló.

Así vi a la mariposa
inocente, fascinada,
en torno a la luz amada
65 revolotear con placer.

Insensata se aproxima
y la acaricia insensata,
hasta que la luz ingrata
devora su frágil ser.

70 Y es fama que allá en los bosques
que adornan mi patria ardiente,
nace y crece una serpiente de prodigioso
poder.

Que exhala en torno su aliento
75 y la ardilla[18] palpitante,
fascinada, delirante,
corre… ¡Y corre a perecer![19]

¿Hay una mano de bronce,
fuerza, poder o destino,
80 que nos impele al camino
que a nuestra tumba trazó?…

¿Dónde van, dónde, esas nubes
por el viento compelidas?…
¿Dónde esas hojas perdidas
85 que del árbol arrancó?…

Vuelan, vuelan resignadas,
y no saben dónde van,
pero siguen el camino
que les traza el huracán.

90 Vuelan, vuelan en sus alas
nubes y hojas a la par,
ya a los cielos las levante,
ya las sumerja en el mar.

¡Pobres nubes! ¡pobres hojas
95 que no saben dónde van!…
Pero siguen el camino
que les traza el huracán.

---

[11]desconocido   [12]relumbra, brilla   [13]farol grande (*beacon*)   [14](*inf.:* **descollar**) sobresale   [15]levanta   [16](*inf.:* **ceñir**) *rodeando*
[17]*temple*   [18]*squirrel*   [19]morir

Cuestionario

1. ¿Cómo describe la poeta «la edad lisonjera» (v. 1) de su vida?
2. ¿Cómo describe al hombre que ha llegado a su vida?
3. ¿Qué valor tiene la «mariposa» del verso 62?
4. ¿Cuáles han sido las consecuencias del amor para la poeta?
5. ¿Qué importancia tiene el cambio de formas métricas, a partir de los versos 45 y 61, en cuanto a la interpretación del poema?

GUSTAVO ADOLFO BÉCQUER

Vida y obra

Gustavo Adolfo Bécquer (1836–1870) nació en Sevilla. Huérfano y enfermizo (*sickly*) desde la niñez, fue criado por su madrina de bautismo. Estudió pintura, pero a los diecisiete años se trasladó a Madrid para hacerse escritor. Con todo, en vez de lograr el éxito literario y financiero añorado (*longed for*), encontró sólo el fracaso y la pobreza, causados por sus modestos empleos de funcionario estatal, periodista y traductor. A las adversidades profesionales y a la enfermedad siguieron las desilusiones sentimentales y domésticas. Desdeñado por una linda aristócrata, se casó con una mujer que le fue repetidamente infiel. Separado de ésta, se amparó (*he found shelter*) en la casa de su hermano Valerio, pintor de cierta fama. La temprana muerte de Valerio dejó a Bécquer en la calle. Tres meses después murió de una pulmonía causada por su fragilísima constitución y por la falta del apoyo moral y económico de su hermano. La obra de Bécquer consta de las *Rimas,* unos noventa poemas que compuso entre 1857 y 1868, y las *Leyendas,* veinticinco cuentos en prosa poética.

El autor y su contexto

Bécquer era un individuo tímido, sensible (*sensitive*) y retraído (*reserved*) que encaró su mala suerte con resignación. Poseedor de un alma sencilla y apacible (*gentle*), supo disfrazar con una sonrisa melancólica el sufrimiento físico y mental. Esto se nota en las *Rimas* —especie de autobiografía poética de su vida íntima. Aquí Bécquer rompe con la tradición romántica: rechaza su lenguaje estridente, bombástico y decorativo y su tono exageradamente emocional. Crea, en cambio, una poesía pura en la que las palabras suenan a suspiros (*sighs*) y a risa, y los colores son tenues, como lo es también la musicalidad del verso. La tristeza que aflora en (*sifts through*) sus versos simples y refinados no es fingida —es dolorosamente sincera. El tono intimista y suave (*subdued*) revela el carácter tímido, reservado y melancólico del autor. Agobiado, como todo escritor romántico, por el dolor que siente ante el fracaso de sus ilusiones terrenales (*earthly*), Bécquer persigue otro ideal. El suyo es un ideal artístico, trascendente, que a continuación produciría el modernismo, corriente según la cual el arte tenía su propio fin. El mismo concepto de trascender la realidad para producir obras de profundo valor estético se nota en las *Leyendas,* producto de su colaboración en el único tomo de *La historia de los templos de España.* Utilizando el material científico coleccionado sobre las ruinas de los antiguos monumentos nacionales, Bécquer inventa historias sobrenaturales en las que el amor es una ilusión que corresponde a la belleza ideal —belleza cuya persecución conduce inevitablemente a la desilusión y a la muerte— como sucedió en la propia vida del autor.

Rima XI

—Yo soy ardiente,[1] yo soy morena,
yo soy el símbolo de la pasión,
de ansia de goces[2] mi alma está llena:
¿A mí me buscas?
                —No es a ti: no.
5
—Mi frente es pálida, mis trenzas[3] de oro:
puedo brindarte[4] dichas[5] sin fin,
yo de ternuras[6] guardo un tesoro
¿A mí me llamas?
                —No: no es a ti.
10
—Yo soy un sueño, un imposible,
vano fantasma de niebla[7] y luz
soy incorpórea, soy intangible:
no puedo amarte:
                —¡Oh ven; ven tú!
15

[1]una persona apasionada [2]ansia... deseos de placer [3]cabello [4]darte [5]felicidades [6]tender words, endearments [7]mist

Cuestionario

1. ¿Cuántas «voces» se oyen en el poema?
2. ¿Cuáles son las características más destacadas de la «morena»? ¿Y las de la voz de las «trenzas de oro»?
3. ¿Qué se describe en la tercera estrofa?
4. ¿De quién serán las respuestas al final de cada estrofa?
5. ¿Qué significa «¡Oh ven; ven tú!» en el último verso del poema?

Rima LIII

Volverán las oscuras golondrinas[1]
en tu balcón sus nidos a colgar,[2]
y otra vez con el ala a sus cristales,[3]
    jugando llamarán;

5
    pero aquellas que el vuelo refrenaban
tu hermosura y mi dicha[4] a contemplar;
aquellas que aprendieron nuestros nombres,
    ésas... ¡no volverán!

Volverán las tupidas[5] madreselvas[6]
10 de tu jardín las tapias[7] a escalar,
y otra vez a la tarde, aun más hermosas,
    sus flores se abrirán;

    pero aquellas cuajadas[8] de rocío,[9]
cuyas gotas mirábamos temblar
15 y caer, como lágrimas del día...
    ésas... ¡no volverán!

[1]swallows [2]Volverán... hipérbaton; el orden natural sería **Las oscuras golondrinas volverán a colgar sus nidos en tu balcón.** Hay varios ejemplos de hipérbaton en este poema. [3]ventanas [4]felicidad [5]espesas [6]honeysuckle [7]walls [8]llenas [9]dew

Volverán del amor en tus oídos
las palabras ardientes a sonar;
tu corazón de su profundo sueño
      tal vez despertará;

pero mudo y absorto y de rodillas,
como se adora a Dios ante su altar,
como yo te he querido… desengáñate:[10]
      ¡así no te querrán!

[10]no te engañes

Cuestionario

1. ¿Qué significación tienen los versos que repiten la palabra «Volverán»?
¿Y los que repiten la palabra «pero»?
2. ¿Qué tipo de imágenes predominan en el poema?
3. ¿Cómo se puede interpretar la estrofa final?

JOSÉ MARTÍ

Vida y obra

José Martí (1835–1895), héroe nacional de Cuba, nació en La Habana, de padres españoles. A los diecisiete años fue deportado por sus actividades revolucionarias en pro de la independencia de la isla. Durante su exilio en España se doctoró en derecho en la Universidad de Zaragoza. Además de visitar Francia e Inglaterra, residió en México, Guatemala, Venezuela y los Estados Unidos. Se sostuvo (*He supported himself*) dando clases, trabajando como traductor y colaborando en varios periódicos de lengua española e inglesa. Mediante su obra literaria y numerosas conferencias, siguió luchando desde los Estados Unidos por la independencia de su patria. Por fin, habiendo participado activamente en organizar la guerra de liberación, perdió la vida en el campo de batalla. La producción de Martí es prolífica y variada. Entre sus obras hay que mencionar el drama *La adúltera* (1873), la novela *Amistad funesta* (1885), el cuento infantil *La edad de oro* (1889) y los ensayos políticos, sociales y críticos que publicó en periódicos y revistas. No obstante, lo más destacado de su producción es la poesía, género en el que se encuentran *Ismaelillo* (1882), *Versos sencillos* (1891), *Versos libres* (1913) y *Flores del destierro,* escrito entre 1885 y 1895 y publicado póstumamente en 1933.

A Martí se le conoce casi unánimamente como el padre del modernismo, el movimiento de renovación artística más importante de la literatura hispánica. Sus versos resaltan por la riqueza de sus ideas, los símbolos y las metáforas. Por lo tanto, aunque el poeta se mantiene dentro de los patrones (*patterns, standards*) técnicos de la lírica tradicional española, sobre todo en lo que concierne a la métrica, lo novedoso consiste en su voluntad de estilo —el sello que Martí le impone a su poesía, la cual se distingue por su carácter franco, personal y romántico. En Martí convergen dos aspectos divisivos y a la vez complementarios. Por un lado se ve a un hombre sencillo, de una sinceridad profunda, batallando por varias y distintas causas políticas y sociales. Por otro, se observa al artista atormentado por la lucha entre el deseo de alcanzar la perfección artística y el compromiso moral. Estas tensiones producen una poesía de versos breves, de rimas inesperadas (*unexpected*), de sintaxis compleja y de una temática que, según se percibe en los poemas de esta antología, oscila (*wavers*) entre el amor por la familia y la devoción a su patria y a la humanidad.

Si ves un monte de espumas

Si ves un monte de espumas,[1]
es mi verso lo que ves:
mi verso es un monte y es
un abanico[2] de plumas.

5   Mi verso es como un puñal[3]
que por el puño[4] echa flor:
mi verso es un surtidor[5]
que da un agua de coral.

Mi verso es de un verde claro
10 y de un carmín[6] encendido:
mi verso es un ciervo[7] herido
que busca en el monte amparo.[8]

Mi verso al valiente agrada:
mi verso breve y sincero,
15 es del vigor del acero[9]
con que se funde[10] la espada.

[1] *foam* [2] *fan* [3] *dagger* [4] *handle* [5] *fuente* [6] *crimson* [7] *stag* [8] *apoyo, ayuda* [9] *steel* [10] *se... is forged*

Cuestionario

1. ¿Cuál es el sujeto de este poema?
2. ¿Qué figuras retóricas predominan?
3. ¿Qué valor tienen las imágenes del puñal (v. 5) y de la espada (v. 16)?
4. ¿Se ve en este poema una correspondencia entre el lenguaje y el mensaje? Responda dando una explicación.

Dos patrias

Dos patrias tengo yo: Cuba y la noche.
¿O son una las dos? No bien retira
Su majestad el sol, con largos velos[1]
Y un clavel[2] en la mano, silenciosa
5 Cuba cual[3] viuda triste me aparece.
¡Yo sé cuál es ese clavel sangriento
Que en la mano le tiembla! Está vacío
Mi pecho, destrozado está y vacío
En donde estaba el corazón. Ya es hora
10 De empezar a morir. La noche es buena

Para decir adiós. La luz estorba
Y la palabra humana. El universo
Habla mejor que el hombre.
    Cual bandera
15 Que invita a batallar, la llama roja
De la vela[4] flamea.[5] Las ventanas
Abro, ya estrecho en mí. Muda, rompiendo
Las hojas del clavel, como una nube
Que enturbia[6] el cielo, Cuba, viuda, pasa…

[1]veils [2]carnation [3]como [4]candle [5]blazes [6]oscurece

Cuestionario

1. ¿Cómo se puede explicar el primer verso del poema?
2. ¿Cómo se puede interpretar la frase «El universo / Habla mejor que el hombre» (v. 12–13)?
3. ¿Qué significación tiene la palabra «viuda» en el último verso?

JOSÉ ASUNCIÓN SILVA

Vida y obra

José Asunción Silva (1865–1896) nació en Bogotá, Colombia, de padres ricos y cultos. Tras una estancia despreocupada (*carefree*) en Inglaterra, Suiza y Francia, tuvo que volver a Bogotá para enfrentarse a la muerte de su padre y a la ruina financiera de la familia. Incapaz de pagar las enormes deudas del padre, aceptó un cargo diplomático en Caracas. Allí intensificó sus actividades literarias, animado por escritores aficionados, como él, a las nuevas tendencias artísticas de la época. Tal vez su éxito como escritor y el afecto de su adorada hermana Elvira le hubieran permitido ser feliz. Sin embargo, entre 1895 y 1896 sufrió dos grandes crisis: la pérdida en un naufragio (*shipwreck*) de los manuscritos de sus mejores obras y el fallecimiento de Elvira. Agobiado por estos sucesos, no pudo soportar más la neurosis de que padecía desde adolescente y se suicidó. Lo mejor de sus *Obras completas* (1956) es su poesía.

El autor y su contexto

Silva es uno de los fundadores del Modernismo hispanoamericano (ver Apéndice 3) y una de las figuras clave de este movimiento de renovación artística. Su lírica revela un lenguaje melancólico y vago, así como la perfecta fusión de formas poéticas tradicionales y nuevas. De este conjunto resultan ritmos y musicalidad sin precedente. Sus temas favoritos son la evocación de la infancia, las reflexiones filosóficas, la angustia espiritual, la visión irónica de la sociedad y el arte como escape. La depresión, la melancolía y el pesimismo de Silva, típicos de la primera fase del modernismo —la fase romántica— radican en (*stem from*) el continuo triunfo de la dura realidad sobre su extremado idealismo. Criado en un ambiente de lujo y elegancia, se identificó como artista con los postrománticos y simbolistas europeos y norteamericanos que reaccionaban contra la literatura de la época porque retrataba con la mayor fidelidad la injusticia social y los aspectos sórdidos de la vida diaria. En cambio, las dos composiciones de esta antología —de tipo modernista— presentan a un artista que ha elegido aislarse de su medio social para vivir en su «torre de marfil», lejos de los problemas del mundo real. En «Los maderos de San Juan», obra influenciada por alguna canción de cuna popular y por los cuentos de hadas que leía asiduamente en su niñez, los recuerdos lejanos y tiernos de la infancia del poeta se mezclan con su consabido terror al futuro. En «Nocturno III» el poeta combina la penosa memoria de su hermana Elvira con la grata pero irreal aparición de la difunta. En dichos poemas la contribución de Silva a la estética modernista resalta en la novedosa estructura métrica y en los efectos onomatopéyicos que evocan vívidas imágenes sonoras, visuales y táctiles.

Los maderos de San Juan[1]

> ¡Aserrín!
> ¡Aserrán![2]
> Los maderos de San Juan,
> piden queso, piden pan,
> 5   los de Roque
>   alfandoque,
>   los de Rique
>   alfeñique[3]
> ¡los de Triqui, triqui, tran[4]!
>
> 10 Y en las rodillas duras y firmes de la Abuela,
> con movimiento rítmico se balancea el niño
> y ambos agitados y trémulos están;
> la Abuela se sonríe con maternal cariño
> mas cruza por su espíritu como un temor extraño
> 15 por lo que en lo futuro, de angustia y desengaño
> los días ignorados del nieto guardarán.

[1]maderos... Se trata de una canción sobre los maderos (*loggers*) de San Juan, que canta una abuela a su nieto.
[2]¡Aserrín!... imitación del sonido que hace la sierra (*saw*); son ejemplos de onomatopeya   [3]alfandoque... juegos rítmicos; son nombres de tipos de dulces (*almond paste*)   [4]Triqui... se sugiere **trique** (*a sharp noise*)

Los maderos de San Juan
piden queso, piden pan.
    ¡Triqui, triqui,
      triqui, tran!

20

Esas arrugas[5] hondas recuerdan una historia
de sufrimientos largos y silenciosa angustia
y sus cabellos, blancos, como la nieve, están.
De un gran dolor el sello[6] marcó la frente mustia[7]
25 y son sus ojos turbios[8] espejos que empañaron
los años, y que, ha tiempos, las formas reflejaron
de cosas y seres[9] que nunca volverán.
    Los de Roque, alfandoque
    ¡Triqui, triqui, triqui, tran!

30 Mañana cuando duerma la Anciana, yerta[10] y muda,
lejos del mundo vivo, bajo la oscura tierra,
donde otros, en la sombra, desde hace tiempo están,
del nieto a la memoria, con grave son que encierra
todo el poema triste de la remota infancia,
35 cruzando por las sombras del tiempo y la distancia,
¡de aquella voz querida las notas vibrarán!

    Los de Rique, alfeñique
    ¡Triqui, triqui, triqui, tran!

Y en tanto en las rodillas cansadas de la Abuela
40 con movimiento rítmico se balancea el niño
y ambos conmovidos[11] y trémulos están;
la Abuela se sonríe con maternal cariño
mas cruza por su espíritu como un temor extraño
por lo que en lo futuro, de angustia y desengaño
45 los días ignorados del nieto guardarán.

     ¡Aserrín!
     ¡Aserrán!

Los maderos de San Juan
piden queso, piden pan,
50   los de Roque
    alfandoque
    los de Rique
    alfeñique
¡Triqui, triqui, triqui, tran!
55 ¡Triqui, triqui, triqui, tran!

[5]*wrinkles* [6]*imprint* [7]*frente... aged brow* [8]*blurred* [9]*personas (lit., beings)* [10]*stiff* [11]*emocionados*

Cuestionario

1. ¿Cuál es el tema de la canción de la abuela?
2. ¿Cuáles son las características más destacadas de la canción?
3. ¿En qué consiste el «temor extraño» (v. 14) de la abuela?
4. ¿Cuáles son los recuerdos de la abuela?
5. ¿Qué significa «Mañana cuando duerma la Anciana» (v. 30)?
6. ¿A qué se refiere «el poema triste de la remota infancia» (v. 34)?
7. ¿Cuáles son los aspectos soboresalientes del estilo poético de José Asunción Silva, según una lectura de este poema?

Nocturno¹ III

Una noche,
una noche toda llena de perfumes, de murmullos² y de música de älas,³
    una noche,
en que ardían en la sombra nupcial y húmeda, las luciérnagas⁴ fantásticas,
5 a mi lado, lentamente, contra mí ceñida,⁵ toda,
    muda y pálida
como si un prensentimiento de amarguras infinitas,
hasta el fondo más secreto de tus fibras⁶ te agitara,
por la senda que atraviesa la llanura florecida
10   caminabas,
    y la luna llena
por los cielos azulosos, infinitos y profundos esparcía⁷ su luz blanca,
    y tu sombra,
    fina y lánguida,
15   y mi sombra
por los rayos de la luna proyectada,
sobre las arenas tristes
de la senda se juntaban
    y eran una
20   y eran una
¡y eran una sola sombra larga!
¡Y eran una sola sombra larga!
¡Y eran una sola sombra larga!

¹un poema o una pieza musical que intenta crear el ambiente de una noche tranquila ²murmurings, rustling sounds ³wings ⁴glowworms ⁵encircled, fastened, drawn tightly ⁶fondo... most secret depth of your being ⁷scattered

Esta noche
25 solo, el alma
llena de las infinitas amarguras y agonías de tu muerte,
separado de ti misma, por la sombra, por el tiempo y la distancia,
        por el infinito negro,
        donde nuestra voz no alcanza,
30   solo y mudo
        por la senda caminaba,
y se oían los ladridos[8] de los perros a la luna,
        a la luna pálida
        y el chillido[9]
35   de las ranas…
Sentí frío; ¡era el frío que tenían en la alcoba
tus mejillas y tus sienes[10] y tus manos adoradas,
        entre las blancuras níveas[11]
        de las mortüorias sábanas!
40 Era el frío del sepulcro, era el frío de la muerte,
        era el frío de la nada…
        Y mi sombra
        por los rayos de la luna proyectada,
        iba sola
45   iba sola
        ¡iba sola por la estepa[12] solitaria!
        Y tu sombra esbelta[13] y ágil,
        fina y lánguida,
como en esa noche tibia de la muerta primavera,
50 como en esa noche llena de perfumes, de murmullos y de músicas de alas,
        se acercó y marchó con ella,
        se acercó y marchó con ella,
se acercó y marchó con ella… ¡Oh las sombras enlazadas[14]!
¡Oh las sombras que se buscan y se juntan en las noches de negruras y de lágrimas!…

[8]*barking* [9]*croaking* [10]*temples* [11]*snowy* [12]*barren plain (steppe)* [13]*delgada* [14]*joined together*

Cuestionario

1. ¿Qué tipo de ambiente se crea en este poema?
2. ¿Cómo es la persona a quien el hablante poético se refiere con formas de **tú**?
3. ¿Cómo se puede interpretar el verso repetido «y eran una sola sombra larga» (v. 21–23)?
4. ¿Cuál es la causa de la separación de las dos personas?
5. ¿Cómo describe el hablante poético el frío que siente (a partir del v. 36)?
6. ¿Cuál es el papel de la luna en este poema?
7. ¿Cuál es la significación de la sombra en los últimos versos del poema?

RUBÉN DARÍO

Vida y obra

Rubén Darío (1867–1916), seudónimo de Félix Rubén García Sarmiento, nació en Metapa, pequeño pueblo de Nicaragua. Hijo ilegítimo, de sangre blanca, negra e indígena, al quedar huérfano fue criado por una tía materna. Su educación fue algo rudimentaria, pero desde niño se familiarizó con la literatura clásica, leyendo obras de escritores españoles y franceses, y mostró gran talento como poeta. Ya en su temprana adolescencia, su don literario fue reconocido por personas influyentes que se encargaron de publicar sus primeros versos. Viajó por toda Centroamérica, patrocinado (*sponsored*) posiblemente por esas mismas personas. En 1886 se trasladó a Santiago de Chile, donde colaboró por un tiempo en el periódico *La época*. Su carrera literaria quedó consagrada dos años después con la publicación de la obra en verso y prosa *Azul* (1888), una de sus obras maestras, tras lo cual viajó extensamente por América y Europa como diplomático, periodista y conferencista. Con respecto a la poesía, sus obras maestras son *Prosas profanas* (1896), *Cantos de vida y esperanza* (1905) y *Canto errante* (1907); y en cuanto a la prosa, *Peregrinaciones* (1901) e *Historia de mis libros* (1951).

El autor y su contexto

Darío es el máximo exponente del modernismo, o movimiento de renovación artística de fines del siglo XIX y principios del XX. Sus obras reflejan una vida turbulenta e itinerante en la que se entregó con igual abandono a los placeres sensuales, a las amistades intelectuales y a la meditación. Su técnica fue influenciada por la lectura de los principales autores románticos, parnasianos y simbolistas de Francia y España. Llegó a conocer personalmente a algunos de ellos durante sus estancias en París y, particularmente, en Madrid, adonde había sido enviado como corresponsal de *La nación*, prestigioso periódico de Buenos Aires. Sus obras se distinguen por reunir en sí todas las características del modernismo en sus distintas etapas. Como tal, revelan al inicio la búsqueda de un nuevo arte, un arte puro, libre de toda preocupación mundana (*wordly*), especialmente de los problemas sociales creados por el materialismo finisecular (*turn-of-the-century*). De hecho, el motivo recurrente de *Azul* y de *Prosas profanas* —es la búsqueda de la belleza ideal —belleza que el poeta persigue a través de la forma misma de sus composiciones. Sobresalen aquí las innovaciones lingüísticas y métricas destinadas a crear ritmos novedosos y agradables. En cambio, en sus obras postreras (*late*), Darío comparte con la tercera generación de modernistas el patriotismo y las inquietudes espirituales. Esto se nota en los dos poemas suyos que siguen.

El cisne[1]

Fue en una hora divina para el género humano.
El cisne antes cantaba sólo para morir.
Cuando se oyó el acento del Cisne wagneriano[2]
fue en medio de una aurora,[3] fue para revivir.

5   Sobre las tempestades del humano océano
se oye el canto del Cisne; no se cesa de oír,
dominando el martillo[4] del viejo Thor[5] germano
o las trompas que cantan la espada de Argantir.[6]

10   ¡Oh Cisne! ¡Oh sacro pájaro! Si antes la
blanca Helena[7]
del huevo azul de Leda[8] brotó de gracia llena,
siendo de la Hermosura la princesa inmortal,

bajo tus blancas alas la nueva Poesía
concibe en una gloria de luz y de armonía
15   la Helena eterna y pura que encarna el ideal.

[1]swan (símbolo del modernismo)   [2]se refiere al compositor alemán Richard Wagner (1813–1883), en cuya ópera *Lohengrin* aparece la imagen del cisne   [3](fig.) nacimiento de una cosa   [4]hammer   [5]dios mitológico escandinavo del trueno y de la agricultura cuyo símbolo es el martillo   [6]figura legendaria islandesa asociado con la lucha   [7]Helena de Troya, símbolo de la belleza femenina   [8]madre de Helena y amante de Júpiter (quien tomó forma de cisne para poseer a Leda)

Cuestionario

1. ¿Cómo ha cambiado la situación del cisne, según el primer cuarteto (v. 1–4)?
2. ¿Qué representan Thor y Argantir? ¿Qué representa Helena? ¿Por qué alude el poeta a estos seres mitológicos legendarios?
3. ¿Cómo será la «nueva Poesía»?

Canción de otoño en primavera

Juventud, divino tesoro,
¡ya te vas para no volver!
Cuando quiero llorar, no lloro…
y a veces lloro sin querer.

5   Plural ha sido la celeste
historia de mi corazón.
Era una dulce niña, en este
mundo de duelo y aflicción.

Miraba como el alba pura;
10   sonreía como una flor.

Era su cabellera[1] oscura
hecha de noche y de dolor.

Yo era tímido como un niño.
Ella, naturalmente, fue,
15   para mi amor hecho de armiño,[2]
Herodías y Salomé[3]…

Juventud, divino tesoro,
¡ya te vas para no volver…!
Cuando quiero llorar, no lloro,
20   y a veces lloro sin querer.

[1]pelo largo   [2]ermine   [3]Herodías… Herodías, mujer de Herodes, hizo que su hija Salomé pidiera la cabeza de San Juan Bautista en pago de sus danzas.

La otra fue más sensitiva,
y más consoladora y más
halagadora[4] y expresiva,
cual no pensé encontrar jamás.

25 Pues a su continua ternura
una pasión violenta unía.
En un peplo[5] de gasa pura
una bacante[6] se envolvía…

En sus brazos tomó mi ensueño[7]
30 y lo arrulló[8] como a un bebé…
Y lo mató, triste y pequeño,
falto de luz, falto de fe…

Juventud, divino tesoro,
¡te fuiste para no volver!
35 Cuando quiero llorar, no lloro,
y a veces lloro sin querer…

Otra juzgó que era mi boca
el estuche[9] de su pasión
y que me roería,[10] loca,
40 con sus dientes el corazón,

poniendo en un amor de exceso
la mira de su voluntad,
mientras eran abrazo y beso
síntesis[11] de la eternidad:

45 y de nuestra carne[12] ligera
imaginar siempre un Edén,

sin pensar que la Primavera
y la carne acaban también…

Juventud, divino tesoro,
50 ¡ya te vas para no volver!
Cuando quiero llorar, no lloro,
¡y a veces lloro sin querer!

¡Y las demás!, en tantos climas,
en tantas tierras, siempre son,
55 si no pretexto de mis rimas,
fantasmas de mi corazón.

En vano busqué a la princesa
que estaba triste de esperar.
La vida es dura. Amarga y pesa.
60 ¡Ya no hay princesa que cantar!

Mas a pesar del tiempo terco,[13]
mi sed de amor no tiene fin;
con el cabello gris me acerco
a los rosales del jardín…

65 Juventud, divino tesoro,
¡ya te vas para no volver!…
Cuando quiero llorar, no lloro,
y a veces lloro sin querer…

¡Mas es mía el Alba[14] de oro!

---

[4]placentera   [5]túnica usada por las mujeres en la antigua Grecia   [6](fig.) mujer licenciosa   [7]sueño, fantasía   [8]lulled to sleep   [9]caja para guardar algo valioso   [10]cortar poco a poco   [11]suma y compendio   [12]flesh   [13]obstinado   [14]primera luz del día

Cuestionario

1. ¿Cuál es la significación del estribillo «Juventud, divino tesoro…»?
2. ¿Cómo han sido las aventuras amorosas del poeta?
3. ¿Cómo se puede interpretar «si no pretexto de mis rimas, / fantasmas de mi corazón» (v. 55–56)?
4. ¿Qué significación tiene el verso final?
5. ¿Es éste un poema lírico o un poema narrativo? Responda dando una explicación.

AMADO NERVO

Vida y obra

Amado Nervo (1870–1919) nació en Tepic, México. Estudió ciencias, filosofía, leyes y literatura clásica y española, apasionándose a la postre por la poesía mística. Se dedicó al periodismo, carrera que le llevó a la Ciudad de México en donde inició su carrera literaria con la novela *El bachiller* (1895). Colaboró en la fundación de la *Revista moderna,* periódico dedicado a la divulgación del modernismo en México, publicando en 1898 su primer poemario *Místicas.* Desde 1900 hasta su muerte en Montevideo, Uruguay, Nervo alternó sus actividades literarias con la carrera diplomática que le conduciría a España, Francia y varios países de Latinoamérica. Su poesía y prosa llenan veintinueve volúmenes. Además de la ya mencionada *Místicas,* su lírica incluye *La hermana agua* (1901), *Serenidad* (1914), *La amada inmóvil* (1915), *Elevación* (1917), *Plenitud* (1918) y *El estanque de lotos* (1919). Su mejor narrativa se encuentra en *Cuentos de juventud* (1898), *Almas que pasan* (1906) y *Cuentos misteriosos* (1921).

El autor y su contexto

Nervo es uno de los representantes más populares del modernismo hispanoamericano. Aunque resulta difícil encontrar en sus escritos más importantes la excentricidad que caracteriza a gran parte de dicha corriente, Nervo cabe dentro del marco modernista por dos razones fundamentales. Primero, al igual que muchos escritores modernistas, vivió en su propia torre de marfil, prefiriendo la vida meditativa en Madrid —donde sirvió de embajador— a la de escritor comprometido en México durante la Revolución (1910–1917). Segundo, su estética revela la constante experimentación de los modernistas con varios géneros y nuevas formas poéticas capaces de expresar la inquietud de su espíritu. Hombre humilde, de convicciones profundamente religiosas pero templadas (*tempered*) por la pasión humana, Nervo adoptó una filosofía personal inconfundible, filosofía que oscila entre el cristianismo tradicional y el panteísmo, doctrina según la cual la totalidad del universo es el único Dios. Por lo tanto, su poesía, en la que recurren los temas del amor y del misticismo, ennoblece y glorifica la naturaleza y el amor físico, puesto que el poeta considera estos dos componentes de la creación divina los dos caminos principales para llegar a Dios y, de ahí, al descubrimiento de lo eterno.

La pregunta

¿Y qué quieres ser tú? —dijo el Destino.
Respondí: —Yo, ser santo;
y repuso el Destino:
«Habrá que contentarse
5 con menos…»
        Pesaroso,[1]
aguardé[2] en mi rincón una pregunta nueva:

«¿Qué quieres ser?» —dijo el Destino
otra vez: —Yo, ser genio respondíle;
10 y él irónico: «Habrá que contentarse
con menos…»
        Mudo y triste
en mi rincón de sombra, ya no espero
la pregunta postrer,[3] a la que sólo
15 responderá mi trágico silencio…

[1]Dolorido, Triste   [2]esperé   [3]postrera, última

Cuestionario

1. ¿De qué manera se presenta al «Destino» en este poema?
2. ¿Cómo responde «el Destino» a las palabras del poeta?
3. ¿Cuál será «la pregunta postrer» (v. 14)?

Si Tú me dices «¡Ven!»

Si Tú me dices: «¡Ven!», lo dejo todo…
No volveré siquiera la mirada
para mirar a la mujer amada…
Pero dímelo fuerte, de tal modo

5   que tu voz, como toque de llamada,[1]
vibre hasta en el más íntimo recodo[2]
del ser, levante el alma de su lodo[3]
y hiera el corazón como una espada.

Si Tú me dices: «¡Ven!», todo lo dejo.
10 Llegaré a tu santuario casi viejo,
y al fulgor[4] de la luz crepuscular;

mas he de compensarte mi retardo,[5]
difundiéndome,[6] ¡oh Cristo!, como un nardo[7]
de perfume sutil, ante tu altar.

[1]toque… señal para llamar   [2]rincón   [3]mud   [4]resplandor, brillo   [5]retraso, tardanza   [6]diffusing myself
[7]spikenard (type of tuberose)

Cuestionario

1. ¿A quién va dirigido el poema?
2. Según el hablante poético, ¿qué características debe reunir la llamada para que él la obedezca?
3. ¿Cómo se puede interpretar la frase «mas he de compensarte mi retardo» (v. 12)?

Antonio Machado

Vida y obra

Antonio Machado (1875–1939) nació en Sevilla y a los ocho años se trasladó con su familia a Madrid. Cursó estudios en la Universidad de Madrid y residió tres años en París. Fue nombrado catedrático de francés en la ciudad de Soria, y en 1909 se casó con Leonor Izquierdo, de dieciséis años. Los dos viajaron a París, donde Machado siguió clases de filosofía con Henri Bergson, cuya doctrina fundamental proponía que a través de la intuición el ser humano podía entender el concepto de la marcha del tiempo y, con eso, la realidad. De vuelta a Soria, murió Leonor en 1912 y Machado aceptó varios cargos académicos, incluso un puesto en el Instituto Calderón de Madrid.

Durante el último año de la guerra civil española, el poeta salió de España y falleció poco después en el sur de Francia. Creador de una poesía a la vez sencilla y profunda, de índole (*nature, type*) patriótica y espiritual, Machado publicó las siguientes colecciones: *Soledades* (1903), *Soledades, galerías y otros poemas* (1907), *Campos de Castilla* (1912) y *Nuevas canciones* (1925). Aficionado a la tradición y al folclor, compuso también piezas de teatro de tipo popular: *Juan de Mañara* (1924), drama histórico inspirado en la figura de don Juan, y *La Lola se va a los puertos* (1929), especie de pieza costumbrista. Fue también ensayista, según lo evidencian los artículos de temas filosóficos y estéticos que publicó en *Revista de Occidente* y el originalísimo *Juan de Mairena, sentencias, donaire, apuntes y recuerdos de un profesor apócrifo* (*counterfeit, false*).

El autor y su contexo

En la obra de Machado se percibe ante todo el carácter sencillo, solitario y meditativo del autor. En ese carácter y, sobre todo, en la visión del mundo que se transparenta en (*shows through*) todos sus escritos, influyen más que nada tres factores: la penosa pérdida de su adorada esposa a los tres años de casados; la atmósfera de desaliento y a la vez el amor por el paisaje (*countryside*) español que el pueblo experimenta tras la humillante Guerra hispanoamericana (1898), y, finalmente, la influencia de la ideología de Henri Bergson. El resultado, como se verá en los poemas de esta antología, es una poesía que se propone intemporalizar (*freeze*) el tiempo, conservando el lado nostálgico del pasado. La personalidad del poeta, su preocupación por la fugacidad (*fleeting nature*) del tiempo y su afición a la tradición española se reflejan en una poesía intimista y sencilla, de rima generalmente asonante —al estilo popular— en la que los verbos y los adverbios, que indican movimiento, dominan el discurso.

Proverbios y cantares, XXIX

Caminante, son tus huellas[1]
el camino, y nada más;
caminante, no hay camino:
se hace camino al andar.
5 Al andar se hace camino,

y al volver la vista atrás
se ve la senda que nunca
se ha de volver a pisar.[2]
Caminante, no hay camino,
10 sino estelas[3] en la mar.

[1]*tracks*   [2]*caminar*   [3]*wakes*

Cuestionario

1. Simbólicamente, ¿qué representa «el camino» en este poema? ¿Y «la mar»?
2. ¿Qué efecto logra el poeta al repetir diversas formas del verbo *caminar*?
3. ¿Qué significa «se hace camino al andar» (v. 4)?
4. ¿Cómo se pueden interpretar los dos últimos versos?

La saeta[1]

¿Quién me presta una escalera
para subir al madero,
para quitarle los clavos
a Jesús el Nazareno?
5   Saeta popular

¡Oh, la saeta, el cantar
al Cristo de los gitanos,
siempre con sangre en las manos,
siempre por desenclavar[2]!

10 ¡Cantar del pueblo andaluz[3]
que todas las primaveras
anda pidiendo escaleras
para subir a la cruz!
¡Cantar de la tierra mía,
15 que echa flores
al Jesús de la agonía,
y es la fe de mis mayores!
¡Oh, no eres tú mi cantar!
¡No puedo cantar, ni quiero,
20 a ese Jesús del madero,[4]
sino al que anduvo en el mar!

[1]canción devota de Andalucía, España, que se canta en la iglesia o en la calle durante ciertas ceremonias religiosas, especialmente durante la Semana Santa   [2]por... que se le quiten los clavos   [3]de Andalucía   [4]del... de la cruz de madera

Cuestionario

1. ¿Cómo es el Cristo de los gitanos?
2. ¿Cuáles son los sentimientos del poeta ante esta imagen de Cristo?
3. ¿Qué distinción se hace entre el «Jesús del madero» (v. 20) y el «que anduvo en el mar» (v. 21)?

Juan Ramón Jiménez

Vida y obra

Juan Ramón Jiménez (1881–1958) nació en Moguer, Andalucía. Al terminar sus estudios universitarios en Sevilla, se transfirió a Madrid y al sur de Francia en donde pasó algún tiempo en sanatorios a causa de una de las crisis nerviosas que le afligieron toda la vida. En la capital española conoció al poeta modernista Rubén Darío y a otras eminentes figuras literarias. En 1936, al estallar la guerra civil española (1936–1939), viajó a los Estados Unidos, casándose más tarde con Zenobia Camprubí Aymar, mujer culta que iba a ser su colaboradora. En 1956, dos años antes de su fallecimiento en Puerto Rico, se le otorgó el Premio Nobel de Literatura por sus más de veinte libros de poesía. Otros logros de Jiménez son *Platero y yo* (1914, prosa poética) y los ensayos *Españoles de tres mundos* (1942) y *El modernismo* (1963).

El autor y su contexto

La obra de Jiménez se produjo paralelamente a eventos de su vida que le obligaron a alejarse, por razones de salud, de su adorado pueblo natal. Enfermizo, solitario y obsesionado desde la adolescencia por la idea de la muerte, se retiró en gran parte de la vida social para dedicarse a la carrera literaria, la cual atraviesa (*goes through*) dos fases que se corresponden con su estado físico y mental. En la primera —el periodo de evasión— se adhiere a la vertiente «esteticista» del modernismo en la que reina el llamado «arte por el arte». En poemarios como *Arias tristes* (1903), *Jardines lejanos* (1904) y *La soledad sonora* (1908) predomina la vaguedad —la musicalidad tenue, los matices (*shades of color*) y el sentimentalismo nostálgico. En la segunda fase, inaugurada con *Diario de un poeta recién casado* (1916), el poeta no se limita a sugerir sus propios estados de ánimo (*moods*) sino que los expresa de una manera bien definida y concreta. Obras como *Eternidades* (1917), *Piedra y cielo* (1918), *La estación total* (1946), *Animal de fondo* (1949) y *Dios deseado y deseante* (1948–1952) —instigadas por la creciente aprensión e introspección del autor— introducen una poesía «desnuda», o sea, despojada (*divested*) de elementos decorativos. El poeta no vacila en reformar hasta la ortografía (*antolojía* por *antología*) para «depurar» (*purify, distill*) la palabra. La belleza absoluta, que el artista había venido buscando en su esencia como la única verdad del mundo, adquiere ya forma tangible. De ahí que las cosas más sencillas —un caballo, el mar, un árbol, una mariposa (*butterfly*)— dejen de existir por sí mismas (*cease to exist in and of themselves*) para convertirse, a través de la palabra —la poesía— en imágenes del mundo interior del poeta. Esto es lo que ponen de relieve los poemas «Intelijencia, dame» (*Eternidades*) y «Vino, primero, pura» (*Diario de un poeta recién casado*) que aparecen en esta antología.

Inteljiencia, dame

¡Inteljiencia, dame
el nombre exacto de las cosas!
…Que mi palabra sea
la cosa misma,
5 creada por mi alma nuevamente.
Que por mí vayan todos
los que no las conocen, a las cosas;

que por mí vayan todos
los que ya las olvidan, a las cosas;
10 que por mí vayan todos
los mismos que las aman, a las cosas…
¡Inteljiencia, dame
el nombre exacto, y tuyo,
y suyo, y mío, de las cosas!

Cuestionario

1. ¿A quién o a qué se dirige el poeta en este poema?
2. ¿Cuál es el deseo del poeta?
3. ¿Cómo se puede interpretar «creada por mi alma nuevamente» (v. 5)?
4. ¿Qué significa la frase «el nombre exacto de las cosas»?

Vino, primero, pura

Vino, primero, pura,
vestida de inocencia.
Y la amé como un niño.

Luego se fue vistiendo
5 de no sé qué ropajes.
Y la fui odiando, sin saberlo.

Llegó a ser una reina,
fastuosa[1] de tesoros…
¡Qué iracundia de yel[2] y sin sentido!

10 …Mas se fue desnudando.
Y yo le sonreía.

Se quedó con la túnica
de su inocencia antigua.
Creí de nuevo en ella.

15 Y se quitó la túnica.
y apareció desnuda toda…
¡Oh pasión de mi vida, poesía
desnuda, mía para siempre!

[1]ostentosa   [2]iracundia… ira amarga

Cuestionario

1. ¿Cuál es el sujeto del poema?
2. ¿Qué técnica emplea el poeta para presentar ese sujeto? O sea, ¿qué tipo de comparación se introduce?
3. ¿Cuál es el proceso descrito en el poema?

GABRIELA MISTRAL

Vida y obra

Lucila Godoy Alcayaga (1885–1957) —nombre verdadero de la escritora Gabriela Mistral— nació en Vicuña, un pueblecito rural y pobre de Chile. Allí comenzó a enseñar a temprana edad y durante casi veinte años desempeñó (*she held*) en distintas partes de su país el cargo de maestra y de directora de escuelas primarias y secundarias. Adquirió fama internacional por sus ideas progresistas sobre la educación y en 1922 fue invitada a colaborar en la reorganización del sistema educativo de México. Al año siguiente, su propio país la nombró Maestra de la Nación. Desde 1925 hasta su muerte, en Nueva York, recorrió Latinoamérica, Europa y los Estados Unidos en calidad de diplomática, llegando a ser delegada de la Liga de Naciones. Participó como conferencista visitante en varias universidades de los Estados Unidos y en la de Puerto Rico, habiendo obtenido doctorados Honoris Causa en América y en Europa. Mistral —seudónimo que adoptó en honor del escritor francés Fréderic Mistral— principió su carrera literaria en 1914, al ganar el primer premio en los Juegos Florales de Santiago por «Los sonetos de la muerte». Lo mejor de su poesía, por la que obtuvo en 1945 el Premio Nobel de Literatura, se presenta en *Desolación* (1922), *Ternura* (1925), *Tala* (1938) y *Lagar* (1954). Escribió también prosa (*Lecturas para mujeres,* 1924; *Recados: Contando a Chile,* 1957).

La autora y su contexto

Dos factores moldearon más que nada el carácter y la obra de Mistral: el haber sido criada por su madre y abuela —cuya educación religiosa y cuentos populares afectaron el espíritu de la muchacha e inflamaron su imaginación— y el suicidio de su primero y único novio. La desolación que sintió como consecuencia de esta tragedia la indujo a permanecer soltera y a dedicar su vida a los niños, para quienes escribió sus versos más renombrados. Su obra poética, de claro timbre femenino, refleja su papel vitalicio de amiga de los desvalidos (*helpless*) y madre de todo niño desamparado (*abandoned, defenseless*). El tema favorito de sus principales obras es el amor apasionado, tierno, de mujer decepcionada y angustiada, que se convierte a la larga en amor materno, amor a Dios, a la humanidad y a la naturaleza.

Meciendo[1]

El mar sus millares de olas
    mece, divino.
Oyendo a los mares amantes,
    mezo a mi niño.

5 El viento errabundo[2] en la noche
    mece los trigos.
Oyendo a los vientos amantes,
    mezo a mi niño.

Dios padre sus miles de mundos
10   mece sin ruido.
Sintiendo su mano en la sombra
    mezo a mi niño.

[1]*Rocking*   [2]*errante*

Cuestionario

1. ¿Cómo se emplea el verbo *mecer* en este poema?
2. ¿Qué semejanzas hay entre el contenido y la forma de las distintas estrofas?
3. ¿Cuáles son los sentimientos de la poeta al mecer a su niño?

Yo no tengo soledad

Es la noche desamparo[1]
de las sierras hasta el mar.
Pero yo, la que te mece,
¡yo no tengo soledad!

5   Es el cielo desamparo
si la luna cae al mar.

Pero yo, la que te estrecha,
¡yo no tengo soledad!

    Es el mundo desamparo
10 y la carne triste va.
Pero yo, la que te oprime,
¡yo no tengo soledad!

[1]desolación

Cuestionario

1. ¿Qué tipo de contraste se presenta en este poema?
2. ¿Cómo se puede interpretar el verso 10, «y la carne triste va»?
3. ¿Por qué no tiene soledad el «yo» poético?

César Vallejo

Vida y obra

César Vallejo (1892–1938) nació en Santiago de Chuco, Perú. Superando la pobreza y su condición de mestizo, o «cholo», obtuvo el doctorado en Filosofía y Letras en la Universidad de la Libertad en Trujillo, donde estudió también derecho. Inició su carrera literaria en Lima, involucrándose al mismo tiempo en el activismo político. Encarcelado por sus ideas marxistas, prefirió el destierro a las condiciones de su país y en 1923 salió para Francia. En París se ganó la vida a duras penas (*he barely earned a living*) colaborando en revistas como *Mundial,* publicadas por refugiados como él. Pasó un año en Rusia (1928–1929) y, de vuelta a París, impresionado más que nunca por el comunismo, intensificó su activismo político, por lo que luego fue expulsado de Francia. En la España republicana, donde residió de 1930 a 1933, encontró un refugio ideal al lado de otros escritores de convicciones socialistas. Apenas cinco años después de su vuelta a París, murió en la misma miseria que le había perseguido desde joven. Entre sus obras poéticas se destacan *Los heraldos negros* (1918) y *Trilce* (1922), publicados durante su vida. En 1939, un año después de su fallecimiento, aparecieron en un solo volumen *Poemas humanos* y *España, aparta de mí este cáliz* —tal vez sus mejores obras.

El autor y su contexto

La defensa de la integridad humana es sin duda el móvil (*incentive*) principal de la vida y de la obra de Vallejo. Fue paladín (*champion*) de todas las víctimas de la discriminación y de la prepotencia. Amigo y admirador de sus compatriotas José Carlos Mariátegui (1895–1930), fundador del socialismo peruano, y Víctor Raúl Haya de la Torre, fundador y líder de la Alianza Popular Revolucionaria Americana (APRA) (ver Apéndice 3), Vallejo puso su verso al servicio de los oprimidos —de los indígenas de su tierra en particular y de todos los desvalidos en general. Su primer libro, *Los heraldos negros,* revela rasgos modernistas en la imaginería algo romántica de la tierra peruana y del indígena. Con todo, las notas dominantes son el tono personal e íntimo y la temática de la solidaridad humana. Los poemas de su segunda obra, *Trilce,* compuestos en la cárcel, muestran a un Vallejo más rebelde y audaz. En éstos rompe con la retórica y el metro, crea nuevas palabras o altera las convencionales —todo con el fin de poner en libertad el lenguaje y producir un verso flexible, totalmente autónomo. En *Poemas humanos,* tipo de diario personal inspirado por la crisis económica de 1930, y *España, aparta de mí este cáliz,* la más alta expresión de solidaridad por las víctimas de la guerra civil española, Vallejo utiliza su consabida temática. Resaltan, así, los motivos (*motifs*) del dolor, de la soledad y de la agonía de la humanidad víctima de la incoherencia y maldad de la vida —humanidad con la que el propio autor se identifica, según lo manifiestan los poemas que aquí se incluyen.

Yuntas[1]

Completamente. Además, ¡vida!
Completamente. Además, ¡muerte!

Completamente. Además, ¡todo!
Completamente. Además, ¡nada!

5 Completamente. Además, ¡mundo!
Completamente. Además, ¡polvo!

Completamente. Además, ¡Dios!
Completamente. Además, ¡nadie!

Completamente. Además, ¡nunca!
10 Completamente. Además, ¡siempre!

Completamente. Además, ¡oro!
Completamente. Además, ¡humo!

Completamente. Además, ¡lágrimas!
Completamente. Además, ¡risas!…

15 ¡Completamente!

[1](*fig.*) Parejas

Cuestionario

1. ¿Cómo se puede interpretar el juego de oposiciones en el poema?
2. ¿Qué valor tiene la yuxtaposición lágrimas/risas al final del poema?
3. ¿Qué significa la palabra *completamente* en el poema?

El momento más grave de la vida

Un hombre dijo:

—El momento más grave de mi vida estuvo en la batalla del Marne,[1] cuando fui herido en el pecho.

Otro hombre dijo:

5   —El momento más grave de mi vida, ocurrió en un maremoto de Yokohama,[2] del cual salvé milagrosamente, refugiado bajo el alero[3] de una tienda de lacas.[4]

Y otro hombre dijo:

—El momento más grave de mi vida acontece cuando duermo de día.

Y otro dijo:

10   —El momento más grave de mi vida ha estado en mi mayor soledad.

Y otro dijo:

—El momento más grave de mi vida fue mi prisión en una cárcel del Perú.

Y otro dijo:

—El momento más grave de mi vida es el haber sorprendido de perfil[5] a mi
15 padre.

Y el último hombre dijo:

—El momento más grave de mi vida no ha llegado todavía.

[1]río de Francia, escenario de varias batallas de la primera guerra mundial   [2]puerto japonés, escenario de un maremoto (*seaquake*)   [3]*eaves*   [4]*lacquer*   [5]*de... in profile*

Cuestionario

1. ¿Qué tipo de paralelismo se ve en el poema?
2. ¿Cómo se pueden interpretar los versos 14 y 15, «El momento más grave de mi vida es el haber sorprendido de perfil a mi padre»?
3. ¿Qué elemento distingue este poema de la prosa?

VICENTE HUIDOBRO

Vida y obra

Vicente Huidobro (1893–1948) nació en Santiago de Chile. Producto de una familia de ricos hacendados, y hombre de gran cultura e imaginación, se dedicó desde niño a las letras. A los veinte años editaba la revista *Azul* y en 1916 se encontraba en París, colaborando en la revista vanguardista *Nord-Sud.* Ese mismo año viajó a Buenos Aires donde se pronunció (*he declared himself*) públicamente fundador del creacionismo —una nueva teoría estética que él lanzó en esa ciudad con el poemario *El espejo de agua* (1916). Dos años después se encontraba en España para divulgar su doctrina, que cimentó (*whose foundation he lay*) luego con la publicación en Madrid de *Poemas árticos* (1918). Tras muchos años de residencia en los ambientes artísticos más febriles (*fiery*) y creativos de Europa, volvió a Chile. Murió en Cartagena, en la tranquilidad de su finca. Autor de novelas de técnicas modernas y revolucionarias (*Sátiros o el poder de las palabras,* 1939), piezas dramáticas (*En la luna,* 1934), comentario, crónicas y manifiestos, es conocido esencialmente como poeta. Entre sus obras hay que destacar el ya citado poemario *El espejo de agua,* que contiene «Arte poética» —el manifiesto del creacionismo— y *Altazor, o el viaje en paracaídas* (1931), obra en siete cantos de carácter autobiográfico y existencial en la que se funden las técnicas más exitosas del autor.

El autor y su contexto

La obra de Huidobro, como la de sus contemporáneos vanguardistas, refleja la renovación que, a principios del siglo XX, sigue a la caída de las principales estructuras políticas tradicionales —renovación que exige la participación activa de la burguesía y de los intelectuales en la vida social y cultural. La mayor contribución de Huidobro a las letras hispánicas, en particular, y a la poesía universal, en general, es el haber ideado (*conceived, created*) la doctrina creacionista. Dicha doctrina, de carácter nítidamente revolucionario, derivada del futurismo, del cubismo y, sobre todo, del dadaísmo, exigía que la obra poética dejara de imitar la naturaleza —el llamado «mundo real». Según la estética creacionista, el poeta debía valerse de su poder creativo para convertirse en un «pequeño Dios» y crear nuevas realidades. Esta teoría implica la completa autonomía del arte y, para el poema, su total independencia del autor y de su circunstancia. Con esta finalidad, el creacionismo utiliza cualquier recurso que produzca una comunicación antilógica, o sea, una manera de expresarse que viole las normas del discurso convencional. De allí surge la experimentación con neologismos (*neologisms, newly coined words*), jitanjáforas (*plays on words and sounds*), falta de puntuación y coherencia verbal y otros artificios novedosos. El eje o principio fundamental de la técnica creacionista es, ante todo, la metáfora, especialmente la que asombra (*astonishes*) por su atrevimiento (*daring*) y originalidad. Los poemas que aquí se ofrecen representan fases del arte de Huidobro que coinciden con momentos de su vida. «Arte poética» de orientación puramente estética, representa la primera etapa. En «La capilla aldeana» en cambio, aflora (*surfaces*) la melancolía asociada con la angustia metafísica.

Arte poética[1]

Que el verso sea como una llave
Que abra mil puertas.
Una hoja cae; algo pasa volando;
Cuanto miren los ojos creado sea,
5 Y el alma del oyente quede temblando.

Inventa mundos nuevos y cuida tu palabra;
El adjetivo, cuando no da vida, mata.

Estamos en el ciclo de los nervios.
El músculo cuelga,[2]
10 Como recuerdo, en los museos;

Mas no por eso tenemos menos fuerza:
El vigor verdadero
Reside en la cabeza.
Por qué cantáis la rosa, ¡oh Poetas!
15 Hacedla florecer en el poema;

Sólo para nosotros
Viven todas las cosas bajo el Sol.

El poeta es un pequeño Dios.

[1]Arte... doctrina o teoría literaria (del latín *ars poetica*)   [2]*hangs*

Cuestionario

1. Según el poeta, ¿cómo debe ser la poesía?
2. ¿Cómo se puede interpretar el verso 7, «El adjetivo, cuando no da vida, mata»?
3. ¿A qué podría referirse «el ciclo de los nervios» (v. 8)?
4. ¿Qué significación tiene la «rosa» de los versos 14 y 15?
5. ¿Por qué es el poeta «un pequeño Dios» (v. 18)?

La capilla aldeana (fragmento)

Ave
canta
suave
que tu canto encanta
5 sobre el campo inerte
sones
vierte[1]
y ora-
ciones
10 llora.
Desde
la cruz santa
el triunfo del sol canta
y bajo el palio[2] azul del cielo
15 deshoja tus cantares sobre el suelo.

[1]emite   [2](Aquí la palabra tiene una implicación religiosa.) *(fig.)* *baldachin, canopy*

Cuestionario

1. ¿De qué clase de poesía es ejemplo este poema?
2. ¿Qué tipo de imágenes emplea el poeta?
3. Señale los casos de encabalgamiento en este poema.

JUANA DE IBARBOUROU

Vida y obra

Juana Fernández de Ibarbourou (1895–1979) nació en Melo, Uruguay. Disfrutó de (*She enjoyed*) una infancia muy alegre y nunca echó de menos (*missed*) la falta de estudios superiores. Frecuentó apenas la escuela primaria religiosa y la estatal, sin haberse jamás distinguido como buena alumna. Manifestó desde niña una marcada inclinación por la poesía y a la edad de ocho años publicó sus primeros versos en un periódico local. A los veinte años se casó con el capitán Lucas Ibarbourou, cuyo apellido usaría en todos sus escritos. Vivió con su marido y su único hijo en varias partes del país hasta 1918, cuando se estableció con la familia definitivamente en Montevideo. Allí publicó sus primeros poemarios, *Las lenguas de diamante* (1919) y *Raíz salvaje* (1920), que le ganaron en seguida la aclamación del público. Durante los diez años siguientes intensificó sus actividades literarias, publicando obras como *La rosa de los vientos* (1930), *Perdida* (1950), *Azor* (1953), *Romances del destino* (1954) y *Oro y tormenta* (1956). En homenaje (*As a tribute*) a la popularidad de su poesía en el mundo hispánico, le fue conferido en 1927 el apelativo cariñoso de «Juana de las Américas». Dos décadas más tarde fue nombrada miembro de la Academia Nacional de Letras de Uruguay (1947).

La autora y su contexto

La obra de Ibarbourou difiere de la de sus contemporáneas postmodernistas en no manifestar la angustia y desesperación que aparecen en la obra de poetas como Gabriela Mistral, Alfonsina Storni y Delmira Agustini. En cambio, su poesía refleja la satisfacción y la alegría de vivir de una mujer plenamente realizada (*fulfilled*) como esposa, madre y escritora. En su primera y mejor obra, *Lenguas de diamante,* especie de manifiesto humano y artístico, Ibarbourou concibe la vida como algo bello, puro y real —algo semejante al agua del arroyo (*brook, stream*), a la flor o al campo oloroso (*fragrant*). Sostiene que no quiere más que amar y ser amada, libre de restricciones morales o religiosas, como lo son las formas sensuales e íntimas de la naturaleza. El culto a los placeres de la vida se contrasta en la poesía de Ibarbourou con su obstinación de no aceptar la muerte como una realidad definitiva. Uno de sus temas favoritos es, de hecho, el de la transmigración del cuerpo (*reincarnation*). A través de este motivo la poeta expresa su firme determinación de triunfar sobre la muerte —a la que representa con imágenes como la sombra, el frío y la noche. En contraste, el deseo de volver a vivir, y a vivir intensamente —igual que la luz— asume la forma de una llama (*flame*) brillante, una de sus imágenes favoritas y recurrentes.

La higuera[1]

Porque es áspera y fea;
Porque todas sus ramas son grises,
Yo le tengo piedad a la higuera.

En mi quinta[2] hay cien árboles bellos:
5   Ciruelos[3] redondos,
    Limoneros rectos
Y naranjos de brotes[4] lustrosos.

    En las primaveras,
Todos ellos se cubren de flores
10   En torno a la higuera.

Y la pobre parece tan triste
Con sus gajos[5] torcidos que nunca
De apretados capullos[6] se visten…

    Por eso,
15 Cada vez que yo paso a su lado
Digo, procurando
Hacer dulce y alegre mi acento:
    —Es la higuera el más bello
De los árboles todos del huerto.

20   Si ella escucha,
Si comprende el idioma en que hablo,
¡Qué dulzura tan honda hará nido[7]
En su alma sensible de árbol!

    Y tal vez, a la noche,
25 Cuando el viento abanique[8] su copa,[9]
Embriagada[10] de gozo le cuente:
    —Hoy a mí me dijeron hermosa.

[1]fig tree   [2]casa de campo   [3]Plum trees   [4]shoots   [5]ramas   [6]buds   [7]hará… (fig.) habitará   [8](inf.: **abanicar**) fans   [9]ramaje que forma la parte superior de un árbol   [10](fig.) Llena

Cuestionario

1. ¿Por qué siente la poeta piedad por la higuera?
2. ¿Cómo está descrita la higuera?
3. ¿Qué le dice la voz poética a la higuera y por qué se lo dice?
4. ¿Cómo se puede interpretar la estrofa final?

Rebelde

Caronte:[1] yo seré un escándalo en tu barca.
Mientras las otras sombras recen, giman,[2] o
    [lloren,
y bajo tus miradas de siniestro patriarca
las tímidas y tristes, en bajo acento, oren,

5   yo iré como una alondra[3] cantando por el
    [río
y llevaré a tu barca mi perfume salvaje,
e irradiaré en las ondas del arroyo sombrío
como una azul linterna que alumbrará en el
    [viaje.

Por más que tú no quieras, por más
    [guiños[4] siniestros
10 que me hagan tus dos ojos, en el terror maestros,
Caronte, yo en tu barca seré como un escándalo.

Y extenuada[5] de sombra, de valor y de frío,
cuando quieras dejarme a la orilla del río
me bajarán tus brazos cual conquista de ván-
    [dalo.[6]

---

[1]barquero mitológico que llevaba las almas de los muertos a través del río Estigia (*Styx*)   [2](*inf.:* **gemir**) se quejen de dolor   [3]*lark*
[4]*winks*   [5]debilitada   [6]conquista... prisionera de los bárbaros vándalos

Cuestionario

1. ¿Por qué será «un escándalo» en la barca de Caronte la que habla?
2. En la segunda estrofa, ¿con qué se compara la hablante?
3. ¿Qué valor dramático tiene la frase «cual conquista de vándalo» (v. 14)?
4. ¿Qué tipo de rebeldía se presenta en el poema?

Federico García Lorca

Vida y obra

Federico García Lorca (1898–1936) nació en Fuentevaqueros, pueblo cerca de Granada, España. Cursó derecho y filosofía y letras (*Liberal Arts*) en las universidades de Granada y Madrid. Pintor, pianista, poeta y dramaturgo, Lorca viajó por toda España al frente del teatro universitario La Barraca. A continuación dio conferencias sobre arte y literatura. Viajó por Europa, la Argentina y parte de los Estados Unidos y tomó clases de inglés en Columbia University de Nueva York. Logró gran éxito con las obras dramáticas *Bodas de sangre* (1933), *Yerma* (1934) y *La casa de Bernarda Alba* (1936). Publicó varios libros de poesía, entre ellos, *Libro de poemas* (1921), *Canciones* (1922), *Romancero gitano* (1928), *Poema del cante jondo* (1931) y *Poeta en Nueva York* (1935). Murió asesinado a principios de la guerra civil española (1936–1939), hecho que lo convirtió en símbolo de todas las víctimas del fascismo.

El autor y su contexto

En su país y época García Lorca se destaca por su arte ecléctico —arte que combina lo mejor de varias tendencias. Aunque ligadas al estilo superrealista vigente (*in vogue, in force*) —que ofrece un mundo aparte representado a través de imágenes oníricas (*dream-like*) imprevistas, desordenadas y aparentemente incongruentes— las creaciones lorquianas oscilan entre una realidad bien concreta y la fantasía. Dichas obras integran magistralmente lo intuitivo con lo intelectual, lo tradicional con lo moderno, lo aristocrático con lo popular, lo universal con las raíces hispánicas —andaluzas y gitanas (*gypsy*)— del artista. Según se puede apreciar en «Prendimiento (*Arrest*) de Antoñito el Camborio en el camino de Sevilla» y «Canción primaveral», García Lorca, en contraste con los poetas vanguardistas de su generación, que representaban la realidad como una serie de abstracciones mentales, se sirve de imágenes sensoriales para convertir eventos y fenómenos ordinarios en un mundo mágico y misterioso. Esto se nota asimismo en su teatro, como se ve en *La casa de Bernarda Alba* (ver «El drama») una de sus obras más representativas y aclamadas. Esta pieza ha de juzgarse a varios niveles: el local, el social, el psicológico, el universal y el artístico. En su plano más restringido, la pieza denuncia las convenciones anticuadas de la época, ejemplificadas por el trágico choque del celo morboso de una madre con la pasión juvenil de la menor de sus hijas. En un segundo estrato —el plano universal— este drama es un estudio incisivo de la sexualidad femenina, la maternidad y los lazos de familia subvertidos por cánones (*rules and regulations*) incompatibles con la naturaleza humana. A diferencia de otras piezas lorquianas caracterizadas por la ornamentación poética, ésta resalta a nivel artístico por un dramatismo simple y sombrío. El personaje opresivo de Bernarda Alba, que funciona dentro de un ambiente provinciano sofocante (*stifling*), es el elemento clave que sostiene la tensión dramática hasta la culminación de la obra.

Prendimiento de Antoñito el Camborio en el camino de Sevilla

Antonio Torres Heredia,
hijo y nieto de Camborios,
con una vara de mimbre[1]
va a Sevilla a ver los toros.
5 Moreno de verde luna
anda despacio y garboso.[2]
Sus empavonados bucles[3]
le brillan entre los ojos.
A la mitad del camino
10 cortó limones redondos,
y los fue tirando al agua
hasta que la puso de oro.
Y a la mitad del camino,
bajo las ramas de un olmo,
15 guardia civil caminera[4]
lo llevó codo con codo.[5]

---

[1]vara... *walking stick made of wicker*   [2]*gracefully, jauntily*   [3]empavonados... *steely blue curls*   [4]guardia...
members of the Civil Guard who patrol the country roads   [5]codo... *with his hands tied behind his back*

El día se va despacio,
la tarde colgada a un hombro,
dando una larga torera[6]
20   sobre el mar y los arroyos.
Las aceitunas[7] aguardan
la noche de Capricornio,
y una corta brisa, ecuestre,
salta los montes de plomo.
25   Antonio Torres Heredia,
hijo y nieto de Camborios,
viene sin vara de mimbre
entre los cinco tricornios.[8]

      Antonio, ¿quién eres tú?
30   Si te llamaras Camborio,
hubieras hecho una fuente
de sangre, con cinco chorros.
Ni tú eres hijo de nadie,
ni legítimo Camborio.
35   ¡Se acabaron[9] los gitanos
que iban por el monte solos!
Están los viejos cuchillos
tiritando[10] bajo el polvo.

      A las nueve de la noche
40   lo llevan al calabozo,[11]
mientras los guardias civiles
beben limonada todos.
Y a las nueve de la noche
le cierran el calabozo,
45   mientras el cielo reluce
como la grupa[12] de un potro.[13]

---

[6]*feint*   [7]*olives*   [8]guardias civiles (tricornio: *three-corned hat worn by members of the Civil Guard*)   [9]Se... Ya no existen   [10]*shivering*   [11]cárcel (también se refiere a la celda del prisionero)   [12]*rump*   [13]*colt*

Cuestionario

1. ¿Cómo se caracteriza Antoñito el Camborio en los primeros versos del poema?
2. ¿Qué va a hacer Antoñito en Sevilla?
3. ¿Qué le pasa a la mitad del camino?
4. ¿Qué valor simbólico tiene la vara de mimbre en este poema?
5. ¿Qué significa el comentario del hablante poético en los versos 30–32 («Si te llamaras Camborio, / hubieras hecho una fuente / de sangre, con cinco chorros.»)?

6. ¿Cómo se presentan los gitanos en el poema? ¿Y la guardia civil?
7. ¿Cuáles son las figuras retóricas más fuertes del poema?
8. ¿Es éste un poema lírico o un poema narrativo? Responda dando una explicación.

Canción primaveral

I

SALEN los niños alegres
de la escuela,
poniendo en el aire tibio
del abril canciones tiernas.
5 ¡Qué alegría tiene el hondo
silencio de la calleja!¹
Un silencio hecho pedazos²
por risas de plata nueva.

II

Voy camino de la tarde,
10 entre flores de la huerta,
dejando sobre el camino
el agua de mi tristeza.
En el monte solitario,
un cementerio de aldea³
15 parece un campo sembrado
con granos⁴ de calaveras.⁵
Y han florecido cipreses
como gigantes cabezas
que con órbitas vacías
20 y verdosas cabelleras⁶
pensativos y dolientes
el horizonte contemplan.

¡Abril divino, que vienes
cargado de sol y esencias,
25 llena con nidos de oro
las floridas calaveras!

¹calle estrecha y corta ²hecho... *shattered* ³pueblo pequeño ⁴*seeds* ⁵*skulls* ⁶*hair*

Cuestionario

1. Contraste los elementos fundamentales que predominan en la primera estrofa con los de la segunda. ¿De qué imágenes se sirve el poeta para presentarlos?
2. Explique los versos, «Un silencio hecho pedazos / por risas de plata nueva».
3. ¿Cómo se podría interpretar la última estrofa? ¿Qué figuras retóricas se ven en esta estrofa?
4. Seleccione la metáfora que más le haya impresionado y explíquela.

LUIS PALÉS MATOS

Vida y obra

Luis Palés Matos (1898–1959) nació en Guayama, Puerto Rico. Se crió en un ambiente literario ideal, bajo la tutela de su padre y un hermano que eran poetas. Fue escritor, empleado de oficina, periodista, maestro y, finalmente, catedrático de la Universidad de Puerto Rico. Su carrera literaria comenzó en 1915 con la publicación del poemario *Azaleas,* de orientación modernista. A este libro siguieron dos ediciones de *Tuntún de pasa y grifería* (1937), libro cuya temática nativista, negra, le colocó al frente de la literatura antillana (*of the Antilles region, i.e., Cuba, Puerto Rico, Dominican Republic*), reservándole un lugar destacado en las letras del mundo hispánico. Este logro motivó que la Universidad de Puerto Rico publicara bajo el título de *Poesías* (1957) los versos que abarcan (*span*) su entera carrera literaria (1915–1956).

El autor y su contexto

Nacido de padres blancos, Palés Matos posee la distinción de haber introducido la poesía negra en la literatura contemporánea de Hispanoamérica, al mismo tiempo que inauguraba el movimiento vanguardista de su país. Sintió todavía, como muchos escritores de la generación de los años 1910 a 1920, la influencia del modernismo, movimiento propenso (*prone*) a la nostalgia, a la tristeza, al pesimismo, a la amargura y a una visión irónica de la vida. Sin embargo, a partir de *Tuntún de pasa y grifería,* el poeta se une definitivamente al vanguardismo y a la experimentación con nuevos temas y técnicas. En realidad, el propio título del segundo libro de Palés Matos, *Tuntún de pasa y grifería,* anuncia el motivo de la conciencia cultural del negro antillano —tema expresado a través de los efectos onomatopéyicos y del simbolismo de las palabras (*tuntún* imita el sonido del tambor [*drum*], *pasa* alude al pelo oscuro, ensortijado [*kinky*] del negro y *grifería* se refiere al pelo «grifo» [*entangled*] del mulato). En los versos de *Tuntún,* la negritud del puertorriqueño o del cubano, en lugar de ser considerada un factor racial, es presentada con características humanas muy deseables —la espontaneidad, la sencillez y la jovialidad frente a (*in the face of*) la pobreza, el dolor y la angustia. Esto lo demuestra el poema «Danza negra» en el que el poeta, al captar admirablemente el colorido, el ritmo y los efectos musicales o sonoros típicos del Caribe, transmite al lector la alegría de vivir de sus compatriotas afro-antillanos.

Danza negra

Calabó y bambú.
Bambú y calabó.
El Gran Cocoroco[1] dice: tu–cu–tú.
La Gran Cocoroca dice: to–co–tó.
5 Es el sol de hierro que arde en Tombuctú.[2]

Es la danza negra de Fernando Póo.[3]
El cerdo[4] en el fango[5] gruñe: pru–pru–prú.
El sapo en la charca[6] sueña: cro–cro–cró.
Calabó y bambú.
10 Bambú y calabó.

Rompen los junjunes[7] en furiosa ú.
Los gongos[8] trepidan[9] con profunda ó.
Es la raza negra que ondulando va
en el ritmo gordo del mariyandá.[10]
15 Llegan los botucos[11] a la fiesta ya.
Danza que te danza la negra se da.

Calabó y bambú.
Bambú y calabó.

El Gran Cocoroco dice: tu–cu–tú.
20 La Gran Cocoroca dice: to–co–tó.

Pasan tierras rojas, islas de betún:[12]
Haití, Martinica, Congo, Camerún,[13]
las papiamentosas[14] antillas[15] del ron[16]
y las patualesas[17] islas del volcán,
25 que en el grave son
del canto se dan.

Calabó y bambú.
Bambú y calabó.
Es el sol de hierro que arde en Tombuctú.
30 Es la danza negra de Fernando Póo.
El alma africana que vibrando está
en el ritmo gordo del mariyandá.

Calabó y bambú.
Bambú y calabó.
35 El Gran Cocoroco dice: tu–cu–tú.
La Gran Cocoroca dice: to–co–tó.

[1]Gran... jefe de algunas tribus africanas [2]ciudad de la República de Mali (Sahara Meridional) [3]Fernando... isla del Golfo de Guinea [4]puerco [5]mud [6]agua detenida en los hoyos del suelo [7]instrumentos musicales, semejantes al violín, de ciertas tribus negras [8]instrumentos musicales de percusión [9]tiemblan, vibran [10]baile de los negros puertorriqueños [11]jefes de las tribus negras de Fernando Póo [12]mineral tar [13]Haití... países de donde han venido los esclavos negros [14]gibberish, slang [15]Antilles, West Indies [16]rum [17]Se refiere al patois, tipo de dialecto de las Antillas francesas.

Cuestionario

1. En el poema se menciona varias veces la palabra *ritmo*. ¿Qué tipo de ritmo tiene la «danza negra»?
2. ¿Qué clase de palabras predominan en el poema?
3. ¿Cómo reacciona usted como lector ante este poema?

El gallo

Un botonazo[1] de luz,
luz amarilla, luz roja.
En la contienda,[2] disparo
de plumas luminosas.
5 Energía engalanada[3]
de la cresta a la cola
—ambar, oro, terciopelo[4]—
lujo que se deshoja
con heroico silencio
10 en la gallera estentórea.[5]

Rueda de luz trazada
ante la clueca[6] remolona,[7]
la capa del ala abierta
y tendida en ronda…

15   Gallo, gallo del trópico.
Pico que destila auroras.
Relámpago congelado.
Paleta[8] luminosa.
¡Ron de plumas que bebe
20 la Antilla[9] brava y tórrida!

[1]golpe dado con el botón de una espada   [2]pelea   [3]adornada   [4]*velvet*   [5]ruidosa   [6]gallina que empolla huevos   [7]perezosa
[8]tabla de colores del pintor   [9]isla del archipiélago de las Antillas (*West Indies*)

Cuestionario

1. ¿Cómo está descrito el gallo de este poema?
2. ¿Qué tipo de imágenes emplea el poeta?
3. ¿Cómo se puede interpretar «¡Ron de plumas que bebe / la Antilla brava y tórrida!» (v. 19–20)?

Nicolás Guillén

Vida y obra

Nicolás Guillén (1902–1989) nació en Camagüey, Cuba, de sangre española y africana. Inició sus estudios de derecho en la Universidad de La Habana —estudios que nunca acabó, prefiriendo dedicarse al periodismo, a la literatura y a dar conferencias públicas. Colaboró en varias revistas cubanas y viajó extensamente como conferencista por América, Europa y Asia. Desterrado de Cuba en 1953 por sus ideas marxistas, se estableció en París y volvió a la isla sólo tras la inauguración del gobierno de Fidel Castro, cuya causa revolucionaria apoyó hasta su muerte. Sus obras poéticas, de carácter social y de convicciones comunistas, le valieron en 1954 el Premio Stalin de la Paz. Estas incluyen *Motivos de son* (1930), *Sóngoro Cosongo* (1931), *West Indies, Ltd.* (1934), *Cantos para soldados* (1937), *España, poema en cuatro angustias y una esperanza* (1937), *El son entero* (1947) y *La paloma de vuelo popular: Elegías* (1958).

El autor y su contexto

Comunista desde temprana edad, Guillén pertenece a la élite de renombrados poetas y activistas latinoamericanos como César Vallejo, Pablo Neruda, Octavio Paz y Ernesto Cardenal. Es quizás el representante más lúcido (*brightest*) de la poesía popular de las Antillas —poesía en la que coexisten rasgos de la lírica tradicional de España y el elemento folclórico afrocubano. Su obra poética suele dividirse en tres fases que corresponden a épocas de su vida. Las primeras poesías, compuestas por un joven y esperanzado (*hopeful*) poeta, principia con *Motivos de son,* donde el romance popular castellano se funde con lo pintoresco de la raza negra. Son notables aquí la imitación del habla dialectal, graciosa, de los barrios pobres de La Habana, así como el ritmo sensual y musical de uno de los bailes típicos de Cuba, el *son* —efectos realizados a través de las onomatopeyas propias del lenguaje afro-antillano y de las innovaciones métricas. *Sóngoro Cosongo* muestra a un autor más maduro. Sin descuidar la atención al folclor, al ritmo de canto popular y a los juegos onomatopéyicos, Guillén introduce una poesía comprometida que apoya causas sociales, raciales y humanas. La nota de mayor resonancia es la denuncia de la explotación socioeconómica del negro, nota que se intensifica en *West Indies, Ltd.,* según lo demuestra la selección «Sensemayá». En esta nueva fase, ocasionada por la depresión económica de 1930, la cual Guillén atribuye al imperialismo estadounidense, el poeta incita a la revolución. La tercera etapa corresponde a sus andanzas por España y Latinoamérica, donde presencia con horror el espectáculo de la guerra civil española, el del hambre y el de la miseria. De tales experiencias resultan *España, poema de cuatro angustias y una esperanza* y *La paloma de vuelo popular.* Aquí el poeta ataca a todos aquellos países que usan el militarismo y el racismo para explotar al pueblo. Esto es lo que pone de relieve «No sé por qué piensas tú».

Sensemayá (Canto para matar a una culebra[1])

¡Mayombe–bombe–mayombé!
¡Mayombe–bombe–mayombé!
¡Mayombe–bombe–mayombé!

La culebra tiene los ojos de vidrio;
5 la culebra viene, y se enreda[2] en un palo;
con sus ojos de vidrio en un palo,
con sus ojos de vidrio.
La culebra camina sin patas;
la culebra se esconde en la yerba;
10 caminando se esconde en la yerba;
¡caminando sin patas!

¡Mayombe–bombe–mayombé!
¡Mayombe–bombe–mayombé!
¡Mayombe–bombe–mayombé!

15 Tú le das con el hacha, y se muere:
¡dale[3] ya!
¡No le des con el pie, que te muerde,
no le des con el pie, que se va!

Sensemayá, la culebra,
20 sensemayá.
Sensemayá, con sus ojos,
sensemayá.
Sensemayá con su lengua,
sensemayá.
25 Sensemayá con su boca,
sensemayá!

[1]serpiente [2]enrolla [3]dale un golpe con el hacha

La culebra muerta no puede comer;
la culebra muerta no puede silbar:[4]
no puede caminar,
30 no puede correr!
La culebra muerta no puede mirar;
la culebra muerta no puede beber,
no puede respirar,
no puede morder!

35 ¡Mayombe–bombe–mayombé!
Sensemayá, la culebra...
¡Mayombe–bombe–mayombé!
Sensemayá, no se mueve...
¡Mayombe–bombe–mayombé!
40 *Sensemayá, la culebra...*
¡Mayombe–bombe–mayombé!
¡Sensemayá, se murió!

[4]*hiss*

Cuestionario

1. ¿Cómo describe el poeta a la culebra?
2. ¿Cómo se presenta el acto de matar a la culebra?
3. ¿Cuáles son los recursos lingüísticos más significativos del poema?

No sé por qué piensas tú

No sé por qué piensas tú,
soldado, que te odio yo,
si somos la misma cosa
yo,
5 tú.

Tú eres pobre, lo soy yo;
soy de abajo,[1] lo eres tú;
¿de dónde has sacado tú,
soldado, que te odio yo?

10 Me duele que a veces tú
te olvides de quién soy yo;
caramba,[2] si yo soy tú,
lo mismo que tú eres yo.

Pero no por eso yo
15 he de malquererte,[3] tú;
si somos la misma cosa,
yo,
tú,
no sé por qué piensas tú,
20 soldado, que te odio yo.

Ya nos veremos yo y tú,
juntos en la misma calle,
hombro con hombro,[4] tú y yo,
sin odios ni yo ni tú,
25 pero sabiendo tú y yo,
a dónde vamos yo y tú...
¡No sé por qué piensas tú,
soldado, que te odio yo!

[1]de... del pueblo, humilde   [2](exclamación)   [3]odiarte   [4]hombro... luchando juntos

Cuestionario

1. ¿Cuál es la actitud del hablante poético hacia el soldado a quien se dirige?
2. ¿En qué sentido son los dos «la misma cosa» (v. 16)?
3. ¿Cuál será el futuro de los dos?

Pablo Neruda

Vida y obra

Pablo Neruda (1904–1973), cuyo nombre original era Neftalí Ricardo Reyes, nació en Parral, Chile, de una familia humilde. Emprendió su carrera literaria apenas a los catorce años, al colaborar en el diario *La mañana,* de Santiago. Viajó extensamente por Latinoamérica, Europa y Asia en calidad de diplomático, llegando a ser senador por un breve periodo. Durante su estancia en España se involucró en la política y en la literatura, abrazando la causa de la República en la guerra civil y cultivando la amistad de los mayores poetas españoles de la época. Editó brevemente en Madrid su propia revista, *Caballo verde para la poesía,* animado por su amigo Federico García Lorca.

Como su compatriota Gabriela Mistral, se identificó con las víctimas de la guerra, la injusticia social y la tiranía. Político de convicciones marxistas, falleció poco después del golpe de estado militar (*military coup*) que puso fin a la vida y al gobierno social-demócrata de Salvador Allende (1908–1973). Sus obras poéticas, que le ganaron en 1971 el Premio Nobel de Literatura, incluyen *Crepusculario* (1923), *Veinte poemas de amor y una canción desesperada* (1924), *España en el corazón* (1937), *Residencia en la tierra* (1925–1947), *Canto general* (1950), *Odas elementales* (1954) y *Cantos ceremoniales* (1961).

El autor y su contexto

Neruda es posiblemente el poeta más prestigioso del siglo XX en Hispanoamérica y uno de los grandes valores de la poesía mundial. Sus obras, en las que influyen la política, el humanitarismo y varias corrientes literarias, se distinguen por una constante evolución temática y técnica que corresponden a las diferentes etapas de su vida. En las primeras dos, que incluyen *Crepusculario* y *Veinte poemas de amor,* un Neruda joven e idealista se adhiere al modernismo, con su temática amorosa y su lenguaje tradicional. A partir de *Residencia en la tierra,* poemas instigados por la tragedia de la guerra civil española, su obra entra en la tercera fase, la superrealista (ver «Superrealismo», Apéndice 3). Aquí la poesía se vuelve hermética —lingüísticamente caótica— e introspectiva, de tendencias filosóficas e ideológicas que manifiestan la inquietud espiritual del poeta y su visión apocalíptica del mundo. La cuarta y última etapa, que comprende obras como *Canto general, Odas elementales* y *Las piedras de Chile* (1961), ofrece una poesía comprometida, más sencilla que la anterior y de fácil acceso a las masas a quienes el poeta se dirige y con quienes quiere compartir el amor que siente por el suelo, la naturaleza y el hombre de América.

Me gustas cuando callas

Me gustas cuando callas porque estás como ausente,
y me oyes desde lejos, y mi voz no te toca.
Parece que los ojos se te hubieran volado
y parece que un beso te cerrara la boca.

5 Como todas las cosas están llenas de mi alma
emerges de las cosas, llena del alma mía.

Mariposa de sueño, te pareces a mi alma,
y te pareces a la palabra melancolía.

Me gustas cuando callas y estás como distante.
10 Y estás como quejándote, mariposa en arrullo.[1]
Y me oyes desde lejos, y mi voz no te alcanza:[2]
déjame que me calle con el silencio tuyo.

Déjame que te hable también con tu silencio
claro como una lámpara, simple como un anillo.
15 Eres como la noche, callada y constelada.[3]
Tu silencio es de estrella, tan lejano y sencillo.

Me gustas cuando callas porque estás como ausente.
Distante y dolorosa como si hubieras muerto.
Una palabra entonces, una sonrisa bastan.
20 Y estoy alegre, alegre de que no sea cierto.

[1]sonido que acaricia   [2]no... no la puedes oír   [3]llena de estrellas

Cuestionario

1. ¿Qué representa el silencio para el poeta?
2. ¿Cómo describe el poeta a la amada?
3. ¿De qué se alegra el poeta, según los últimos versos?

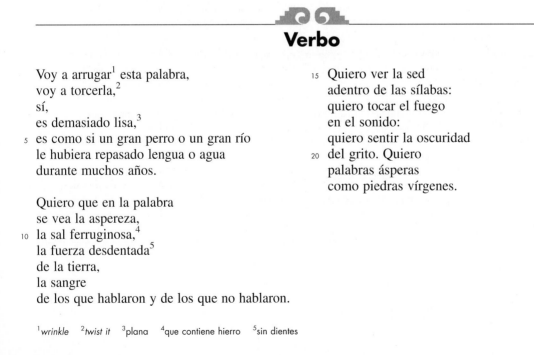

Verbo

Voy a arrugar[1] esta palabra,
voy a torcerla,[2]
sí,
es demasiado lisa,[3]
5 es como si un gran perro o un gran río
le hubiera repasado lengua o agua
durante muchos años.

Quiero que en la palabra
se vea la aspereza,
10 la sal ferruginosa,[4]
la fuerza desdentada[5]
de la tierra,
la sangre
de los que hablaron y de los que no hablaron.

15 Quiero ver la sed
adentro de las sílabas:
quiero tocar el fuego
en el sonido:
quiero sentir la oscuridad
20 del grito. Quiero
palabras ásperas
como piedras vírgenes.

[1]wrinkle   [2]twist it   [3]plana   [4]que contiene hierro   [5]sin dientes

Cuestionario

1. ¿Qué significa «Verbo» y qué representa a lo largo del poema?
2. ¿En qué sentido se emplean las palabras *aspereza* (v. 9) y *ásperas* (v. 21)?
3. ¿Qué significa «la sed adentro de las sílabas» (v. 15–16)?

GLORIA FUERTES

Vida y obra

Gloria Fuertes (1918–1998) nació en Madrid en una familia muy humilde. Su carrera inició con la publicación de cuentos y poemas infantiles en la revista *Maravillas,* en la que trabajaba de redactora (*editor*). En 1942 se integró en el movimiento poético «Postismo» (1942), fundando tres años más tarde el grupo femenino «Versos con Faldas» y, en 1950, la revista poética *Arquero.* Consiguió en 1961 una beca Fulbright y viajó a los Estados Unidos con el cargo de profesora visitante en Bucknell University, luego en otras dos universidades particulares, Mary Baldwin y Bryn Mawr. Su producción lírica incluye *Canciones para niños* (1950), *Antología poética* y *Poemas del suburbio* (1954), *Poeta de guardia* (1968), *Cómo atar los bigotes al tigre* (1969), *Sola en la sala* (1973), *Historia de Gloria (Amor, humor y desamor)* (1980) y *Mujer de verso en pecho* (1983). En los últimos años se dedicó cada vez más a la literatura infantil, juvenil y humorística, según testimonian obras como *La ardilla en su pandilla* (narrativa, 1981), *El abecedario de don Hilario* (poesía, 1982), *Así soy yo* (cuentos, versos, diálogos y ensayos para niños, 1982) y *Coleta payasa, ¿qué pasa?* (viñetas humorísticas, 1983). Póstumamente, han aparecido *Glorierías* (2001) y *Garra de la guerra* (2002).

La autora y su contexto

Fuertes forma parte de la segunda generación de poetas que florecieron (*flourished*) en los años cincuenta y sesenta. Al igual que otras figuras femeninas que vivieron en la época sombría de la dictadura franquista y que lograron realizarse como intelectuales y escritoras, Fuertes tuvo que superar serios obstáculos —sobre todo la pobreza y su condición de mujer. Lo que caracteriza y agrupa a los poetas de su generación es su notorio anticonformismo —su oposición a la poesía anterior, la cual hallaban frecuentemente melancólica, inquietante y hermética. En contraste, la lírica de Fuertes manifiesta un carácter liviano (*light*) y conciliatorio, así como un lenguage directo, coloquial y espontáneo. Otro aspecto de su poesía es un humorismo de doble impacto e intención. A nivel lingüístico, tal humorismo, engendrado por juegos de palabras, errores gramaticales intencionales, elipsis y otras estratagemas (*contrivances*) similares, provoca la risa espontánea en el lector. En un segundo plano —en el semiótico o de producción de significación— ese humorismo distancia al lector del asunto inmediato del poema y le induce a descubrir con su inteligencia e imaginación toda una serie de significaciones extratextuales.

Sale caro[1] ser poeta

Sale caro, señores, ser poeta.
La gente va y se acuesta tan tranquila
—que después del trabajo da buen sueño—.
Trabajo como esclavo llego a casa,
5 me siento ante la mesa sin cocina,
me pongo a meditar lo que sucede.
La duda me acribilla[2] toda espanta;[3]
comienzo a ser comida por las sombras
las horas se me pasan sin bostezo[4]
10 el dormir se me asusta se me huye

—escribiendo me da la madrugada[5]—.
Y luego los amigos me organizan recitales,
a los que acudo[6] y leo como tonta,
y la gente no sabe de esto nada.
15 Que me dejo la linfa[7] en lo que escribo,
me caigo de la rama de la rima
asalto las trincheras[8] de la angustia
me nombran su héroe los fantasmas,
me cuesta respirar cuando termino.
20 Sale caro señores ser poeta.

[1]Sale... Cuesta mucho, es difícil   [2]molesta grandemente   [3]inspira miedo   [4]a yawn   [5]la... las primeras horas de la mañana   [6]asisto
[7](fig.) toda mi energía   [8]trenches

Cuestionario

1. Según el poema, ¿por qué «sale caro ser poeta»?
2. ¿Qué valor tiene el verso 8, «comienzo a ser comida por las sombras»?
3. ¿Cuál es el tono del poema?

Mis mejores poemas

Mis mejores poemas,
sólo los lee una persona;
son unas cartas tontas
con mucho amor por dentro
5 faltas[1] de ortografía
y agonía precoz.[2]

Mis mejores poemas
no son tales, son cartas,
que escribo porque eso,
10 porque no puedo hablar,
porque siempre está lejos…
como todo lo bueno,
—que todo lo que vale nunca está—
como Dios

15 como el mar.
Soy de Castilla y tengo
un cardo[3] por el alma,
pero quiero tener un olivo en la voz,
soy de Castilla seca,
20 soy tierra castellana,
pero quiero tener a mi amor en mi amor.
Da risa decir eso, AMOR, a estas horas,
AMOR a estas alturas de inmobiliaria[4] y
[comité,
25 pero yo digo AMOR AMOR sé lo que digo.
—Mis mejores poemas son cartas que lloré—.
Un poema se escribe
una carta se llora,
una noche se puede parir[5] o desnacer,
30 Yo parí y he robado
—he hecho de todo un poco—
pero mi mejor verso…
un Telegrama es.

[1]errores   [2]prematura   [3]thistle   [4]compañía, empresa   [5]dar a luz

Cuestionario

1. ¿A quién se refiere el segundo verso, «sólo los lee una persona»?
2. ¿Por qué compara la poeta sus versos con las cartas?
3. ¿Cómo se pueden interpretar las palabras finales del poema, «mi mejor verso… / un Telegrama es»?

OCTAVIO PAZ

Vida y obra

Octavio Paz (1914–1998) nació en la Ciudad de México e hizo sus estudios en la Universidad Nacional. En 1937 viajó a España en plena guerra civil. De vuelta a México, fue el principal colaborador en la revista *Taller poético* (*Poetry Workshop*) (1936–1938), que luego se llamó *Taller* (1938–1941). Sus colaboradores proponían un nuevo tipo de lírica: humanitaria, militante, de acuerdo con su lema (*motto*) «Amor, Poesía y Revolución». Paz pasó dos años en los Estados Unidos (1943–1945) con una beca Guggenheim, estudiando poesía hispanoamericana. Más tarde desempeñó cargos diplomáticos en París, Ginebra (*Geneva*) y el Lejano Oriente (*Far East*). Paz se ha distinguido por sus obras poéticas y ensayísticas, aunque produjo también piezas de teatro, estudios literarios, traducciones y antologías. De su lírica cabe mencionar *Libertad bajo palabra* (1949), *Piedra de sol* (1958), *Salamandra* (1962), *Ladera este* (1969), *Topoemas* (1971), *Prueba del nueve* (1985), *Árbol adentro* (1987) y otros poemas recogidos en *Obra poética* (1935–1988). Entre sus mejores ensayos figuran *El laberinto de la soledad* (1950), *El arco y la lira* (1956), *Corriente alterna* (1967), *Conjunciones y disyunciones* (1969), *Sor Juana Inés de la Cruz o Las trampas de la fe* (1982), *Poesía, mito y revolución* (1989), *Convergencias* (1991) y *La llama doble* (*Amor y erotismo*) (1993). En 1990 se le otorgó el Premio Nobel de Literatura.

El autor y su contexto

La vida y la obra de Paz reflejan la influencia de los horrores presenciados en España durante la guerra civil y el contacto con los existencialistas franceses en París. En su cosmovisión y arte han influido asimismo las culturas e ideologías orientales —sobre todo el hinduismo— que asimiló durante su carrera diplomática. Tales experiencias le animaron a buscar las raíces de su propia cultura y creencias aztecas. Prueba de dichas influencias en su temática son la soledad, la inquietud existencial, la falta de comunicación entre los seres humanos y la búsqueda de la identidad. Según Paz, dicha búsqueda ha de conducir al reencuentro con el amor universal. Puesto que para Paz la poesía ofrece la posibilidad de librarse de todo constreñimiento (*constraint*), superar la soledad y reestablecer la comunicación con los demás, la misión del poeta es cambiar al individuo y a su sociedad. El mismo anhelo de libertad y solidaridad incondicional que caracteriza su pensamiento es evidente en la total autonomía que el poeta concede a la palabra. De acuerdo con esta noción, el poema, igual que el mundo o la sociedad, es esencialmente un espacio en el que la palabra, actuando como el individuo en su estructura social, una vez colocada dentro de un cierto espacio —la escritura (*written text*)— deja de ser controlada por su creador —el poeta—, cobra vida propia (*takes on a life of its own*) y efectúa cambios en el artista mismo. Esto explica el interés de Paz por la poesía «concreta» o «espacial», ilustrada en esta antología con el topoema «Cifra».

El sediento[1]

Por buscarme, Poesía,
en ti me busqué:
deshecha[2] estrella de agua,
se anegó[3] en mi ser.
5 Por buscarte, Poesía,
en mí naufragué.[4]

Después sólo te buscaba
por huir de mí:

¡espesura[5] de reflejos
10 en que me perdí!
Mas luego de tanta vuelta
otra vez me vi:

el mismo rostro anegado
en la misma desnudez;
15 las mismas aguas de espejo
en las que no he de beber;
y en el borde del espejo,
el mismo muerto de sed.

[1]que tiene sed; (*fig.*) que desea algo ansiosamente   [2]destruida   [3]sumergió   [4]me perdí como en un naufragio (*shipwreck*)   [5]condición de denso, tupido

Cuestionario

1. ¿Cómo se presenta la relación entre el poeta y la poesía en cada una de las estrofas?
2. ¿Cómo se podrían interpretar los versos 15–16, «las mismas aguas de espejo / en las que no he de beber»?
3. ¿Qué valor tiene el uso de las palabras *sediento* en el título del poema y *sed* en el último verso?

Cifra[1]

[1]número, signo

Cuestionario

1. ¿Qué figura representa el poema?
2. ¿Qué relación existe entre las distintas palabras del poema?
3. ¿Qué significa el título del poema?

ERNESTO CARDENAL

Vida y obra

Ernesto Cardenal (1925–) nació en Granada, Nicaragua. Sacerdote, poeta, prosista, crítico, escultor, revolucionario, diplomático y activista social, es una de las figuras más aclamadas dentro y fuera de su país. A los dieciocho años emprendió en México sus estudios universitarios que culminaron con el doctorado en filosofía en Columbia University. En 1957 ingresó en un monasterio de la orden religiosa trapense (*Trappist*), en Kentucky, Estados Unidos, donde fue discípulo del eminente místico norteamericano Thomas Merton (1915–1968). A continuación, estudió para el sacerdocio (*priesthood*) en el monasterio benedictino de Cuernavaca, México, y luego en un seminario de Antioquia, Colombia, siendo ordenado sacerdote en 1965.

Fundó en la remota Isla Mancarrón del archipiélago de Solentiname (Lago de Nicaragua) una pequeña comunidad católica, destruida más tarde por la Guardia Nacional somocista (policía secreta del dictador Anastasio Somoza [1896–1956]). Durante su permanencia allí, Cardenal se integró al Frente Sandinista de Liberación Nacional, siendo nombrado Ministro de Cultura, tras la victoria de la Revolución. Sus actividades humanitarias, pacifistas y artísticas le han llevado a varios países de las Américas y Europa, en donde fue condecorado por Francia y Alemania, recibiendo asimismo doctorados *honoris causa* de universidades estadounidenses y españolas. Sus obras incluyen *Gethsamany, KY* (1960), *Epigramas: poemas* (1961), *Hora cero* (1965), *Salmos* (1967), *Poemas* (1971), *Cántico cósmico* (1989), *Poemas indios* (1992), *El estrecho dudoso* (1993), *Telescopio en la noche* (1993) y los primeros dos tomos de sus *Memorias: Vida perdida* (2001) y *Las ínsulas extrañas* (2002). Actualmente reside en Managua donde, además de seguir cultivando su gran pasión vitalicia (*lifelong*), la escultura, está completando el tercer tomo de sus *Memorias,* titulado *Revolución perdida,* que se publicará próximamente.

El autor y su contexto

La obra de Ernesto Cardenal corre paralela a dos fases de su vida: el período que precede a su conversión espiritual, en 1956, y la época que sigue. Típico del primer período, que se caracteriza por la decepción (*disillusionment*) y la amargura, es «La ciudad desheredada». En este poema Cardenal repudia a su ciudad natal, Granada, identificándola con la traición de cierta mujer amada y, por ende, con el fin de sus sueños románticos. La segunda fase de su vida, en la que la pasión juvenil (*youthful*) cede el paso al amor universal, produce la llamada poesía «exteriorista» que abraza causas políticas, sociales y humanitarias, al estilo de la literatura testimonial y comprometida. Dicha poesía presenta a Cardenal como el portavoz de un nuevo catolicismo denominado «cristianismo marxista»; postura inédita (*unprecedented*) para un sacerdote de la Iglesia Católica Romana. Como tal, los poemas de esta fase predican la llamada «teología de la liberación» e incitan al latinoamericano en particular y a todo individuo, en general, a luchar valientemente por los derechos humanos. En los versos que siguen se funden la vida personal del poeta y su compromiso político y artístico.

Epigramas[1] (fragmentos)

Te doy, Claudia, estos versos

Te doy, Claudia, estos versos, porque tú eres su dueña.
Los he escrito sencillos para que tú los entiendas.
Son para ti solamente, pero si a ti no te interesan,
un día se divulgarán[2] tal vez por toda Hispanoamérica...
5 Y si al amor que los dictó, tú también lo desprecias,
otras soñarán con este amor que no fue para ellas.
Y tal vez verás, Claudia, que estos poemas,
(escritos para conquistarte a ti) despiertan
en otras parejas enamoradas que los lean
10 los besos que en ti no despertó el poeta.

Cuídate, Claudia, cuando estés conmigo

Cuídate, Claudia, cuando estés conmigo,
porque el gesto más leve, cualquier palabra, un suspiro
de Claudia, el menor descuido,
tal vez un día lo examinen eruditos,
15 y este baile de Claudia se recuerde por siglos.

Claudia, ya te lo aviso.

De estos cines, Claudia

De estos cines, Claudia, de estas fiestas,
de estas carreras de caballos,
no quedará nada para la posteridad
20 sino los versos de Ernesto Cardenal para Claudia
        (si acaso)
y el nombre de Claudia que yo puse en esos versos
y los de mis rivales, si es que yo decido rescatarlos
del olvido, y los incluyo también en mis versos
25 para ridiculizarlos.

Esta será mi venganza

Esta será mi venganza:
Que un día llegue a tus manos el libro de un poeta famoso
y leas estas líneas que el autor escribió para ti
y tú no lo sepas.

---

[1] poemas breves y satíricos a imitación de los epigramas de la antigüedad clásica   [2] se... serán difundidos

Me contaron

30 Me contaron que estabas enamorada de otro
y entonces me fui a mi cuarto
y escribí ese artículo contra el Gobierno
por el que estoy preso.[3]
....

De pronto suena en la noche

De pronto suena en la noche una sirena
35 de alarma, larga, larga,
el aullido[4] lúgubre[5] de la sirena
de incendio o de la ambulancia blanca de la muerte,
como el grito de la cegua[6] en la noche,
que se acerca y se acerca sobre las calles
40 y las casas y sube, sube, y baja
y crece, crece, baja y se aleja
creciendo y bajando. No es incendio ni muerte:
     Es Somoza[7] que pasa.

Yo he repartido

Yo he repartido papeletas clandestinas,
45 gritado: ¡VIVA LA LIBERTAD! en plena calle
desafiando[8] a los guardias armados.
Yo participé en la rebelión de abril:
pero palidezco[9] cuando paso por tu casa
y tu sola mirada me hace temblar.
....

Somoza Desveliza La Estatua de Somoza en el Estadio Somoza

50 No es que yo crea que el pueblo me erigió[10] esta estatua
porque yo sé mejor que vosotros que la ordené yo mismo.
Ni tampoco que pretenda pasar con ella a la posteridad
porque yo sé que el pueblo la derribará[11] un día.
Ni que haya querido erigirme a mí mismo en vida
55 el monumento que muerto no me erigiréis vosotros:
sino que erigí esta estatua porque sé que la odiáis.

---

[3]en la cárcel   [4]grito quejumbroso como el de una fiera   [5]triste, fúnebre   [6]fantasma   [7]Anastasio Somoza, ex
dictador de Nicaragua (1932–1956)   [8]provocando   [9]me pongo pálido   [10]construyó   [11]destruirá

Nuestros poemas no se pueden publicar todavía

Nuestros poemas no se pueden publicar todavía.
Circulan de mano en mano, manuscritos,
o copiados en mimeógrafo. Pero un día
se olvidará el nombre del dictador
contra el que fueron escritos,
y seguirán siendo leídos.

....

Al perderte yo a ti

Al perderte yo a ti tú y yo hemos perdido:
yo porque tú eras lo que yo más amaba
y tú porque yo era el que te amaba más.
Pero de nosotros dos tú pierdes más que yo:
porque yo podré amar a otras como te amaba a ti
pero a ti no te amarán como te amaba yo.

Muchachas que algún día

Muchachas que algún día leáis emocionadas estos versos
y soñéis con un poeta:
sabed que yo los hice para una como vosotras
y que fue en vano.

Cuestionario

1. ¿Cuál es la actitud del hablante poético hacia Claudia?
2. Según el primer poema, ¿por qué se han escrito los versos?
3. Según el cuarto poema, ¿cuál será «la venganza» del poeta?
4. En el quinto poema, el poeta dice que está preso. ¿Por qué?
5. ¿Cuál es la actitud del poeta hacia Somoza?
6. ¿Cuál es la paradoja del amor en los dos últimos poemas?

ANA MARÍA FAGUNDO
Vida y obra

Ana María Fagundo (1938–) es natural de Santa Cruz de Tenerife, España. Obtuvo el título de Profesora de Negocios en 1957 en la escuela profesional de comercio de la capital tenerifeña. Más tarde se trasladó a los Estados Unidos, donde obtuvo en 1967 el doctorado en Literatura Comparada. Actualmente ejerce la cátedra de literatura española contemporánea en la Universidad de California en Riverside. Su obra poética, publicada casi exclusivamente en España, le ha valido el Premio Carabela de Oro (1977) y el reconocimiento de un creciente número de críticos norteamericanos e internacionales. Sus poemarios incluyen *Diario de una muerte* (1970), *Configurado tiempo* (1974), *Invención de la luz* (1978), *Desde Chanatel, el canto* (1982), *Como quien no dice voz alguna al viento* (1984), *Retorno sobre la siempre ausencia* (1989) y *El sol, la sombra, en el instante* (1994).

La autora y su contexto

Fagundo pertenece a la generación de poetas nacidos durante o poco después de la guerra civil (1936–1939), o sea, al principio de la época franquista. España atravesaba en aquel entonces un período de censura que impedía la libre expresión. Por lo tanto, al prohibírsele al escritor examinar la realidad española, la literatura evitó cualquier consideración social o política. En realidad, de 1930 a 1944 la poesía tendió a cultivar más que nada la belleza de la forma. Más tarde surgió otro tipo de lírica que se valía de las posibilidades de la lengua para tratar de una manera muy personal —intimista— la condición humana y los más graves problemas inherentes a ella. Fagundo comparte (*shares*) con su generación la convicción de que la poesía representa, ante todo y sobre todo, una manera particular de utilizar la palabra. Por consiguiente, sin consideración al asunto del que trata, la poeta se compromete a defender la dignidad del lenguaje. De acuerdo con ese principio, su lírica «inquieta e investigadora» funciona como una ventana al mundo. A través de dicha ventana el lector observa su propio mundo y reflexiona sobre el misterio de su existencia guiado por el diálogo personal —a veces realista, a veces hedonista (*pleasure-seeking*) e idealista— que la poeta sostiene con ese mundo y sus criaturas. Según Fagundo, la poesía representa un universo autónomo y la palabra una fuente de revelación y conocimiento —conceptos que se notan en los versos de «Letanía» y «Trinos», que aparecen en esta antología.

Letanía

Sí, has podido.

Has podido elevar el canto
sobre el rastrojo[1] y la espina.[2]

Has podido ascender la cumbre
5 hollando[3] cactus, hollando ortigas.[4]

Sí, has podido.

Has podido aupar la risa[5]
sobre las lágrimas y la agonía.

Has podido plantar la semilla[6]
10 en tierra yerma,[7] en tierra marchita
y la semilla ha florecido
cimbreándose[8] en espiga.[9]

Sí, has podido.

Has podido coronar la cumbre,[10]
15 anclar allí tu letanía
y ha sido tu rezo[11]
como un nuevo son
que hincara[12] en los cielos
su renovada esperanza,
20 su promesa, su porfía.[13]
Sí, has podido florecer en canto
tu dolida letanía.

[1] *stubble* [2] *thorn* [3] pisando [4] *nettles* [5] aupar... sonreír [6] *seed* [7] árida [8] moviéndose [9] *ear (of corn)*
[10] coronar... llegar al final [11] *prayer* [12] pusiera [13] persistencia

Cuestionario

1. Comente la expresión: «Sí, has podido» que aparece a lo largo del poema.
2. ¿A qué se refiere el título «Letanía»?
3. ¿Qué enseñanza contiene el poema?

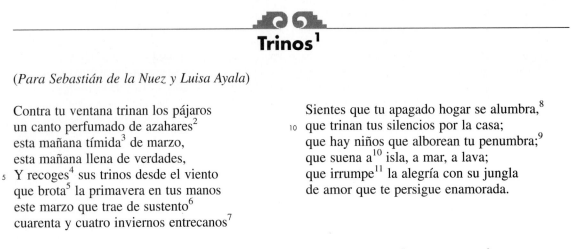

Trinos[1]

(Para Sebastián de la Nuez y Luisa Ayala)

Contra tu ventana trinan los pájaros
un canto perfumado de azahares[2]
esta mañana tímida[3] de marzo,
esta mañana llena de verdades,
5 Y recoges[4] sus trinos desde el viento
que brota[5] la primavera en tus manos
este marzo que trae de sustento[6]
cuarenta y cuatro inviernos entrecanos[7]

Sientes que tu apagado hogar se alumbra,[8]
10 que trinan tus silencios por la casa;
que hay niños que alborean tu penumbra;[9]
que suena a[10] isla, a mar, a lava;
que irrumpe[11] la alegría con su jungla
de amor que te persigue enamorada.

---

[1]Cantos de pájaros   [2]flores de naranjo   [3]suave   [4]percibes   [5]sale, nace   [6]de... consigo   [7]*with graying hair*   [8]tu... tu casa triste
se alegra   [9]alborean... dan luz a tu oscuridad   [10]suena... hay sonido de   [11]entra impetuosamente

Cuestionario

1. ¿A qué se refiere el verso 8, «cuarenta y cuatro inviernos entrecanos»?
2. ¿Cuál es el significado de la paradoja que aparece en el segundo verso de la última estrofa?
3. ¿Qué referencias a accidentes geográficos hay en el poema?
4. ¿Cuál es el motivo de este poema?
5. ¿Por qué cree usted que Ana María Fagundo ha dedicado este poema a Sebastián de la Nuez y Luisa Ayala?

Nancy Morejón

Vida y obra

Nancy Morejón (1944–), cubana, es una de las escritoras latinoamericanas más aclamadas. Su vida personal, sin embargo, es de las menos conocidas. Hizo sus estudios en francés en la Universidad de la Habana, su ciudad natal, y se ha distinguido como poeta, ensayista, crítica literaria y traductora. Ha sido también editora de la *Gaceta de Cuba* y de la Unión Nacional de Escritores y Actores Cubanos (UNEAC). Sus obras poéticas incluyen *Mutismos* (1962), *Amor, ciudad atribuida* (1964), *Richard trajo su flauta* (1967), *Octubre imprescindible* (1976), *Parajes de una época* (1979), *Elogio de la danza* (1982), *Cuaderno de Granada* (1984), *Where the Island Sleeps like a Wing* (1985), *Piedra pulida* (1986), *Baladas para un sueño* (1991), *Paisaje célebre* (1993), *Elogio y paisaje* (1997), *La quinta de los molinos* (2000) y *Black Woman and Other Poems*, Edición Bilingüe (2001). Cabe señalar asimismo las antologías *Poemas* (1980), *El río Martín Pérez* y *Botella al mar* (1996). En su crítica literaria se inscriben *Lengua de Pájaro* (1971), *Ensayos críticos* (1974), *Nación y mestizaje en Nicolás Guillén* (1980) y *Poetas del mundo latino* (1988). Por sus obras se le ha otorgado el Premio Nacional de Literatura (1991) y el Premio de la Crítica (1997, 2000).

La autora y su contexto

Morejón pertenece a la generación de escritores que se formaron durante la Revolución cubana (1953–1959) y que comenzaron a divulgar sus obras en las décadas que siguieron a la caída del dictador Fulgencio Batista (1890–1973). Dichas obras representan una continuación lógica de un proceso literario que había precedido a la Revolución. Admiradores de artistas como Nicolás Guillén, que habían abogado por un nuevo rumbo político, los jóvenes escritores de los años sesenta y setenta propusieron otro cambio: el «reinventar» la historia de la isla. Este proceso había de efectuarse de acuerdo con la realidad y no según los mitos previamente creados por las clases privilegiadas y por los forasteros (*outsiders*). El proceso de «desmitificación» comenzó cuando la nueva literatura examinó de cerca la sociedad cubana e identificó los elementos que más habían contribuido a crear las normas sociales y culturales de Cuba. Consciente de su herencia negra y de su feminidad, Morejón se identifica con los que han sido tradicionalmente descuidados y se compromete a rescatar del anonimato y de la injusticia a los cubanos como ella. En su poesía, ese compromiso produce los temas de la negritud, el inconformismo y la reivindicación de la mujer como ser humano y como parte integrante de su sociedad. «Renacimiento» y «Mujer Negra» provienen de *Where the Island Sleeps like a Wing,* antología bilingüe publicada en los Estados Unidos. Sea por sus ideas, sea por su forma, dichos poemas revelan claramente el compromiso humano y estético de la poeta.

Renacimiento

Hija de las aguas marinas,
dormida en sus entrañas,[1]
renazco de la pólvora[2]
que un rifle guerrillero
5 esparció[3] en la montaña
para que el mundo renaciera a su vez,
que renaciera todo el mar,
todo el polvo,
todo el polvo de Cuba.

[1]*innermost recesses*   [2]*gunpowder*   [3]*scattered*

Cuestionario

1. ¿En qué sentido se emplea la palabra *renacimiento* en este poema?
2. ¿Cuál es la causa del renacimiento a que se refiere el título?
3. ¿Cuál es la relación entre *pólvora* (v. 3) y *polvo* (v. 8–9)?

Mujer Negra

Todavía huelo[1] la espuma[2] del mar que me hicieron atravesar.[3]
La noche, no puedo recordarla.
Ni el mismo océano podría recordarla.
Pero no olvido al primer alcatraz[4] que divisé.[5]
5 Altas, las nubes, como inocentes testigos presenciales.
Acaso no he olvidado ni mi costa perdida, ni mi lengua ancestral.
Me dejaron aquí y aquí he vivido.
Y porque trabajé como una bestia,
aquí volví a nacer.
10 A cuánta epopeya mandinga[6] intenté recurrir.

   Me rebelé.

Bordé[7] la casaca[8] de Su Merced[9] y un hijo macho le parí.
Mi hijo no tuvo nombre.
Y Su Merced murió a manos de un impecable *lord* inglés.

15   Anduve.

[1]*(inf.: oler) I smell*   [2]*foam*   [3]*cruzar*   [4]*pelican*   [5]*vi desde lejos*   [6]*se refiere a los mandingos, un pueblo del oeste de Africa, y a su lengua*   [7]*I embroidered*   [8]*dress coat*   [9]*Su... His Worship* (el amo, *master*)

Esta es la tierra donde padecí bocabajos y azotes.[10]
Bogué[11] a lo largo de todos sus ríos.
Bajo su sol sembré,[12] recolecté y las cosechas[13] no comí.
Por casa tuve un barracón.[14]
20 Yo misma traje piedras para edificarlo,
pero canté al natural compás de los pájaros nacionales.

      Me sublevé.[15]

En esta misma tierra toqué la sangre húmeda
y los huesos podridos[16] de muchos otros,
25 traídos a ella, o no, igual que yo.
Ya nunca más imaginé el camino a Guinea.[17]
¿Era a Guinea? ¿A Benín[18]? ¿Era a
      Madagascar[19]? ¿O a Cabo Verde[20]?

Trabajé mucho más.

30 Fundé mejor mi canto milenario y mi esperanza.
Aquí construí mi mundo.

      Me fui al monte.

Mi real independencia fue el palenque[21]
y cabalgué[22] entre las tropas de Maceo.[23]
35 Sólo un siglo más tarde,
junto a mis descendientes,
desde una azul montaña,

      bajé de la Sierra

para acabar con capitales y usureros,
40 con generales y burgueses.
Ahora soy: sólo hoy tenemos y creamos.
Nada nos es ajeno.[24]
Nuestra la tierra.
Nuestros el mar y el cielo.
45 Nuestras la magia y la quimera.[25]
Iguales míos, aquí los veo bailar
alrededor del árbol que plantamos para el comunismo.
Su pródiga[26] madera ya resuena.

---

[10]bocabajos... *beatings and whippings* [11]*I sailed* [12]*I planted seeds* [13]*harvests* [14]*hut for poor laborers*
[15]Me... *I rebelled* [16]*decayed* [17]*region in western Africa* [18]*Benin, formerly Dahomey, country in western Africa
on the Gulf of Guinea* [19]*island in the West Indian Ocean off southeast Africa* [20]Cabo... *Cape Verde, islands in
the Atlantic Ocean off the western coast of Africa, a possession of Portugal until 1975* [21]*stockade* [22]*I rode on
horseback* [23]Antonio Maceo y Grajales (1845–1896), líder de los cubanos que lucharon por la emancipación
de los esclavos y por la independencia de su país [24]*foreign* [25]*fancy; lofty imagination* [26]*bountiful*

Cuestionario

1. ¿Cuál es el proceso trazado en este poema?
2. ¿Cuál es la primera etapa de este proceso?
3. ¿Cuál es la significación del verso 10, «A cuánta epopeya mandinga intenté recurrir»?
4. ¿De qué es símbolo la figura de la mujer?
5. ¿Cómo se expresa la idea de la rebelión en «Mujer Negra»? ¿Contra qué se rebela la mujer?
6. ¿Qué representa «Su Merced» (v. 12 y 14)?
7. ¿Qué significa la frase «las cosechas no comí» en el verso 18?
8. ¿Qué valor tiene el cambio representado en los versos 26–28? ¿Por qué deja la hablante poética de pensar en volver a Africa?
9. ¿Cuál es la meta, o el sueño, de la mujer? ¿Cuáles serán los cambios producidos por la realización de este sueño?
10. ¿A qué se refieren las formas de *nosotros* y *nuestro* en la estrofa final?

EL DRAMA

238 INTRODUCCIÓN AL DRAMA

251 PRÁCTICA

258 PANORAMA HISTÓRICO Y CATEGORÍAS FUNDAMENTALES

271 PRÁCTICA

273 EL DRAMA: GUÍA GENERAL PARA EL LECTOR

274 LECTURAS

I *El teatro*

Al comenzar el estudio del drama, la primera pregunta que hay que hacerse es ¿qué es el teatro? Generalmente, se asocia el concepto de teatro con algo que no es verdadero sino simulado, imitado. Lo demuestra la frase común «está haciendo teatro», que es tanto como decir que una persona no está actuando de una manera espontánea, sino fingida. Según Aristóteles (384–322 a.C.), filósofo griego y autor de la *Poética,* donde se estudian los distintos géneros poéticos, el origen de la poesía dramática radica en (*stems from*) la tendencia innata en los seres humanos de imitar, lo cual establece una de las diferencias entre ellos y los animales. Las personas aprenden a través de la imitación; por eso el niño actúa de manera simulada para adaptarse al modelo presentado por los mayores, por ejemplo, cuando él está sentado y quieto durante una visita. Más tarde, cuando crece, se da cuenta de que ésa no era la realidad sino una *mimesis,* o imitación de la realidad. El individuo también lucha por adaptarse a una realidad modélica, y a través de ese proceso se da cuenta de que toda acción humana es, de una u otra manera, una manifestación teatral. Podría decirse entonces que el drama toma de la vida diaria los elementos que lo integran y los coloca en un esquema determinado que constituye el teatro. Aunque existen muchas maneras de aproximarse al teatro, la consideración anterior parece la más simple: es decir, la obra dramática sería como una extensión de la vida diaria sometida a un esquema determinado, con sus fluctuaciones entre risas y lágrimas —comedia o tragedia— tal como lo concibió Aristóteles.

La diferencia entre la vida y el teatro es que en el teatro, el autor —el dramaturgo— controla la situación dramática desde afuera; mientras que en la vida práctica, las personas involucradas en una situación generalmente no pueden manejar dicha situación desde adentro.

El autor es solamente una persona que observa las situaciones propias de la vida de cada día y las ordena dando forma a esos pedazos de vida a los que se llama *drama.* No se puede negar que esos fragmentos de la vida diaria no son realidad, sino una imitación de la realidad basada en la visión o interpretación del dramaturgo. Por eso se dice que el teatro es «mimesis», es decir, imitación de un aspecto de la vida real. Por consiguiente se podría decir que el propósito del dramaturgo es seleccionar el material de su drama de tal manera que el espectador pueda encontrar a través de la experiencia dramática un orden, una iluminación del caos de su diaria existencia o quizás un reflejo escénico del caos mundial.

Se ha dicho que la perspectiva dramática carece de narrador —esa voz que contaba la historia en la narrativa. Sin embargo, si admitimos que la narrativa se basa en la presencia de una historia y de un narrador que la cuente, tendremos que admitir también que en el teatro, a veces, un personaje cuenta historias que, aunque afectan a la historia principal, no han ocurrido en el escenario. Es decir que para solucionar el problema de incluir en la obra dramática acontecimientos que suceden fuera de ella —acciones guerreras, por ejemplo— se recurre a la figura de narradores encarnados (*embodied*) en los personajes que forman parte del drama.

II *Análisis del teatro: Partes integrantes*

Algunas veces se hace la distinción entre drama y teatro, diciendo que el drama es el texto escrito, y teatro, la representación de dicho texto. Lo que sí se puede afirmar es que el texto dramático es un texto doble: por una parte se caracteriza y se estructura a través del diálogo de los personajes; por otra, ese texto contiene muchas indicaciones para su representación (descripción del lugar donde se desarrolla la acción, descripción de los personajes, entradas, salidas, efectos especiales de luz y sonido, etcétera). A estas indicaciones se les llama *acotaciones* o *direcciones de escena,* y también se denominan con la palabra griega *didascalia.* Sin embargo, hay que tener en cuenta que se llama acotaciones no sólo a las indicaciones escénicas —ya que hay textos que no las tienen (véase *El nietecito,* p. 275)— sino a todo elemento que indique algo referente a la teatralidad del texto.

Por consiguiente, lo que hace que un texto sea un texto dramático es la forma dialogada y las acotaciones; es decir que, aunque el texto dramático está formado sólo por palabras escritas, éstas tienen un doble destino. Unas se destinan a su realización oral en la representación por medio del diálogo; otras tienen una función imperativa y sirven para configurar el escenario. En el texto escrito alternan los diálogos y las acotaciones de escena, pero sólo aparecen simultáneamente en la representación. Teniendo esto presente, se puede decir que el texto dramático se compone de dos planos —uno *textual* y otro *escénico*— de tal manera que la articulación de estos dos planos forme una estructura coherente.

I. Plano textual (literario)
:   texto principal: texto dicho por los personajes (el diálogo)
    texto secundario: acotaciones de escena

II. Plano espectacular (extraliterario)
:   espacio escénico: formado por los personajes, decorados, luces, música, etcétera

Estas tres categorías —texto principal, texto secundario y espacio escénico— definen el texto dramático. Por lo tanto, es necesario considerar el estudio del género dramático en su doble aspecto de *texto literario,* que se realiza mediante la *lectura,* y *texto espectacular,* que se realiza a través de la *representación.* El teatro no es solamente un género literario; también es una práctica escénica que se organiza y toma vida a través de la representación. Por lo tanto, aunque la lectura individual de una obra de teatro sea posible y válida, ésta siempre será diferente de una representación, y todavía más importante es el hecho de que así como no hay dos representaciones exactamente iguales —varían los actores, el director, el espacio, etcétera— tampoco hay dos lecturas idénticas. De aquí se deduce la necesidad de aprender a re-crear la obra dramática durante la lectura, valiéndose de la imaginación por medio de la cual se puede visualizar las acotaciones de escena.

III Plano textual o literario

Teniendo en cuenta que el propósito de este libro es un acercamiento a la literatura, el análisis del teatro se centrará (*will focus*) en el estudio del texto dramático escrito o literario. Lo primero que hay que hacer notar es que el código comunicativo, emisor-mensaje-receptor, queda definido en el teatro a dos niveles.

CÓDIGO COMUNICATIVO TEATRAL

Primer nivel:
dramaturgo ⟶ texto dramático ⟶ actor
                    ‒ ‒ ‒ ‒ ‒ espacio escénico ‒ ‒ ‒ ‒ ‒ ‒

Segundo nivel:
actor ⟶ mensaje ⟶ espectador
   ‒ ‒ ‒ ‒ ‒ ‒ ‒ ‒ ‒ espacio escénico ‒ ‒ ‒ ‒ ‒ ‒ ‒ ‒ ‒

Ambos niveles quedarían resumidos en:

dramaturgo ⟶ texto ⟶ actor ⇄ espectador
director ⟶ ‒ ‒ ‒ ‒ ‒ ‒ espacio escénico ‒ ‒ ‒ ‒ ‒

Al analizar este código hay que considerar que la relación entre el espectador y el actor es recíproca, no sólo en el teatro contemporáneo en el cual el actor incita al espectador a participar en el drama, sino también en el sentido, más general, de involucrarlo en el proceso dramático. Es decir, un texto dramático se presenta como una «conversación»; es un diálogo entre dos personajes (**yo/tú–tú/yo**). Esta conversación está compuesta no sólo de elementos verbales sino también de elementos mímicos (gestos, ademanes, posturas, etcétera). A la escenificación de esta conversación asiste el espectador: sabe que los personajes le «están diciendo algo» y, aunque él no participe en la conversación, todo lo que se hace en el espacio escénico tiene una significación, es decir, sirve para comunicar un mensaje. Por lo tanto, la función del espectador consiste en descubrir y dar significación a esa conversación que se le entrega por partes mediante la interacción de los actores en el espacio escénico. El espectador es, así, un creador de significados.

Así como al hablar de la narrativa se podía decir que toda lectura es incompleta ya que el texto admite varias lecturas —por ser literario— también se puede afirmar que el texto dramático admite diversas puestas en escena (*stagings*) —por ser artístico— y el espectador puede realizar diversas *interpretaciones* buscando siempre relaciones nuevas. Esto significa que cuando el dramaturgo escribe una obra dramática, tiene presente no sólo que ésta va a ser leída —como sucede en la narrativa— sino también que va a ser representada ante un público por medio de unos actores guiados por un director. Es el director el que hace que la obra pase de una vida latente —en el texto— a una vida concreta y actual —en la escena. Teniendo en cuenta todo lo dicho, se puede deducir que el teatro implica un «proceso dialógico» a cinco niveles de comunicación: (1) comunicación entre el dramaturgo y el actor, (2) comunicación entre los diversos actores ya que cada uno es a la vez destinatario y emisor, es decir, recibe mensajes y responde a ellos, (3) comunicación recíproca entre el actor y el espectador, (4) comunicación entre el dramaturgo y el espectador a través del actor (y del director) y (5) comunicación de los espectadores entre sí y de cada espectador consigo mismo. De ahí que se pueda decir que la tensión dramática supone una tensión de la comunicación.

EL DIÁLOGO

El diálogo es uno de los componentes fundamentales del discurso teatral: es la lengua puesta en acción. Sin diálogo no hay teatro, teniendo a la vez muy en cuenta que incluso los silencios —como ausencia de lenguaje o antilenguaje— dicen algo, comunican algo y, por lo tanto, son parte del discurso. Se puede decir, pues, que la obra dramática es un conjunto de diálogos presentados por unos personajes que se van construyendo a través de esos mismos diálogos. Los personajes quedan caracterizados por la forma en que intervienen en el diálogo así como por su descripción física y por sus acciones.

Si comparamos el diálogo de la narrativa con el de la obra dramática, podemos ver el contraste siguiente.

NARRATIVA	DRAMA
diálogo escrito	diálogo oral
diálogo referido	diálogo directo
diálogo aprehendido en la lectura	diálogo aprehendido en la representación

Por consiguiente, se puede afirmar que el diálogo dramático es un diálogo oral, actuado, en lugar de ser un diálogo escrito como el de la narrativa. El teatro, como mimesis, es y no es el mundo en que vivimos. En la actuación de los personajes, todas las manifestaciones orales, tales como hablar, cantar, reír, llorar, se presentan directamente sin intermediario escrito. Esto significa que el texto dramático pierde su valor como texto descriptivo-narrativo y se transforma en elemento motor de la mimesis, la cual da existencia escénica a los personajes. No hay necesidad de insistir en establecer la diferencia entre el texto narrativo y el texto dramático, pero sí conviene señalar que en el texto narrativo la primera persona **yo** está subordinada a la tercera **él** porque el narrador, generalmente, se refiere a los personajes en tercera persona. Sin embargo, en el texto teatral, es la tercera persona **él** la que está subordinada al **yo** porque los personajes presentan en primera persona la situación. Tomando en cuenta el juego dramático vemos que se distinguen dos tipos de diálogo: uno a través de la participación directa de los personajes, otro como participación indirecta; este segundo tipo lo constituyen los llamados *apartes* (*asides*). Los apartes son frases que dice un personaje y que se supone que los demás personajes no oyen, pero que sirven para dar a conocer al público los pensamientos de quien las dice o ciertas intenciones secretas. Los apartes tienen una función parecida a la que tenía el coro griego del teatro antiguo: sirven de intermediarios entre el espectador y la obra.

La obra dramática puede presentar el diálogo en verso, en prosa o en una combinación de verso y prosa, pero en cualquier caso, el diálogo es el instrumento del cual se sirve el actor para dar vida a la obra. De la selección de las palabras que componen el diálogo depende el que éste tenga un tono serio o humorístico, elevado o común.

Además del diálogo propiamente dicho, hay que considerar el *monólogo* o *soliloquio* que generalmente se desarrolla cuando el personaje está solo en escena; es, pues, un diálogo con un solo emisor. Por consiguiente, el monólogo consiste en las reflexiones que éste se hace en voz alta sobre la situación específica en que se encuentra. Es célebre el monólogo de Hamlet «*To be or not to be*» así como el monólogo de Segismundo «¿Qué es la vida?» en la obra maestra de Calderón de la Barca, *La vida es sueño*.

Al considerar el diálogo de las obras que figuran en la sección antológica, vemos que en *El nietecito* (p. 275), Benavente usa un diálogo flexible, ingenioso y un lenguaje fluido; es un diálogo lleno de ideas más que de acción. Los personajes, de acuerdo con su medio social, usan muchas expresiones populares: **too, na, comío** y otras más.

El lenguaje de *Historia del hombre que se convirtió en perro* (p. 282) es diferente del lenguaje convencional; no se trata solamente del uso del **voseo —divertite, podés,** etcétera— sino que se trata de dar fuerza a la expresión para poner de relieve las ideas fundamentales que se agitan en el drama. Esto, según Pedro Bravo-Elizondo en *Teatro hispano-americano de crítica social* (1975), conduce a un lenguaje casi telegráfico derivado del fluir de la conciencia (*stream of consciousness*) y de la irrupción de la tensión interna producida por el choque del individuo con su medio ambiente; es decir, que la sintaxis oracional es sustituida por palabras aisladas. Por ejemplo, en la página 283 se ve la elipsis de los elementos sintácticos quedando solamente, primero la palabra aislada y luego sólo las letras iniciales: «Tornero… ¡NO! Mecánico… ¡NO! S… N… R… N… F… N…». Por otra parte, en la obra *Resguardo personal* —teatro que se propone ser un vehículo cultural— aparecen algunas palabras y expresiones usadas por el pueblo pero que el pudor (*bashfulness*) y el buen gusto rechazan. Hay que destacar que lo que Pedrero se propone es dar énfasis a una situación cultural muy arriesgada, aunque real: la falta de comunicación entre las parejas y, en última instancia, la libertad y la autonomía de la mujer.

LOS PERSONAJES O *DRAMATIS PERSONAE*

Así como la obra dramática no existiría sin el autor, tampoco podría existir sin el actor, aunque aquél hubiera creado el texto dramático, porque el teatro es representación y, por lo tanto, el actor nace de la necesidad de *re-crear,* de *representar* la obra del autor. El actor es una persona que habla y que se mueve en el escenario, pero su esencia consiste en que *represente* a alguien, que *signifique* a una persona; de ahí su nombre de *personaje*. Es por eso un cuerpo vivo, un ser humano que se convierte en personaje a través de una mimesis, es decir, imitando a otra persona, sintiéndose otra persona impuesta por el texto. De ahí que podríamos usar la siguiente fórmula para representar a un personaje.

actor + texto = personaje

Los personajes del teatro, aunque tienen cierta semejanza con las personas reales, difieren de éstas en algunos aspectos: primero, porque se mueven en un mundo imaginario, y segundo, porque han sido creados por el autor para transmitirnos su mensaje y generalmente sólo presentan unas cuantas características predominantes que sirven para definirlos.

Un personaje está constituido por frases pronunciadas por él y frases pronunciadas sobre él; esto significa que el personaje puede constituirse de dos maneras: directa e indirectamente. Un personaje está directamente constituido cuando le conocemos a través de lo que él mismo dice y hace; está indirectamente constituido si le conocemos a través de lo que nos dicen los otros acerca de él. Los personajes, además de hablar, se mueven en el escenario (*stage*), hacen gestos, van vestidos de una manera determinada y todo esto es también *lenguaje* que tiene su propia significación para entender el drama. De ahí que se pueda decir que los personajes tienen un valor *sintáctico* porque desempeñan (*they perform*) una función en el desarrollo de la acción comparable a la función de las palabras en el desarrollo de la frase.

Es necesario notar que los personajes están ordenados para el desarrollo de la acción dramática, es decir, que desempeñan una función determinada. Teniendo en cuenta su función, los personajes se clasifican en *actantes* y *actores*. Son actantes los que de cualquier manera, aunque sea de un modo pasivo, contribuyen al progreso de la acción. Actante es un término más inclusivo que personaje ya que los animales y los objetos y hasta los conceptos pueden ser actantes. Por ejemplo, la escudilla en *El nietecito* (p. 275) tiene la función de actante.

Los actores son aquéllos que no sólo contribuyen a que avance la acción sino que son portadores de las ideas, es decir, de la significación temática del drama; por lo tanto, además de un valor sintáctico tienen un valor *semántico*. Otra consideración acerca de los personajes es su relación con la escenografía o ambientación (*setting*) ya que los personajes son producto de su medio ambiente y éste influye en su carácter.

Al igual que en la narrativa, el teatro necesita de la figura de un protagonista que represente el interés principal de la acción. Este es el sujeto que realiza la acción principal y a él se refieren todas las acciones que forman el argumento. No se debe considerar al protagonista como persona individual, sino como un ser universal. Por ejemplo, lo que le ocurre al abuelo del drama *El nietecito* (p. 275) y a Antígona en *Antígona furiosa* (p. 300) no les ocurre solamente a ellos, sino a todas las personas que se encuentren en esas mismas condiciones. Por consiguiente, se produce una universalización.

Las características del protagonista varían según el esquema de la representación, o sea, según se trate de la tragedia o de la comedia. La tragedia como forma estética teatral celebra el hecho de que aunque el ser humano tenga que aceptar lo que no tiene solución, su *espíritu* triunfa sobre su destino. Paradójicamente, la muerte del héroe es común; pero es el espíritu del héroe, quien supo luchar a pesar de sus limitaciones, lo que constituye el drama trágico.

La comedia, sin embargo, se basa en el sentido cómico de la vida; es decir que, a pesar de los fracasos, a pesar de los golpes de la vida, el individuo se levanta y sigue viviendo porque la vida continúa. La comedia se caracteriza por el *humor,* el cual se define como una buena disposición para afrontar la vida. Relacionada con la comedia, se debe mencionar la *risa* ya que ésta es consecuencia lógica de lo cómico. La obra *El censo* (p. 290) es un buen ejemplo de la comedia.

Según Aristóteles, el héroe trágico es un hombre que sin ser eminentemente virtuoso ni justo, viene a caer en desgracia, no por su maldad o perversidad, sino como consecuencia de alguna debilidad, de algún error cometido; este error, denominado *falla trágica* (*tragic flaw*), es lo que le conduce a la catástrofe —catástrofe que es más impresionante mientras más elevada sea la imagen que se tiene del héroe.

Cuando empieza la representación se establece una relación entre el héroe y el público. El público se identifica con el personaje y vive los acontecimientos que está viviendo el protagonista, o sea, que se crea un sentimiento de *empatía.* El público acompaña al héroe en su *vía dolorosa* y cuando se produce la catástrofe, el espectador experimenta grandes emociones.

La pregunta que aquí se hace necesaria es, ¿qué emociones eran las que Aristóteles quería que conmovieran (*moved to pity, touched*) al público? Son dos: la *compasión* y el *miedo* —compasión al ver que el héroe trágico pasa tantos sufrimientos, y miedo o *temor* porque, siendo él un ser humano como todos, despierta en el espectador la conciencia de su propia vulnerabilidad. La tragedia griega no constituía una diversión, sino una *purificación* que se producía por medio de esas dos emociones que se acaban de mencionar; a esta purificación los griegos la denominaron *catarsis.* Por consiguiente, la base del análisis de la tragedia consiste en presentar el fenómeno trágico como la imitación (mimesis) de una acción grave que provoca compasión y temor y que opera una catarsis o purificación por medio de las emociones producidas.

Se podría concluir que la tragedia encarna la jornada simbólica del héroe desde la ignorancia hasta la percepción; el héroe trágico actúa, sufre y, a través de su sufrimiento, aprende; esto es lo que se entiende por percepción o *anagnórisis.* Aristóteles limita la tragedia a la presentación de héroes de gran estatura moral, como antes se ha mencionado, mientras que la comedia se preocupa del hombre común con sus problemas personales.

En la comedia moderna predomina un tipo de humor nacido de la crueldad de la vida —el *humor negro*— que a veces se asocia con lo grotesco. Desde el siglo XVIII se considera lo grotesco como concepto estético; hoy día nace de la visión de un mundo caótico, deformado por la ruptura de formas y leyes tradicionales. La obra *Historia del hombre que se convirtió en perro* (p. 282) ofrece un ejemplo de lo grotesco al mezclar lo humano con lo animal en el hombre convertido en perro.

El reconocimiento de lo cómico y lo trágico es útil como análisis preliminar de una obra dramática; pero es importante señalar que la mejor distinción es la que se hace teniendo como base la obra misma. Por ejemplo, decir que la comedia tiene un final feliz o que la muerte y la tragedia son inseparables no es analizar una obra dramática, ni tampoco lo es el repetir lo que los personajes *dicen* y *hacen;* lo importante es preguntarse *por qué, cómo, dónde* y *cuándo* lo dicho ha sido dicho y lo hecho ha sido hecho.

EL ESPECTADOR

No hay teatro sin público ya que el signo teatral está constituido por la conexión entre actor y espectador. En realidad, el público —los espectadores— es siempre el que da sentido a la acción teatral que de lo contrario sería una cadena de palabras sin sentido. El lector, frente a una obra dramática, puede realizar tres tipos de lectura: (1) una lectura descriptiva, (2) una lectura estilística y (3) una lectura temática. La lectura descriptiva responde a las preguntas: ¿qué se cuenta en la obra? ¿quién o quiénes son los protagonistas de lo que se cuenta? La lectura estilística responde a la pregunta: ¿cómo se cuenta? Por último, la lectura temática considera ¿qué se quiere poner de manifiesto? y ¿por qué se cuenta? Ese por qué representa la valoración temático-cultural y se refiere al tema o idea central de la obra, es decir, al mensaje. Este tipo de lectura, precisamente, obliga al espectador a meditar, a reflexionar sobre el teatro que ha visto o leído.

La división tradicional entre espacio escénico y espacio del espectador desaparece a veces en el teatro contemporáneo porque el espectador se integra al espectáculo como un observador participante (véase el «Código comunicativo teatral», p. 240). Si se observa con cuidado la representación de una obra dramática se puede ver la importancia del espectador especialmente en los monólogos y en los apartes.

El monólogo es una forma de incorporar estructuralmente al público como personaje invisible de la acción, ya que si no existiera el espectador, el personaje no tendría ningún oyente/receptor del mensaje implícito en el monólogo. Del mismo modo, los apartes no son otra cosa que una manera sutil de hacer al espectador cómplice de la acción dramática. El espectador debe evitar la adopción de una distancia crítica: debe ser parte integrante y penetrar en la acción llevado por el ritmo de la obra. La respuesta del espectador consiste en deconstruir el drama de tal manera que los fragmentos que lo integran se relacionen con su mundo y le hagan sentir una especie de iluminación a través de la experiencia dramática. Por consiguiente, entre el actor y el espectador existen dos relaciones importantes: una relación física y otra intelectual que tiene lugar cuando el espectador percibe el mensaje de la obra.

EL TEXTO SECUNDARIO: LAS ACOTACIONES DE ESCENA

Una vez estudiados la organización y el funcionamiento del texto en su dimensión de diálogo actualizado por los personajes, se tiene que pasar a considerar la otra dimensión, o sea, la dimensión escénica. A este respecto hay que considerar que en el texto dramático existen unas normas de representación que hacen posible la teatralidad de dicho texto, o sea, su escenificación. Estas normas, de carácter imperativo, son las referidas anteriormente con el nombre de acotaciones escénicas o didascalia. Las acotaciones escénicas son de dos clases: escritas y habladas. Las acotaciones habladas forman parte del texto principal y se hallan integradas en el diálogo de los personajes. Por ejemplo, muchas veces se anuncia por medio del diálogo que alguien va a llegar o se informa de algo que tiene lugar fuera del escenario. Las acotaciones escénicas escritas aparecen formando parte del texto dramático, generalmente con caracteres en letra cursiva o itálica, y contienen información relacionada con la puesta en escena de la obra.

Por medio del análisis de las acotaciones o direcciones de escena se puede averiguar el uso que de ellas hace el dramaturgo para efectuar los cambios de escena, prefigurar (*to foreshadow*) los acontecimientos, caracterizar a los personajes, dar unidad a la acción, etcétera. Lo importante es saber que en la obra dramática nada es gratuito y que cualquier indicación es significante.

IV *Plano espectacular*

El espectáculo es la representación teatral en su conjunto —el texto puesto en escena, la experiencia estética gozada por el espectador. Ya se ha comentado al hablar de «arte y estética» la capacidad que tiene el arte de producir placer estético, por un lado, y de provocar una respuesta inteligente ante la situación que se presenta, por el otro. En el caso de la narrativa y de la poesía, el elemento central de la experiencia estética es la palabra; pero en el teatro no se puede dejar de tomar en cuenta su fin último, o sea, la representación teatral.

Así como en el plano literario, por ser forma escrita, se utilizan los signos del sistema lingüístico, en el plano espectacular se utilizan objetos, los cuales, por el hecho de estar en el escenario —es decir, en un espacio escénico— tienen una significación especial. Se podría decir que si el teatro posee una gran capacidad de comunicación es precisamente por esa capacidad del escenario de transformar en algo significante todo lo que aparece en el espacio escénico. Aquí conviene mencionar las distintas posibilidades del teatro como lugar de acción. En primer lugar, las luces, los espacios físicos, los decorados (*settings, decor*) la música, la yuxtaposición de los objetos en el escenario, los diversos estilos de actuación y el maquillaje se convierten en recursos tan válidos como el diálogo hablado, es decir, significan algo, transmiten un mensaje. En segundo lugar, el espacio escénico comprende tanto el espacio representado en la obra —el espacio visible, interior— como el espacio no representado, sino *referido* en la obra —el espacio exterior. Por ejemplo, en *La casa de Bernarda Alba* se puede ver, por un lado, que el espacio representado, el espacio interior, no cambia, es uno solo, y de esta manera se logra transmitir al espectador la idea de encierro (*seclusion, prison*) de un espacio sin salida. Por otro lado, los acontecimientos que llevan el drama a su final ocurren en el espacio exterior, el espacio referido, de ahí su gran importancia. El espacio escénico está definido por dos puntos: el concepto mismo de escenario, en donde tienen lugar las relaciones actor/espectador, y el contenido visual de dicho escenario. En el teatro contemporáneo tiene gran importancia el espacio escénico y algunas obras tienen lugar en una habitación cualquiera, una cárcel, la calle, una estación del metro, un viejo mercado, etcétera, como espacio escénico. Por ejemplo, para representar una obra relacionada con la guerra civil española y a fin de crear la atmósfera del exilio, se utilizó como espacio escénico una estación de ferrocarril llena de viajeros ansiosos y de maletas.

ESTRUCTURA DE LA OBRA DRAMÁTICA

El término *estructura* viene de la arquitectura y en literatura adquiere el significado de *organización*. En cuanto a la obra dramática hay que distinguir entre la *estructura externa* de la obra y la *estructura de la acción dramática*.

1. *Estructura externa.* La unidad básica de la estructura dramática es la *escena*. Se puede definir la escena como una parte de la obra durante la cual el escenario está ocupado por los mismos personajes. Si entra o sale un nuevo personaje, se produce otra escena. De este modo se pueden distinguir fácilmente las partes integrantes de una obra. Hay otras unidades mayores como los *actos* o las *jornadas* —usadas en el Siglo de Oro— pero éstas son divisiones convencionales. En general, los actos constituyen una especie de interrupción que proporciona un descanso a los actores y a los espectadores.

2. *Estructura de la acción dramática.* Se entiende por acción dramática el conjunto de elementos que contribuyen al desarrollo de la trama de la obra dramática. Al considerar la acción de un drama hay que tener presente no sólo lo que ocurre en la obra sino también el orden en el que los acontecimientos ocurren. Por eso, el momento en el cual se levanta el telón es trascendente para la obra porque ahí empieza a desarrollarse la acción. Para Aristóteles la acción era la parte más importante, era el alma de la tragedia, mucho más importante que la historia que se contaba y que los personajes; de ahí que poco importara el hecho de que en el teatro griego el espectador conociera la historia que se iba a representar de antemano porque lo que importaba era la manera cómo se desarrollaban los acontecimientos ya fuera para enfatizar el suspenso o la ironía. Los componentes de la estructura de la acción se relacionan con los diferentes grados de emotividad o de percepción que despierta la obra y corresponden a los momentos de menor o mayor intensidad. Estos elementos constitutivos se ordenan en forma de pirámide y son: (a) exposición; (b) incidente o complicación (*rising action*); (c) nudo o clímax y (d) desenlace (*falling action*).

   a. *Exposición.* Es la presentación de la información necesaria acerca de los personajes o de la historia para que el espectador pueda entender la obra dramática.

   b. *Incidente* o *complicación.* Son ciertas palabras o acciones que provocan el conflicto o lucha entre fuerzas opuestas que pueden ser protagonista y antagonista o el protagonista consigo mismo. El incidente produce una tensión dramática que va creciendo hasta el clímax.

   c. *Nudo* o *clímax.* Es el punto de máxima tensión y constituye definitivamente un punto decisivo. Este cambio radical en el destino del personaje fue llamado por Aristóteles *peripecia*.

   d. *Desenlace.* El desenlace representa un descenso del movimiento dramático desde el punto culminante que es el clímax, hacia la conclusión o *resolución*.

V Otras formas y técnicas dramáticas

EL ENTREMÉS

La palabra *entremés* viene del latín *inter-medium* y es precisamente eso, un intermedio. A mediados del siglo XVI, la palabra *entremés* pasó a significar una obra de teatro corta, de carácter cómico, que se representaba en el intermedio (*intermission*) de las obras serias para aligerar la gravedad de la acción.

Los entremeses anteriores a Cervantes eran por lo general de tono grosero y de mal gusto; fue Cervantes el que dio a esta forma dramática un nuevo impulso estético. Además de Cervantes cultivaron este género autores como Lope de Vega y Francisco de Quevedo, pero el más importante es Luis Quiñones de Benavente.

EL SAINETE

En el siglo XVIII surgió otra forma dramática denominada *sainete* (*one-act farce*), muy similar al entremés excepto que se representaba después del segundo acto de la obra principal. El autor más famoso de sainetes fue Ramón de la Cruz.

EL METATEATRO

El metateatro es el «teatro dentro del teatro» (*play-within-a-play*). Según Lionel Abel en *Metatheatre* (1963), esta técnica sirve para expresar dos ideas principales: la primera, que el mundo es un escenario, un teatro, y los seres humanos unos simples personajes que cubiertos con la máscara deben desempeñar su papel; y la segunda, que la vida es un sueño y que, por consiguiente, las reacciones y expresiones de los hombres no son verdaderas, sino ilusorias, ficticias.

El metateatro en sí mismo no es una invención contemporánea; se sabe que Shakespeare lo experimentó en su obra *Hamlet*. Sin embargo, lo que sí es contemporáneo es el uso que los dramaturgos hacen de esa técnica actualmente.

VI Formas dramáticas contemporáneas

Además de las formas dramáticas antes mencionadas —entremés, sainete y metateatro— se podría pensar en el teatro a partir de los dos tipos históricos: tragedia y comedia. Sin embargo, la creación de los distintos dramaturgos se relaciona con su actitud frente al leitmotivo de la cultura y con su cosmovisión individual. Surgen así otras formas dramáticas que tienen como base la vida social y existencial del tiempo actual. Por ejemplo, en *La casa de Bernarda Alba* (p. 324), el dramaturgo García Lorca utiliza la tragedia para mostrar lo más profundo de la condición humana: la libertad individual en las relaciones humanas y, particularmente, en lo que respecta a la mujer. No cabe duda de que las hijas de Bernarda

Alba aspiran a la felicidad y a realizarse como mujeres, pero existen fuerzas externas de orden social o cultural, representadas en Bernarda, con las que tienen que enfrentarse y que, al final, llevan la obra a la tragedia. Lo mismo podría comentarse acerca del drama *Antígona furiosa* (p. 300).

En *Historia del hombre que se convirtió en perro* (p. 282) esas mismas fuerzas externas hacen que los protagonistas se conviertan en una especie de muñecos (*puppets*) que, como seres humanos, no son dueños de la historia y, como individuos, no son dueños de su vida. Lo peor es que se creen seres libres y no se dan cuenta de que caen en el ridículo al aceptar el trabajo de un perro. Se podría decir que les falta la suficiente ironía para verse a sí mismos totalmente deshumanizados y convertidos en muñecos que nos hacen reír cuando realmente deberíamos llorar al considerar la historia que representan. No hay lugar en esta obra, como lo había en la obra de Lorca, para la grandiosidad de la tragedia y, como consecuencia, la obra aparece como una farsa. Dentro de estas formas dramáticas contemporáneas se puede considerar el *teatro de la crueldad* de Antonin Artaud, el *teatro épico* de Bertolt Brecht, el *teatro del absurdo* de Eugène Ionesco y, modernamente, el *teatro episódico.*

Ahora bien, frente al teatro proclamado por Aristóteles cuyo centro es la acción estructurada de acuerdo con una secuencia ordenada de partes, aparece modernamente otro teatro hecho de símbolos, de fragmentos que funcionan como episodios —es decir, como unidades independientes.

Las primeras manifestaciones del teatro episódico se ven en el teatro de Esquilo (*Aeschylus,* 525–456 a.C.). Este tipo de teatro permite una sobreacumulación de materiales dramáticos ya que representa historias enteras a lo largo de los episodios; esto hace que casi no necesite exposición porque todo acontecimiento forma parte del drama. Sin embargo, en el teatro aristotélico como la obra principia cerca del clímax, es necesario que haya una exposición que explique los acontecimientos que tuvieron lugar antes del principio de la obra.

Resumiendo, se podría decir que el teatro aristotélico produce una catarsis (purificación); que el teatro de ideas, o de tesis, como el de Benavente, pide una respuesta; pero que el teatro episódico es inocente, no pide nada. Por ejemplo, en *Historia del hombre que se convirtió en perro* (p. 282), lo que el espectador percibe es una serie de episodios, material casi sin desarrollar, pero organizado de tal manera que el espectador lo puede relacionar con su propio e íntimo caos. En otras palabras, se establece una relación estrecha entre el teatro y lo que preocupa y obsesiona al espectador, el cual se convierte así en participante de la acción. La obra no ofrece soluciones; el final representa una supresión de la progresión episódica dejando al espectador con un sentimiento ambivalente porque aunque el drama técnicamente haya terminado, la problemática que él se ha planteado no termina.

EL TEATRO DE LA CRUELDAD

El francés Antonin Artaud (1896–1948), en *El teatro y su doble,* vuelve al teatro primitivo, a lo que éste tenía de ceremonial dionisíaco. Es un teatro total en donde caben todas las manifestaciones humanas tales como el humor, el delirio y la violencia; además, es también un espectáculo total ya que Artaud quería que el teatro pudiera competir con el circo, con el cine, con el *music-hall,* etcétera. Es de señalar que las manifestaciones de violencia y erotismo propias de este teatro tienen como objetivo despertar a los espectadores pasivos y obligarlos a tomar conciencia de las distintas problemáticas que rodean hoy al ser humano.

EL TEATRO ÉPICO

El alemán Bertolt Brecht (1898–1956), el hombre de teatro más importante y el teórico teatral más riguroso del siglo XX, fue el iniciador del teatro épico. Sus obras *Madre coraje* y *El círculo de tiza caucasiano* le dieron gran renombre. Brecht define el teatro no por su estructura, sino por el papel que desempeña en la vida de los hombres. Es decir, el dramaturgo debe presentar en el drama aquellas ideas que ayuden a cambiar el mundo —de ahí que su teatro tenga una función humana y social.

Podría decirse entonces que la estética de Brecht es ética, no aristotélica. Conviene aquí recordar los principios de la estética aristotélica, que consistía en producir un acercamiento de las situaciones dramáticas y de los personajes al espectador a fin de que tuviera lugar la empatía primero y, más tarde, la catarsis. (Es importante notar que Aristóteles no habla en su *Poética* de teatro épico, sino de poesía épica, de tragedia y de comedia.)

Sin embargo, en el teatro épico lo que se trata de producir es un distanciamiento entre la acción y el espectador. Este distanciamiento se ha denominado en español *efecto V,* expresión que se origina en la palabra alemana *Verfremdung* (*alienation*). Brecht logra ese alejamiento mediante diversas técnicas entre las que se puede señalar dos: (1) el uso de la narración —por eso se llama épico— y (2) la utilización de marionetas, o sea, personajes que actúan como si fueran muñecos. Estos personajes-muñeco son en sí mismos seres alejados de nosotros y ajenos también a nuestro mundo emotivo. Precisamente este *distanciamiento sentimental* es la condición que Brecht cree necesaria para que se produzca el *acercamiento intelectual.* Es decir, lo que Brecht se propone es que se originen ideas que puedan cambiar el mundo.

EL TEATRO DEL ABSURDO

Eugène Ionesco (1912–1994), rumano de nacimiento, es el iniciador del teatro del absurdo. Dicho teatro se emparenta con (*is closely related to*) el del gran maestro del absurdo Alfred Jarry, entre otros. La obra que le dio gran fama a Ionesco es *La cantante calva.* La literatura del absurdo surge a raíz de la segunda guerra mundial. Se proponía destacar lo absurdo de la vida del hombre contemporáneo. El hombre se ha convertido en un robot, una marioneta, un ser conformista, a causa de una estructura social que lo deshumaniza. Ionesco, obsesionado por estas ideas, experimentó ese sentimiento de impotencia, tan común en la Europa de la posguerra. Es la angustia que se siente ante un mundo donde los seres humanos parecen ser manejados por fuerzas oscuras de origen social, político y económico, fuerzas que reducen al individuo a una cifra, lo convierten en un ente abstracto, un elemento más en la gran colmena del universo. La realidad se muestra como un caos, como un absurdo, y las personas se sienten como fuera de lugar, sin esperanza, sin consuelo.

Teniendo esta filosofía de lo absurdo de la vida como base, Ionesco elabora su teatro del absurdo que es un nuevo tipo de drama que está cerca de la tragedia —pues es la gran tragedia del mundo contemporáneo. Sin embargo, y a diferencia de otras formas dramáticas, en el teatro del absurdo no suele producirse desenlace alguno; el desenlace lo tiene que construir el espectador ante ese ejemplo de la frustración humana que le ofrece el dramaturgo en la obra dramática. No falta en el teatro del absurdo la nota de humor, pero es un humor negro de cuyas situaciones el espectador se ríe por no ponerse a llorar.

PRÁCTICA

A. En una obra dramática, el dramaturgo depende del diálogo para crear una situación dramática y revelar el carácter de los personajes. Lea los fragmentos siguientes y conteste las preguntas.

   1. ¿Cómo se presenta la interacción entre los personajes, en términos del ambiente general de la obra y en términos de la creación de tipos individuales?

   2. ¿Cuáles son los elementos lingüísticos más significativos del fragmento? ¿Cuáles son las peculiaridades más pronunciadas del lenguaje de cada personaje? (O sea, ¿sirve el lenguaje para identificar al personaje?)

   3. ¿Qué objetos y símbolos se ven en estos fragmentos y qué importancia tienen?

   4. ¿Cuáles son los aspectos visuales más sobresalientes de cada escena?

   5. Si hay acotaciones, ¿cuál es su función?

   a. (Este fragmento corresponde al primer acto de *Death of a Salesman,* 1949, de Arthur Miller. Biff, el hijo mayor del protagonista Willy Loman, discute con su madre el estado físico y mental del padre.)

   BIFF: Why didn't you ever write me about this, Mom?

   LINDA: How would I write to you? For over three months you had no address.

   BIFF: I was on the move. But you know I thought of you all the time. You know that, don't you, pal?

   LINDA: I know, dear, I know. But he likes to have a letter. Just to know that there's still a possibility for better things.

   BIFF: He's not like this all the time, is he?

   LINDA: It's when you come home he's always the worst.

   BIFF: When I come home?

   LINDA: When you write you're coming, he's all smiles, and talks about the future, and—he's just wonderful. And then the closer you seem to come, the more shaky he gets, and then, by the time you get here, he's arguing, and he seems angry at you. I think it's just that maybe he can't bring himself to—open up to you. Why are you so hateful to each other? Why is that?

   BIFF: (*evasively*) I'm not hateful, Mom.

   LINDA: But you no sooner come in the door than you're fighting!

   BIFF: I don't know why, I mean to change. I'm tryin', Mom, you understand?

   LINDA: Are you home to stay now?

   BIFF: I don't know. I want to look around, see what's doin'.

   LINDA: Biff, you can't look around all your life, can you?

   BIFF: I just can't take hold, Mom. I can't take hold of some kind of a life.

   LINDA: Biff, a man is not a bird, to come and go with the springtime.

   BIFF: Your hair . . . (*He touches her hair.*) Your hair got so gray.

LINDA: Oh, it's been gray since you were in high school. I just stopped dyeing it, that's all.

BIFF: Dye it again, will ya? I don't want my pal looking old. (*He smiles.*)

LINDA: You're such a boy! You think you can go away for a year and . . . You've got to get it into your head now that one day you'll knock on this door and there'll be strange people here—

BIFF: What are you talking about? You're not even sixty, Mom.

LINDA: But what about your father?

BIFF: (*lamely*) Well, I meant him too.

HAPPY: He admires Pop.

LINDA: Biff, dear, if you don't have any feeling for him, then you can't have any feeling for me.

BIFF: Sure I can, Mom.

LINDA: No. You can't just come to see me, because I love him. (*With a threat, but only a threat, of tears*) He's the dearest man in the world to me, and I won't have anyone making him feel unwanted and low and blue. You've got to make up your mind now, darling, there's no leeway any more. Either he's your father and you pay him that respect, or else you're not to come here. I know he's not easy to get along with—nobody knows that better than me— but . . .

WILLY: (*from the left, with a laugh*) Hey, hey, Biffo!

BIFF: (*starting to go out after Willy*) What the hell is the matter with him? (*Happy stops him*)

LINDA: Don't—don't go near him!

BIFF: Stop making excuses for him! He always, always wiped the floor with you! Never had an ounce of respect for you.

HAPPY: He's always had respect for—

BIFF: What the hell do you know about it?

HAPPY: (*surlily*) Just don't call him crazy!

BIFF: He's got no character— Charley wouldn't do this. Not in his own house— spewing out that vomit from his mind.

HAPPY: Charley never had to cope with what he's got to.

BIFF: People are worse off than Willy Loman. Believe me, I've seen them!

LINDA: Then make Charley your father, Biff. You can't do that, can you? I don't say he's a great man. Willy Loman never made a lot of money. His name was never in the paper. He's not the finest character that ever lived. But he's a human being, and a terrible thing is happening to him. So attention must be paid. He's not to be allowed to fall into his grave like an old dog. Attention, attention must be finally paid to such a person.

b. (En la segunda escena de *A Streetcar Named Desire,* 1947, de Tennessee Williams, Stanley Kowalski aparece discutiendo con su esposa Stella a causa de la hermana de ésta —Blanche DuBois— quien los visita temporalmente.)

It is six o'clock the following evening. Blanche is bathing. Stella is completing her toilette. Blanche's dress, a flowered print, is laid out on Stella's bed.

Stanley enters the kitchen from outside, leaving the door open on the perpetual "blue piano" around the corner.

STANLEY: What's all this monkey doings?

STELLA: Oh, Stan! (*She jumps up and kisses him, which he accepts with lordly composure.*) I'm taking Blanche to Galatoire's for supper and then to a show, because it's your poker night.

STANLEY: How about my supper, huh? I'm not going to no Galatoire's for supper!

STELLA: I put you a cold plate on ice.

STANLEY: Well, isn't that just dandy!

STELLA: I'm going to try to keep Blanche out till the party breaks up because I don't know how she would take it. So we'll go to one of the little places in the Quarter afterwards and you'd better give me some money.

STANLEY: Where is she?

STELLA: She's soaking in a hot tub to quiet her nerves. She's terribly upset.

STANLEY: Over what?

STELLA: She's been through such an ordeal.

STANLEY: Yeah?

STELLA: Stan, we've—lost Belle Reve!

STANLEY: The place in the country?

STELLA: Yes.

STANLEY: How?

STELLA: (vaguely) Oh, it had to be—sacrificed or something. (There is a pause while Stanley considers. Stella is changing into her dress.) When she comes in be sure to say something nice about her appearance. And, oh! Don't mention the baby. I haven't said anything yet, I'm waiting until she gets in a quieter condition.

STANLEY: (ominously) So?

STELLA: And try to understand her and be nice to her, Stan.

BLANCHE: (singing in the bathroom) "From the land of the sky blue water, they brought a captive maid!"

STELLA: She wasn't expecting to find us in such a small place. You see I'd tried to gloss things over a little in my letters.

STANLEY: So?

STELLA: And admire her dress and tell her she's looking wonderful. That's important with Blanche. Her little weakness!

STANLEY: Yeah. I get the idea. Now let's skip back a little to where you said the country place was disposed of.

STELLA: Oh!—yes . . .

STANLEY: How about that? Let's have a few more details on that subject.

STELLA: It's best not to talk much about it until she's calmed down.

STANLEY: So that's the deal, huh? Sister Blanche cannot be annoyed with business details right now!

STELLA: You saw how she was last night.

STANLEY: Uh-hum, I saw how she was. Now let's have a gander at the bill of sale.

STELLA: I haven't seen any.

STANLEY: She didn't show you no papers, no deed of sale or nothing like that, huh?

STELLA: It seems like it wasn't sold.

STANLEY: Well, what in hell was it then, give away? To charity?

STELLA: Shhh! She'll hear you.

STANLEY: I don't care if she hears me. Let's see the papers!

STELLA: There weren't any papers, she didn't show any papers, I don't care about papers.

STANLEY: Have you ever heard of the Napoleonic code?

STELLA: No, Stanley, I haven't heard of the Napoleonic code and if I have, I don't see what it—

STANLEY: Let me enlighten you on a point or two, baby.

STELLA: Yes?

cops—and we would go to this gin mill, and we would drink with the
grown-ups and listen to the jazz. And one time, in the bunch of us, there
was this boy who was fifteen, and he had killed his mother with a shotgun
some years before—accidentally, completely accidentally, without even an
unconscious motivation, I have no doubt, no doubt at all—and this one
evening this boy went with us, and we ordered our drinks, and when it came
his turn he said, I'll have bergin . . . give me some bergin, please . . .
bergin and water. Well, we all laughed . . . he was blond and he had the
face of a cherub, and we all laughed, and his cheeks went red and the color
rose in his neck, and the assistant cook who had taken our order told people
at the next table what the boy had said, and then they laughed, and then
more people were told and the laughter grew, and more people and more
laughter, and no one was laughing more than us, and none of us more than
the boy who had shot his mother. And soon, everyone in the gin mill knew
what the laughter was about, and everyone started ordering bergin, and
laughing when they ordered it. And soon, of course, the laughter became
less general, but it did not subside, entirely, for a very long time, for always
at this table or that someone would order bergin and a new area of laughter
would rise. We drank free that night, and we were bought champagne by the
management, by the gangster-father of one of us. And, of course, we suf-
fered the next day, each of us, alone, on his train, away from New York,
each of us with a grown-up's hangover . . . but it was the grandest day of
my . . . youth.

(Edward Albee, *Who's Afraid of Virginia Woolf?*, 1962)

b. (Este es un fragmento de la versión romántica de *Don Juan Tenorio* —el famoso seductor de mujeres— en donde él mismo expone el programa típico de sus conquistas
amorosas.)

D. JUAN: Partid los días del año
entre las que ahí encontráis.
Uno para enamorarlas,
otro para conseguirlas,
otro para abandonarlas,
dos para sustituirlas
y una hora para olvidarlas.
(José Zorrilla, *Don Juan Tenorio,* 1844)

c. (Isabel —protagonista de *Rosas de otoño*— reacciona aquí frente a la desigualdad de
la mujer ante el hombre.)

ISABEL: ...es mi orgullo de mujer, que en nuestra desigual condición ante el hombre
admite todas las desigualdades, todas las humillaciones, menos la de que
nunca tengan el derecho de decirnos: «¿Con qué razón me acusas?» ¡Ah! Eso
no; son más penosos nuestros deberes, pues más fuertes nosotras para
cumplirlos... Y así no podrán decir que somos iguales; pero nosotras también
podemos decirles: «¿Iguales no? Decís bien, somos mejores».
(Jacinto Benavente, *Rosas de otoño,* 1905)

d. (Un padre habla con su hijo, que todavía está en la cuna.)

PADRE: (*Al* HIJO *en la cuna.*) Sí, serás feliz. Tendrás que serlo. Así mi sacrificio no
será en vano. Por ahora no comprendes lo que es la vida, ni las humillaciones
por las que tiene que pasar un padre para sacar los suyos adelante. Pero no
importa. Al final veré en ti lo que yo no he podido ser. ¡Lo que no me han dejado ser!... Sí, yo las he pasado negras, todavía las estoy pasando. Pero tendré

la recompensa algún día. Tú serás mi sueño, mi inalcanzable sueño hecho realidad en ti… Serás mi prolongación ideal. Yo no he podido ser lo que he querido, sino lo que me han dejado ser. Para mí fueron los restos, los desperdicios de la vida. ¡Un asco! Bueno, de todos modos he llegado a ser alguien. Otros son todavía menos que yo, pese a que tu madre no lo quiere reconocer. Ella dice que soy un fracasado. Dice que la cacé[1] dormida. Que ella no se ha separado de mí por compasión. Constantemente me dice que no me quiere. Que yo soy un peso muerto en su vida. Cuando se pone a decir esas cosas me dan ganas de matarla, pero pienso en ti, hijo mío. Si ella no te cuida mientras voy al trabajo, ¿quién va a cuidarte? Yo, pese a mis esfuerzos, gano escasamente lo indispensable para ir tirando.[2] No he tenido suerte. Siempre otros más fuertes que yo me han echado a la cuneta. ¡Así! (*Hace un gesto y se cae, pero no quiere enterarse que se ha caído.*) No he tenido suerte. ¡La suerte no se puede fabricar! Tu madre dice que soy tonto. Yo no digo tanto. Simplemente (*justificándose*) creo que soy demasiado bueno. Eso debió ser. Un hombre demasiado bueno que se ha dejado pisar.[3] Te pisan una vez y después ya se establece la costumbre. Te usan de estribo o de peldaño para otros trepar. Eso es lo que pasa. Cuando te das cuenta y quieres reaccionar, ya es tarde. (*Como guiando al* HIJO.) ¡Cuidado! ¡No te dejes pisotear! ¡Dale, dale un codazo! ¡Que se te adelanta aquel otro! ¡Venga, hazle la zancadilla[4]! ¿Es que no me oyes? ¡Eso, eso! ¡Muy bien! (*Estrepitosas carcajadas.*) Ser bueno es peligroso. Tu madre hubiera preferido que yo fuera un caníbal, pero que supiera buscarme la suerte. Yo tengo que callarme cuando ella me dice esas cosas. Pienso en ti y me río por dentro. Algún día sé que vengarás las ofensas y las humillaciones que tu padre ha sufrido para sacarte adelante. Por ahora eres muy pequeño y de todo esto que te digo no comprendes ni una palabra.

(José Ruibal, «El padre», 1969)

---

[1] *I caught*   [2] *sobreviviendo*   [3] *se… has let himself get walked on*   [4] *hazle… trip him up*

e. (Don Diego, un caballero de unos sesenta años, piensa casarse con una jovencita, doña Paquita. En este trozo, habla con ella y con su madre.)

DON DIEGO: ¡Mandar, hija mía!… En estas materias tan delicadas los padres que tienen juicio no mandan. Insinúan, proponen, aconsejan; eso, sí; todo eso sí; ¡pero mandar!… ¿Y quién ha de evitar despúes las resultas funestas de lo que mandaron?… Pues ¿cuántas veces vemos matrimonios infelices, uniones monstruosas verificadas solamente porque un padre tonto se metió a mandar lo que no debiera?… ¡Eh! No, señor; eso no va bien… Mire usted, doña Paquita, yo no soy de aquellos hombres que se disimulan los defectos. Yo sé que ni mi figura ni mi edad son para enamorar perdidamente a nadie, pero tampoco he creído imposible que una muchacha de juicio y bien criada llegase a quererme con aquel amor tranquilo y constante que tanto se parece a la amistad, y es el único que puede hacer los matrimonios felices. Para conseguirlo no he ido a buscar a ninguna hija de familia[1] de estas que viven en una decente libertad… Decente, que yo no culpo lo que no se opone al ejercicio de la virtud. Pero ¿cuál sería entre todas ellas la que no estuviese ya prevenida en favor de otro amante más apetecible que yo? Y en Madrid. ¡Figúrese usted en un Madrid[2]!… Lleno de estas ideas, me pareció que tal vez

---

[1] *hija… hija de buena familia*   [2] *un… una ciudad como Madrid*

hallaría en usted todo cuanto deseaba. Yo soy ingenuo; mi corazón y mi lengua no se contradicen jamás. Esto mismo le pido a usted, Paquita: sinceridad. El cariño que a usted la tengo no la debe hacer infeliz… Su madre de usted no es capaz de querer una injusticia, y sabe muy bien que a nadie se le hace dichoso por fuerza. Si usted no halla en mí prendas que la inclinen, si siente algún otro cuidadillo en su corazón, créame usted, la menor disimulación en esto nos daría a todos muchísimo que sentir.

(Leandro Fernández de Moratín, *El sí de las niñas,* 1801)

f. (Este es el famoso soliloquio de Segismundo en el segundo acto de *La vida es sueño.* El protagonista se refiere a la imposibilidad de distinguir entre realidad y sueño. El trozo tiene que ver con la acción misma de la obra y con el concepto metafórico de la vida como sueño. En términos teológicos, el *despertar* representa la entrada a la vida eterna.)

SEGISMUNDO: …pues estamos
en mundo tan singular,
que el vivir sólo es soñar;
y la experiencia me enseña
que el hombre que vive, sueña
lo que es, hasta despertar.

Sueña el rey que es rey, y vive
con este engaño mandando,
disponiendo y gobernando;
y este aplauso, que recibe
prestado, en el viento escribe,
y en cenizas le convierte
la muerte (¡desdicha fuerte!):
¿que hay quien intente reinar,
viendo que ha de despertar
en el sueño de la muerte?

Sueña el rico en su riqueza,
que más cuidados le ofrece;
sueña el pobre que padece

su miseria y su pobreza;
sueña el que a medrar empieza,
sueña el que afana y pretende,
sueña el que agravia y ofende,
y en el mundo, en conclusión,
todos sueñan lo que son,
aunque ninguno lo entiende.

Yo sueño que estoy aquí
destas prisiones[1] cargado,
y soñé que en otro estado
más lisonjero me vi.
¿Qué es la vida?, un frenesí;
¿qué es la vida?, una ilusión,
una sombra, una ficción,
y el mayor bien es pequeño;
que toda la vida es sueño,
y los sueños, sueños son.
(Pedro Calderón de la Barca,
La vida es sueño, 1635)

[1] *(fig.)* cadenas

PANORAMA HISTÓRICO Y CATEGORÍAS FUNDAMENTALES

EL DRAMA: DEFINICIÓN Y ORÍGENES DEL GÉNERO

La palabra *drama* se deriva del griego *drao* que quiere decir *hacer,* así que *drama* viene a significar *acción.* Por lo tanto, se podría definir el drama como «la representación artística de una acción interesante de la vida humana». Sin embargo, en contraste con la narrativa que relata esa acción o la poesía lírica que expresa los sentimientos del autor, la obra dramática coloca en un espacio determinado a unos *actores* que presentan de nuevo o *representan* (*act out*) la acción que el dramaturgo ha creado. El teatro, pues, es arte y como toda obra de arte es comunicación. La historia del género dramático comienza con sus dos formas principales: la *tragedia* y la *comedia,* cuyas raíces se examinarán a continuación.

LA TRAGEDIA GRECOLATINA: CULTOS A DIONISOS Y A BACO

La tragedia es la forma más antigua del teatro y es de origen griego. No nació de una manera espontánea, sino como resultado de una evolución. La tragedia griega se originó de la lírica coral de carácter sagrado. Entre las múltiples ceremonias del pueblo griego estaban los cultos a Dionisos, dios del vino —el dios Baco (*Bacchus*) de los romanos— símbolo de la alegría y de la fertilidad, pero también representación del ciclo *nacimiento-muerte-regeneración* de la naturaleza. En estas fiestas, mientras que el coro cantaba en honor de su dios, se sacrificaba un macho cabrío (*male goat*). De ahí que se denominara «canto (*song*) del macho cabrío» a este aspecto de la ceremonia que celebraba el lado más serio de Dionisos, que es lo que significa la palabra *tragedia.*

EVOLUCIÓN DE LA TRAGEDIA: EL PROTAGONISTA Y EL DIÁLOGO

Con el tiempo, se fueron introduciendo algunos cambios. Primero se dividió el coro en dos partes, una formada por el coro mismo y la otra por un solo cantante que respondía al coro, quedando así constituido el personaje principal, el héroe, que más tarde se denominaría *protagonista.* Esta división dio lugar al paso más importante, pues así surgió el *diálogo* que es el elemento esencial de la poesía dramática. Luego se introdujo un segundo actor y más tarde un tercero. En realidad, con excepción del protagonista, el teatro griego no necesitaba más personajes. Los otros podían representar varios papeles simplemente cambiándose de *persona,* palabra que originariamente significaba *máscara* o personaje anónimo y múltiple. Hoy día el teatro ha vuelto a emplear la técnica del personaje múltiple —el llamado *personaje comodín.* Según se observará en la pieza de Osvaldo Dragún que aparece en esta antología (p. 282), el comodín funciona algo así como el *joker,* carta que en el juego de naipes (*card game*) se usa para realizar (*execute*) varias jugadas.

EL CORO Y EL PÚBLICO EN LA ESTRUCTURA DE LA TRAGEDIA CLÁSICA

Es preciso recordar que en Grecia el teatro no era pura diversión en esa época, sino un acto patriótico-cultural. Sólo había teatro en las fiestas dionisíacas. El coro, que se refería al pueblo, conservó en las representaciones dramáticas griegas un papel importante porque era un intermediario entre los actores y los espectadores y al mismo tiempo representaba el punto de vista del dramaturgo, quien a través del coro maniobraba (*manipulated*) las emociones del público. Las interpretaciones del coro habían de ser, por consiguiente, muy poéticas o líricas, es decir, *emocionantes* (*touching, moving*). Hay que tener en cuenta aquí que el contenido de la obra no era lo que atraía al espectador, puesto que lo que se representaba era leyendas o mitos de todos conocidos. Lo importante era el arte de que se valía el autor —el dramaturgo— para presentar una historia determinada. O sea, el público sabía más que el protagonista y esta *ironía dramática* o *trágica* causaba una gran emoción en el auditorio al ver cómo el héroe se encaminaba ciegamente hacia la catástrofe.

Los mayores dramaturgos clásicos son los griegos Esquilo, Eurípides y Sófocles y el romano Séneca. *Edipo Rey* de Sófocles ofrece un gran ejemplo de tragedia; sin embargo, Shakespeare compuso obras a las que muy bien se pudiera llamar tragedias al estilo clásico: *Julius Caesar, Macbeth, Othello.* En el siglo XX se han escrito dramas que también podrían alcanzar la altura de la tragedia, piezas como *Bodas de sangre* de García Lorca o *Death of a Salesman* de Arthur Miller.

A saber, lo que tienen en común todas esas obras —tanto las antiguas como las modernas— es la presencia de un protagonista que lucha valientemente contra un destino que lo persigue implacablemente hasta destruirlo.

LA COMEDIA Y LA FARSA: LA OTRA CARA DE LA MÁSCARA

Si la tragedia proviene de una ceremonia de carácter sagrado, austero, la comedia nació de las alegres canciones que el pueblo griego cantaba en las fiestas y orgías que se celebraban durante la vendimia (*grape harvest*). La palabra *comedia* viene del griego *comos,* que quiere decir *festín.* El carácter sexual y grosero de las primeras representaciones, cuyos temas giraban en torno a (*revolved around*) los ritos dionisíacos de la fertilidad, se perdió en gran parte al crearse la *comedia antigua.* Aquí el elemento que vino a predominar fue la *sátira.* Esta condujo con el tiempo a un nuevo y refinado tipo de representación, la *comedia nueva,* forma más convencional que fue luego imitada y perfeccionada por los grandes comediógrafos (*playwrights*) romanos Plauto (*Anfitrión, El soldado fanfarrón*) y Terencio (*El castigador de sí mismo, El eunuco*).

Mientras la comedia tiene un propósito ético o político, la *farsa* carece de todo mensaje. Su único propósito es hacer reír. Por otra parte, la diferencia entre la comedia y la farsa está en el tipo de cosa que motiva la risa. En la comedia, el humorismo se debe al carácter y comportamiento (*behavior*) de los personajes que el lector o espectador *juzga* extraños y de ahí cómicos. Por eso, la risa es *reflexiva.* Al contrario, en la farsa, el humorismo radica en situaciones que son ridículas por ser absurdas, y de ahí que la risa sea *espontánea* y resulte *explosiva.*

Pero, ¿qué se entiende por *tono cómico,* tanto en las representaciones clásicas como en las contemporáneas? Se podría afirmar que se refiere a la manera alegre y divertida de presentar situaciones de la vida real, mostrando cuánto hay de ridículo en los seres humanos y en la vida misma. En consecuencia, así como la tragedia presenta la parte trágica de la condición humana, la comedia muestra el lado ligero de la vida.

EL TEATRO MEDIEVAL: LAS REPRESENTACIONES SAGRADAS Y LAS PROFANAS

En la Europa medieval, dominada por el fervor religioso, las primeras obras dramáticas se elaboraron alrededor de temas litúrgicos, o sea, relativos a los ritos católicos, como por ejemplo el nacimiento y la resurrección de Cristo. En España, además de estas piezas de tipo religioso o *sagrado,* en la Edad Media se produjeron otras de carácter *burlesco,* profano o secular, o sea, no religioso.

LA REPRESENTACIÓN DRAMÁTICA DE TIPO RELIGIOSO

Dentro del teatro sagrado se encuentran los *autos* o *misterios,* breves piezas (*plays*) que se representaron, primero en latín, luego en lenguaje popular, en las iglesias. La más antigua obra dramática de que se tiene conocimiento es el anónimo *Auto de los Reyes Magos* que data de fines del siglo XII o principios del XIII. Compuesta para celebrar la fiesta de la Epifanía (6 de enero), es decir, la adoración de Jesús por los Reyes Magos (*Three Wise Men* or *Magi*), el fragmento que se conserva dramatiza en verso el dilema de los Reyes que discuten la alternativa que tienen de seguir o no la estrella de Belén. Si dichos fragmentos testimonian la existencia de un temprano teatro sagrado en España, la primera noticia histórica que se tiene de la representación de una pieza la proporciona el estreno (*first performance*) de la *Representación del Nacimiento de Nuestro Señor* de Gómez Manrique (¿1412–1490?) a mediados del siglo XV.

EL TEATRO SECULAR O DE CARÁCTER NO SAGRADO

De las primitivas representaciones burlescas poco se sabe, excepto que se llamaban farsas o *juegos de escarnio* (*slanderous skits*) —piezas cómicas con fin paródico, en idioma vulgar que se representaban tanto dentro como fuera de las iglesias. Su importancia consiste en que iniciaron el drama secular destinado simplemente a entretener.

JUAN DEL ENCINA Y EL DRAMA SECULAR ESPAÑOL

El primer secularizador del drama español es Juan del Encina (¿1469–1529?). En sus piezas se notan las dos vertientes del teatro tradicional: la religiosa (*Representaciones sagradas*) y la profana (*Auto del repelón*). Las obras más representativas de Encina son sus *Eglogas,* composiciones dramáticas en verso de tipo pastoril o bucólico, en las que se representan los conflictos amorosos de los protagonistas, que son pastores. En estas composiciones se nota por lo tanto la evolución del drama litúrgico medieval hacia la nueva actitud humanística del Renacimiento que valoriza al hombre y su mundo.

LA *CELESTINA* Y EL PRINCIPIO DE UN NUEVO ARTE DRAMÁTICO

Como era de esperarse, la cosmovisión renacentista trajo a la escena un drama que enfocaba las pasiones humanas. A este respecto, la obra que más influyó en el desarrollo del teatro español es sin duda la *Celestina o Comedia de Calisto y Melibea* de Fernando de Rojas —entendiéndose originalmente por «comedia» cualquier obra dramática. La acción, a la vez (*at once, both*) poética y violenta, versa sobre los desdichados amores de dos jóvenes de noble familia, Calisto y Melibea, que se conocen por casualidad en la huerta de ésta. Mediante la intervención de Celestina, vieja alcahueta (*go-between*) contratada por los criados de Calisto, este joven ingenuo logra subir el muro de la huerta de la casa de su amada. La obra termina trágicamente con la caída accidental y fatal de Calisto, seguida a continuación por el suicidio de Melibea, quien se arroja desde (*throws herself from*) lo alto de una torre, el asesinato de Celestina y la pena de muerte a que están sometidos los criados culpables del homicidio.

A pesar de no ser representable por su extensión, esta obra ha sido denominada también novela dramática, pues contiene varios elementos que la colocan dentro del género teatral. En verdad, su estructura es la de una obra de teatro. Lo confirman principalmente su forma dialogada, su división en actos (veintiuno) y el título que se le dio en la edición definitiva de Sevilla: *Tragicomedia de Calisto y Melibea* (1502). Literariamente, *La Celestina,* por su espíritu humanístico evidente en la autonomía o libre albedrío (*free will*) concedido a los personajes y en la fusión de risa y llanto, de amor y odio, de ternura y extremada violencia, abre caminos para la comedia o drama español del Siglo de Oro y, a la postre (*eventually*), para el drama romántico del siglo XIX.

LOPE DE VEGA Y LAS DOS ETAPAS DEL TEATRO ESPAÑOL DEL SIGLO DE ORO

El teatro renacentista peninsular se desarrolla a lo largo de dos fases o etapas. La una precede al dramaturgo Lope de Vega, la otra comienza con la producción dramática de éste. A la fase anterior a Lope corresponden aquellas obras que ponen las bases para un teatro nacional. La segunda, dominada cualitativa y cuantitativamente por este gran dramaturgo, representa la plenitud o el punto más alto de la comedia del Siglo de Oro. Dentro del drama anterior a Lope se encuentran los dramaturgos Gil Vicente, que escribió tanto en castellano como en portugués; Bartolomé de Torres Naharro, el primer escritor que propuso reglas sobre la composición de las obras de teatro; Lope de Rueda, creador de los *pasos* o breves escenas de la vida diaria que consolidaron el teatro popular, y Juan de la Cueva, quien enfatizó la tradición épica con sus piezas de temas nacionales, que será una de las fuentes más ricas del teatro a partir de Lope de Vega.

EL TEATRO DE MIGUEL DE CERVANTES

Además de predominar en el campo de la narrativa, Cervantes no deja de contribuir al género dramático donde destacan sus *Ocho comedias y ocho entremeses*

(1615), nunca representados. En los entremeses —breves cuadros populares al estilo de los pasos, que se solían representar entre uno y otro acto o jornada de una comedia— Cervantes satiriza las malas costumbres y los vicios de su tiempo.

FLORECIMIENTO Y APOGEO DEL TEATRO NACIONAL: LOPE Y CALDERÓN

El drama español del siglo XVII coincide con la postrera (*last*) fase del Renacimiento y con el principio y fin de la época barroca. Dicho teatro se agrupa en torno a dos de sus máximos exponentes: Lope de Vega y Calderón de la Barca. La importancia de Lope radica en el hecho de que fue él quien formuló las normas para todas las producciones dramáticas del siglo. Calderón, por otra parte, añadió a la fórmula de Lope los novedosos recursos (*new devices*) que caracterizarían el teatro barroco.

EL DRAMA DE LOPE DE VEGA

Así como Cervantes es considerado el padre de la narrativa, tal como se pone de manifiesto en el *Quijote,* también se puede decir que la comedia o drama español del Siglo de Oro —la época más fértil de la literatura peninsular— debe su mayor tributo a Lope de Vega. En su *Arte nuevo de hacer comedias* (1609), Lope sugiere una serie de medidas destinadas a acentuar la autonomía y el individualismo del dramaturgo español. Sus fórmulas teatrales están magistralmente aplicadas a sus propias comedias, las más destacadas y típicas de la época. Rompiendo con la tradición clásica y volviendo la mirada hacia la Edad Media, pero sin olvidar las tendencias humanísticas, Lope propuso un teatro original, popular, basado en la tradición ideológica y artística de su país. Ante todo, para Lope, el drama debía satisfacer totalmente al público que pagaba para ser entretenido. Por lo tanto, las nuevas normas favorecen la espontaneidad en el lenguaje. Este debía reproducir el habla de las distintas clases sociales. Luego, para mantener viva la atención del auditorio, Lope optaba por prolongar el suspenso de la comedia hasta mediados del tercer y último acto. Lope también sugiere que se alterne regularmente lo trágico con lo cómico, una convención manifestada asimismo en la representación de una pieza corta y liviana —el entremés— colocada entre una acción dramática y otra. Queda consolidado así el papel del *gracioso,* personaje cuya función era la de representar el elemento cómico y contrastante (*comic relief*) dentro de la estructura total de la obra. Las comedias más conocidas de Lope son las que tratan del tema de la *honra* o del honor. En esta categoría figuran obras como *Peribáñez y el comendador de Ocaña* (1613), *El mejor alcalde el Rey* (1614) y *Fuenteovejuna* (1619). También de gran éxito e influencia en la dramaturgia del siglo XVII son las *comedias de capa y espada* (*cloak-and-dagger plays*). En éstas, miembros de las altas clases sociales luchan por conquistar el amor o defender el honor de una dama, casi siempre con la complicidad de sus fieles servidores, los graciosos. Típica de este tipo de comedia es *Amar sin saber a quién* que Lope compuso en 1630.

PEDRO CALDERÓN DE LA BARCA Y EL DRAMA BARROCO

Es importantísimo el papel de Calderón en el desarrollo del arte dramático hispánico. Para evaluar su obra hay que tener presente (*keep in mind*) que por su formación jesuita, siente de modo especial la inquietud espiritual y el ambiente de introspección que predomina en España como consecuencia de la Contrarreforma. Como artista, Calderón sigue dos caminos: uno le lleva a enriquecer, con efectos escénicos, simbolismo y poesía, la forma dramática tradicional —el *auto sacramental*. El otro conduce a Calderón a abandonar o a alterar los temas nacionales y populares observando el mundo subjetivamente, desde adentro. El resultado es un teatro eminentemente barroco, que se desvía (*departs*) de la simplicidad y espontaneidad tradicionales y pone su énfasis en la profundidad de las ideas y la perfecta composición y forma del drama. Estos cambios son evidentes en ciertas piezas históricas como *El alcalde de Zalamea* (c. 1642), en donde el dramaturgo usa marginalmente los eventos sobre los cuales gira el drama, para crear en cambio, una serie de personajes verosímiles (*true-to-life*) y complejos. En tragedias como *El médico de su honra* (1635), en que se plantea el tema del honor conyugal, Calderón examina el derecho del marido de matar a su esposa tras la menor sospecha de infidelidad. En *La vida es sueño* (1635), su obra maestra, es evidente el énfasis que pone el autor en la educación moral y el uso que hace de efectos sensoriales y llamativos (*eye-catching*). Esto muestra la distancia que separa el arte dramático barroco del teatro realista anterior cuyo único fin era entretener. De hecho, Calderón crea aquí una pieza filosófica y al mismo tiempo de innegable timbre poético. En ella el dramaturgo, utilizando una compleja abstracción, propone que la vida no es más que un gran sueño que puede acabar en cualquier momento. Por esta razón, el ser humano es exhortado a dominar sus pasiones, sus instintos, para cumplir un destino superior: el de alcanzar la salvación eterna.

LOS HEREDEROS DE LA TRADICIÓN DE LOPE DE VEGA

Entre los seguidores más distinguidos de la tradición dramática de Lope, aparte de Calderón, se encuentran en primer término Tirso de Molina (seudónimo de Gabriel Téllez) y Juan Ruiz de Alarcón. Cada uno aportó (*contributed*) recursos ideológicos y estilísticos propios del arte teatral del Siglo de Oro. Tirso contribuyó con *El burlador de Sevilla* (1630), no sólo a las letras españolas sino a la literatura universal, creando el famoso personaje de don Juan Tenorio, el legendario libertino y seductor de mujeres. En cuanto a Juan Ruiz de Alarcón, resulta algo singular su papel: aunque nacido y educado en México, se radicó en Madrid en donde cultivó las letras, lo que hizo que se le considerara ante todo español. Con razón, el teatro de Ruiz de Alarcón retrata fielmente y con fuerte espíritu moralizador a ciertos *tipos* de la sociedad peninsular de la época. Los valores de su teatro son más de tipo moral que de tipo estético. Su mejor comedia es *La verdad sospechosa* (1630), en la que se estudia con destreza al personaje del mentiroso.

EL TEATRO EN LAS COLONIAS ESPAÑOLAS ULTRAMARINAS

El arte dramático colonial cuenta en Hispanoamérica con dos figuras de relieve. La primera es el español Fernán González de Eslava, cuyos entremeses de carácter picaresco y popular son lo mejor que hay en la dramaturgia del siglo XVI. No se sabe que existan comediógrafos nativos de América hasta la época barroca, en la que aparece la mexicana Sor Juana Inés de la Cruz. Inspirada por el drama de Calderón, Sor Juana introduce en su teatro (*Los empeños de una casa, El Divino Narciso,* 1689) elementos locales, tales como un gracioso mexicano, bailes y canciones folclóricos y hasta algunas referencias a ritos aztecas.

LA DRAMATURGIA DEL VIEJO Y DEL NUEVO MUNDO EN EL SIGLO XVIII

En el llamado Siglo de las Luces atraviesan el teatro español dos corrientes distintas: el neoclasicismo y la tradición dramática del Siglo de Oro. La primera, el neoclasicismo francés representado por Vicente García de la Huerta (*Raquel,* 1778), y Leandro Fernández Moratín (*El sí de las niñas,* 1806), tuvo poco éxito. En cambio, el teatro tradicional de Ramón de la Cruz con sus *Sainetes* (1786–1791) resultó muy popular. Estas breves piezas son cuadros satíricos llenos de realismo que retratan las clases media y baja —su lenguaje, sus costumbres y el comportamiento de los varios y distintos tipos sociales.

El teatro hispanoamericano de la época produce una sola obra de mérito artístico. Se trata de *Olántay,* pieza auténticamente indígena que contiene valiosos elementos históricos y artísticos, por lo cual se han hecho de ella traducciones y adaptaciones en varios idiomas. Dicha obra, que trata del amor de Olántay, jefe indígena de orígenes humildes, por la princesa incaica Cusi Coyllur, fue descubierta —o posiblemente escrita— por el padre Antonio Valdez en el Perú y difundida en 1827.

EL ROMANTICISMO EN EL TEATRO ESPAÑOL DECIMONÓNICO

Era lógico que el Romanticismo, caracterizado por el espíritu de renovación artística, por el énfasis en la autonomía del escritor y por su predilección por el pasado histórico, afectara de modo particular el arte teatral. A saber, el dramaturgo español no tiene que ir a buscar el ambiente romántico fuera de su casa, sino que siguiendo el camino trazado por los comediantes del Siglo de Oro y luego por Ramón de la Cruz, vuelve con renovado ardor a su propia tradición y se inspira en sus ricos antecedentes literarios (*literary background*). Sobresale entre los comediógrafos españoles Ángel de Saavedra, Duque de Rivas, cuyo drama *Don Álvaro o la fuerza del sino* (1813) inspiró la ópera *La forza del destino* (1862) del italiano Giuseppe Verdi (1813–1901). La pieza del Duque de Rivas ejemplifica el melodrama romántico con sus amantes virtuosos, víctimas de un fatal destino. Otras características del drama romántico presentes en *La fuerza del sino* son (1) la unión de la prosa con el verso, (2) la fusión de lo trágico con lo cómico, (3) el abundante color local,

(4) los vistosos (*flashy*) efectos escénicos, (5) el gran número de personajes, (6) los protagonistas estereotipados y (7) la acción dinámica —todo esto comprimido en cinco actos que pueden abarcar muchos años y ocurrir en distintos lugares.

Otros logros (*achievements*) del teatro romántico español son *El trovador* (1836) de Antonio García Gutiérrez, fuente de otra gran ópera de Verdi (*Il trovatore,* 1853), y *Don Juan Tenorio* (1844) de José Zorrilla. Esta obra, basada en *El burlador de Sevilla* de Tirso de Molina, resultó aún más popular que la comedia original y fue fuente de inspiración de muchos escritos y composiciones musicales.

EL TEATRO ROMÁNTICO HISPANOAMERICANO

Si en España la dramaturgia romántica produjo obras de gran valor, en las colonias no fue así. El dramaturgo más importante del Romanticismo hispanoamericano es Manuel de Ascencio Segura y su obra de mayor relieve es *Ña Catita* (1856), comedia reconocida como obra clásica del teatro peruano. El mérito de la pieza se deriva de la diestra caracterización (*skillful character portrayal*) de Ña (Doña) Catita, especie de *Celestina,* y de los pintorescos cuadros de costumbres limeñas.

LA PRODUCCIÓN DRAMÁTICA DE SELLO REALISTA: EL TEATRO SOCIAL

Como ya se ha dicho, la obra realista sirvió en la segunda mitad del siglo XIX como un instrumento de concientización, denuncia y combate. Así como en la narrativa, también en el drama el autor asume el papel de artista «comprometido», siendo su causa la lucha contra el desequilibrio social y los males que de él se derivan. En esa época la influencia del teatro social con fin reformista del dramaturgo noruego Henrik Ibsen (1828–1906) se hace sentir (*makes itself felt*) por toda Europa. En contraste con los efectos emotivos que buscaba el teatro romántico, las piezas de carácter social o realista contienen una *tesis* que es su razón de ser. Como tal, el propósito del drama ya no es simplemente entretener. El dramaturgo, igual que el novelista o el cuentista, siente la necesidad de retratar con fidelidad la realidad física y sicológica de la sociedad para concientizar al público (*make the public aware*) y despertar la esperanza de lograr una vida mejor. Es lo que se proponen hacer en España autores como Manuel Tamayo y Baus (*Un drama nuevo,* 1867) y José Echegaray (*El gran galeoto,* 1881). El éxito de la misión artística y humanitaria de Echegaray es atestiguado por el Premio Nobel de Literatura que se le otorgó en 1904 —la primera vez que se le concedió tal honor a un escritor hispánico.

EL TEATRO DE GALDÓS: UN REALISMO PARTICULAR

Así como en la narrativa, también en el género dramático hay que reservar a Benito Pérez Galdós un lugar especial. Sus piezas, que representan el llamado *teatro de ideas y realista,* le ubican (*place him*) entre los grandes dramaturgos de España.

Varias de sus comedias y dramas son apenas arreglos escénicos de novelas (*Doña Perfecta,* 1876; *La loca de la casa,* 1892) o piezas en las que el autor sostiene una tesis que exalta por lo regular la voluntad, el estoicismo y el trabajo frente a los prejuicios que frustran la iniciativa individual. Sin embargo, sus mejores obras son aquellas en donde se realiza la perfecta fusión del realismo social con la postura filosófica del autor. Este es el caso de *El abuelo* (1904), drama que en sí reúne armoniosamente *ideas* y *emoción.* Aquí un viejo conde tiene que adivinar cuál de sus dos nietas, muy parecidas físicamente, es su legítima heredera. Al final, el anciano, al descubrir que la verdadera nieta no es la que parecía serlo exteriormente, sino la otra, la bastarda, aprende una lección muy importante: que la única nobleza es la que proviene del corazón y no la que se hereda mediante la sangre.

EL CRIOLLISMO EN EL TEATRO REALISTA HISPANOAMERICANO

El realismo de Hispanoamérica tenía sus propios motivos para poner sus obras al servicio de una causa social, según se observó al hablar de la narrativa. Asimismo, el dramaturgo hispanoamericano encontró que su modalidad artística presentaba una excelente oportunidad de crear un teatro auténtico en el que figuraran temas americanos, un lenguaje genuino y técnicas creadas para un tipo novedoso (*innovative*) de obra: el teatro *criollista.*

Los primeros intentos dramáticos son de tipo gauchesco, en su mayor parte refundiciones (*revisions*) y adaptaciones de obras maestras como *Santos Vega* (1872) de Hilario Ascasubi y *Martín Fierro* de José Hernández. A pesar de otras tentativas por originar un teatro realista fuera de la Argentina, el único comediógrafo criollista de fama internacional es el uruguayo Florencio Sánchez. En su teatro Sánchez abandona la fórmula gauchesca de tipo sentimentalista y costumbrista para examinar no tanto los problemas sociales de un Río de la Plata en transición, sino los hondos conflictos sicológicos y morales de sus habitantes. Esto es lo que se percibe en *La gringa* (1904), la obra más celebrada de este escritor. Aquí se dramatiza simbólicamente la problemática social y humana con la que se enfrentan el emigrante europeo y el descendiente del gaucho —conflicto del cual surgirán un nuevo país y un nuevo tipo de gente.

LA DRAMATURGIA DE LA GENERACIÓN DEL 98 EN ESPAÑA

Lo que aúna (*unites*) más que nada a los dramaturgos de la Generación del 98, como se observó que ocurre entre los narradores y los poetas, es su fervor regenerativo. Por otra parte, se diferencian el uno del otro en virtud de su función dentro del desarrollo de un nuevo teatro —función a la que contribuyen el temperamento, la cosmovisión y el arte de los distintos escritores. Jacinto Benavente (p. 274) desempeña un papel fundamental: renueva el teatro nacional modernizándolo y acercándolo así al teatro de otros países europeos.

Otra gran figura del teatro de la Generación del 98 es Ramón del Valle-Inclán. Sus farsas en prosa y en verso constituyen una nueva estética de cuño (*mold*) neovanguardista. Más que irreverentes retratos de la sociedad española de la época, son caricaturas grotescas o «esperpénticas» de escenas de la vida diaria, que el autor distorsiona hasta reducirlas a una farsa monstruosa. Típicas de este tipo de producción son las piezas en prosa *Los cuernos de don Friolera* (1921), de asunto farsesco, con incidentes brutales, y *La cabeza del Bautista* (1924), drama popular y moderno que representa a los personajes bíblicos Herodes, Salomé y San Juan Bautista como muñecos grotescos que luchan en vano contra sus más bajos instintos e inclinaciones materialistas.

GARCÍA LORCA Y EL DRAMA DE LA GENERACIÓN DEL 27

Figura cumbre de la poesía de dicha generación, Federico García Lorca se distingue asimismo como comediógrafo. El suyo es un teatro eminentemente poético cuya fuente de inspiración es sobre todo la tradición literaria y folclórica de su tierra. Sus obras de teatro se inscriben en dos vertientes: la puramente lírica y la dramática. En la primera categoría sobresalen *La zapatera prodigiosa* (1930) y *Amor de don Perlimplín con Belisa en su jardín* (1931). Con todo, sus mejores piezas hay que buscarlas en sus obras dramáticas: *Bodas de sangre* (1933), *Yerma* (1934) y *La casa de Bernarda Alba* (1936). En esa trilogía se encuentra el tema más caro a García Lorca, el del amor frustrado. Sirviéndose de una atmósfera poética, semi-real, el autor representa el amor como una fuerza instintiva, vital, mágica, en lucha constante contra la realidad cotidiana, o sea, contra el orden social y moral. Simbolizada por la mujer, dicha fuerza irónicamente encamina al hombre hacia una muerte trágica, particularmente dolorosa para el personaje femenino cuyo destino es un vivir frustrado en sus varios papeles de madre, amante y hermana.

EL TEATRO ESPAÑOL ANTERIOR A LA CAÍDA DEL GOBIERNO DE FRANCO

Al hablar del teatro moderno en España hay que considerar dos fases esenciales: la que precede a la muerte del dictador Francisco Franco, en 1975, y la que le sigue. Dentro de la primera, los dramaturgos de mayor resonancia (*consequence, importance*) son Alejandro Casona, Antonio Buero Vallejo y Alfonso Sastre. En *La dama del alba* (1940) y *La barca sin pescador* (1945) de Casona, obras que giran en torno al tema de la muerte y al encuentro de la realidad con la fantasía, se perfila la influencia del *teatro psicológico* de Benavente y del *mundo poético* de Lorca. En cambio, Buero Vallejo (*En la ardiente oscuridad,* 1950) usa como punto de partida la realidad física: los personajes y el ambiente de sus piezas. Estos son luego revestidos de significaciones simbólicas que representan el mundo metafísico, es decir, aquellos fenómenos que no se explican con la lógica o con los sentidos. La obra de Sastre representa lo mejor del *teatro psicológico y existencial* de esa primera generación. Típicas de la visión trágica de la vida que caracteriza a Sastre son *Escuadra hacia la muerte* (1953) y *La cornada* (1960). En éstas, como en sus otras obras, el personaje principal es perseguido por la muerte violenta.

En esta fase del teatro de la época franquista, hay que señalar el «Nuevo teatro español» encabezado por José Ruibal. Representativos de su arte son *El hombre y la mosca* (1968), *La máquina de pedir* (1970), así como las piezas cortas *El rabo, El padre* y *Los ojos* (1968). Esta última ofrece un magnífico ejemplo del llamado *teatro de la crueldad*.

EL TEATRO PENINSULAR DE LAS ÚLTIMAS DÉCADAS

Tras la muerte de Franco ocurrió en España una explosión cultural que comenzó con las artes visuales y afectó a la postre (*in the end*) la literatura, el teatro y el cine. Como primer paso para revitalizar la escena (*stage*) española estancada (*stagnated*), se disolvieron los llamados Teatros Nacionales que promovían la ideología política franquista a través de la representación de piezas clásicas y folclóricas de fuerte contenido moral y religioso. En su lugar el gobierno fundó el Centro Dramático Nacional (1978), con el fin de revitalizar la dramaturgia española. Este evento coincidió con sucesos históricos contundentes: la promulgación (*proclamation*) de una nueva constitución (1978), la elección de un gobierno socialista (1982), la integración del país a la OTAN (*NATO*) en el mismo año, y luego a la Unión Europea (1986). Tales acontecimientos crearon a la vez un profundo sentido de orgullo nacional y una verdadera obsesión con la «europeización» del país. El nuevo gobierno socialdemócrata del Primer Ministro Felipe González (1982–1996) consideró las artes teatrales como asunto de Estado. A través del nuevo Centro Nacional de Nuevas Tendencias Escénicas (1983) y la Compañía de Teatro Clásico (1986) patrocinó generosamente la puesta en escena (*staging*) —a lo largo de España y en el extranjero— de clásicos nacionales del Siglo de Oro y del vanguardismo. De dicha iniciativas del Gobierno Central brotarían numerosos centros dramáticos regionales que engendrarían una generación entera de jóvenes artistas dedicados a revolucionar la escena española explorando nuevas alternativas. Tal es el caso de dramaturgos como Rodolfo Sirera (*El veneno del teatro,* 1978), Fernando Fernán-Gómez (*Las bicicletas son para el verano,* 1978) y Jaime Salom (*Corto vuelo del gallo,* 1981), cuyas obras ponen en tela de juicio los patrones morales, sociales y económicos de la España tradicionalista y católica de la época que sucedió (*followed*) a la guerra civil.

En las últimas tres décadas, a pesar de la marcada disminución de fondos para las artes teatrales, se han distinguido numerosos autores que abordan cándidamente una gran variedad de dilemas comunes a España y al resto del mundo. Se trata de (*It is about*) conflictos creados por la lucha entre los valores espirituales y los materiales, las diferencias de clase, los cambios en el papel del hombre y la mujer, y las relaciones entre sexos y generaciones. Dicha problemática integra las piezas de José Luis Alonso de Santos (*Bajarse al moro,* 1985), Paloma Pedrero (p. 316), Antonio Buero Vallejo (*Lázaro en el laberinto* (1986), Pilar Pombo (*Remedios,* 1986), Ana Diosdado (*Los ochenta son nuestros,* 1988), Carmen Resino (*Bajo sospecha,* 1995), Lidia Falcón (*No moleste, calle y pague, señora,* 1996), Francisco Nieva (*Aventuras de Tirante el Blanco,* 1999) y Jaime Salom (*Las señoritas de Aviñón,* 2001).

El MODERNO TEATRO HISPANOAMERICANO

El teatro que comprende a los autores nacidos en la tercera década del siglo XX cuenta con una serie de figuras que siguen en cierto sentido el camino trazado por Florencio Sánchez. Es éste un teatro que se concentra en la problemática psicológica y moral de la raza hispanoamericana. Con todo, el impacto de la primera guerra mundial (1915–1918) y, de modo particular la segunda (1939–1945), dio un ímpetu extraordinario al género dramático. Se abreviaron como nunca las distancias intercontinentales, y con eso el teatro europeo irrumpió en el Nuevo Mundo con sus aportes temáticos y técnicos. Primero se hizo sentir la influencia del irlandés George Bernard Shaw (1856–1950), del italiano Luigi Pirandello (1867–1936), del francés Jean Giraudoux (1882–1994) y del español García Lorca. Siguieron otros dramaturgos que enriquecieron sobremanera la dramaturgia hispanoamericana, nombres como el del alemán Bertold Brecht (1898–1956) y de los norteamericanos Tennessee Williams (1911–1983) y Arthur Miller (1915). Nació así un teatro híbrido en el que se fundían lo americano con lo universal, lo poético con lo filosófico e ideológico, lo real con lo irreal, y así sucesivamente. La influencia de las obras existencialistas, del teatro del absurdo, y del teatro de concientización se hace patente en un número cada vez mayor de autores que utilizan temas y recursos propios, novedosos, para crear un teatro genuinamente autóctono; es decir, genuinamente iberoamericano. Es éste en gran parte un arte dramático comprometido y de protesta, en el que además de asumir un compromiso político y social, el artista aborda temas morales como la deshumanización del ser humano. Destacan en esta generación de dramaturgos los argentinos Samuel Eichelbaum (*Un tal Servando Díaz,* 1942), Roberto Arlt (*El desierto,* 1942), Conrado Nalé Roxlo (*Una viuda difícil,* 1944) y Osvaldo Dragún, Griselda Gambaro (p. 299) (*Antígona furiosa,* 1986) y Carlos Gorostiza (*Papi,* 1983). En México se distinguen Xavier Villarrutia (*La hiedra,* 1941), Rodolfo Usigli (*Corona de sombra,* 1947) y Emilio Carballido, junto con el guatemalteco, naturalizado mexicano, Carlos Solórzano (*Las manos de Dios,* 1957). Eminentemente ejemplar de dicha generación es la obra del peruano Sebastián Salazar Bondy (*El fabricante de deudas,* 1962) y del chileno Ariel Dorfman (*La muerte y la doncella,* 1992), pieza de la cual resultó la exitosa película *Death and the Maiden* (1994).

El «grotesco criollo» argentino

Un tipo de arte dramático genuinamente hispanoamericano es el *grotesco criollo,* género iniciado por Armando Discépolo (1887–1971), figura clave dentro del desenvolvimiento del teatro nacional argentino. La temática de dicho teatro gira en torno a (*revolves around*) la angustia del inmigrante europeo —generalmente italiano, como el padre de Discépolo— frustrado en su intento de integrarse a la sociedad argentina o «criolla». Según se nota en piezas como *Stefano* (1928), lo «grotesco» consiste en la discrepancia entre la vida frecuentemente trágica del personaje y la comicidad de las circunstancias en las que se enreda (*gets tangled up*) involuntariamente. Lo ridículo e invariablemente patético y conmovedor proviene máximamente del personaje mismo y de su habla (*speech*). En realidad, por mucho que se esfuerce por parecer criollo, no puede menos de ser torpe (*clumsy*), debido a su extraña jerga italo-argentina (el llamado «cocoliche»). Inspiradas por el teatro de las «máscaras desnudas» de Pirandello, las piezas de Discépolo son a fin de cuentas un comentario pesimista sobre las condiciones sociales del país en plena crisis política y económica. De ahí que los temas del *grotesco criollo* trasciendan la realidad inmediata y circunstante para expresar el problema de la incomunicación entre los seres humanos y la consecuente visión del mundo como algo «dolorosamente ridículo».

La dramaturgia hispanoamericana actual

Dentro del mismo tipo de teatro se inscriben asimismo algunos dramaturgos de la Generación argentina del 60 —autores que por un lado denunciaron la política del antiguo dictador Juan Domingo Perón (1946–1955) y por otro repudiaron los gobiernos caóticos e ineficientes que reemplazaron el peronismo. Entre los dramaturgos más distinguidos de este grupo hay que incluir a Roberto Cossa. En su obra más conocida, *La nona* (1977) —del italiano *nonna,* o abuela— Cossa cuestiona uno de los falsos mitos del peronismo: la familia como núcleo social protector y única salvación del individuo. Otro ataque contra tal «lavado de cerebro» (*brain washing*) —en este caso el mito de la inagotable riqueza petrolífera creado en Venezuela por el dictador Marco Pérez Jiménez (1953–1958)— es denunciado por José Ignacio Cabrujas en obras como *Una noche oriental* (1983). En México, Víctor Hugo Rascón Banda, uno de los exponentes más aclamados de la presente escena mexicana, denuncia los abusos del sistema político, culpable del éxodo de centenares de miles de personas a los Estados Unidos (*Los ilegales,* 1978) y del maltrato y muerte de cuantos que se atreven a protestar (*Tina Modotti y otras obras de teatro,* 1986).

En el presente libro se incluyen piezas de los ya mencionados Osvaldo Dragún y Griselda Gambaro —obras que cuestionan el concepto histórico y racional de la realidad y que experimentan con un nuevo lenguaje escénico, distinto al contemplado por la norma.

PRÁCTICA

Cuestionario

1. ¿Qué significa literalmente el término «drama»? ¿Cuál es la diferencia básica entre el género dramático y la narrativa o la poesía?
2. ¿Qué papeles desempeñaron desde los orígenes de la tragedia cada uno de los siguientes elementos: el coro, el protagonista y el «personaje comodín»?
3. ¿En qué se diferencian la tragedia de la comedia y ésta de la farsa?

4. ¿Cuál es la primera obra dramática española y a qué siglo se remonta?

5. ¿Por qué se considera *La Celestina* una obra clave en la evolución del teatro español? En otras palabras, ¿qué elementos estructurales y conceptuales hacen de ella una obra eminentemente dramática de tipo humanista, precursora de la comedia del Siglo de Oro y de las piezas románticas del siglo XIX?

6. ¿Qué importancia tiene el *Arte nuevo de hacer comedias* de Lope de Vega en la historia del teatro español? ¿Qué precedentes establece el libro respecto a lo siguiente: ¿el público? ¿la acción? ¿la caracterización? ¿el lenguaje? ¿la estructura dramática en lo que concierne a la división en actos y a los elementos cómicos y trágicos?

7. ¿A qué se debe la popularidad del personaje de don Juan? ¿Quién fue su creador? ¿Quién fue otro de los grandes dramaturgos seguidores de Lope? ¿Cómo se caracterizó su teatro?

8. ¿En qué sentido se podría decir que Pedro Calderón de la Barca, al escribir su obra maestra *La vida es sueño,* rompe con la tradición dramática española? ¿Qué elementos barrocos de la pieza muestran su carácter innovador?

9. ¿Qué características despliega el melodrama romántico del siglo XIX en España en cuanto a caracterización, ambiente, trama, tema, estructura de la pieza y efectos escénicos? Mencione tres dramaturgos españoles sobresalientes y sus respectivas obras maestras.

10. ¿Qué representa *La gringa* para el teatro hispanoamericano? ¿De qué trata el asunto?

11. ¿Dentro de qué grupo de escritores españoles cabe Jacinto Benavente? ¿A qué se debe su fama? ¿A qué categoría de su producción teatral pertenece la pieza *El nietecito?*

12. ¿Quién es Felipe González y cual fue su papel en el desenvolvimiento del teatro español contemporáneo?

13. ¿Qué debe el teatro del español Alejandro Casona al de Benavente y al de García Lorca? ¿Qué temas enfocan las piezas de Casona?

14. ¿Qué papel desempeña Osvaldo Dragún en el nuevo teatro hispanoamericano?

15. ¿Hasta qué punto se presentan en *Antígona furiosa* antinomias como masculinidad / femineidad, amor / odio y opresor / oprimido?

Identificaciones

1. Dionisos y Baco
2. la comedia y la farsa
3. el *Auto de los Reyes Magos*
4. Calisto y Melibea
5. los entremeses
6. el gracioso
7. *El burlador de Sevilla*
8. la comedia de capa y espada
9. Ramón de la Cruz
10. *Ollántay*
11. José Echegaray
12. el teatro criollista
13. el peronismo
14. *Los ilegales*

EL DRAMA: GUÍA GENERAL PARA EL LECTOR

1. ¿Cuál es el marco escénico de la obra? ¿Se explica en detalle o no?
2. ¿Quiénes son los personajes y cuáles son las relaciones entre ellos? ¿Cuáles son actores y cuáles son actantes?
3. ¿Qué situación dramática se presenta en la obra? ¿Cómo progresa la acción de la obra? ¿Cuáles son las etapas de esa acción?
4. ¿Cuáles son las divisiones formales del texto?
5. ¿Cómo se puede clasificar el diálogo de la obra? ¿Cuáles son los elementos lingüísticos más significativos? ¿Son breves o largas las oraciones? ¿Se identifican los personajes a través de lo que dicen?
6. ¿Qué importancia tienen las acotaciones escénicas?
7. ¿Cuál es el tema principal de la obra? ¿Cuáles son los temas secundarios? ¿Tiene la obra un fin didáctico o comprometido?
8. En la obra, ¿se pone más énfasis en la creación de una empatía entre actor y espectador (lector) o en una separación sentimental y un acercamiento intelectual a la situación dramática? ¿Hay ejemplos de metateatro?
9. ¿Cuáles son los aspectos visuales sobresalientes de la obra?
10. Si usted fuera director(a), ¿cómo montaría la obra en el escenario?

JACINTO BENAVENTE

Vida y obra

Jacinto Benavente (1866–1954), hijo de un distinguido médico, nació en Madrid. Aunque empezó la carrera de derecho (*law*), abandonó los estudios para seguir la carrera literaria. Su posición acomodada (*financially comfortable*) le permitió viajar por Europa, donde se familiarizó con las literaturas extranjeras y las corrientes literarias de la época, aficionándose al modernismo y al arte dramático. Tras algunos intentos poco exitosos de producir obras poéticas y narrativas, se dedicó definitivamente al teatro. Escribió sobre el teatro en revistas modernistas y trabajó de empresario (*promoter*) y director. En 1894 estrenó su primera obra teatral, *El nido ajeno*. A ésta siguen piezas realistas, casi costumbristas, como *La noche del sábado* (1903), *Los malhechores del bien* (1905), *Los intereses creados* (1907) y *La malquerida* (1913). Por este tipo de piezas y por su teatro lírico inspirado en su mayor parte en los cuentos fantásticos, en 1922 le fue otorgado el Premio Nobel de Literatura.

El autor y su contexto

Benavente desempeña un papel fundamental por haber renovado el teatro de su país, modernizándolo y acercándolo al de otros países europeos —contribución que en España le hizo objeto de crítica apasionada tanto en pro como en contra. De acuerdo con el espíritu crítico, reformista de su generación —la Generación del 98— Benavente infundió (*injected*) nueva vida al drama español al crear una comedia que satirizaba los defectos y los vicios de la alta burguesía —clase que él conocía desde temprana edad. Su producción se podría clasificar de la siguiente manera: las obras cosmopolitas (*La noche del sábado*), los dramas pasionales y trágicos (*Más fuerte que el amor*, 1906), las comedias al estilo italiano de la *commedia dell'arte* (*Los intereses creados*), los dramas negros (*El nietecito*) y los dramas rurales (*La malquerida*). Estas obras carecen de acción y violencia. En cambio, retratan (*they depict*) de una manera espontánea y natural escenas de la vida cotidiana, permitiendo que el público se identifique con los personajes. En dichas piezas, de diálogos animados y tono satírico, el autor se burla de los mal disfrazados (*ill-disguised*) intentos del ser humano para encubrir su maldad. En *El nietecito,* Benavente utiliza su profundo conocimiento de la psicología humana para dar un toque moderno a una antigua anécdota popular. En su versión hace que un niño, inocente pero poseedor de una sabiduría instintiva, insospechada por sus padres, les dé a éstos una lección moral humillante, pero muy valiosa.

El nietecito
Comedia en un acto inspirada en un cuento de los hermanos Grimm

Reparto
Personajes: MARTINA, JUAN, EL ABUELO, TÍO SATURIO, EL NIETO

Acto único
   Casa pobre

Escena primera
   MARTINA y JUAN

MARTINA: Te digo que no hay paciencia…

JUAN: Pero mujer… Y ¿qué quieres que yo le haga? Es mi padre…

MARTINA: ¡Tu padre! ¡Tu padre! Razón para que no anduviera murmurando[1] de mí por todo el pueblo. Ayer tuve una muy gorda[2] en el arroyo[3] con la Patro, la
5 de Matías[4] el sordo…, hoy he tenido otra en la plaza con la del tío Piporro… Y es tu padre, que va diciendo por ahí[5] que aquí le tratamos como a un perro, después de haberle gastado la hacienda[6]… ¡Buena cuenta hubiera dado de todo![a] Ya veíamos el paso que llevaba[7]… Si nosotros no nos hubiéramos hecho el cargo[8]… Y de mí, ¿qué motivos tiene para quejarse?… El
10 es quien me trata como a una cualquier cosa, y siempre está gruñendo[9] por todo… Yo, ¿en qué le falto?[10] Dilo tú… ¿Le falto yo en algo a tu padre? Dilo, hombre… Que parece que le quieres dar la razón todavía… Esto me faltaba… Seré yo la que está de más en esta casa[11]… ¿No es eso?

JUAN: ¡Calla, mujer! Si yo no digo nada… Lo que te digo es que a las personas,
15 en llegando a cierta edad, hay que dispensarlas[12] más de cuatro cosas. Padre va para los ochenta… Pero él quiere hacerse la ilusión de que todavía puede valerse[b] y de que es muy nuevo[13]… Y como está hecho[14] a mandar siempre en todos y a que todos le obedezcamos, no se hace a verse arrinconado[15]…

MARTINA: Para lo que le conviene ya sabe valerse, ya. En casa, mucho lloriquear y
20 mucho quejarse de achaques[16]…, pero para andar por ahí de corro en corro[17] a despellejarnos[18] bien terne[19] está. Ahora mismo estará en la solana[20] con todos los holgazanes y cuchareteras[21] del pueblo, contándoles si le damos de comer en un rincón y si duerme en el suelo sobre un montón de paja… Como si estuviera para dormir en una cama… Para caerse como la otra

---

[1]*gossiping* [2]*una… una gran pelea* [3]*río muy pequeño* [4]*la… la mujer de Matías* [5]*por… por todas partes*
[6]*haberle… haber gastado el dinero de él* [7]*el… lo rápido que iba gastando todo lo que tenía* [8]*hecho… encargado* [9]*grumbling* [10]*¿en… ¿qué daño le hago?* [11]*Seré… I'm the fifth wheel around here.* [12]*perdonarlas*
[13]*joven* [14]*acostumbrado* [15]*no… he doesn't like to be pushed into a corner* [16]*aches and pains from old age*
[17]*de… de grupo en grupo* [18]*hablar muy mal de nosotros* [19]*fuerte* [20]*lugar para tomar el sol y charlar con la gente* [21]*busybodies*

---

[a]¡Buena… *He would have blown the whole bundle.*
[b]puede… *es capaz de hacer las cosas sin ayuda de otra persona*

25 noche y que nos dé un susto, ni se le pudiera poner a la mesa, para romperlo todo, que me ha dejado sin platos y sin vasos… Hasta la cazuela de barro[22] me ha roto esta mañana… Así es que le tengo esta escudilla[23] de madera para que coma…

JUAN: ¡Mujer! ¡La del perro!

30 MARTINA: La he fregao[c] muy bien… Nos dejaría sin cazuelas… Está too[24] temblón… Y que yo creo que lo hace adrede[25] pa[26] desesperarme.

JUAN: ¡Mujer! Eso, no.

MARTINA: Todos los viejos tienen muy mala intención… Y tu padre la ha tenido siempre conmigo pa ver de[27] que tú y yo tengamos cuestiones. Se goza en eso.

35 JUAN: ¡Mujer!

MARTINA: Mira ande[28] viene Antolín… Se lleva el chico pa que le oiga hablar mal de nosotros… A bien que me lo cuenta too…

Escena II

DICHOS,[d] *el* ABUELO *y el* NIETO

ABUELO: No corras, demonio… Me trae a la rastra[29]… Condenao de[30] chico…

NIETO: Pa qué está usté[31] tan viejo…

40 ABUELO: ¡A ver si te doy! ¿Es éste el respeto que ties[32] a tu abuelo? Por supuesto, así te enseñan. No ties tú la culpa, no.

MARTINA: Eso, eso. Soliviante[33] usté también al chico.

ABUELO: ¿Os parece decente cómo me trata? Delante de todos me ha levantado la mano.[34]

45 JUAN: ¡Antolín!

ABUELO: Si uno de mis hijos se hubiera atrevío[35] a tanto con mi padre… la mano le corto… Ya lo creo.

MARTINA: Como vuelvas a ir con el abuelo a parte ninguna… ¿Qué te tengo dicho?

50 NIETO: Si es él que quiere llevarme siempre consigo… y no quiere que me aparte de su lao[36]…, y yo me canso…; no quiere más que estar sentao.

ABUELO: Y él no quiere más que hacer barrabasadas[37]… Con todos tiene que meterse[38]… Anda, anda, que buena crianza[39] te están dando. Ya verás cuando tengas que ir a servir a un amo o servir al rey,[40] ya aprenderás, ya…

55 NIETO: ¡Ay madre!

MARTINA: ¿Qué te pasa?

NIETO: Que el abuelo siempre me está diciendo que me van a pegar mucho cuando sea grande.

MARTINA: No sabe más que atemorizar al muchacho. ¡Se goza en eso!

60 ABUELO: Le digo lo que tie[41] que pasar, pa que lo sepa, que no es hijo de rico.

---

[22]cazuela… *earthenware pan*   [23]plato para tomar sopa   [24]todo (habla popular)   [25]a propósito   [26]para (habla popular)   [27]pa… para hacer   [28]por donde (habla popular)   [29]Me… Me hace andar más de prisa de lo que puedo.   [30]Condenao… (Condenado) Maldito   [31]usted (habla popular)   [32]tienes (habla popular)   [33]Haga que tenga una actitud rebelde   [34]me… ha intentado pegarme   [35]atrevido   [36]lado (habla popular)   [37]acciones perversas   [38]Con… Molesta a todo el mundo   [39]educación   [40]servir… ser soldado   [41]tiene

---

[c]fregado, lavado (El habla popular suprime la letra *d* intervocálica en las terminaciones *-ado* e *-ido*.)
[d]Se refiere a los personajes que ya estaban en el escenario durante la Escena Primera.

MARTINA: Pasará lo que pasamos toos…, pero no sé qué saca[42] usté con decírselo. Calla, mi rey… Que el abuelo no sabe lo que se dice…

ABUELO: Así, así…, pa que me respete… Anda, pégame, hijo…, pa dar gusto a tu madre…, que quisiera verme muerto…

65 JUAN: Vamos, padre.

ABUELO: Y hace bien. Si mi hijo se lo consiente… Pa que tu madre, que en gloria esté,[e] delante de mí le hubiera faltao a mi padre,[43] que Dios perdone… Pue que del primer zurrío[f]…

MARTINA: Los viejos no se acuerdan ustedes de naa.[44] Siempre creen ustedes que
70 en su tiempo eran otras cosas.

ABUELO: En mi tiempo había más respeto a los padres y más temor de Dios.

MARTINA: Tampoco los viejos serían tan casquivanos,[45] ni querrían presumir de mozos.[46]

ABUELO: Mi padre murió de noventa años, y, mientras vivió, en nuestra casa no se
75 oyó más voz que la suya…

MARTINA: Claro está. Como que le dejaron ustedes solo y así murió, con el perro al lao por toda compañía…

ABUELO: ¡Mientes, deslenguada,[47] mientes!

MARTINA: El deslenguado y el escandaloso es usted, que nos anda desacreditando
80 con too el pueblo… A mí y a su hijo…

ABUELO: Lo que hago es no decirle a nadie lo que yo paso…, cuando toos me dicen que no debiera pasar por ello.

MARTINA: Los que quisieran gobernar en la casa de uno, como si en la del que más y el que menos no hubiera que poner orden…

85 JUAN: Bueno. ¿Queréis dejarlo ya? Calla tú, y usté, padre… Vamos a comer, que es la hora…

MARTINA: Too está listo.

JUAN: Pues a comer.

ABUELO: Yo, a mi rincón.

90 MARTINA: Aquí tie usted.

NIETO: La cazuela del perro.

MARTINA: ¿Te pues[48] callar, condenao?

ABUELO: Esta no se rompe; ya pues estar tranquila.

MARTINA: Así nos quitamos de disgustos. ¿No te gusta?

95 JUAN: Es que no tengo gana. Almorcé mucho.

NIETO: Póngame usted más, madre.

MARTINA: Toma… ¿Lo ve usté? Si hubiera sío[49] de barro… Luego dirán…

ABUELO: Es que hoy estoy más temblón que nunca… No sé qué tengo.

MARTINA: ¿Qué ha de tener usté? Lo que tendremos todos si Dios no se acuerda
100 antes de nosotros[50]… Años…

ABUELO: Años y penas…, que es lo mismo, cuando a la vejez no hay el consuelo de los hijos…

---

[42]gana   [43]le… se hubiera portado mal con mi padre   [44]nada   [45]irresponsables   [46]presumir… querer pasar por jóvenes   [47]*insolente*   [48]puedes   [49]sido   [50]si… si no nos morimos antes

---

[e]que… expresión que se usa al mencionar a una persona que ya murió (*May she rest in peace.*)
[f]Pue… Puede ser que de la primera paliza (*beating*).

MARTINA: Quéjese usted. ¿Quiere usted más?

ABUELO: No…, no quiero más… Toma…, no se caiga otra vez…

105 JUAN: ¡Ea!…, yo voy pa la herrería,[51] que dejé un pico[52] a afilar[53]…

MARTINA: ¿No quieres la ensalada?

JUAN: No.

MARTINA: No has comío[54] nada. ¿Qué tienes?

JUAN: ¿Qué he de tener? (*Sale.*)

110 MARTINA: ¿Qué ha de tener? Que usté ha de desazonarnos[55] a todos…

ABUELO: Yo tenía que ser… ¡Ay, si los hombres supieran ser hombres! Cría hijos con las fatigas del mundo, pa que cualquier mujer los gobierne luego…, que le pegarían a uno si ello se lo mandaran[56]…

MARTINA: Así me paga usté más de cuatro cuestiones que yo le evito con su hijo.

115 A usté hay que dejarle…

ABUELO: Más dejao[57] que estoy…

NIETO: Déme usté otro cacho pan,[58] madre.

MARTINA: Toma… Y ahí te dejo con el abuelo… A ver si no tenemos pelea…

NIETO: Yo voy con usté, madre…

120 MARTINA: Que no vienes…, que voy a llegarme a casa[59] de una vecina que está muy mala[60] y no hacen falta chicos…

NIETO: Yo no me quedo con el abuelo.

MARTINA: ¡Mira que te doy![61]

NIETO: Ya le diré a padre que me ha pegao[62] usté por culpa del abuelo.

125 ABUELO: Sí, sí… Contra mí todos… Toda mi sangre…

MARTINA: Ahí se queda usté. (*Sale.*)

Escena III

El ABUELO y el NIETO

ABUELO: ¿No me das un cacho de pan?

NIETO: Si usté ya ha comío.

ABUELO: Anda, anda, que era por probarte la voluntad… y por si podía comer en
130 esta casa un cacho de pan que no fuera amargo…

NIETO: Que no me haga usted miedos, abuelo.

ABUELO: ¿Yo?… ¡Pobre de mí! (*Asoma*[63] *a la puerta el* TÍO SATURIO. *Sale el* NIETO.)

Escena IV

El ABUELO y el TÍO SATURIO

SATURIO: La paz de Dios. Ave María…

135 ABUELO: Sin pecado[g]… ¡Ah! Que eres tú, Saturio.

SATURIO: Yo mesmo.

ABUELO: ¿De ánde vienes?

SATURIO: De ande mismo siempre… ¡Qué! ¿No está la Martina?

---

[51]*blacksmith shop* [52]*pick* [53]*to sharpen* [54]comido [55]ponernos nerviosos [56]si… si les mandaran hacerlo
[57]abandonado [58]cacho… pedazo de pan [59]llegarme… ir a casa [60]enferma [61]¡Mira… *You're going to get it!* [62]pegado [63]Llega

[g]Sin… respuesta a la salutación anterior «Ave María» y que se refiere a la Virgen María

ABUELO: Mismo ahora[64] salió… ¿Cómo te pinta?[65]

140 SATURIO: Viviendo vamos… ¿Y usté?

ABUELO: No tan bien como tú. Que tú al fin y a la postre[66]… te bandeas solo[67]…

SATURIO: ¡Tan solo!

ABUELO: ¿Supiste de tus hijos?

SATURIO: De denguno[68] de ellos sé, va pa tres años… ¡Siete hijos escarriados[69] por
145   el mundo! De alguno sé que vive muy regularcitamente… Le escribí por si
        en algo quería valerme[70]…

ABUELO: Y no tuviste respuesta… ¿Y tus hijas?

SATURIO: Esas son peores…, que aún tienen valor para pedirme a mí…, sabiendo
        cómo vivo, de las buenas almas[71]…, que van faltando más cada día…

150 ABUELO: Ese es el consuelo… Que a mí aún me dolería más hallar caridad en los
        extraños, cuando no la tienen mis hijos… No habiéndola en parte denguna,
        señal será de que no la hay en el mundo…

SATURIO: Mala cosa es llegar a viejo; pero nunca creí recibir este pago.

ABUELO: ¿De los hijos, dices? No esperes otro. Muchas veces, de mozuelos[72]…,
155   andábamos a nidos,[h] y nos traíamos pa casa las nidadas de pájaros… y los
        poníamos en jaulas…, y era de ver cómo los padres venían de muy lejos
        para dar de comer a sus hijos… y no les asustaban nuestras voces ni nues-
        tros cantazos[73]… Pero una vez que cazamos a los padres y dejamos en el
        nido a los hijos que ya volaban… denguno vino a ver a los padres… En-
160   tonces no tenía uno capacidá[74]… Pero bien había que aprender…, bien…
        Que si en el mundo tuviera que ser que los hijos fueran los que cuidaran a
        los padres, y no los padres a los hijos, ya se hubiera acabao[75] el mundo, tío
        Saturio…

SATURIO: ¡Qué razón tie usté! Vaya…, conservarse,[76] que cuando Dios no se
165   acuerda de nosotros, por algo será… Luego daré la vuelta por si tien[77] vo-
        luntad de dejarme algo… que usté ya sé que no puede…

ABUELO: ¿Qué voy a darte yo? Que te mires en mí, que peor que tú lo paso… en
        casa de mis hijos.

SATURIO: Con Dios, abuelo.

170 ABUELO: Anda con Dios, Saturio…

Escena V

El ABUELO, MARTINA *y* JUAN; *luego, el* NIETO

JUAN: Entra pa casa y no me sofoques[78]…

MARTINA: Pero ¿no lo ves tú? ¿No lo estás viendo? ¡Que en todas partes tengan
        que decirme algo por culpa de tu padre!…

JUAN: Si no fueras ande no te llaman…

175 MARTINA: ¿Qué le ha ido usté contando a la de Críspulo?

---

[64]Mismo… Ahora mismo.   [65]¿Cómo… ¿Cómo te va?   [66]al… *after all*   [67]te… *you can look out for yourself*
[68]ninguno (habla popular)   [69]descarriados, perdidos (habla popular)   [70]por… por si podía ayudarme un poco
[71]vivo… vivo de caridad   [72]de… cuando éramos muchachos   [73]pedradas   [74]capacidad (habla popular)
[75]acabado   [76]cuidarse   [77]tienen   [78]enojes

[h]andábamos… íbamos a coger nidos (*nests*) de pájaros

ABUELO: Yo, na.[79] ¿Tú crees que no se sabe too en el pueblo? Yo nada digo, no por ti, por mi hijo…, que más vergüenza pasaría yo de contarlo que vosotros de hacerlo y él de consentirlo…

MARTINA: Pero ¿tú oyes?…

180 JUAN: Calla, que… (*Entra el* NIETO *con unos pedazos de madera, un martillo y clavos.*)

NIETO: Padre… Déme usté unos clavos pa apañar[80] esto.

JUAN: Déjame ahora… ¿Qué andas haciendo ahí?

NIETO: Esto…

185 JUAN: ¿Qué es eso?

NIETO: Una escudilla como la del perro…

JUAN: ¿Eh? Y ¿quién te ha mandao a ti…? ¿Pa qué haces eso?

NIETO: Pa daros de comer cuando seáis viejos, como el abuelo…

ABUELO: ¡Ah! ¡Los hijos!

190 JUAN: ¿Eh? ¿Qué dice este hijo?

MARTINA: ¡Jesús!…

JUAN: Ya lo oyes…

MARTINA: ¡Señor!

JUAN: Nos está merecío[81] nos está merecío… Ven acá… ¡Padre! ¡Perdóneme usté,
195 perdóneme usté!

MARTINA: Sí, señor… ¡Perdónenos usté!

ABUELO: Ya lo veis…, ya lo veis… Todo se paga. Hijo eres, padre serás; cual hiciste, tal tendrás…

JUAN: Ven a pedir perdón al abuelo y a quererle mucho y a respetarle mucho…
200 como yo…

ABUELO: Como tú me respetes, eso es…, no como tú le digas…

MARTINA: Se sentará usted a la mesa… aunque lo rompa usté too, y tendrá usté su buena cama; y tú…, ya estás tirando eso[82]…

JUAN: No… Aquí siempre…, siempre delante… como en un altar…

205 NIETO: Yo no creí hacer mal alguno.

ABUELO: No, hijo mío…, al contrario… Mucho bien, mucho bien has hecho… Ven que te dé un beso. Ahora, sí; ahora eres mi nietecito… ¡Bendito seas! (*Telón.*)

FIN

[79]nada   [80]hacer, arreglar   [81]merecido   [82]ya… tira eso inmediatamente

Cuestionario

1. Esta obra dramática está basada en un cuento de los hermanos Grimm. ¿Recuerda usted algún cuento de esos autores? ¿Se podría presentar tal cuento en forma de drama? ¿Cómo sería?

2. ¿Quiénes son los personajes de *El nietecito*? ¿Cómo se llaman? Descríbalos.

3. ¿Qué dice Martina sobre el abuelo? ¿Qué ha decidido hacer Martina? ¿Cómo reacciona Juan?

4. Busque en el texto frases que puedan poner de manifiesto la actitud de Martina y del nieto hacia el abuelo.

5. ¿Cómo reacciona el abuelo ante los malos tratos de su familia?

6. ¿Qué función tiene el nietecito en la obra?

7. En la Escena IV, ¿quién es el nuevo personaje que entra? ¿Cuál es el tema de la conversación entre los dos viejecitos?

8. Comente el desenlace de la obra. ¿Espera el espectador o el lector ese desenlace? Justifique su opinión.

9. El escritor inglés T. S. Eliot llama *correlato objetivo* (*objective correlative*) a un objeto, evento o situación que, a base de elementos impersonales u objetivos, produce —según el contexto específico— una reacción emotiva o subjetiva. Señale el uso del correlato objetivo en *El nietecito*.

Identificaciones

1. Antolín
2. «pégame, hijo…, pa dar gusto a tu madre…»
3. «un cacho de pan»
4. «cual hiciste, tal tendrás»
5. la escudilla

Temas

1. Las señales de la falta de amor hacia el abuelo
2. El teatro de Benavente es un teatro de tesis, es decir, contiene un claro mensaje. Comente el mensaje de esta obra dramática.
3. *El nietecito* ofrece una buena oportunidad para estudiar el *español del pueblo* que es muy diferente del que se aprende en este país. Describa los elementos que marcan esa diferencia.
4. En las líneas 155–163 el abuelo hace una comparación entre los pájaros y los seres humanos. Coméntela.
5. Debate: La situación de las personas de edad avanzada ha cambiado mucho desde principios del siglo XX —época en la que vivió Benavente— hasta el presente.

OSVALDO DRAGÚN

Vida y obra

Osvaldo Dragún (1929–1999) es natural de Entre Ríos, Argentina. Cursó derecho en los años cincuenta, carrera que abandonó para dedicarse al teatro. Es dramaturgo y guionista de cine y televisión, y ha sido premiado por su *Historias para ser contadas* (1961) y *Heroica de Buenos Aires* (1966). Su teatro, además de haber sido aclamado en Latinoamérica y en los Estados Unidos, ha suscitado (*stirred up*) también notable interés y reconocimiento en Europa. Otros logros suyos son *La peste viene de Melos* (1956), *Tupac Amarú* (1957), *Y nos dijeron que éramos inmortales* (1962), *El jardín del infierno* (1966), *El amasijo* (1968), *Historias con cárcel* (1973) y *¡Arriba, corazón!* (1987). Además hay que mencionar dos obras inéditas hasta 1981, *Al violador* y *Hoy se comen al flaco.*

El autor y su contexto

Dragún es uno de los dramaturgos hispanoamericanos más destacados de los años cincuenta y sesenta. La sociedad argentina atravesaba en esa época una ardua crisis política creada por el conflicto entre el gobierno autoritario de Juan Perón, los militares que le disputaban el poder y un creciente número de elementos reaccionarios. Dragún se sitúa entre los principales creadores y sostenedores (*supporters*) de pequeños teatros activistas porteños (*from Buenos Aires*) que alteraron irreversiblemente el rumbo de la dramaturgia nacional. En uno de éstos, el Teatro Independiente Popular Fray Mocho, se estrenaron las primeras obras de Dragún, *La peste viene de Melos* y *Tupac Amarú.* Trátase de dos dramas basados en la historia universal y en la hispanoamericana, que son notables por su realismo social y técnicas novedosas. La primera denuncia la intervención en Latinoamérica de países extranjeros, supuestamente progresivos y democráticos, como los Estados Unidos; *Tupac Amarú,* en cambio, rinde homenaje (*pays tribute*) a la dignidad y al heroísmo de la raza indígena. La obra maestra de Dragún, *Historias para ser contadas,* es una trilogía de piezas de un acto que manifiestan la influencia del teatro francés del absurdo, en el que los personajes se enfrentan a toda una serie de circunstancias tragicómicas que muestran la insensatez (*folly*) de la vida. Producciones sucesivas, como *Y nos dijeron que éramos inmortales, Amoretta* y *Heroica de Buenos Aires,* son de carácter más sobrio y menos simbólico. En *El hombre que se convirtió en perro* (1957), Dragún ejemplifica el teatro del absurdo y de la crueldad, satirizando la patética condición del hombre moderno, obligado a sacrificar su integridad personal y a deshumanizarse para sobrevivir en una sociedad cada vez más tecnocrática e impersonal.

Historia del hombre que se convirtió en perro

Personajes: ACTRIZ, ACTOR 1.°, ACTOR 2.°, ACTOR 3.°

ACTOR 2.°: Amigos, la tercera historia vamos a contarla así…
ACTOR 3.°: Así como nos la contaron esta tarde a nosotros.
ACTRIZ: Es la «Historia del hombre que se convirtió en perro».

ACTOR 3.º: Empezó hace dos años, en el banco[1] de una plaza. Allí, señor…, donde
5 usted trataba hoy de adivinar[2] el secreto de una hoja.

ACTRIZ: Allí, donde extendiendo los brazos apretamos[3] al mundo por la cabeza y
los pies y le decimos: «¡suena, acordeón, suena!»

ACTOR 2.º: Allí le conocimos. (*Entra el* ACTOR 1.º) Era… (*Lo señala.*) así como lo
ven, nada más. Y estaba muy triste.

10 ACTRIZ: Fue nuestro amigo. El buscaba trabajo, y nosotros éramos actores.

ACTOR 3.º: Él debía mantener a su mujer, y nosotros éramos actores.

ACTOR 2.º: Él soñaba con la vida, y despertaba gritando por la noche. Y nosotros
éramos actores.

ACTRIZ: Fue nuestro gran amigo, claro. Así como lo ven… (*Lo señala.*) Nada más.

15 TODOS: ¡Y estaba muy triste!

ACTOR 3.º: Pasó el tiempo. El otoño…

ACTOR 2.º: El verano…

ACTRIZ: El invierno…

ACTOR 3.º: La primavera…

20 ACTOR 1.º: ¡Mentira! Nunca tuve primavera.

ACTOR 2.º: El otoño…

ACTRIZ: El invierno…

ACTOR 3.º: El verano. Y volvimos. Y fuimos a visitarlo, porque era nuestro amigo.

ACTOR 2.º: Y preguntamos: «¿Está bien?» Y su mujer nos dijo…

25 ACTRIZ: No sé.

ACTOR 3.º: ¿Está mal?

ACTRIZ: No sé.

ACTORES 2.º Y 3.º: ¿Dónde está?

ACTRIZ: En la perrera.[4] (ACTOR 1.º *en cuatro patas.*)

30 ACTORES 2.º Y 3.º: ¡Uhhh!

ACTOR 3.º: (*Observándolo.*)
Soy el director de la perrera,
y esto me parece fenomenal.
Llegó ladrando[5] como un perro
35 (requisito principal);
y si bien[6] conserva el traje,[7]
es un perro, a no dudar.

ACTOR 2.º: (*Tartamudeando.*[8])
S–s–soy el v–veter–r–inario.
40 y esto–to–to es c–claro p–para mí.
Aun–que p–parezca un ho–hombre,
es un p–pe–perro el q–que está aquí.

ACTOR 1.º: (*Al público.*) Y yo, ¿qué les puedo decir? No sé si soy hombre o perro.
Y creo que ni siquiera ustedes podrán decírmelo al final. Porque todo em-
45 pezó de la manera más corriente.[9] Fui a una fábrica a buscar trabajo. Hacía
tres meses que no conseguía nada, y fui a buscar trabajo.

ACTOR 3.º: ¿No leyó el letrero? «NO HAY VACANTES[10]».

---

[1]bench [2]to guess [3]estrechamos con fuerza [4]aquí, *dog pound* [5]*barking* [6]si… aunque [7]conserva… va
vestido como un hombre [8]*Stuttering* [9]común [10]No… *No Vacancies*

ACTOR 1.°: Sí, lo leí. ¿No tiene nada para mí?

ACTOR 3.°: Si dice «No hay vacantes», no hay.

50 ACTOR 1.°: Claro. ¿No tiene nada para mí?

ACTOR 3.°: ¡Ni para usted, ni para el ministro!

ACTOR 1.°: ¡Ahá! ¿No tiene nada para mí?

ACTOR 3.°: ¡NO!

ACTOR 1.°: Tornero[11]…

55 ACTOR 3.°: ¡NO!

ACTOR 1.°: Mecánico…

ACTOR 3.°: ¡NO!

ACTOR 1.°: S[a]…

ACTOR 3.°: N[12]…

60 ACTOR 1.°: R…

ACTOR 3.°: N…

ACTOR 1.°: F…

ACTOR 3.°: N…

ACTOR 1.°: ¡Sereno![13] ¡Sereno! ¡Aunque sea de sereno!

65 ACTRIZ: (*Como si tocara un clarín.*[14]) ¡Tutú, tu-tu-tú! ¡El patrón[15]!

(LOS ACTORES 2.° y 3.° *hablan por señas.*[16])

ACTOR 3.°: (*Al público*) El perro del sereno, señores, había muerto la noche anterior, luego[17] de veinticinco años de lealtad.

ACTOR 2.°: Era un perro muy viejo.

ACTRIZ: Amén.

70 ACTOR 2.°: (*Al* ACTOR 1.°) ¿Sabe ladrar?

ACTOR 1.°: Tornero.

ACTOR 2.°: ¿Sabe ladrar?

ACTOR 1.°: Mecánico…

ACTOR 2.°: ¿Sabe ladrar?

75 ACTOR 1.°: Albañil[18]…

ACTORES 2.° Y 3.°: ¡NO HAY VACANTES!

ACTOR 1.°: (*Pausa.*) ¡Guau…, guau![19]…

ACTOR 2.°: Muy bien, lo felicito…

ACTOR 3.°: Le asignamos diez pesos diarios de sueldo, la casilla y la comida.

80 ACTOR 2.°: Como ven, ganaba diez pesos más que el perro verdadero.

ACTRIZ: Cuando volvió a casa me contó del empleo conseguido. Estaba borracho.

ACTOR 1.°: (*A su mujer.*) Pero me prometieron que apenas un obrero se jubilara,[20] muriera o fuera despedido me darían su puesto. ¡Divertite,[b] María, divertite! ¡Guau…, guau!… ¡Divertite, María, divertite!

85 ACTORES 2.° Y 3.°: ¡Guau…, guau!… ¡Divertite, María, divertite!

ACTRIZ: Estaba borracho, pobre…

---

[11]*Lathe operator*   [12]No   [13]*Night watchman!*   [14]*bugle*   [15]dueño, jefe   [16]por… por medio de signos
[17]después   [18]*Bricklayer*   [19]¡Guau… *Bow-wow!*   [20]se… se retirara del trabajo

---

[a]Se refiere a otros trabajos que no se mencionan; lo mismo las iniciales R y F.
[b]Diviértete (Modo peculiar llamado *voseo* prevalente en Centroamérica, la Argentina, el Uruguay y el Paraguay. Consiste en usar el antiguo pronombre *vos* y las terminaciones verbales correspondientes en lugar de *tú*.)

ACTOR 1.º: Y a la otra noche empecé a trabajar… (*Se agacha*[21] *en cuatro patas.*)

ACTOR 2.º: ¿Tan chica le queda la casilla?

ACTOR 1.º: No puedo agacharme tanto.

90 ACTOR 3.º: ¿Le aprieta aquí?[22]

ACTOR 1.º: Sí.

ACTOR 3.º: Bueno, pero vea, no me diga «sí». Tiene que empezar a acostumbrarse. Dígame: «¡Guau…, guau!»

ACTOR 2.º: ¿Le aprieta aquí? (*El* ACTOR 1.º *no responde.*) ¿Le aprieta aquí?

95 ACTOR 1.º: ¡Guau…, guau!…

ACTOR 2.º: Y bueno… (*Sale.*)

ACTOR 1.º: Pero esa noche llovió, y tuve que meterme en la casilla.

ACTOR 2.º: (*Al* ACTOR 3.º) Ya no le aprieta…

ACTOR 3.º: Y está en la casilla.

100 ACTOR 2.º: (*Al* ACTOR 1.º) ¿Vio cómo uno se acostumbra a todo?

ACTRIZ: Uno se acostumbra a todo…

ACTORES 2.º Y 3.º: Amén…

ACTRIZ: Y él empezó a acostumbrarse.

ACTOR 3.º: Entonces, cuando vea que alguien entra, me grita: «¡Guau…, guau!» A

105 ver…

ACTOR 1.º: (*El* ACTOR 2.º *pasa corriendo.*) ¡Guau…, guau!… (*El actor 2.º pasa sigilosamente.*[23]) ¡Guau…, guau!… (*El* ACTOR 2.º *pasa agachado.*) ¡Guau…, guau…, guau!… (*Sale.*)

ACTOR 3.º: (*Al* ACTOR 2.º) Son diez pesos por día extras en nuestro

110 presupuesto[24]…

ACTOR 2.º: ¡Mmm!

ACTOR 3.º: …pero la aplicación que pone el pobre, los merece…

ACTOR 2.º: ¡Mmm!

ACTOR 3.º: Además, no come más que el muerto[25]…

115 ACTOR 2.º: ¡Mmm!

ACTOR 3.º: ¡Debemos ayudar a su familia!

ACTOR 2.º: ¡Mmm! ¡Mmm! ¡Mmm! (*Salen.*)

ACTRIZ: Sin embargo, yo lo veía muy triste, y trataba de consolarlo cuando él volvía a casa. (*Entra el* ACTOR 1.º) ¡Hoy vinieron visitas!…

120 ACTOR 1.º: ¿Sí?

ACTRIZ: Y de los bailes en el club, ¿te acordás?[26]

ACTOR 1.º: Sí.

ACTRIZ: ¿Cuál era nuestro tango?

ACTOR 1.º: No sé.

125 ACTRIZ: ¡Cómo que no! «Percanta que me amuraste[27]…» (*El* ACTOR 1.º *está en cuatro patas.*) Y un día me trajiste un clavel… (*Lo mira, y queda horrorizada.*) ¿Qué estás haciendo?

ACTOR 1.º: ¿Qué?

ACTRIZ: Estás en cuatro patas… (*Sale.*)

130 ACTOR 1.º: ¡Esto no lo aguanto[28] más! ¡Voy a hablar con el patrón!

(*Entran los* ACTORES 2.º *y* 3.º)

---

[21]Se… He squats   [22]¿Le… ¿Siente presión aquí?   [23]en silencio   [24]budget   [25]Se refiere al perro que se había muerto.   [26]¿te… ¿te acuerdas? (**voseo**)   [27]«Percanta… «Mujer que me abandonaste…»   [28]resisto

ACTOR 3.°: Es que no hay otra cosa…

ACTOR 1.°: Me dijeron que un viejo se murió.

ACTOR 3.°: Sí, pero estamos de economía.[29] Espere un tiempo más, ¿eh?

ACTRIZ: Y esperó. Volvió a los tres meses.

135 ACTOR 1.°: (*Al* ACTOR 2.°) Me dijeron que uno se jubiló…

ACTOR 2.°: Sí, pero pensamos cerrar esa sección. Espere un tiempito más, ¿eh?

ACTRIZ: Y esperó. Volvió a los dos meses.

ACTOR 1.°: (*Al* ACTOR 3.°) Déme el empleo de uno de los que echaron[30] por la huelga[31]…

140 ACTOR 3.°: Imposible. Sus puestos quedarán vacantes…

ACTORES 2.° Y 3.°: ¡Como castigo! (*Salen.*)

ACTOR 1.°: Entonces no pude aguantar más… ¡y planté[32]!

ACTRIZ: ¡Fue nuestra noche más feliz en mucho tiempo! (*Lo toma del brazo.*) ¿Cómo se llama esta flor?

145 ACTOR 1.°: Flor…

ACTRIZ: ¿Y cómo se llama esa estrella?

ACTOR 1.°: María.

ACTRIZ: (*Ríe.*) ¡María me llamo yo!

ACTOR 1.°: ¡Ella también…, ella también! (*Le toma una mano y la besa.*)

150 ACTRIZ: (*Retira la mano.*) ¡No me muerdas[33]!

ACTOR 1.°: No te iba a morder… Te iba a besar, María…

ACTRIZ: ¡Ah!, yo creía que me ibas a morder… (*Sale. Entran los* ACTORES 2.° Y 3.°)

ACTOR 2.°: Por supuesto…

155 ACTOR 3.°: …a la mañana siguiente…

ACTORES 2.° Y 3.°: Debió volver a buscar trabajo.

ACTOR 1.°: Recorrí varias partes, hasta que en una…

ACTOR 3.°: Vea, éste… No tenemos nada. Salvo que[34]…

ACTOR 1.°: ¿Qué?

160 ACTOR 3.°: Anoche murió el perro del sereno.

ACTOR 2.°: Tenía treinta y cinco años, el pobre…

ACTORES 2.° Y 3.°: ¡El pobre!…

ACTOR 1.°: Y tuve que volver a aceptar.

ACTOR 2.°: Eso sí, le pagábamos quince pesos por día. (*Los* ACTORES 2.° Y 3.° *dan*
165 *vueltas.*) ¡Hmm!… ¡Hmmm!… ¡Hmmm!…

ACTORES 2.° Y 3.°: ¡Aceptado! ¡Que sean quince! (*Salen.*)

ACTRIZ: (*Entra.*) Claro que 450 pesos no nos alcanza[35] para pagar el alquiler[36]…

ACTOR 1.°: Mirá,[37] como yo tengo la casilla, mudáte vos[38] a una pieza[39] con cuatro o cinco muchachas más, ¿eh?

170 ACTRIZ: No hay otra solución. Y como no nos alcanza tampoco para comer…

ACTOR 1.°: Mirá, como yo me acostumbré al hueso, te voy a traer la carne a vos,[40] ¿eh?

ACTORES 2.° Y 3.°: (*Entrando.*) ¡El directorio accedió!

---

[29]estamos… tenemos que economizar   [30]*you fired*   [31]*strike*   [32]abandoné el trabajo   [33]*bite*   [34]Salvo… Con la excepción de   [35]no… no es suficiente   [36]*rent*   [37]Mira (**voseo**)   [38]mudáte… múdate tú (**voseo**)   [39]cuarto [40]ti

ACTOR 1.° Y ACTRIZ: El directorio accedió… ¡Loado sea!⁴¹

(*Salen los* ACTORES 2.° Y 3.°)

175 ACTOR 1.°: Yo ya me había acostumbrado. La casilla me parecía más grande. Andar en cuatro patas no era muy diferente de andar en dos. Con María nos veíamos en la plaza… (*Va hacia ella.*) Porque vos no podéis entrar en mi casilla; y como yo no puedo entrar en tu pieza… Hasta que una noche…

ACTRIZ: Paseábamos. Y de repente me sentí mal…

180 ACTOR 1.°: ¿Qué te pasa?

ACTRIZ: Tengo mareos.

ACTOR 1.°: ¿Por qué?

ACTRIZ: (*Llorando.*) Me parece… que voy a tener, un hijo…

ACTOR 1.°: ¿Y por eso llorás⁴²?

185 ACTRIZ: ¡Tengo miedo…, tengo miedo!

ACTOR 1.°: Pero ¿por qué?

ACTRIZ: ¡Tengo miedo…, tengo miedo! ¡No quiero tener un hijo!

ACTOR 1.°: ¿Por qué, María? ¿Por qué?

ACTRIZ: Tengo miedo… que sea… (*Musita*⁴³ «*perro*». *El* ACTOR 1.° *la mira ate-*
190 *rrado,*⁴⁴ *y sale corriendo y ladrando. Cae al suelo. Ella se pone de pie.*) ¡Se fue…, se fue corriendo! A veces se paraba,⁴⁵ y a veces corría en cuatro patas…

ACTOR 1.°: ¡No es cierto, no me paraba! ¡No podía pararme! ¡Me dolía la cintura si me paraba! ¡Guau!… Los coches se me venían encima⁴⁶… La gente me
195 miraba… (*Entran los* ACTORES 2.° Y 3.°) ¡Váyanse! ¿Nunca vieron un perro?

ACTOR 2.°: ¡Está loco! ¡Llamen a un médico! (*Sale.*)

ACTOR 3.°: ¡Está borracho! ¡Llamen a un policía! (*Sale.*)

ACTRIZ: Después me dijeron que un hombre se apiadó⁴⁷ de él, y se le acercó cariñosamente.⁴⁸

200 ACTOR 2.°: (*Entra.*) ¿Se siente mal, amigo? No puede quedarse en cuatro patas. ¿Sabe cuántas cosas hermosas hay para ver, de pie, con los ojos hacia arriba? A ver, párese… Yo lo ayudo… Vamos, párese…

ACTOR 1.°: (*Comienza a pararse, y de repente:*) ¡Guau…, guau!… (*Lo muerde.*) ¡Guau…, guau!… (*Sale.*)

205 ACTOR 3.°: (*Entra.*) En fin, que cuando, después de dos años sin verlo, le pregun-tamos a su mujer: «¿Cómo está?», nos contestó…

ACTRIZ: No sé.

ACTOR 2.°: ¿Está bien?

ACTRIZ: No sé.

210 ACTOR 3.°: ¿Está mal?

ACTRIZ: No sé.

ACTORES 2.° Y 3.°: ¿Dónde está?

ACTRIZ: En la perrera.

ACTOR 3.°: Y cuando veníamos para acá, pasó al lado nuestro un boxeador…

215 ACTOR 2.°: Y nos dijeron que no sabía leer, pero que eso no importaba porque era boxeador.

---

⁴¹¡Loado… *Praised be!*   ⁴²lloras (**voseo**)   ⁴³*She mutters*   ⁴⁴con terror   ⁴⁵se… se ponía de pie   ⁴⁶se… *were almost running over me*   ⁴⁷se… tuvo compasión   ⁴⁸con mucho afecto

50 HERLINDA: Las groserías[18] para después. Tú eres nuestra sobrina, y aquí no hace-
      mos más ropa que la nuestra…
   DORA: ¿Y el letrero[19] de la calle?
   HERLINDA: …Y la de nuestras amistades. Y ya.
   DORA: Ay, yo no creo que…
55 HERLINDA: ¡Esconde ese vestido! (*El de la cama.*)

      (*Toquidos en la puerta.*)

   EL EMPADRONADOR: (*Fuera.*) ¿Se puede?[20]
   DORA: (*Grita casi.*) ¡Ya se metió! (*Y se deja caer en una silla.*)

      (HERLINDA *duda un instante. Abre.*)

   HERLINDA: (*Enérgica.*) ¿Qué se le ofrece, señor?
   EL EMPADRONADOR: (*Avanza un paso.*) Buenas tardes. Vengo de la…
60 HERLINDA: ¿Puede saberse quién lo invitó a pasar?
   EL EMPADRONADOR: La señora que salía me dijo que…
   HERLINDA: Porque ésta es una casa privada y entrar así es un… ama-a-
      llamamiento[b] de morada.
   EL EMPADRONADOR: La señora que salía me dijo que pasara y…
65 HERLINDA: ¡Salga usted de aquí!
   EL EMPADRONADOR: Oiga usted…
   DORA: ¡Ay, Dios mío!
   HERLINDA: (*Gran ademán.*[21]) ¡Salga!
   EL EMPADRONADOR: (*Cobra ánimos.*) Un momento, ¿echa usted de su casa a un
70   empadronador[22] de la Secretaría de Economía? ¿Y enfrente de testigos?
   HERLINDA: No, tanto como echarlo, no. Pero…, ¡yo no lo autoricé a entrar!
   EL EMPADRONADOR: Mire: estoy harto.[23] El sastre me amenazó con las tijeras, en la
      tortillería me insultaron. ¿Ve usted estas hojas? Son actas de consignación.[24]
      Si usted se niega a recibirme, doy parte.[25]
75 HERLINDA: ¿Pero qué es lo que quiere?
   EL EMPADRONADOR: Empadronarlas.[26] ¿Qué horas son? (*Busca el reloj.*) ¡Es
      tardísimo! (*De memoria, muy aprisa.*) En estos momentos se está levantando
      en toda la República el censo industrial, comercial y de transportes. Yo soy
      uno de los encargados de empadronar esta zona. Aquí en la boleta dice (*Se
80   apodera de una mesa, saca sus papeles.*) que todos los datos son confiden-
      ciales y no podrán usarse come prueba fiscal[27] o…
   HERLINDA: Entonces esto es del Fisco.[28]
   EL EMPADRONADOR: ¡No señora! ¡Todo lo contrario! (*Aprisa.*) La Dirección Ge-
      neral de Estadística y el Fisco no tienen nada que ver. Un censo sirve para
85   hacer…
   HERLINDA: Pero usted habló del Fisco.
   EL EMPADRONADOR: Para explicarle que nada tienen que ver…

---

[18]*foul words*   [19]*sign*   [20]*¿Se… May I come in?*   [21]*Gran… Strong gesture*   [22]*el que toma el censo*   [23]*estoy…*
I am fed up   [24]*actas… certificates of report*   [25]*doy… I will report you*   [26]*escribir su nombre en el censo*
[27]*prueba… documento sobre el estado financiero*   [28]*Internal Revenue Service*

---

[b]*ama-a-llamamiento… Herlinda, asustada, no puede pronunciar la palabra* allamiento *(breaking and entering).*

HERLINDA: (*Amable, femenina.*) Pues esto no es un taller, ni… Mire, la jovencita
es mi sobrina… (*Por lo bajo, a* DORA.) Dame cinco pesos. (*Alto.*) Es mi so-
90 brina, y la señora es mi cuñada, y yo…
DORA: ¿Qué te dé qué?
HERLINDA: (*Con los dedos hace «cinco».*) Somos una familia, nada más.

(CONCHA *niega con la cabeza.* EL EMPADRONADOR *no la ve.*)

EL EMPADRONADOR: (*Preparando papeles y pluma.*) Un tallercito familiar.
HERLINDA: (*Menos, por lo bajo.*) ¡Cinco pesos!
95 DORA: Ah. (*Va al ropero.*)
HERLINDA: No, taller no… ¡Dora! (*Se interpone entra* DORA *y el ropero.*) Si ni vale
la pena que pierda el tiempo…
DORA: (*Horrorizada de lo que iba a hacer.*) Ay, de veras. Pero… (*Azorada,*[29] *ve a
todos.*) Concha, ¿no tienes…? ¿Para qué quieres cinco pesos?
100 HERLINDA: (*Furiosa.*) ¡Para nada!
DORA: A ver si Paco… (*Sale.*)
HERLINDA: Es muy tonta, pobrecita. Perdóneme un instante.

(*Sale tras la otra.* CONCHA *corre con* EL EMPADRONADOR.)

CONCHA: Sí es un taller, cosemos mucho. Y aquí, mire, esto está lleno de telas, y
las venden. Dicen que son telas gringas, pero las compran en la Lagunilla.
105 Me pagan remal,[c] y no me dejan entrar al Sindicato. ¿Usted me puede inscri-
bir en el Sindicato?
EL EMPADRONADOR: No, yo no puedo, y… No sé. ¿Qué sindicato?
CONCHA: Pues…, no sé. Si supiera me inscribiría yo sola. ¿Hay muchos sindicatos?
110 EL EMPADRONADOR: Sí, muchos. De músicos, de barrenderos, de… choferes, de…
Hay muchos.
CONCHA: Pues no. En esos no…
EL EMPADRONADOR: (*Confidencial.*) A usted le ha de tocar el de costureras.
CONCHA: Ah, ¿sí? Déjeme apuntarlo. Nomás entro y me pongo en huelga. Esa
115 flaca es mala. Ayer corrió a Petrita, porque su novio la… (*Ademán en el
vientre.*) Y ya no podía coser. Le quedaba muy lejos la máquina. Y a mí me
obligó a raparme. Figúrese, dizque tenía yo piojos. Mentiras, ni uno. Pero
me echó D.D.T., ¡y arde!
EL EMPADRONADOR: Ah, ¿y no tenía? (*Retrocede, se rasca nerviosamente.*)
120 CONCHA: Ni uno. (*Entra* HERLINDA.)
HERLINDA: ¿Qué estás haciendo ahí?
CONCHA: Yo, nada. Le decía que aquí no es taller.
HERLINDA: Bueno, joven (*Le da la mano.*), pues ya ve que ésta es una casa decente
y que… (*Le sonríe como cómplice, le guiña un ojo.*[30]) Que todo está bien.
125 EL EMPADRONADOR: ¿Y esto? (HERLINDA *le puso en la mano un billete.*) ¿Diez
pesos?

[29]Asustada   [30]le… *she winks at him*

---

[c]muy mal (La partícula *re* se usa para dar más énfasis a la palabra que le sigue.)

HERLINDA: Por la molestia. Adiós. Lo acompaño.

EL EMPADRONADOR: Oiga, señora…

HERLINDA: Señorita, aunque sea más largo.

130 EL EMPADRONADOR: Señorita, esto se llama soborno.[31] ¿Qué se ha creído? Tenga. Con esto bastaba para que levantara un acta[32] y la encerraran en la cárcel. Voy a hacer como que no pasó nada, pero usted me va a dar sus datos, ya. Y aprisa, por favor. (*Ve el reloj, se sienta, saca pluma.*)

(*A* HERLINDA *le tiemblan las piernas; se sienta en una silla. Ahora sí está aterrada.*)

EL EMPADRONADOR: ¿Razón social?

135 HERLINDA: ¿Cómo?

EL EMPADRONADOR: ¿A nombre de quién está esto?

HERLINDA: No está a nombre de nadie.

EL EMPADRONADOR: ¿Quién es el dueño de todo esto?

HERLINDA: El jefe de la casa es Francisco Ríos.

140 EL EMPADRONADOR: (*Escribe.*) ¿Cuánta materia prima[33] consumen al año?

HERLINDA: (*Horrorizada.*) ¡Materia prima!

EL EMPADRONADOR: Sí. Telas, hilos, botones. Al año, ¿cuántos carretes de hilo usarán?

HERLINDA: Dos, o tres.

EL EMPADRONADOR: ¡Cómo es posible! (*Entra* DORA, *ve los diez pesos sobre la*
145 *mesa. Desfallece.[34]*)

DORA: ¡Jesús!

EL EMPADRONADOR: (*Mueve la cabeza.*) Habrá que calcular… ¿Hacen trabajos de maquila?[d]

HERLINDA: No, señor. Cosemos.

150 EL EMPADRONADOR: Eso es. Pero, ¿con telas ajenas? ¿O venden telas?

DORA: (*Ofendida, calumniada.*) Ay, no. ¿Cómo vamos a vender telas?

HERLINDA: No vendemos.

EL EMPADRONADOR: ¿Podría ver lo que hay en ese ropero?

HERLINDA: ¿Ahí?

155 EL EMPADRONADOR: (*Feroz.*) Sí, ahí.

HERLINDA: Nuestras cosas: ropa, vestidos…

DORA: (*Pudorosa.*) Ropa interior.

HERLINDA: Comida.

EL EMPADRONADOR: ¿Comida?

160 HERLINDA: Cosas privadas.

EL EMPADRONADOR: Bueno, pues déjeme verlas. (*Truculento.[35]*) Eso está lleno de telas, ¿verdad?

(DORA *grita. Pausa.*)

HERLINDA: (*Ve a* CONCHA.) ¡Judas!

(CONCHA *se sonríe, baja la vista.* DORA *empieza a llorar en silencio.*
HERLINDA *se pasa la mano por la frente.*)

---

[31]*bribe* [32]*levantara… to make a complaint* [33]*materia… raw material* [34]*She faints* [35]*Cruel*

---

[d]¿Hacen… ¿Trabajan ustedes con telas de otros?

HERLINDA: Está bien. (*Va y abre.*) Aquí hay unas telas, pero son nuestras, de nuestro uso. Y no las vendemos. Son puro vestidos nuestros.

(CONCHA *hace señas de «mentiras».*)

EL EMPADRONADOR: ¿Cuántos cortes.^e (*Va y cuenta.*) ¿Treinta y siete vestidos van a
hacerse?

HERLINDA: ¡Nos encanta la ropa!

(DORA *empieza a sollozar, cada vez más alto.*)

DORA: Ay, Herlinda, este señor parece un ser humano. ¡Dile, explícale! Señor,
somos solas, mi marido está enfermo, no puede trabajar.

CONCHA: Se emborracha.

DORA: Mi cuñada y yo trabajamos. Empezamos cosiendo a mano, y ve usted que
tenemos buen gusto, a las vecinas les parecieron bien nuestros trabajitos. Ay,
señor, nos sangraban los dedos, ni dedal teníamos. Mire estas máquinas,
estas telas, así las ganamos, con sangre. ¿Cómo puede usted? (*Se arrodilla.*)
Yo le suplico, por su madre, por lo que más quiera… (*Aúlla.*^36) ¡No nos
hunda usted! ¡No podemos pagar contribuciones!^37 ¡Si casi no ganamos
nada! ¡No podemos! ¡Acepte los diez pesos!

HERLINDA: ¡Dora! ¡Cállate ya!

DORA: ¡Acéptelos! ¡No tenemos más! ¡Se los damos de buena voluntad! ¡Pero
váyase, váyase! (*Va de rodillas a la cama y ahí sigue sollozando.*)

EL EMPADRONADOR: (*Gritando.*) ¡Pero señora, no entiende! ¡Esto es para Estadística, de Economía! Los impuestos son de Hacienda. Esto es confidencial, es
secreto. Nadie lo sabrá. ¿Qué horas son? ¿Dónde pusieron el reloj? ¡Van a
dar las dos y no hemos hecho nada! ¡A ver! ¡Contésteme!

(*Más aullidos de* DORA, HERLINDA *se seca dignamente dos lágrimas.*)

HERLINDA: Pregunte lo que quiera.

EL EMPADRONADOR: Por favor, entienda. ¿Cómo cree que les iba a hacer un daño?
¡Pero debo entregar veinte boletas cada día y llevo seis! ¡Seis boletas! ¡Y
ayer entregué nada más quince! Yo estudio, necesito libros, necesito ropa.
Mire mis pantalones. ¿Ve qué valencianas?^38 Mire mi suéter, los codos. Y no
quiero que me corran^39 antes de cobrar mi primera quincena.

CONCHA: (*Coqueta.*) ¿No tiene un cigarro?

EL EMPADRONADOR: ¡No tengo nada!

(*Una pausa. Sollozos de* DORA. EL EMPADRONADOR *saca un cigarro y lo enciende, inconscientemente.*)

EL EMPADRONADOR: El censo es… Ya le expliqué, es un… ¡No tiene nada que ver
con los impuestos! ¡No les va a pasar nada!

(*Entra* PACO, *adormilado, con leves huellas alcohólicas en su apariencia y voz.*)

PACO: ¿Qué sucede? ¿Por qué lloran?

---

^36*She howls*   ^37*taxes*   ^38*trouser cuffs*   ^39*me despidan*

---

^e*cuts of material long enough to make a dress*

EL EMPADRONADOR: Señor. ¿Usted es el jefe de la casa?

PACO: (*Solemne.*) A sus órdenes.

EL EMPADRONADOR: Mire usted, sus esposas no han entendido.

200 HERLINDA: No es harén, señor. Yo soy su hermana.

EL EMPADRONADOR: Eso. Perdón. Mire… ¿Usted sabe lo que es un censo?

PACO: Claro, el periódico lo ha dicho. Un recuento de población. Todos los
     grandes países lo hacen.

EL EMPADRONADOR: (*Ve el cielo abierto.*) Eso es. Y un censo de industria, comer-
205   cio y transporte, es un recuento de… Eso mismo.

PACO: Sí, claro. Muy bien. ¿Y por eso lloran? No se fije. Son tontas. Concha,
     tráeme una cerveza.

CONCHA: No soy su gata.[40]

PACO: (*Ruge.*) ¡Cómo que no! (*La arrastra por el brazo.*) Toma, y no te tardes. (*Le
210   aprieta una nalga. Intenso:*) Una Dos Equis, fría. (*De mala gana.*) Usted
     toma una, ¿verdad?

EL EMPADRONADOR: No puedo, trabajando…

PACO: Me imaginé. (*Ruge.*) ¡Anda!

(CONCHA *sale, muerta de risa.*)

EL EMPADRONADOR: Los datos del censo son confidenciales. La Dirección General
215   de Estadística es una tumba, y yo otra. Nadie sabrá lo que aquí se escriba.

PACO: ¿Y para qué lo escriben, entonces?

EL EMPADRONADOR: Quiero decir… Lo saben en Estadística.

PACO: Como pura información.

EL EMPADRONADOR: Sí.

220 PACO: Nada personal.

EL EMPADRONADOR: Nada. Todo se convierte en números.

PACO: Archivan los datos.

EL EMPADRONADOR: Sí.

PACO: Y se los mandan al Fisco.

225 EL EMPADRONADOR: Sí. ¡No! Pero… usted entendía. (*Azota los papeles.*) Usted
     sabe lo que es un censo… Es…, es ser patriota, engrandecer a México, es…
     ¿No lo leyó en el periódico?

PACO: (*Malicioso, bien informado.*) Los periódicos dicen puras mentiras. Vamos a
     ver, si no es para ganar más con los impuestos, ¿para qué van a gastar en
230   sueldo de usted, papel muy fino, imprenta…?

EL EMPADRONADOR: (*Desesperado.*) Es como… Mire, la Nación se pregunta:
     ¿Cuáles son mis riquezas? Y hace la cuenta. Como usted, ¿no le importa
     saber cuánto dinero hay en su casa?

PACO: No.

235 EL EMPADRONADOR: Pero… tiene que contar cuánto gastan, cuánto ganarán…

PACO: Nunca.

EL EMPADRONADOR: ¡Pero cómo no! Bueno, ustedes no, pero un país debe saber…
     cuánta riqueza tiene, debe publicarlo…

PACO: ¿Para que cuando lo sepan los demás países le caigan encima? ¡Yo no voy a
240   ayudar a la ruina de mi Patria!

[40]*maid*

EL EMPADRONADOR: Es que… ¡Es que ya son casi los dos! ¡A las dos y media debo entregar mi trabajo!

PACO: Ah, pues vaya usted. Ya no le quito el tiempo.

EL EMPADRONADOR: (*Grita.*) ¿Y qué voy a entregar? Nadie me da datos, todo el mundo llora. Me van a correr, hoy no llevo más que seis boletas. Usted, deme los datos. De lo contrario, es delito,[41] ocultación de datos. Puedo levantar un acta y consignarla.

(*Nuevos aullidos de* DORA.)

HERLINDA: Consígneme. Se verá muy bien arrastrándome a la cárcel. Muy varonil.

PACO: No se exalte, no se exalte. Nadie le oculta nada. ¿Pero usted cree que vale la pena hacer llorar a estas mujeres por esos datos?

EL EMPADRONADOR: ¡Pero si no les va a pasar nada!

PACO: Les pasa, mire. (*Patético.*) ¡Sufren! (*Tierno.*) Ya no llores, mujer, ya no llores, hermana. (*Las muestra.*) Aquí tiene, siguen llorando.

EL EMPADRONADOR: (*A punto de llorar.*) Tengo que llenar veinte boletas, y llevo seis.

PACO: Pues llene aprisa las que le faltan, yo le ayudo. ¿Qué hay que poner?

EL EMPADRONADOR: (*Escandalizado.*) ¿Pero quiere que inventemos los datos?

PACO: Yo no. Usted. (*Le da un codazo.*) Ande. Primero es uno, después los papeles.

(*Entra* CONCHA.)

CONCHA: Tenga. (*Le da la cerveza.*)

PACO: ¿Una poca? ¿Un vasito? ¿O algo más fuerte? ¿Un tequilita?

EL EMPADRONADOR: ¿Qué horas son? (*Duda.*) ¿Usted me ayuda?

PACO: ¡Claro, hombre!

EL EMPADRONADOR: Pues aprisa. Despejen la mesa.[42] Sólo así. Señora, señorita… Ya no voy a llenar la boleta de ustedes, pero… ¿Pueden ayudarme, con unos datos?

PACO: A ver, viejas, ayúdennos. Hay que ayudar a mi señor censor. ¿Un tequilita, mi censor?

EL EMPADRONADOR: Muy chico.

(*Las mujeres ven el cielo abierto,*[43] *corren a servirlo.*)

PACO: Y una botanita.[44] A ver. ¿Se puede con lápiz?

EL EMPADRONADOR: Con lápiz tinta, nada más.

DORA: (*Tímida.*) ¿Los ayudamos?

EL EMPADRONADOR: Pues… A ver si pueden. Si no, yo las corrijo.

HERLINDA: (*Cauta, sonríe.*) ¿Rompemos ésta?

EL EMPADRONADOR: ¿La de ustedes? Póngale una cruz grande y «Nulificada». Ahora imagínese que tiene un taller con… 15 máquinas. Y vaya escribiendo: cuántos vestidos haría al año, cuánto material gastaría… Haga la cuenta por separado. Y usted… imagínese un taller más chico, con ocho máquinas. Las preguntas que no entiendan, sáltenlas.[45] Yo las lleno después.

(*Se sientan con él. Trabajan velozmente.*)

[41]crimen [42]Despejen… *Clear the table* [43]*see a great opportunity* [44]*snack* [45]*skip them*

280 HERLINDA: Mi taller va a ser precioso. Se va a llamar «Alta Costura», S. en C. de R.H.[f]

DORA: ¿Qué dirección le pongo a mi taller?

EL EMPADRONADOR: Cualquiera de esta manzana. Salud. (*Bebe.*)

DORA: (*Se ríe.*) Le voy a poner la dirección de doña Remedios.

285 PACO: Yo preferiría un taller mecánico. Eso voy a hacer. «La Autógena», S.A.[46]
(*Pellizca a* CONCHA.)

CONCHA: ¡Ay!

HERLINDA: Cállate, Judas.

EL EMPADRONADOR: Con esos diez pesos… podrían mandar a Judas a comprar unas tortas. Para todos, ¿no?

TELÓN

[46]Sociedad Anónima (*Incorporated*)

---

[f]Sociedad en Comandita de Responsabilidad Hipotecaria Limitada (*a silent partnership in which the individual does not have legal responsibility*)

Cuestionario

1. Toda obra dramática necesita para su desarrollo un conflicto que genere la progresión de la trama. ¿Cuál es ese conflicto en *El censo?*
2. Reflexione sobre los personajes. ¿Cuál de ellos le parece que actúa más de acuerdo con la realidad?
3. ¿Por qué amenaza todo el mundo al empadronador?
4. Analice con detenimiento la relación entre las preguntas del censor a cada uno de los miembros del taller de costura y el aumento progresivo de la tensión en la obra.
5. Comente el lenguaje gestual que se emplea en este drama. ¿Cómo ayuda a establecer el tono de la obra?
6. Los espectadores y lectores de *El censo* ven en esta obra una clara alusión al México contemporáneo. ¿Encuentra usted justificada tal conclusión? Explique la situación.

Identificaciones

1. el Fisco
2. «Esconde esas telas.»
3. «¡No nos hunda usted!»
4. Paco
5. el soborno

Temas

1. La burocracia como tema literario: el ejemplo de *El censo*
2. La práctica del soborno
3. Se dice que esta obra es un ejemplo del *metateatro* —el teatro dentro del teatro. Comente la necesidad del metateatro en nuestras relaciones con los «otros» como modo de sobrevivir.
4. ¿A qué categoría teatral pertenece *El censo*? ¿Es una tragedia, una comedia, una pieza de humor negro, una obra del teatro del absurdo, etcétera? Antes de contestar, fíjese en los elementos humorísticos y satíricos de la obra. Justifique su opinión.
5. Debate: Todo sistema establecido corrompe a las personas.

Griselda Gambaro

Vida y obra

Griselda Gambaro, dramaturga y prosista argentina (1928–), es casada, tiene dos hijos y vive con el marido en Buenos Aires, su ciudad natal. Se inició como escritora con los cuentos de *Madrigal en la ciudad* (1963) y con la colección de novelas y relatos, *El desatino* (1965). Influenciada por grupos vanguardistas como el «Teatro Abierto» argentino y el «Teatro del Absurdo» francés, produjo, en los años sesenta y setenta, piezas que se adherían al concepto de lo absurdo —tendencia caracterizada por efectos escénicos y discursos verbales inusitados. De dicha modalidad resultaron piezas que cuestionaban los valores y los roles sociales; entre otras, *Las paredes* (1964), *El desatino* (1965), *Los siameses* (1970), *Información para extranjeros* (1972) y *Ganarse la muerte* (1976). Esta última fue tachada de (*was accused of being*) «amoral» y prohibida por la dictadura militar vigente (*in force*). En 1977 Gambaro se exilió en España y sólo volvió a la Argentina en 1980, cuando el régimen militar ya estaba en decadencia. Siguieron *Decir sí, El despojamiento* (1981), *Nada que ver* (1983), *La malasangre* (1984) y *Antígona furiosa* (1988): piezas que adaptaban temas existencialistas y universales a la realidad argentina y latinoamericana. Sus obras más recientes son *Después del día de fiesta* (1994), *Escritos inocentes* (1999) y *Teatro* (2000).

La autora y su contexto

Para apreciar el contenido y la técnica que integran el pensamiento y el arte de Gambaro cabe reflexionar sobre el ambiente familiar, social y político en el cual se ha formado. Hija de inmigrantes italianos (su apellido se pronuncia «Gámbaro»), es producto de la misma estructura patriarcal del Viejo Mundo cuya crueldad denuncia en su narrativa y en su teatro. De hecho, en *Escritos inocentes* subraya la falta de comunicación entre sus familiares —fenómeno que atribuye a la autoridad paterna, inmoderadamente severa. Sin embargo, Gambaro no culpa sólo al comportamiento del padre, sino también a la docilidad de la madre, quien se sometía en silencio al maltrato del marido. El resentimiento por los abusos perpetrados tanto por una sociedad patriarcal retrógrada como por una dictadura militar brutal (1966–1982) conduce a la creación de personajes solitarios —sobre todo mujeres— angustiados e incapaces de comunicarse y establecer lazos afectivos. De ahí que su teatro del absurdo (*Los siameses, Ganarse la muerte*) se valga más que nada de imágenes visuales para transmitir al público la violencia y la degradación —frecuentemente de orden sexual— a la que esos personajes se someten tácitamente, sin tener conocimiento de sus precarias circunstancias. En cambio, las obras posteriores (*La malasangre, Del sol naciente,* etcétera) resaltan por la preeminencia del discurso verbal y personajes capacitados para razonar lógicamente. Emerge en estas piezas también un nuevo tipo de protagonista, fuerte y atrevida, que desafía toda autoridad en defensa de su identidad femenina y de los valores morales. *Antígona furiosa* actualiza un drama clásico para celebrar la intrepidez (*bravery*) de las mujeres argentinas, las cuales, igual que la heroína de Sófocles, desobedecieron las leyes de la dictadura militar y reclamaron a gritos, en la Plaza de Mayo de Buenos Aires, sus derechos de madres, hermanas y esposas.[a]

[a]El asunto de los (disidentes) desaparecidos es tratado explícitamente en *Información para extranjeros*.

Antígona[a] furiosa

Personajes: ANTÍGONA, CORIFEO, ANTINOO

Escenografía

Vestuario
Carcasa[1] de Creonte
Asistencia de dirección
Puesta en escena y dirección

[1]estructura que en esta obra representa el poder

[a]Hija de la relación incestuosa entre Edipo, rey de Tebas, y Yocasta, su madre. Acompañó a su padre al destierro cuando éste, al saber que se había casado con su madre, se sacó los ojos. Tenía una hermana, Ismena, y dos hermanos, Eteocles y Polinices, los cuales lucharon por la corona de Tebas y se dieron muerte mutuamente. Sófocles (c. 496-c. 406 a.C.), el gran escritor trágico de la Grecia clásica, toma en su obra *Antígona* este tema y construye la historia que ha servido de base a la obra de Griselda Gambaro. De acuerdo a la tragedia griega, una vez muertos los dos hermanos, Creonte, que ejercía el poder gubernativo, decide dar sepultura a Eteocles, pero no a su hermano, por haber querido invadir la ciudad. En cumplimiento del deber de enterrar a los muertos, ya que las almas de los cuerpos insepultos permanecían vagabundas, Antígona decide enterrar a Polinices a pesar de que Creonte había amenazado con matar a quien se atreviera a hacerlo. Sorprendida por los guardias, Antígona es condenada a ser enterrada viva (*imprisioned in an underground cell*) como castigo. Gracias a los ruegos del profeta Tiresias, Creonte accede a liberarla, pero demasiado tarde: Antígona se ha ahorcado.

La obra de Gambaro comienza en donde acaba la de Sófocles: Antígona aparece ahorcada, pero vuelve a la vida para contarnos su historia. Antígona, como figura arquetípica, es un modelo de ética femenina por haberse mantenido dueña de su propio destino.

Una carcasa representa a CREONTE.[b] *Cuando el* CORIFEO[c] *se introduce en ella, asume obviamente el trono y el poder.*

ANTÍGONA AHORCADA.[2] *Ciñe sus cabellos una corona de flores blancas, marchitas. Después de un momento, lentamente, afloja y quita el lazo[3] de su cuello, se acomoda el vestido blanco y sucio. Se mueve, canturreando.*

Sentados junto a una mesa redonda, vestidos con trajes de calle, dos hombres toman café. El Corifeo juega con una ramita flexible, rompe pequeños trozos de la servilleta de papel y las agrega a modo de flores. Lo hace distraído, con una sonrisa de burla.

CORIFEO: ¿Quién es ésa? ¿Ofelia?[d] (*Ríen. Antígona los mira.*) Mozo, ¡otro café!

ANTÍGONA (*canta*):

> «Se murió y se fue, señora;
> Se murió y se fue;
> El césped cubre su cuerpo,
> Hay una piedra a sus pies.»

5

CORIFEO: Debiera, pero no hay. ¿Ves césped? ¿Ves piedra? ¿Ves tumba?

ANTINOO: ¡Nada!

ANTÍGONA (*canta*):

> «...un sudario[4] lo envolvió;
> Cubrieron su sepultura[5]
> flores que el llanto regó.»

10

(*Mira curiosamentre las tazas.*): ¿Qué toman?

CORIFEO: Café.

15 ANTÍGONA: ¿Qué es eso? Café.

CORIFEO: Probá.

ANTÍGONA: No. (*Señala.*) Oscuro como el veneno.

CORIFEO (*instantáneamente recoge la palabra*): ¡Sí, nos envenenamos! (*Ríe.*) ¡Muerto soy! (*Se levanta, duro, los brazos hacia adelante. Jadea*
20   *estertoroso.*)

ANTINOO: ¡Que nadie lo toque! ¡Prohibido! Su peste es contagiosa. ¡Contagiará la ciudad!

ANTÍGONA: ¡Prohibido! ¿Prohibido? (*Como ajena a[6] lo que hace, le saca la corona al Corifeo, la rompe.*)

25 ANTINOO: ¡Te sacó la coronita!

CORIFEO: ¡Nadie me enterrará!

ANTINOO: Nadie.

CORIFEO: ¡Me comerán los perros! (*Jadea estertoroso.*)

---

[2]*hanged*   [3]*rope*   [4]*cloth put on the body of the dead*   [5]*tumba*   [6]*sin pensar en*

---

[b]Hombre que tiene el poder, actúa en nombre de la ley y, por lo tanto, representa la autoridad patriarcal, social y cultural de la civilización occidental.

[c]Líder del coro en la tragedia griega (Coryphaeus).

[d]Personaje de la tragedia *Hamlet*, de Shakespeare. Ofelia es un símbolo del amor desgraciado. Ama a Hamlet, y cuando éste, creyendo matar al rey, atraviesa con su espada a Polonio, padre de Ofelia, ella se vuelve loca.

ANTINOO: ¡Pobrecito! (*Lo abraza. Ríen, se palmean.*)[7]

CORIFEO (*le ofrece su silla*): ¿Querés[e] sentarte?

30 ANTÍGONA: No. Están peleando ahora.

ANTINOO: ¡No me digas!

CORIFEO: Sí. Se lastimarán con las espadas. ¡Pupa!,[8] y serás la enfermera. (*Se le acerca con una intención equívoca que Antígona no registra, sólo se aparta.*) ¿Cómo los cuidarás? ¿Dónde?

35 ANTÍGONA: Yo seré quien lo intente.

CORIFEO: ¿Qué?

ANTÍGONA: Dar sepultura a Polinices, mi hermano.

CORIFEO (*guasón*): ¡Prohibido, prohibido! ¡El rey lo prohibió! ¡«Yo» lo prohibí!

ANTINOO: ¿Qué nadie lo toque!

40 CORIFEO: Quien se atreva... (*se rebana*[9] *el cuello*)

ANTÍGONA: Ella no quiso ayudarme.

CORIFEO: ¿Ella? ¿Quién es ella?

ANTÍGONA: Ismena, mi hermana. Lo hice sola. Nadie me ayudó. Ni siquiera Hemón[f] mi valiente, que no desposaré.[10]

45 CORIFEO: ¿Y para cuándo el casorio?[11] (*Ríe, muy divertido, y Antinoo lo acompaña después de un segundo. Se pegan codazos*[12] *y palmadas.*)

ANTÍGONA: Que no desposaré, dije. Para mí no habrá boda.

CORIFEO (*blandamente*): Qué lástima. (*Golpea a Antinoo para llamar su atención.*)

ANTINOO (*se apresura*): Lástima.

50 ANTÍGONA: Noche nupcial.

CORIFEO: Lógico.

ANTINOO (*como un eco*): Lógico.

ANTÍGONA: Tampoco hijos. Moriré... Sola.

55 *La batalla. Irrumpe entrechocar metálico de espadas, piafar*[13] *de caballos, gritos y ayes*[14] *imprecisos. Antígona se aparta. Mira desde el palacio. Cae al suelo, golpean sus piernas, de un lado y de otro, con un ritmo que se acrecienta al paroxismo, como si padeciera la batalla en carne propia.*

ANTÍGONA (*grita*): ¡Eteocles, Polinices, mis hermanos, mis hermanos!

60 CORIFEO (*se acerca*): ¿Qué pretende esta loca? ¿Criar pena sobre pena?

ANTINOO: Enterrar[15] a Polinices pretende, ¡en una mañana tan hermosa!

CORIFEO: Dicen que Eteocles y Polinices debían repartirse el mando un año cada uno. Pero el poder tiene un sabor dulce. Se pega como miel a la mosca. Eteocles no quiso compartirlo.

---

[7]*se... they slap each other*   [8]expresión de dolor   [9]corta   [10]me casaré   [11]boda   [12]golpes con el codo   [13]*pawing*   [14]gritos de dolor   [15]*Burying*

---

[e]Quieres. (Modo peculiar llamado *voseo*, el cual es un fenómeno característico del español de algunos países tales como la Argentina, el Uruguay, el Paraguay y la mayor parte de América Central. Consiste en usar el antiguo pronombre *vos* y las terminaciones verbales correspondientes, en lugar de *tú*.)

[f]Hijo de Creonte y prometido de Antígona. Trató de convencer a su padre de que perdonara a Antígona y, como no lo consiguió, desesperado, se suicidó clavándose su espada. Este hecho motivó que su madre Eurídice también se suicidara después de haber acusado a Creonte de la muerte de su hijo.

ANTINOO: Otro se hubiera conformado. ¡No Polinices!

CORIFEO: Atacó la ciudad por siete puertas y cayó vencido ¡en las siete! (*Ríe*) Y después enfrentó a su hermano Eteocles.

ANTÍGONA: ¡Se dieron muerte con las espadas! ¡Eteocles, Polinices! ¡Mis hermanos, mis hermanos!

CORIFEO (*vuelve a la mesa*): Siempre las riñas,[16] los combates y la sangre. Y la loca esa que debiera estar ahorcada. Recordar muertes es como batir agua en el mortero.[17] No aprovecha. Mozo, ¡otro café!

ANTINOO (*tímido*): No hace mucho que pasó.

CORIFEO (*feroz*): Pasó. ¡Y a otra cosa!

ANTINOO: ¿Por qué no celebramos?

CORIFEO (*oscuro*): ¿Qué hay para celebrar?

ANTINOO (*se ilumina, tonto*): ¡Que la paz haya vuelto!

CORIFEO (*ríe*): ¡Celebremos! ¿Con qué?

ANTINOO: Con... ¿vino?

CORIFEO: ¡Sí, con mucho vino! ¡Y no café! (*Remeda*) ¿Qué es ese líquido oscuro? ¡Veneno! (*Ríe. Jadea paródicamente estertoroso. Después, Antinoo lo acompaña.*)

Antígona camina entre sus muertos, en una extraña marcha donde cae y se incorpora,[18] cae y se incorpora.

ANTÍGONA: ¡Cadáveres! ¡Cadáveres! ¡Piso muertos! ¡Me rodean los muertos! Me acarician... me abrazan... Me piden... ¿Qué?

CORIFEO (*avanza*): Creonte. Creonte usa la ley. Creonte. Creonte usa la ley en lo tocante[19]
Creonte usa la ley en lo tocante a los muertos Creonte   y a los vivos.
La misma ley.
Creonte no permitirá enterrar a Polinices que quiso quemar a sangre y fuego
Sangre y fuego la tierra de sus padres. Su cuerpo servirá de pasto[20]
Pasto a perros y aves de rapiña. Creonte   Creonte   Su ley dice:
Eteocles será honrado
Y Polinices
festín de perros. Podredumbre[21] y pasto.
Que nadie gire —se atreva— gire gire como loca dando
vueltas frente al cadáver insepulto   insepulto   insepulto[22]

(*Vuelve a su lugar, se sienta.*) Nadie hay tan loco que desee morir. Ese será el salario.

ANTÍGONA: Mi madre se acostó con mi padre, que había nacido de su vientre, y así nos engendró. Y en esta cadena de los vivos y los muertos, yo pagaré sus culpas. Y la mía. Ahí está. Polinices. Polinices, mi hermano más querido. Creonte no quiere para él sepultura, lamentos, llantos. Ignominia solamente. Bocado para las aves de rapiña.

CORIFEO: Quien desafíe a Creonte, morirá.

---

[16]peleas   [17]batir... hacer algo inútil   [18]se... se pone de pie   [19]en... respecto a   [20]comida   [21]*Putrid matter*   [22]sin enterrar

ANTÍGONA: ¿Me ves, Creonte? ¡Lloro! ¿Me oís, Creonte? (*Profundo lamento, salvaje y gutural*)

105 CORIFEO: ¡No oí nada! ¡No oí nada! (*Canta tartamudeando,*[23] *pero con un fondo de burla.*) No hay... lamentos ba-ba-ba-jo el cielo, ¡ta-ta-tá n sereno!

ANTINOO: ¡Prohibido! (*Sacude al*[24] *Corifeo*) ¿No es verdad que está prohibido?

ANTÍGONA: ¿Para quién? ¡Para quienes mueven la cola como perros! ¡No para mí! ¿Me ves, Creonte? Yo lo sepultaré, ¡con estos brazos, con estas manos!
110 ¡Polinices! (*Largo alarido*[25] *silencioso al descubrir el cadáver de Polinices que es sólo un sudario*)

Antígona se arroja sobre él, lo cubre con su propio cuerpo de la cabeza a los pies.

ANTÍGONA: Oh, Polinices, hermano. Hermano. Hermano. Yo seré tu aliento.[26] (*Jadea como si quisiera revivirlo*) Tu boca, tus piernas, tus pies. Te cubriré. Te cubriré.

115 CORIFEO: ¡Prohibido!

ANTÍGONA: Creonte lo prohibió. Creon te te creo te creo Creon te que me matarás.

CORIFEO: Ese será el salario.

ANTÍGONA: Hermano, hermano. Yo seré tu cuerpo, tu ataúd,[27] tu tierra.

120 CORIFEO: ¡La ley de Creonte lo prohíbe!

ANTÍGONA: No fue Dios quien la dictó ni la justicia. (*Ríe*) ¡Los vivos son la gran sepultura de los muertos! ¡Esto no lo sabe Creonte! ¡Ni su ley!

CORIFEO (*dulcemente*): Como si lo supiera.

ANTINOO (*id.*): ¿Qué?

125 CORIFEO: Salvo a Polinices, a quien redobla su muerte, Creonte sólo a los vivos mata.

ANTINOO: ¡Corre las sepulturas! (*Ríe*) De uno a otro.

CORIFEO: Sabiamente. En cadena.[28]

ANTÍGONA: También se encadena la memoria. Esto no lo sabe Creonte ni su ley.
130 Polinices, seré césped y piedra. No te tocarán los perros ni las aves de rapiña. (*Con un gesto maternal*) Limpiaré tu cuerpo, te peinaré. (*Lo hace*) Lloraré, Polinices... lloraré... ¡Malditos![29]

Ceremonia, escarba[30] *la tierra con las uñas, arroja polvo seco sobre el cadáver, se extiende sobre él. Se incorpora y golpea, rítmicamente, una contra otra, dos grandes piedras, cuyo sonido marca una danza fúnebre.*[31]

CORIFEO: Le rinde honores. Mejor no ver actos que no deben hacerse. (*Apartan la mesa*)
135 ANTINOO (*espiando*): No llegó a enterrarlo. La tierra era demasiado dura.

CORIFEO: Ahí la sorprendieron los guardias. Despreciable[32] es quien tiene en mayor estima a un ser querido que a su propia patria.

ANTINOO: ¡Exacto!

CORIFEO (*dulcemente*): Niña, ¿cómo no lo pensaste? (*Corre hacia la carcasa de Creonte*)

[23] *stuttering*   [24] *Sacude... He Shakes*   [25] grito de dolor   [26] aire que respiras   [27] caja donde se coloca un muerto para enterrarlo   [28] *En... Linked together*   [29] exclamación de disgusto   [30] remueve   [31] *mournful*
[32] Miserable

140 ANTINOO (*se inclina, exagerado y paródico*): ¡El rey! ¡El rey!

CORIFEO: Eso soy. Mío es el trono y el poder.

ANTINOO: Te arreglará las cuentas. Antígona. (*Un ademán*[33] *para que avance*)

CORIFEO: Eh, la que se humilla, la que gime, la que padece el miedo y tiembla.

ANTÍGONA (*avanza serenamente*): Temor y temblor, temor y temblor.

145 CORIFEO: Hiciste lo que prohibí.

ANTÍGONA: Reconozco haberlo hecho y no lo niego.

ANTINOO (*asustado*): ¡No lo niega!

CORIFEO: Transgrediste la ley.

ANTÍGONA: No fue Dios quien la dictó ni la justicia.

150 CORIFEO: Te atreviste a desafiarme,[34] desafiarme.

ANTÍGONA: Me atreví.

CORIFEO: ¡Loca!

ANTÍGONA: Loco es quien me acusa de demencia.

CORIFEO: No vale el orgullo[35] cuando se es esclavo del vecino.

155 ANTÍGONA (*señalando a Antinoo, burlona*): Este no lo es, ¿vecino? Ni vos.

ANTINOO (*orgulloso*): ¡No lo soy!

CORIFEO: ¡Sí!

ANTINOO: ¡Sí lo soy! (*Se desconcierta*)[36] ¿Qué? ¿Vecino del esclavo o esclavo del vecino?

160 CORIFEO (*como Antígona ríe*): Esta me ultraja[37] violando las leyes, y ahora agrega[38] una segunda ofensa: jactarse[39] y reírse.

ANTÍGONA: No me río.

CORIFEO: Ella sería hombre y no yo si la dejara impune. Ni ella ni su hermana escaparán a la muerte más terrible.

165 ANTÍGONA (*palidece*): ¿Ismena? ¿Por qué Ismena?

ANTINOO: Sí. ¿Por qué Ismena?

CORIFEO (*sale de su carcasa, apurado*[40] *para retomar su papel*): ¿Por qué?

ANTÍGONA: Ella no quiso ayudarme. Tuvo miedo.

CORIFEO: ¿Y cómo no iba a tener miedo? Es apenas una niña. ¡Tan tierna!

170 ANTÍGONA: Delante de Creonte, yo también tuve miedo.

ANTINOO: ¡Es nuestro rey!

ANTÍGONA: ¡Y yo una princesa!, aunque la desgracia me haya elegido.

ANTINOO: ¡Sí! Hija de Edipo y de Yocasta. Princesa.

CORIFEO: Está triste,/¿qué tendrá la princesa?/Los suspiros se escapan de su boca

175 de fresa.[g]

ANTINOO: Que no ruega ni besa.

CORIFEO: Si se hubiera quedado quieta/Sin enterrar a su hermano/¡con Hemón se hubiera casado! (*Ríen*)

---

[33]gesto   [34]*challenge me*   [35]*pride*   [36]*Se... He gets confused*   [37]insulta   [38]añade   [39]*bragging*
[40]con prisa

---

[g]Estos versos son de Rubén Darío y pertenecen al poema «Sonatina». En el drama forman parte de la burla que hacen Corifeo y Antinoo de los sentimientos de Antígona.

ANTÍGONA: Delante de Creonte, tuve miedo. Pero él no lo supo. Señor, mi rey,
¡tengo miedo! Me doblo con esta carga innoble que se llama miedo. No me
castigués con la muerte. Dejame casar con Hemón, tu hijo, conocer los placeres de la boda y la maternidad. Quiero ver crecer a mis hijos, envejecer
lentamente. ¡Tengo miedo! (*Se llama con un grito, trayéndose al orgullo*)
¡Antígona! (*Se incorpora, erguida*[41] *y desafiante*) ¡Yo lo hice! ¡Yo lo hice!

CORIFEO: ¡Loca!

ANTÍGONA: Me llamó Creonte, ese loco de atar[42] que cree que la muerte tiene
odios pequeños. Cree que la ley es ley porque sale de su boca.

CORIFEO: Quién es más fuerte, manda. ¡Esa es la ley!

ANTINOO: ¡Las mujeres no luchan contra los hombres!

ANTÍGONA: Porque soy mujer, nací, para compartir el amor y no el odio.

ANTINOO: A veces te olvidás.

CORIFEO: ¡Lo escuchamos! ¡Y qué bien sonaba! Nací, para compartir el amor, ¡y
no el odio!

ANTÍGONA: Se lo dije a Creonte, que lleva siempre su odio acompañado porque
nunca viene solo. El odio.

CORIFEO: La cólera. La injusticia.

ANTÍGONA: Yo mando.

CORIFEO: No habrá de mandarme una mujer.

ANTÍGONA: Y ya estaba mandado, humillado. Rebajado por su propia
omnipotencia.

ANTINOO: Yo no diría rebajado.

CORIFEO (*lo remeda,*[43] *sangriento*): ¡No diría, no diría! Yo tampoco. Ismena fue
más sagaz.[44]

ANTÍGONA: No quiso ayudarme. Tuvo miedo. Y con miedo, como culpable,
Creonte la obligó a presentarse ante él. Polinices clama por la tierra. Tierra
piden los muertos y no agua o escarnio.[45] (*Gime como Ismena*) No llorés,[46]
Ismena. No querés ayudarme. «¡Sssssss! Silencio, que nadie se entere de tu
propósito. Será lapidado quien toque el cadáver de Polinices. Pido perdón a
los muertos. Prestaré obediencia.[47] ¿A quién, Ismena? ¿A Creonte, el
verdugo?[48]

CORIFEO: Verdugo. Dijo verdugo.

LOS DOS: Cuando se alude al poder/la sangre empieza a correr. (*Apartan la mesa*)

ANTÍGONA: Yo no quería exigirle nada. Hubiera deseado tomarla entre mis brazos,
consolarla como en la niñez, cuando acudía a mí, llorando, porque le roba-
ban las piedras de jugar al nenti o se lastimaba contra un escalón. Nenita,
nenita, no sufras. Pero oí[49] mis gritos. ¡Rabia! ¡Rabia! ¡Me sos[50] odiosa con
tanta cobardía! Que todo el mundo sepa que enterraré a Polinices. ¡A
voces,[51] enterraré a mi muerto!

CORIFEO: Tonta, Ismena andaba por el palacio, inocente con aires de culpable, sabiendo lo que más deseaba ignorar.

ANTÍGONA (*se golpea el pecho*): «¡Sé! ¡Nada ignoro!» Delante de Creonte le vino
el coraje, mejor que el mío porque nacía del miedo. «Fui cómplice,
cómplice». (*Ríe, burlona*) Ella, cómplice, ¡que ama sólo en palabras!

---

[41]con la cabeza levantada   [42]loco... *crazy man*   [43]imita   [44]inteligente   [45]burla   [46]llores (**voseo**)
[47]Prestaré... Obedeceré   [48]*executioner*   [49]oye (**voseo**)   [50]eres (**voseo**)   [51]A... Gritando

CORIFEO: ¡No aceptaré una complicidad que no tuviste!

225 ANTINOO: ¿Así la rechazó?

CORIFEO: Así. Ismena, en la desgracia, quiso embarcarse en el mismo riesgo.[52] Otra, no Antígona, ¿qué hubiera hecho? Llenarse de gratitud, ¡abrir los brazos!

ANTÍGONA: Yo los cerré.

230 ANTINOO: ¡Insaciable! Le pareció poco.

CORIFEO: Practica el vicio del orgullo. Orgullo más heroísmo, ¿adónde conducen? (*Se rebana el cuello*)

ANTÍGONA (*dulcemente*): Ismena, rostro querido, hermana, nenita mía, necesito la dureza de mi propia elección. Sin celos, quiero que escapés[53] de la muerte

235 que a mí me espera. Creonte nos llamó locas a las dos, porque las dos lo desafiábamos, las dos despreciábamos[54] sus leyes. Queríamos justicia, yo por la justicia misma y ella por amor.

CORIFEO: Puede hablar mucho, pero su destino está sellado.

ANTINOO (*se levanta y se aleja*): Yo no quiero verlo. ¡Ya vi con exceso!

240 CORIFEO (*lo busca*): ¡Sentate![55] Hemón vendrá a pedir por ella.

ANTINOO: ¿Y qué cara traerá? ¿Apenada?

CORIFEO: ¿Qué te parece? Sumá[56] dos más dos: la condena de Antígona, la pérdida de su boda.

ANTINOO: ¡Pobrecito!

245 CORIFEO: Aprovechará para una frase maestra.

ANTINOO: ¿Cuál?

CORIFEO: Solo, se puede mandar bien en una tierra desierta.

ANTÍGONA: ¡Hemón, Hemón!

CORIFEO (*va hacia la carcasa*): Ama a Antígona.

250 ANTINOO: ¡No se la quités![57]

CORIFEO (*en la carcasa*): No soy yo. Es la muerte. (*Ríe. Bajo*) ¿Hemón? (*Antígona se vuelve hacia él*) ¿No estás furioso?

ANTÍGONA (*todas sus réplicas con voz neutra*): No.

CORIFEO: Seré inflexible.

255 ANTÍGONA: Lo sé.

CORIFEO: Nada modificará mi decisión.

ANTÍGONA: No intentaré cambiarla.

CORIFEO: Me alegro. Uno desea hijos sumisos que devuelvan al enemigo de su padre mal por mal y honren a los amigos.

260 ANTÍGONA: Es justo.

CORIFEO: La anarquía es el peor de los males. Quien transgrede la ley y pretende darme órdenes, no obtendrá mis elogios. Sólo confío en quienes obedecen.

ANTÍGONA: No osaría[58] decir que tus palabras no son razonables. Sin embargo, también otro puede hablar con sensatez.[59] Tu mirada intimida. Yo puedo oír

265 lo que dice la gente. ¿No merece ella recompensa y no castigo?

CORIFEO: Esa mujer se te subió a la cabeza.

ANTÍGONA: Hablo con mi razón.

---

[52]embarcarse... correr el mismo riesgo   [53]escapes (**voseo**)   [54]no obedecíamos

[55]Siéntate (**voseo**)   [56]Suma (**voseo**)   [57]quites (**voseo**)   [58]me atrevería a   [59]*good sense*

CORIFEO: Que tiene voz de hembra. No hay abrazos más fríos que los de una mujer perversa, indómita.[60]

270 ANTÍGONA: ¿Perversa? Indómita.

CORIFEO: Como ésa. Escupile en la cara[61] y que busque un marido en los infiernos.

ANTÍGONA: Le escupiré. (*Un silencio. Se lleva la mano a la cara*) No me escupió, Creonte.

CORIFEO (*sale de su carcasa y enfrenta a Antígona*): Debieras estar orgullosa.

275 ANTÍGONA: ¿De qué?

CORIFEO: De que un mocito como Hemón pretenda dar lecciones a su padre, ¡el rey!

ANTÍGONA: Si soy joven, no atiendas a[62] mi edad sino a mis actos. Del orgullo de Hemón, estoy orgullosa.

280 CORIFEO (*se aparta hacia la mesa, ultrajado*):[63] ¡Juventud!

ANTINOO: Ahora pasa todo liso,[64] pero ¡qué discusión! Se oía hasta en la esquina.

CORIFEO: Si levantó la voz, estaba justificado.

ANTINOO: Dijiste, ¡qué juventud!

CORIFEO: ¿Y qué? No me refería a Hemón. Habló por nosotros. Dijo lo que todos
285 pensábamos.

ANTINOO (*turbado*):[65] ¿Qué? (*Se toca la cabeza*)

CORIFEO: La condenaste injustamente.

ANTINOO: ¡Eso!

CORIFEO: ¿Qué abogados tuvo? ¿Qué jueces? ¿Quién estuvo a su lado?

290 ANTINOO: ¿Su padre?

CORIFEO: ¡No tiene!

ANTINOO: ¿Su madre? (*Seña[66] rápida de negación del Corifeo*) ¿Sus hermanos? (*Idem*) ¿Sus amigos? La agarró y decidió: a ésta la reviento.[67]

CORIFEO: Y nosotros decimos: ¿Cómo? ¿Precisamente ella condenada? No toleró
295 que su hermano, caído en combate, quedara sin sepultura. ¿No merece esto recompensa[68] y no castigo?

ANTINOO (*contento*): ¡Eso decimos!

CORIFEO: De lo que decimos, Creonte se... (*gesto*)

ANTÍGONA: El clamor público nace siempre de palabras secretas. Quien cree que
300 sólo él piensa o habla como ninguno es puro vacío adentro.

ANTINOO: ¡Habló muy bien Hemón!

CORIFEO: ¡También Creonte! Dijo: Sólo confío en quienes obedecen. No quebrantarán[69] la ley.

ANTINOO (*muy turbado*): ¡Sólo uno debe hablar bien para que no tengamos
305 indecisiones!

CORIFEO: Yo las resuelvo. (*Majestuoso, avanza hacia la carcasa, pero se detiene a mitad de camino. Se vuelve hacia Antígona*) La ciudad pertenece a quien la gobierna.

ANTÍGONA: Solo, podrías mandar bien en una tierra desierta.

310 CORIFEO: ¡Ahí está! La frase.

ANTINOO (*muy turbado*): ¡Sigo en lo mismo! ¿A quién pertenece la razón?

---

[60]unruly   [61]Escupile... *Spit in her face*   [62]atiendas... consideres   [63]insultado   [64]sin problemas
[65]confundido   [66]Indicación   [67]destruyo   [68]*reward*   [69]violarán

CORIFEO: Y se insultaron. Creonte lo llamó estúpido, ¡y Hemón le dijo que hablaba como un imberbe![70]

ANTINOO: ¿Al padre?

315 CORIFEO: ¡Al padre! ¡Jamás la desposarás viva!, dijo Creonte.

ANTINOO: ¡Bien!

CORIFEO: Morirá, pero no morirá sola, contestó Hemón.

ANTINOO: ¡Qué audacia!

CORIFEO: ¿Cuál? ¿Refutar palabras tontas?

320 ANTINOO: ¡No eran tontas!

CORIFEO (*lo mira amenazador. Bruscamente sonríe*): Puede ser... Mi defecto es conmoverme fácilmente.

ANTÍGONA: Creonte me mandó llamar —yo, engendro aborrecido[71] para que muriera en presencia de Hemón y bajo sus ojos.

325 CORIFEO: No lo consiguió. ¡Hemón no quiso!

ANTÍGONA: Sé que no quiso.

CORIFEO: ¡Ella no morirá en mi presencia —dijo Hemón— y tus ojos jamás me volverán a ver! (*Se levanta*) Con amigos complacientes podrás librarte a tus furores.[72] ¡Jamás me volverás a ver!

330 ANTINOO: ¡Sentate! ¡No me dejés solo!

CORIFEO: ¿Por qué? ¿De qué tenés miedo?

ANTINOO: ¡De nada! (*Confidencial*) Me atreví a decirle a Creonte que Hemón estaba muy desesperado. Cosa grave a su edad.

CORIFEO: ¿Y eso qué vale? ¿Qué arriesgaste? ¡Yo, yo le pedí por Ismena! ¿Cuál
335 era su culpa? Haber escuchado a la loca. No tocó el cadáver.

ANTINOO: Creonte no es insensato.

CORIFEO: La perdonó.

ANTINOO: Sí, ¿y después?

CORIFEO: Después, ¿qué?

340 ANTINOO: La arreglaste. Qué muerte tendrá Antígona, preguntaste amablemente.

CORIFEO: Ya estaba decidido. ¿Qué podía cambiar? La ocultaré en una cueva cavada[73] en la roca, con alimentos para un día.

ANTÍGONA: Hice mi último viaje.

CORIFEO: Allí, ella podrá invocar a la muerte, pidiéndole que no la toque.

345 ANTÍGONA: Que no me toque. ¡No me toqués, oh, muerte!

CORIFEO: O se dará cuenta, un poco tarde, cómo es superfluo irle con peticiones de vida.

ANTÍGONA: Y sin embargo, yo pido.

CORIFEO (*tristemente*): Superfluo, ¡pero gratis!

350 ANTÍGONA: Pedí por la luz del sol. Mis ojos, no saciados por la luz.

CORIFEO: ¡Amor, amor! ¡Qué desastre! Lo digo por Hemón. Vence el deseo, ¿y dónde quedan las leyes del mundo?

ANTINOO: Sí, sí, ¿pero qué tienen que ver las leyes con Antígona? La miro y...

CORIFEO: Avanza hacia el lecho[74] donde todos tenemos que acostarnos.

---

[70]jovencito   [71]engendro... *hated child*   [72]furias   [73]construida   [74]cama

355 ANTÍGONA: Hice mi último viaje. Decir «la última vez». (*La voz se le deforma.*) Ul... tima vez. Saber... que más allá no hay luz, ninguna voz. La muerte, que duerme todo lo que respira, me arrastra[75] hacia sus bordes. No conocí noche de bodas, cantos nupciales. Virgen voy. Mi desposorio será con la muerte.

CORIFEO: Te olvidás de las ventajas: te encaminás a las sombras con gloria,
360 ensalzada.

ANTINOO: ¡Todo el mundo te aprueba!

CORIFEO: ¡Sin enfermedades, sin sufrimientos!

ANTINOO: ¡Sin achaques[76] de vejez!

CORIFEO: Por propia voluntad, podría decirse, entre todos nosotros, descenderás
365 libre y viva a la muerte. ¡No es tan trágico!

ANTÍGONA: Como Niobe, el destino va a dormirme bajo un manto de piedra.

CORIFEO: Pero Niobe era una diosa y de dioses nacida. Nosotros mortales y nacidos de mortales.

ANTINOO: ¡Es algo grandioso oírle decir que comparte el destino de los dioses!

(*Ríen*)

370 ANTÍGONA: ¡Se ríen de mí!

CORIFEO: ¡No, no!

(*Ríen*)

ANTÍGONA: ¿Por qué ultrajarme antes de mi muerte, cuando respiro todavía?

CORIFEO: Bueno, ¡fue una broma! ¡No te ofendas!

(*Tentados, ríen apretando los labios, tragándose la risa*)

ANTÍGONA: Oh, ciudadanos afortunados, sean testigos de que nadie me acompaña
375 con sus lágrimas...

CORIFEO: ¡Dios mío, empieza a compadecerse!

(*Intenta huir*)

ANTÍGONA: Que las leyes, ¡qué leyes!, me arrastran a una cueva que será mi tumba. Nadie escuchará mi llanto, nadie percibirá mi sufrimiento. Vivirán a la luz como si no pasara nada. ¿Con quién compartiré mi casa? No estaré
380 con los humanos ni con los que murieron, no se me contará entre los muertos ni entre los vivos. Desapareceré del mundo, en vida.

CORIFEO (*bondadosamente*): El castigo siempre supone la falta, hija mía. No hay inocentes.

ANTINOO (*bajo*): ¿Nunca? (*Se recompone*) Lo apruebo: ¡muy bien dicho!

385 CORIFEO: Y si el castigo te cayó encima, algo hiciste que no debías hacer. ¿Qué pretendés? Llevaste tu osadía al colmo,[77] te caíste violentamente.

ANTINOO: ¡Pum!

ANTÍGONA: ¡Ay, qué aciaga[78] boda conseguiste para mí, hermano! Con tu muerte me mataste cuando te sobrevivía.

390 ANTINOO: ¡Me parte el corazón!

[75]me... *drags me*   [76]enfermedades   [77]extremo   [78]desafortunada

CORIFEO: A mí también. Pero el poder es inviolable para quien lo tiene. ¿Cómo se le ocurrió oponerse? No te quejes, amiga mía, no se puede pagar un destino tan dentro y tan fuera de la norma con moneda de cobre.

ANTINOO: La perdió su carácter.

395 CORIFEO: Hubiera escuchado consejos. ¡Nuestros consejos!

ANTÍGONA: ¡El sol! ¡El sol!

CORIFEO: Ahí está. Míralo por última vez.

ANTÍGONA: Por última vez. Me llevan sin llantos, sin amigos, sin esposo. En mi muerte, no hay lágrimas ni lamentos. Sólo los míos.

400 CORIFEO: ¿Miraste el sol? ¿Te diste el gusto? ¿Te calentó? Bueno, ¡basta! Si nos dejaran gemir antes de morirnos, ¡no moriríamos nunca!

ANTINOO: ¡Aburre! ¡No la termina más!

CORIFEO: ¡Yo la termino! (*Se dirige hacia la carcasa, se detiene a mitad de camino*) ¡Se arrepentirán de estas lentitudes quienes demoran en conducirla!

405 (*En la carcasa*) ¡Enciérrenla! Que sea abandonada en esa tumba. Si ella desea morir allí, que muera. Si desea vivir sepultada[79] bajo ese techo, que viva. Quedaremos puros de su muerte y ella no tendrá contacto con los vivos.

ANTINOO: ¡Qué sabiduría! Está y no está, la matamos y no la matamos.

410 ANTÍGONA: ¡Oh, tumba, oh, cámara nupcial! Casa cavada[80] en la roca, prisión eterna donde voy a reunirme con los míos. Bajo la última y la más miserable antes de que se marchite el plazo de mi vida. Pero allí al menos, grande es mi esperanza, tendré cuando llegue el amor de mi padre, y tu amor también, madre, y el tuyo, hermano mío. Cuando murieron, con mis propias manos,

415 lavé sus cuerpos, cumplí los ritos sepulcrales.[81] Y ahora, por vos, querido Polinices, recibo esta triste recompensa. Si hubiera sido madre, jamás lo hubiera hecho por mis niños. Jamás por mi esposo muerto hubiera intentado una fatiga semejante. Polinices, Polinices, ¡sabes por qué lo digo! Otro esposo hubiera podido encontrar, concebir otros hijos a pesar de mi pena.

420 Pero muertos mi padre y mi madre, no hay hermano que pueda nacer jamás. ¡Jamás volverás a nacer, Polinices! Creonte me ha juzgado, hermano mío.

CORIFEO (*saliendo de su carcasa*): ¡Y bien juzgada!

ANTÍGONA: ¿Qué ley he violado? ¿A qué Dios he ofendido? ¿Pero cómo creer en Dios todavía? ¿A quién llamar si mi piedad me ganó un trato impío? Si esto

425 es lo justo, me equivoqué. Pero si son mis perseguidores quienes yerran,[82] ¡yo les deseo el mismo mal que injustamente me hacen. ¡El mismo mal, no más ni menos, el mismo mal!

ANTINOO: ¡No la termina! ¡Qué cuerda![83]

CORIFEO: Rencorosa, para ella siguen soplando ráfagas del mismo viento.[84]

430 (*Con sigilo,[85] a Antígona*) ¡Hay algo que se llama arrepentirse! No sirve de mucho, pero consuela.

ANTINOO: Si ya sabemos que se muere, ¿por qué no se muere?

CORIFEO: ¿No dijo Creonte que se arrepentirán de estas lentitudes quienes demoran en conducirla?

---

[79]buried   [80]construida   [81]ritos... *funeral rites*   [82]se equivocan   [83]¡Qué... ¡Tiene razón!

[84]ráfagas... *violent gusts of the same wind*   [85]Con... En secreto

(Entra bajo el sonido de aleteos y graznidos)[86]

435 ANTÍGONA: ¡Me llevan! ¡Miren a qué suplicio[87] y por cuáles jueces yo soy condenada!

ANTINOO: Sufre.

CORIFEO: Siempre se sufre cuando se cambia la luz celeste por las tinieblas[88] de una prisión. A muchas les tocó parecido destino. Cuando se ultraja el poder
440 y se transgreden los límites, hija mía, siempre se paga en moneda de sangre. *(Aumenta el sonido de roncos,[89] siniestros graznidos, fuertes aleteos que crecen y decrecen)*

CORIFEO: ¿Qué es ese ruido?

ANTINOO: Pájaros en primavera.

445 CORIFEO (*fríamente*): Estúpido.

ANTINOO: Me insultan: me voy.

CORIFEO: ¡Quedate! Algo pasará a último momento.

ANTÍGONA: Yo no lo supe. No supe que Creonte...

ANTINOO: ¿Es que va a tener un defensor?

450 CORIFEO: No, ¡jamás!

ANTINOO: ¿Y entonces?

ANTÍGONA (*aparta alas inmensas*): ¡Fuera! ¡Fuera! (*Gime de terror, intentado protegerse. Con esfuerzo, se domina*) ¡No! ¡Está bien que me cubran con sus alas hediondas,[90] que me rocen con sus picos! (*Se ofrece, feroz, con los dien-*
455 *tes apretados*) ¡Muerdan! ¡Muerdan! ¡No me lastimarán más que Creonte!

ANTINOO: Quiero irme a casa. ¡Tengo frío!

CORIFEO: ¡Ya nos vamos! Tomaría otro café. (*Se levanta con su taza en la mano y va en busca de otro café. Se demora cerca de la carcasa de Creonte*)

ANTINOO (*algo cae sobre la mesa, lo recoge con asco*)[91]: ¿Qué es esto? ¡Qué
460 inmundicia!

CORIFEO: ¡No preocuparse! Vendrá Tiresias,[h] y aunque ciego, Tiresias sacerdote, ¡arregla todo! (*Entra en la carcasa*) ¿Qué hay de nuevo, viejo Tiresias? Me espanta tu cara oscurecida, como con doble ceguera. Nunca me aparté de tus consejos. Por eso goberné bien esta ciudad. (*Para sí*)[92] Con hábiles pactos.
465 (*Pausa*) ¿Qué porquería[93] es ésta? ¡Me cayó encima! (*Sale, apartándose suciedades que le caen*)

ANTINOO (*oculta con la mano algo que le ha caído sobre el brazo, temeroso e inmóvil. Lentamente, aparta la mano mientras mira hacia arriba*): ¡Peste!

CORIFEO: ¿Qué? ¡Peste!

470 ANTINOO: ¡Quiero irme a casa!

CORIFEO: Los pájaros hambrientos arrancaron jirones[94] del cadáver de Polinices. Por eso gritan. Comieron la carne y la sangre de un muerto en la refriega.[95]

ANTINOO: ¡Que arregle esto Tiresias! ¡Quiero irme a casa!

---

[86]*croaking*   [87]tortura   [88]*darkness*   [89]*husky, hoarse*   [90]mal olientes   [91]disgusto   [92]Para... Para sí mismo   [93]*filth*   [94]pedazos   [95]lucha

---

[h]El profeta más importante de todos los profetas mitológicos. Hizo gran número de profecías; por ejemplo, descubrió la culpa involuntaria de Edipo, quien, sin saberlo, mató a su padre y se casó con su madre Yocasta.

CORIFEO: ¡Y en tu casa te seguirá la peste!

475 ANTINOO: ¡Me encerraré!

CORIFEO: ¡Te seguirá la peste! Ningún Dios oirá nuestras súplicas. ¡Malditas aves!

ANTÍGONA: El mal permitido nos contamina a todos. Escondidos en sus casas, devorados por el miedo, los seguirá la peste.

CORIFEO: Tal vez no, si Tiresias consigue de Creonte lo que tu empecinamiento[96]
480 te ha negado.

ANTÍGONA: No convenzas a Creonte, Tiresias. Creonte te ha dicho que la raza entera de los sacerdotes ama el dinero. (*Ríe*) Y contestaste que la de los tiranos el lucro vergonzoso. ¡Se entienden bien ustedes! (*Aparta las alas cuyo aleteo ha decrecido*) Yo no temo. ¿Qué te dice Tiresias? Que pagarás
485 con la muerte de un ser nacido de tu sangre... (*Se oscurece*) He... Hemón... por haberme arrojado a la tumba y por retener insepulto el cadáver de Polinices. En boca de Tiresias, la verdad y la mentira están mezcladas. No te ensañés con un cadáver. ¿Qué hazaña es matar a un muerto?

CORIFEO: Sí, eso dirá.

490 ANTÍGONA: Perros, lobos y buitres[97] desgarraron el cadáver de mi hermano y con sus restos mancillaron[98] los altares.

CORIFEO: ¡Peste!

ANTÍGONA: Las ciudades se agitan.

CORIFEO: ¡Peste!

495 ANTÍGONA: Tiresias, ¡esto te asusta! Hábil para ser amigo del poder en su cúspide[99] y separarse cuando declina. Pediste por mí, por Polinices despedazado.[100] Y por miedo, Creonte me perdonó. (*Pausa*) Yo no lo supe.

(*Cesan graznidos, aleteos*)

CORIFEO: Temo que tendré que respetar las leyes, dijo Creonte.

ANTINOO: ¡A buena hora!

500 CORIFEO: También tendrá que respetar sus sentimientos cuando Hemón se... (*gesto de acuchillarse*)

ANTÍGONA (*canturrea, se pone la corona de flores*): Me desposé. (*Tuerce[101] de manera extraña el cuello, el cuerpo como colgando, ahorcado*) Vino la muerte, esposa, madre, hermana...

505 CORIFEO: ¡Ah, la furia de Hemón!

ANTINOO: ¡Furia de jóvenes!

CORIFEO: ¡Creonte lo llamó entre sollozos![102] ¿Cómo entraste a esa tumba? ¿Oigo tu voz o me están engañando los sentidos? Arranquen[103] la piedra que obstruye la entrada. ¡Hemón! ¡Te lo suplico! ¡Salí de esa tumba!
510 (*Solloza, paródico*)

ANTÍGONA: Hemón se abrazaba a mi cintura.

CORIFEO: ¿Y qué hizo Hemón? ¡Escupió a su padre! (*Escupe a Antinoo en la cara*)

ANTINOO: ¡A mí no!

CORIFEO: ¡Y sacó su espada y...! (*Ataca*)

515 ANTINOO (*saltando*): Creonte se salvó por poco.

---

[96]obstinación [97]*vultures* [98]mancharon [99]*summit* [100]hecho pedazos [101]*Twists* [102]lloros
[103]Quiten

CORIFEO: Más le hubiera valido reventar.[104] Hay algo todavía más desdichado[105] que la propia desdicha?[106] No sólo Hemón, también Eurídice, su madre, se dio muerte con filosa cuchillada.

ANTINOO: ¿También ella? ¡No queda nadie!

520 CORIFEO: Creonte queda. (*Se ubica en la carcasa*)

ANTÍGONA: Lloraba, abrazado a mi cintura.

CORIFEO: ¡Hemón, oh desdichado! ¿En qué desgracia querés perderte?

ANTÍGONA: Erró el golpe contra Creonte y se arrojó[107] sobre su espada. Respirando todavía enlazó mis brazos y murió entre olas de sangre... olas de... sangre...
525 en mi cara... (*Bruscamente[108] grita*) ¡Hemón, Hemón, no! ¡No te des muerte! No hagas doble mi soledad.

ANTINOO: Todos estos problemas por falta de sensatez. ¿O no?

CORIFEO: ¡Ay, yerros[109] de estas mentes! Matan y mueren las gentes de mi linaje. ¡Ay, hijo, hijo! ¡Todas las desgracias que sembraron en mi familia y sobre
530 esta tierra! Y ahora yo, ¡culpable! Contra mí, ¡todos los dardos! Sufriré en esta prisión, ¡a pan y agua! (*Solloza, sinceramente*)

ANTINOO (*desconcertado*): Aún tiene poder, ¿prisión? ¿A qué llama prisión? ¿Pan y agua los manjares[110] y los vinos? ¿Las reverencias y ceremonias?

CORIFEO: ¡Sufriré hasta que comprendan!

535 ANTINOO: Posee un gran corazón que indulta fácilmente...

ANTÍGONA: Sus crímenes.

CORIFEO: Mío fue el trono y el poder. (*Vergonzante*) Aún lo es...

ANTINOO: A pesar de su terrible dolor goza ¡perfecta felicidad! ¡Como nosotros!

ANTÍGONA: (*lanza un gemido[111] animal*)

540 CORIFEO: ¡Los perdono! ¡No saben lo que hacen! Pretenden condenarme, a mí, que di mi hijo, mi esposa, al holocausto. Antígona, que atrajiste tantos malos sobre mi cabeza y mi casta, ¡te perdono!

ANTINOO (*teatral*): ¡Bravo!

(*Sale el Corifeo de la carcasa, saluda*)

ANTÍGONA *canta*:

545 «Un sudario lo envolvió;
Cubrieron su sepultura
Flores que el llanto regó.»

¡Te lloro, Hemón! ¡Sangre, cuánta sangre tenías! (*Se toca el rostro*) Llena estoy, dentro y fuera, de tu sangre. No... la quiero, no... la quiero. Es tuya.
550 ¡Bebé tu sangre, Hemón! ¡Recuperá tu sangre! ¡Reviví!

ANTINOO: ¿Lo conseguirá?

CORIFEO (*con una sonrisa ante su estupidez*): Un poco difícil.

ANTINOO: Sin embargo...

CORIFEO (*tajante*):[112] Cuando está la sangre de por medio, los actos no se enmien-
555 dan, ¡idiota!

ANTÍGONA (*dulcemente*): Hiciste doble mi soledad. ¿Por qué preferiste la nada y no la pena? La huida y no la obstinación del vencido.

ANTINOO: ¡Era muy joven!

[104]morirse   [105]desafortunado   [106]desgracia   [107]se... se tiró   [108]Abruptamente
[109]equivocaciones   [110]comidas exquisitas   [111]lamento   [112]decididamente

CORIFEO: Y vos, ¿por qué tuviste tanto apuro? (*Gesto de ahorcarse*)

560 ANTÍGONA: Temí el hambre y la sed. Desfallecer[113] innoblemente. A último momento, arrastrarme, suplicar.

ANTINOO: Los corazones más duros pueden ablandarse, "a último momento". ¿Oíste su llanto? Te perdonó.

ANTÍGONA: No. Aún quiero enterrar a Polinices. «Siempre» querré enterrar a
565 Polinices. Aunque nazca mil veces y él muera mil veces.

ANTINOO: Entonces, ¡«siempre» te castigará Creonte!

CORIFEO: Y morirás mil veces. A la muerte, hija mía, no hay que llamarla. Viene sola. (*Sonríe*) Los apresuramientos[114] con ella son fatales.

ANTÍGONA: ¿No terminará nunca la burla? Hermano, no puedo aguantar[115] estas
570 paredes que no veo, este aire que oprime como una piedra. La sed. (*Palpa[116] el cuenco,[117] lo levanta y lo lleva a sus labios. Se inmoviliza*) Beberé y seguiré sedienta, se quebrarán[118] mis labios y mi lengua se transformará espesa[119] en un animal mudo. No. Rechazo este cuenco de la misericordia, que les sirve de disimulo a la crueldad. (*Lentamente, lo vuelca*)[120] Con la
575 boca húmeda de mi propia saliva iré a mi muerte. Orgullosamente, Hemón, iré a mi muerte. Y vendrás corriendo y te clavarás la espada. Yo no lo supe. Nací, para compartir el amor y no el odio. (*Pausa larga*) Pero el odio manda. (*Furiosa*) ¡El resto es silencio! (*Se da muerte. Con furia*)

Telón

---

[113]*To fall away*   [114]prisas   [115]resistir   [116]Toca   [117]*earthen bowl*   [118]destruirán   [119]densa   [120]lo... le da la vuelta y lo vacía

Cuestionario

1. ¿Quiénes son los personajes protagonistas? ¿Qué sabe usted de ellos? Cuando usted estudió lo referente a «Los personajes o *dramatis personae*» aprendió que los personajes se pueden presentar directa o indirectamente. Según su opinión, ¿los personajes de esta obra se presentan directa o indirectamente?

2. Como usted ya conoce la historia de Antígona, ¿está de acuerdo con el título de la obra? ¿por qué?

3. ¿Hasta qué punto este drama es una crítica al sistema patriarcal?

4. Se dice que este drama representa la lucha entre dos fuerzas sociales, ¿cuáles son? ¿por qué están en lucha?

5. ¿Hasta qué punto se podría decir que Antígona es superior a Creonte?

6. Considerando este drama como una derivación de la tragedia griega, ¿qué elementos anacrónicos se podrían mencionar?

7. En el drama se menciona al personaje Ofelia de la obra *Hamlet*. ¿Qué relación existe entre Antígona y Ofelia?

8. Corifeo y Antinoo son personajes contemporáneos de nosotros los lectores/espectadores y dan a sus parlamentos un tonto de farsa. ¿De qué elementos se valen para lograrlo?

9. En su opinión, ¿cuál es el mensaje de esta obra?

Identificaciones

1. Polinices y Eteocles
2. «Siempre querré enterrar a Polinices. Aunque nazca mil veces y él muera mil veces».
3. Hemón
4. Creonte
5. «Sólo se puede mandar bien en una tierra desierta».

Temas

1. Analice el conflicto trágico que se presenta en esta obra.
2. Discuta hasta qué punto Antígona es la representación de lo femenino y de la resistencia al discurso del poder representado por Creonte.
3. Describa la oposición hombre/mujer en base a esta obra y a la literatura feminista.
4. Discuta la relación de la ideología que se presenta en esta obra con el contexto social latinoamericano, especialmente con el argentino.
5. Debate: En nuestra época, la mujer ha logrado desafiar la pretendida superioridad masculina.

PALOMA PEDRERO

Vida y obra

La española Paloma Pedrero (n. 1957) estudió sociología y arte dramático en la Universidad Complutense de Madrid. Casada con el dramaturgo, guionista y cineasta (*motion picture director*) español Fermín Cabal, es actriz de teatro y cine, dramaturga, guionista (*script writer*), directora, productora y profesora de arte dramático. Su renombre estriba en ser una de las figuras más destacadas de la escena (*stage*) española contemporánea. Gracias a su profundo conocimiento del teatro, Pedrero ha creado, mediante un lenguaje realista y hasta crudo, un nuevo tipo de obra dramática. De carácter revisionista (*revisionist, reform-oriented*), sus piezas denuncian, atacan y satirizan muchos aspectos de la cultura y de la tradición españolas anteriormente considerados sacrosantos. Si por un lado la obra de Pedrero ha sido aclamada dentro y fuera de España, por otro ha suscitado (*stirred up*) bastante controversia: su obra aboga por (*advocates*) cambios radicales en los modelos tradicionales de comportamiento (*behavior*) —particularmente en lo que se refiere al sexo— enfocando a menudo temas «tabú», tales como la homosexualidad y el lesbianismo. Sus piezas más celebradas y controvertidas incluyen *La llamada de Lauren* (1984), *Resguardo personal* (1985), *Besos de lobo* (1987), *El color de agosto* (1988), *Noche de amor efímero* (1994), *La isla amarilla y Cachorros de negro mirar* (1995). Entre los logros más recientes figuran *Locas de amor* (1996), *Una estrella* (1998) y *Juegos de noche: Nueve obras en un acto* (1999).

La autora y su contexto

Pedrero es una de las voces femeninas más resonantes (*resounding*) entre los jóvenes dramaturgos que emergieron tras la caída del régimen ultraconservador y represivo de Francisco Franco (1975). En su arte influyó sobremanera el movimiento de teatro independiente de fines de los años 70, denominado «Cachivache» ("*Odds and Ends*"). Característica fundamental de ese teatro, al que Pedrero sigue asociada, es la experimentación con temas y técnicas novedosos destinados a «concientizar» a (*raise the consciousness of*) una nueva generación de espectadores. De este clima brotan piezas que se distinguen estructuralmente por su metateatralidad («teatro dentro del teatro») y por una temática que explora las relaciones entre los sexos, la soledad, la frustración, la inestabilidad psicológica, el amor como ímpetu destructor, así como el destino irónico y cruel del ser humano. En *La llamada de Lauren* (*Longing to Be Lauren*), su primer éxito, la autora pone en tela de juicio (*places in doubt*) las rígidas normas sociales y presenta a un hombre que se casa, obligado a reprimir su homosexualidad. A la postre, el personaje acaba por revelar su verdadera identidad durante un carnaval, al disfrazarse de (*upon masquerading as*) la actriz norteamericana Lauren Bacall. En obras sucesivas, Pedrero se sirve de su perspectiva femenina para indagar (*investigate*) las difíciles relaciones entre hombre y mujer (*Resguardo personal*), las aún más complejas entre mujeres (*El color de agosto*), y la inmoralidad, o, mejor dicho, la «amoralidad», de la juventud de hoy (*Invierno de luna alegre*).

Resguardo personal[1]

PERSONAJES:
Marta, La mujer.   Gonzalo, El marido.

Salón-comedor de casa modesta o apartamento. Los muebles son típicos de piso de alquiler:[2] toscos,[3] impersonales y baratos. La decoración escasa. En la habitación hay signos de mudanza[4] reciente. Al encenderse la luz vemos a Marta. Está arreglada y maquillada, aunque en su rostro hay huellas[5] de cansancio. Abre su bolso de mano y busca un papel que coloca encima de la mesa del teléfono. Va a marcar pero se arrepiente y cuelga. Se sienta en el sofá al lado de una caja de cartón por la que asoma ropa que ella coloca delicadamente.

Suena el timbre de la puerta. Marta se levanta, se pone el abrigo y se dirige a abrir.

En el umbral[6] de la puerta aparece Gonzalo.

MARTA: (*Sin dejarle entrar*) ¿Qué quieres?
GONZALO: ¿Cómo que qué quiero? Déjame pasar.
MARTA: ¿Para qué?
GONZALO: Tenemos que hablar.
5 MARTA: Ahora no puedo. Tengo prisa. Iba a salir en este momento.

(Gonzalo empuja la puerta y se introduce dentro de la casa).

---

[1]Resguardo... *Personal Claim Check*   [2]piso... *apartment (rental)*   [3]*unpolished*   [4]cambio de casa   [5]marcas
[6]entrada

GONZALO: Creo que me debes una explicación.

MARTA: ¿Otra? No me quedan.

GONZALO: ¿Dónde está Nunca?[7]

MARTA: Tú sabrás. Estaba en tu casa. Tal vez se cansó y salió a tomar el sol.

10 GONZALO: Ha desaparecido. Tú eres la única que tiene las llaves del piso y sabías que iba a estar dos días fuera.[8] Te has llevado a la perra ¿no?

MARTA: (*Mirando alrededor*) Llámala. Estará deseando verte.

GONZALO: (*Abriendo las puertas de las habitaciones*) ¡Nunca! (*Silba*[9]) ¡Nunca! ¡Nunca, soy yo…!

15 MARTA: Ya lo ves. No está.

GONZALO: ¿Dónde está la perra? No me voy a enfadar, Marta. Sólo quiero que me des una explicación. Me la has quitado.

MARTA: ¿Me vas a denunciar? No te lo aconsejo. Vas a hacer un ridículo espantoso. (*Se ríe*) Ya lo estoy viendo: marido agraviado[10] denuncia a su esposa
20 por secuestro de perrita cariñosa. (*A carcajadas*[11]) ¡Qué divertido!, ¿no?

GONZALO: No empieces a ponerme nervioso. Estoy intentando ser razonable. Te pido que no me hagas perder los estribos.[12]

MARTA: Grita, grita. Es muy sano. Sé que lo necesitas.

GONZALO: (*Levantando la voz*) ¡Deja de hablarme en ese tono! ¡Vas a conseguir
25 que ocurra lo que estoy intentando evitar! ¿Dónde está la perra?

MARTA: Habla bajito, por favor. No me encuentro bien del todo. Llevo dos días sin salir de casa. Todavía estoy un poco…

GONZALO: ¿Qué te pasa?

MARTA: Fiebre. He estado con cuarenta grados.

30 GONZALO: ¿Te ha visto un médico?

MARTA: He tenido unos delirios terribles. Anteanoche me desperté gritando; soñé que te habías convertido en una araña[13] roja…

GONZALO: (*Preocupado*) ¿Cuándo tuviste los primeros síntomas? ¿Dolor? ¿Inflamación? ¿Has tomado antitérmicos?[14] ¿Quieres que te explore?

35 MARTA: No te preocupes, ya estoy bien. He tomado antibióticos y hoy ya no tengo fiebre. Por cierto, Gonzalo, cuando anestesiáis a un enfermo para operarle, ¿oye?

GONZALO: ¿Cómo que si oye? Bueno, si es una anestesia de tipo quirúrgico,[15] evidentemente no.

40 MARTA: ¿Y si es superficial? ¿Si es superficial escucha lo que pasa a su alrededor?

GONZALO: Pues… sí, pero, ¿por qué me preguntas eso?

MARTA: No, era una imagen. Cuando deliraba con la fiebre me sentía como anestesiada. (*Pausita*) Pero lo oía todo.

GONZALO: Te noto cansada. No deberías estar sola.

45 MARTA: ¿A qué hora ha llegado tu tren? Te esperaba antes. Te has retrasado diez minutos. Llegaste a Chamartín a las seis y media ¿no?

GONZALO: ¿Por qué lo sabes?

MARTA: Te esperaba.

GONZALO: Sabías que iba a venir a por la perra, claro. Estás reconociendo que te la
50 llevaste.

---

[7]nombre de la perrita   [8]fuera de la ciudad   [9]*He whistles*   [10]ofendido   [11]A… Riendo fuertemente   [12]los…
(*fig.*) el control   [13]*spider*   [14]medicinas para bajar la fiebre   [15]*surgical*

MARTA: La recuperé.[16] Abrí la puerta y vino corriendo hacia mí. «Ah, no», le dije yo y le expliqué claramente su situación. Entonces ella decidió libremente que prefería vivir conmigo. Te aseguro que no la coaccioné.[17]

GONZALO: Me desconciertas, Marta. No sé si es que estás desarrollando un nuevo sentido del humor o es que te estás quedando conmigo.[18]

MARTA: (*Con sorna*[19]) No, no tengo ningún interés en quedarme contigo. Tengo prisa.

GONZALO: Escúchame. Vamos a hablar como personas civilizadas. Nos estamos jodiendo la vida demasiado[20] el uno al otro. Esto no tiene sentido.

MARTA: (*Mostrándole un poster*) ¿Qué te parece si pongo este cartel en esa pared? Está todo tan feo…

GONZALO: ¡He venido a hablar contigo!

MARTA: ¿Me vas a dar el piano? El piano era de mi padre; me lo regaló a mí.

GONZALO: ¡Cállate! Quiero… estoy jodido,[21] Marta. ¿No te das cuenta?

MARTA: (*Le mira fijamente*) Ya lo sé. No soportas[22] sentirte abandonado. Te pone enfermo. Pues deberías tranquilizarte, porque es mentira; tú me dejaste primero y después yo… me fui.

GONZALO: Yo nunca te he dejado. Eso no es verdad.

MARTA: No, claro, sólo trabajabas tanto… Pues estás mejor ahora. Al menos no me hablas de sístoles y diástoles.[23]

GONZALO: No te entiendo.

MARTA: No pretendo que me entiendas a estas alturas.[24] Soy un poco… paranoica, pero no gilipollas.[25]

GONZALO: Yo siempre te he tenido en mente.

MARTA: Me has tenido en casa. Tengo un vecino que dice que lo mejor de estar casado es no tener que preocuparse de pasear a la novia.

GONZALO: ¿Por qué no me lo dijiste?

MARTA: No ha sido grave.[26] Ya sabes que mis fiebres son psicosomáticas.

GONZALO: ¿Por qué no me dijiste que me estabas poniendo los cuernos?[27]

MARTA: ¡Qué expresión más desacertada![28] ¿Tú sabes de dónde viene? Nunca he conseguido averiguar el significado…

GONZALO: Si al menos te hubieras enrollado[29] con ese gilipollas discretamente… pero no, tenías que subirle a casa. Que te viera el portero.[30]

MARTA: Jamás lo hicimos en nuestra cama.

GONZALO: ¡Eso es lo de menos! Ya te he dicho que lo que no soporto es… ¡Me siento traicionado![31]

MARTA: Gonzalito, déjalo ¿quieres? Se me hace muy aburrido… No nos entendemos. La gente no se puede comunicar con todo el mundo, es normal. Es una cuestión de ondas[32]… La tuya y la mía chocan y ¡plaf! caos, caos, caos…

GONZALO: ¿Sigues con él?

MARTA: No. Estoy intentando encontrar la paz.

---

[16]La… La tengo otra vez.   [17]obligué   [18]te… *you're making fun of me*   [19]Como burlándose.   [20]jodiendo… haciendo la vida imposible (*coloquial*)   [21]*damned* (*coloquial*)   [22]toleras   [23]sístoles… (*medical terms*)   [24]a… ahora   [25]tonta (*coloquial*)   [26]seria   [27]poniendo… *fooling around* (*cheating*)   [28]equivocada   [29]te… *you had gotten involved*   [30]la persona que cuida la puerta (*concierge*)   [31]*betrayed*   [32]*level; "wave length"*

GONZALO: Ya sabía yo que era un hijo de puta.[33] Me alegro de que, al menos, te hayas dado cuenta.

95 MARTA: Estaba hablando del caos.

GONZALO: O sea que sigues viéndole.

MARTA: Qué más da…

GONZALO: Sabes que no me da igual.

MARTA: No estoy con nadie. Ya te he dicho que necesito estar sola.

100 GONZALO: ¿Hasta cuándo?

MARTA: Hasta que olvide y vuelva a creer en cosas imposibles.

GONZALO: Necesito que vuelvas a casa. Esto es absurdo.

MARTA: Es totalmente absurdo. Me ha costado mucho[34] tomar esta decisión pero ya está, ya la he tomado.

105 GONZALO: Tienes que volver. No me acostumbro a estar solo.

MARTA: Es una cuestión de aprendizaje.

GONZALO: Marta, yo te quiero. Te juro que te quiero.

MARTA: Ya lo sé. Me enseñaste algo que no conocía…

GONZALO: Vuelve a casa. Podemos arreglar las cosas…

110 MARTA: Me enseñaste lo insólito del amor:[35] la destrucción.

GONZALO: Quiero seguir viviendo contigo. Creo que no está todo perdido…

MARTA: Puede ser que la destrucción sea parte del amor…

GONZALO: Mira, Marta, he estado pensando mucho en nosotros, sé que soy un tío jodido[36] pero… voy a hacer un esfuerzo por salvar nuestra relación.

115 MARTA: Sí, eres muy jodido y bastante sordo.[37]

GONZALO: Tienes que comprenderme. Sabes que tengo muchas responsabilidades. Estoy luchando para que me den la plaza de Jefe de Servicio. Tengo treinta camas a mi cargo. Me paso diez horas diarias en el quirófano[38]…

MARTA: ¡No! Lo de siempre no, por favor. Sueño con personas deformes, con ex-
120 tracorpóreas,[39] transfusiones, ecocardiogramas… tic-tac tic-tac, tic-tac, cora-zones que nunca se paran.

GONZALO: Lo hago por nosotros, por nuestros hijos. Quiero ganar dinero para que vivamos bien…

MARTA: Eso es interesante. ¡Suerte! Nos equivocamos; yo necesito otras cosas y tú
125 otra mujer.

GONZALO: No me hagas perder la paciencia. He decidido que te perdono… que te comprendo. Sé que estás un poco… desequilibrada[40] y sé también que yo, en parte, soy responsable. Vamos a ayudarnos. Si no me echas una mano[41] no voy a conseguir sacar[42] la plaza.

130 MARTA: ¡Me importa un carajo![43] ¡Dios, toda la vida con el mismo rollo![44]

GONZALO: ¡No me quieres escuchar!

MARTA: No.

GONZALO: No tienes interés en hablar conmigo, ¿no?

MARTA: Sí.

135 GONZALO: ¿Sí?

---

[33]hijo… *son of a bitch*   [34]Me… Me ha sido muy difícil   [35]lo… lo que no es común en el amor   [36]tío… *a really messed up guy* (coloquial)   [37]bastante… (*fig.*) no oyes; no sigues consejos   [38]sala de operaciones (en el hospital)   [39]*body excretions*   [40]loca   [41]echas… ayudas   [42]obtener   [43]¡me… *I don't give a damn!* (coloquial)   [44]con… repitiendo lo mismo

MARTA: Sí que no, que no tengo interés.

GONZALO: ¿Vas a volver a casa?

MARTA: No.

GONZALO: Te advierto[45] que no te lo voy a pedir más.

140 MARTA: Te lo agradezco. Tengo prisa.

GONZALO: Es tu última oportunidad.

MARTA: No la quiero.

GONZALO: Es increíble el resentimiento que tienes. Estás enferma.

MARTA: Sí, me provocas palpitaciones.[46]

145 GONZALO: ¡No te consiento[47] que me hables así!

MARTA: Me tengo que ir.

GONZALO: ¿A dónde?

MARTA: Vete, Gonzalo. Lárgate[48] de mi casa. No te he invitado a venir.

GONZALO: Está bien, tú lo has querido. He venido aquí a por algo…

150 MARTA: Por algo que no está. (*Mira su reloj*) ¡Dios mío, las ocho menos once minutos! (*Se dirige hacia la puerta. Gonzalo se pone delante para no dejarla salir*).

GONZALO: Tú no sales de aquí hasta que no me digas dónde está la perra.

MARTA: Quítate de ahí. Tengo algo muy urgente que hacer.

155 GONZALO: Devuélveme lo que me has robado.

MARTA: ¡Es mía! Yo la he criado, la he cuidado cuando estuvo enferma…

GONZALO: Eso es una chorrada.[49] Yo la sacaba a mear[50]…

MARTA: ¡Mentira! Yo la daba de comer, le hacía todo…

GONZALO: ¿Quién la pagó?

160 MARTA: Tú no compras nada, imbécil.[51] Nada que esté vivo. ¡Y quítate de ahí…!

GONZALO: ¿Dónde está la perra?

MARTA: ¿Quieres saber dónde está? ¿Quieres que te lo diga? En la Perrera Municipal.[a]

GONZALO: ¿Que la has metido en la Perrera?

165 MARTA: De tu casa a la Perrera directamente. ¿Qué te crees? ¿Que iba a estar aquí esperándote?

GONZALO: ¡Eres una hija de puta…!

MARTA: Y no te molestes en ir a buscarla porque no te la van a dar. Tengo un papel en el que consta que yo soy su dueña[52] y sólo entregando ese res-
170 guardo te la dan.

GONZALO: ¡Dame ese papel ahora mismo!

MARTA: ¡Me has quitado todo pero a la perra no la vuelves a ver!

(*Marta intenta[53] salir de nuevo. Gonzalo la agarra.[54]*)

MARTA: ¡Déjame salir! ¡Tengo que irme!

GONZALO: ¡El papel…!

175 MARTA: Esta tarde termina el plazo para ir a recogerla.[55] La perrera la cierran a las ocho. Me quedan ocho minutos. (*Histérica*) ¡Ocho minutos!

[45]hago saber   [46]me… *you raise my blood pressure*   [47]permito   [48]Vete   [49]tontería   [50]orinar   [51]estúpido
[52]*owner*   [53]trata de   [54]*grabs*   [55]sacarla

---

[a]*Perrera* no es sólo la casita del perro; aquí significa también *dog pound*.

GONZALO: ¿Para qué?

MARTA: Me dieron setenta y dos horas. Si no voy ahora mismo y cierran, la sacrifican[56] esta noche.

180 GONZALO: ¡Eso es mentira!

MARTA: ¡Te lo juro por Dios! (*Llorando*) He estado enferma y sola. No he podido salir a la calle antes... Cuando has llegado me iba a buscarla. Por favor, te lo suplico, déjame salir. ¡No me queda[57] tiempo!

GONZALO: No.

(*Marta se lanza[58] hacia él y le golpea*)

185 MARTA: ¡Hijo de puta! ¡Eres un...! ¡La van a matar por tu culpa!

GONZALO: Por la tuya. Fuiste tú quien la llevó al matadero.[59]

MARTA: (*Suplicante[60]*) Todavía tengo tiempo. La Perrera está aquí al lado... Quedan cuatro minutos...

GONZALO: No.

190 MARTA: (*Le entrega el resguardo*) Toma, vete tú. Corre, yo te digo dónde...

GONZALO: No.

MARTA: ¿Cómo? ¿No vas a ir?

GONZALO: Los caprichos[61] de loca hay que pagarlos. (*Lee el papel y mira el reloj*) Se acabó, ya no hay tiempo.

195 MARTA: Eres tú. Lo veo tan bien, tan claro... Siento cierta felicidad por no haberme equivocado. Eres despreciable.[62] Eres una araña roja; te has comido mis raíces, mis hojas[63]. . ., me has matado a mi perra...

GONZALO: Tú la has matado. Estás loca, Marta. Y sólo por orgullo[64]...

MARTA: Sólo por odio.[65]

200 GONZALO: Estás más grave de lo que pensaba.

MARTA: Puede sentirse satisfecho con su trabajo, doctor.

GONZALO: Las ocho.

MARTA: Adiós.

GONZALO: Un momento, tengo que cerciorarme.[66] (*Se dirige al teléfono*)

205 MARTA: ¿Qué vas a hacer?

GONZALO: Llamar a la perrera.

MARTA: (*Señalando el resguardo*) El teléfono viene ahí.

(*Gonzalo marca el número. Espera y cuelga*)

GONZALO: Han cerrado. (*Satisfecho*) Tu perrita ya... (*Hace un gesto de inyectar y rompe el papel en pedazos. Marta se derrumba[67]*) Adiós. (*Sale*)

(*Marta mira hacia la puerta. Espera unos segundos y de pronto comienza a reírse a carcajadas. Corre hacia una caja de embalaje,[68] la abre y sale Nunca desperezándose.[69]*)

210 MARTA: (*Sorprendida*) ¿Ya estás despierta...? Pobrecita... Muy bien, te has portado estupendamente. (*La da algo de comer*) ¿Has oído, Nunca? Necesitaba que lo oyeras todo, que supieras cómo es tu padre. Bueno, ya te vas a ir

---

[56]matan   [57]me... tengo   [58]se... *throws herself*   [59]lugar donde matan animales (*slaughterhouse*)   [60]*Begging*
[61]*whims*   [62]*despicable*   [63]te... (*fig.*) me has quitado todo lo que es importante para mí   [64]*pride*   [65]*hate*
[66]estar seguro   [67]se... *pretends to faint*   [68]caja... *storage box*   [69]*stretching*

espabilando[70]… Sólo ha sido un sueñecito. (*Saca una jeringuilla[71] de la caja*) La culpa es de Gonzalo; esto era suyo. (*La tira con desprecio[72]*) ¿Has visto cómo todo ha salido bien? Le conozco tanto… Sabes, yo misma me creía que era verdad; casi me muero. Pero ya se acabó, ya no volverá a molestarnos… por lo menos a ti, ¿nos vamos a la calle? Hale[73]…

(*Nunca mueve el rabo[74] contenta. Marta coge la cadena.[75] Salen.*)

[70]ir… feel better, less sleepy   [71]syringe   [72]scorn   [73]¡Vamos!   [74]tail   [75]leash

Cuestionario

1. ¿Dónde tiene lugar el drama? Describa el lugar.
2. ¿Quiénes son los personajes?
3. ¿Es Nunca un personaje? ¿Qué papel desempeña?
4. ¿Por qué piensa Marta que la situación de Nunca es trágica? ¿Es esa situación real o creada por ella?
5. ¿Cuál es la profesión de Gonzalo? ¿Cómo se sabe?
6. Este drama presenta un conflicto entre una pareja. ¿Cuál es ese conflicto? ¿Cuál es su causa? ¿Es frecuente que las parejas tengan estos conflictos?
7. Como lectores o espectadores, ¿qué sabemos sobre la situación dramática? ¿Sabemos más que los personajes, sabemos menos que ellos o sabemos igual?
8. Comente el desenlace del drama. ¿Qué es lo que puede pasar ahora? ¿Algo agradable? ¿Algo trágico?
9. ¿Cuál es el mensaje del drama?
10. ¿De qué otros temas trata esta obra?
11. ¿Qué significado tiene el título *Resguardo personal?*

Identificaciones

1. el resguardo
2. «Han cerrado»
3. «sacar la plaza»
4. la Perrera Municipal
5. la caja de embalaje

Temas

1. El parlamento de Marta cuando le dice a Gonzalo: «No nos entendemos. La gente no se puede comunicar con todo el mundo, es normal. Es una cuestión de ondas…»
2. Comente con detalles el papel que desempeña cada uno de los personajes. Luego, introduzca a un personaje de su invención y asígnele un papel en el drama.
3. Las características del habla de los dos jóvenes. ¿Hay diferencias notables entre este lenguaje y el que usted está acostumbrado a oír?

4. Los procedimientos empleados por Pedrero para crear humor e ironía: cómo esos elementos sirven para presentar una reflexión seria sobre las relaciones humanas
5. Debate: La falta de comunicación entre las personas es algo común en nuestra época y es una de las causas de la destrucción de la familia.

FEDERICO GARCÍA LORCA[a]

La casa de Bernarda Alba
Drama de mujeres en los pueblos de España

Personajes

BERNARDA (60 años)
MARÍA JOSEFA (madre de Bernarda, 80 años)
ANGUSTIAS (hija de Bernarda, 39 años)
MAGDALENA (hija de Bernarda, 30 años)
AMELIA (hija de Bernarda, 27 años)
MARTIRIO (hija de Bernarda, 24 años)
ADELA (hija de Bernarda, 20 años)
LA PONCIA (criada, 60 años)
CRIADA (50 años)
PRUDENCIA (50 años)
MENDIGA
MUJER 1[a]
MUJER 2[a]
MUJER 3[a]
MUJER 4[a]
MUCHACHA
MUJERES DE LUTO

El poeta advierte que estos tres actos tienen la intención de un documental fotográfico.

Acto primero

(*Habitación blanquísima del interior de la casa de* BERNARDA. *Muros gruesos. Puertas en arco con cortinas de yute[1] rematadas[2] con madroños y volantes.[3] Silla de anea.[4] Cuadros con paisajes inverosímiles de ninfas o reyes de leyenda. Es verano. Un gran silencio umbroso[5] se extiende por la escena. Al levantarse el telón está la escena sola. Se oyen doblar[6] las campanas. Sale la* CRIADA.)

---

[1] jute (type of fabric)   [2] trimmed   [3] madroños... tassels and ruffles   [4] wicker   [5] gloomy   [6] toll

---

[a] Véase la introducción a García Lorca en las páginas 212–213.

CRIADA: Ya tengo el doble de esas campanas metido entre las sienes.[7]

LA PONCIA: (*Sale comiendo chorizo*[8] *y pan.*) Llevan ya más de dos horas de gorigori.[9] Han venido curas de todos los pueblos. La iglesia está hermosa. En el primer responso se desmayó la Magdalena.

5　CRIADA: Es la que se queda más sola.

LA PONCIA: Era la única que quería al padre. ¡Ay! ¡Gracias a Dios que estamos solas un poquito! Yo he venido a comer.

CRIADA: ¡Si te viera Bernarda!...

LA PONCIA: ¡Quisiera que ahora que no come ella, que todas nos muriéramos de
10　　hambre! ¡Mandona![10] ¡Dominanta! ¡Pero se fastidia[11]! Le he abierto la orza[12] de los chorizos.

CRIADA: (*Con tristeza, ansiosa.*) ¿Por qué no me das para mi niña, Poncia?

LA PONCIA: Entra y llévate también un puñado[13] de garbanzos.[14] ¡Hoy no se dará cuenta!

15　VOZ: (*Dentro.*) ¡Bernarda!

LA PONCIA: La vieja. ¿Está bien cerrada?

CRIADA: Con dos vueltas de llave.

LA PONCIA: Pero debes poner también la tranca.[15] Tiene unos dedos como cinco ganzúas.[16]

20　VOZ: ¡Bernarda!

LA PONCIA: (*A voces.*) ¡Ya viene! (*A la* CRIADA.) Limpia bien todo. Si Bernarda no ve relucientes las cosas me arrancará[17] los pocos pelos que me quedan.

CRIADA: ¡Qué mujer!

LA PONCIA: Tirana de todos los que la rodean. Es capaz de sentarse encima de tu
25　　corazón y ver cómo te mueres durante un año sin que se le cierre esa sonrisa fría que lleva en su maldita cara. ¡Limpia, limpia ese vidriado!

CRIADA: Sangre en las manos tengo de fregarlo[18] todo.

LA PONCIA: Ella, la más aseada;[19] ella, la más decente; ella, la más alta. ¡Buen descanso ganó su pobre marido!

(*Cesan las campanas.*)

30　CRIADA: ¿Han venido todos sus parientes?

LA PONCIA: Los de ella. La gente de él la odia. Vinieron a verlo muerto y le hicieron la cruz.

CRIADA: ¿Hay bastantes sillas?

LA PONCIA: Sobran.[20] Que se sienten en el suelo. Desde que murió el padre de
35　　Bernarda no han vuelto a entrar las gentes bajo estos techos. Ella no quiere que la vean en su dominio. ¡Maldita sea!

CRIADA: Contigo se portó bien.

LA PONCIA: Treinta años lavando sus sábanas; treinta años comiendo sus sobras;[21] noches en vela cuando tose; días enteros mirando por la rendija[22] para espiar
40　　a los vecinos y llevarle el cuento; vida sin secretos una con otra, y sin embargo, ¡maldita sea! ¡Mal dolor de clavo le pinche en los ojos![23]

CRIADA: ¡Mujer!

---

[7]temples　[8]type of sausage　[9](expresión usada coloquialmente para referirse al canto lúgubre de los funerales)
[10]¡Cómo le gusta mandar!　[11]se... she'll get hers　[12]earthen pot　[13]fistful　[14]chickpeas　[15]bar　[16]picklocks
[17]me... she'll pull out　[18]limpiarlo　[19]neat　[20]More than enough.　[21]leftovers　[22]crack (in the shutters)
[23]¡Mal... May she feel the pain of a nail in her eyes!

LA PONCIA: Pero yo soy buena perra; ladro cuando me lo dicen y muerdo los talones[24] de los que piden limosna cuando ella me azuza;[25] mis hijos traba-
45 jan en sus tierras y ya están los dos casados, pero un día me hartaré.[26]

CRIADA: Y ese día…

LA PONCIA: Ese día me encerraré con ella en un cuarto y le estaré escupiendo un año entero. «Bernarda, por esto, por aquello, por lo otro», hasta ponerla como un lagarto[27] machacado por los niños, que es lo que es ella y toda su
50 parentela. Claro es que no la envidio la vida. Le quedan cinco mujeres, cinco hijas feas, que quitando Angustias, la mayor, que es la hija del primer marido y tiene dineros, las demás, mucha puntilla bordada,[28] muchas camisas de hilo,[29] pero pan y uvas por toda herencia.

CRIADA: ¡Ya quisiera tener yo lo que ellas!

55 LA PONCIA: Nosotras tenemos nuestras manos y un hoyo en la tierra[30] de la verdad.

CRIADA: Esa es la única tierra que nos dejan a las que no tenemos nada.

LA PONCIA: (*En la alacena.*[31]) Este cristal tiene unas motas.[32]

CRIADA: Ni con jabón ni con bayetas[33] se le quitan.

(*Suenan las campanas.*)

LA PONCIA: El último responso. Me voy a oírlo. A mí me gusta mucho cómo canta
60 el párroco. En el «Pater Noster» subió la voz que parecía un cántaro[34] de agua llenándose poco a poco; claro es que al final dio un gallo,[35] pero da gloria oírlo. Ahora que nadie como el antiguo sacristán Tronchapinos. En la misa de mi madre, que esté en gloria,[36] cantó. Retumbaban las paredes, y cuando decía Amén era como si un lobo hubiese entrado en la iglesia.
65 (*Imitándolo.*) ¡Amé-é-n! (*Se echa a toser.*)

CRIADA: Te vas a hacer el gaznate[37] polvo.

LA PONCIA: ¡Otra cosa hacía polvo yo! (*Sale riendo.*)

(*La* CRIADA *limpia. Suenan las campanas.*)

CRIADA: (*Llevando el canto.*) Tin, tin, tan. Tin, tin, tan. ¡Dios lo haya perdonado!

MENDIGA: (*Con una niña.*) ¡Alabado sea Dios![38]

70 CRIADA: Tin, tin, tan. ¡Que nos espere muchos años! Tin, tin, tan.

MENDIGA: (*Fuerte y con cierta irritación.*) ¡Alabado sea Dios!

CRIADA: (*Irritada.*) ¡Por siempre!

MENDIGA: Vengo por las sobras.

(*Cesan las campanas.*)

CRIADA: Por la puerta se va a la calle. Las sobras de hoy son para mí.

75 MENDIGA: Mujer, tú tienes quien te gane.[39] ¡Mi niña y yo estamos solas!

CRIADA: También están solos los perros y viven.

MENDIGA: Siempre me las dan.

CRIADA: Fuera de aquí. ¿Quién os dijo que entraseis? Ya me habéis dejado los pies señalados.[40] (*Se van. Limpia.*) Suelos barnizados con aceite, alacenas,
80 pedestales, camas de acero, para que traguemos quina[41] las que vivimos en

---

[24]*high heels*   [25]*me... sets me on them*   [26]*cansaré*   [27]*lizard*   [28]*puntilla... embroidered lace*   [29]*linen*   [30]*un...* (fig.) una tumba   [31]*kitchen cabinet*   [32]*manchas*   [33]*trapos para limpiar*   [34]*earthenware container*   [35]*un... una nota falsa*   [36]*que... may she rest in peace*   [37]*garganta*   [38]¡Alabado... *Praise be to God!*   [39]*te... gane el pan para ti*   [40]*dejado... ensuciado el suelo con los pies*   [41]*traguemos... tengamos envidia*

las chozas de tierra con un plato y una cuchara. Ojalá que un día no quedáramos ni uno para contarlo. (*Vuelven a sonar las campanas.*) Sí, sí, ¡vengan clamores! ¡Venga caja con filos dorados y toalla para llevarla! ¡Que lo mismo estarás tú que estaré yo! Fastídiate, Antonio María Benavides,

85   tieso[42] con tu traje de paño y tus botas enterizas. ¡Fastídiate! ¡Ya no volverás a levantarme las enaguas detrás de la puerta de tu corral! (*Por el fondo, de dos en dos, empiezan a entrar* MUJERES DE LUTO, *con pañuelos grandes, faldas y abanicos negros. Entran lentamente hasta llenar la escena. La* CRIADA, *rompiendo a gritar.*) ¡Ay Antonio María Benavides, que ya no verás estas

90   paredes ni comerás el pan de esta casa! Yo fui la que más te quiso de las que te sirvieron. (*Tirándose del cabello.*) ¿Y he de vivir yo después de verte marchar? ¿Y he de vivir?

(*Terminan de entrar las doscientas* MUJERES *y aparece* BERNARDA *y sus cinco* HIJAS.)

BERNARDA: (*A la* CRIADA.) ¡Silencio!

CRIADA: (*Llorando.*) ¡Bernarda!

95   BERNARDA: Menos gritos y más obras. Debías haber procurado que todo esto estuviera más limpio para recibir al duelo.[43] Vete. No es éste tu lugar. (*La* CRIADA *se va llorando.*) Los pobres son como los animales; parece como si estuvieran hechos de otras sustancias.

MUJER 1ª: Los pobres sienten también sus penas.

100   BERNARDA: Pero las olvidan delante de un plato de garbanzos.

MUCHACHA: (*Con timidez.*) Comer es necesario para vivir.

BERNARDA: A tu edad no se habla delante de las personas mayores.

MUJER 1ª: Niña, cállate.

BERNARDA: No he dejado que nadie me dé lecciones. Sentarse. (*Se sientan. Pausa.*

105   *Fuerte.*) Magdalena, no llores; si quieres llorar te metes debajo de la cama. ¿Me has oído?

MUJER 2ª: (*A* BERNARDA.) ¿Habéis empezado los trabajos en la era[44]?

BERNARDA: Ayer.

MUJER 3ª: Cae el sol como plomo.[45]

110   MUJER 1ª: Hace años no he conocido calor igual.

(*Pausa. Se abanican todas.*)

BERNARDA: ¿Está hecha la limonada?

LA PONCIA: Sí, Bernarda. (*Sale con una gran bandeja llena de jarritas blancas que distribuye.*)

BERNARDA: Dale a los hombres.

115   LA PONCIA: Ya están tomando en el patio.

BERNARDA: Que salgan por donde han entrado. No quiero que pasen por aquí.

MUCHACHA: (*A* ANGUSTIAS.) Pepe el Romano estaba con los hombres del duelo.

ANGUSTIAS: Allí estaba.

BERNARDA: Estaba su madre. Ella ha visto a su madre. A Pepe no lo ha visto ella

120   ni yo.

MUCHACHA: Me pareció…

---

[42]*stiff*   [43]*funeral congregation*   [44]*threshing floor*   [45]*como… muy fuerte*

BERNARDA: Quien sí estaba era el viudo de Darajalí. Muy cerca de tu tía. A ése lo vimos todas.

MUJER 2ª: (*Aparte, en voz baja.*) ¡Mala, más que mala!

125 MUJER 3ª: (*Lo mismo.*) ¡Lengua de cuchillo!

BERNARDA: Las mujeres en la iglesia no deben de mirar más hombre que al oficiante, y ése porque tiene faldas. Volver la cabeza es buscar el calor de la pana.[46]

MUJER 1ª: (*En voz baja.*) ¡Vieja lagarta recocida![47]

130 LA PONCIA: (*Entre dientes.*[48]) ¡Sarmentosa por calentura de varón![49]

BERNARDA: ¡Alabado sea Dios!

TODAS: (*Santiguándose.*[50]) Sea por siempre bendito y alabado.

BERNARDA: ¡Descansa en paz con la santa
       compaña de cabecera[51]!

135 TODAS: ¡Descansa en paz!

BERNARDA: Con el ángel San Miguel
       y su espada justiciera.

TODAS: ¡Descansa en paz!

BERNARDA: Con la llave que todo lo abre
140   y la mano que todo lo cierra.

TODAS: ¡Descansa en paz!

BERNARDA: Con los bienaventurados
       y las lucecitas del campo.

TODAS: ¡Descansa en paz!

145 BERNARDA: Con nuestra santa caridad
       y las almas de tierra y mar.

TODAS: ¡Descansa en paz!

BERNARDA: Concede el reposo a tu siervo Antonio María Benavides y dale la corona de tu santa gloria.

150 TODAS: Amén.

BERNARDA: (*Se pone en pie y canta.*) «Requiem aeternam donat eis Domine[52]».

TODAS: (*De pie y cantando al modo gregoriano.*) «Et lux perpetua luceat eis[53]».
(*Se santiguan.*)

MUJER 1ª: Salud para rogar por su alma. (*Van desfilando.*[54])

155 MUJER 3ª: No te faltará la hogaza[55] de pan caliente.

MUJER 2ª: Ni el techo para tus hijas. (*Van desfilando todas por delante de BERNARDA y saliendo.*)

(*Sale ANGUSTIAS por otra puerta que da al patio.*)

MUJER 4ª: El mismo trigo de tu casamiento lo sigas disfrutando.

LA PONCIA: (*Entrando con una bolsa.*) De parte de los hombres esta bolsa de
160   dineros para responsos.[56]

BERNARDA: Dales las gracias y échales una copa de aguardiente.[57]

MUCHACHA: (*A MAGDALENA.*) Magdalena…

---

[46]el... (fig.) el calor de los hombres   [47]¡Vieja... *You old bag!*   [48]Entre... *Under her breath*   [49]¡Sarmentosa... *Itching to have a man!*   [50]Haciéndose la señal de la cruz   [51]la... las almas de los seres queridos (*dearly departed*)   [52]Requiem... Dales, Señor, el descanso eterno. (*latín*)   [53]Et... Y brille para ellos la luz eterna. (*latín*)   [54]pasando   [55]pan grande   [56]oraciones por los muertos   [57]licor muy fuerte

BERNARDA: (*A* MAGDALENA, *que inicia el llanto.*) Chiss. (*Salen todas. A las que se han ido.*) ¡Andar[58] a vuestras casas a criticar todo lo que habéis visto! ¡Ojalá tardéis muchos años en pasar el arco de mi puerta!

165

LA PONCIA: No tendrás queja ninguna. Ha venido todo el pueblo.

BERNARDA: Sí; para llenar mi casa con el sudor de sus refajos[59] y el veneno de sus lenguas.

AMELIA: ¡Madre, no hable usted así!

170 BERNARDA: Es así como se tiene que hablar en este maldito pueblo sin río, pueblo de pozos,[60] donde siempre se bebe el agua con el miedo de que esté envenenada.

LA PONCIA: ¡Cómo han puesto la solería[61]!

BERNARDA: Igual que si hubiese pasado por ella una manada de cabras.[62] (LA

175 PONCIA *limpia el suelo.*) Niña, dame el abanico.

ADELA: Tome usted. (*Le da un abanico redondo con flores rojas y verdes.*)

BERNARDA: (*Arrojando el abanico al suelo.*) ¿Es éste el abanico que se da a una viuda? Dame uno negro y aprende a respetar el luto de tu padre.

MARTIRIO: Tome usted el mío.

180 BERNARDA: ¿Y tú?

MARTIRIO: Yo no tengo calor.

BERNARDA: Pues busca otro, que te hará falta. En ocho años que dure el luto no ha de entrar en esta casa el viento de la calle. Hacemos cuenta que hemos tapiado[63] con ladrillos puertas y ventanas. Así pasó en casa de mi padre y en

185 casa de mi abuelo. Mientras, podéis empezar a bordar[64] el ajuar.[65] En el arca tengo veinte piezas de hilo con el que podréis cortar sábanas y embozos.[66] Magdalena puede bordarlas.

MAGDALENA: Lo mismo me da.

ADELA: (*Agria.*) Si no quieres bordarlas, irán sin bordados. Así las tuyas lucirán

190 más.

MAGDALENA: Ni las mías ni las vuestras. Sé que yo no me voy a casar. Prefiero llevar sacos al molino.[67] Todo menos estar sentada días y días dentro de esta sala oscura.

BERNARDA: Eso tiene ser mujer.

195 MAGDALENA: Malditas sean las mujeres.

BERNARDA: Aquí se hace lo que yo mando. Ya no puedes ir con el cuento a tu padre. Hilo y aguja para las hembras.[68] Látigo[69] y mula para el varón. Eso tiene la gente que nace con posibles.[70]

(*Sale* ADELA.)

VOZ: ¡Bernarda! ¡Déjame salir!

200 BERNARDA: (*En voz alta.*) ¡Dejadla ya!

(*Sale la* CRIADA.)

CRIADA: Me ha costado mucho sujetarla. A pesar de sus ochenta años, tu madre es fuerte como un roble.

---

[58]Andad (coloquial)   [59]*underskirts*   [60]*wells*   [61]*suelo*   [62]*manada... herd of goats*   [63]*cerrado*   [64]*embroider*
[65]*trousseau*   [66]*upper hem of a top sheet*   [67]*mill*   [68]*Hilo... Needle and thread for the females.*   [69]*Whip*
[70]*con... con dinero*

BERNARDA: Tiene a quién parecerse. Mi abuelo fue igual.

CRIADA: Tuve durante el duelo que taparle varias veces la boca con un costal[71]
vacío porque quería llamarte para que le dieras agua de fregar siquiera para
beber, y carne de perro, que es lo que ella dice que tú le das.

MARTIRIO: ¡Tiene mala intención!

BERNARDA: (*A la* CRIADA.) Dejadla que se desahogue[72] en el patio.

CRIADA: Ha sacado del cofre[73] sus anillos[74] y los pendientes[75] de amatista;[76] se los
ha puesto, y me ha dicho que se quiere casar.

(*Las* HIJAS *ríen.*)

BERNARDA: Ve con ella y ten cuidado que no se acerque al pozo.

CRIADA: No tengas miedo que se tire.

BERNARDA: No es por eso… Pero desde aquel sitio las vecinas pueden verla desde
su ventana.

(*Sale la* CRIADA.)

MARTIRIO: Nos vamos a cambiar de ropa.

BERNARDA: Sí, pero no el pañuelo de la cabeza. (*Entra* ADELA.) ¿Y Angustias?

ADELA: (*Con intención.*) La he visto asomada a las rendijas del portón.[77] Los hombres se acaban de ir.

BERNARDA: ¿Y tú a qué fuiste también al portón?

ADELA: Me llegué a ver si habían puesto[78] las gallinas.

BERNARDA: ¡Pero el duelo de los hombres habría salido ya!

ADELA: (*Con intención.*) Todavía estaba un grupo parado por fuera.

BERNARDA: (*Furiosa.*) ¡Angustias! ¡Angustias!

ANGUSTIAS: (*Entrando.*) ¿Qué manda usted?

BERNARDA: ¿Qué mirabas y a quién?

ANGUSTIAS: A nadie.

BERNARDA: ¿Es decente que una mujer de tu clase vaya con el anzuelo[79] detrás de
un hombre el día de la misa de su padre? ¡Contesta! ¿A quién mirabas?

(*Pausa.*)

ANGUSTIAS: Yo…

BERNARDA: ¡Tú!

ANGUSTIAS: ¡A nadie!

BERNARDA: (*Avanzando y golpeándola.*) ¡Suave! ¡Dulzarrona!

LA PONCIA: (*Corriendo.*) ¡Bernarda, cálmate! (*La sujeta.*)

(ANGUSTIAS *llora.*)

BERNARDA: ¡Fuera de aquí todas! (*Salen.*)

LA PONCIA: Ella lo ha hecho sin dar alcance a[80] lo que hacía, que está francamente
mal. Ya me chocó[81] a mí verla escabullirse[82] hacia el patio. Luego estuvo
detrás de una ventana oyendo la conversación que traían los hombres, que,
como siempre, no se puede oír.

BERNARDA: A eso vienen a los duelos. (*Con curiosidad.*) ¿De qué hablaban?

---

[71]*sack* [72]*se… alivie su pena* [73]*baúl* [74]*rings* [75]*earrings* [76]*amethyst* [77]*puerta grande* [78]*habían… had
laid eggs* [79]*hook* [80]*dar… pensar en* [81]*sorprendió* [82]*sneak out*

240 LA PONCIA: Hablaban de Paca la Roseta. Anoche ataron a su marido a un pesebre[83] y a ella se la llevaron en la grupa del caballo hasta lo alto del olivar.

BERNARDA: ¿Y ella?

LA PONCIA: Ella, tan conforme. Dicen que iba con los pechos fuera y Maximiliano la llevaba cogida como si tocara la guitarra. ¡Un horror!

245 BERNARDA: ¿Y qué pasó?

LA PONCIA: Lo que tenía que pasar. Volvieron casi de día. Paca la Roseta traía el pelo suelto y una corona de flores en la cabeza.

BERNARDA: Es la única mujer mala que tenemos en el pueblo.

LA PONCIA: Porque no es de aquí. Es de muy lejos. Y los que fueron con ella son
250 también hijos de forasteros. Los hombres de aquí no son capaces de eso.

BERNARDA: No; pero les gusta verlo y comentarlo y se chupan los dedos de[84] que esto ocurra.

LA PONCIA: Contaban muchas cosas más.

BERNARDA: (*Mirando a un lado y otro con cierto temor.*) ¿Cuáles?

255 LA PONCIA: Me da vergüenza referirlas.

BERNARDA: ¿Y mi hija las oyó?

LA PONCIA: ¡Claro!

BERNARDA: Esa sale a[85] sus tías; blancas y untuosas[86] y que ponían los ojos de carnero[87] al piropo[88] de cualquier barberillo.[89] ¡Cuánto hay que sufrir y
260 luchar para hacer que las personas sean decentes y no tiren al monte[90] demasiado!

LA PONCIA: ¡Es que tus hijas están ya en edad de merecer[91]! Demasiado poca guerra te dan. Angustias ya debe tener mucho más de los treinta.

BERNARDA: Treinta y nueve justos.

265 LA PONCIA: Figúrate. Y no ha tenido nunca novio…

BERNARDA: (*Furiosa.*) ¡No ha tenido novio ninguna ni les hace falta! Pueden pasarse muy bien.

LA PONCIA: No he querido ofenderte.

BERNARDA: No hay en cien leguas a la redonda quien se pueda acercar a ellas. Los
270 hombres de aquí no son de su clase. ¿Es que quieres que las entregue a cualquier gañán[92]?

LA PONCIA: Debías irte a otro pueblo.

BERNARDA: Eso. ¡A venderlas!

LA PONCIA: No, Bernarda, a cambiar… Claro que en otros sitios ellas resultan las
275 pobres.

BERNARDA: ¡Calla esa lengua atormentadora!

LA PONCIA: Contigo no se puede hablar. ¿Tenemos o no tenemos confianza?

BERNARDA: No tenemos. Me sirves y te pago. ¡Nada más!

CRIADA: (*Entrando.*) Ahí está don Arturo, que viene a arreglar las particiones.

280 BERNARDA: Vamos. (*A la* CRIADA.) Tú empieza a blanquear[93] el patio. (*A LA* PONCIA.) Y tú ve guardando en el arca grande toda la ropa del muerto.

LA PONCIA: Algunas cosas las podíamos dar.

---

[83]*manger in a stable*   [84]*se… a ellos les gusta*   [85]*sale… takes after*   [86]demasiado complacientes y afectadas
[87]*ojos… sheep's eyes*   [88]*compliment*   [89]barbero; (*fig.*) hombre de poca importancia   [90]*tiren… sigan sus malos
instintos*   [91]*merecer marido*   [92](*fig.*) campesino tosco, hombre ordinario   [93]pintar de blanco (*whitewash*)

BERNARDA: Nada, ¡ni un botón! Ni el pañuelo con que le hemos tapado la cara.
(*Sale lentamente y al salir vuelve la cabeza y mira a sus* CRIADAS.)

(*Las* CRIADAS *salen después. Entran* AMELIA *y* MARTIRIO.)

285 AMELIA: ¿Has tomado la medicina?

MARTIRIO: ¡Para lo que me va a servir!

AMELIA: Pero la has tomado.

MARTIRIO: Yo hago las cosas sin fe, pero como un reloj.

AMELIA: Desde que vino el médico nuevo estás más animada.

290 MARTIRIO: Yo me siento lo mismo.

AMELIA: ¿Te fijaste? Adelaida no estuvo en el duelo.

MARTIRIO: Ya lo sabía. Su novio no la deja salir ni al tranco[94] de la calle. Antes era alegre; ahora ni polvos se echa en la cara.[95]

AMELIA: Ya no sabe una si es mejor tener novio o no.

295 MARTIRIO: Es lo mismo.

AMELIA: De todo tiene la culpa esta crítica que no nos deja vivir. Adelaida habrá pasado mal rato.

MARTIRIO: Le tiene miedo a nuestra madre. Es la única que conoce la historia de su padre y el origen de sus tierras. Siempre que viene le tira puñaladas en el
300 asunto. Su padre mató en Cuba al marido de su primera mujer para casarse con ella. Luego aquí la abandonó y se fue con otra que tenía una hija y luego tuvo relaciones con esta muchacha, la madre de Adelaida, y se casó con ella después de haber muerto loca la segunda mujer.

AMELIA: Y ese infame, ¿por qué no está en la cárcel?

305 MARTIRIO: Porque los hombres se tapan unos a otros las cosas de esta índole[96] y nadie es capaz de delatar.

AMELIA: Pero Adelaida no tiene culpa de esto.

MARTIRIO: No. Pero las cosas se repiten. Y veo que todo es una terrible repetición. Y ella tiene el mismo sino[97] de su madre y de su abuela, mujeres las dos del
310 que la engendró.

AMELIA: ¡Qué cosa más grande!

MARTIRIO: Es preferible no ver a un hombre nunca. Desde niña les tuve miedo. Los veía en el corral uncir los bueyes[98] y levantar los costales de trigo entre voces y zapatazos y siempre tuve miedo de crecer por temor de encontrarme
315 de pronto abrazada por ellos. Dios me ha hecho débil y fea y los ha apartado definitivamente de mí.

AMELIA: ¡Eso no digas! Enrique Humanas estuvo detrás de ti y le gustabas.

MARTIRIO: ¡Invenciones de la gente! Una vez estuve en camisa detrás de la ventana hasta que fue de día porque me avisó con la hija de su gañán que iba a
320 venir y no vino. Fue todo cosa de lenguas. Luego se casó con otra que tenía más que yo.

AMELIA: ¡Y fea como un demonio!

MARTIRIO: ¡Qué les importa a ellos la fealdad! A ellos les importa la tierra, las yuntas,[99] y una perra sumisa[100] que les dé de comer.

325 AMELIA: ¡Ay! (*Entra* MAGDALENA.)

---

[94]al... a la puerta   [95]ni... no se arregla, no cuida de su persona   [96]esta... este tipo   [97]destino   [98]uncir... *yoking the oxen*   [99]*pair of oxen*   [100]obediente

MAGDALENA: ¿Qué hacéis?

MARTIRIO: Aquí.

AMELIA: ¿Y tú?

MAGDALENA: Vengo de correr las cámaras. Por andar un poco. De ver los cuadros
330   bordados de cañamazo[101] de nuestra abuela, el perrito de lanas y el negro
    luchando con el león, que tanto nos gustaba de niñas. Aquélla era una época
    más alegre. Una boda duraba diez días y no se usaban las malas lenguas.
    Hoy hay más finura, las novias se ponen de velo blanco como en las pobla-
    ciones y se bebe vino de botella, pero nos pudrimos por el qué dirán.[102]

335 MARTIRIO: ¡Sabe Dios lo que entonces pasaría!

AMELIA: (*A* MAGDALENA.) Llevas desabrochados[103] los cordones de un zapato.

MAGDALENA: ¡Qué más da!

AMELIA: Te los vas a pisar y te vas a caer.

MAGDALENA: ¡Una menos!

340 MARTIRIO: ¿Y Adela?

MAGDALENA: ¡Ah! Se ha puesto el traje verde que se hizo para estrenar[104] el día de
    su cumpleaños, se ha ido al corral, y ha comenzado a voces: «¡Gallinas!
    ¡Gallinas, miradme!» ¡Me he tenido que reír!

AMELIA: ¡Si la hubiera visto madre!

345 MAGDALENA: ¡Pobrecilla! Es la más joven de nosotras y tiene ilusión. Daría algo
    por verla feliz.

    (*Pausa.* ANGUSTIAS *cruza la escena con unas toallas en la mano.*)

ANGUSTIAS: ¿Qué hora es?

MAGDALENA: Ya deben ser las doce.

ANGUSTIAS: ¿Tanto?

350 AMELIA: Estarán al caer.

    (*Sale* ANGUSTIAS.)

MAGDALENA: (*Con intención.*) ¿Sabéis ya la cosa?

AMELIA: No.

MAGDALENA: ¡Vamos!

MARTIRIO: No sé a qué te refieres…

355 MAGDALENA: Mejor que yo lo sabéis las dos. Siempre cabeza con cabeza como
    dos ovejitas, pero sin desahogarse con nadie. ¡Lo de Pepe el Romano!

MARTIRIO: ¡Ah!

MAGDALENA: (*Remedándola.*[105]) ¡Ah! Ya se comenta por el pueblo. Pepe el
    Romano viene a casarse con Angustias. Anoche estuvo rondando[106] la casa y
360   creo que pronto va a mandar un emisario.

MARTIRIO: Yo me alegro. Es buen mozo.

AMELIA: Yo también. Angustias tiene buenas condiciones.

MAGDALENA: Ninguna de las dos os alegráis.

MARTIRIO: ¡Magdalena! ¡Mujer!

---

[101]bordados… *embroidered with needlepoint*   [102]nos… nos preocupamos hasta consumirnos por la opinión de la
gente   [103]*untied*   [104]*wear for the first time*   [105]Imitándola   [106]paseando alrededor de

365 MAGDALENA: Si viniera por el tipo de Angustias, por Angustias como mujer, yo me
alegraría; pero viene por el dinero. Aunque Angustias es nuestra hermana,
aquí estamos en familia y reconocemos que está vieja, enfermiza, y que
siempre ha sido la que ha tenido menos méritos de todas nosotras. Porque si
con veinte años parecía un palo vestido, ¡qué será ahora que tiene cuarenta!

370 MARTIRIO: No hables así. La suerte viene a quien menos la aguarda.

AMELIA: ¡Después de todo dice la verdad! ¡Angustias tiene todo el dinero de su
padre, es la única rica de la casa y por eso ahora que nuestro padre ha
muerto y ya se harán particiones viene por ella!

MAGDALENA: Pepe el Romano tiene veinticinco años y es el mejor tipo de todos
375 estos contornos.[107] Lo natural sería que te pretendiera a ti, Amelia, o a nuestra Adela, que tiene veinte años, pero no que venga a buscar lo más oscuro
de esta casa, a una mujer que, como su padre, habla con las narices.

MARTIRIO: ¡Puede que a él le guste!

MAGDALENA: ¡Nunca he podido resistir tu hipocresía!

380 MARTIRIO: ¡Dios me valga!

(*Entra* ADELA.)

MAGDALENA: ¿Te han visto ya las gallinas?

ADELA: ¿Y qué queríais que hiciera?

AMELIA: ¡Si te ve nuestra madre te arrastra del pelo!

ADELA: Tenía mucha ilusión con el vestido. Pensaba ponérmelo el día que vamos a
385 comer sandías[108] a la noria.[109] No hubiera habido otro igual.

MARTIRIO: Es un vestido precioso.

ADELA: Y que me está muy bien. Es lo mejor que ha cortado Magdalena.

MAGDALENA: ¿Y las gallinas qué te han dicho?

ADELA: Regalarme unas cuantas pulgas que me han acribillado[110] las piernas.
390 (*Ríen.*)

MARTIRIO: Lo que puedes hacer es teñirlo de negro.

MAGDALENA: Lo mejor que puedes hacer es regalárselo a Angustias para la boda
con Pepe el Romano.

ADELA: (*Con emoción contenida.*) Pero Pepe el Romano…

395 AMELIA: ¿No lo has oído decir?

ADELA: No.

MAGDALENA: ¡Pues ya lo sabes!

ADELA: ¡Pero si no puede ser!

MAGDALENA: ¡El dinero lo puede todo!

400 ADELA: ¿Por eso ha salido detrás del duelo y estuvo mirando por el portón?
(*Pausa.*) Y ese hombre es capaz de…

MAGDALENA: Es capaz de todo.

(*Pausa.*)

MARTIRIO: ¿Qué piensas, Adela?

ADELA: Pienso que este luto me ha cogido en la peor época de mi vida para
405 pasarlo.

MAGDALENA: Ya te acostumbrarás.

---

[107]alrededores   [108]watermelons   [109]draw-well   [110]picado (*bitten*)

ADELA: (*Rompiendo a llorar con ira.*) No me acostumbraré. Yo no puedo estar encerrada. No quiero que se me pongan las carnes como a vosotras; no quiero perder mi blancura en estas habitaciones; mañana me pondré mi vestido verde y me echaré a pasear por la calle. ¡Yo quiero salir!

410

(*Entra la* CRIADA.)

MAGDALENA: (*Autoritaria.*) ¡Adela!
CRIADA: ¡La pobre! Cuánto ha sentido a su padre… (*Sale.*)
MARTIRIO: ¡Calla!
AMELIA: Lo que sea de una será de todas.

(ADELA *se calma.*)

415 MAGDALENA: Ha estado a punto de oírte la criada.

(*Aparece la* CRIADA.)

CRIADA: Pepe el Romano viene por lo alto de la calle.

(AMELIA, MARTIRIO y MAGDALENA *corren presurosas.*)

MAGDALENA: ¡Vamos a verlo! (*Salen rápidas.*)
CRIADA: (*A* ADELA.) ¿Tú no vas?
ADELA: No me importa.
420 CRIADA: Como dará la vuelta a la esquina, desde la ventana de tu cuarto se verá mejor. (*Sale.*)

(ADELA *queda en escena dudando; después de un instante se va también rápida hasta su habitación. Salen* BERNARDA *y* LA PONCIA.)

BERNARDA: ¡Malditas particiones!
LA PONCIA: ¡Cuánto dinero le queda a Angustias!
BERNARDA: Sí.
425 LA PONCIA: Y a las otras, bastante menos.
BERNARDA: Ya me lo has dicho tres veces y no te he querido replicar. Bastante menos, mucho menos. No me lo recuerdes más.

(*Sale* ANGUSTIAS *muy compuesta de cara.*)

BERNARDA: ¡Angustias!
ANGUSTIAS: Madre.
430 BERNARDA: ¿Pero has tenido valor de echarte polvos en la cara? ¿Has tenido valor de lavarte la cara el día de la muerte de tu padre?
ANGUSTIAS: No era mi padre. El mío murió hace tiempo. ¿Es que ya no lo recuerda usted?
BERNARDA: Más debes a este hombre, padre de tus hermanas, que al tuyo. Gracias
435 a este hombre tienes colmada[111] tu fortuna.
ANGUSTIAS: ¡Eso lo teníamos que ver!
BERNARDA: Aunque fuera por decencia. ¡Por respeto!
ANGUSTIAS: Madre, déjeme usted salir.

[111]abundante

BERNARDA: ¿Salir? Después que te hayas quitado esos polvos de la cara. ¡Suavona!
440 ¡Yeyo![112] ¡Espejo de tus tías! (*Le quita violentamente con un pañuelo los polvos.*) ¡Ahora, vete!

LA PONCIA: ¡Bernarda, no seas tan inquisitiva!

BERNARDA: Aunque mi madre esté loca, yo estoy en mis cinco sentidos y sé perfectamente lo que hago.

(*Entran todas.*)

445 MAGDALENA: ¿Qué pasa?

BERNARDA: No pasa nada.

MAGDALENA: (*A* ANGUSTIAS.) Si es que discuten por las particiones, tú que eres la más rica te puedes quedar con todo.

ANGUSTIAS: Guárdate la lengua en la madriguera.[113]

450 BERNARDA: (*Golpeando en el suelo.*) No os hagáis ilusiones de que vais a poder conmigo. ¡Hasta que salga de esta casa con los pies adelante[114] mandaré en lo mío y en lo vuestro!

(*Se oyen unas voces y entra en escena* MARÍA JOSEFA, *la madre de* BERNARDA, *viejísima, ataviada*[115] *con flores en la cabeza y en el pecho.*)

MARÍA JOSEFA: Bernarda, ¿dónde está mi mantilla? Nada de lo que tengo quiero que sea para vosotras. Ni mis anillos ni mi traje negro de «moaré[116]». Porque
455 ninguna de vosotras se va a casar. ¡Ninguna! Bernarda, dame mi gargantilla[117] de perlas.

BERNARDA: (*A la* CRIADA.) ¿Por qué la habéis dejado entrar?

CRIADA: (*Temblando.*) ¡Se me escapó!

MARÍA JOSEFA: Me escapé porque me quiero casar, porque quiero casarme con un
460 varón hermoso de la orilla del mar, ya que aquí los hombres huyen de las mujeres.

BERNARDA: ¡Calle usted, madre!

MARÍA JOSEFA: No, no me callo. No quiero ver a estas mujeres solteras rabiando por la boda, haciéndose polvo el corazón,[118] y yo me quiero ir a mi pueblo.
465 Bernarda, yo quiero un varón para casarme y para tener alegría.

BERNARDA: ¡Encerradla!

MARÍA JOSEFA: ¡Déjame salir, Bernarda!

(*La* CRIADA *coge a* MARÍA JOSEFA.)

BERNARDA: ¡Ayudarla vosotras! (*Todas arrastran a la vieja.*)

MARÍA JOSEFA: ¡Quiero irme de aquí! ¡Bernarda! ¡A casarme a la orilla del mar, a
470 la orilla del mar!

Telón

---

[112]¡Suavona… (expresiones insultantes)   [113]Guárdate… Cállate   [114]con… muerta   [115]adornada   [116]tela de seda   [117]collar   [118]haciéndose… *eating their hearts out*

Acto segundo

(Habitación blanca del interior de la casa de BERNARDA. *Las puertas de la izquierda dan a los dormitorios. Las* HIJAS *de* BERNARDA *están sentadas en sillas bajas cosiendo.* MAGDALENA *borda. Con ellas está* LA PONCIA.*)*

ANGUSTIAS: Ya he cortado la tercera sábana.

MARTIRIO: Le corresponde a Amelia.

MAGDALENA: Angustias. ¿Pongo también las iniciales de Pepe?

ANGUSTIAS: (*Seca.*) No.

475 MAGDALENA: (*A voces.*) Adela, ¿no vienes?

AMELIA: Estará echada en la cama.

LA PONCIA: Esta tiene algo. La encuentro sin sosiego, temblona, asustada, como si tuviese una lagartija entre los pechos.[119]

MARTIRIO: No tiene ni más ni menos que lo que tenemos todas.

480 MAGDALENA: Todas, menos Angustias.

ANGUSTIAS: Yo me encuentro bien, y al que le duela, que reviente.[120]

MAGDALENA: Desde luego que hay que reconocer que lo mejor que has tenido siempre es el talle y la delicadeza.

ANGUSTIAS: Afortunadamente, pronto voy a salir de este infierno.

485 MAGDALENA: ¡A lo mejor no sales!

MARTIRIO: Dejar esa conversación.

ANGUSTIAS: Y, además, ¡más vale onza en el arca que ojos negros en la cara![121]

MAGDALENA: Por un oído me entra y por otro me sale.

AMELIA: (*A* LA PONCIA.) Abre la puerta del patio a ver si nos entra un poco de
490 fresco.

(La CRIADA *lo hace.*)*

MARTIRIO: Esta noche pasada no me podía quedar dormida por el calor.

AMELIA: Yo tampoco.

MAGDALENA: Yo me levanté a refrescarme. Había un nublo[122] negro de tormenta y hasta cayeron algunas gotas.

495 LA PONCIA: Era la una de la madrugada y subía fuego de la tierra. También me levanté yo. Todavía estaba Angustias con Pepe en la ventana.

MAGDALENA: (*Con ironía.*) ¿Tan tarde? ¿A qué hora se fue?

ANGUSTIAS: Magdalena, ¿a qué preguntas, si lo viste?

AMELIA: Se iría a eso de la una y media.

500 ANGUSTIAS: ¿Sí? ¿Tú por qué lo sabes?

AMELIA: Lo sentí toser y oí los pasos de su jaca.[123]

LA PONCIA: Pero si yo lo sentí marchar a eso de las cuatro.

ANGUSTIAS: No sería él.

LA PONCIA: Estoy segura.

505 AMELIA: A mí también me pareció.

MAGDALENA: ¡Qué cosa más rara!

(Pausa.)*

---

[119]tuviese... (*fig.*) ocultase algo muy importante   [120](*inf.:* **reventar**) *drop dead*   [121]¡más... *money is worth more than beauty!*   [122]un... *una nube*   [123]*caballo pequeño*

LA PONCIA: Oye, Angustias: ¿qué fue lo que te dijo la primera vez que se acercó a la ventana?

ANGUSTIAS: Nada. ¡Qué me iba a decir! Cosas de conversación.

510 MARTIRIO: Verdaderamente es raro que dos personas que no se conocen se vean de pronto en una reja[124] y ya novios.

ANGUSTIAS: Pues a mí no me chocó.[125]

AMELIA: A mí me daría no sé qué.

ANGUSTIAS: No, porque cuando un hombre se acerca a una reja ya sabe por los 515 que van y vienen, llevan y traen, que se le va a decir que sí.

MARTIRIO: Bueno; pero él te lo tendría que decir.

ANGUSTIAS: ¡Claro!

AMELIA: (*Curiosa.*) ¿Y cómo te lo dijo?

ANGUSTIAS: Pues nada: «Ya sabes que ando detrás de ti, necesito una mujer buena, 520 modosa, y esa eres tú si me das la conformidad[126]».

AMELIA: ¡A mí me da vergüenza de estas cosas!

ANGUSTIAS: Y a mí, pero hay que pasarlas.

LA PONCIA: ¿Y habló más?

ANGUSTIAS: Sí, siempre habló él.

525 MARTIRIO: ¿Y tú?

ANGUSTIAS: Yo no hubiera podido. Casi se me salió el corazón por la boca.[127] Era la primera vez que estaba sola de noche con un hombre.

MAGDALENA: Y un hombre tan guapo.

ANGUSTIAS: No tiene mal tipo.

530 LA PONCIA: Esas cosas pasan entre personas ya un poco instruidas que hablan y dicen y mueven la mano… La primera vez que mi marido Evaristo el Colín vino a mi ventana… Ja, ja, ja.

AMELIA: ¿Qué pasó?

LA PONCIA: Era muy oscuro. Lo vi acercarse y al llegar me dijo: «Buenas noches». 535 «Buenas noches», le dije yo, y nos quedamos callados más de media hora. Me corría el sudor[128] por todo el cuerpo. Entonces Evaristo se acercó, se acercó que se quería meter por los hierros, y dijo con voz muy baja: «¡Ven que te tiente![129]» (*Ríen todas.*)

(AMELIA *se levanta corriendo y espía por una puerta.*)

AMELIA: ¡Ay!, creí que llegaba nuestra madre.

540 MAGDALENA: ¡Buenas nos hubiera puesto! (*Siguen riendo.*)

AMELIA: Chissss… ¡Que nos van a oír!

LA PONCIA: Luego se portó bien. En vez de darle por otra cosa le dio por criar colorines[130] hasta que se murió. A vosotras que sois solteras, os conviene saber de todos modos que el hombre, a los quince días de boda, deja la cama por 545 la mesa y luego la mesa por la tabernilla, y la que no se conforma se pudre[131] llorando en un rincón.

AMELIA: Tú te conformaste.

LA PONCIA: ¡Yo pude con él!

MARTIRIO: ¿Es verdad que le pegaste algunas veces?

---

[124]*iron grate of a window* [125]*sorprendió* [126]*das… dices que sí* [127]*se… I had my heart in my mouth* [128]*sweat* [129]*¡Ven… Come here and let me touch you!* [130]*goldfinches* [131]*se… rots*

LA PONCIA: Sí, y por poco si le dejo tuerto.[132]

MAGDALENA: ¡Así debían ser todas las mujeres!

LA PONCIA: Yo tengo la escuela de tu madre. Un día me dijo no sé qué cosa y le maté todos los colorines con la mano del almirez.[133] (*Ríen.*)

MAGDALENA: Adela, niña, no te pierdas esto.

AMELIA: Adela.

(*Pausa.*)

MAGDALENA: Voy a ver. (*Entra.*)

LA PONCIA: Esa niña está mala.

MARTIRIO: Claro, no duerme apenas.

LA PONCIA: ¿Pues qué hace?

MARTIRIO: ¡Yo qué sé lo que hace!

LA PONCIA: Mejor lo sabrás tú que yo, que duermes pared por medio.[134]

ANGUSTIAS: La envidia la come.

AMELIA: No exageres.

ANGUSTIAS: Se lo noto en los ojos. Se le está poniendo mirar de loca.

MARTIRIO: No habléis de locos. Aquí es el único sitio donde no se puede pronunciar esta palabra.

(*Sale* MAGDALENA *con* ADELA.)

MAGDALENA: Pues ¿no estabas dormida?

ADELA: Tengo mal cuerpo.

MARTIRIO: (*Con intención.*) ¿Es que no has dormido bien esta noche?

ADELA: Sí.

MARTIRIO: ¿Entonces?

ADELA: (*Fuerte.*) ¡Déjame ya! ¡Durmiendo o velando,[135] no tienes por qué meterte en lo mío! ¡Yo hago con mi cuerpo lo que me parece!

MARTIRIO: ¡Sólo es interés por ti!

ADELA: Interés o inquisición. ¿No estabais cosiendo? Pues seguir. ¡Quisiera ser invisible, pasar por las habitaciones sin que me preguntarais dónde voy!

CRIADA: (*Entra.*) Bernarda os llama. Está el hombre de los encajes.[136] (*Salen.*)

(*Al salir,* MARTIRIO *mira fijamente a* ADELA.)

ADELA: ¡No me mires más! Si quieres te daré mis ojos, que son frescos, y mis espaldas para que te compongas la joroba que tienes,[137] pero vuelve la cabeza cuando yo paso.

(*Se va* MARTIRIO.)

LA PONCIA: ¡Que es tu hermana y además la que más te quiere!

ADELA: Me sigue a todos lados. A veces se asoma a mi cuarto para ver si duermo. No me deja respirar. Y siempre: «¡Qué lástima de cara!», «¡Qué lástima de cuerpo que no vaya a ser para nadie!» ¡Y eso no! Mi cuerpo será de quien yo quiera.

LA PONCIA: (*Con intención y en voz baja.*) De Pepe el Romano. ¿No es eso?

---

[132]*blind in one eye*   [133]mano... *pestle*   [134]pared... *en la habitación de al lado*   [135]*despierta*   [136]hombre... *lace peddler*   [137]para... *to fix your hump*

ADELA: (*Sobrecogida.*) ¿Qué dices?

LA PONCIA: Lo que digo, Adela.

ADELA: ¡Calla!

590 LA PONCIA: (*Alto.*) ¿Crees que no me he fijado?

ADELA: ¡Baja la voz!

LA PONCIA: ¡Mata esos pensamientos!

ADELA: ¿Qué sabes tú?

LA PONCIA: Las viejas vemos a través de las paredes. ¿Dónde vas de noche cuando
595   te levantas?

ADELA: ¡Ciega debías estar!

LA PONCIA: Con la cabeza y las manos llenas de ojos cuando se trata de lo que se
    trata. Por mucho que pienso no sé lo que te propones. ¿Por qué te pusiste
    casi desnuda con la luz encendida y la ventana abierta al pasar Pepe el se-
600   gundo día que vino a hablar con tu hermana?

ADELA: ¡Eso no es verdad!

LA PONCIA: No seas como los niños chicos. ¡Deja en paz a tu hermana, y si Pepe
    el Romano te gusta, te aguantas[138]! (ADELA *llora.*) Además, ¿quién dice que
    no te puedes casar con él? Tu hermana Angustias es una enferma. Esa no re-
605   siste el primer parto. Es estrecha de cintura, vieja, y con mi conocimiento te
    digo que se morirá. Entonces Pepe hará lo que hacen todos los viudos de
    esta tierra: se casará con la más joven, la más hermosa, y ésa serás tú. Ali-
    menta esa esperanza, olvídalo, lo que quieras, pero no vayas contra la ley de
    Dios.

610 ADELA: ¡Calla!

LA PONCIA: ¡No callo!

ADELA: Métete en tus cosas, ¡oledora!, ¡pérfida!

LA PONCIA: Sombra tuya he de ser.

ADELA: En vez de limpiar la casa y acostarte para rezar a tus muertos, buscas
615   como una vieja marrana[139] asuntos de hombres y mujeres para babosear[140]
    en ellos.

LA PONCIA: ¡Velo![141] Para que las gentes no escupan al pasar por esta puerta.

ADELA: ¡Qué cariño tan grande te ha entrado de pronto por mi hermana!

LA PONCIA: No os tengo ley a ninguna, pero quiero vivir en casa decente. ¡No
620   quiero mancharme de vieja!

ADELA: Es inútil tu consejo. Ya es tarde. No por encima de ti, que eres una criada;
    por encima de mi madre saltaría para apagarme este fuego que tengo levan-
    tado por piernas y boca. ¿Qué puedes decir de mí? ¿Que me encierro en mi
    cuarto y no abro la puerta? ¿Que no duermo? ¡Soy más lista que tú! Mira a
625   ver si puedes agarrar la liebre con tus manos.

LA PONCIA: No me desafíes,[142] Adela, no me desafíes. Porque yo puedo dar voces,
    encender luces y hacer que toquen las campanas.

ADELA: Trae cuatro mil bengalas[143] amarillas y ponlas en las bardas[144] del corral.
    Nadie podrá evitar que suceda lo que tiene que suceder.

630 LA PONCIA: ¡Tanto te gusta ese hombre!

---

[138]te... *you put up with it* [139]*swine* [140]*slobber* [141]¡Vigilo! (por el honor de la familia) [142]*defy* [143]*candles*
[144]*cercas*

ADELA: ¡Tanto! Mirando sus ojos me parece que bebo su sangre lentamente.

LA PONCIA: Yo no te puedo oír.

ADELA: ¡Pues me oirás! Te he tenido miedo. ¡Pero ya soy más fuerte que tú!

(*Entra* ANGUSTIAS.)

ANGUSTIAS: ¡Siempre discutiendo!

635 LA PONCIA: Claro. Se empeña[145] que con el calor que hace vaya a traerle no sé qué de la tienda.

ANGUSTIAS: ¿Me compraste el bote de esencia?

LA PONCIA: El más caro. Y los polvos. En la mesa de tu cuarto los he puesto.

(*Sale* ANGUSTIAS.)

ADELA: ¡Y chitón!

640 LA PONCIA: ¡Lo veremos!

(*Entran* MARTIRIO, AMELIA *y* MAGDALENA.)

MAGDALENA: (*A* ADELA.) ¿Has visto los encajes?

AMELIA: Los de Angustias para sus sábanas de novia son preciosos.

ADELA: (*A* MARTIRIO, *que trae unos encajes.*) ¿Y éstos?

MARTIRIO: Son para mí. Para una camisa.

645 ADELA: (*Con sarcasmo.*) Se necesita buen humor.

MARTIRIO: (*Con intención.*) Para verlo yo. No necesito lucirme ante nadie.

LA PONCIA: Nadie le ve a una en camisa.

MARTIRIO: (*Con intención y mirando a* ADELA.) ¡A veces! Pero me encanta la ropa interior. Si fuera rica la tendría de holanda. Es uno de los pocos gustos que
650 me quedan.

LA PONCIA: Estos encajes son preciosos para las gorras[146] de niños, para mantehuelos de cristianar.[147] Yo nunca pude usarlos en los míos. A ver si ahora Angustias los usa en los suyos. Como le dé por tener crías, vais a estar cosiendo mañana y tarde.

655 MAGDALENA: Yo no pienso dar una puntada.[148]

AMELIA: Y mucho menos criar niños ajenos. Mira tú cómo están las vecinas del callejón, sacrificadas por cuatro monigotes.[149]

LA PONCIA: Esas están mejor que vosotras. ¡Siquiera allí se ríe y se oyen porrazos[150]!

660 MARTIRIO: Pues vete a servir con ellas.

LA PONCIA: No. Ya me ha tocado en suerte este convento.

(*Se oyen unos campanillos lejanos, como a través de varios muros.*)

MAGDALENA: Son los hombres que vuelven del trabajo.

LA PONCIA: Hace un minuto dieron las tres.

MARTIRIO: ¡Con este sol!

665 ADELA: (*Sentándose.*) ¡Ay, quién pudiera salir también a los campos!

MAGDALENA: (*Sentándose.*) ¡Cada clase tiene que hacer lo suyo!

MARTIRIO: (*Sentándose.*) ¡Así es!

---

[145]Se... Insiste en   [146]caps   [147]mantehuelos... *christening clothes*   [148]stitch   [149]cuatro... sus hijos
[150]golpes fuertes

AMELIA: (*Sentándose.*) ¡Ay!

LA PONCIA: No hay alegría como la de los campos en esta época. Ayer de mañana llegaron los segadores. Cuarenta o cincuenta buenos mozos.

MAGDALENA: ¿De dónde son este año?

LA PONCIA: De muy lejos. Vinieron de los montes. ¡Alegres! ¡Como árboles quemados! ¡Dando voces y arrojando piedras! Anoche llegó al pueblo una mujer vestida de lentejuelas[151] y que bailaba con un acordeón, y quince de ellos la contrataron para llevársela al olivar. Yo los vi de lejos. El que la contrataba era un muchacho de ojos verdes, apretado como una gavilla de trigo.[152]

AMELIA: ¿Es eso cierto?

ADELA: ¡Pero es posible!

LA PONCIA: Hace años vino otra de éstas y yo misma di dinero a mi hijo mayor para que fuera. Los hombres necesitan estas cosas.

ADELA: Se les perdona todo.

AMELIA: Nacer mujer es el mayor castigo.

MAGDALENA: Y ni nuestros ojos siquiera nos pertenecen.

(*Se oye un cantar lejano que se va acercando.*)

LA PONCIA: Son ellos. Traen unos cantos preciosos.

AMELIA: Ahora salen a segar.[153]

CORO: Ya salen los segadores
en busca de las espigas;[154]
se llevan los corazones
de las muchachas que miran.

(*Se oyen panderos*[155] *y carrañacas.*[156] *Pausa. Todas oyen en un silencio traspasado por el sol.*)

AMELIA: ¡Y no les importa el calor!

MARTIRIO: Siegan entre llamaradas.[157]

ADELA: Me gustaría segar para ir y venir. Así se olvida lo que nos muerde.[158]

MARTIRIO: ¿Qué tienes tú que olvidar?

ADELA: Cada una sabe sus cosas.

MARTIRIO: (*Profunda.*) ¡Cada una!

LA PONCIA: ¡Callar! ¡Callar!

CORO: (*Muy lejano.*)
Abrir puertas y ventanas
las que vivís en el pueblo,
el segador[159] pide rosas
para adornar su sombrero.

LA PONCIA: ¡Qué canto!

MARTIRIO: (*Con nostalgia.*)
Abrir puertas y ventanas
las que vivís en el pueblo…

---

[151]*sequins*   [152]*gavilla… sheaf of wheat*   [153]*to harvest*   [154]*heads of wheat*   [155]*tambourines*   [156]*instrumento musical de madera*   [157]*(fig.) mucho calor*   [158]*(fig.) preocupa mucho*   [159]*harvester*

ADELA: (*Con pasión.*)

>... el segador pide rosas
>para adornar su sombrero.

(*Se va alejando el cantar.*)

LA PONCIA: Ahora dan vuelta a la esquina.

710 ADELA: Vamos a verlos por la ventana de mi cuarto.

LA PONCIA: Tened cuidado con no entreabrirla[160] mucho, porque son capaces de dar un empujón[161] para ver quién mira.

(*Se van las tres.* MARTIRIO *queda sentada en la silla baja con la cabeza entre las manos.*)

AMELIA: (*Acercándose.*) ¿Qué te pasa?

MARTIRIO: Me sienta mal el calor.

715 AMELIA: ¿No es más que eso?

MARTIRIO: Estoy deseando que llegue noviembre, los días de lluvias, las escarchas,[162] todo lo que no sea este verano interminable.

AMELIA: Ya pasará y volverá otra vez.

MARTIRIO: ¡Claro! (*Pausa.*) ¿A qué hora te dormiste anoche?

720 AMELIA: No sé. Yo duermo como un tronco.[163] ¿Por qué?

MARTIRIO: Por nada, pero me pareció oír gente en el corral.

AMELIA: ¿Sí?

MARTIRIO: Muy tarde.

AMELIA: ¿Y no tuviste miedo?

725 MARTIRIO: No. Ya lo he oído otras noches.

AMELIA: Debiéramos tener cuidado. ¿No serían los gañanes?

MARTIRIO: Los gañanes llegan a las seis.

AMELIA: Quizá una mulilla sin desbravar.[164]

MARTIRIO: (*Entre dientes y llena de segunda intención.*) Eso, ¡eso!, una mulilla sin
730 desbravar.

AMELIA: ¡Hay que prevenir!

MARTIRIO: No. No. No digas nada, puede ser un barrunto[165] mío.

AMELIA: Quizá. (*Pausa.* AMELIA *inicia el mutis.*[166])

MARTIRIO: Amelia.

735 AMELIA: (*En la puerta.*) ¿Qué?

(*Pausa.*)

MARTIRIO: Nada.

(*Pausa.*)

AMELIA: ¿Por qué me llamaste?

(*Pausa.*)

MARTIRIO: Se me escapó. Fue sin darme cuenta.

(*Pausa.*)

---

[160]*partly open it*   [161]*strong push*   [162]*frost*   [163]*como... profundamente*   [164]*sin... untamed*   [165]*conjetura*
[166]*salida*

AMELIA: Acuéstate un poco.

740 ANGUSTIAS: (*Entrando furiosa en escena, de modo que haya un gran contraste con los silencios anteriores.*) ¿Dónde está el retrato de Pepe que tenía yo debajo de mi almohada? ¿Quién de vosotras lo tiene?

MARTIRIO: Ninguna.

AMELIA: Ni que Pepe fuera un San Bartolomé de plata.

745 ANGUSTIAS: ¿Dónde está el retrato?

(*Entran* LA PONCIA, MAGDALENA y ADELA.)

ADELA: ¿Qué retrato?

ANGUSTIAS: Una de vosotras me lo ha escondido.

MAGDALENA: ¿Tienes la desvergüenza de decir esto?

ANGUSTIAS: Estaba en mi cuarto y ya no está.

750 MARTIRIO: ¿Y no se habrá escapado a medianoche al corral? A Pepe le gusta andar con la luna.

ANGUSTIAS: ¡No me gastes bromas! Cuando venga se lo contaré.

LA PONCIA: ¡Eso no, porque aparecerá! (*Mirando a* ADELA.)

ANGUSTIAS: ¡Me gustaría saber cuál de vosotras lo tiene!

755 ADELA: (*Mirando a* MARTIRIO.) ¡Alguna! ¡Todas menos yo!

MARTIRIO: (*Con intención.*) ¡Desde luego!

BERNARDA: (*Entrando.*) ¡Qué escándalo es éste en mi casa y en el silencio del peso del calor! Estarán las vecinas con el oído pegado a los tabiques.[167]

ANGUSTIAS: Me han quitado el retrato de mi novio.

760 BERNARDA: (*Fiera.*) ¿Quién? ¿Quién?

ANGUSTIAS: ¡Estas!

BERNARDA: ¿Cuál de vosotras? (*Silencio.*) ¡Contestarme! (*Silencio. A* LA PONCIA.) Registra los cuartos, mira por las camas. ¡Esto tiene no ataros más cortas![168] ¡Pero me vais a soñar![169] (*A* ANGUSTIAS.) ¿Estás segura?

765 ANGUSTIAS: Sí.

BERNARDA: ¿Lo has buscado bien?

ANGUSTIAS: Sí, madre.

(*Todas están de pie en medio de un embarazoso silencio.*)

BERNARDA: Me hacéis al final de mi vida beber el veneno más amargo que una madre puede resistir. (*A* LA PONCIA.) ¿No lo encuentras?

770 LA PONCIA: (*Saliendo.*) Aquí está.

BERNARDA: ¿Dónde lo has encontrado?

LA PONCIA: Estaba…

BERNARDA: Dilo sin temor.

LA PONCIA: (*Extrañada.*) Entre las sábanas de la cama de Martirio.

775 BERNARDA: (*A* MARTIRIO.) ¿Es verdad?

MARTIRIO: ¡Es verdad!

BERNARDA: (*Avanzando y golpeándola.*) Mala puñalada te den, ¡mosca muerta! ¡Sembradura de vidrios![170]

MARTIRIO: (*Fiera.*) ¡No me pegue usted, madre!

---

[167]paredes   [168]¡Esto… ¡Este es el resultado de daros demasiada libertad!   [169]¡Pero… *You'll live to regret it!* (*lit., You'll dream about me.*)   [170]¡mosca… (expresiones insultantes)

780 BERNARDA: ¡Todo lo que quiera!

MARTIRIO: ¡Si yo la dejo! ¿Lo oye? ¡Retírese usted!

LA PONCIA: No faltes a tu madre.

ANGUSTIAS: (*Cogiendo a* BERNARDA.) Déjela. ¡Por favor!

BERNARDA: Ni lágrimas te quedan en esos ojos.

785 MARTIRIO: No voy a llorar para darle gusto.

BERNARDA: ¿Por qué has cogido el retrato?

MARTIRIO: ¿Es que yo no puedo gastar una broma a mi hermana? ¿Para qué lo iba a querer?

ADELA: (*Saltando llena de celos.*) No ha sido broma, que tú nunca has gustado
790 jamás de juegos. Ha sido otra cosa que te reventaba en el pecho por querer salir. Dilo y claramente.

MARTIRIO: ¡Calla y no me hagas hablar, que si hablo se van a juntar las paredes unas con otras de vergüenza!

ADELA: ¡La mala lengua no tiene fin para inventar!

795 BERNARDA: ¡Adela!

MAGDALENA: Estáis locas.

AMELIA: Y nos apedreáis con malos pensamientos.

MARTIRIO: Otras hacen cosas más malas.

ADELA: Hasta que se pongan en cueros de una vez y se las lleve el río.

800 BERNARDA: ¡Perversa!

ANGUSTIAS: Yo no tengo la culpa de que Pepe el Romano se haya fijado en mí.

ADELA: ¡Por tus dineros!

ANGUSTIAS: ¡Madre!

BERNARDA: ¡Silencio!

805 MARTIRIO: Por tus marjales[171] y tus arboledas.

MAGDALENA: ¡Eso es lo justo!

BERNARDA: ¡Silencio digo! Yo veía la tormenta[172] venir, pero no creía que estallara tan pronto. ¡Ay, qué pedrisco[173] de odio habéis echado sobre mi corazón! Pero todavía no soy anciana y tengo cinco cadenas para vosotras y esta casa
810 levantada por mi padre para que ni las hierbas se enteren de mi desolación. ¡Fuera de aquí! (*Salen.* BERNARDA *se sienta desolada.* LA PONCIA *está de pie arrimada a los muros.* BERNARDA *reacciona, da un golpe en el suelo y dice:*) ¡Tendré que sentarles la mano[174]! Bernarda: acuérdate que ésta es tu obligación.

815 LA PONCIA: ¿Puedo hablar?

BERNARDA: Habla. Siento que hayas oído. Nunca está bien una extraña en el centro de la familia.

LA PONCIA: Lo visto, visto está.

BERNARDA: Angustias tiene que casarse en seguida.

820 LA PONCIA: Claro; hay que retirarla de aquí.

BERNARDA: No a ella. ¡A él!

LA PONCIA: Claro. A él hay que alejarlo de aquí. Piensas bien.

BERNARDA: No pienso. Hay cosas que no se pueden ni se deben pensar. Yo ordeno.

LA PONCIA: ¿Y tú crees que él querrá marcharse?

---

[171]*marshes*   [172]tempestad   [173]*hailstorm*   [174]sentarles… castigarlas

825 BERNARDA: (*Levantándose.*) ¿Qué imagina tu cabeza?

LA PONCIA: Él, ¡claro!, se casará con Angustias.

BERNARDA: Habla, te conozco demasiado para saber que ya me tienes preparada la cuchilla.

LA PONCIA: Nunca pensé que se llamara asesinato al aviso.

830 BERNARDA: ¿Me tienes que prevenir de algo?

LA PONCIA: Yo no acuso, Bernarda. Yo sólo te digo: abre los ojos y verás.

BERNARDA: ¿Y verás qué?

LA PONCIA: Siempre has sido lista. Has visto lo malo de las gentes a cien leguas;[175] muchas veces creí que adivinabas los pensamientos. Pero los hijos
835 son los hijos. Ahora estás ciega.

BERNARDA: ¿Te refieres a Martirio?

LA PONCIA: Bueno, a Martirio… (*Con curiosidad.*) ¿Por qué habrá escondido el retrato?

BERNARDA: (*Queriendo ocultar a su hija.*) Después de todo, ella dice que ha sido
840 una broma. ¿Qué otra cosa puede ser?

LA PONCIA: ¿Tú crees así? (*Con sorna.[176]*)

BERNARDA: (*Enérgica.*) No lo creo. ¡Es así!

LA PONCIA: Basta. Se trata de lo tuyo. Pero si fuera la vecina de enfrente, ¿qué sería?

845 BERNARDA: Ya empiezas a sacar la punta del cuchillo.

LA PONCIA: (*Siempre con crueldad.*) Bernarda: aquí pasa una cosa muy grande. Yo no te quiero echar la culpa, pero tú no has dejado a tus hijas libres. Martirio es enamoradiza, digas lo que tú quieras. ¿Por qué no la dejaste casar con Enrique Humanas? ¿Por qué el mismo día que iba a venir a la ventana le man-
850 daste recado que no viniera?

BERNARDA: ¡Y lo haría mil veces! ¡Mi sangre no se junta con la de los Humanas mientras yo viva! Su padre fue gañán.

LA PONCIA: ¡Y así te va a ti con esos humos!

BERNARDA: Los tengo porque puedo tenerlos. Y tú no los tienes porque sabes muy
855 bien cuál es tu origen.

LA PONCIA: (*Con odio.*) No me lo recuerdes. Estoy ya vieja. Siempre agradecí tu protección.

BERNARDA: (*Crecida.[177]*) ¡No lo parece!

LA PONCIA: (*Con odio envuelto en suavidad.*) A Martirio se le olvidará esto.

860 BERNARDA: Y si no lo olvida peor para ella. No creo que ésta sea la «cosa muy grande» que aquí pasa. Aquí no pasa nada. ¡Eso quisieras tú! Y si pasa algún día, estáte segura que no traspasará las paredes.

LA PONCIA: Eso no lo sé yo. En el pueblo hay gentes que leen también de lejos los pensamientos escondidos.

865 BERNARDA: ¡Cómo gozarías de vernos a mí y a mis hijas camino del lupanar[178]!

LA PONCIA: ¡Nadie puede conocer su fin!

BERNARDA: ¡Yo sí sé mi fin! ¡Y el de mis hijas! El lupanar se queda para alguna mujer ya difunta.

LA PONCIA: ¡Bernarda, respeta la memoria de mi madre!

---

[175]Has… *You have always looked for the worst in people*   [176]sarcasmo   [177]Con arrogancia   [178]brothel

870 BERNARDA: ¡No me persigas tú con tus malos pensamientos!

(*Pausa.*)

LA PONCIA: Mejor será que no me meta en nada.

BERNARDA: Eso es lo que debías hacer. Obrar y callar a todo. Es la obligación de los que viven a sueldo.

LA PONCIA: Pero no se puede. ¿A ti no te parece que Pepe estaría mejor casado con
875 Martirio o…, ¡sí!, con Adela?

BERNARDA: No me parece.

LA PONCIA: Adela. ¡Esa es la verdadera novia del Romano!

BERNARDA: Las cosas no son nunca a gusto nuestro.

LA PONCIA: Pero les cuesta mucho trabajo desviarse de la verdadera inclinación. A
880 mí me parece mal que Pepe esté con Angustias, y a las gentes, y hasta al aire. ¡Quién sabe si saldrán con la suya!

BERNARDA: ¡Ya estamos otra vez!… Te deslizas para llenarme de malos sueños.[179] Y no quiero entenderte, porque si llegara al alcance de[180] todo lo que dices te tendría que arañar.[181]

885 LA PONCIA: ¡No llegará la sangre al río!

BERNARDA: Afortunadamente mis hijas me respetan y jamás torcieron mi voluntad.[182]

LA PONCIA: ¡Eso sí! Pero en cuanto las dejes sueltas se te subirán al tejado.[183]

BERNARDA: ¡Ya las bajaré tirándoles cantos[184]!

890 LA PONCIA: ¡Desde luego eres la más valiente!

BERNARDA: ¡Siempre gasté sabrosa pimienta[185]!

LA PONCIA: ¡Pero lo que son las cosas! A su edad. ¡Hay que ver el entusiasmo de Angustias con su novio! ¡Y él también parece muy picado[186]! Ayer me contó mi hijo mayor que a las cuatro y media de la madrugada, que pasó por la
895 calle con la yunta, estaban hablando todavía.

BERNARDA: ¡A las cuatro y media!

ANGUSTIAS: (*Saliendo.*) ¡Mentira!

LA PONCIA: Eso me contaron.

BERNARDA: (*A* ANGUSTIAS.) ¡Habla!

900 ANGUSTIAS: Pepe lleva más de una semana marchándose a la una. Que Dios me mate si miento.

MARTIRIO: (*Saliendo.*) Yo también lo sentí marcharse a las cuatro.

BERNARDA: Pero ¿lo viste con tus ojos?

MARTIRIO: No quise asomarme. ¿No habláis ahora por la ventana del callejón?

905 ANGUSTIAS: Yo hablo por la ventana de mi dormitorio.

(*Aparece* ADELA *en la puerta.*)

MARTIRIO: Entonces…

BERNARDA: ¿Qué es lo que pasa aquí?

LA PONCIA: ¡Cuida de enterarte! Pero, desde luego, Pepe estaba a las cuatro de la madrugada en una reja de tu casa.

---

[179]Te… *You go out of your way to give me a bad time.* [180]al… *a entender* [181]*scratch, claw* [182]torcieron…
me *desobedecieron* [183]en… *as soon as you let them loose they'll fly the coop* (lit., *go up to the rooftop*)
[184]*piedras* [185]gasté… *me he salido con la mía* (*I've gotten my way, put up a good fight*) [186]*enamorado*

910 BERNARDA: ¿Lo sabes seguro?

LA PONCIA: Seguro no se sabe nada en esta vida.

ADELA: Madre, no oiga usted a quien nos quiere perder a todas.

BERNARDA: ¡Yo sabré enterarme! Si las gentes del pueblo quieren levantar falsos testimonios, se encontrarán con mi pedernal.[187] No se hable de este asunto.

915 Hay a veces una ola de fango[188] que levantan los demás para perdernos.

MARTIRIO: A mí no me gusta mentir.

LA PONCIA: Y algo habrá.

BERNARDA: No habrá nada. Nací para tener los ojos abiertos. Ahora vigilaré sin cerrarlos ya hasta que me muera.

920 ANGUSTIAS: Yo tengo derecho de enterarme.

BERNARDA: Tú no tienes derecho más que a obedecer. Nadie me traiga ni me lleve.[189] (*A LA PONCIA*.) Y tú te metes en los asuntos de tu casa. ¡Aquí no se vuelve a dar un paso sin que yo lo sienta!

CRIADA: (*Entrando*.) En lo alto de la calle hay un gran gentío y todos los vecinos

925 están en sus puertas.

BERNARDA: (*A LA PONCIA*.) ¡Corre a enterarte de lo que pasa! (*Las* MUJERES *corren para salir*.) ¿Dónde vais? Siempre os supe mujeres ventaneras y rompedoras de su luto. ¡Vosotras, al patio!

(*Salen y sale* BERNARDA. *Se oyen rumores lejanos. Entran* MARTIRIO *y* ADELA, *que se quedan escuchando y sin atreverse a dar un paso más de la puerta de salida*.)

MARTIRIO: Agradece a la casualidad que no desaté mi lengua.

930 ADELA: También hubiera hablado yo.

MARTIRIO: ¿Y qué ibas a decir? ¡Querer no es hacer!

ADELA: Hace la que puede y la que se adelanta. Tú querías, pero no has podido.

MARTIRIO: No seguirás mucho tiempo.

ADELA: ¡Lo tendré todo!

935 MARTIRIO: Yo romperé tus abrazos.

ADELA: (*Suplicante*.) ¡Martirio, déjame!

MARTIRIO: ¡De ninguna!

ADELA: ¡Él me quiere para su casa!

MARTIRIO: ¡He visto cómo te abrazaba!

940 ADELA: Yo no quería. He sido como arrastrada por una maroma.[190]

MARTIRIO: ¡Primero muerta!

(*Se asoman* MAGDALENA *y* ANGUSTIAS. *Se siente crecer el tumulto*.)

LA PONCIA: (*Entrando con* BERNARDA.) ¡Bernarda!

BERNARDA: ¿Qué ocurre?

LA PONCIA: La hija de la Librada, la soltera, tuvo un hijo no se sabe con quién.

945 ADELA: ¿Un hijo?

---

[187]se... they'll come up against my wrath (lit., flint)   [188]lodo   [189]me... bosses me around   [190]rope

LA PONCIA: Y para ocultar su vergüenza lo mató y lo metió debajo de unas piedras, pero unos perros con más corazón que muchas criaturas lo sacaron, y como llevados por la mano de Dios lo han puesto en el tranco[191] de su puerta. Ahora la quieren matar. La traen arrastrando por la calle abajo, y por las trochas[192] y los terrenos del olivar vienen los hombres corriendo, dando unas voces que estremecen los campos.

BERNARDA: Sí, que vengan todos con varas de olivo y mangos de azadones,[193] que vengan todos para matarla.

ADELA: No, no. Para matarla, no.

MARTIRIO: Sí, y vamos a salir también nosotras.

BERNARDA: Y que pague la que pisotea la decencia.

(*Fuera se oye un grito de mujer y un gran rumor.*)

ADELA: ¡Que la dejen escapar! ¡No salgáis vosotras!

MARTIRIO: (*Mirando a* ADELA.) ¡Que pague lo que debe!

BERNARDA: (*Bajo el arco.*[194]) ¡Acabad con ella antes que lleguen los guardias! ¡Carbón ardiendo en el sitio de su pecado![195]

ADELA: (*Cogiéndose el vientre.*) ¡No! ¡No!

BERNARDA: ¡Matadla! ¡Matadla!

Telón.

Acto tercero

(*Cuatro paredes blancas ligeramente azuladas del patio interior de la casa de* BERNARDA. *Es de noche. El decorado ha de ser de una perfecta simplicidad. Las puertas iluminadas por la luz de los interiores dan un tenue*[196] *fulgor a la escena. En el centro, una mesa con un quinqué,*[197] *donde están comiendo* BERNARDA *y sus* HIJAS. LA PONCIA *las sirve.* PRUDENCIA *está sentada aparte. Al levantarse el telón hay un gran silencio, interrumpido por el ruido de platos y cubiertos.*)

PRUDENCIA: Ya me voy. Os he hecho una visita larga. (*Se levanta.*)

BERNARDA: Espérate, mujer. No nos vemos nunca.

PRUDENCIA: ¿Han dado el último toque[198] para el rosario?

LA PONCIA: Todavía no. (PRUDENCIA *se sienta.*)

BERNARDA: ¿Y tu marido cómo sigue?

PRUDENCIA: Igual.

BERNARDA: Tampoco lo vemos.

PRUDENCIA: Ya sabes sus costumbres. Desde que se peleó con sus hermanos por la herencia no ha salido por la puerta de la calle. Pone una escalera y salta las tapias[199] y el corral.

BERNARDA: Es un verdadero hombre. ¿Y con tu hija?

PRUDENCIA: No la ha perdonado.

BERNARDA: Hace bien.

PRUDENCIA: No sé qué te diga. Yo sufro por esto.

---

[191]*threshold*   [192]caminos estrechos   [193]mangos... *pickax handles*   [194]*arch*   [195]¡Carbón... *Hot coals on the site of her sin!*   [196]delicado   [197]lámpara   [198]llamada (con la campana)   [199]cercas (*walls*)

BERNARDA: Una hija que desobedece deja de ser hija para convertirse en una enemiga.

PRUDENCIA: Yo dejo que el agua corra. No me queda más consuelo que refugiarme en la iglesia, pero como me estoy quedando sin vista tendré que dejar de venir para que no jueguen con una los chiquillos. (*Se oye un gran golpe dado en los muros.*[200])

BERNARDA: El caballo garañón,[201] que está encerrado y da coces[202] contra el muro. (*A voces.*) ¡Trabadlo[203] y que salga al corral! (*En voz baja.*) Debe tener calor.

PRUDENCIA: ¿Vais a echarle las potras nuevas?

BERNARDA: Al amanecer.

PRUDENCIA: Has sabido acrecentar[204] tu ganado.

BERNARDA: A fuerza de dinero y sinsabores.[205]

LA PONCIA: (*Interrumpiendo.*) Pero tiene la mejor manada[206] de estos contornos. Es una lástima que esté bajo de precio.

BERNARDA: ¿Quieres un poco de queso y miel?

PRUDENCIA: Estoy desganada.[207]

(*Se oye otra vez el golpe.*)

LA PONCIA: ¡Por Dios!

PRUDENCIA: Me ha retemblado dentro del pecho.

BERNARDA: (*Levantándose furiosa.*) ¿Hay que decir las cosas dos veces? ¡Echadlo que se revuelque[208] en los montones de paja! (*Pausa, y como hablando con los gañanes.*) Pues cerrad las potras[209] en la cuadra, pero dejadlo libre, no sea que nos eche abajo las paredes. (*Se dirige a la mesa y se sienta otra vez.*) ¡Ay, qué vida!

PRUDENCIA: Bregando[210] como un hombre.

BERNARDA: Así es. (ADELA *se levanta de la mesa.*) ¿Dónde vas?

ADELA: A beber agua.

BERNARDA: (*En voz alta.*) Trae un jarro de agua fresca. (*A* ADELA) Puedes sentarte.

(ADELA *se sienta.*)

PRUDENCIA: Y Angustias, ¿cuándo se casa?

BERNARDA: Vienen a pedirla dentro de tres días.

PRUDENCIA: ¡Estarás contenta!

ANGUSTIAS: ¡Claro!

AMELIA: (*A* MAGDALENA.) Ya has derramado[211] la sal.[b]

MAGDALENA: Peor suerte que tienes no vas a tener.

AMELIA: Siempre trae mala sombra.[212]

BERNARDA: ¡Vamos!

PRUDENCIA: (*A* ANGUSTIAS.) ¿Te ha regalado ya el anillo?

ANGUSTIAS: Mírelo usted. (*Se lo alarga.*)

---

[200]*walls*   [201]*caballo... stud*   [202]*patadas*   [203]*Atadlo*   [204]*aumentar*   [205]*problemas*   [206]*herd*   [207]*Estoy... No tengo hambre.*   [208]*¡Echadlo... Let him (el caballo) wallow*   [209]*caballos jóvenes (hembras)*   [210]*Trabajando duramente*   [211]*spilled*   [212]*suerte*

---

[b]*Spilling salt is considered a bad omen in some cultures.*

PRUDENCIA: Es precioso. Tres perlas. En mi tiempo las perlas significaban lágrimas.

ANGUSTIAS: Pero ya las cosas han cambiado.

ADELA: Yo creo que no. Las cosas significan siempre lo mismo. Los anillos de pedida[213] deben ser de diamantes.

PRUDENCIA: Es más propio.

BERNARDA: Con perlas o sin ellas, las cosas son como uno se las propone.

MARTIRIO: O como Dios dispone.

PRUDENCIA: Los muebles me han dicho que son preciosos.

BERNARDA: Dieciséis mil reales he gastado.

LA PONCIA: (*Interviniendo.*) Lo mejor es el armario de luna.[214]

PRUDENCIA: Nunca vi un mueble de éstos.

BERNARDA: Nosotras tuvimos arca.[215]

PRUDENCIA: Lo preciso es que todo sea para bien.

ADELA: Que nunca se sabe.

BERNARDA: No hay motivo para que no lo sea.

(*Se oyen lejanísimas unas campanas.*)

PRUDENCIA: El último toque. (*A* ANGUSTIAS.) Ya vendré a que me enseñes la ropa.

ANGUSTIAS: Cuando usted quiera.

PRUDENCIA: Buenas noches nos dé Dios.

BERNARDA: Adiós, Prudencia.

LAS CINCO A LA VEZ: Vaya usted con Dios.

(*Pausa. Sale* PRUDENCIA.)

BERNARDA: Ya hemos comido. (*Se levantan.*)

ADELA: Voy a llegarme hasta el portón para estirar las piernas y tomar un poco de fresco.

(MAGDALENA *se sienta en una silla baja retrepada*[216] *contra la pared.*)

AMELIA: Yo voy contigo.

MARTIRIO: Y yo.

ADELA: (*Con odio contenido.*) No me voy a perder.

AMELIA: La noche quiere compañía. (*Salen.*)

(BERNARDA *se sienta y* ANGUSTIAS *está arreglando la mesa.*)

BERNARDA: Ya te he dicho que quiero que hables con tu hermana Martirio. Lo que pasó del retrato fue una broma y lo debes olvidar.

ANGUSTIAS: Usted sabe que ella no me quiere.

BERNARDA: Cada uno sabe lo que piensa por dentro. Yo no me meto en los corazones, pero quiero buena fachada y armonía familiar. ¿Lo entiendes?

ANGUSTIAS: Sí.

BERNARDA: Pues ya está.

MAGDALENA: (*Casi dormida.*) Además, ¡si te vas a ir antes de nada[217]! (*Se duerme.*)

---

[213]anillos... *engagement rings*   [214]armario... *clothes closet with mirror*   [215]*hope chest*   [216]*apoyada*
[217]antes... *tan pronto como te cases*

ANGUSTIAS: Tarde me parece.

BERNARDA: ¿A qué hora terminaste anoche de hablar?

1055 ANGUSTIAS: A las doce y media.

BERNARDA: ¿Qué cuenta Pepe?

ANGUSTIAS: Yo lo encuentro distinto. Me habla siempre como pensando en otra cosa. Si le pregunto qué le pasa, me contesta: «Los hombres tenemos nuestras preocupaciones».

1060 BERNARDA: No le debes preguntar. Y cuando te cases, menos. Habla si él habla y míralo cuando te mire. Así no tendrás disgustos.

ANGUSTIAS: Yo creo, madre, que él me oculta muchas cosas.

BERNARDA: No procures descubrirlas, no le preguntes y, desde luego, que no te vea llorar jamás.

1065 ANGUSTIAS: Debía estar contenta y no lo estoy.

BERNARDA: Eso es lo mismo.

ANGUSTIAS: Muchas veces miro a Pepe con mucha fijeza y se me borra[218] a través de los hierros,[219] como si lo tapara una nube de polvo de las que levantan los rebaños.[220]

1070 BERNARDA: Esas son cosas de debilidad.

ANGUSTIAS: ¡Ojalá!

BERNARDA: ¿Viene esta noche?

ANGUSTIAS: No. Fue con su madre a la capital.

BERNARDA: Así nos acostaremos antes. ¡Magdalena!

1075 ANGUSTIAS: Está dormida.

(*Entran* ADELA, MARTIRIO *y* AMELIA.)

AMELIA: ¡Qué noche más oscura!

ADELA: No se ve a dos pasos de distancia.

MARTIRIO: Una buena noche para ladrones, para el que necesita escondrijo.[221]

ADELA: El caballo garañón estaba en el centro del corral ¡blanco! Doble de grande,
1080 llenando todo lo oscuro.

AMELIA: Es verdad. Daba miedo. Parecía una aparición.

ADELA: Tiene el cielo unas estrellas como puños.

MARTIRIO: Esta se puso a mirarlas de modo que se iba a tronchar el cuello.

ADELA: ¿Es que no te gustan a ti?

1085 MARTIRIO: A mí las cosas de tejas arriba no me importan nada. Con lo que pasa dentro de las habitaciones tengo bastante.

ADELA: Así te va a ti.

BERNARDA: A ella le va en lo suyo como a ti en lo tuyo.

ANGUSTIAS: Buenas noches.

1090 ADELA: ¿Ya te acuestas?

ANGUSTIAS: Sí. Esta noche no viene Pepe. (*Sale.*)

ADELA: Madre, ¿por qué cuando se corre una estrella o luce un relámpago[222] se dice:

> Santa Bárbara bendita,
> que en el cielo estás escrita
1095 > con papel y agua bendita?

[218]se... *his image vanishes from my eyes*   [219]*window bars*   [220]*flocks of sheep*   [221]lugar para ocultarse o esconderse   [222]*lightning*

BERNARDA: Los antiguos sabían muchas cosas que hemos olvidado.

AMELIA: Yo cierro los ojos para no verlas.

ADELA: Yo, no. A mí me gusta ver correr lleno de lumbre lo que está quieto y quieto años enteros.

1100 MARTIRIO: Pero estas cosas nada tienen que ver con nosotros.

BERNARDA: Y es mejor no pensar en ellas.

ADELA: ¡Qué noche más hermosa! Me gustaría quedarme hasta muy tarde para disfrutar el fresco del campo.

BERNARDA: Pero hay que acostarse. ¡Magdalena!

1105 AMELIA: Está en el primer sueño.

BERNARDA: ¡Magdalena!

MAGDALENA: (*Disgustada.*) ¡Déjame en paz!

BERNARDA: ¡A la cama!

MAGDALENA: (*Levantándose malhumorada.*) ¡No la dejáis a una tranquila! (*Se va*
1110 *refunfuñando.*[223])

AMELIA: Buenas noches. (*Se va.*)

BERNARDA: Andar vosotras también.

MARTIRIO: ¿Cómo es que esta noche no viene el novio de Angustias?

BERNARDA: Fue de viaje.

1115 MARTIRIO: (*Mirando a* ADELA.) ¡Ah!

ADELA: Hasta mañana. (*Sale.*)

> (MARTIRIO *bebe agua y sale lentamente, mirando hacia la puerta del corral.*)

LA PONCIA: (*Saliendo.*) ¿Estás todavía aquí?

BERNARDA: Disfrutando este silencio y sin lograr ver por parte alguna «la cosa tan grande» que aquí pasa, según tú.

1120 LA PONCIA: Bernarda, dejemos esa conversación.

BERNARDA: En esta casa no hay ni un sí ni un no.[224] Mi vigilancia lo puede todo.

LA PONCIA: No pasa nada por fuera. Eso es verdad. Tus hijas están y viven como metidas en alacenas.[225] Pero ni tú ni nadie puede vigilar por el interior de los pechos.

1125 BERNARDA: Mis hijas tienen la respiración tranquila.

LA PONCIA: Eso te importa a ti, que eres su madre. A mí, con servir tu casa tengo bastante.

BERNARDA: Ahora te has vuelto callada.

LA PONCIA: Me estoy en mi sitio, y en paz.

1130 BERNARDA: Lo que pasa es que no tienes nada que decir. Si en esta casa hubiera hierbas ya te encargarías de traer a pastar las ovejas del vecindario.[226]

LA PONCIA: Yo tapo[227] más de lo que te figuras.

BERNARDA: ¿Sigue tu hijo viendo a Pepe a las cuatro de la mañana? ¿Siguen diciendo todavía la mala letanía de esta casa?

1135 LA PONCIA: No dicen nada.

BERNARDA: Porque no pueden. Porque no hay carne donde morder.[228] A la vigilancia de mis ojos se debe esto.

---

[223]*growling*   [224]no... no pasa nada   [225]*kitchen cabinets*   [226]hubiera... pasara algo lo comentarías con todos
los vecinos   [227]oculto   [228]carne... nada que criticar

LA PONCIA: Bernarda, yo no quiero hablar porque temo tus intenciones. Pero no estés segura.

1140 BERNARDA: ¡Segurísima!

LA PONCIA: A lo mejor, de pronto, cae un rayo.[229] A lo mejor, de pronto, un golpe te para el corazón.

BERNARDA: Aquí no pasa nada. Ya estoy alerta contra tus suposiciones.

LA PONCIA: Pues mejor para ti.

1145 BERNARDA: ¡No faltaba más!

CRIADA: (*Entrando.*) Ya terminé de fregar los platos. ¿Manda usted algo, Bernarda?

BERNARDA: (*Levantándose.*) Nada. Voy a descansar.

LA PONCIA: ¿A qué hora quieres que te llame?

1150 BERNARDA: A ninguna. Esta noche voy a dormir bien. (*Se va.*)

LA PONCIA: Cuando una no puede con el mar lo más fácil es volver las espaldas para no verlo.

CRIADA: Es tan orgullosa que ella misma se pone una venda[230] en los ojos.

LA PONCIA: Yo no puedo hacer nada. Quise atajar las cosas, pero ya me asustan
1155 demasiado. ¿Tú ves este silencio? Pues hay una tormenta en cada cuarto. El día que estallen[231] nos barrerán a todos.[232] Yo he dicho lo que tenía que decir.

CRIADA: Bernarda cree que nadie puede con ella y no sabe la fuerza que tiene un hombre entre mujeres solas.

1160 LA PONCIA: No es toda la culpa de Pepe el Romano. Es verdad que el año pasado anduvo detrás de Adela y ésta está loca por él, pero ella debió estarse en su sitio y no provocarlo. Un hombre es un hombre.

CRIADA: Hay quien cree que habló muchas veces con Adela.

LA PONCIA: Es verdad. (*En voz baja.*) Y otras cosas.

1165 CRIADA: No sé lo que va a pasar aquí.

LA PONCIA: A mí me gustaría cruzar el mar y dejar esta casa de guerra.

CRIADA: Bernarda está aligerando la boda y es posible que nada pase.

LA PONCIA: Las cosas se han puesto ya demasiado maduras. Adela está decidida a lo que sea y las demás vigilan sin descanso.

1170 CRIADA: ¿Y Martirio también?

LA PONCIA: Esa es la peor. Es un pozo de veneno. Ve que el Romano no es para ella y hundiría el mundo si estuviera en su mano.

CRIADA: ¡Es que son malas!

LA PONCIA: Son mujeres sin hombre, nada más. En estas cuestiones se olvida hasta
1175 la sangre. ¡Chisss! (*Escucha.*)

CRIADA: ¿Qué pasa?

LA PONCIA: (*Se levanta.*) Están ladrando los perros.

CRIADA: Debe haber pasado alguien por el portón.

(*Sale* ADELA *en enaguas*[233] *blancas y corpiño.*[234])

LA PONCIA: ¿No te habías acostado?

1180 ADELA: Voy a beber agua. (*Bebe en un vaso de la mesa.*)

---

[229]*thunderbolt* [230]*blindfold* [231]*exploten* [232]*nos... they'll sweep us all away* [233]*petticoats* [234]*short blouse*

LA PONCIA: Yo te suponía dormida.

ADELA: Me despertó la sed. Y vosotras, ¿no descansáis?

CRIADA: Ahora.

(*Sale* ADELA.)

LA PONCIA: Vámonos.

1185 CRIADA: Ganado tenemos el sueño. Bernarda no me deja descansar en todo el día.

LA PONCIA: Llévate la luz.

CRIADA: Los perros están como locos.

LA PONCIA: No nos van a dejar dormir. (*Salen.*)

(*La escena queda casi a oscuras. Sale* MARÍA JOSEFA *con una oveja en los brazos.*)

MARÍA JOSEFA:

1190 Ovejita, niño mío,
vámonos a la orilla del mar.
La hormiguita[235] estará en su puerta,
yo te daré la teta[236] y el pan.

Bernarda,
1195 cara de leoparda.
Magdalena,
cara de hiena.
¡Ovejita!
Meee, meeee.
1200 Vamos a los ramos del portal de Belén.

Ni tú ni yo queremos dormir;
la puerta sola se abrirá
y en la playa nos meteremos
en una choza de coral.

1205 Bernarda,
cara de leoparda.
Magdalena,
cara de hiena.
¡Ovejita!
1210 Meee, meeee.
Vamos a los ramos del portal de Belén. (*Se va cantando.*)

(*Entra* ADELA. *Mira a un lado y otro con sigilo[237] y desaparece por la puerta del corral. Sale* MARTIRIO *por otra puerta y queda en angustioso acecho[238] en el centro de la escena. También va en enaguas. Se cubre con un pequeño mantón[239] negro de talle. Sale por enfrente de ella* MARÍA JOSEFA.)

MARTIRIO: Abuela, ¿dónde va usted?

MARÍA JOSEFA: ¿Vas a abrirme la puerta? ¿Quién eres tú?

MARTIRIO: ¿Cómo está aquí?

---

[235]*little ant*   [236]*breast*   [237]*cuidado*   [238]*watch*   [239]*shawl*

1215 MARÍA JOSEFA: Me escapé. ¿Tú quién eres?

MARTIRIO: Vaya a acostarse.

MARÍA JOSEFA: Tú eres Martirio, ya te veo. Martirio, cara de Martirio. ¿Y cuándo vas a tener un niño? Yo he tenido éste.

MARTIRIO: ¿Dónde cogió esa oveja?

1220 MARÍA JOSEFA: Ya sé que es una oveja. Pero ¿por qué una oveja no va a ser un niño? Mejor es tener una oveja que no tener nada. Bernarda, cara de leoparda. Magdalena, cara de hiena.

MARTIRIO: No dé voces.

MARÍA JOSEFA: Es verdad. Está todo muy oscuro. Como tengo el pelo blanco crees
1225 que no puedo tener crías, y sí, crías y crías y crías. Este niño tendrá el pelo blanco y tendrá otro niño y éste otro, y todos con el pelo de nieve, seremos como las olas, una y otra y otra. Luego nos sentaremos todos y todos tendremos el cabello blanco y seremos espuma. ¿Por qué aquí no hay espumas? Aquí no hay más que mantos de luto.

1230 MARTIRIO: Calle, calle.

MARÍA JOSEFA: Cuando mi vecina tenía un niño yo le llevaba chocolate y luego ella me lo traía a mí y así siempre, siempre, siempre. Tú tendrás el pelo blanco, pero no vendrán las vecinas. Yo tengo que marcharme, pero tengo miedo que los perros me muerdan. ¿Me acompañarás tú a salir al campo? Yo
1235 quiero campo. Yo quiero casas, pero casas abiertas y las vecinas acostadas en sus camas con sus niños chiquitos y los hombres fuera sentados en sus sillas. Pepe el Romano es un gigante. Todas lo queréis. Pero él os va a devorar porque vosotras sois granos de trigo. No granos de trigo. ¡Ranas sin lengua!

1240 MARTIRIO: Vamos. Váyase a la cama. (*La empuja.*)

MARÍA JOSEFA: Sí, pero luego tú me abrirás, ¿verdad?

MARTIRIO: De seguro.

MARÍA JOSEFA: (*Llorando.*)

Ovejita, niño mío,
1245 vámonos a la orilla del mar.
La hormiguita estará en su puerta,
yo te daré la teta y el pan.

(MARTIRO *cierra la puerta por donde ha salido* MARÍA JOSEFA *y se dirige a la puerta del corral. Allí vacila, pero avanza dos pasos más.*)

MARTIRIO: (*En voz baja.*) Adela. (*Pausa. Avanza hasta la misma puerta. En voz alta.*) ¡Adela!

(*Aparece* ADELA. *Viene un poco despeinada.*)

1250 ADELA: ¿Por qué me buscas?

MARTIRIO: ¡Deja a ese hombre!

ADELA: ¿Quién eres tú para decírmelo?

MARTIRIO: No es ése el sitio de una mujer honrada.

ADELA: ¿Con qué ganas te has quedado de ocuparlo!

1255 MARTIRIO: (*En voz alta.*) Ha llegado el momento de que yo hable. Esto no puede seguir así.

ADELA: Esto no es más que el comienzo. He tenido fuerza para adelantarme. El brío[240] y el mérito que tú no tienes. He visto la muerte debajo de estos techos y he salido a buscar lo que era mío, lo que me pertenecía.

1260 MARTIRIO: Ese hombre sin alma vino por otra. Tú te has atravesado.

ADELA: Vino por el dinero, pero sus ojos los puso siempre en mí.

MARTIRIO: Yo no permitiré que lo arrebates.[241] Él se casará con Angustias.

ADELA: Sabes mejor que yo que no la quiere.

MARTIRIO: Lo sé.

1265 ADELA: Sabes, porque lo has visto, que me quiere a mí.

MARTIRIO: (*Despechada.*) Sí.

ADELA: (*Acercándose.*) Me quiere a mí. Me quiere a mí.

MARTIRIO: Clávame un cuchillo si es tu gusto, pero no me lo digas más.

ADELA: Por eso procuras que no vaya con él. No te importa que abrace a la que no 1270 quiere; a mí, tampoco. Ya puede estar cien años con Angustias, pero que me abrace a mí se te hace terrible, porque tú lo quieres también, lo quieres.

MARTIRIO: (*Dramática.*) ¡Sí! Déjame decirlo con la cabeza fuera de los embozos. ¡Sí! Déjame que el pecho se me rompa como una granada de amargura. ¡Le quiero!

1275 ADELA: (*En un arranque[242] y abrazándola.*) Martirio, Martirio, yo no tengo la culpa.

MARTIRIO: ¡No me abraces! No quieras ablandar mis ojos. Mi sangre ya no es tuya. Aunque quisiera verte como hermana, no te miro ya más que como mujer. (*La rechaza.*)

1280 ADELA: Aquí no hay ningún remedio. La que tenga que ahogarse que se ahogue. Pepe el Romano es mío. Él me lleva a los juncos[243] de la orilla.

MARTIRIO: ¡No será!

ADELA: Ya no aguanto el horror de estos techos después de haber probado el sabor de su boca. Seré lo que él quiera que sea. Todo el pueblo contra mí, 1285 quemándome con sus dedos de lumbre, perseguida por los que dicen que son decentes, y me pondré la corona de espinas que tienen las que son queridas de algún hombre casado.

MARTIRIO: ¡Calla!

ADELA: Sí. Sí. (*En voz baja.*) Vamos a dormir, vamos a dejar que se case con An-1290 gustias, ya no me importa, pero yo me iré a una casita sola donde él me verá cuando quiera, cuando le venga en gana.

MARTIRIO: Eso no pasará mientras yo tenga una gota de sangre en el cuerpo.

ADELA: No a ti, que eres débil; a un caballo encabritado[244] soy capaz de poner de rodillas con la fuerza de mi dedo meñique.[245]

1295 MARTIRIO: No levantes esa voz que me irrita. Tengo el corazón lleno de una fuerza tan mala, que, sin quererlo yo, a mí misma me ahoga.

ADELA: Nos enseñan a querer a las hermanas. Dios me ha debido dejar sola en medio de la oscuridad, porque te veo como si no te hubiera visto nunca.

(*Se oye un silbido[246] y* ADELA *corre a la puerta, pero* MARTIRIO *se le pone delante.*)

---

[240]valor   [241]lo... se lo quites   [242]En... Impulsivamente   [243]*rushes*   [244]*wild*   [245]pequeño   [246]*whistle*

MARTIRIO: ¿Dónde vas?

1300 ADELA: ¡Quítate de la puerta!

MARTIRIO: ¡Pasa si puedes!

ADELA: ¡Aparta! (*Lucha.*)

MARTIRIO: (*A voces.*) ¡Madre, madre!

(*Aparece* BERNARDA. *Sale en enaguas, con un mantón negro.*)

BERNARDA: Quietas, quietas. ¡Qué pobreza la mía, no poder tener un rayo entre los
1305   dedos!

MARTIRIO: (*Señalando a* ADELA.) ¡Estaba con él! ¡Mira esas enaguas llenas de paja
de trigo!

BERNARDA: ¡Esa es la cama de las mal nacidas! (*Se dirige furiosa hacia* ADELA.)

ADELA: (*Haciéndole frente.*[247]) ¡Aquí se acabaron las voces de presidio! (ADELA
1310   *arrebata un bastón*[248] *a su madre y lo parte en dos.*) Esto hago yo con la
vara[249] de la dominadora. No dé usted un paso más. En mí no manda nadie
más que Pepe.

MAGDALENA: (*Saliendo.*) ¡Adela!

(*Salen* LA PONCIA *y* ANGUSTIAS.)

ADELA: Yo soy su mujer. (*A* ANGUSTIAS.) Entérate tú y ve al corral a decírselo. Él
1315   dominará toda esta casa. Ahí fuera está, respirando como si fuera un león.

ANGUSTIAS: ¡Dios mío!

BERNARDA: ¡La escopeta[250]! ¿Dónde está la escopeta? (*Sale corriendo.*)

(*Sale detrás* MARTIRIO. *Aparece* AMELIA *por el fondo, que mira aterrada*[251]
con la cabeza sobre la pared.)

ADELA: ¡Nadie podrá conmigo! (*Va a salir.*)

ANGUSTIAS: (*Sujetándola.*[252]) De aquí no sales tú con tu cuerpo en triunfo.
1320   ¡Ladrona! ¡Deshonra de nuestra casa!

MAGDALENA: ¡Déjala que se vaya donde no la veamos nunca más!

(*Suena un disparo.*[253])

BERNARDA: (*Entrando.*) Atrévete a buscarlo ahora.

MARTIRIO: (*Entrando.*) Se acabó Pepe el Romano.

ADELA: ¡Pepe! ¡Dios mío! ¡Pepe! (*Sale corriendo.*)

1325 LA PONCIA: ¿Pero lo habéis matado?

MARTIRIO: No. Salió corriendo en su jaca.

BERNARDA: No fue culpa mía. Una mujer no sabe apuntar.[254]

MAGDALENA: ¿Por qué lo has dicho entonces?

MARTIRIO: ¡Por ella! Hubiera volcado un río de sangre sobre su cabeza.

1330 LA PONCIA: Maldita.

MAGDALENA: ¡Endemoniada!

BERNARDA: Aunque es mejor así. (*Suena un golpe.*) ¡Adela, Adela!

LA PONCIA: (*En la puerta.*) ¡Abre!

BERNARDA: Abre. No creas que los muros defienden de la vergüenza.

---

[247]Haciéndole... *Confronting her*   [248]*cane*   [249]*stick*   [250]*gun*   [251]horrorizada   [252]Deteniéndola   [253]*shot*
[254]*to aim*

1335 CRIADA: (*Entrando.*) ¡Se han levantado los vecinos!

BERNARDA: (*En voz baja como un rugido.*[255]) ¡Abre, porque echaré abajo la puerta! (*Pausa. Todo queda en silencio.*) ¡Adela! (*Se retira de la puerta.*) ¡Trae un martillo[256]! (LA PONCIA *da un empujón y entra. Al entrar da un grito y sale.*) ¿Qué?

1340 LA PONCIA: (*Se lleva las manos al cuello.*) ¡Nunca tengamos ese fin!

(*Las* HERMANAS *se echan hacia atrás. La* CRIADA *se santigua.* BERNARDA *da un grito y avanza.*)

LA PONCIA: ¡No entres!

BERNARDA: No. ¡Yo no! Pepe, tú irás corriendo vivo por lo oscuro de las alamedas, pero otro día caerás. ¡Descolgarla![257] ¡Mi hija ha muerto virgen! Llevadla a su cuarto y vestirla como una doncella. ¡Nadie diga nada! Ella ha 1345 muerto virgen. Avisad que al amanecer den dos clamores las campanas.

MARTIRIO: Dichosa ella mil veces que lo pudo tener.

BERNARDA: Y no quiero llantos. La muerte hay que mirarla cara a cara. ¡Silencio! (*A otra* HIJA.) ¡A callar he dicho! (*A otra* HIJA.) ¡Las lágrimas cuando estés sola! Nos hundiremos todas en un mar de luto. Ella, la hija menor de 1350 Bernarda Alba, ha muerto virgen. ¿Me habéis oído? ¡Silencio, silencio he dicho! ¡Silencio!

Telón.

[255]*roaring of a lion*   [256]*hammer*   [257]*Bring her down!*

Cuestionario

1. ¿Dónde tiene lugar la acción dramática?
2. Describa el espacio dramático interior, o sea, la casa de Bernarda Alba. Según las acotaciones, ¿cómo es la casa? ¿Quiénes viven en ella? ¿Cuántas generaciones están representadas? ¿Quién es el personaje principal? ¿Por qué están de luto los personajes?
3. Se dice que el conflicto de la obra es el resultado del choque entre el elemento masculino y el femenino. ¿Está usted de acuerdo? ¿Cómo se explica esa situación si en la casa sólo viven mujeres?
4. ¿Quién es Pepe el Romano? ¿Existen además otros personajes que no aparecen nunca en el escenario? ¿Quiénes son?
5. En el espacio exterior, es decir, en la calle, ocurren ciertas cosas a las que García Lorca hace referencia en el drama. ¿Qué función tienen?
6. ¿Por qué siente María Josefa tantos deseos de escaparse? ¿Tiene algún simbolismo esta actitud?
7. Comente el papel de la hermana menor. ¿Por qué se suicida?
8. Lea otra vez las palabras finales del drama. Explique la razón de esas palabras.

Identificaciones

1. Antonio María Benavides
2. el retrato
3. el caballo garañón
4. «Hilo y aguja para las hembras. Látigo y mula para el varón.»
5. el doblar de las campanas

Temas

1. Si los espectadores participaran (*were involved*) en la obra, ¿qué es lo que dirían?
2. El tema de la honra —el honor de la familia— tal como se ve en esta obra
3. El drama representa la realidad de la vida en la España de hace sesenta años. Comente si esta obra ha perdido actualidad o si todavía puede representar algo real en la vida de hoy día. ¿Es la represión femenina un fenómeno típicamente español o es un fenómeno universal?
4. Contraste el espacio exterior —la calle— con el espacio interior —la casa de Bernarda Alba. En la casa sólo hay mujeres y en la calle están los hombres. ¿Son estos dos espacios iguales en cuanto al goce de la libertad? ¿Qué implica la obra en cuanto al sexo masculino y el femenino?
5. Debate: García Lorca presenta en esta obra un discurso feminista.

EL ENSAYO

362 INTRODUCCIÓN AL ENSAYO

369 PRÁCTICA

372 PANORAMA HISTÓRICO Y CATEGORÍAS FUNDAMENTALES

386 PRÁCTICA

388 EL ENSAYO: GUÍA GENERAL PARA EL LECTOR

389 LECTURAS

la presentación de un determinado asunto o de una escena. Lo mismo ocurre cuando el autor desempeña el papel de cronista o comentarista de acontecimientos o eventos; su intención es hacer que el lector confíe en lo que él le dice. No obstante, en los ensayos persuasivos o ensayísticos, el autor intenta llevar a cabo su plan directa y explícitamente. En otras clases de composición, el autor esconde o, mejor dicho, disfraza, sus métodos de persuasión. Es el caso de los ensayos compuestos según otras formas literarias —el drama, la narrativa y la poesía.

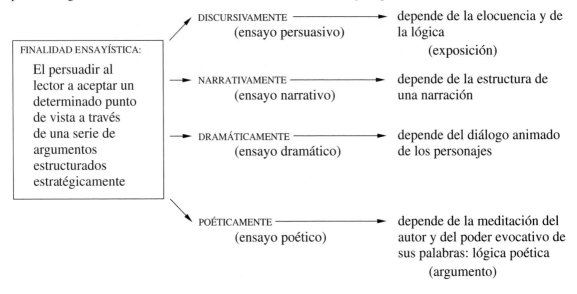

III La oratoria como ensayo: sus características

Al igual que los demás escritos literarios, el ensayo tiene sus raíces en la *oratoria* o arte de hablar en público con el propósito de persuadir o convencer a los oyentes o mover su ánimo. Sin embargo, en la lectura del ensayo, el receptor del discurso ya no es el oyente pasivo que escuchaba en silencio al orador, sino un lector que contempla el texto y, por consiguiente, que participa de la experiencia estética con el autor en un proceso de interacción. De este último factor se deduce que el ensayo, en calidad de obra de arte, seguirá estimulando al lector indefinidamente por medio de los valores estéticos que hacen resaltar a su vez los valores éticos, morales, filosóficos y políticos del mismo. Si se examina el caso de algunos grandes discursos que han llegado a ser memorables ensayos literarios, se verá que el «Gettysburg Address» de Abraham Lincoln, el «Discurso en el Politeama» de Manuel González Prada o el más reciente, «I Have A Dream» de Martin Luther King, Jr., comparten ciertos denominadores comunes. Ante todo, cada uno es un ejemplo del arte de la persuasión, pues los tres lograron en su respectiva época exaltar los ánimos e incitar a la acción a un pueblo.

No obstante, como textos, dichos discursos son fuentes de significación que trascienden el mensaje central entendido por su autor: Lincoln subrayó la urgencia de unificar y consolidar la República Federal estadounidense frente a la fragmentación ocasionada por la guerra civil; González Prada abogó por la reivindicación de la juventud peruana reprimida por una decrépita e inútil estructura social; finalmente, King grabó en el espíritu de sus oyentes la idea fundamental de su «sueño dorado»: el rescate de la raza negra en los Estados Unidos.

Esos discursos, aunque pronunciados hace tiempo, producen todavía y seguirán produciendo, con cada lectura, nuevas experiencias estéticas. Su mensaje, originariamente limitado a una circunstancia y a un pueblo, se revestirá de nuevas significaciones para los lectores de otras épocas y otros países. Esto se debe principalmente a la estructura lingüística del texto —al poder evocativo de las palabras, a su cuidadosa selección y organización. Gracias a esa misma estructura lingüística, el momento y el lugar adquieren *permanencia* y *universalidad* en la forma literaria del ensayo.

IV Estrategias de persuasión: la lógica formal y la lógica informal

Un ensayista puede presentar un mensaje de dos maneras: en forma de *exposición* o en forma de *argumento*. En el primer caso —la exposición— el autor se vale de la lógica formal (lógica del pensamiento, discursiva o simbólica); en el segundo —el argumento— utiliza la lógica informal (lógica de la sensibilidad, no discursiva o poética).

En la exposición el ensayista se limita a proporcionar al lector determinada información, pidiendo sólo que éste, a base de los *razonamientos* expuestos, comprenda lo que le dice. Por lo tanto, el ensayista se esfuerza por exponer los hechos con claridad, exactitud y organización cuidadosa. Para apreciar el análisis lógico o razonamiento mediante el cual el autor del ensayo apela al raciocinio (*reason*) de sus lectores, se deben distinguir dos elementos: el punto de partida que es la *hipótesis* y la conclusión que es la *tesis* o proposición que se quería demostrar. Hay que entender también que los razonamientos o *proposiciones* se pueden descomponer, a su vez, en otros razonamientos más simples llamados *silogismos,* como el siguiente.

	a	**b**	
Hipótesis o premisas:	(a) Todos los hombres son mortales.		**a = b**
	c	**a**	
	(b) Juan es hombre.		**c = a**
	c	**b**	
Tesis o conclusión:	(c) Juan es mortal.		**c = b**

Además de los silogismos, un ensayista puede servirse, entre los muchos procesos de la lógica simbólica, de los *teoremas* y de los *axiomas*. Los teoremas son expresiones que encierran una verdad que tiene que ser demostrada. A saber, se dice en geometría que la suma de los tres ángulos de un triángulo vale 180°. Esto no es por sí mismo evidente hasta que se demuestra. Por el contrario, los axiomas expresan un concepto claro que no necesita demostración. Volviendo nuevamente a la geometría, se verá que cuando se dice que por un punto exterior a una línea recta puede pasar solamente una línea paralela a ella, se expresa una verdad axiomática, es decir, evidente. En ambos casos, el autor cuenta con la inteligencia del lector a fin de que éste comprenda la tesis planteada.

En cambio, si la intención del ensayista es persuadir al lector a que adopte su punto de vista y, además, a que tome determinadas medidas frente a cierta cuestión, el autor apelará a las emociones de ese lector. En este caso el mensaje será presentado en forma de argumento —forma en la que se contará con las facultades intuitivas del receptor del discurso y en la que el ensayista se valdrá de la lógica informal, haciendo uso del lenguaje literario o figurado.

Ahora bien, teniendo presente las dos categorías fundamentales del género ensayístico —el ensayo personal o informal y el ensayo impersonal o desapasionado— se verá que aquél, el personal y *subjetivo,* es presentado en forma argumentativa, mientras que éste, el ensayo desapasionado y *objetivo,* se destaca por su forma expositiva. Sin embargo, en los mejores ensayos el hábil autor no vacila en emplear armoniosamente exposición y argumento, así como cualquier otro recurso no literario —datos historiográficos y estadísticos, testimonios oculares, cálculos matemáticos y otros elementos similares.

De acuerdo con dichas dos vertientes y conforme a las formas de presentación comunes a toda obra ensayística, se propone la siguiente clasificación.

CLASIFICACIÓN DEL ENSAYO SEGÚN LAS FORMAS DE SU PRESENTACIÓN	
Ensayo impersonal u objetivo	*Ensayo personal y subjetivo*
(Presentación expositiva)	(Presentación argumentativa)
Ensayo teórico	Ensayo poético
Ensayo filosófico	Ensayo narrativo
Ensayo científico	Ensayo dramático
Ensayo histórico	Ensayo epistolar o «carta»
Ensayo crítico	Ensayo fantástico
Ensayo periodístico	Apuntes de viajes
Ensayo-discurso u oración	Crónica o carta de relación
(*oration, speech*)	Diario (*Personal diary*)

 Diferentes tipos de ensayo

EL ENSAYO PERSUASIVO

Desde el punto de vista formal, el ensayo denominado «persuasivo» es el más sencillo. Plantea una cuestión o tesis y presenta en seguida unos cuantos argumentos que la apoyan. Este es, por lo general, el orden en que se estructura ese tipo de escrito donde el autor intenta explícitamente persuadir al lector a compartir con él cierto punto de vista. Surge de ahí la importancia de leer el texto analíticamente para determinar si este intento persuasivo nace de la genuina comprensión del ensayista respecto al tema que trata o si por el contrario se ha valido de métodos fraudulentos para inducir al lector a adoptar sus ideas.

La *analogía* proporciona al lector la pauta (*guide, rule*) a emplearse en la lectura de este tipo de ensayo. Por ser la analogía una forma de razonamiento en la que una cosa se compara con otra basándose en una semejanza implícita, es el recurso clave de todo ensayo, especialmente el de tipo persuasivo. Mediante la persuasión se apela a la experiencia del lector, experiencia que luego se usa para establecer una especie de puente mental que relaciona el tópico que se discute con circunstancias similares experimentadas por el lector. «El cholo» (p. 401) de Eugenio María Hostos ilustrará este tipo de ensayo.

EL ENSAYO NARRATIVO

Dentro de esta categoría de escrito, que obviamente imita la narración ficticia, el ensayista se convierte en narrador. Como tal, adquiere las mismas características que el narrador de un cuento o de una novela. Mejor dicho, el narrador del ensayo asume el derecho de ser fidedigno o indigno de confianza, en cuyo caso le costará más trabajo al lector fijar bien la perspectiva autorial. Efectivamente, el autor de un ensayo narrativo desempeña una función parecida a la del *periodista* o del *historiador.* Obrando, entonces, como narrador cronista, el ensayista va interpretando lo que narra. Esta interpretación editorial es precisamente el elemento persuasivo del ensayo estructurado al estilo de una obra de ficción, pues su autor se vale de los personajes y de la circunstancia de su historia para presentar valores que él considera positivos o negativos. Analizando esos personajes y esa circunstancia a través de la *historia* y su *forma* o *discurso,* el ensayista comunica el deseado mensaje —su perspectiva autorial— intentando convencer al lector de la verdad que encierra dicha perspectiva.

Existe, no obstante, una diferencia básica entre la ficción propiamente dicha y la ensayística de tipo narrativo. En efecto, mientras que un cuento es una creación original, una invención de su autor, el ensayo narrativo, en cambio, representa por lo general una especie de documento de una circunstancia específica —posiblemente un acontecimiento que ocurrió alguna vez en uno que otro lugar.

Examinando la estructura del típico ensayo narrativo, se notará que la historia que se cuenta presenta dos posibilidades para el narrador: éste puede efectuar dicha narración en forma personal o autobiográfica (lo que conferiría más intimidad, y de ahí credibilidad, a sus argumentos); o puede mantenerse neutral, objetivo, para que la narración adquiera la impersonalidad de un relato periodístico.

«Vuelva usted mañana» de Mariano José de Larra (p. 390) representa un *artículo de costumbres.* La ventaja de leer críticamente esta obra consiste en que, además de analizar un escrito que ilustra los rasgos distintivos del ensayo de tipo narrativo, le permite al lector observar muy de cerca un género típicamente español que manifiesta características propias.

EL ENSAYO DRAMÁTICO O DIALOGADO

Se ha dicho que todo ensayo contiene ciertos elementos del debate. Esto ocurre porque el ensayista entabla (*begins, initiates*) una especie de diálogo con el lector sobre un tema en el que los dos no están perfectamente de acuerdo.

Se hace necesario así que el ensayista imponga su punto de vista de la manera más sutil —más indirecta— que se le ocurra. Como consecuencia, ciertos ensayos se alejan deliberadamente de la forma ensayística, doctrinal, para adoptar, en cambio, las de otros géneros literarios. El modo dramático, o, más específicamente, el ensayo dialogado, representa uno de los primeros intentos de disfrazar la figura autorial del ensayista.

De hecho, en el ensayo dialogado, cuyos orígenes se remontan a la antigüedad greco-romana, las ideas no vienen expuestas por el ensayista mismo, sino por dos o más portavoces —personajes que, como se verá a continuación en «Diálogo sobre el arte nuevo» de José Ortega y Gasset (p. 370), funcionan dentro de una situación ficticia. Sin embargo, hay que precisar una cosa: a diferencia de la obra teatral, que utiliza el diálogo mayormente con el fin de caracterizar a los personajes y adelantar la acción dramática, el ensayo en forma de diálogo se vale casi exclusivamente del discurso para expresar una determinada tesis propuesta por el autor.

EL ENSAYO POÉTICO O MEDITATIVO

El autor de un ensayo poético medita y, por lo tanto, no pretende que el lector extraiga de sus meditaciones alguna declaración conclusiva. Si bien parece, por otra parte, que el ensayista enfatiza algo, es más por casualidad que de propósito. Asimismo, aunque el autor se sirva abundantemente de las imágenes, como podría hacerlo el de cualquier ensayo que tenga como meta fundamental persuadir, el ensayista meditativo no abusa de su profusa imaginería con fines doctrinales limitados. Por el contrario, las imágenes del ensayo poético son creadas para que autor y lector participen juntos en una especie de juego particular en el que los dos construyen sobre esas imágenes muchísimas otras, gracias al poder creativo de su mente.

En consecuencia, el placer que ocasiona la lectura de un texto ensayístico donde prevalezca la poética se deriva no tanto de la estructura total, sino de la *textura* de la composición, es decir, de los detalles particulares de la misma. En otras palabras, da gusto observar cómo las imágenes del texto meditativo se unen para determinar la estructura del ensayo. Por consiguiente, si se lee dicho ensayo teniendo en cuenta el efecto emotivo engendrado por el juego que su autor mantiene con el lector y consigo mismo mediante el discurso —el llamado «proceso lúdico»—, si se capta su lógica poética, no será notoria la falta de un fuerte mensaje político, filosófico o social. Como se podrá ver en «Y las madres, ¿qué opinan?» de Rosario Castellanos (p. 410), la reacción del lector será positiva, puesto que la experiencia estética producida por la estructura lingüística del texto le enriquecerá por sus propios méritos.

VI *El ensayo en la actualidad*

Basándose en la opinión de Luis Ferrero y Oscar Sambrano Urdaneta, Julio César López González sostiene que el ensayo posee por su propia estructura un propósito eminentemente educativo, muy apropiado a las exigencias (*demands*) del estudiante de hoy día (*El ensayo y su enseñanza,* Río Piedras: Editorial Universitaria. Estación de la Universidad de Puerto Rico, 1980, págs. 11–13). En realidad, la modalidad ensayística, capacitada para estimular el crecimiento (*growth*) humano a nivel intelectual y emotivo, es una composición que le permite al autor exponer las preocupaciones de una época determinada, asumir posiciones críticas y ofrecer posibles soluciones a las cuestiones que plantea. Esto explicaría la razón por la cual, después de la novela, el ensayo es, en general, la forma literaria más popular del siglo XX y, en particular, de la época actual. Sambrano opina que el escrito ensayístico es el vehículo más indicado para exponer y expresar el espíritu de una época como la nuestra, tan llena de grandes inquietudes y expectativas. Por eso, no ha de sorprender que los jóvenes de hoy sientan tanto la necesidad de meditar sobre su destino personal y colectivo y sobre su futuro como individuos y como componentes de una sociedad más consciente social, política y culturalmente y, así, más comprometida que nunca.

PRÁCTICA

1. Indique la estrategia de persuasión empleada en los fragmentos siguientes, identificando la forma, *expositiva* o *argumentativa,* en que cada ensayista presenta su mensaje.

    a. It is rather for us to be here dedicated to the great task remaining before us—that from these honored dead we take increased devotion to that cause for which they gave the last full measure of devotion—that we here highly resolve that the dead shall not have died in vain—that this nation, under God, shall have a new birth of freedom—and that government of the people, by the people, for the people, shall not perish from the earth.

    (Abraham Lincoln, «The Gettysburg Address», 1863)

    b. La población del Imperio, conforme a cálculos prudentes, no era menor de diez millones. La Conquista fue, ante todo, una tremenda carnicería. Los conquistadores españoles, por su escaso número, no podían imponer su dominio, sino aterrorizando a la población indígena, en la cual produjeron una impresión supersticiosa, las armas y los caballos de los invasores mirados como seres sobrenaturales.

    (José Carlos Mariátegui,
    Siete ensayos de interpretación de la realidad peruana, 1928)

    c. Presumption is our natural and original malady. The most vulnerable and frail of all creatures is man, and at the same time the most arrogant. He feels and sees himself lodged here, amid the mire and dung of the world, nailed and riveted to the worst, the deadest, and the most stagnant part of the universe, on the lowest story of the house and the farthest from the vault of heaven with the animals of the worst condition of the tree; and in his imagination he goes planting himself above the circle of the moon, and bringing the sky down beneath his feet. It is by the vanity of this same imagination that he equals himself to God, attributes to himself divine characteristics, picks himself out and separates himself from the horde of other creatures, carves out their shares to his fellows and companions the animals, and distributes among them such portions of faculties and powers as he sees fit.

(Michel de Montaigne, «Apology for Raymond Sebond», 1580)

d. Unmarried men are best friends, best masters, best servants; but not always best subjects; for they are light to run away and almost all fugitives are of that condition. A single life doth well with churchmen; for charity will hardly water the ground, where it must first fill a pool. It is indifferent for judges and magistrates; for if they be facile and corrupt, you shall have a servant, five times worse than your wife.

(Francis Bacon, «Of Marriage and Single Life», 1597)

e. La inmensa mayoría de las mujeres de América ha dejado escritos sus nombres en los repliegues íntimos de la vida, que el viento de la muerte va borrando. Palabras escritas en el agua… Pero las doce mujeres, que surgen aquí como ejemplo, tuvieron virtudes y pasiones que son comunes a todas las demás. Sólo que el heroísmo de la mujer no ha sido siempre de plaza pública. Quizá la historia, cuando calla sus nombres, los calla, si es noble, por pudor. Es demasiada hermosura la de ciertos espíritus selectos para ser arrollada por la corriente tumultuosa de los anales políticos, para ser llevada a la gran representación de la publicidad. Hasta hoy, la vida de la mujer se ha recordado en sordina. Nada de clarines. Nada de flamante biografía.

(Germán Arciniegas, *América mágica,* 1961)

f. —Acabo de leer en el tren —dijo Baroja— su artículo «El campo del arte», donde define usted su actitud frente al arte nuevo.

—Y qué, ¿no está usted de acuerdo?

—No puedo decir que no esté de acuerdo. Lo que pasa es que no lo entiendo.

—¿No está claro lo que digo?

—Claro es usted siempre, Azorín. Mejor dicho, es usted la claridad misma. Pero éste es el inconveniente. Cuando no se trata de cosas y personas concretas, cuando plantea usted temas generales y en vez de manejar imágenes, sentimientos, camina usted entre ideas, envuelve usted las cuestiones en una claridad tal que quedan ocultas por ella. Vemos la claridad de usted; pero no conseguimos ver claras las cosas. Es usted pura luz, y para que se vea algo hace falta siempre alguna sombra.

(José Ortega y Gasset, «Diálogo sobre el arte nuevo», *Artículos,* 1924)

g. Las escaleras se suben de frente, pues hacia atrás o de costado resultan particularmente incómodas. La actitud natural consiste en mantenerse en pie, los brazos colgando sin esfuerzo, la cabeza erguida aunque no tanto que los ojos dejen de ver los peldaños inmediatamente superiores al que se pisa, y respirando lenta y regularmente. Para subir una escalera se comienza por levantar esa parte del cuerpo situada a la derecha abajo, envuelta casi siempre en cuero o gamuza, y que salvo excepciones cabe exactamente en el escalón.

(Julio Cortázar, «Manual de instrucciones»,
de *Historias de cronopios y famas,* 1962)

2. Señale los varios recursos de la lógica simbólica o formal (silogismos, analogías, axiomas, aforismos y otros medios no puramente literarios) empleados en los siguientes fragmentos para convencer al lector de la validez del tema expuesto.

    a. *Aestimes judicia, non numeres,* decía Séneca. El valor de las opiniones se ha de computar por el peso, no por el número de las almas. Los ignorantes, por ser muchos, no dejan de ser ignorantes. ¿Qué acierto, pues, se puede esperar de sus resoluciones?

…Siempre alcanzará más un discreto solo que una gran turba de necios; como verá mejor al sol un águila sola que un ejército de lechuzas.

(Fray Benito Jerónimo Feijoo, *Teatro crítico universal,* 1726–1739)

b. Alguien podrá ver un fondo de contradicción en todo cuanto voy diciendo, anhelando unas veces la vida inacabable, y diciendo otras que esta vida no tiene el valor que se la da. ¿Contradicción? ¡Ya lo creo! ¡La de mi corazón, que dice sí, y mi cabeza, que dice no! Contradicción naturalmente. ¿Quién no recuerda aquellas palabras del Evangelio: «¡Señor, creo; ayuda a mi incredulidad!» ¡Contradicción!, ¡naturalmente! Como que sólo vivimos de contradicciones, y por ellas; como que la vida es tragedia, y la tragedia es perpetua lucha, sin victoria ni esperanza de ella; es contradicción…

(Miguel de Unamuno, *Del sentimiento trágico de la vida,* 1913)

c. El hecho más importante de la historia es el mismo de la biología, es que el hombre se muere como todos los demás seres vivos.

(Arturo Uslar Pietri, *Veinticinco ensayos,* 1945)

d. Mientras la prosa española peninsular es romántica, costumbrista o académica, la prosa española continental (la nuestra) deja ver, en Sarmiento, la innovación constante, espoleada por «el ritmo urgente del pensamiento» (P. Henríquez Ureña); y en Montalvo, recuerda el tono de Quevedo, entonces insólito en España. Llegando ya a los modernistas, aparecen, en Martí, la sentencia corta y eléctrica al modo de Gracián; en Gutiérrez Nájera, la sentencia etérea y saltarina, cuyo secreto murió con él. Ambas contrastan con el fraseo largo y movedizo del español Valera, o con los amplios periodos oratorios del español Castelar.

(Alfonso Reyes, «De poesía hispanoamericana», 1941)

e. Meanwhile B.A.'s grow so common that employers who once demanded them now demand M.A.'s, and the Master's requirement in some fields (not just the academic) has been upgraded to the Ph.D. In the years since Robert M. Hutchins sardonically proposed that we achieve our desires with less trouble by granting every American citizen a B.A. at birth, we have moved closer and closer to a utopia in which everyone receives it at 21, in return for doing classroom time. One already hears talk of attendance being compulsory through age 20. In California, where problems tend to surface before New England need worry about them, the state population rose 50 percent in one decade, and the college population 82 percent. It grows easy to foresee the day when 50 percent of the population of California (and, after a suitable time lag, of Massachusetts, of New York, of Illinois and, yes, of Montana) will be employed at teaching the other 50 percent, perhaps changing ends at the half.

(Hugh Kenner, «Don't Send Johnny to College», 1964)

3. Muestre los recursos de la lógica informal o poética en los textos que siguen.

a. Por eso el libro importado ha sido vencido en América por el hombre natural. Los hombres naturales han vencido a los letrados artificiales. El mestizo autóctono ha vencido al criollo exótico. No hay batalla entre la civilización y la barbarie, sino entre la falsa erudición y la naturaleza.

(José Martí, «Nuestra América», 1891)

b. Es así como, no bien la eficacia de un ideal ha muerto, la humanidad viste otra vez sus galas nupciales para esperar la realidad del ideal soñado con nueva fe, con tenaz y conmovedora locura. Provocar esa renovación, inalterable como un ritmo de la Naturaleza, es en todos los tiempos la función y la obra de la juventud. De las almas de cada primavera humana está tejido aquel tocado de novia.

(José Enrique Rodó, *Ariel,* 1900)

c. En nombre de esas víctimas inocentes con las que trafican la inmoralidad de matrimonios mercantilistas, y que vestidas de blanco y engalanadas de flores como las antiguas vírgenes, son conducidas al altar con el objeto de que un célibe por fuerza otorgue una irónica bendición sobre su suplicio, pues un honorable padre y una madre titulada virtuosa, la han condenado por un puñado de oro, a la tortura que inventó Mecenio: soportar los besos de un cadáver.

(Flora Tristán, *La emancipación de la mujer*, edición póstuma, 1948)

d. ¿Hemos de cerrar voluntariamente la puerta a la inmigración europea, que llama con golpes repetidos para poblar nuestros desiertos y hacernos, a la sombra de nuestro pabellón, pueblo innumerable como arenas del mar? ¿Hemos de dejar ilusorios y vanos los sueños de desenvolvimiento, de poder y de gloria, con que nos han mecido desde la infancia los pronósticos que con envidia nos dirigen los que en Europa estudian las necesidades de la humanidad?

(Domingo Faustino Sarmiento,
«Introducción» de *Vida de Juan Facundo Quiroga*, 1845)

PANORAMA HISTÓRICO Y CATEGORÍAS FUNDAMENTALES

EL ENSAYO: ORÍGENES, ETIMOLOGÍA, EVOLUCIÓN Y OBJETIVOS

Aunque el género ensayístico ha existido en diversas formas desde la antigüedad grecolatina (la *Poética* de Aristóteles, los *Diálogos* de Platón, las *Epístolas* de Plinio y muchos otros), el término *ensayo* se debe exclusivamente al humanista francés Michel de Montaigne (1533–1592). Este lo usó por primera vez en sus *Essais* (1580). El término *essais,* asignado por Montaigne a sus escritos, explica la característica básica que tradicionalmente ha diferenciado el ensayo de otras formas o modalidades literarias. En efecto, la palabra proviene del latín *exagium,* o acción de pesar y, más directamente, del francés *essayer* (en español *ensayar*) que significa *intentar* o *experimentar.* De ahí se deduce que el ensayo se creó originalmente no para demostrar una verdad con la que todo el mundo estaría de acuerdo, sino como una composición tentativa, abierta a la polémica y, por consiguiente, incompleta.

El término volvió a aparecer unos años más tarde en los *Essays* (1597) del inglés Francis Bacon (1561–1626), quien lo aplicó a sus escritos del mismo tipo. A pesar de sus diferencias de estilo y de temática, las respectivas obras de Montaigne y Bacon ayudan a entender las dos categorías del ensayo moderno.

LOS «ESSAIS» DE MONTAIGNE: LA CATEGORÍA PERSONAL E INTIMISTA

Los escritos de Montaigne —comentarios de tipo íntimo, al estilo de una confesión y con tono de conversación— representan el modelo original o prototipo del cual se deriva hoy día el ensayo *personal* e *informal.* Aquí es donde se encontrará el escrito subjetivo bajo la forma de *artículo humorístico, esbozo* o *sketch, caricatura, artículo impresionista* o cualquier otro artículo de tipo *imaginativo.*

FRANCIS BACON Y EL ENSAYO IMPERSONAL Y MORALIZANTE

Los *Essays* de Bacon constituyen el prototipo del ensayo *desapasionado* e *impersonal* que, como su nombre lo indica, no pretende transmitir impresión o emoción alguna. Breves, moralizantes, dogmáticos y aforísticos —es decir, que expresan pensamientos generalmente aceptados como verdades— los *essays* no se dirigen a nadie en particular. En la época moderna, cabrían dentro de esta categoría el *tratado* (*treatise*) o la *monografía,* tal como el estudio erudito y profundo de un determinado asunto, el ensayo biográfico, histórico o científico, el artículo crítico, el de fondo o editorial y otros tantos de carácter *objetivo.*

FINALIDAD FUNDAMENTAL: EL PERSUADIR A TRAVÉS DE LA LÓGICA

Aunque algunos ensayos entretienen más por su valor estético o expresivo que por la información que proporcionan, según lo muestran los ensayos de esta antología, el denominador común a todos es sin duda el procedimiento lógico mediante el cual los respectivos autores presentan su punto de vista o argumento invitando al lector a aceptarlo.

ORATORIA Y RETÓRICA: LAS RAÍCES DEL ENSAYO

Ya que en el fondo del ensayo existe, de una manera u otra, la intención de persuadir, conviene repasar brevemente la tradición de la *oratoria* y del debate de donde el ensayo proviene. Los antiguos oradores griegos y romanos —políticos en su mayor parte— estaban conscientes de la importancia de la opinión pública y de la necesidad de influir en ella modificándola a su voluntad mediante sus discursos y debates. Nació así la *retórica* (del griego *rétor* u *orador*), parte integrante de la oratoria o arte de dirigirse a las masas. Aristóteles la define como «el poder de ver todas las posibilidades de persuadir a la gente acerca de cualquier asunto». Efectivamente, los oradores de la antigüedad maniobraron (*handled*) varios recursos que los convirtieron en verdaderos maestros del arte de la persuasión. Sabían cuándo y cómo usar la lógica y cuándo apelar a su propia autoridad o a las emociones de los oyentes. Para ser aún más eficaces acompañaban la oratoria con gestos y timbre (*tone*) de voz apropiados y hasta desarrollaron ciertas técnicas para memorizar los discursos largos. Además, estudiaron escrupulosamente la estructura de las oraciones (*speeches/orations*) y manejaron con maestría la elocución (del latín *elocutio* que significa *estilo*).

EL ENSAYO IMPERSONAL EN LA ESPAÑA MEDIEVAL Y RENACENTISTA

En España la vertiente desapasionada e impersonal del ensayo tomó originalmente la forma de prosa didáctica, o sea, prosa con un fin docente y moralizador. Este tipo de escrito produce en la Edad Media las *crónicas* e *historias* de los varios reinados, así como los *tratados* que prescriben leyes sobre la conducta del ciudadano ante su rey, ante la sociedad y ante Dios. Dentro de esta última categoría figura la obra más importante del Medioevo español: *Las siete partidas* (siglo XIII), colección de leyes y costumbres de gran importancia histórica, compilada por orden del rey Alfonso X el Sabio.

De esta misma rama nacen en los siglos XV y XVI obras de valor tanto educativo como artístico. Cabe indicar aquí dos escritos importantes: el *Corbacho*, o *Reprobación del amor mundano* (1438), tratado de moral, satírico, compuesto en un estilo pintoresco por Alfonso Martínez de Toledo, Arcipreste de Talavera, y el *Arte de la lengua castellana* (1492) de Antonio de Nebrija (1441–1522). Este último es de trascendencia (*significance*) particular, ya que es la primera obra preceptiva o instructiva sobre un idioma moderno y, en análisis final, el prototipo de las gramáticas actuales.

LA DIDÁCTICA Y LA MÍSTICA EN EL ENSAYO DEL SIGLO DE ORO

En la ensayística renacentista de carácter informal y personal se inscriben varias obras de mérito artístico. Entre ellas está el ingenioso y entretenido *Diálogo de la lengua* (c. 1535) de Juan de Valdés. En este ensayo dramático, el autor discute con dos interlocutores (*fellow speakers*) italiano y dos españoles el origen de la lengua castellana, su vocabulario y las obras principales escritas en este idioma. Al lado de dicho escrito secular, figura en el Siglo de Oro la prosa ensayística de tipo religioso. Las obras más destacadas del género son *De los nombres de Cristo* (1583) de Fray Luis de León —explicación del sentido místico de las varias maneras empleadas en la Biblia para referirse a Jesús— y *Las moradas* (1588) de Santa Teresa de Jesús. En este escrito eminentemente místico, la autora compara el alma a un castillo cuyas siete habitaciones conducen a Dios.

LA «CRÓNICA DE INDIAS»: GERMEN DEL FUTURO ENSAYO AMERICANO

Uno de los fenómenos más significativos en el desarrollo del ensayo hispánico es la conquista del Nuevo Mundo, acontecimiento que da principio al género de la *carta de relación* o *crónica de Indias*. Esta nueva forma, debido a las circunstancias extraordinarias en que brota (*it appears*) y al carácter mismo del escritor, es una combinación de documento histórico, experiencia personal y fantasía. Las más destacadas incluyen las *Cartas de relación* (1519–1526) del conquistador Hernán Cortés, modelo original del género; la cruda pero franca y vívida *Verdadera historia de la conquista de la Nueva España* (1632) del capitán Bernal Díaz del Castillo y *Naufragios* (1555) del conquistador Alvar Núñez Cabeza de Vaca. Esta obra, de tipo autobiográfico y llena de valiosa información acerca de los indígenas americanos, relata las peripecias (*events, changes of fortune*) del autor al recorrer por unos diez años (1544–1555) el territorio que va desde el golfo de México hasta el de California.

Cronista de singular relieve es el Padre Fray Bartolomé de las Casas. Autor de la *Historia de las Indias* (1527) y de la *Brevísima relación de la destrucción de las Indias* (1552), indicó varios de los graves problemas que enfrentaron los españoles al colonizar el Nuevo Mundo. Desafortunadamente, sus palabras en defensa del indígena, inspiradas por la pasión y el celo cristiano, acabaron por engendrar una mala reputación para el conquistador español. Esto eventualmente dio origen a la consabida «leyenda negra», según la cual la crueldad y la codicia (*greed*) de los conquistadores habían ocasionado la exterminación de los indígenas del Caribe. De mayor trascendencia para el estudioso o investigador actual resultan los *Comentarios reales* (1609) del Inca Garcilaso de la Vega. En esta obra el arte ensayístico produce una visión más real que fantástica de los indígenas —los incas— y de su pintoresca civilización.

EL ENSAYO ESPAÑOL E HISPANOAMERICANO DEL BARROCO

La figura cumbre de la prosa filosófica y didáctica del Barroco hispánico es Baltasar Gracián. Su obra maestra dentro del género ensayístico es *Agudeza y arte de ingenio* (1642), tratado en el que el autor expone sus ideas sobre las técnicas estilísticas a seguir en la época.

Entre lo mejor de la ensayística barroca de Hispanoamérica hay que señalar, por su singularidad (*uniqueness*), la *Respuesta a Sor Filotea de la Cruz* (1691) de Sor Juana Inés de la Cruz. La importancia de este escrito radica en la multitud de detalles biográficos y en la genial prosa conceptista a través de la cual la monja mexicana defiende sus derechos de mujer y de intelectual.

LAS DOS VERTIENTES DEL ENSAYO EN EL SIGLO DE LAS LUCES

Según se observó previamente, el espíritu racionalista de la Ilustración creó en Europa una nueva mentalidad que renovó las ciencias y desarrolló el pensamiento crítico. Con eso, se comenzó a desconfiar seriamente de todas las instituciones tradicionales: las sociales, las políticas, las religiosas, etcétera. Según era de esperarse, la postura (*position, attitude*) de los «iluminados» (*the «enlightened»*) —los proponentes de la Ilustración— produce en Europa y en América el florecimiento de obras con fin docente o didáctico. El escrito ensayístico es la modalidad literaria más usada por ellos y se desarrolla de acuerdo con sus dos ramas —el ensayo desapasionado, impersonal y objetivo y el ensayo informal, intimista y subjetivo.

EL ENSAYO IMPERSONAL Y OBJETIVO EN LA PENÍNSULA

En España este tipo de escrito es ejemplificado por la *Poética* (1733) de Ignacio Luzán, obra didáctica que se limita a exponer una serie de normas basadas en la tradición clásica de Aristóteles y Horacio. Según Luzán, sólo la vuelta a los preceptos clásicos podía salvar el arte literario de los excesos del Barroco.

En esta misma categoría de ensayo hay que incluir el importante *Teatro crítico universal* (1726–1739) del monje benedictino Benito Jerónimo Feijoo. En este libro controvertido, Feijoo se sirve de su gran erudición para denunciar las supersticiones, los prejuicios y la ignorancia de sus compatriotas, exhortándolos a combatir dichos males con la razón y la experiencia.

EL ENSAYO PENINSULAR DE TIPO PERSONAL E INFORMAL

Esta categoría es representada en la España del siglo XVIII por la prosa *epistolar,* o sea, por escritos compuestos en forma de correspondencia. La ensayística española epistolar cuenta con las *Cartas eruditas* (1742–1760) de Feijoo y las *Cartas marruecas* (1789) de José Cadalso. En sus *Cartas eruditas* Feijoo se defiende apasionadamente de la polémica de sus enemigos, tanto con razonamientos puramente objetivos como con argumentos emotivos. Por otro lado, Cadalso emplea personajes ficticios —dos africanos y un español— para debatir y criticar, a través de las cartas que se intercambian entre los tres, las condiciones políticas y sociales del país.

LA ENSAYÍSTICA HISPANOAMERICANA DURANTE EL SIGLO XVIII

Guiado por el espíritu crítico de la Ilustración que ya había motivado en Europa la Revolución Francesa y la reivindicación de los derechos humanos, el hispanoamericano empieza a cuestionar su propia condición de ente subordinado a la voluntad de la madre patria con sus instituciones obsoletas y dañinas (*harmful*). Dos escritos ilustran el descontento general y las ideas revolucionarias de las colonias. Trátase de *Historia de la revolución de Nueva España, antiguamente Anahuac* (1813), obra autobiográfica de carácter picaresco del mexicano Fray Servando Teresa de Mier, y «Carta de Jamaica» (1815) del venezolano Simón Bolívar. Este último ensayo es particularmente significativo por su valor histórico y por la figura misma de su autor. A saber, el héroe de la independencia de las colonias —el «Libertador de América»— traza los antecedentes de la guerra, ofreciendo a la postre su visión de un futuro político para el continente: el sueño dorado de una confederación latinoamericana.

Un lugar especial le corresponde a Andrés Bello, humanista venezolano considerado como el padre de la independencia política y cultural de la América Hispana. Su contribución a la ensayística incluye numerosos artículos y tratados sobre leyes, política, filosofía, historia, literatura y lenguaje (*Gramática de la lengua castellana,* 1835). Uno de sus ensayos más famosos por su valor profético es «La independencia cultural de América», publicado como muchos otros en el prestigioso periódico chileno *El Arauco.*

EL COSTUMBRISMO, LARRA Y EL ENSAYO ROMÁNTICO EN ESPAÑA

A principios del siglo XIX el género ensayístico español produce el *costumbrismo.* Este término se aplica a la tendencia de un grupo de escritores de presentar cuadros de la vida y de las costumbres de la época. Los mayores representantes de la corriente costumbrista son Ramón de Mesonero Romanos (*Escenas matritenses,* 1832–1842), Serafín Estébanez Calderón (*Escenas andaluzas,* 1847) y Mariano José de Larra (p. 389).

Larra, el periodista más destacado de su tiempo, es también el más singular de los costumbristas. De hecho, en contraste con Mesonero Romanos —que retrata de una manera pintoresca la vida madrileña— y con Estébanez Calderón, cuyo mérito se debe especialmente a los artículos donde capta con colorido y nostalgia el folclore de Andalucía, Larra penetra en la mente y en el alma de sus compatriotas para buscar las raíces de la crisis social y política del país.

EL ENSAYO DEL ROMANTICISMO HISPANOAMERICANO

Si en España el Romanticismo de Larra encuentra en la forma del *artículo de costumbres* un vehículo ideal para manifestar el descontento personal ante la vida —el llamado «mal del siglo»— en Hispanoamérica el movimiento romántico logra mucho más. Proporciona a un gran número de pensadores la ocasión ideal de difundir, a través de la polémica literaria, sus ideas respecto a los complejos problemas de todo un continente en estado de formación y en busca de una identidad propia.

SARMIENTO Y LA PROBLEMÁTICA DE LA DOBLE HERENCIA

Entre los ensayistas más significativos de la primera mitad del siglo XIX se destaca la figura del argentino Domingo Faustino Sarmiento, autor del célebre y singular *Facundo o Civilización y barbarie* (1845). Parte ensayo geográfico-político-histórico-sociológico, parte biografía estilizada del despótico caudillo argentino Juan Facundo Quiroga, el libro de Sarmiento plantea una tesis todavía válida. Esta enfoca el conflicto del habitante del Nuevo Mundo hispánico dividido entre su doble herencia, la nativa o americana y la ancestral o europea. Al parecer de Sarmiento, dicho dilema se debía resolver combatiendo la naturaleza salvaje, simbolizada por la pampa —la inmensa llanura desierta de Suramérica— y asimilando los mejores elementos culturales extranjeros.

LOS SEGUIDORES DE SARMIENTO Y EL ENSAYO PATRIÓTICO DE MARTÍ

Toda una serie de ensayistas, encabezada por el ecuatoriano Juan Montalvo (*Siete tratados,* 1882), sigue las huellas (*follows in the footsteps*) de Sarmiento y lucha por los derechos del hombre hispanoamericano violados por un creciente número de caudillos. A esta misma vertiente pertenecen aquellos escritores que temen la tiranía de las superpotencias extranjeras. Portavoces imponentes de esta postura son el puertorriqueño Eugenio María de Hostos (p. 400) y el cubano José Martí.

EL ENSAYO MARTIANO Y EL PRE-MODERNISMO

Igual que Hostos, Martí quiere independizarse de España pero teme la posible intervención y subsecuente dominación política y cultural de los Estados Unidos —el llamado «Coloso del Norte». Dichas inquietudes están puestas de manifiesto, con la lógica pasional del romántico y con el fervor del patriota, en sus discursos «Nuestra América» (1891) y «Mi raza» (1893). Ambos escritos resultan eminentemente persuasivos gracias a la profundidad de sus ideas y a la extraordinaria riqueza de imágenes —rasgos que anuncian la nueva prosa modernista. El cosmopolitismo de Martí, es decir, su temática universal, destinada a caracterizar la primera fase del modernismo, se hace patente en la preocupación del ensayista por defender no sólo la libertad de su patria, sino los inalienables derechos de todo ser humano.

EL ENSAYO AMERICANO FINISECULAR (*TURN OF THE CENTURY*) Y LA LITERATURA «REACCIONARIA»

Uno de los fenómenos más trascendentes de la literatura hispanoamericana de fines del siglo XIX es la aparición de obras que proponen soluciones drásticas a los antiguos y graves problemas políticos y sociales de las distintas repúblicas. La figura cumbre del ensayo hispanoamericano de la época es el peruano Manuel González Prada, considerado como el precursor de los movimientos reaccionarios de tipo socialista o marxista. En *Pájinas libres* (1894) y *Horas de lucha* (1908), escritos caracterizados por una prosa combativa, directa —convincente— resalta la defensa de los valores locales, el indígena en particular y la juventud americana en general. En cambio, valiéndose, entre otros recursos, de lemas (*slogans*) acuñados por él mismo («Los viejos a la tumba, los jóvenes a la obra»), González Prada ataca con audacia y violencia las instituciones «arcaicas» de su país —la Iglesia y las clases conservadoras gobernantes que se derivan del sistema colonial español.

LA PRODUCCIÓN ENSAYÍSTICA DE LA GENERACIÓN DEL 98

Era lógico que un movimiento dedicado a debatir los asuntos (*matters, issues*) más polémicos de la época, como lo fue la llamada Generación del 98, diera máxima importancia al ensayo. Angel Ganivet, posiblemente el precursor más importante de dicho movimiento, demuestra la eficacia de la modalidad ensayística en su obra maestra *Idearium español* (1897). En lo que constituye un excelente ejemplo de presentación expositiva y argumentativa, el autor examina, ya con profundidad y cuidadosa organización, ya con agudeza verbal, la tradición histórica y cultural de España. Al final, Ganivet propone la modernización del país, conservando intacto, frente al influjo extranjero, el carácter distintivo de su raza.

Del sentimiento trágico de la vida (1913) es uno de los ensayos filosóficos más importantes de la literatura española y la obra más famosa de Miguel de Unamuno, máximo exponente de la Generación del 98. La tesis central del libro es el conflicto entre la razón y el deseo de ser inmortal. Según Unamuno, la voluntad debe ayudar al hombre a luchar contra la lógica para ser feliz, lo que implica creer en Dios y en la vida eterna. Esta actitud filosófica se percibe tambien en otras de sus obras no ensayísticas, como la novela *San Manuel Bueno, mártir* (1933) (p. 96).

Otra gran figura del ensayo de la Generación del 98 es José Martínez Ruiz («Azorín»). Al igual que otros miembros de tal generación, Azorín aboga por modernizar a España e integrarla al resto de Europa, valorando más que nunca la belleza del país y lo mejor del pasado nacional. Sin embargo, rechaza las consideraciones de orden religioso o metafísico, tan caras a la tradición católica, y anima a sus compatriotas a adoptar, en su lugar, una moral basada en la sensibilidad individual. Por lo tanto, para rescatar a su país, la nueva generación de españoles deberá practicar la bondad, la comprensión y la tolerancia. Estas son esencialmente las ideas que expresan, con la sensibilidad del poeta, *Los pueblos* (1905), *La ruta de don Quijote* (1905), *Castilla* (1912) y *Al margen de los clásicos* (1915).

MENÉNDEZ Y PELAYO Y LA MODERNA ERUDICIÓN EN ESPAÑA

Figura de suma importancia en la ensayística peninsular es Marcelino Menéndez y Pelayo (1856–1912). Hombre de prodigiosa erudición y de inmensa capacidad de trabajo, logró conciliar armoniosamente el amor por la tradición histórica y cultural de España y el pensamiento moderno europeo. Resaltan en su obra *Historia de las ideas estéticas en España* (1882), *Estudios de crítica literaria* (1884–1908), *Antología de poetas líricos* (1890–1908) y *Orígenes de la novela* (1905–1910).

EL ENSAYO FRENTE A LA AMENAZA DEL «COLOSO DEL NORTE»

A raíz de la Guerra hispanoamericana de 1898, se realizan las más temidas profecías de pensadores como Hostos y Martí. Efectivamente, después de derrotar a España, los Estados Unidos invaden a Cuba y anexan a Puerto Rico y a las Islas Filipinas. A continuación, gracias a una serie de tratados y concesiones realizados con el apoyo de las pequeñas oligarquías gobernantes, los «yanquis» establecen su predominio económico y político en la América Central, Suramérica y México. Ante estos sucesos surge un sentimiento de solidaridad entre los países hispanoamericanos y se busca un denominador común que los aúne espiritualmente contra la amenaza estadounidense.

RODO Y VASCONCELOS: «ARIELISMO» E «INDOLOGÍA»

Dos ensayos responden con gran resonancia a las exigencias del momento: *Ariel* (1900) del uruguayo José Enrique Rodó y *La raza cósmica* (1925) del mexicano José Vasconcelos. La obra de Rodó ejemplifica el ensayo modernista por la feliz combinación de cultura, sensibilidad, elegancia de expresión y agudeza de pensamiento. La tesis de *Ariel* sostiene que la raza sajona (*Anglo-Saxon*), representada por los yanquis, dio al mundo el sentido de libertad, mientras que la civilización grecorromana, heredada de España, produjo la cultura. Ariel— personaje que simboliza aquí, como en el drama *The Tempest* de Shakespeare, la parte espiritual del ser humano— propone como solución al dilema de la identidad del hispanoamericano la reconciliación de los valores europeos y americanos. Según el «arielismo» de Rodó, dichos valores —el anhelo de libertad y la valoración de la cultura clásica— han sido perjudicados por el materialismo de los Estados Unidos («Calibán») y por la falta de orden en Hispanoamérica.

El postmodernista Vasconcelos, por otra parte, pone toda su confianza en el desarrollo de un nuevo tipo de gente. Se trataría de una «quinta raza» —impura, totalmente mestiza, al estilo de aquélla creada en el Brasil («indología»). La misión histórica de esta raza global o «cósmica» sería crear una estirpe (*stock, breed*) más fuerte que la de sangre pura —gente capaz de enfrentarse a la estirpe sajona y desafiarla.

En esta misma clase de ensayo que busca una solución, a la vez humanística y americana, al dilema de un continente en proceso de autodefinición, destacan el dominicano Pedro Henríquez Ureña (*Seis ensayos en busca de nuestra expresión,* 1928) y el mexicano Alfonos Reyes. Este último es tal vez la figura sobresaliente de la ensayística hispánica del siglo XX. Su fama se debe por una parte a la alta calidad estilística de su prosa y por otra al hecho de que sus ensayos comprenden todas las categorías del género. En realidad, Reyes combina magistralmente, en las obras más variadas, los temas nacionales con los universales y la erudición con la meditación poética. Esto se nota en su visión evocativa del paisaje mexicano (*Visión de Anáhac,* 1917) así como en su detenido tratado de teoría literaria (*El deslinde,* 1944). El genio y la versatilidad de Reyes se perfilan asimismo en sus consideraciones históricas y filosóficas en torno al fenómeno que es América (*Ultima Tule,* 1942), y en sus divagaciones líricas en obras como *El cazador* (1921).

MARIÁTEGUI Y EL ENSAYO AMERICANO COMPROMETIDO DE CUÑO MARXISTA

Durante la década de los años veinte, tras la Revolución soviética (1917), los intelectuales de Hispanoamérica se unen a los europeos para buscar una solución radical a los problemas políticos, económicos y sociales de la época. El artista siente más que nunca la urgencia de poner su obra al servicio de una causa. En consecuencia, el ensayo se presenta de nuevo como el género más apropiado para exaltar los ánimos y promover cambios drásticos e inmediatos en las anticuadas pero poderosas instituciones nacionales. Las ideas revolucionarias del marxismo leninista que prometía una sociedad homogénea y progresiva (ver «Marxismo», Apéndice 3) seducen fácilmente a una América Latina en manos de una pequeña minoría de ricos terratenientes (*landowners*) y de prepotentes caudillos.

Entre los que más entusiásticamente asimilaron las ideas reaccionarias europeas se encuentra José Carlos Mariátegui. Fundador del partido socialista peruano, Mariátegui es uno de los primeros y más distinguidos escritores comprometidos de la América Hispana. *Siete ensayos de interpretación de la realidad peruana* (1927), su obra maestra, continúa la tradición de González Prada, en el sentido de que representa la defensa del indígena y de la cultura autóctona o nativa. La tesis del libro, que tanto influyó en la formación y divulgación del pensamiento revolucionario de tipo marxista en Hispanoamérica, sostiene (*maintains, argues*) que el indígena perdió su identidad cuando los conquistadores españoles le quitaron una parte vital de su modo de ser: el sistema de gobierno «colectivista» o comunista.

ORTEGA Y GASSET: PROFETA Y DEFENSOR DEL INDIVIDUALISMO

España produce en José Ortega y Gasset a uno de los grandes pensadores del siglo XX. Su fama internacional se debe en gran parte a obras como *El tema de nuestro tiempo* (1923). En ella, Ortega rechaza la teoría según la cual hay una lógica pura que lleva a todos los seres humanos a ver la realidad del mismo modo o desde el mismo ángulo. Por el contrario, afirma la tesis del libro, cada individuo es guiado por una lógica personal que el autor llama «razón vital». De tal teoría este filósofo español deriva que dos personas verán la misma cosa desde una perspectiva distinta —desde un punto de vista determinado por sus circunstancias particulares. Dicha actitud individualista se perfila en otro de sus escritos de resonancia internacional: *La deshumanización del arte* (1925). En esta obra Ortega propone un arte de minorías que sea un juego de la imaginación y que no retrate la realidad humana de acuerdo con un criterio que todos acepten. La misma actitud multiperspectivista e inconformista ante la vida y ante el arte se refleja en otra obra suya de considerable impacto, *La rebelión de las masas* (1930). Ortega critica en este libro la cultura burguesa por ser utilitaria y, de ahí, mediocre.

EL ENSAYO ARGENTINO DE LOS AÑOS TREINTA: DESCONFIANZA Y «PARRICIDIO»

En Hispanoamérica, el optimismo «arielista» que había caracterizado al ensayo en las primeras dos décadas del siglo XX —optimismo fundado en la tradición hispánica y en las soluciones culturales que ésta ofrecía a los pueblos americanos— cede el paso (*gives way*) a una nueva actitud. El hispanoamericano se vuelve escéptico, es decir, deja de confiar en dicha tradición. Surge entonces toda una nueva generación de pensadores —los llamados «parricidas» (*parricides, slayers of their own father or mother*)— que rechaza el pasado ancestral y que mira con recelo hacia un futuro incierto. Sus obras se distinguen por su carácter meditativo, crítico y por una temática marcadamente existencialista. Esta gira en torno a la angustia del hombre moderno, víctima de un progreso material que le ha quitado su identidad y todo sentido de dirección. La producción ensayística más representativa de la época es la de la Argentina y resalta por cierta constante fundamental: la negación de la «versión oficial» o española de la historia de Latinoamérica. A saber, el autor identifica su propia vida y sus inquietudes espirituales con la historia infeliz de su país para luego determinar los males que afligen a su sociedad y a su cultura. Los representantes más lúcidos de esta tendencia son Ezequiel Martínez Estrada (*Radiografía de la pampa,* 1933; *La cabeza de Goliat,* 1940); Eduardo·Mallea (*Historia de una pasión argentina,* 1932; *La guerra interior,* 1963); Victoria Ocampo, *Testimonios* (1935–1977); Ernesto Sábato, *La cultura en la encrucijada nacional* (1976), y Jorge Luis Borges. En esta misma vertiente se inscribe el peruano Sebastián Salazar Bondy. Su obra más notable, *Lima la horrible* (1964), representa, al estilo del «parricidio» argentino, la denuncia del ambiente sociopolítico de la capital peruana, ambiente en el que persiste la mentalidad devastadora de la época colonial.

BORGES Y LA DESMITIFICACIÓN DE LA REALIDAD

Un lugar de relieve le corresponde a Jorge Luis Borges. Su bien merecida fama internacional se debe sea a la singularidad de su visión del mundo sea a la forma genial —una especie de juego intelectual— con la que expresa dicha visión. Borges opina que la realidad material no tiene ninguna importancia: la vida es un espejo en el que se reflejan hasta lo infinito las imágenes de los seres y de las cosas. Por consiguiente, los hombres y sus acciones son apenas la repetición de otros hombres y de otras acciones. En cambio, sostiene la tesis fundamental borgiana, la única realidad tangible es la verdad inventada por la fantasía humana.

Según este principio, Borges crea en obras como *Otras inquisiciones* (1953), *Historia de la eternidad* (1953) y *El hacedor* (1960) un nuevo tipo de escrito —parte ficción, parte ensayo— que falsifica la historia, las ciencias, las matemáticas y las demás convenciones humanas, incluso la propia estructura del ensayo tradicional.

EL ENSAYO COMO RECONSTRUCCIÓN MÍTICA DE LA HISTORIA

Una tendencia parecida a la de Borges, en el sentido de que el ensayo se aleja de la forma doctrinaria para convertirse en una visión poética de la historia, la constituyen los escritos del colombiano Germán Arciniegas (*América mágica,* 1961; *El continente de siete colores,* 1965) y los del venezolano Arturo Uslar Pietri (*Las nubes,* 1956; *En busca del nuevo mundo,* 1969).

EL ENSAYO FORMAL Y LA BÚSQUEDA DE UNA IDENTIDAD LITERARIA

El mismo afán del hispanoamericano por identificar sus raíces humanas y culturales, que se manifiesta en el ensayo personal o informal, afecta también la ensayística formal de tipo docente. En realidad, aparece en el Nuevo Mundo hispánico un gran número de críticos, los cuales, guiados por un profundo conocimiento de la literatura universal y de las nuevas teorías literarias europeas y norteamericanas, emprenden el estudio analítico de las letras de su propio continente. Su intención fundamental es buscar los valores intrínsecos de las mismas. Entre los mayores representantes de la crítica literaria de los últimos cincuenta años, se podría señalar al peruano Luis Alberto Sánchez, al chileno Arturo Torres Rioseco, al uruguayo Emir Rodríguez Monegal, a los argentinos Ernesto Sábato, Raimundo Lida y Enrique Anderson Imbert, a los cubanos José Arrom, Raimundo Lazo y Alejo Carpentier y a los mexicanos Carlos Fuentes, Ramón Xirau, Luis Leal y Octavio Paz.

Otra tendencia del ensayo de tipo interpretativo es aquélla que, adoptando posturas psicológicas e ideológicas —particularmente la marxista— intenta: (1) trazar la evolución temática de la literatura hispanoamericana, (2) identificar sus constantes y (3) definir su carácter. A esta categoría pertenecen dos obras muy significativas, ambas de autores chilenos. Trátase de *Imaginación y violencia en América* (1970) de Ariel Dorfman y *Literatura y revolución* (1971) de Fernando Alegría. En la primera, Dorfman plantea la tesis de que los temas más frecuentes en las letras de la América española son la violencia y la muerte —elementos relacionados con la historia del continente y con las obsesiones del pueblo mismo. Alegría, en cambio, sostiene en su libro que la actividad literaria representa en sí misma un acto, que dado las ideas y la estructura lingüística de la obra literaria en Hispanoamérica, es una acción revolucionaria que revela el papel comprometido del autor.

LA ENSAYÍSTICA DE LA POSGUERRA CIVIL

En España, después de la guerra civil, el ensayo sigue dos caminos —uno y otro integrados por la investigación crítico-literaria y los temas histórico-filosóficos. En una vertiente se inscribe cierto grupo de escritores que busca en el pasado cultural del país una respuesta a las preguntas que plantea el futuro. En esta vertiente, se inscriben Ramón Menéndez Pidal (1869–1968) y sus discípulos —entre otros, Américo Castro, Amado Alonso, Dámaso Alonso, José F. Casalduero y Angel del Río. Surge, por otra parte, una brillante generación de jóvenes pensadores, en la que predomina la influencia intelectual de José Ortega y Gasset (1883–1955). Estos se proponen reconciliar la tradición religiosa española con las varias corrientes vigentes (*in force*) en Europa y América. Destacan aquí nombres como los de Pedro Laín Entralgo (*La Generación del '98,* 1945; *Teoría y realidad del otro,* 1961); Ángel del Río (*Historia de la literatura española,* 1948), José Ferrater Mora (*El hombre en la encrucijada,* 1952; *La filosofía en el mundo de hoy,* 1959); Julián Marías (*Ortega: circunstancias y vocación,* 1960; *Los españoles,* 1962); y María Zabrano (*Pensamiento y poesía en la vida española,* 1945). Eminentemente dignos de reconocimiento por su labor en el campo de la historia y crítica literarias son: Dámaso Alonso (*Ensayos sobre poesía española,* 1945), Eugenio Nora (*Poesía contemporánea,* 1947), Carlos Bousoño (*Irracionalismo poético: el símbolo,* 1977) y Gonzalo Torrente Ballester (*Ensayos críticos,* 1982).

LA NUEVA ENSAYÍSTICA PENINSULAR

El desmoronamiento del régimen franquista, al final del 60, marcó la «reconquista» de la libertad expresiva —lo que inevitablemente efectuó (*brought about*) una especie de «resurrección» del pensamiento español. A su vez, este fenómeno trajo una actitud incisivamente crítica que ha producido en épocas recientes brillantes ensayos tanto de orden político e ideológico como de carácter ético y estético. Sobresalen aquí los nombres de Pere/Pedro Gimferrer (*Cine y literatura,* 1985), José Luis Aranguren (*Comunicación humana,* 1986), Eugenio Trías (*Edad del espíritu,* 1994), Fernando Savater (*Ética para amador,* 1999), Agustín García Calvo (*De mujeres y de hombres,* 1999) y Jenaro Taléns (*Negociaciones para una poética dialógica,* 2002).

EL NUEVO ENSAYO HISPANO: INDIVIDUALISMO Y REIVINDICACIÓN (*RECLAMATION*)

Las promociones ensayísticas de las últimas décadas presentan a un escritor más consciente que nunca de su compromiso de ciudadano y activista. Sin embargo, no son tanto sus convicciones ideológicas o personales lo que resalta en sus obras, sino la singularidad de su estilo. En éste se ha notado la frecuente presencia de la ironía, la sátira y los temas más variados e ingeniosos. Dentro de esta categoría sobresalen el argentino Julio Cortázar (*Instrucciones para subir una escalera,* 1962), con su proverbial visión heterodoxa —desacostumbrada— e irreverente de la realidad; y el controvertible (*debatable*) Héctor Libertella (¡*Cavernícolas!,* 1985). Importante también es el papel de feministas e iconoclastas mexicanos como Rosario Castellanos (*Mujer que sabe latín,* 1973) y Gabriel Zaid (*Cómo leer en bicicleta,* 1975). De gran valor etnográfico, lingüístico y antropológico son los ensayos de la cubana Lidia Cabrera. Entre sus obras más recientes figuran Francisco y Francisca: chascarrillos (*spicy tales*) de negros viejos (1976), obra humorística llena de anécdotas, a veces subidas de color, (*off-color*) que sin embargo revelan el carácter del cubano. La importancia de *Vocabulario congo, el bantú que se habla en Cuba* (1984) y de otros trabajos semejantes de la autora consiste en las valiosísimas recopilaciones (*compilations*) de vocabulario transmitido oralmente —vocabulario o léxico esencial para entender aquellos dialectos africanos hablados todavía por ciertos sectores de la población.

EL «TESTIMONIO» Y EL ENSAYO DOCUMENTAL ACTUAL

Una categoría ensayística que ha ganado mucha popularidad en las últimas décadas es el llamado «testimonio» —parte reportaje periodístico, parte escrito creativo, parte entrevista, parte documento histórico y biográfico. El ensayo testimonial posibilita la comunicación directa entre autor y lector, al igual que entre el reportero sobre el terreno (*on the spot*) de hoy y sus televidentes (*TV audience*). La gran mayoría de autores que utilizan esta modalidad son activistas políticos y sociales —víctimas o testigos oculares de la represión y la violencia. Dentro de esta modalidad se inscriben el argentino Rodolfo Walsh (*Operación masacre,* 1957). Precursor del actual «testimonio», perdió la vida, al lado de su hija y otros guerrilleros «montoneros», luchando contra los militares peronistas. Con el mismo esmero (*meticulousness*) y ánimo los mexicanos Carlos Monsiváis (*Días de guardar,* 1970) y Elena Poniatowska (*La noche de Tlatelolco,* 1971) testimonian la masacre perpetrada el 2 de octubre de 1968 por las autoridades contra cientos de manifestantes estudiantiles (*student protesters*) en la ciudad de México. Para apreciar las atrocidades cometidas por el régimen militar de Pinochet basta leer el testimonio de Hernán Valdés, *Tejas verdes: diario de un campo de concentración en Chile* (1974). En *La montaña es más que una etapa verde* (1982) —obra que pasó al cine (*Fire from the Mountain,* 1988), el nicaragüense Omar Cabezas documenta su formación y vida de guerrillero sandinista. La guatemalteca Rigoberta Menchú, ganadora del Premio Nobel de la

Paz por su activismo en pro de los indígenas centroamericanos, testimonió en su autobriografía *Me llamo Rigoberta Menchú* (1983), la persecución y el exterminio de su raza. Otro documento semejante lo ofrecen la nicaragüense-salvadoreña Claribel Alegría (*No me agarran viva: la mujer salvadoreña en lucha,* 1983) y el nicaragüense Sergio Ramírez (*Adiós, muchachos: memoria de la revolución sandinista,* 1999).

Un lugar particular le corresponde a Ernesto Cardenal, cuyas *Memorias,* (2000–2003) trazan su vida de intelectual, poeta, ensayista, traductor, escultor, sacerdote comprometido, guerrillero, activista y Ministro de Cultura durante el gobierno sandinista que sucedió al triunfo de la Revolución (1979). Sus convicciones cristiano-marxistas se evidencian en ensayos como *La santidad de la revolución* (1976) y *La paz mundial y la Revolución en Nicaragua* (1981).

OCTAVIO PAZ: SÍNTESIS DEL ENSAYO HISPÁNICO MODERNO

De singular mérito por su extenso número y su gran variedad son los ensayos del mexicano Octavio Paz. Ellos abordan con asombrosa originalidad temas que van desde el lenguaje y la teoría poética hasta la antropología, la cultura hindú (*El mono gramático,* 1974), la pintura, la crítica literaria y la biografía (*Sor Juana Inés de la Cruz o Las trampas de la fe,* 1982). Dos de sus obras más representativas, *El laberinto de la soledad* (1950) y *El arco y la lira* (1956), sostienen que el individuo vive alienado de sus semejantes (*fellow men*) porque está en constante lucha con ellos. Esto se debe, según Paz, a que la filosofía y la historia dictaron la conducta del ser humano y le trazaron un camino equivocado. Por lo tanto, deduce Paz, le toca ahora al poeta reemplazar al filósofo y al historiador en interpretar y revitalizar los mitos de la antigüedad. Esto hará posible que el ser humano reconstruya su pasado, redescubra el amor y recupere su identidad cultural e individual. A raíz de (*In the wake of*) lamentables eventos históricos, como el movimiento estudiantil mexicano de 1968 y la sucesiva masacre de Tlatelolco, y ante la contundente crisis del comunismo soviético, Paz asumió el papel de analista y polemista historico-político. De tales actividades resultaron tres ensayos de gran trascendencia. En los primeros dos, *Posdata* (*1970*) y *El ogro filantrópico* (1979), Paz descifró y criticó la historia de México, denunciando severamente los «errores y horrores» perpetrados por el gobierno en los últimos años. Para evitar la repetición de dichos fallos y sanar (*cure*) a México, Paz propone una solución drástica: todo mexicano tendrá que hacerse un examen de conciencia y cuestionar seriamente la multitud de mitos e ídolos en los que antes había confiado a ciegas (*blindly*). Izquierdista por largos años, Paz reconoció finalmente (*Pequeñas crónicas de grandes países,* 1990) los defectos del totalitarismo ruso y los identificó con sus propias debilidades humanas —de las cuales, no obstante, no se arrepentía.

EL ENSAYO FEMINISTA: ACTIVISMO POLÍTICO-SOCIAL Y EROTISMO

Un fenómeno de no poca importancia en el desarrollo de la ensayística americana actual es sin duda el surgimiento de voces femeninas que proclaman su identidad y ponen sus obras al servicio de causas políticas y sociales. En esta corriente destacan, entre muchas otras, eminentes figuras como la mexicana Rosario Castellanos (*Sobre cultura femenina,* 1950; *Juicios sumarios,* 1969); la puertorriqueña Rosario Ferré (*Sitio a Eros: ensayos literarios,* 1980–1985), la uruguaya Cristina Peri Rossi, (*Fantasías eróticas,* 1990); la argentina Silvina Bullrich (*La mujer postergada,* 1982); la chilena Isabel Allende («Testimonio de Isabel Allende». *Discurso literario,* 2, 1, 1984; *Afrodita* (1998); la mexicana Elena Poniatowska (*Gaby Brimmer,* 1979: biografía de la que resultó la película *Gaby, a True Story,* 1987); y la uruguaya Hilia Moreira (*Mujeres, deseo y comunicación,* 1994, y *Cuerpo de mujer: reflexión sobre lo vergonzante,* 1994).

En esta antología se ha incluido a una de las figuras más polémicas (*controversial*) y fascinantes de la historia, Eva «Evita» Perón, a fin de apreciar a través de sus propias palabras el singular e importante papel que desempeñó en la vida de su marido, el general Juan Domingo Perón (1895–1974), y en la historia del pueblo argentino.

PRÁCTICA

Cuestionario

1. ¿De dónde proviene la palabra *ensayo* y qué quiere decir literalmente? ¿A quién se atribuye el término?
2. En oposición a los otros géneros literarios, ¿qué tipo de composición es una obra ensayística? ¿Con qué fin o propósito se creó originalmente?
3. ¿Qué diferencia hay entre el ensayo personal y el impersonal? ¿Qué tipos de escritos pertenecen a la primera categoría y cuáles a la segunda?
4. ¿Qué importancia histórica tiene para España y para Europa el *Arte de la lengua castellana* de Antonio de Nebrija? ¿En qué sentido se puede decir que esta obra establece un precedente de gran relieve no sólo para su época sino también para nuestros días?
5. ¿Por qué razones constituye la «crónica de Indias» un fenómeno literario novedoso, del cual puede justamente jactarse la cultura hispánica? ¿Cuál es el modelo original del género? ¿Quién es su autor?
6. ¿Qué lugar ocupa en la historia literaria y social de Hispanoamérica la «Respuesta a Sor Filotea de la Cruz» de Sor Juana Inés de la Cruz?
7. ¿A qué categorías de ensayo pertenecen el *Teatro crítico universal* de Benito Jerónimo Feijoo y las *Cartas marruecas* de José Cadalso? ¿Qué importancia tienen dichas obras dentro del espíritu de la época?
8. ¿Qué características hacen de los *Artículos de costumbres* un vehículo ideal para el romántico español? En este sentido, ¿de qué manera expresan los escritos costumbristas de Mariano José de Larra el llamado «mal del siglo»?

9. ¿Por qué tiene tanto éxito en Hispanoamérica el ensayo?

10. ¿Qué tesis plantea *Facundo* del argentino Domingo Faustino Sarmiento? ¿A qué se debe su importancia como obra ensayística?

11. ¿Qué inquietudes comparten los siguientes ensayistas: Juan Montalvo, Eugenio María de Hostos y José Martí? ¿Encuentra usted proféticos o injustificados sus recelos, a juzgar por los eventos políticos que se sucedieron?

12. ¿Qué ideas introduce en Hispanoamérica Manuel González Prada? ¿De qué manera refleja su prosa las ideas del autor, sea por el contenido, sea por el estilo de sus ensayos?

13. ¿Qué efecto produce en España y en el Nuevo Mundo la Guerra hispano-americana de 1898 desde el punto de vista (a) político, (b) espiritual y (c) artístico? Por ejemplo, ¿cómo reaccionan y qué soluciones proponen escritores españoles como Ángel Ganivet y José Martínez Ruiz («Azorín»)? Por otra parte, ¿qué tesis plantean y qué soluciones sugieren el mexicano José Vasconcelos y el uruguayo José Enrique Rodó?

14. Miguel de Unamuno y José Ortega y Gasset son los dos grandes pensadores de la Generación del 98. ¿Qué se entiende por «el sentimiento trágico de la vida» de Unamuno, y por la «razón vital» de Ortega y Gasset? ¿En qué obras ensayísticas introducen dichas tesis y de qué manera reflejan estas dos teorías el espíritu renovador de la generación?

15. En Hispanoamérica, ¿qué actitud prevalece entre los pensadores de los años treinta, en oposición a la visión del mundo de sus contrafiguras de las dos primeras décadas del siglo XX? ¿Qué constante fundamental exhibe, como escritor argentino, la obra ensayística de Ezequiel Martínez Estrada?

16. ¿Qué teoría sostiene la tesis fundamental de Jorge Luis Borges? ¿En qué consiste el valor literario de sus ensayos?

17. ¿Qué características del ensayo de Germán Arciniegas, Octavio Paz y Arturo Uslar Pietri muestran la influencia mágico-realista derivada de la obra narrativa del escritor venezolano? O sea, ¿qué postura adopta cada ensayista frente a la historia y con respecto al papel que desempeña el ser humano dentro de ella?

18. ¿Qué influencia tiene, en la evolución del ensayo español, la guerra civil (1936–1939)? Mencione dos o tres exponentes de esa generación.

19. ¿Qué tendencias conceptuales (ideológicas, filosóficas, sociales, etcétera) y artísticas (temáticas, estilísticas y estructurales) resaltan en las dos vertientes del ensayo hispanoamericano contemporáneo, según lo demuestran los escritos de Rosario Castellanos, Julio Cortázar, Fernando Alegría y Ariel Dorfman? ¿En qué sentido se puede decir que el suyo es un ensayo «comprometido»?

20. ¿Qué novedades ha aportado la mujer al ensayo contemporáneo?

Identificaciones

1. Francis Bacon
2. la retórica
3. *Las siete partidas*
4. Juan de Valdés
5. *De los nombres de Cristo*
6. la «Carta de Jamaica»
7. *Escenas andaluzas*
8. Juan Domingo Perón
9. Juan Facundo Quiroga
10. «Los viejos a la tumba, los jóvenes a la obra.»
11. 1898
12. Pedro Henríquez Ureña
13. *Siete ensayos de interpretación de la realidad peruana*
14. *La deshumanización del arte*
15. Rigoberta Menchú

EL ENSAYO: GUÍA GENERAL PARA EL LECTOR

1. ¿Cuál es la forma del ensayo? ¿A qué época pertenece? ¿Cuál es el papel del ensayista en su obra?
2. ¿Cuáles son las tesis o premisas principales del ensayo? ¿Se presentan desde el principio dichas tesis? ¿Hay casos de premisas falsas, o sea, hay contradicciones intencionales a través del ensayo?
3. ¿Cuáles son las estrategias empleadas por el ensayista para intensificar las tesis? ¿Se nota énfasis en la persuasión? ¿De qué manera intenta el ensayista convencer al lector de la validez de su tesis?
4. ¿Cuál es el tono del ensayo?
5. ¿Cuáles son los elementos lingüísticos más significativos del ensayo? ¿De qué recursos de la lógica formal se sirve el ensayista para *razonar* con el lector? ¿Hay figuras retóricas y tropos?
6. ¿Refleja el ensayo un determinado «*Zeitgeist*»? ¿Tiene además una significación comprensiva o universal?
7. Si usted tuviera que escribir sobre el mismo tema, ¿usaría el mismo tipo de presentación o adoptaría otra forma del ensayo? ¿Por qué?

Mariano José de Larra

Vida y obra

Mariano José de Larra (1809–1837) nació en Madrid, ciudad que a veces retrató con fina observación e ironía, y otras veces criticó con gran amargura. Su obra más significativa consiste en sus escenas y artículos sobre la vida y las costumbres de su época —artículos que escribió para varios periódicos madrileños, la mayoría de ellos firmados bajo el seudónimo de «Fígaro». Larra es considerado un escritor costumbrista, y es la figura más representativa de las primeras décadas del siglo XIX, lo que su temperamento romántico y su visión crítica de la vida española ponen de manifiesto (*clearly indicate*). Fue también dramaturgo (*Macías,* 1834) y novelista (*El doncel de don Enrique el doliente,* 1834) de importancia secundaria. Desilusionado, principalmente por un fracaso matrimonial y unas relaciones extramatrimoniales malogradas (*gone sour*), puso fin a su vida suicidándose.

El autor y su contexto

En el temperamento y en la cosmovisión de Larra influyeron dos crisis: la de su vida amargada (*embittered*) por su fracaso como dramaturgo, novelista, marido y amante, y la de su país. Criado en Castilla por la familia de su madre, Larra vivió los últimos momentos del reinado opresivo del rey Fernando VII (1814–1833). En esa época España estaba dividida en dos bandos: los liberales exiliados que volvían a su tierra trayendo las nuevas ideas adquiridas en el extranjero, y los ultraconservadores. Romántico por sus convicciones personales y liberal por su odio a la tiranía, Larra desconfiaba de los liberales repatriados porque éstos, no conociendo la realidad de España como él la conocía por haber permanecido en el país, vivían de falsas expectativas. Al mismo tiempo reprobaba (*he criticized*) a los ultraconservadores quienes, fiándose ciegamente del carácter español, que él consideraba indigno de confianza, buscaban la solución a todos los problemas sociales y políticos del país en la tradición y costumbres de éste. En «Vuelva usted mañana», Larra expone uno de los males que afligen a España: enfermedad que impide (*stunts*) el crecimiento y desarrollo del país. Al mismo tiempo, la obra destaca el espíritu de rebeldía, el desasosiego (*restlessness*) y el pesimismo que caracterizan la vida y obra del autor.

Vuelva usted mañana

(ARTÍCULO DEL BACHILLER)[a]

GRAN persona debió de ser el primero que llamó pecado mortal a la pereza;[1] nosotros, que ya en uno de nuestros artículos anteriores estuvimos más serios de lo que nunca nos habíamos propuesto, no entraremos ahora en largas y profundas investigaciones acerca de la historia de este pecado, por más que conozcamos que hay pecados que pican en historia,[2] y que la historia de los pecados sería un tanto cuanto divertida.[3] Convengamos solamente en que esta institución[4] ha cerrado y cerrará las puertas del cielo a más de un cristiano.[b]

Estas reflexiones hacía yo casualmente no hace muchos días, cuando se presentó[5] en mi casa un extranjero de estos que, en buena o en mala parte,[6] han de tener siempre de nuestro país una idea exagerada e hiperbólica, de estos que, o creen que los hombres aquí son todavía los espléndidos, francos, generosos y caballerescos seres de hace dos siglos, o que son aún las tribus nómadas del otro lado del Atlante:[c] en el primer caso vienen imaginando[7] que nuestro carácter se conserva intacto como nuestra ruina;[8] en el segundo vienen temblando por esos caminos, y pregunta si son los ladrones que los han de despojar los individuos[9] de algún cuerpo de guardia establecido precisamente para defenderlos de los azares de un camino,[10] comunes a todos los países.

Verdad es que nuestro país no es de aquellos que se conocen a primera ni a segunda vista, y si no temiéramos que nos llamasen atrevidos, lo compararíamos de buena gana a esos juegos de manos sorprendentes e inescrutables para el que ignora su artificio, que estribando en una grandísima bagatela, suelen después de sabidos dejar asombrado de su poca perspicacia al mismo que se devanó los sesos por buscarles causas extrañas.[d] Muchas veces la falta de una causa determinante en las cosas nos hace creer que debe de haberlas profundas para mantenerlas al abrigo de nuestra penetración.[e] Tal es el orgullo del hombre, que más quiere[11] declarar en alta

---

[1]*laziness* [2]*que... que han llegado a ser legendarios* [3]*un... just as funny* [4]*esta... this institutionalized laziness*
[5]*se... showed up, appeared* [6]*en... en un sentido bueno o malo* [7]*vienen... they go around imagining, or thinking*
[8]*nuestra... las ruinas de nuestros antiguos monumentos* [9]*si... si los ladrones que van a despojarlos (clean them out) son los individuos...* [10]*azares... los riesgos que se incurren en alguna carretera o calle* [11]*más... prefiere*

---

[a]El término *bachiller* significa aquí *charlatán* o *hablador* y se refiere, por ende, a cualquier persona que habla demasiado y sin sentido (*babbler*).

[b]Término familiar y arcaico que significa simplemente *persona,* ya que antiguamente en los países latinos se daba por sentado (*one took for granted*) que todo el mundo abrazaba la fe cristiana. De ahí que todavía se empleen en la *jerga* o lenguaje popular expresiones como *hablar cristiano* o *comportarse como cristiano,* con el sentido de expresarse y de conducirse *correctamente, apropiadamente.*

[c]Océano Atlántico. En la mitología griega, Atlante era un titán o gigante cuyas siete hijas, apellidadas Pléyades, fueron convertidas en estrellas por el Dios Júpiter.

[d]lo compararíamos... *we would like to compare it [our country] to one of those sleight-of-hand tricks that are surprising and hard to figure out for those who do not know the secret—one which is incredibly simple and which, once it is revealed, usually makes those same people who wracked their brains looking for mysterious causes astonished at their unawareness.*

[e]debe... es probable que haya causas muy profundas (*deep*) para que estén tan bien protegidas de (*from, against*) nuestro entendimiento (de nuestra comprensión).

voz que las cosas son incomprensibles cuando no las comprende él, que confesar que el ignorarlas puede depender de su torpeza.[12]

Esto no obstante,[13] como quiera que[14] entre nosotros mismos se hallen muchos en esta ignorancia de los verdaderos resortes[15] que nos mueven, no tendremos derecho para extrañar[16] que los extranjeros no los puedan tan fácilmente penetrar.

Un extranjero de estos fue el que se presentó en mi casa, provisto de[17] competentes cartas de recomendación para mi persona. Asuntos intrincados de familia, reclamaciones[18] futuras, y aun proyectos vastos concebidos en París de invertir[19] aquí sus cuantiosos caudales[20] en tal cual[21] especulación industrial o mercantil, eran los motivos que a nuestra patria le conducían.

Acostumbrado a la actividad en que viven nuestros vecinos,[22] me aseguró formalmente que pensaba permanecer aquí muy poco tiempo, sobre todo si no encontraba pronto objeto seguro en que invertir su capital. Parecióme[f] el extranjero digno de alguna consideración, trabé presto amistad con él,[23] y lleno de lástima traté de persuadirle a que se volviese a su casa cuanto antes, siempre que[24] seriamente trajese otro fin que no fuese el de pasearse. Admiróle[25] la proposición, y fue preciso explicarme más claro.

—Mirad —le dije—, monsieur *Sans-délai*,[g] que así se llamaba; vos venís[h] decidido a pasar quince días, y a solventar[26] en ellos vuestros asuntos.

—Ciertamente —me contestó—. Quince días, y es mucho. Mañana por la mañana buscamos un genealogista[i] para mis asuntos de familia; por la tarde revuelve sus libros, busca mis ascendientes, y por la noche ya sé quién soy. En cuanto a mis reclamaciones, pasado mañana las presento fundadas[27] en los datos que aquél[28] me dé, legalizadas en debida forma; y como será una cosa clara y de justicia innegable (pues sólo en este caso haré valer[29] mis derechos), al tercer día se juzga el caso y soy dueño de lo mío. En cuanto a mis especulaciones, en que pienso invertir mis caudales, al cuarto día ya habré presentado mis proposiciones. Serán buenas o malas, y admitidas o desechadas en el acto,[30] y son cinco días; en el sexto, séptimo y octavo, veo lo que hay que ver en Madrid; descanso el noveno; el décimo tomo mi asiento en la diligencia,[31] si no me conviene estar más tiempo aquí, y me vuelvo a mi casa; aún me sobran de los quince[32] cinco días.

---

[12]estupidez (*simplemindedness, awkwardness*)   [13]Esto... A pesar de esto   [14]como... puesto que, ya que
[15]motivaciones, incentivos   [16]quedar sorprendidos   [17]provisto... en posesión de   [18]*claims*   [19]*investing*
[20]cuantiosos... grandes cantidades de dinero   [21]tal... *this and that*   [22]habitantes de países cercanos
[23]trabé... *I quickly made friends with him*   [24]siempre... con tal que   [25]Le sorprendió   [26]resolver   [27]basadas
legalmente   [28]la persona recién mencionada, es decir, el genealogista   [29]haré... *I will make use of*
[30]desechadas... rechazadas instantáneamente   [31]*stagecoach*   [32]los... los quince días que yo creía que
serían suficientes

---

[f]Me pareció. En el texto se encontrarán formas arcaicas semejantes («*Admiróle*» por «*Le admiró*», «*instósele*» por «*se le instó*», «*presentóse*» por «*se presentó*», «*representábasele*» por «*se le representaba*», etcétera).
[g]Francés por *sin demora*. Al pie de la letra (*Literally*) monsieur Sans-délai correspondería al español «señor Lo-quiero-en-seguida».
[h]vos... Esta forma arcaica (el llamado *voseo*) que emplea la segunda persona del plural, *vos* (*otros*) en lugar de *usted,* se usa todavía coloquialmente en algunos países hispánicos, como es el caso de la Argentina.
[i]Persona que traza la ascendencia u origen de una familia usando como punto de partida el apellido de la misma (*genealogist*).

Al llegar aquí monsieur Sans-délai, traté de reprimir una carcajada[33] que me andaba retozando[j] ya hacía rato en el cuerpo, y si mi educación logró sofocar mi inoportuna jovialidad, no fue bastante a impedir que se asomase a mis labios una suave sonrisa de asombro y de lástima que sus planes ejecutivos me sacaban al rostro mal de mi grado.[34]

—Permitidme, monsieur Sans-délai —le dije entre socarrón[k] y formal—, permitidme que os convide a comer para el día en que llevéis quince meses de estancia en Madrid.

—¿Cómo?

—Dentro de quince meses estáis aquí todavía.

—¿Os burláis?[35]

—No por cierto.

—¿No me podré marchar cuando quiera? ¡Cierto que la idea es graciosa![36]

—Sabed que no estáis en vuestro país activo y trabajador.

—¡Oh!, los españoles que han viajado por el extranjero han adquirido la costumbre de hablar mal siempre de su país por hacerse superiores a sus compatriotas.

—Os aseguro que en los quince días con que contáis, no habréis podido hablar siquiera a una sola de las personas cuya cooperación necesitáis.

—¡Hipérboles! Yo les comunicaré a todos mi actividad.

—Todos os comunicarán su inercia.

Conocí[37] que no estaba el señor de *Sans-délai* muy dispuesto a dejarse convencer sino por la experiencia, y callé por entonces, bien seguro de que no tardarían mucho los hechos en hablar por mí.

Amaneció[38] el día siguiente, y salimos entrambos[39] a buscar un genealogista, lo cual sólo se pudo hacer preguntando de amigo en amigo y de conocido en conocido: encontrámosle por fin, y el buen señor, aturdido[40] de ver nuestra precipitación, declaró francamente que necesitaba tomarse algún tiempo; instósele, y por mucho favor[l] nos dijo definitivamente que nos diéramos una vuelta por allí dentro de unos días. Sonreíme y marchámonos. Pasaron tres días: fuimos.

—Vuelva usted mañana —nos respondió la criada—, porque el señor no se ha levantado todavía.

—Vuelva usted mañana —nos dijo al siguiente día—, porque el amo acaba de salir.

—Vuelva usted mañana —nos respondió el otro—, porque el amo está durmiendo la siesta.

—Vuelva usted mañana —nos respondió el lunes siguiente—, porque hoy ha ido a los toros.[41]

—¿Qué día, a qué hora se ve a un español?

---

[33]una grande y sonora risa   [34]mal... involuntariamente   [35]¿Os... *Are you kidding?*   [36]es... tiene gracia
[37]Me di cuenta, Descubrí   [38]Se despertó muy temprano   [39]los dos, él y yo   [40]alarmado, muy sorprendido
[41]a... a la corrida de toros

---

[j]me... estaba jugueteando conmigo
[k]Alguien que se burla de alguna persona o cosa con palabras aparentemente rectas, sinceras o serias (*cunning*).
[l]instósele... le rogamos que atendiera con urgencia a nuestra asunto y después de habérselo pedido por favor muchas veces...

Vímosle por fin, y "Vuelva usted mañana —nos dijo—, porque se me ha olvidado. Vuelva usted mañana, porque no está en limpio".[42]

A los quince días ya estuvo; pero mi amigo le había pedido una noticia del apellido Díez, y él había entendido Díaz, y la noticia no servía.[43] Esperando nuevas pruebas, nada dije a mi amigo, desesperado ya de dar jamás con[44] sus abuelos.

Es claro que faltando este principio[45] no tuvieron lugar las reclamaciones.

Para las proposiciones[46] que acerca de varios establecimientos y empresas[47] utilísimas pensaba hacer, había sido preciso buscar un traductor; por los mismos pasos que el genealogista nos hizo pasar el traductor; de mañana en mañana nos llevó hasta el fin del mes. Averiguamos que necesitaba dinero diariamente para comer, con la mayor urgencia; sin embargo, nunca encontraba momento oportuno para trabajar. El escribiente[m] hizo después otro tanto con las copias, sobre llenarlas de mentiras, porque un escribiente que sepa escribir no le hay en este país.

No paró aquí; un sastre[n] tardó veinte días en hacerle un frac,[o] que le había mandado llevarle en veinticuatro horas; el zapatero le obligó con su tardanza a comprar botas hechas; la planchadora[p] necesitó quince días para plancharle una camisola; y el sombrerero a quien le había enviado su sombrero a variar el ala,[48] le tuvo dos días con la cabeza al aire y sin salir de casa.

Sus conocidos y amigos no le asistían a una sola cita,[49] ni avisaban cuando faltaban, ni respondían a sus esquelas.[50] ¡Qué formalidad y qué exactitud!

—¿Qué os parece de esta tierra, monsieur *Sans-délai?* —le dije al llegar a estas pruebas.

—Me parece que son hombres singulares...

—Pues así son todos. No comerán por no llevar la comida a la boca.[q]

Presentóse con todo, yendo y viniendo días, una proposición de mejoras[r] para un ramo que no citaré,[s] quedando recomendada eficacísimamente.

A los cuatro días volvimos a saber el éxito de nuestra pretensión.[51]

—Vuelva usted mañana —nos dijo el portero—. El oficial de la mesa[t] no ha venido hoy.

—Grande causa le habrá detenido —dije yo entre mí.[52]

Fuímonos a dar un paseo, y nos encontramos, ¡qué casualidad!, al oficial de la mesa en el Retiro,[u] ocupadísimo en dar una vuelta con su señora al hermoso sol

---

[42]no... el asunto no está claro   [43]la... la información no tenía ningún valor   [44]ya... ya sin la esperanza de encontrar   [45]faltando... sin esta base (información fundamental)   [46]*proposals*   [47]establecimientos... *business establishments and firms*   [48]variar... *make an alteration on the rim*   [49]no... no se presentaban a ninguna de sus citas   [50]recados, mensajes   [51]*claim*   [52]entre... hablando conmigo mismo

---

[m]Empleado de oficina que antiguamente escribía o copiaba lo que se le pidiera (*scribe*).

[n]Individuo que confecciona sobre medida (*custom makes*) trajes de hombre.

[o]Traje masculino de rigor (*formal*) usado en las grandes ceremonias; hoy día lo suelen llevar el novio y otros hombres en las bodas.

[p]Mujer que antiguamente solía planchar (*ironed and pressed*) la ropa —usualmente en su propio domicilio.

[q]No... Es probable que no coman para evitar la molestia (*trouble*) de llevar la comida del plato a la boca.

[r]Presentóse... A pesar de todo, tras días enteros de ir y volver de una oficina a otra, se presentó (*was submitted*) una propuesta para algunos proyectos de reforma (*renovation*).

[s]ramo... cierto departamento administrativo cuyo nombre no voy a indicar aquí

[t]oficial... funcionario o empleado (*clerk*) encargado de la sección de expedientes

[u]Famoso parque madrileño que se remonta (*dates back to*) al siglo XVII. Fue reformado (*renovated*) en los siglos XIX y XX.

de los inviernos claros de Madrid. Martes era el día siguiente, y nos dijo el portero:

130 —Vuelva usted mañana, porque el señor oficial de la mesa no da audiencia hoy.

—Grandes negocios habrán cargado sobre él —dije yo.

Como soy el diablo y aun he sido duende,[v] busqué ocasión de echar una ojeada[53] por el agujero de una cerradura.[54] Su señoría[55] estaba echando un cigarrito al brasero,[w] y con una charada[56] del *Correo* entre manos que le debía costar trabajo
135 el acertar.[57]

—Es imposible verle hoy —le dije a mi compañero—; su señoría está en efecto ocupadísimo.

Dionos audiencia el miércoles inmediato, y ¡qué fatalidad! el expediente había pasado a informe,[x] por desgracia,[58] a la única persona enemiga indispensable de
140 monsieur y de su plan, porque era quien debía salir en él perjudicado.[59] Vivió el expediente dos meses en informe, y vino tan informado como era de esperar.[y] Verdad es que nosotros no habíamos podido encontrar empeño para una persona muy amiga del informante.[z] Esta persona tenía unos ojos muy hermosos, los cuales sin duda alguna le hubieran convencido en sus ratos perdidos[60] de la justicia de nuestra causa.

145 Vuelto de informe se cayó en la cuenta[61] en la sección de nuestra bendita oficina de que el tal expediente no correspondía a aquel ramo;[62] era preciso rectificar este pequeño error; pasóse al ramo, establecimiento[63] y mesa correspondiente, y hétenos[64] caminando después de tres meses a la cola[65] siempre de nuestro expediente, como hurón[66] que busca el conejo, y sin poderlo sacar muerto ni vivo de la
150 huronera. Fue el caso[67] al llegar aquí que el expediente salió del primer establecimiento y nunca llegó al otro.

—De aquí se remitió con fecha de tantos[aa] —decían en uno.[68]

—Aquí no ha llegado nada —decían en otro.

—¡Voto va![69] —dije yo a monsieur *Sans-délai,* ¿sabéis que nuestro expediente
155 se ha quedado en el aire como el alma de Garibay,[bb] y que debe de estar ahora posado como una paloma sobre algún tejado de esta activa población?

---

[53]echar... mirar rápidamente [54]agujero... *keyhole* [55]Su... *His Lordship* [56]*puzzle* [57]le... *he must have been having trouble solving* [58]por... desafortunadamente, por su mala suerte [59]era... era la única persona capaz (*likely*) de hacerle daño [60]en... *in his spare time* [61]Vuelto... Cuando el corredor (*forwarding agent*) volvió con el informe se dio cuenta [62]el... *the records, or files in question did not belong in that area* [63]sitio o local administrativo [64]allí estábamos nosotros (*there we were*) [65]a... atrás de, persiguiendo [66]*ferret* [67]Fue... *It just so happened* [68]en... en un establecimiento [69]¡Voto... *Cursed be the foolish file!*

---

[v]fantasma (*ghost*); Al principio de su carrera periodística, a los dieciséis años de edad, Larra compuso sus artículos con el pseudónimo de *El Duende Satírico.* Más tarde empleó el de *Fígaro* y, en el caso de *Vuelva usted mañana,* el de *El Pobrecito Hablador.*

[w]Recipiente de metal, usualmente redondo, en el cual se queman pedazos de carbón (*coal*) para calentar las habitaciones de una casa (*brazier, hot pan*).

[x]el... *his records had been turned over to someone who was to examine them and write up a report*

[y]Vivió... Nos llevó dos meses para obtener dicho informe y cuando llegó estaba mal hecho, como ya se podía esperar.

[z]Verdad... La razón es que no habíamos podido contactar a cierto amigo íntimo del informante para pedirle que fuera nuestro intermediario.

[aa]se... fue despachado (*forwarded*) en tal y tal fecha

[bb]El narrador alude al periodista Esteban de Garibay, notorio por su sarcástica y severa crítica social. Según la leyenda, su alma fue rechazada por el Paraíso y por el infierno, de modo que vagó (*wandered*) por el mundo en forma de fantasma.

Hubo que hacer otro. ¡Vuelta a los empeños![70] ¡Vuelta a la prisa! ¡Qué delirio!

—Es indispensable —dijo el oficial con voz campanuda—,[71] que esas cosas vayan por sus trámites[72] regulares.

160 Es decir, que el toque[73] estaba, como el toque del ejercicio militar, en llevar nuestro expediente tantos o cuantos años de servicio.

Por último, después de cerca de medio año de subir y bajar, y estar a la firma o al informe, o a la aprobación o al despacho, o debajo de la mesa,[cc] y de *volver* siempre mañana, salió[74] con una notita al margen que decía:

165 "A pesar de la justicia y utilidad del plan del exponente, negado."[dd]

—¡Ah, ah!, monsieur *Sans-délai* —exclamé riéndome a carcajadas—; éste es nuestro negocio.[75]

Pero monsieur *Sans-délai* se daba a todos los diablos.[76]

—¿Para esto he echado yo mi viaje tan largo?[77] ¿Después de seis meses no 170 habré conseguido sino que me digan en todas partes diariamente: *Vuelva usted mañana*, y cuando este dichoso *mañana* llega en fin, nos dicen redondamente que *no*? ¿Y vengo a darles dinero? ¿Y vengo a hacerles favor? Preciso es que la intriga más enredada se haya fraguado para oponerse a nuestras miras.[ee]

—¿Intriga, monsieur *Sans-délai*? No hay hombre capaz de seguir dos horas una 175 intriga. La pereza es la verdadera intriga; os juro que no hay otra; ésa es la gran causa oculta: es más fácil negar las cosas que enterarse[78] de ellas.

Al llegar aquí, no quiero pasar en silencio algunas razones de las que me dieron para la anterior negativa, aunque sea una pequeña digresión.

—Ese hombre se va a perder[79] —me decía un personaje muy grave y muy 180 patriótico.

—Esa no es una razón —le repuse—:[80] si él se arruina, nada, nada se habrá perdido en concederle lo que pide; él llevará el castigo de su osadía o de su ignorancia.

—¿Cómo ha de salir con su intención?[81]

185 —Y suponga usted que quiere tirar su dinero y perderse, ¿no puede uno aquí morirse siquiera, sin tener un empeño[82] para el oficial de la mesa?

—Puede perjudicar a los que hasta ahora han hecho de otra manera eso mismo que ese señor extranjero quiere.

—¿A los que lo han hecho de otra manera, es decir, peor?

190 —Sí, pero lo han hecho.

—Sería lástima que se acabara el modo de hacer mal las cosas. ¿Con que, porque[83] siempre se han hecho las cosas del modo peor posible, será preciso tener

[70]¡Vuelta... ¡Busquemos nuevos corredores! [71]que resonaba como una campana [72]procedimientos requeridos por la ley [73]sonido de las campanas [74]el informe final salió [75]éste... así los españoles tratamos los negocios. [76]se... se enfureció. [77]he... *I had to go and take such a long trip like this?* [78]darse cuenta [79]se... va a arruinarse [80]contesté [81]¿Como... ¿De qué manera va a llevar a cabo sus planes? [82]un... algún intermediario [83]puesto que, ya que

---

[cc]estar... firmar documentos, pedir informaciones o esperar la aprobación del expediente o seguir andando de una oficina a otra o buscando debajo de la mesa
[dd]A... No obstante su mérito y su utilidad (*usefulness*), el plan propuesto por el exponente es rechazado, negado (*denied*).
[ee]Preciso... *The most confounding of schemes must have been devised here to stop us from carrying out our plans.*

considraciones con los perpetuadores del mal? Antes se debiera mirar si podrían perjudicar los antiguos al moderno.

195 —Así está establecido; así se ha hecho hasta aquí; así lo seguiremos haciendo.

—Por esa razón deberían darle a usted papilla[84] todavía como cuando nació.

—En fin, señor *Fígaro,*[85] es un extranjero.

—¿Y por qué no lo hacen los naturales[86] del país?

—Con esas socaliñas[87] vienen a sacarnos la sangre.

200 —Señor mío —exclamé, sin llevar más adelante mi paciencia—, está usted en un error harto[88] general. Usted es como muchos que tienen la diabólica manía de empezar siempre por poner obstáculos a todo lo bueno, y el que pueda que los venza. Aquí tenemos el loco orgullo de no saber nada, de quererlo adivinar todo y no reconocer maestros. Las naciones que han tenido, ya que no el saber, deseos de
205 él,[89] no han encontrado otro remedio que el de recurrir[90] a los que sabían más que ellas.

—Un extranjero —seguí— que corre a un país que le es desconocido, para arriesgar en él sus caudales, pone en circulación un capital nuevo, contribuye a la sociedad, a quien hace un inmenso beneficio con su talento y su dinero, si pierde es
210 un héroe; si gana es muy justo que logre el premio de su trabajo, pues nos proporciona ventajas que no podíamos acarrearnos solos.[91] Ese extranjero que se establece en este país, no viene a sacar de él el dinero, como usted supone; necesariamente se establece y se arraiga[92] en él, y a la vuelta de[93] media docena de años, ni es extranjero ya ni puede serlo; sus más caros intereses y su familia le ligan al
215 nuevo país que ha adoptado; toma cariño al suelo[94] donde ha hecho su fortuna, al pueblo donde ha escogido una compañera; sus hijos son españoles, y sus nietos lo serán; en vez de extraer el dinero, ha venido a dejar un capital suyo que traía, invirtiéndole y haciéndole producir; ha dejado otro capital de talento, que vale por lo menos tanto como el del dinero; ha dado de comer[95] a los pocos o muchos naturales
220 de quien ha tenido necesariamente que valerse;[96] ha hecho una mejora, y hasta ha contribuido al aumento de la población con su nueva familia. Convencidos de estas importantes verdades, todos los Gobiernos sabios y prudentes han llamado a sí[97] a los extranjeros: a su grande hospitalidad ha debido siempre la Francia su alto grado de esplendor; a los extranjeros de todo el mundo que ha llamado la Rusia, ha de-
225 bido el llegar a ser una de las primeras naciones en muchísimo menos tiempo que el que han tardado otras en llegar a ser las últimas; a los extranjeros han debido los Estados Unidos... Pero veo por sus gestos de usted —concluí interrumpiéndome oportunamente a mí mismo— que es muy difícil convencer al que está persuadido de que no se debe convencer. ¡Por cierto, si usted mandara, podríamos fundar en
230 usted grandes esperanzas! [La fortuna es que hay hombres que mandan[98] más ilustrados que usted, que desean el bien de su país, y dicen: 'Hágase el milagro, y hágalo el diablo'.[99] Con el Gobierno que en el día tenemos, no estamos ya en el caso de sucumbir a los ignorantes o a los malintencionados, y quizá ahora se logre que las cosas vayan a mejor, aunque despacio, mal que les pese a los batuecos.][100]

---

[84]*soft food, mush* [85]ver glosa ˅ [86]habitantes nativos [87]*sly tricks* [88]bastante [89]ya... *if not knowledge itself, at least the desire to acquire some* [90]ir a buscar ayuda [91]acarrearnos... *gain on our own.* [92]echa sus raíces, se implanta [93]a... a fines de [94]toma... se encariña con el país, toma afecto a la tierra [95]ha... ha alimentado [96]de... cuya ayuda le ha sido necesario pedir [97]han... *have welcomed* [98]hombres... gobernantes [99]hágalo... si es preciso, ¡que lo haga el diablo mismo! [100]mal... contra la voluntad de los propios españoles

235 Concluida esta filípica,[ff] fuime en busca de mi *Sans-délai*.

—Me marcho, señor *Fígaro* —me dijo—. En este país *no hay tiempo* para hacer nada; sólo me limitaré a ver lo que haya en la capital de más notable.

—¡Ay! mi amigo —le dije—, idos en paz, y no queráis acabar con vuestra poca paciencia; mirad que la mayor parte de nuestras cosas no se ven.

240 —¿Es posible?

—¿Nunca me habéis de creer? Acordaos de los quince días...

Un gesto de monsieur *Sans-délai* me indicó que no le había gustado el recuerdo.

—*Vuelva usted mañana* —nos decían en todas partes—, porque hoy no
245 se ve.[101]

—Ponga usted un memorialito[102] para que le den a usted permiso especial.

Era cosa de ver[103] la cara de mi amigo al oír lo del memorialito: representábasele en la imaginación el informe, y el empeño, y los seis meses, y... Contentóse con decir:

250 —*Soy extranjero.* ¡Buena recomendación entre los amables compatriotas míos!

Aturdíase mi amigo cada vez más, y cada vez nos comprendía menos. Días y días tardamos en ver [a fuerza de esquelas y de *volver*[gg]] las pocas rarezas que tenemos guardadas. Finalmente, después de medio año largo, si es que puede haber un medio año más largo que otro, se restituyó mi recomendado[104] a su patria
255 maldiciendo de[105] esta tierra, y dándome la razón que yo ya antes me tenía,[hh] y llevando al extranjero noticias excelentes de nuestras costumbres; diciendo sobre todo que en seis meses no había podido hacer otra cosa sino *volver siempre mañana,* y que a la vuelta de tanto *mañana,* eternamente futuro, lo mejor, o más bien lo único que había podido hacer bueno, había sido marcharse.

260 ¿Tendrá razón, perezoso lector (si es que has llegado ya a esto que estoy escribiendo), tendrá razón el buen monsieur *Sans-délai* en hablar mal de nosotros y de nuestra pereza? ¿Será cosa de que[106] *vuelva* el día de *mañana* con gusto a visitar nuestros hogares?[107] Dejemos esta cuestión para mañana, porque ya estarás cansado de leer hoy: si mañana u otro día no tienes, como sueles,[108] pereza de
265 volver a la librería, pereza de sacar tu bolsillo, y pereza de abrir los ojos para ojear las hojas[109] que tengo que darte todavía, te contaré cómo a mí mismo, que todo esto veo y conozco y callo mucho más, me ha sucedido muchas veces, llevado de esta influencia, hija del clima[ii] y *de otras causas,* perder de pereza más de una conquista amorosa; abandonar más de una pretensión empezada, y las esperanzas de más de

---

[101]no... no se le puede ver, no va a estar aquí   [102]breve nota, en la que se pide algún favor subrayando su importancia   [103]Era... *You should have seen*   [104]se... mi protegido (*protegé*) volvió   [105]maldiciendo... hablando mal de   [106]¿Será... ¿Es posible que   [107]nuestros... nuestro país   [108]como... según tus hábitos   [109]futuros artículos (lit. páginas de artículos)

[ff]Discurso violento contra alguien. La palabra se deriva de los discursos del político y orador griego Demóstenes (384–322 a.C.) contra el rey Felipe de Macedonia y del orador y político romano Cicerón (106–43 a.C.) contra Marco Antonio.

[gg]a... por medio de pequeños recados (*messages*) y de oír continuamente «*Vuelva usted mañana*»

[hh]dándome... diciéndome que yo tenía razón cuando le había ya prevenido (*forewarned him*) antes

[ii]llevado... influido yo mismo por la pereza que es producto de nuestro ambiente

un empleo, que me hubiera sido acaso, con más actividad, poco menos que asequible;[ii] renunciar, en fin, por pereza de hacer una visita justa o necesaria, a relaciones sociales que hubieran podido valerme de mucho en el transcurso de mi vida; te confesaré que no hay negocio que no pueda hacer hoy que no deje para mañana; te referiré que me levanto a las once, y duermo siesta; que paso haciendo el quinto pie de la mesa[110] de un café, hablando o roncando, como buen español, las siete y las ocho horas seguidas; te añadiré que cuando cierran el café, me arrastro lentamente a mi tertulia[111] diaria (porque de pereza no tengo más que una), y un cigarrito tras otro me alcanzan[112] clavado en un sitial,[113] y bostezando[114] sin cesar, las doce o la una de la madrugada;[115] que muchas noches no ceno de pereza, y de pereza no me acuesto; en fin, lector de mi alma, te declararé que de tantas veces como estuve en esta vida desesperado, ninguna me ahorqué[116] y siempre fue de pereza. Y concluyo por hoy confesándote que ha más de tres meses que tengo, como la primera entre mis apuntaciones, el título de este artículo, que llamé: *Vuelva usted mañana;* que todas las noches y muchas tardes he querido durante ese tiempo escribir algo en él, y todas las noches apagaba mi luz diciéndome a mí mismo con la más pueril[117] credulidad en mis propias resoluciones: *¡Eh! ¡mañana le escribiré!* Da gracias a que llegó por fin este mañana que no es del todo malo: pero ¡ay de aquel mañana que no ha de llegar jamás!

[NOTA. — Con el mayor dolor anunciamos al público de nuestros lectores que estamos ya a punto de concluir el plan reducido[118] que en la publicación de estos cuadernos nos habíamos creado. Pero no está en nuestra mano evitarlo. Síntomas alarmantes nos anuncian que el hablador padece de la lengua:[119] fórmasele un frenillo que le hace hablar más pausada y menos enérgicamente que en su juventud. ¡Pobre Bachiller! Nos figuramos *que morirá por su propia voluntad,* y recomendamos por esto a nuestros apasionados[120] y a sus preces[121] este pobre *enfermo de aprensión,* cansado ya de hablar.]

El Pobrecito Hablador, 14 enero 1835.

---

[110]haciendo... vegetando (*lit., being as useful as a fifth table leg*)   [111]*get-together*
[112]me... son suficientes para mí, me bastan   [113]clavado... *stuck, glued to some "seat of honor"*
[114]*yawning*   [115]de... de la mañana   [116]me... *hanged myself*   [117]infantil, inocente   [118]el... el plan de escribir este artículo rápidamente   [119]padece... tiene una enfermedad que no le permite hablar
[120]nuestros... lectores aficionados a nosotros   [121]*prayers*

[ii]me hubiera... tal vez yo hubiera podido obtener, si me hubiera empeñado más (*if only I had been more persistent*)

Cuestionario

1. ¿De las cuatro categorías ensayísticas discutidas anteriormente, ¿a cuál corresponde este artículo? ¿Se encuentran asimismo rasgos de otras clases de ensayos? Indíquelos y muestre de qué manera ayudan a comunicar la idea central o mensaje del texto.

2. A juzgar por (*Judging by*) la última frase del primer párrafo: «Convengamos solamente en que,... » ¿qué tono adopta el hablante al tratar de la pereza? ¿Es un tono grave? ¿áspero (*harsh*)? ¿humorístico? ¿altivo (*haughty*)? ¿sarcástico? ¿humilde? ¿Qué palabras clave (*key words*) revelan la actitud del narrador hacia el asunto del artículo? Coméntelas.

3. ¿Qué pretendía hacer en Madrid monsieur *Sans-délai* en los quince días de su presunta estadía (*supposed sojourn, stay*)? Teniendo presente (*Keeping in mind*) el tema de «Vuelva usted mañana», ¿qué resultados presagia (*foreshadows*) el apellido del visitante extranjero?

4. Las últimas cuatro frases del ensayo rezan (*read*): «¡Pobre Bachiller! Nos figuramos que morirá por su propia voluntad... cansado ya de hablar.» ¿Qué acontecimientos prefiguran (presagian) esas palabras con respecto al futuro de los españoles y al propio destino del autor?

Identificaciones

1. «el décimo tomo mi asiento en la diligencia»
2. establecimientos y empresas
3. «no comerán por no llevar la comida a la boca»
4. memorialito
5. «Hágase el milagro, y hágalo el diablo».

Temas

1. La sátira social en el artículo
2. El humorismo de «*Vuelva usted mañana*»: tipos y episodios
3. El tema y los subtemas de la obra
4. Debate: La inmigración —provechos y riesgos

Eugenio María de Hostos

Vida y obra

Eugenio María de Hostos (1839–1903) nació en Puerto Rico y se educó en España, donde vivió de 1851 a 1869. Estando en España, participó en la lucha por la primera República (1869), con la esperanza de que el nuevo gobierno español les permitiera a las Antillas —Puerto Rico, Cuba y la República Dominicana— y a otros territorios hispanoamericanos formar una confederación de naciones independientes. Tales ideas radicales, rechazadas más tarde por la República, hicieron que Hostos tuviera que salir de España. Decepcionado, viajó a París y por varios países latinoamericanos —entre ellos, Colombia, el Perú, Chile, la República Dominicana, Cuba, la Argentina y el Brasil. Tras la Guerra hispanoamericana (1898), Hostos fue a Washington a solicitar ante el presidente William McKinley (1843–1901) la independencia de Puerto Rico, pero éste se la negó, reclamando la Isla para los propios Estados Unidos. Más desolado que nunca, Hostos se dirigió a Santo Domingo (la República Dominicana) donde falleció poco después de un mal repentino (*sudden illness*), ocasionado tal vez por el fracaso de sus sueños. Hostos fue un hombre de gran versatilidad: fue activista, periodista, conferencista, traductor, pedagogo (*educator*), reformador educacional y escritor. Los veinte volúmenes de sus *Obras completas,* publicadas en Cuba (1939), incluyen poesía, ficción, crítica literaria y tratados sobre moral, ética, política, derecho, sociología e historia.

El autor y su contexto

La preocupación constante de Hostos fue promover la educación, la conciencia (*consciousness*) moral y social, la reforma y el progreso en una época en la que el continente latinoamericano buscaba desesperadamente su identidad. Sus escritos giran en torno a la necesidad de instruir al pueblo, de hacerle descubrir la verdad. Según Hostos, sólo basándose en el conocimiento se puede desarrollar una ética o moral que induzca a la sociedad a luchar por la libertad y la justicia. Dichas ideas, recogidas sobre todo en *Moral social* (1888), producen los temas literarios de la integración racial, la educación como arma contra la ignorancia y la tiranía y la defensa de las clases minoritarias representadas principalmente por el indígena, el asiático, el mestizo y la mujer. «El cholo» (Lima, Perú, 1870) plantea la cuestión racial y cultural —cuestión con la que, según Hostos, está moralmente obligada a enfrentarse Latinoamérica. Anticipando *La raza cósmica* (1925) e *Indología* (1926), obras del escritor mexicano José Vasconcelos (1882–1959), Hostos desafía las teorías sociológicas de su tiempo que exaltan la raza blanca y pone toda su confianza para el porvenir de la humanidad en el mestizaje (*mixing of races*), es decir, en una nueva raza híbrida —típicamente americana— representada en este ensayo por el mestizo peruano.

El cholo[1]

El Nuevo Mundo es el horno donde han de fundirse[2] todas las razas, donde se están fundiendo.

La obra es larga, los medios[3] lentos; pero el fin será seguro.

Fundir razas es fundir almas, caracteres, vocaciones, aptitudes. Por lo tanto, es completar. Completar es mejorar.

La ciencia que se ocupa de las razas, Etnología, está dividida en dos campos: el de los pesimistas y el de los optimistas. Como de costumbre los pesimistas son tradicionalistas, autoritarios, protestantes del progreso. Los optimistas son racionalistas, liberales, creyentes del progreso.

Los etnólogos pesimistas sostienen que fundir es pervertir; fusión de razas, perversión de razas. Se funden los elementos malos —dicen.

Los etnólogos optimistas afirman que fusión es progresión. Se funden los elementos buenos —aseguran.

El efecto producido fue de vivo interés.

Era indudable que aquel hombre era el tipo de un cruzamiento, el ejemplar de una mezcla, el producto de dos razas.

¿En dónde estaban las razas productoras de él?

Me fijé en el alma de la cara; me fijé en los ojos. Perplejidad completa. El ojo negro es común a los indios y blancos. Pero si los ojos son el alma de la cara y el alma es expresión del individuo, en esos ojos, negros como los ibéricos[4] —me dije—, debe haber algún distintivo.[5] Lo había; la mirada, melancólica, como la vida soñadora de los pueblos primitivos, como las ideas de los pueblos conquistados, como los sentimientos de las naciones que lloran grandezas, ya pasadas, era símbolo vivo de la raza indígena. Aquella mirada contaba, sin saberlo, la historia desesperante de los indios. La raza india predominaba en los ojos.[6]

Los primeros argumentan en hechos arbitrarios. Hacen abstracción de circunstancias sociales y políticas, aíslan al hombre de las influencias físicas, morales e intelectuales que pesan sobre él, y triunfan de la irreflexión, gritando: «Los mestizos son débiles de cuerpo y alma dondequiera que hay mestizos».

Un etnólogo racionalista argumenta con la razón. Prescinde del[7] hecho del momento, lo atribuye a las circunstancias que lo determinan, lo liga a las influencias, sociales, políticas, económicas, morales, que lo crean, y triunfa de la reflexión[8] diciendo: «Los mestizos serán, aunque hoy no sean, el conjunto de fuerzas físicas y morales de las razas madres».

América deberá su porvenir[9] a la fusión de razas; la civilización deberá sus adelantos[10] futuros a los cruzamientos.[11] El mestizo es la esperanza del progreso.

---

[1]mestizo de sangre europea e indígena   [2]*to be cast, fused*   [3]métodos   [4]de la península ibérica: España y Portugal   [5]rasgo distintivo, característica particular   [6]La... La característica predominante de los indígenas, como raza, eran sus ojos.   [7]Prescinde... Descarta, No da ninguna importancia a   [8]triunfa... se siente orgulloso de su idea   [9]futuro   [10]progreso   [11]mezclas de razas

Y al primero que vi, lo contemplé con aquella reverencia cariñosa que tiene mi alma para todo lo que puede ser un bien.

El primero que vi era un cholo recién exportado de la sierra.

Era un hombre como los mil que se ven por esos valles. Estatura regular, musculatura enérgica, cráneo desarrollado, frente ancha, ojos intensamente negros, pómulos[12] salientes, nariz aguileña,[13] boca grande, cabellera abundante, barba rara, color bronceado, actitud indecisa entre humilde y soberbia; aspecto agradable. No era bello pero era sano.

¿Cuál de las dos predominaba en la frente? La raza europea.

El ángulo facial del indio es más agudo, los senos[14] de su frente menos bastos,[15] la depresión de sus sienes[16] es mayor.

El indio reaparecería en los pómulos. En la nariz, el europeo.[17] El color denunciaba[18] la raza americana; el contorno del cráneo, a la caucásica.[19]

Estaba inquieto.[20]

En todo problema social busco yo el triunfo de la justicia: no concibo el triunfo de la justicia en el Nuevo Continente sino mediante la rehabilitación de la raza abrumada[21] por la conquista, envilecida[22] por el coloniaje,[23] desamparada[24] por la Independencia, y esa rehabilitación me parece imposible en tanto que la fusión no dé por resultado una raza que, poseedora de la inteligencia de los conquistadores, tenga también la sensibilidad de los conquistados y aquella voluntad intermedia, enérgica para el bien, pasiva para el mal, producto de una gran inteligencia y una gran sensibilidad que puede darse por la fusión de los caracteres definitivos de las razas europeas y la americana.

Para mí, el cholo no es un hombre, no es un tipo, no es el ejemplar de la raza; es todo eso, más una cuestión social de porvenir.

Si el cholo, en el cual predominan las cualidades orgánicas de la raza india, la gran cualidad moral de esa noble raza, abatida[25] pero no vencida por la conquistadora, abrumada pero no sometida por el coloniaje, desenvuelve la fuerza intelectual que ha recibido de la raza europea, el cholo será un miembro útil, activo, inteligente, de la sociedad peruana; mediador natural entre los elementos de las dos razas que representa, las atraerá, promoverá aún más activamente su fusión, y la raza intermedia que él anuncia, heroicamente pasiva como la india, activamente intelectual como la blanca, alternativamente melancólica y frívola como una y otra, artística por el predominio del sentimiento y de la fantasía en ambas razas, batalladora como las dos, como las dos independiente en su carácter, formará en las filas[26] del progreso humano, y habrá reparado providencial las iniquidades cometidas con una de sus razas madres.

Entonces, los cholos, sin dejar de ser aptos para la guerra justa, dejarán de ser instrumentos de guerra; sin dejar de ser sencillos, dejarán de ser esclavos de su ignorancia y candor.

---

[12]*cheekbones* [13]larga y delgada (*aquiline*) [14]cavidades [15]*coarse, graceless* [16]*temples* [17]El indio... El indio se manifestaría de nuevo por sus pómulos, el europeo por su nariz. [18]revelaba (*lit., betrayed*) [19]de la raza blanca [20]preocupado [21]oprimida [22]humillada [23]gobierno de la época colonial [24]abandonada sin protección, desplazada [25]derrotada [26]bandos (*legions*)

Entonces no se regalarán cholos como se regalan chotos,[27] y el hijo de un hombre será más respetado que el de un toro.

Para eso ¿qué debe hacerse?

Lo que siempre, seguir a la naturaleza.

Ella ha mezclado las cualidades orgánicas, morales y mentales, de tal modo y en tales proporciones, que el producto de las razas cruzadas tenga todos los elementos buenos de ambas; pero el carácter interior y el aspecto exterior de la raza que más ha padecido.

Educar, desarrollar por la educación esas cualidades, secundar[28] los esfuerzos de la naturaleza, preparar para su próximo destino al que ha de ser pueblo de esta sociedad, ése es el deber.

Hoy no se cumple.

(*La Sociedad,* Lima, 23 de diciembre de 1870)

[27]terneros (*kids*), crías de la cabra   [28]*second, back*

Cuestionario

1. Al desarrollar el ensayo, Hostos divide sus pensamientos en varios apartados o secciones. ¿Qué tesis formula en la primera sección, que comprende los dos párrafos preliminares? O sea, según él, ¿qué es América y cuál es su destino? Indique algunos de los aforismos y axiomas a través de los cuales el ensayista intenta persuadirnos a aceptar sus argumentos como verdades indisputables.

2. ¿Qué teorías proponen los etnólogos pesimistas? ¿Cuáles proponen los optimistas? ¿A cuáles de estas teorías se opone Hostos y por qué razones? Si se tiene en cuenta el carácter y los objetivos de todo ensayo, ¿por qué resulta particularmente importante el segundo apartado? Explique su respuesta.

3. En la tercera sección (desde «Me fijé en el alma de la cara…» hasta «La raza india predominaba en los ojos»), el autor adopta la primera persona narrativa del «yo». A su parecer, ¿qué efecto pretende crear con este cambio de voz?

4. En el mismo apartado el autor avanza sus tesis usando la exposición y el argumento. ¿Qué nos dice aquí objetivamente de las razas principales de América? ¿Cómo pretende hacernos aceptar sus ideas emotivamente? Indique un ejemplo de razonamiento lógico, realizado por medio de un silogismo, y también un caso de apelación a las emociones del lector mediante el lenguaje literario o figurado.

5. Para reforzar su punto de vista, Hostos vuelve continuamente al debate entre los etnólogos pesimistas y los optimistas planteado en la introducción. En el cuarto apartado se refiere a los que «argumentan con hechos arbitrarios» y a los que «argumentan con la razón». ¿Qué piensan los primeros del mestizo, o «cholo», y qué opinan los «racionalistas» del cruzamiento de razas?

6. En el noveno apartado («En todo problema social busco yo el triunfo de la justicia…»), el autor alude a una raza americana ecléctica, aunque no usa esa palabra. ¿Qué significa el término *eclecticismo* y cómo es aplicado aquí para describir al cholo?

7. Lea con atención el párrafo que comienza con «Si el cholo…» ¿Qué cualidades del indígena y del blanco deben juntarse, según Hostos, para que en el Perú surja una «raza intermedia» de individuos inteligentes, útiles y activos capaces de contribuir al progreso humano? ¿Tiene vigencia (*relevance*) esta cuestión en este país? Explique su respuesta.

8. En la penúltima sección o apartado estructural, hay dos construcciones paralelas: «Entonces los cholos, sin ser aptos para la guerra justa, dejarán de ser instrumentos de guerra…» y «Entonces no se regalarán cholos como se regalan chotos…» Explique el significado de estas frases.

9. ¿Qué solución propone para el futuro el ensayista en el penúltimo párrafo? ¿Qué implica por su contenido y por su forma breve y aforística la frase final del ensayo? Teniendo en cuenta la introducción, las secciones intermedias y la conclusión, ¿ha demostrado adecuadamente su tesis? Explique.

10. ¿Cómo se manifiesta a lo largo de este ensayo —y especialmente en la conclusión— la personalidad del autor? Dé alguna indicación basada en dicha conclusión y en lo que usted ha aprendido en «El autor y su contexto».

Identificaciones

1. «Completar es mejorar.»
2. los protestantes del progreso
3. «Me fijé en el alma de la cara…»
4. los ibéricos
5. «Hoy no se cumple.»

Temas

1. El papel de la integración racial en el progreso económico de una nación
2. La cuestión de los derechos humanos frente al conservadurismo
3. El Perú de hoy y el sueño dorado de Eugenio María de Hostos
4. El uso del aforismo en el ensayo: su frecuencia y eficacia (*effectiveness*)
5. La organización expositiva y argumentativa de «El cholo»: objetividad frente a pasión
6. Debate: Para mejorar las condiciones sociales, el gobierno debería comenzar por combatir la delincuencia en los barrios pobres de las ciudades.

Eva Perón

Vida y obra

Eva María Duarte de Perón (1919–1952) es sin duda una de las figuras más enigmáticas y polémicas de la historia. Nacida de padres muy humildes cerca del pueblo de Los Toldos, Argentina, logró en su breve vida un éxito que la transformó en leyenda y en una de las mujeres más fascinantes del siglo XX. Tras malogradas tentativas de realizarse como actriz de teatro, cine y radio, en 1945 se convirtió en la segunda esposa del coronel Juan Domingo Perón (1895–1974), quien llegó a ser presidente de la Argentina en 1946. Eva Perón se distinguió como activista, reformadora, filántropa, feminista y figura política. Sin haber tenido nunca un cargo oficial en el gobierno peronista, desempeñó admirablemente el de Ministra del Trabajo y de la Sanidad Pública, puestos que aceptó a pedido del pueblo. Entre sus libros, la mayoría de ellos publicados póstumamente, cabe mencionar *La razón de mi vida* (1951), *Clases y discursos completos* (1987), *Historia del peronismo* (1987) y *Mi mensaje* (1987). Falleció prematuramente de cáncer a los 33 años de edad.

La autora y su contexto

Durante la campaña presidencial de su esposo (1945–1946), Eva Perón se ganó el cariño incondicional de las masas y el apoyo político de los sindicatos (*labor unions*), para quienes fue simplemente «Evita». Odiada por la rica élite argentina, que la menospreciaba y la denigró cuanto pudo, fue campeona de los que Eva llamaba «descamisados» (*have-nots, lit., "shirtless"*), clase en la que figuraban los desvalidos —obreros, mujeres, ancianos, niños e indigentes de todo tipo. Los logros de los programas sociales instituidos por la Fundación Eva Perón incluyen la creación de miles de escuelas, hospitales, orfanatos, caseríos de baja renta (*low-income housing*) para los trabajadores, hogares de tránsito (*halfway houses*) y casas de ancianos. «Los obreros y yo» proviene de *La razón de mi vida* —parte ensayo autobiográfico, parte documento histórico y, sobre todo, propaganda política en favor del gobierno peronista. En este ensayo la autora asume el papel de persona literaria, haciendo que a través de la escritura —el texto— la mujer Eva se autoconvierta en «Evita», especie de figura mítica y trascendente. Tal vez la historia de esta extraordinaria mujer sea más conocida hoy día que en los años anteriores, debido a la exitosa producción musical *Evita* (1978–1979) realizada por Andrew Lloyd Webber y Tim Rice y a la película biográfica estrenada en 1981 en la televisión norteamericana protagonizada por la actriz Faye Dunaway. La versión musical más reciente (1997) en la que participan Madonna y Antonio Banderas, además de toda una serie de documentales, libros y páginas de Web, tienen el potencial de convertir la historia de Eva Perón en una verdadera obsesión universal.

Los obreros y yo

Mi trabajo con los obreros es de una técnica muy simple, aunque a veces los problemas que me presentan suelen ser complicados, y de difícil solución.

Ya he dicho que, sin embargo, me siento cómoda entre ellos y que siempre terminamos por entendernos.

5   A veces, la gente me pregunta qué soy yo para los obreros de mi país. Yo prefiero explicar primero qué son los obreros para mí.

Para mí los hombres y las mujeres de trabajo son siempre, y ante todo, descamisados.

Y ¿qué son, para mí, los descamisados? No puedo hablar de ellos sin que vengan a mi memoria los días de mi soledad[a] en octubre de 1945.

Definir lo que es un descamisado sin volver a aquellos días es imposible, como tal vez no pueda explicarse lo que es la luz sin pensar en el sol.

Descamisados fueron todos los que estuvieron en la Plaza de Mayo[b] el 17 de Octubre de 1945;[c] los que cruzaron a nado el Riachuelo[d] viniendo de Avellaneda,[e] de la Boca[f] y de la Provincia de Buenos Aires, los que en columnas alegres pero dispuestos a todo, incluso morir, desfilaron aquel día inolvidable por la Avenida de Mayo y por las diagonales que conducen a la Casa de Gobierno; hicieron callar a la oligarquía y a aquél que dijo «yo no soy Perón»[g]; los que todo el día reclamaron a gritos la presencia del Líder ausente y prisionero; los que encendieron hogueras con los diarios de la prensa que se había vendido a un embajador extranjero por treinta dineros[1] ¡o tal vez menos!

¡Todos los que estuvieron aquella noche en la Plaza de Mayo son descamisados!

Aun si hubo allí alguien que no lo fuese, materialmente hablando, un descamisado, ése se ganó el título por haber sentido y sufrido aquella noche con todos los auténticos descamisados; y para mí, ése fue y será siempre un descamisado auténtico.

Y son descamisados todos los que entonces, de estar aquí, hubiesen ido a la Plaza de Mayo; y todos los que ahora o mañana harían lo mismo que hicieron los primeros descamisados de aquel primer 17 de Octubre.

Para mí por eso *descamisado es el que se siente pueblo*. Lo importante es eso; que se sienta pueblo y ame y sufra y goce como pueblo, aunque no vista como pueblo, que esto es lo accidental.

Un oligarca venido a menos[2] podrá ser materialmente descamisado pero no será un descamisado auténtico.

Aquí también me declaro enemiga de las formas según lo establece la doctrina peronista.

---

[1]monedas (*coins*)   [2]venido… que ha perdido su posición privilegiada

---

[a]Un golpe de estado efectuado por altos funcionarios civiles y militares había obligado al coronel Juan Domingo Perón a dimitir (*resign*) de sus cargos de Vicepresidente de la nación, Ministro de Guerra y Secretario de Trabajo y Previsión (*Labor and Social Services*). Eva se refiere a los días en que estuvo separada de Perón, entonces su amante, el cual había sido detenido (*placed under arrest*) temporalmente.

[b]La Plaza de Mayo es el centro político de Buenos Aires y del país. Allí se encuentran la Casa Rosada —sede del gobierno—, el Cabildo (*Town Hall*), el Museo Histórico, la Catedral y el Banco de la Nación.

[c]En esta fecha Eva logró convocar a cientos de miles de sindicalistas (*union members*) y otros obreros de Buenos Aires y cercanías (*surrounding areas*). Estos, desafiando a las autoridades con un desfile estruendoso (*loud, noisy*), exigieron y obtuvieron la exoneración (*release*) de Perón, así como su candidatura a la presidencia de la nación. Tal fecha, 17 de octubre de 1945, fue celebrada después como el día en que comenzó el peronismo.

[d]nombre de un canal navegable (*waterway*)

[e]barrio conocido por sus grandes empresas empacadoras (*packing houses*)

[f]la… barrio italiano próximo al puerto; uno de los más pintorescos e históricos de la ciudad

[g]Durante el golpe de estado que derrocó a Perón, el almirante Vernengo Lima, antiguo camarada de Perón, anunció que sería Ministro de Marina en el gabinete del futuro gobierno civil. Con la famosa frase «Yo no soy Perón», quiso desasociarse de los militares que habían gobernado el país desde la Revolución, denunciando al representante más poderoso del militarismo argentino. Obviamente, Eva considera las palabras de Vernengo Lima como un acto de traición.

Para mí, los obreros son por eso, en primer lugar, descamisados: ellos estuvieron todos en la Plaza de Mayo aquella noche. Muchos estuvieron materialmente; todos estuvieron espiritualmente presentes.

No todos los descamisados son obreros, pero, para mí, todo obrero es un descamisado; y yo no olvidaré jamás que a cada descamisado le debo un poco de la vida de Perón.

En segundo lugar, ellos son parte integrante del pueblo; de ese pueblo cuya causa ganó mi corazón desde hace muchos años.

Y en tercer lugar, son las fuerzas poderosas que sostienen el andamiaje[3] sobre cuyo esqueleto se levanta el edificio mismo de la Revolución.[h]

El movimiento Peronista no podría definirse sin ellos.

El General Perón ha dicho que no sería posible el Justicialismo[i] sin el sindicalismo.[4] Y esto es verdad, primero, porque lo ha dicho el General Perón y segundo, porque efectivamente es verdad.

En la realidad de mi país el sindicalismo es actualmente la fuerza organizada más poderosa que apoya el movimiento Peronista.

Más de 4 millones de obreros agrupa solamente la Confederación General del Trabajo, que es la Central Obrera, y todos unidos se han definido en favor de la Doctrina Justicialista de Perón.

Por eso cada obrero es además para mí un peronista auténtico: el mejor de todos los peronistas, porque además es pueblo y además es descamisado.

Todo eso son para mí los obreros que llegan a mi despacho con sus esperanzas, con sus ilusiones y con sus problemas.

Cuando me encuentro con ellos ¿qué voy a ser entonces sino una compañera, o una amiga?; una compañera cuya gratitud infinita no puede expresarse sino de una sola manera: ¡Con absoluta y profunda lealtad!

Y ellos lo saben bien; saben que yo no soy el Estado, ni mucho menos el patrón.

Por eso suelen decir: —Evita es vasca,[j] pero es leal.

Saben que yo no tengo sino un precio que es el amor de mi pueblo. Por el amor de mi pueblo —¡y ellos son pueblo!— yo vendería todo cuanto soy y cuanto tengo y creo que incluso daría mi vida.

Saben que cuando yo les aconsejo «aflojar»[5] lo hago por el bien de ellos, lo mismo que cuando los incito a la lucha.

A medida que avanza el tiempo en nuestro movimiento común esa confianza se va consolidando pues todos los días les doy pruebas de mi lealtad. Y en ellos cada vez es mayor la confianza que me tienen, a tal punto que suelen esperar de mí incluso cuando todo está perdido.

Muchas veces sucede que un problema gremial[6] mal conducido, o por dificultades económicas insolubles, no puede tener solución adecuada, satisfactoria para

---

[3](fig.) *framework* [4]*unionism* [5]*"to take it easy"* [6]asociado con los gremios o sindicatos

---

[h]Aquí la autora alude a la revolución del 4 de junio de 1943, golpe de estado que había reemplazado el gobierno civil por una junta compuesta, entre otros militares distinguidos, por Arturo Rawson, Pedro Pablo Ramírez, Edelmiro Farrel y Juan Perón.

[i]política (*policy*) peronista que prometía traer a la Argentina la justicia social, acabando con la corrupción y el fraude electoral de las clases altas —la consabida oligarquía

[j]Eva era de ascendencia vasca (*Basque*) por parte de su madre. De ahí que algunos le atribuyeran a ella el carácter firme y resoluto de ese pueblo.

los obreros. Entonces es cuando mi trabajo, de simple y sencillo, se vuelve difícil. Entonces es cuando más me empeño en[7] buscar la solución y mi más grande alegría es encontrarla y ofrecerla a los obreros.

¿Acaso ellos no encontraron la solución de un problema que estaba perdido cuando reconquistaron a Perón para ellos y para mí, el 17 de Octubre de 1945?

Y cuando de mis recursos no queda ya ninguno, entonces acudimos al supremo recurso que es la plenipotencia de Perón, en cuyas manos toda esperanza se convierte en realidad aunque sea una esperanza ya desesperada.

[7]me… me esfuerzo

Cuestionario

1. ¿Qué imagen general de sí misma pretende proyectar la autora en los tres primeros párrafos?
2. Para comunicar su mensaje, Eva Perón se sirve de un recurso retórico muy común y eficaz, encerrado en las frases siguientes del tercer párrafo: «…la gente me pregunta qué soy yo para los obreros de mi país. Yo prefiero explicar primero qué son los obreros para mí.» ¿Cuál es el mensaje que la autora quiere comunicar y qué efecto logra con su manera de expresarlo?
3. ¿Qué actitud o postura activista moderna parece revelar en el cuarto párrafo la frase «mismas palabras» para referirse a la clase trabajadora en aquella época?
4. Eva hace hincapié en (*stresses*) el término «descamisados» para referirse a ciertos elementos de la sociedad argentina. Teniendo en cuenta la propia vida de Eva, ¿a qué se deberá su interés por los problemas de los «descamisados»?
5. ¿Qué simbolizan para el mundo cristiano «los treinta dineros»? ¿Cuál es la analogía aquí? ¿Le parece a usted apropiada la comparación desde el punto de vista moral? ¿Y desde el punto de visto político y utilitario?
6. ¿A qué aluden las palabras siguientes: «descamisado es el que se siente pueblo… aunque no vista como pueblo…»?
7. ¿Qué imagen evocan las palabras siguientes: «los obreros… llegan a mi despacho con sus esperanzas, con sus ilusiones y con sus problemas»? Es decir, ¿cómo se imagina usted a «Evita» a juzgar por el significado literal y por el valor simbólico de sus palabras?
8. A través de todo el ensayo la autora atribuye su poder y motivación a una autoridad superior a ella y a todos. ¿Quién es esa autoridad y cómo la presenta en el último párrafo?

Identificaciones

1. los descamisados
2. «aquella noche en la Plaza de Mayo»
3. la Casa Rosada
4. «un descamisado auténtico»
5. el Justicialismo

Temas

1. Mito y realidad en «Los obreros y yo»
2. Las analogías religiosas del ensayo
3. La figura trascendente de «Evita»
4. El discurso retórico del ensayo
5. Debate: Busque información sobre Eva Perón y el peronismo en la biblioteca o en la Internet. Después, la clase debe dividirse en dos equipos —uno en pro de Eva Perón y el otro en contra de ella

ROSARIO CASTELLANOS

Vida y obra

Rosario Castellanos (1925–1974), poeta, novelista, cuentista, dramaturga, ensayista y crítica literaria mexicana, es una de las poetas más destacadas de México. Sus versos se caracterizan por su profundidad y lirismo (*Poemas,* 1957; *Al pie de la letra,* 1959). La protesta social que está presente en sus obras en prosa se puede apreciar en sus novelas (*Balún-Canán,* 1957; *Oficio de tinieblas,* 1962; *Rito de iniciación,* 1965), en donde Castellanos retrata el mundo fantástico lleno de supersticiones y brujerías en que los indígenas de su país han sido obligados a vivir —mundo que todavía les impide integrarse a la sociedad contemporánea. Los ensayos de Castellanos, publicados en su mayor parte en suplementos literarios y en revistas (*Excelsior, Novedades* y otros) y recogidos en obras como *Juicios sumarios* (1966), *Mujer que sabe latín* (1973) y *El uso de la palabra* (1974), establecen a la escritora como unas de las voces más fuertes y elocuentes en la defensa de los derechos civiles. Castellanos pereció (*died, perished*) trágicamente en Israel mientras desempeñaba el cargo de embajadora en ese país.

La autora y su contexto

Criada en Chiapas —región en la que presenció la centenaria discriminación racial, social y lingüística en prejuicio de los indígenas chamula— y rechazada por sus propios padres, Castellanos abrazó muy temprano la causa de los pobres y desvalidos. Dicho empeño se hace patente (*clear*) en la temática de sus obras, temática que denuncia ciertos aspectos dañinos de la cultura mexicana, principalmente los mitos falsos que han subyugado tradicionalmente al sexo femenino y al indígena. Para esta antología se ha escogido el ensayo «Y las madres, ¿qué opinan?» por ser uno de los más incisivos y proféticos de esta autora. Esta obra, divulgada en los años cincuenta, plantea una de las cuestiones palpitantes de nuestros días: el control de la natalidad (*birth control, family planning*). Lo que resulta aún más interesante para el lector moderno es que la obra enfoca uno de los aspectos más polémicos y divisivos del debate —aspecto que ha suscitado tanta controversia que se ha necesitado de drásticas medidas legislativas para evitar mayor animosidad y violencia entre los contrincantes (*opposing factions*).

80 de un valor. Así que no puede tener pretensiones absolutistas y si las tiene debe renunciar a ellas.

La consecuencia es que resulta un atentado contra la libre determinación individual imponer obligatoriamente la maternidad a mujeres que la rechazan porque carecen de vocación, que la evitan porque es un estorbo para la forma de vida que 85 eligieron o de la que se alejan como de un peligro para su integridad física.

Mas[19] para proceder de esta manera se necesitaría, previamente, considerar a las mujeres no como lo que se les considera hoy: meros objetos, aparatos (por desgracia, insustituibles) de reproducción o criaturas subordinadas a sus funciones y no personas en el completo uso de sus facultades, de sus potencialidades y de sus 90 derechos.

6 de noviembre, 1965

[19]Pero

Cuestionario

1. ¿Qué cuestión plantea Castellanos en la introducción de este ensayo? ¿De qué lado se coloca la autora? ¿Cree usted que la preocupación central de la autora está conforme con el momento histórico actual? Explíquelo.

2. ¿Quiénes son los adversarios en el debate del que trata la obra? ¿Qué sostiene cada uno de esos adversarios?

3. ¿En qué evidencias científicas se apoya Castellanos para validar su postura? Por otro lado, ¿qué artificios literarios emplea en el primer párrafo para impresionar al lector con el espectáculo de las condiciones en que viven los países superpoblados (*overpopulated*)?

4. En el segundo apartado estructural («Entre tantos factores...»), el ensayo cambia de enfoque. ¿En qué se concentra ahora? ¿Qué efecto logra la pregunta retórica «¿quién tiene (*bears*) los hijos»? ¿Qué relación establece la autora entre las madres y sus hijos?

5. Lea con cuidado el párrafo que comienza con «Al pronunciar la palabra "madre" los señores se ponen en pie, se quitan el sombrero y aplauden, con discreción o con entusiasmo, pero siempre con sinceridad...» ¿Qué tono predomina en ese pasaje? ¿Qué sugiere respecto a la actitud de la autora ante la sociedad?

6. Como todo apartado de un ensayo, cuya función es exponer lógica y gradualmente la idea central, el segmento que se acaba de comentar tiene como propósito preparar al lector para que acepte las conclusiones de la autora. ¿De qué cosas nos quiere convencer ésta?

7. Según Castellanos, ¿cuál es la diferencia entre el instinto maternal de la mujer y el de las hembras (*females*) de las especies animales? ¿Qué opinan acerca de esto algunos investigadores?

Identificaciones

1. «la salud es una lotería»
2. asilo corporal

3. «los tabús que hasta ahora han tenido vigencia»
4. «las estrellas del cielo y… las arenas del mar»
5. atentado contra la libre determinación de la mujer

Temas

1. La natalidad y sus múltiples implicaciones (económicas, sociales, morales, culturales, religiosas, etcétera)
2. La madre como educadora de los hijos
3. La maternidad ante (*versus*) la carrera profesional
4. La influencia del machismo en el papel ancestral de la mujer
5. Debate: Los inconvenientes y las ventajas de una familia numerosa

Rosario Ferré

Vida y obra

Rosario Ferré (1938–) nació en Ponce, Puerto Rico en una familia acomodada. Estudió inglés, francés y literatura latinoamericana en su país y en los Estados Unidos. Sus primeros cuentos aparecieron en *Zona Carga y Descarga,* revista revisionista que fundó con cuatro condiscípulos durante sus estudios de postgrado (*graduate school*) en la Universidad de Puerto Rico, y que dirigió entre 1972 y 1975. La revista le sirvió para divulgar obras de escritores jóvenes y desconocidos como ella, así como para expresar nociones anticonformistas de carácter social y político. Esta fue la plataforma desde la cual lanzó una ardiente y exitosa campaña en pro de los derechos de la mujer puertorriqueña. La producción literaria de Ferré abarca el cuento (*Papeles de Pandora,* 1976), la novela (*Maldito amor,* 1987, *La batalla de las vírgenes,* 1993), el ensayo (*Sitio a Eros,* 1980, *El coloquio de las perras, Las dos Venecias,* 1990), la crítica literaria (*Cortázar, el romántico en su observatorio,* 1990, *A la sombra de tu nombre,* 2001) y la poesía (*Fábulas de la garza desangrada,* 1982, *Antología personal,* 1994).

La autora y su contexto

La obra de Ferré pone de relieve su inveterado activismo y feminismo, producto de movimientos que en los años sesenta y setenta demandaban drásticas e inmediatas reformas sociales en Latinoamérica. Ferré se inscribe en (*figures alongside*) un conjunto de eminentes escritoras puertorriqueñas dedicadas a revisar los paradigmas socioculturales de la Isla, exigiendo, ante todo, la participación activa de la mujer en todos los aspectos de la sociedad. Desplegando en la narrativa el cuidado lingüístico y la fusión de lo real con lo fantástico, al estilo de Julio Cortázar y otros escritores hispanoamericanos, Ferré presenta a protagonistas que son en gran parte víctimas del machismo y el perjuicio social. Por consiguiente, y a fin de superar sus circunstancias, estas mujeres resuelven inconscientemente refugiarse en un mundo donde la realidad objetiva se funde y se confunde con lo irreal y lo grotesco. El siguiente ensayo, «La autenticidad de la mujer en el arte», constituye la base teórica de un escrito que se propone destacar la eminente capacidad creadora femenina —habilidad demostrada ampliamente por la propia autora.

La autenticidad de la mujer en el arte

Dice Virginia Woolf,[a] en *Una habitación propia*,[1] que si una mujer con vocación literaria en el siglo XVI (la hermana de Shakespeare por ejemplo) hubiese intentado realizar[2] su vocación, o se hubiese vuelto loca,[3] o se hubiese suicidado, o hubiese acabado sus días en alguna casa solitaria a las afueras del pueblo, medio bruja,
5 medio hechicera, objeto del temor y de la burla. La mujer con vocación literaria no llegará hoy acaso[4] a estos extremos, pero sigue estando muy lejos de tener una suerte tranquila: su vida se vuelve una vorágine[5] de conflictos que intentan destrozarla,[6] en la medida en que[7] persiste en realizar la voz de su corazón, o sea, su vocación.

10 A diferencia del siglo XVI, la mujer escritora hoy puede ejercer su vocación con relativa libertad; pero se le sigue haciendo mucho más difícil que al hombre llegar a ser un buen artista, y esto por una razón sencilla: le es más difícil llegar a ser una persona completa.

En primer lugar, su libertad se encuentra considerablemente coartada,[8] lo que
15 limita las experiencias de las cuales puede valerse[9] para enriquecer su obra. La mujer desconoce, por ejemplo, los mecanismos del poder político y económico; y en cierta forma este limitado acceso a los mismos resulta una situación afortunada, ya que su deber consiste en oponerse a ellos. En segundo lugar, su rol de esposa y madre tiende a hacerla un ser dependiente, tanto en su supervivencia económica
20 como en su sentido de identidad.

El problema inicial, el problema de su libertad material, es un problema externo, relativamente de fácil solución, al que se ha enfrentado enérgicamente a lo largo de los últimos diez años el movimiento feminista. Los logros de este movimiento son un indicio de que, al menos en el nivel de las leyes y de los con-
25 tratos de trabajo, de las oportunidades que la sociedad le ofrece, el dilema de la mujer se encuentra en camino de resolverse.

El segundo problema, el de su libertad interior, cala[10] mucho más hondo y es de más difícil solución. Podría dividirse en dos vertientes: las sanciones emocionales y psicológicas que, al nivel de las costumbres, la sociedad sigue im-
30 poniendo a la mujer y las sanciones que ella suele imponerse a sí misma.

La mujer que tiene éxito hoy en su profesión, sea ésta cual sea, se está aprovechando de esas oportunidades que, al nivel público o retórico, la sociedad le concede. Pero una cosa es el derecho de la mujer a la igualdad de oportunidades en el nivel público, y otra en el nivel privado. La verdad es que toda mujer que tiene
35 éxito en su profesión es vista de inmediato con desconfianza por la mayoría de los hombres. Existe una especie de juicio tácito según el cual una mujer que triunfa con su mente será necesariamente un fracaso en la cama y en el hogar. El éxito suele ser

---

[1]Una... *A Room of One's Own* (1929)   [2]poner en práctica   [3]se... se habría vuelto loca (*she would have gone crazy*)   [4]tal vez   [5]*vortex*   [6]destruirla   [7]en... cada vez que   [8]restringida   [9]disponer   [10]penetra

---

[a]Seudónimo de la novelista inglesa Adeline Virginia Stephen (1882–1941). En obras como *Mrs. Dalloway* (1925), *To the Lighthouse* (1927), *The Waves* (1931) y *The Moment* (1948), publicada póstumamente, intriga y acción desempeñan un papel secundario. La mayor preocupación de la escritora es el conflicto interior de sus personajes, que ella revela a través de la técnica del fluir de la conciencia.

para ella un motivo de conflicto, y sólo llega a lograrse plenamente en circunstancias muy excepcionales.

40 La mayoría de las veces la mujer se ve forzada a escoger entre su príncipe azul o su vocación. Es por esto que tantas mujeres, cuando están a punto de lograr el éxito, sea éste de orden económico, intelectual o científico, encuentran una excusa para darse de baja[11] y dejar las cosas a medias.[12] La soledad es un dilema angustioso al cual la mujer que ha escogido una profesión tiene a menudo que enfrentarse.

45 Pero el problema de la libertad interior de la mujer tiene una segunda vertiente, mucho más dolorosa que la primera: la mujer que intenta romper con los patrones de comportamiento[13] convencionales no necesita, por lo general, ser castigada ni por la ley ni por los mecanismos sociales. Ella se ocupa, mucho más eficientemente que ningún tribunal, de castigarse a sí misma: se siente aterradoramente[14] culpable.

50 Esto se debe en parte a su educación; al hombre se le educa con miras a la realización propia,[15] mientras que a ella se la educa con miras a la realización ajena;[16] al hombre se le educa para que se desenvuelva en el mundo, para que tenga éxito y se realice a sí mismo[17] como profesional o artista; y a ella, en cambio, se la educa para que enseñe a los hijos cómo lograr ese éxito y a las hijas cómo sacrificarse para

55 que sus hermanos lo alcancen. La soledad y el anonimato[18] del hogar han sido tradicionalmente el destino de la mujer, mientras el hombre sale a conquistar el mundo.

Pero es necesario reconocer que esta educación no es la única causa de la falta de coherencia que a menudo define la personalidad femenina: la función de esposa y madre es a veces adoptada por ella con intolerancia, para justificar el vacío de su

60 vida y darse a sí misma un sentido. Otras veces es adoptada con alivio, por aquellas mujeres para quienes la responsabilidad de ser independientes y de enfrentar las consecuencias de sus propios actos resultaría, luego de tantos años de dependencia, un trauma aterrador. Cuando la mujer asume la función de esposa y madre como auténtica vocación, resulta un bien deseable. Lo que es imperdonable es que se la

65 condene a conocer el amor únicamente en estas circunstancias, cuando éste puede ser mucho más. El amor es también el trabajo profesional hecho con amor, la posibilidad de desarrollar hasta el máximo las capacidades humanas.

Para la mayoría de las mujeres, ser las artesanas de ese paraíso imprescindible[19] del hogar resulta hoy un pobre sustituto de la compleja maravilla del mundo. La

70 educación les ha probado que cambiar pañales[20] y velar por[21] el bienestar físico de la familia no es una alternativa equiparable al cultivo de las artes, de la política, o de las ciencias.

No cabe duda de que el problema fundamental de la mujer es hoy la integración de su personalidad, con todas las satisfacciones y sufrimientos que la madurez y la

75 independencia conllevan.[22] No me refiero a esa actitud imitativa del hombre que, en ocasiones, adopta la mujer, apropiándose las actividades mentales masculinas de lucro[23] y poder despreciando, con mucho más ahínco[24] que los hombres mismos, todo lo concerniente a la visión femenina. La función de la mujer debería consistir precisamente en cuestionar el ejercicio de ese poder[25] (moral, religioso o político)

80 tanto en los países donde prevalece el capitalismo estatal, como en los que

---

[11]darse... abandonarlo todo   [12]a... inacabadas   [13]patrones... *patterns of behavior*   [14]de una manera que asusta   [15]con... pensando en su vida profesional   [16]de otros   [17]se... *achieves self-fulfillment*   [18]*anonymity*
[19]esencial   [20]*diapers*   [21]velar... cuidar   [22]llevan consigo (*entail*)   [23]utilidad material   [24]intensidad   [25]ejercicio... manera en que ese poder es usado

prevalece el capitalismo privado, mientras profundiza paralelamente en su identidad, en la búsqueda de saber quién es, cómo es.

La mujer con vocación de escritora goza hoy de mayores oportunidades para llegar a serlo,[26] porque su lucha por entenderse a sí misma la ayuda a lograrlo. Como dijo Rilke[b] en su *Carta a un Joven Poeta,* no hay cosa más desastrosa para un escritor que el que la voz le suene falsa. ¿Cómo entonces podrá la escritora sonar auténtica si aún no sabe quién es ni cómo es? Las escritoras de hoy saben que si desean llegar a ser buenas escritoras, tendrán que ser mujeres antes que nada, porque en el arte la autenticidad lo es todo. Tendrán que aprender a conocer los secretos más íntimos de su cuerpo y a hablar sin eufemismos de él. Tendrán que aprender a examinar su propio erotismo y a derivar de su sexualidad toda una vitalidad latente y pocas veces explotada. Tendrán que aprender a explorar su ira y su frustración así como sus satisfacciones ante el hecho de ser mujer. Tendrán que purificarse y ayudar a purificar a quienes las leen, de esa culpabilidad que en secreto las tortura. Tendrán que escribir, en fin, para comprender mejor y para enseñarle a sus lectoras a comprenderse mejor.

Su autenticidad implicará también un reexamen de la naturaleza del amor, porque en el amor se encuentra la raíz de su culpabilidad. ¿Qué es el amor, en fin, para la mujer? ¿Qué es ese enorme bien por el cual se le ha exigido renunciar al mundo durante siglos? ¿Es el amor el único fin de su vida? ¿Tiene que ser irremplazable, tiene que estar bendecido por la respetabilidad de la procreación y de la propiedad?[c] ¿No tiene acaso la mujer, al igual que el hombre, derecho al amor profano, al amor pasajero, incluso al amor endemoniado, a la pasión por la pasión misma?

Creo, como Anaïs Nin,[d] que la pasión es la naturaleza definitoria de la mujer, pero esa pasión suele ser al mismo tiempo, su mayor fuerza y su mayor flaqueza. La educación a que ha sido expuesta, el anonimato, la pobreza, el renunciamiento a sí misma, el espíritu de sacrificio, le han dado una profundidad, una capacidad para soñar y conmoverse, una fe en los valores fundamentales de la vida que el hombre, por lo general, desconoce. Y paradójicamente, es esa misma pasión la que la convence de la existencia de un príncipe azul que nunca llega.

La responsabilidad actual de toda escritora es precisamente convencer a sus lectoras de ese precepto fundamental: el príncipe azul no existe, no tiene materialidad alguna fuera de la imaginación, de la propia capacidad creadora. Y si vacilara[27] en su convencimiento y se sintiera tentada[28] a creer lo contrario, más le valdría[29] recordar las palabras de Diotima, la sabia de Mantinea, cuando afirma en el *Banquete*[e] de Platón, que el amor es siempre plurivalente[30] y jamás se limita a un solo cuerpo: «Si

---

[26]llegar… *to become one*   [27]si… *if she were to hesitate*   [28]*tempted*   [29]convendría   [30]que posee muchos valores o significados (*polyvalent*)

---

[b]Poeta austríaco (1875–1926) nacido en Praga. Su verso se caracteriza por un marcado lirismo de tipo místico. Sus colecciones de poemas incluyen *El libro de las horas* (1905), *Sonetos a Orfeo* (1923) y *Elegías de Duino* (1923).

[c]bendecido… aprobado por la moral eclesiástica y social, como la única manera de multiplicar la especie humana

[d]Escritora norteamericana de ascendencia española, nacida en París. Su obra narrativa (*Seducción del Minotauro,* 1961) y autobiográfica (*Diarios,* 1919–1975) es un análisis continuo de una personalidad dividida entre dos culturas y pasiones.

[e]en el Banquete… referencia al *Simposio* (que significa «banquete») de Platón. En uno de sus famosos diálogos dramáticos, el personaje de Sócrates, que dirige la discusión, inventa y cita a Diotima —sabia de la que finge haber adquirido todos sus conocimientos.

hay que buscar la belleza, dice Diotima, sería una verdadera locura no creer que la belleza que reside en todos los cuerpos es una e idéntica. Una vez penetrado[31] de este pensamiento, el hombre deberá mostrarse amante de todos los cuerpos bellos y despojarse, como de una menospreciada futesa,[f] de toda pasión que se encontrara en uno solo». Y aun cuando, una vez en mil, el príncipe azul se personificara ante ella implacable y aterrador en su perfección, le sería necesario convencerse de que también a él lo ha inventado, porque el precio que tendría que pagar por su sustantividad resulta sencillamente demasiado alto.

En *Una habitación propia* Virginia Woolf señala que la perturbadora situación de la mujer ha sido la razón principal por la cual no ha habido grandes mujeres escritoras en la historia universal. No ha habido una sola mujer que haya escrito como Shakespeare, dice Virginia Woolf (excepto quizá Jane Austen[g]), porque su situación le impide escribir objetivamente, con todos los obstáculos quemados, con esa absoluta transparencia que adquiere la obra literaria cuando el autor está totalmente distanciado de lo que escribe, a la vez que ha logrado fundirse con su escritura. Esto puede ser cierto, y puede ser, en efecto, que no existan escritoras comparables a Shakespeare o a Cervantes por múltiples razones (algunas de las cuales ya han sido mencionadas aquí), pero resulta inverosímil afirmar que la causa de ese hecho ha sido su falta de objetividad.

En el caso de la pasión, de la ira, de la risa, de la subjetividad arbitraria, difiero radicalmente de esta opinión de Virginia Woolf y me inclino más a pensar como Anaïs Nin. Creo, como ella, que la mujer debe escribir para reinventarse, para disipar[32] su temor a la pérdida y a la muerte, para enfrentarse cada día al esfuerzo que representa vivir. Para ella, tanto las buenas como las malas pasiones caben en la literatura: «Me refiero también a la tierra mala, a los demonios, a los instintos, a las tormentas[33] de la naturaleza. Las tragedias, los conflictos, los misterios, son siempre personales. Fue el hombre el que inventó la indiferencia, y ésta se convirtió en fatalidad.»

Como todo artista, en fin, la mujer escribe como puede, no como quiere ni debe. Si le es necesario hacerlo rabiando[34] y amando, riendo y llorando, con resentimiento e irracionalidad, al borde mismo de la locura y de la estridencia estética, lo importante es que lo haga, lo importante es que siga escribiendo. Es de esa manera como ella más puede ayudar a configurar a la mujer como ser completo. A lo que debe dedicarse en cuerpo y alma es a la persistencia y no a la objetividad; a no dejarse derrotar[35] por los enormes obstáculos que la confrontan. Seguir escribiendo aunque no sea más que para allanarles el camino a[36] las que vengan después, a esas escritoras que quizá algún día puedan escribir con calma en vez de con ira, como quería Virginia Woolf. Al igual que Anaïs Nin pienso que la pasión tiene un inmenso poder de transformar, de transfigurar al ser humano, de una criatura limitada, pequeña y atemorizada, en una figura magnífica, que puede alcanzar a veces la estatura del mito. «Todos mis momentos de pasión y videncia nacieron de la pasión, —dice Anaïs Nin—, los desiertos que les siguieron no me interesan.»

---

[31]consciente [32]desvanecer (*dissipate*) [33]tempestades [34]*raging* [35]vencer [36]allanarles... *smooth the way for*

---

[f]despojarse... eliminar de su vida el amor carnal, como se eliminaría una cosa inútil
[g]Escritora inglesa (1775–1817), conocida por su mordaz sátira social y por el penetrante estudio de las costumbres y moralidad de su época. Entre sus obras más significativas figuran *Sense and Sensibility* (1811), *Pride and Prejudice* (1813), *Mansfield Park* (1814) y *Emma* (1816).

Cuestionario

1. Después de reflexionar sobre las condiciones de la mujer en los tiempos de William Shakespeare (1554–1616), ¿qué dice Rosario Ferré respecto a las oportunidades que tiene hoy día una joven que aspire a hacerse escritora? ¿Es ideal la situación actual para que lo logre? Comente.

2. A pesar de que la mujer goza actualmente de bastante libertad de expresión, ¿por qué le cuesta más trabajo a ella que al hombre llegar a ser un buen artista?

3. ¿Cuáles son los dos factores clave que en general le han impedido a la escritora producir obras realmente interesantes por la riqueza de las experiencias que ofrecen al lector?

4. Ferré sostiene que la mujer profesional tiende a sentirse culpable de sus logros y sufre por ello. ¿Por qué se siente culpable, según la autora? ¿Tiene esto que ser así?

5. ¿Con qué propósito se educa al hombre? ¿Y a la mujer?

6. ¿Qué debiera hacer la mujer moderna en vez de imitar al hombre en lo que se refiere al poder económico, político, etcétera?

7. ¿Qué principio(s) feminista(s) destacan las cinco preguntas retóricas en el párrafo décimotercero?

8. ¿Qué aspecto del tema o mensaje central se perfila en el párrafo décimocuarto: «…la pasión es la naturaleza definitoria de la mujer, pero esa pasión suele ser al mismo tiempo, su mayor fuerza y su mayor flaqueza»?

9. Según Virgina Woolf, no ha habido hasta la fecha ninguna escritora que se pueda comparar con Shakespeare o Cervantes. ¿A qué factores culturales y artísticos se puede atribuir esa falta? ¿Concuerda la ensayista con la opinión de la autora inglesa? Comente.

10. En la conclusión, ¿qué solución al problema de la identidad personal y artística de la mujer propone el ensayo? ¿De qué recurso(s) innato(s) ha de valerse la mujer para realizarse como ser humano y como artista?

Identificaciones

1. «juicio tácito»
2. *Carta a un Joven Poeta*
3. Diotima
4. *Pride and Prejudice*
5. «Fue el hombre el que inventó la indiferencia, y ésta se convirtió en fatalidad.»
6. «…la mujer escribe como puede, no como quiere ni debe»

Temas

1. La realidad, el arte y la «nueva mujer»
2. Las técnicas persuasivas de «La autenticidad de la mujer en el arte»
3. La visión dualista y conciliatoria del ensayo
4. El feminismo literario de Rosario Ferré en el ensayo
5. Debate: El amor no tiene el mismo significado para la mujer que para el hombre.

El ensayo crítico

Los ensayos críticos pueden ayudarnos a comprender un texto literario. Cada ensayo tendrá un punto de enfoque, sea analítico, estructural, histórico o ideológico. A veces la crítica busca una manera de explicar una ambigüedad textual, mientras que otras veces pone énfasis precisamente en los elementos más problemáticos del texto, no para resolverlos sino para iluminarlos. La crítica de las últimas décadas —de base sólo estructuralista y semiológica— se dedica a elaborar los factores que producen la significación textual y las múltiples posibilidades interpretativas. El lector del artículo crítico debe considerar de una manera *abierta* las ideas representadas y debe juzgar de una manera *crítica* estas ideas. Cualquier ensayo tiene el poder de hacernos ver más claramente un determinado texto. Tenemos que leer la crítica como *metacríticos*, es decir, con la visión de un crítico. Esto es necesario porque hace falta examinar no sólo el contenido sino también la validez del método empleado por el crítico. Así, el artículo puede revelarnos algo nuevo sobre una obra literaria, acentuando un aspecto del texto ignorado por el lector o provocando una confrontación entre las ideas del crítico y las nuestras.

Se presentan a continuación resúmenes breves de seis estudios críticos sobre selecciones de la antología. Los estudiantes pueden encontrar referencias a otras obras críticas en las bibliografías anuales de la MLA (Modern Language Association) y en otras fuentes bibliográficas.

El ensayo crítico: Guía general para el lector

1. ¿Cuál es la tesis o el punto de enfoque central del artículo?
2. ¿Cuál es la aproximación del crítico? ¿Es una aproximación formalista o extratextual? ¿Define o explica el crítico su manera de acercarse al texto?
3. ¿Se puede defender la postura del crítico?
4. ¿Está usted, como lector del texto, de acuerdo con la interpretación o análisis del crítico? ¿Tiene usted las mismas ideas o una visión crítica diferente o quizás contradictoria?
5. El artículo crítico presenta una perspectiva determinada sobre una obra literaria. ¿Cuáles serían otras maneras de estudiar esa obra?

1. OBRA: Miguel de Unamuno, *San Manuel Bueno, mártir*

ARTÍCULO: Nelson R. Orringer, «Unamuno y St. José Martí, the Good», *Revista Canadiense de Estudios Hispánicos* 21.1 (1996): pp. 191–201.

Orringer opina que José Martí, protagonista —y mártir— de la emancipación cubana, sirve de modelo para la caracterización de Don Manuel en la novela de Unamuno. El ensayo complementa las investigaciones previas sobre los temas del martirio y de la inmortalidad en *San Manuel Bueno, mártir,* y en la obra de Unamuno en general. Orringer no sólo reconoce, como otros muchos críticos, que la creación de la novela fue inspirada por las ideas del filósofo danés Sören Kierkegaard, sino que también señala la influencia de Martí en esta novela como figura literaria, pensador y ejemplo del héroe sacrificado. El crítico analiza dos ensayos unamunianos sobre Martí, y alude a la correspondencia personal entre los dos escritores, para comprobar su tesis.

2. OBRA: *Federico García Lorca, La casa de Bernarda Alba*

ARTÍCULO: Michele Frucht Levy, «Of Time and the River: Lorca's *La casa de Bernarda Alba* and Chekhov's *Try sestry*», *La Chispa '85: Selected Proceedings,* ed. Gilbert Paolini (New Orleans: Tulane University, 1985), pp. 203–212.

Este es un estudio comparativo en el que se señalan similitudes importantes entre la obra de Lorca (1936) y la de Chekhov (1901), tales como la afinidad temática, la acción circular, el carácter intolerante de una mujer, así como el código social contra el que chocan los sueños de las hermanas. El río, como arquetipo del paso del tiempo y de la vida, representa la fuerza que arrastra a las mujeres, mientras que el futuro esperanzador se transforma en un desesperado presente.

3. OBRA: Juan Rulfo, «No oyes ladrar los perros»

ARTÍCULO: Donald K. Gordon, «No oyes ladrar los perros», de *Los cuentos de Juan Rulfo* (Madrid: Playor, 1976), pp. 123–128.

El crítico utiliza el diálogo de «No oyes ladrar los perros» como punto de enfoque para el análisis del cuento. Por su forma, el diálogo presenta cierta separación entre los dos personajes, la cual Gordon relaciona con el uso general de contrastes en el cuento. El énfasis en la forma dialogada lleva al crítico a una interpretación del desenlace del cuento.

4. OBRA: Juan Ramón Jiménez, «Inteligencia, dame»

ARTÍCULO: Howard T. Young, «The Exact Names», *MLN* 96 (1981): pp. 312–323.

«Inteligencia, dame» es metapoema, o sea, un poema sobre la creación de la poesía misma. En «The Exact Names», Young pretende ubicar este poema dentro del contexto de los movimientos poéticos de la época y sus tendencias. El ensayo crítico de Young examina, pues, no sólo un poema sino el arte de la creación poética, no sólo el producto final sino el proceso literario y personal, no sólo un poeta sino las metas de la poesía.

De 2 sílabas (bisílabo):

1   2
No-che
tris-te
vis-te
ya,
ai-re
cie-lo
sue-lo
mar.

(Gertrudis Gómez de Avellaneda,
«La noche de insomnio y el alba»)

De 3 sílabas (trisílabo):

1   2   3
De-rra-man
los sue-ños
be-le-ños
de paz.

(Gertrudis Gómez de Avellaneda,
«La noche de insomnio y el alba»)

De 4 sílabas (tetrasílabo):

1   2   3   4
Los ma-de-ros
de San Juan
pi-den que-so
pi-den pan.

(José Asunción Silva,
«Los maderos de San Juan»)

De 5 sílabas (pentasílabo):

1   2   3   4   5
La se-ño-ri-ta
del a-ba-ni-co
va por el puen-te
del fres-co rí-o.

(Federico García Lorca,
«Canción china en Europa»)

De 6 sílabas (hexasílabo):

1   2   3   4   5   6
Los o-li-vos gri-ses,
los ca-mi-nos blan-cos.
El sol ha sor-bi-do
la co-lor del cam-po;
y has-ta tu re-cuer-do
me lo va se-can-do
es-ta al-ma de pol-vo
de los dí-as ma-los.

(Antonio Machado, *Nuevas canciones*)

De 7 sílabas (heptasílabo):

1   2   3   4   5   6   7
Llé-va-me so-li-ta-ria,
llé-va-me en-tre los sue-ños,
llé-va-me ma-dre mí-a,
des-piér-ta-me del to-do,
haz-me so-ñar tu sue-ño.

(Octavio Paz, *A la orilla del mundo*)

De 8 sílabas (octosílabo):

1   2   3   4   5   6   7   8
Yo soy un hom-bre sin-ce-ro
de don-de cre-ce la pal-ma
y an-tes de mo-rir-me quie-ro
e-char mis ver-sos del al-ma.

(José Martí, *Versos sencillos*)

De 9 sílabas (eneasílabo):

1   2   3   4   5   6   7   8   9
Ju-ven-tud di-vi-no te-so-ro
¡ya te vas pa-ra no vol-ver!
Cuan-do quie-ro llo-rar, no llo-ro...
y a ve-ces llo-ro sin que-rer...

(Rubén Darío, «Canción de otoño en primavera»)

De 10 sílabas (decasílabo):

1   2   3   4   5   6   7   8   9   10
Del sa-lón en el án-gu-lo os-cu-ro,
de su due-ño tal vez ol-vi-da-da
si-len-cio-sa y cu-bier-ta de pol-vo
veíase el ar-pa.

(Gustavo Adolfo Bécquer, «Rima VII»)

De 11 sílabas (endecasílabo):

1   2   3   4   5   6   7   8   9   10   11
Cor-ta las flor-res, mien-tras ha-ya flor-res,
per-do-na las es-pi-nas a las ro-sas...
¡Tam-bién se van y vuel-ven los do-lo-res
co-mo tur-bas de ne-gras ma-ri-po-sas!

(Manuel Gutiérrez Nájera, «Pax animae»)

De 12 sílabas (dodecasílabo):

1   2   3   4   5   6   7   8   9   10   11   12
Cru-ce-mos nues-tra ca-lle de la a-mar-gu-ra,
le-van-ta-das las fren-tes, jun-tas las ma-nos...
¡Ven tú con-mi-go, rei-na de la her-mo-su-ra;
he-tai-ras y po-e-tas so-mos her-ma-nos!

(Manuel Machado, «Antífona»)

De 13 sílabas (trecisílabo):

1   2   3   4   5   6   7   8   9   10   11   12   13
Yo pal-pi-to, tu glo-ria mi-ran-do su-bli-me,
¡No-ble Au-tor de los vi-vos y va-rios co-lo-res!
¡Te sa-lu-do si pu-ro ma-ti-zas las flo-res,
te sa-lu-do si es-mal-tas ful-gen-te la mar!

(Gertrudis Gómez de Avellaneda,
«La noche de insomnio y el alba»)

De 14 sílabas (alejandrino):

1   2   3   4   5   6   7   8   9   10   11   12   13   14
Pue-do es-cri-bir los ver-sos más tris-tes es-ta no-che
Yo la qui-se, y a ve-ces e-lla tam-bién me qui-so.

En las no-ches co-mo és-ta la tu-ve en-tre mis bra-zos.
La be-sé tan-tas ve-ces ba-jo el cie-lo in-fi-ni-to.

(Pablo Neruda, «Poema 20»)

Abolicionismo (*abolitionism*): Término empleado por primera vez en los Estados Unidos para denominar el movimiento destinado a suprimir la esclavitud de los negros.

Actantes (*actants*): Personajes o cosas que desarrollan una función en un proceso determinado.

Actores (*actors*): Personajes en los cuales converge un papel actancial y al menos una significación temática.

Aforismo (*aphorism*): Sentencia breve que expresa una doctrina o verdad. Sinónimo: máxima (*maxim*).

Alegoría (*allegory*): Metáfora continuada a lo largo de una composición o de una parte de ella.

Alejandrino (*Alexandrine*): Verso de catorce sílabas, generalmente dividido en dos hemistiquios. El alejandrino francés consta de doce sílabas solamente.

Aliteración (*alliteration*): Repetición del mismo sonido o grupo de sonidos.

Anáfora (*anaphora*): Repetición de una palabra o frase al principio de dos o más versos u oraciones.

Analogía (*analogy*): Relación de semejanza entre dos cosas distintas.

Anglicismo (*Anglicism*): Uso de vocablos o expresiones ingleses en otro idioma.

Antítesis (*antithesis*): Expresión de ideas contrarias en frases semejantes.

Aparte (*aside*): Técnica teatral que sirve para comunicar al público ciertas cosas que los otros personajes no deben saber.

Apóstrofe (*apostrophe*): Figura retórica que consiste en interrumpir improvisadamente el discurso para dirigirlo con vehemencia a seres presentes, ausentes o abstractos, así como a sí mismo o a cosas inanimadas.

Argumento o historia (*story/story line*): En una obra narrativa el término se refiere a la narración de los acontecimientos según el orden en que ocurren. El argumento (*argument*) de un ensayo es el razonamiento que se emplea para demostrar una proposición o un teorema.

Aristotelismo (*aristotelianism*): Doctrina del griego Aristóteles (384–347 a. J.C.). Caracteriza todo lo que existe y lo coloca en ciertas categorías, tales como la materia (*matter, substance*), la forma, la cantidad, la cualidad, las relaciones entre una sustancia y otra, etcétera. Según Aristóteles, la materia precede a las demás categorías y dicha sustancia o materia no podía ser lógicamente otra cosa sino Dios. Otra noción aristotélica igualmente incorporada a la *escolástica* fue el concepto de que la tierra era un lugar corrupto localizado en el centro del universo. Esta idea fue cuestionada científica y filosóficamente por el Renacimiento, y rechazada.

Arquetipo (*archetype*): Literalmente, «modelo original» o símbolo universal. Según el psicólogo Carl G. Jung, el arquetipo viene a representar el inconsciente colectivo del hombre, es decir, las ideas que éste comparte con sus antepasados.

Arte mayor: Los versos de más de ocho sílabas.

Arte menor: Los versos de ocho sílabas o menos.

Artículo de costumbres (*article of manners or customs*): Composición anecdótica, descriptiva e interpretativa de tono humorístico, a veces satírico, en torno a algún aspecto de la vida española del siglo XIX.

Ascetismo (*asceticism*): Doctrina que, con fines morales o religiosos, impone una vida rigurosamente austera, la mortificación de los sentidos y la renuncia a todas las cosas terrenales (*earthly*).

Asíndeton (*asyndeton*): Supresión de conjunciones.

Axioma (*axiom*): Una verdad aceptada universalmente y, de ahí, que no necesite ser demostrada.

Barroco (*baroque*): Movimiento cultural que en España abarca más de un siglo (1580–1700). Conceptualmente, está asociado con la inquietud espiritual y el pesimismo ocasionados por la Contrarreforma y el subsecuente período de celo religioso. Esta actitud se refleja en las obras literarias de carácter metafísico, moralizador o satírico. Estilísticamente, el Barroco —palabra que significa «perla tosca» (*rough pearl*) en portugués— se caracteriza por su complejidad y por su extravagante ornamentación, rasgos destinados a crear asombro e introspección. En la literatura el *culteranismo* y el *conceptismo* son las dos grandes expresiones del arte barroco hispánico.

Beatus ille: Motivo poético creado por Horacio (65–8 a.C.) en el que se ensalza (*is praised, exalted*) la vida del campo como lugar en el que se logra la perfecta paz del espíritu.

Calvinismo (*calvinism*): doctrina protestante fundada por el teólogo francés Jean Calvin (1509–1564). El rasgo fundamental del pensamiento calvinista fue la *doble predestinación*–dogma según el cual la salvación del alma dependía de la gracia de Dios. Al ser divulgado en Norteamérica, el calvinismo echó raíces profundas y creó la llamada *moral del trabajo* (*work ethic*)—fórmula que definió la conducta de los pioneros y sus metas (*goals*).

Característica referencial (*referential characteristic*): Rasgo mediante el cual se puede observar de qué modo cierta forma literaria se dirige al lector.

Caricatura (*caricature*): Retrato o esbozo satírico de una persona.

Carpe diem (*lit.,* Aprovecha el día presente): Tópico literario. Con estas palabras, su creador, Horacio (65–8 a.C.), en sus *Odas*, nos recuerda que la vida es corta y debemos apresurarnos a gozar de ella.

Catarsis (*catharsis*): Purificación que opera la tragedia en el espectador por medio de la compasión y el miedo.

Cesura (*caesura*): Pausa que se hace en el interior de un verso.

Clasicismo (*classicism*): Corriente estética que surgió en el ambiente humanístico del siglo XIV, y alcanzó su cumbre (*summit, top*) en la segunda mitad del siglo XVIII. Los clásicos (*classicists*) opinaban que las obras maestras de la civilización grecorromana debían servir de *modelo absoluto*.

Clímax (*climax*): Intensificación. En una composición literaria es el punto culminante de la acción. En el lenguaje literario equivale a la *gradación*.

Comedia (*comedy, play*): Obra dramática de ambiente divertido con un final feliz; también una obra dramática en general.

Comodín (personaje): En el teatro es el personaje que hace diversos papeles en una misma obra.

Conceptismo (*conceptism*): Tendencia literaria asociada especialmente con los escritores barrocos Gracián y Quevedo (siglo

XVII). Empleado particularmente en la prosa, el conceptismo consiste en emplear conceptos rebuscados (*unnatural, pedantic*) de extravagante originalidad. Aunque el culteranismo y el conceptismo se parecen en virtud de sus metáforas atrevidas, los retruécanos incomprensibles y el hipérbaton exagerado, el conceptismo se diferencia por ser no tanto un preciosismo (*preciosity*) lingüístico, como un preciosismo de ideas.

Contrarreforma (*Counter-Reformation*): Nombre dado por los protestantes a la acción promovida por la Iglesia católica en los siglos XVI–XVII a fin de combatir la Reforma protestante. Como resultado del Concilio de Trento (1545–1563), se reafirmaron el principio de la unidad indisoluble de la Iglesia, la supremacía absoluta del Papa sobre el concilio (junta o congreso de obispos y otras autoridades eclesiásticas) y la integridad del dogma católico. Este movimiento inspiró el estilo barroco que manifiesta elocuentemente el desequilibrio espiritual de la época.

Copla: Estrofa de cuatro versos de arte mayor o de arte menor. Hay ciertas variantes de coplas.

Cosmopolitismo (*cosmopolitanism*): En directa oposición al criollismo o regionalismo, que en la literatura realista y naturalista destaca lo local y actual, esta corriente asociada con la primera fase del modernismo valoriza únicamente los aspectos estéticos y universales de la obra literaria.

Cosmovisión (*worldview*): Actitud de un autor ante la vida, según se puede determinar mediante la lectura de sus obras; a menudo se designa con la palabra alemana «*Weltanschauung*».

Costumbrismo: Tendencia literaria española cimentada en el siglo XIX que consiste en retratar e interpretar, por lo general con sentimiento y nostalgia, las costumbres del país.

Creacionismo (*creationism*): Movimiento poético originado en 1914 por el poeta chileno Vicente Huidobro. Según éste, la poesía no debe imitar a la naturaleza, y le toca al poeta crear una nueva realidad a través de la palabra.

Criollismo: Corriente o tendencia regionalista de Hispanoamérica que afecta principalmente la novela y el cuento. Sus características fundamentales son la crítica de las condiciones sociales, políticas y económicas del país en cuestión. El autor criollista muestra una actitud pesimista y militante que se refleja en la descripción casi científica de la lucha desigual del ser humano contra las fuerzas hostiles de la naturaleza y contra la injusticia social.

Crónica (*chronicle*): En un sentido amplio, colección de acontecimientos históricos o artículo periodístico sobre temas de la actualidad. Relato a veces rudo y de escaso mérito literario —pero siempre espontáneo y pintoresco— que aventureros, prisioneros y viajeros españoles utilizaron en los siglos XV–XVII para describir, al estilo de la antigua crónica medieval y de la épica, la conquista y colonización de América.

Cuadro de costumbres (*portrait of manners or customs*): En la literatura española de los siglos XVIII y XIX, boceto (*sketch*) colorido de una escena o de un lugar característicos de la vida española contemporánea.

Cubismo (*cubism*): Teoría del siglo XX según la cual las artes plásticas, como la pintura y la escultura, se caracterizan por la imitación, el empleo y el predominio de figuras geométricas —triángulos, rectángulos y cubos— de donde viene su nombre.

Culteranismo (*euphuism*): Tendencia literaria introducida por el poeta barroco Luis de Góngora (siglo XVII). Se caracteriza por la falta de naturalidad en el estilo, por la abundancia de latinismos y otros vocablos raros y, de modo particular, por las construcciones sintácticas rebuscadas y oscuras.

Cultismo (*learned word*): Toda palabra procedente de una lengua clásica, especialmente del latín, que entra por vía culta en el idioma y que, al contrario de las voces populares, no ha experimentado transformación fonética.

Dadaísmo (*dadaism*): Movimiento artístico y literario cuyo nombre proviene de la imitación del habla incoherente de los niños —«da, da». Inaugurado en 1916 por Tristan Tzara (1896–1963), la escuela dadaísta despreciaba (*scorned*) la civilización y la cultura europeas, considerándolas responsables de las atrocidades de la primera guerra mundial (1914–1918). La literatura de este movimiento se distingue por una estructura que rompe las normas del poema tradicional, por temas sin significado racional, por un desarrollo incoherente y por una actitud fuertemente crítica.

Desconstrucción o desconstruccionismo (*deconstruction*): Movimiento teórico —asociado con el filósofo francés Jacques Derrida, entre otros, y con el postestructuralismo— que cuestiona las premisas tradicionales sobre la interpretación de los textos, y sobre nuestra comprensión del universo mismo. La aproximación desconstruccionista acentúa las inconsistencias y contradicciones dentro del texto y desafía (*challenges*) al lector a reconocer y a aceptar dichas contradicciones en vez de intentar resolverlas. A menudo se invierte el orden establecido; por ejemplo, la desconstrucción suele destacar en la obra lo marginado, convirtiéndolo en un nuevo centro de enfoque.

Determinismo (*determinism*): Sistema filosófico que afirma que lo que le ocurre a una persona está determinado por las circunstancias o por el ambiente en que vive. De ahí que todos los actos de la voluntad humana sean condicionados por factores ambientales, hereditarios, casuales (*chance*), etcétera.

Deus ex machina: Deidad (*Deity*) que en el teatro clásico grecorromano era traída al palco escénico (*stage*) por medio de alguna máquina con el propósito de resolver una situación difícil. Desde entonces, el término ha venido a significar cualquier personaje, ocurrencia o recurso artifical o improbable destinado a intervenir improvisadamente en una obra literaria para solucionar una situación dada o para desenredar la trama.

Diéresis (*diaeresis*): Licencia poética que consiste en separar dos vocales que forman diptongo.

Drama (*drama*): Una presentación en la cual unos personajes imitan un hecho de la vida ante unos espectadores.

Efecto V (*alienation effect*): En el teatro épico, distanciamiento que se crea entre la acción y el espectador.

Elipsis (*ellipsis*): Omisión de elementos de una oración.

Encabalgamiento (*enjambment*): En la poesía, cuando el final de un verso tiene que unirse al verso siguiente para completar el significado.

Ensayística (*essay writing*): El arte que se refiere al ensayo. Términos correspondientes a otras formas: la novelística, la cuentística, la dramaturgia, la poética.

Ensayo (*essay*): Composición literaria generalmente breve y en prosa que versa sobre (*deals with*) un determinado tópico o tema y es por la mayor parte de carácter analítico, especulativo o interpretativo.

Épica (*epic poetry*): La poesía épica («la epopeya») cuenta, en un estilo elevado, las hazañas de héroes históricos o legendarios, como, por ejemplo, Ulises (de *La Ilíada* y de *La Odisea,* de Homero) o El Cid. La poesía épica representa una visión histórica, así como la exaltación de los valores e ideales de una nación.

Epíteto (*epithet*): Adición de adjetivos con un fin estético solamente, ya que su uso no es necesario.

Epopeya (*epic*): Poema épico o heroico.

Esbozo (*sketch*): Ensayo corto y descriptivo que gira en torno a un solo personaje, una sola escena o un solo acontecimiento. Sinónimo: boceto.

Estribillo (*refrain*): Una línea o líneas que se repiten a intervalos a lo largo de un poema y muy frecuentemente al final de una estrofa.

Estrofa (*stanza*): Secuencia de versos sometidos a un orden para formar la unidad estructural del poema.

Estructura (*structure*): La armazón (*framework*) de una composición literaria planificada de una manera particular. Dícese que la estructura de un drama se basa en sus divisiones en actos y escenas; la de un ensayo depende de una serie de tópicos en el orden de su presentación; la estructura de un *soneto* es determinada por el número de cuartetos (dos) y tercetos (dos), la utilización del verso endecasílabo, la rima consonante, etcétera.

Estructuralismo (*structuralism*): Aproximación al entendimiento de fenómenos asociados con los campos de la sociología y de la literatura. El método estructuralista de estudiar una obra literaria implica el análisis y la interpretación de los elementos lingüísticos a fin de determinar la construcción o estructura profunda de dicha obra.

Eufemismo (*euphemism*): Perífrasis que se usa para evitar el empleo de palabras malsonantes, groseras o que no se quieren mencionar por considerarse tabú.

Existencialismo (*existentialism*): Corriente filosófica radicada en las doctrinas del teólogo danés Sören Kierkegaard (1813–1855) y del filósofo alemán Edmund Husserl (1859–1938). La doctrina existencialista postula que el ser humano, por ser racional, se ve obligado a explicarse de una forma coherente y plausible su existencia en relación con la sociedad, con el mundo y con Dios. De dicha explicación depende la solución de todos los problemas —desde la esencia (¿Quién soy?) hasta el significado de la vida misma (¿Por qué vine al mundo? ¿Qué será de mí después de morir?). Sin embargo, los existencialistas sostienen que la propia conciencia le quita al ser humano la posibilidad de resolver lógicamente un enigma tan complejo, y esto produce una gran angustia (*anguish*). El existencialismo fue divulgado principalmente por los alemanes Karl Jaspers (1883–1969) y Martin Heidegger (1889–1976) y por los franceses Jean-Paul Sartre (1905–1980) y Gabriel Marcel (1889–1973). En la literatura hispánica, escritores como Miguel de Unamuno (1863–1937) han subrayado la necesidad de mitigar a través de la fe cristiana el sufrimiento que nace de la lucha entre la voluntad —el querer creer en la inmortalidad— y la razón, es decir, el no estar seguro de que exista otra vida después de la muerte. Por otro lado, en novelas, dramas y ensayos, los existencialistas ateos (*atheistic*) como los franceses Sartre y Albert Camus (1913–1960) proponen otra alternativa a la desesperación. Es el llamado «engagement», o sea, el compromiso (*commitment*) moral y humanitario del individuo para con sus semejantes (*fellow human beings*) en general y con la sociedad en particular. De allí que se denomina «engagé» o «comprometido» al escritor que pone su obra al servicio de una causa social o política.

Exposición (*exposition*): Parte de la trama de una obra narrativa en la que se le informa al lector acerca de los personajes y su circunstancia particular. En el ensayo, la exposición es la forma del discurso que explica, define e interpreta, en contraste con las otras formas —la descripción, la narración y la argumentación.

Extranjerismo (*foreignism*): Palabra o giro que proviene de algún idioma extranjero (anglicismo del inglés; germanismo del alemán; galicismo del francés, etcétera).

Fábula (*plot, fable*): El asunto de una obra literaria. También una historia en verso o en prosa que encierra una enseñanza o lección moral.

Fenomenología (*phenomenology*): Aproximación teórica que se basa en el pensamiento filosófico de Immanuel Kant y de Edmund Husserl. En cuanto a la aplicación de la fenomenología al estudio de la literatura, se puede señalar que a veces el investigador busca una manera de aproximarse a la estructura de la conciencia (*structure of consciousness*) de un escritor determinado y de ver, dentro de la obra, una manifestación de la intención de su autor.

Figuras retóricas (*rhetorical figures*): Convenciones lingüísticas —procedentes de la tradición retórica (el arte de la persuasión)— que tienen como fin la creación de imágenes bellas y conmovedoras.

Fluir de la conciencia (Corriente de conciencia) (*stream of consciousness*): Técnica que describe la actividad mental de un individuo desde la experiencia consciente a la inconsciente.

Fondo (*content*): Lo que dice una obra. El fondo es el asunto, el tema, el contenido, las ideas, los pensamientos y los sentimientos dentro de una composición; uno de los dos elementos principales del estilo. El otro es la *forma*.

Fonema (*phoneme*): La más pequeña unidad fonológica de una lengua, como lo demuestran los sonidos diferenciales en las palabras *cara* y *cada*.

Forma (*form*): Modo o estilo de arreglar y coordinar las varias y distintas partes de una composición. La forma corresponde a la estructura externa de una obra y sirve como «vestido» del mensaje o *fondo*. Los elementos formales son el léxico (las palabras), las frases, las figuras estilísticas, las imágenes y los tropos, y la concepción misma de la obra.

Formalismo (*formalism*): Aproximación crítica que pone énfasis en los aspectos *formales* del texto, o sea, en los elementos relacionados con el contenido de la obra: el lenguaje, los temas, la caracterización, el diseño estructural, etcétera. Se puede contrastar una aproximación formalista con una aproximación de tipo *extratextual,* la cual intenta explicar el texto a base de elementos no contenidos directamente dentro del texto, como la biografía del autor o el psicoanálisis, por ejemplo.

Galicismo (*Gallicism*): Empleo en otra lengua de palabras o expresiones francesas.

Generación del 98 (*Generation of 98*): Período de renovación de las letras españolas iniciado por un grupo de escritores preocupados por la atmósfera de desaliento (*discouragement*) —la llamada «abulia»— que resultó de la derrota nacional tras la Guerra hispanoamericana (1898). La literatura de dicho período renueva el amor por la patria y su tradición, particularmente la espiritual y artística.

Género (*genre*): Término que literalmente significa «tipo»; en las artes corresponde a una determinada forma de expresión. En la literatura hay cuatro géneros fundamentales: la narrativa, la poesía, el drama y el ensayo.

Glosa (*gloss*): Poema al fin del cual o al de cada una de sus estrofas se introducen uno o más versos anticipadamente propuestos.

Gradación o clímax (*climax*): Cuando varias palabras aparecen en escala ascendente o descendente.

Hamartia (*tragic flaw*): Punto débil del héroe trágico que lo conduce a la catástrofe.

Hemistiquio (*hemistich*): La mitad de un verso separada de la otra mitad por la cesura.

Hiato (*hiatus*): Pronunciación separada de dos vocales que deberían pronunciarse juntas por sinalefa. Si las vocales forman diptongo se llama *diéresis*.

Hipérbaton (*hyperbaton*): Alteración del orden acostumbrado de las palabras en la oración.

Hipérbole (*hyperbole*): Exageración. El aumentar o disminuir desproporcionadamente acciones, cualidades, etcétera.

Humanismo (*humanism*): Corriente que en la época del Renacimiento emprendió (*undertook*) y difundió en Europa el estudio de las culturas clásicas de Grecia y Roma, y que anteponía a toda otra consideración los intereses, los valores y la dignidad personal de cada individuo.

Ilustración (*Enlightenment*): Movimiento del siglo XVIII que se distingue por su confianza en el poder ilimitado de la razón humana y en la bondad natural del hombre. Algunos filósofos de la Ilustración, como Rousseau, Voltaire y Paine, propusieron que se utilizara al máximo las facultades racionales para llevar a cabo innovaciones en todos los campos —política, religión, educación, ciencias, etcétera— con el fin de mejorar las condiciones humanas.

Imagen (*image*): La representación —literal o figurada— de un objeto o de una experiencia sensorial. La relación poética establecida entre elementos reales e irreales. La impresión mental —de un objeto o de una sensación— evocada por una palabra o una frase.

In medias res: Frase latina que significa «en medio de las cosas». El término se refiere al recurso literario mediante el cual se comienza una obra literaria «a medio camino» en la sucesión de eventos de su historia, en vez de empezarla desde el principio.

Indianismo: Tendencia asociada con ciertas obras del Romanticismo hispanoamericano. En los escritos indianistas el nativo de América es idealizado al estilo del típico héroe romántico europeo, perdiendo como resultado su verdadera identidad.

Indigenismo: Tendencia relacionada fundamentalmente con la novela hispanoamericana realista. En contraste con la idealización del nativo del Nuevo Mundo, típico del indianismo, el indigenismo se caracteriza por el retrato vivo y verosímil del nativo y por la fuerte protesta social que el autor hace en favor del indígena.

Ironía circunstancial (*situational irony*): Situación en la que el lector (o espectador) se entera de la ironía sólo en el momento culminante de la obra, así que su experiencia se parece a la del personaje.

Ironía dramática o trágica (*dramatic or tragic irony*): Situación en la que el lector (o espectador) sabe lo que va a pasar en la obra antes de que lo sepa el personaje: la posición del lector es la llamada distanciación irónica (*ironic distance*).

Jitanjáfora: Se aplica este término al juego onomatopéyico y fonímico de palabras y expresiones las cuales imitan sonidos de cosas o seres vivientes y que usan sonidos parecidos pero de significados distintos.

Justicia poética (*poetic justice*): Término introducido por el inglés Thomas Rymer en el siglo XVII para expresar que, mientras que en la vida real no siempre los buenos son premiados y los malos castigados, en la obra artística el autor puede hacer que esto suceda.

Latinismo (*Latinism*): Palabra o giro sacados directamente del latín.

Leitmotivo (*leitmotif or «leading motive»*): La repetición, en una obra literaria, de una palabra, frase, situación o idea, con el fin de dar un sentido de unidad al conjunto.

Letrilla: Poema estrófico de versos cortos, que con frecuencia tiene un estribillo.

Lira: Estrofa de cinco versos heptasílabos y endecasílabos cuyo esquema es *aBabB*.

Lógica formal (*formal logic*): Lógica del pensamiento que se sirve de procedimientos parecidos a los que se utilizan en las matemáticas para apelar a la *razón* o a las facultades mentales del ser humano. Sinónimo: lógica simbólica o discursiva (*symbolic or discursive logic*).

Lógica informal (*informal logic*): Lógica de la sensibilidad que apela a las facultades intuitivas del hombre y cuyo fin es emocionar. Sinónimo: lógica no-discursiva (*nondiscursive logic*).

Marxismo (*Marxism*): Doctrina socialista basada principalmente en las ideas del filósofo y economista alemán Karl Marx (1818–1883). De acuerdo con el marxismo, las masas han sido tradicionalmente explotadas por el Estado. Por lo tanto, los marxistas abogan por la lucha de clases y la revolución con el fin de acabar con el capitalismo y crear en su lugar un nuevo orden social: una sociedad sin clases. Estas ideas se reflejan en cierto tipo de arte comprometido.

Metáfora (*metaphor*): Una translación de sentido; es decir, que el significado de una palabra se emplea en un sentido que no le corresponde lógicamente.

Metateatro (*metatheater*): El teatro dentro del teatro (*play within a play*).

Metonimia (*metonymy*): Ocurre cuando una palabra se sustituye por otra con la cual guarda una relación de causa u origen.

Métrica (*metrics*): El estudio de la versificación.

Metro (*meter*): Medida aplicada a cierto número de palabras para formar un verso.

Mimesis (*mimesis*): Imitación.

Misticismo (*mysticism*): Doctrina que enseña la comunicación inmediata y directa entre el ser humano y Dios y su unión con El por medio de la purificación ascética.

Mito (*myth*): Historias universales inventadas por los hombres de todas las épocas para expresar, o simbolizar, ciertos aspectos profundos de la existencia humana.

Modernismo (*modernism*): Tendencia literaria hispánica con raíces en América. Representa un esfuerzo colectivo de renovación de todos los géneros literarios. Sus elementos constitutivos provienen de tres corrientes francesas de la época: (1) el *parnasianismo,* exquisito cuidado por la forma —el arte por el arte— devoción por las culturas clásicas, exotismo, imágenes plásticas, impersonales, frías; (2) el *simbolismo,* efectos musicales, amor por el color, la vaguedad, el ritmo, y (3) el *Romanticismo,* intimidad, sentimiento. En el desenvolvimiento histórico del modernismo se destacan tres fases: la *esteticista,* la *metafísica y humana,* y la *declinación modernista.*

Narratario (*narratee*): El receptor del mensaje dentro de una obra narrativa. En algunos textos narrativos, el narrador dirige sus palabras a otro personaje, también ficticio. A este receptor se le denomina *narratario,* y la relación entre narrador y narratario se puede comparar, en términos analógicos, con la de autor y lector.

Naturalismo (*naturalism*): Diametralmente opuesto a la idealización de la realidad, el naturalismo —tendencia o corriente literaria de la segunda mitad del siglo XIX— retrata al ser humano y su circunstancia con una fidelidad científica. Por eso, y creyendo que la vida del hombre es determinada por la herencia y el medio ambiente, el escritor naturalista, ejemplificado por el francés Emile Zola (1840–1902), exagera los aspectos feos y bestiales del ser humano que lucha inútilmente por sobrevivir.

Neoclasicismo (*neoclassicism*): Movimiento artístico asociado con el siglo XVIII. En la literatura, sus representantes abogan por la imitación de los clásicos y el predominio de la razón, la serenidad y la moderación como reacción contra los excesos de violencia y desequilibrio del Barroco. Por consiguiente, el neoclasicismo favorece un arte sencillo, verosímil, universal, de buen gusto y con un fin docente que sostenga los ideales éticos, morales y estéticos de la antigüedad grecorromana.

Neologismo (*neologism*): Palabra o expresión nueva introducida en una lengua.

Nihilismo (*nihilism*): Término derivado del latín *nihil* (en español «nada»), que se refiere filosóficamente a una forma extremada de escepticismo (*skepticism*). En la literatura se encuentra el nihilismo principalmente dentro de aquellas obras existencialistas de tipo ateo.

Octava (*octave*): Estrofa de ocho versos.

Onomatopeya (*onomatopoeia*): Uso de las palabras que imitan el sonido de las cosas nombradas por ella.

Oratoria (*oratory*): El arte de hablar con elocuencia; de deleitar, persuadir y conmover por medio de la palabra.

Oxímoron (*oxymoron*): Unión sintáctica de conceptos que se contradicen.

Panteísmo (*pantheism*): Doctrina filosófica que identifica a Dios con el universo. Los panteístas creen que la presencia o el cuerpo de Dios se manifiesta a través de la naturaleza o los fenómenos naturales.

Parábola (*parable*): Cuando todos los elementos de una acción narrada se refieren, al mismo tiempo, a otra situación. Es una especie de comparación y siempre tiene intención didáctica.

Paradoja (*paradox*): Frase que parece contradecir las leyes de la lógica, pero que posee una verdad interna; la unión de dos ideas en apariencia irreconciliables.

Paráfrasis (*paraphrase*): Interpretación o traducción libre de un texto literario.

Pareado (*couplet*): Estrofa de dos versos. (No debe traducirse la palabra inglesa *couplet* por la palabra española *copla* —estrofa de cuatro versos— sino por la palabra *pareado.*)

Parnasianismo (*parnassianism*): Escuela de poetas franceses (siglos XIX) que practicaban el arte por el arte y construían sus poemas con gran cuidado por la forma. La poesía parnasiana se caracteriza por su objetividad e impersonalidad. Sus temas favoritos son las culturas clásicas y los paisajes y objetos exóticos que los parnasianos representan a través de imágenes plásticas, frías (estatuas de mármol, cisnes, marfil, etcétera). Dado que la intención del poeta es exclusivamente estética, dicha tendencia suele llamarse *esteticismo.*

Parodia (*parody*): Imitación de una obra literaria o musical con fin satírico o humorístico. En un sentido más amplio, cualquier imitación burlesca de una cosa seria.

Patético (*pathetic*): Lo que conmueve infundiendo dolor, tristeza, melancolía o un sentimiento muy intenso.

Perífrasis (*periphrasis*): Sirve para decir con muchas palabras lo que se podría decir con sencillez.

Peripecia (*peripeteia or peripety*): El momento decisivo en la obra dramática, o sea, un cambio repentino de situación.

Personificación (*personification*): Atribución de cualidades o actos propios de los seres humanos a otros seres.

Platonismo (*platonism*): Doctrina del filósofo griego Platón (c.428 a. J.C.-c. 348 a.J.C.), dada a conocer por su discípulo Aristóteles (384 a. J.C. - 322 a. J.C.). El *platonismo* desvaloriza el mundo tangible de los sentidos. En cambio, reconoce la validez de las ideas, de la preexistencia del alma, de la superioridad del juicio (*common sense*) frente a la sapiencia y de la inteligencia sobre los conocimientos. Por fin, el *platonismo* aboga por (*advocates*) la *dialéctica,* método que, sirviéndose del debate, procura la verdad por medio de oposición y conciliación de contradicciones lógicas o históricas.

Polisíndeton (*polysyndeton*): La repetición de conjunciones.

Positivismo (*positivism*): Doctrina filosófica sistematizada por el francés Auguste Comte (1798–1857), fundador de la sociología. El término se deriva de su *Curso de filosofía positiva* (1830–1842) en el que Comte sostiene que al conocimiento se llega a través de tres fases o etapas. De las tres —la teológica, la metafísica y la positiva— sólo la última es válida. Apoyándose en el racionalismo, el positivismo postula que el ser humano debe renunciar a conocer la naturaleza o esencia de las cosas, contentándose en cambio con aquellas verdades que se pueden obtener mediante la experimentación. En la literatura el impacto de los conceptos positivistas, con su énfasis en la detallada y cuidadosa observación de la realidad objetiva, engendró el realismo y su derivado, el naturalismo.

Postmodernismo (*postmodernism*): Corriente de cronología algo imprecisa (¿1905–1914?) que marca la decadencia del modernismo, anticipando el vanguardismo y la literatura contemporánea. Al mismo tiempo que lleva la calidad artística de la obra literaria a nuevas alturas, principalmente en cuanto a la poesía, la novela y el ensayo, la corriente postmodernista enfatiza el regreso a una lírica más sencilla.

Preciosismo (*preciosity*): Uso de un lenguaje meticuloso y refinado en extremo —rasgos asociados con la tendencia

EVENTOS	NARRATIVA	POESÍA	DRAMA	ENSAYO
		SIGLO XIV		
	1300 Anónimo: *Historia del caballero Cifar* **1335** Don Juan Manuel: *El conde Lucanor o Libro de Patronio* **1353** Giovanni Boccaccio publica en Italia *Il Decamerone*. En esta colección de relatos, que abre caminos para la futura narrativa realista, el hombre es retratado como un ser licencioso, opuesto a la concepción que éste tiene de sí de un ser moralmente elevado.	**1343** Juan Ruiz, arcipreste de Hita: *El libro de buen amor* **1369** Francesco Petrarca compone el *Canzoniere* (*Cancionero*), donde aparecen los primeros sonetos endecasílabos italianos que serán adoptados con gran éxito en España.		
1369 Muere Pedro I *el Justiciero o el Cruel*, conquistador de la mayor parte de Castilla. **1390** Enrique III *el Doliente* refuerza el poder de la monarquía frente a los nobles y los pueblos. La autoridad judicial de los alcaldes pasa a los regidores, representantes del rey.				

EVENTOS	NARRATIVA	POESÍA	DRAMA	ENSAYO
	Recopilación en Egipto de la colección anónima de relatos en árabe *Las mil y una noches*. Estas y otras historias de origen hindú-iraní, divulgadas a partir del siglo IX, influyen decisivamente en el desarrollo de la narrativa europea.		Gómez Manrique: *Representación del nacimiento de Nuestro Señor*	**¿1420?** Juan de Encina: *Auto del Repelón* **1438** Alfonso Martínez de Toledo, arcipreste de Talavera: *El Corbacho o Reprobación del amor mundano*
1440 Invención de la imprenta en Alemania. **1448** Se imprime la primera obra: *La Biblia de Gutenberg*. **1469** Matrimonio de Isabel de Castilla *la Católica* con Fernando de Aragón; unión de los reinos más poderosos de España.		**c.1440** Romances viejos anónimos: «El Enamorado y la Muerte», «Doña Alda»		
1478 Los Reyes Católicos, Fernando e Isabel, instituyen el *Santo Oficio* —la Inquisición. **1492** Caída del reino moro de Granada y fin de la Reconquista; unificación política y religiosa de España; expulsión de los judíos; descubrimiento de América por parte del navegador genovés Cristóbal Colón.		**c.1476** Jorge Manrique: *Coplas por la muerte de su padre* Íñigo López de Mendoza, marqués de Santillana: *Sonetos*		**¿1490?** Juan de Encina: *Églogas* **1492** Antonio de Nebrija: *El arte de la lengua castellana* **1499** Fernando de Rojas: *La Celestina o Tragicomedia de Calixto y Melibea*

SIGLO XVI

EVENTOS	NARRATIVA	POESÍA	DRAMA	ENSAYO
1502 Expulsión de los moros.	**c.1508** Anónimo: *Amadís de Gaula*			
1508 Fundación de la Universidad de Alcalá de Henares; integración de los estudios humanísticos con la doctrina cristiana.				
1509 El holandés Erasmo de Rotterdam denuncia en su libro *Elogio de la locura* la inmoralidad del clero y propone una religión del espíritu— antidogmática y conciliadora. Luis Vives (1442–1540) es el máximo exponente del cristianismo humanístico erasmista en España.				
1514 Publicación de la *Biblia políglota complutense* en Alcalá de Henares.				
1517 Inicio de la Reforma protestante en Alemania.				
1518 Empieza en Cuba y Sudamérica el tráfico de esclavos.				
1519 Hernán Cortés llega con su expedición a México.				**1519–1526** Hernán Cortés: *Cartas de relación*
1531 Francisco Pizarro conquista el Perú.				
1533 En Inglaterra, Enrique VIII abjura de la religión católica y establece la anglicana para divorciarse de Catalina de Aragón y casarse con Ana Bolena.				
1533 Al emperador incaico Atahualpa se le da el garrote (*is executed by strangulation*) por orden de Pizarro.				**c.1535** Juan de Valdés: *Diálogo de la lengua*

EVENTOS	NARRATIVA	POESÍA	DRAMA	ENSAYO
		SIGLO XVI		
1536 Aparición de la imprenta en las colonias españolas (México).				
1538 Se funda en Santo Domingo la primera universidad hispanoamericana.				
1539 Ignacio de Loyola organiza la Compañía de Jesús (la orden de los Jesuitas).				**1541–1555** Alvar Núñez Cabeza de Vaca: *Naufragios*
		¿1543? Garcilaso de la Vega: «Sonetos XI, XIX» (*Sonetos* *Églogas, Canciones, Epístola* (a Juan Boscán)		
1545–1563 Concilio de Trento, que da inicio a la Contrarreforma, a pedido del emperador español Carlos V, primer gran monarca de la Casa austríaca de los Habsburgos.				**1546** Lope de Rueda: *Las Aceitunas*
				1552 Fray Bartolomé de las Casas: *Brevísima relación de la destrucción de las Indias*
1553 Se inaugura la Universidad de México, la primera institución de su tipo en América.	**1554** Anónimo: *Vida de Lazarillo de Tormes*			
	1559 Jorge de Montemayor: *Diana*			
1564 Batalla naval de Lepanto. Miguel de Cervantes pierde la mano derecha luchando contra los turcos.	**1565** Anónimo: *Historia del Abencerraje y de la hermosa Jarifa*			

EVENTOS	NARRATIVA	POESÍA	DRAMA	ENSAYO
		SIGLO XVI		
				1568 Bernal Díaz del Castillo: *Verdadera historia de la conquista de la Nueva España*
1572 Túpac Amaru, el último Inca, es decapitado por los españoles.		**1569, 1575 y 1589** Alonso de Ercilla y Zúñiga: *La Araucana*		
1573 Inauguración de la Universidad de San Marcos de Lima, Perú.				**1580** En sus *Ensayos*, el humanista Michel de Montaigne propone el examen de conciencia (*self-examination*) y la tolerancia de las creencias de los otros.
1580 El emperador Felipe II anexa Portugal a España.				**1581** Juan de la Cueva: *El infamador*
				1583 Fray Luis de León: *De los nombres de Cristo*
		1584 San Juan de la Cruz: *Noche oscura del alma, Llama de amor viva*		
1588 Derrota de la «Armada Invencible» de Felipe II. Pérdida del poderío marítimo y colonial de España.		¿**1588**? Santa Teresa de Jesús: «Nada te turbe…», «Vivo sin vivir en mí»		**1588** Santa Teresa de Jesús: *Las moradas*
		¿**1588**? Fray Luis de León: «La vida retirada», «Noche serena» (*Odas*)		**1597** Francis Bacon publica los *Ensayos*, donde refuta la rígida doctrina aristotélica en la que se basa el dogma de la Iglesia. Bacon propone que no se confíe ciegamente en las enseñanzas tradicionales.
1598 Muerte de Felipe II: decadencia y desintegración del Imperio español.				

SIGLO XVII

EVENTOS	NARRATIVA	POESÍA	DRAMA	ENSAYO
Felipe III, Felipe IV y Carlos II *el Hechizado* dejan el gobierno en manos de «favoritos» ineptos y sin escrúpulos; profunda crisis económica interna y desprestigio de España en el extranjero.	**1605, 1615** Miguel de Cervantes: *El ingenioso hidalgo don Quijote de la Mancha*	**1605** El Inca Garcilaso de la Vega: *La Florida del Inca*		**1609–1615** El Inca Garcilaso de la Vega: *Comentarios reales*
		c.1612 Luis de Góngora: «Sonetos CIII, CLXVI» (*Sonetos*)		
	1613 Miguel de Cervantes: *Novelas ejemplares*		**1613** Lope de Vega: *Peribáñez y el comendador de Ocaña*	
			1614 Lope de Vega: *El mejor alcalde el Rey*	
			1615 Miguel de Cervantes: *El viejo celoso (Ocho comedias y ocho entremeses)*	
	1617 Miguel de Cervantes: *Los trabajos de Persiles y Sigismunda*		**1617** Juan Ruiz de Alarcón: *Las paredes oyen*	
	1626 Francisco de Quevedo: *La vida del Buscón*			
			1630 Lope de Vega: *Amar sin saber a quién* Tirso de Molina: *El burlador de Sevilla* Juan Ruiz de Alarcón: *La verdad sospechosa*	

SIGLO XVII

EVENTOS	NARRATIVA	POESÍA	DRAMA	ENSAYO
			1635 Pedro Calderón de la Barca: *La vida es sueño*, *El médico de su honra*	**1637** En Francia, René Descartes propone en el *Discurso sobre el método* que, salvo los conceptos de Dios y del alma, toda verdad ha de ser demostrada científicamente (*Pienso, luego existo*). Nace así la doctrina del racionalismo.
1640 Portugal recupera la independencia.				**1640** Diego de Fajardo: *Empresas políticas*
1648 Holanda se independiza del Imperio español.		**1648** Francisco de Quevedo: *El Parnaso español*	**c.1642** Pedro Calderón de la Barca: *El alcalde de Zalamea*	**1642** Baltasar Gracián: *Agudeza y arte de ingenio*
1659 Matrimonio de María Teresa, hija de Felipe IV de la Casa de Austria, con Luis XIV de los Borbones franceses. Paz de los Pirineos y fin de las guerras entre España y Francia por la dominación de Europa.	**1651–1657** Baltasar Gracián: *El Criticón*			

SIGLO XVII

EVENTOS	NARRATIVA	POESÍA	DRAMA	ENSAYO
1660 Declinación definitiva del comercio español con América.				
1680 Agotados el oro y la plata, empleados para pagar las deudas externas, España sufre una desastrosa depresión económica.		**1670** Francisco de Quevedo: *Las últimas tres musas*		
		¿1689? Sor Juana Inés de la Cruz: («A su retrato», «A una rosa») *Sonetos, Romances, Villancicos, Primero sueño*	**1683** Sor Juana Inés de la Cruz: *Los empeños de una casa* **1689** Sor Juana Inés de la Cruz: *El Divino Narciso*	
	1690 Carlos de Sigüenza y Góngora: *Los infortunios de Alonso Ramírez.*			**1690** El inglés John Locke da paso al estudio de las condiciones sociales con su *Ensayo sobre el entendimiento humano*, refutando la doctrina platónica según la cual el ser humano nace con ideas fundamentales que determinarán su vida. **1691** Sor Juana Inés de la Cruz: *Respuesta a Sor Filotea de la Cruz*

EVENTOS	NARRATIVA	POESÍA	DRAMA	ENSAYO
		SIGLO XVIII		
1700 Sucesión de Felipe V (1700–1746), de la Casa de los Borbones. Entra en España la influencia política y cultural de Francia.				
1712 Fundación de la Biblioteca Nacional en Madrid.				
1713 Paz de Utrecht. Fin de las guerras de Sucesión de España contra Inglaterra, Holanda y Austria.				
1714 Se funda, según el modelo francés, la Real Academia Española de la Lengua.				
1717 Nace en Inglaterra la Masonería o Francmasonería, sociedad secreta sostenedora de los ideales de la Ilustración: tolerancia religiosa, libre pensamiento y justicia social.				**1726–1739** Benito Jerónimo Feijóo: *Teatro crítico universal* **1733** Ignacio Luzán: *Poética*
1738 Se inaugura en España la Academia de la Historia.				**1742–1760** Benito Jerónimo Feijóo: *Cartas eruditas*
1748 España reconquista los territorios italianos de Sicilia y Nápoles —el llamado reino español de las «Dos Sicilias». Se inicia la revolución industrial en el Occidente. Transformación social. Crecen las distancias entre dos nuevas clases: los operarios y los capitalistas.				

EVENTOS		POESÍA	NARRATIVA	DRAMA	ENSAYO
		SIGLO XVIII			
1759 Ascenso de Carlos III al trono de España. Reformas agrarias, industriales y educacionales; notable progreso en la economía doméstica y énfasis en los estudios científicos.			**1758** Francisco de Isla: *Fray Gerundio de Campazas*		
1767 Expulsión de los jesuitas bajo acusación de desobediencia a la monarquía.					
			1773 Calixto Bustamante Carlos Inca («Concolorcorvo»): *El Lazarillo de ciegos caminantes*		
			1774 El alemán Johann Wolfgang Goethe escribe *Las cuitas del joven Werther*. Traducida al español en 1803, dicha novela crea una generación de jóvenes rebeldes, adictos al llamado *Sturm und Drang* (resentimiento contra la sociedad convencional). Estos serán los futuros «románticos».		
		1781–1784 Félix M. Samaniego: *Fábulas morales*		**1778** Vicente García de la Huerta: *Raquel*	
		1782 Tomás de Iriarte: *Fábulas literarias*			
				1786–1791 Ramón de la Cruz: *Sainetes*	
					1789 José Cadalso: *Cartas marruecas*
1789–1799 Revolución francesa, concluida por el general Napoleón Bonaparte. Los países europeos e hispanoamericanos perseguirán los ideales de la Revolución: libertad, igualdad y fraternidad.					

EVENTOS	NARRATIVA	POESÍA	DRAMA	ENSAYO
		SIGLO XIX		
1803 Francia cede a los Estados Unidos el territorio de Luisiana, prometido anteriormente a España.				
1805 Batalla de Trafalgar: España y Francia son derrotadas por la fuerza naval inglesa al mando del almirante Horacio Nelson.				
1806 Primer intento de lanzar la Revolución hispanoamericana. Fracaso de la expedición militar del venezolano Francisco Miranda, desde los Estados Unidos.			**1806** Leandro F. de Moratín: *El sí de las niñas*	
1808 Carlos IV, dominado por el favorito Manuel Godoy y por Napoleón, abdica el trono en favor de su hijo Fernando VII. Invasión napoleónica de España y principio de la guerra de la independencia en ese país.				
Napoleón encomienda el trono de España a su hermano José y destierra a Francia a Fernando VII junto con la reina María Luisa y Manuel Godoy.				
Francisco Goya y Lucientes (1746–1828) se convierte en el pintor y crítico por excelencia de la realidad española del siglo XVIII.				
1810 Principio de la Revolución hispanoamericana por la independencia.				
El general Simón Bolívar (1783–1830), el «Libertador de América», participa en las primeras luchas por la emancipación de Hispanoamérica.				
Revolución de mayo en la Argentina.				
16 de septiembre: la Revolución por la independencia llega al pueblo mexicano de Dolores por obra del cura patriota Miguel Hidalgo (*Grito de Dolores*)				

EVENTOS	NARRATIVA	POESÍA	DRAMA	ENSAYO
		SIGLO XIX		
1812 España: Constitución de Cádiz. La Junta Central Suprema de Gobierno reforma las antiguas Cortes y éstas proclaman un gobierno democrático de acuerdo con los ideales de la Revolución francesa.				
1814 Los españoles expulsan al ejército francés con el limitado apoyo de Inglaterra.			**1813** Angel de Saavedra, duque de Rivas: *Don Alvaro o La fuerza del sino*	**1813** Fray Servando Teresa de Mier: *Historia de la revolución de Nueva España*
1814 Vuelta a España del rey Fernando VII *el Deseado*; revocación de la Constitución de 1812 y retorno a la monarquía absoluta.				**1815** Simón Bolívar: *Carta de Jamaica*
	1816 José Fernández de Lizardi: *El periquillo sarniento*			**1817** Fray Servando Teresa de Mier: *Apología y relación de su vida*
1821 Fin de la Inquisición en Europa y en América.		**1820** José María Heredia: «En el Teocalli de Cholula» (*Poesías*)		
1823 Proclamación en los Estados Unidos de la Doctrina Monroe, que rechaza toda intervención de Europa en los asuntos del continente americano.		**1824** José María Heredia: «Niágara» (*Poesías*) José Joaquín Olmedo: «La victoria de Junín: canto a Bolívar» (*Odas*)		
1824 Batalla de Junín (Perú, 6 de agosto): primera gran victoria de los revolucionarios hispanoamericanos, al mando del general Bolívar. Batalla de Ayacucho (Perú, 8 de diciembre): el general Antonio José de Sucre pone fin a las guerras de la independencia de Hispanoamérica.				

EVENTOS	NARRATIVA	POESÍA	DRAMA	ENSAYO
		SIGLO XIX		
En oposición al ideal de Bolívar —una confederación panamericana democrática— surge en las nuevas repúblicas el «caudillismo», gobiernos en manos de tiranos que profesan representar a las provincias conservadoras y a la raza americana de sangre mixta. Con el apoyo de las clases marginadas, los caudillos (*men of destiny*) fomentan el odio contra los criollos de la ciudad, individuos descendientes de españoles y de ideas liberales.		**1826** Andrés Bello: «Silva a la agricultura de la Zona Tórrida» (*Repertorio americano*)		**1832–1837** Mariano José de Larra: «El castellano viejo» (*Artículos de costumbres*)
1827 El Perú gana la Independencia.				
1830 Venezuela y Ecuador se proclaman estados independientes.				
1832–1842 El francés Auguste Comte divulga *Curso de filosofía positiva*, germen de la moderna sociología y de la literatura de concientización (*consciousness-raising*) y de protesta social.				**1832–1842** Ramón de Mesonero Romanos: *Escenas matritenses*
1833 Fin de las guerras civiles instigadas por el caudillismo en Chile; Constitución democrática.				**1835** Andrés Bello: *Gramática de la lengua castellana*
Muerte de Fernando VII y vuelta a España de los liberales desterrados.			**1836** Antonio García Gutiérrez: *El trovador*	
Disputa por el trono de España entre Isabel, hija de Fernando VII, y don Carlos, hermano del rey.		**1837** Esteban Echeverría: *La cautiva*		
Guerras carlistas entre conservadores, leales a don Carlos, y liberales, partidarios de Isabel.		**1840** José de Espronceda: «Soledad del alma», «Canción del pirata» (*Poesías líricas*), «Canto a Teresa», *El estudiante de Salamanca*		

SIGLO XIX

EVENTOS	NARRATIVA	POESÍA	DRAMA	ENSAYO
		1841 Angel de Saavedra, duque de Rivas: *Romances históricos*		
		1841–1871 Gertrudis Gómez de Avellaneda: «Al partir», «A El» (*Poesías*)		
		1842 José Zorrilla: *Los cantos del trovador* (*Leyendas y tradiciones históricas*)		
			1844 José Zorrilla: *Don Juan Tenorio*	
				1845 Domingo Faustino Sarmiento: *Facundo o Civilización y barbarie*
				1847 Serafín Estébanez Calderón: *Escenas andaluzas*
1848 El Tratado Guadalupe Hidalgo pone fin a la Guerra Mexicano–americana.				
	1849 Fernán Caballero (Cecilia Böhl de Fáber): *La Gaviota*			
	1851 José Mármol: *Amalia*			
1852 Cae en la Argentina el gobierno del caudillo Juan Manuel de Rosas.				
1853 Es aprobada la Constitución liberal federativa en la Argentina.				
1861 El presidente Benito Juárez comienza en México la gran Reforma liberal, tras la caída del caudillo Antonio López de Santa Anna (1853–1857).				
1862 Puebla, México. El 5 de mayo, el ejército mexicano derrota a las tropas francesas.	**1862** Alberto Blest Gana: *Martín Rivas*			

SIGLO XIX

EVENTOS	NARRATIVA	POESÍA	DRAMA	ENSAYO
1864 El austriaco Maximiliano de Habsburgo funda el Imperio de México.	**1864** José María Pereda: *Escenas montañesas*			
1867 El presidente constitucional de México, Benito Juárez, reconquista el país. Maximiliano es ejecutado.	**1867** Jorge Isaacs: *María*		**1867** Manuel Tamayo y Baus: *Un drama nuevo*	**1867** El alemán Karl Marx publica *El capital*, manifiesto oficial del *socialismo científico* o marxismo
1868 La reina Isabel II de España es destronada por las Cortes. Se inicia con Domingo Faustino Sarmiento—escritor, maestro y diplomático— una de las presidencias más progresistas de la Argentina (1868–1874).		**1866** Estanislao del Campo: *Fausto*		**1870** Eugenio María de Hostos: «El cholo»
1873 Proclamación de la Primera República en España.	**1872–1912** Benito Pérez Galdós: *Episodios nacionales*	**1871** Gustavo Adolfo Bécquer: «Rimas XXI, LCIII» (*Rimas*)	**1872** Hilario Ascasubi: *Santos Vega*	
1874 Restauración de la monarquía, bajo el Borbón Alfonso XII, hijo de Isabel II.	**1874** Pedro Antonio de Alarcón: *El sombrero de tres picos* Juan Valera: *Pepita Jiménez*			
1876 Promulgación de la monarquía constitucional, que durará hasta 1931. Caudillaje de Porfirio Díaz en México; gran progreso industrial, económico y cultural en pro de las clases privilegiadas y de los inversionistas extranjeros. Reformas agrarias en beneficio de los latifundistas nacionales y extranjeros a costa de las masas, en su mayor parte campesinos indígenas.	**1875–1883** Ricardo Palma: «La camisa de Margarita» (*Tradiciones peruanas*) **1876** Benito Pérez Galdós: *Doña Perfecta*	**1875–1887** José Martí: «Dos patrias» (*Flores del destierro*)		

SIGLO XIX

EVENTOS	NARRATIVA	POESÍA	DRAMA	ENSAYO
	1877 Benito Pérez Galdós: *Gloria*			
	1878 Benito Pérez Galdós: *Marianela*			
	1878–1882 Manuel Jesús Galván: *Enriquillo*			
1879 Fundación del Partido Socialista en España.	**1879** Juan León Mera: *Cumandá o un drama entre salvajes*			
1879–1883 Guerra del Pacífico. Chile derrota a Bolivia y al Perú. Ocupa por dos años a Lima, apoderándose de gran parte del litoral peruano y boliviano rico en minerales.			**1881** José Echegaray: *El Gran Galeoto*	
		1882 José Zorrilla: *La leyenda del Cid* José Martí: «Sobre mi hombro» (*Ismaelillo*)		**1882** Juan Montalvo: *Siete tratados* Marcelino Menéndez y Pelayo: *Historia de las ideas estéticas en España*
	1884–1885 Leopoldo Alas («Clarín»): *La Regenta*	**1884** Rosalía de Castro: *En las orillas del Sar*		**1884–1908** Marcelino Menéndez y Pelayo: *Estudios de crítica literaria*
1886 Nace en España Alfonso XIII. La reina madre María Cristina asume la Regencia.	**1886** Emilia Pardo Bazán: *Los Pazos de Ulloa*			
	1886–1887 Benito Pérez Galdós: *Fortunata y Jacinta*			
	1887 Emilia Pardo Bazán: *La Madre Naturaleza*			
	1888 Rubén Darío: *Azul*	**1888** José Zorrilla de San Martín: *Tabaré*		**1888** Eugenio María de Hostos: *Moral social*
	1889 José Martí: *La edad de oro* Clorinda Matto de Turner: *Aves sin nido*			

| | SIGLO XIX | | | |
EVENTOS	NARRATIVA	POESÍA	DRAMA	ENSAYO
1891 Inicio de la dictadura de Porfirio Díaz (1830–1915) en México.				**1891** José Martí: *Nuestra América*
	1892 Cirilo Villaverde: *Cecilia Valdés*			**1893** José Martí: *Mi raza*
	1895 José María de Pereda: *Peñas arriba*			
	1896 Javier de Viana: *Escenas de la vida del campo*	**1896** Manuel Gutiérrez Nájera: «Para entonces», «Non omnis moriar» (*Poesías*)		
	1897 Benito Pérez Galdós: *Misericordia*			**1897** Angel Ganivet: *Idearium español*
1898 Guerra hispanoamericana: España cede a los Estados Unidos sus últimas colonias ultramarinas (Puerto Rico, Cuba y las Islas Filipinas).	**1898** Vicente Blasco Ibáñez: *La barraca*			
Ocupación militar de Cuba por los Estados Unidos, que dirigirán el gobierno de la isla hasta 1903. Las intervenciones militares estadounidenses cesarán sólo en 1922.				
1899 Nicaragua se convierte en una especie de «protectorado» de los Estados Unidos, cuyas fuerzas armadas ocuparán su territorio por más de veinte años.				
1899–1902 Tras la Guerra Hispanoamericana, los Estados Unidos ocupan Cuba y aprueban una constitución que les garantiza el derecho de intervenir en la política exterior e interior del país.				

SIGLO XX

EVENTOS	NARRATIVA	POESÍA	DRAMA	ENSAYO
				1900 José Enrique Rodó: *Ariel*
1901 Alfonso XIII llega a la mayoría de edad y sube al trono de España.			**1901** Serafín y Joaquín Álvarez Quintero: *El patio*	
1902 El gobierno de Colombia entrega el control de una zona de Panamá a los Estados Unidos para la construcción del Canal de Panamá.	**1902** José Martínez Ruiz («Azorín») *La voluntad* **1902–1905** Ramón del Valle-Inclán: *Sonatas*			
1903 Llega un contingente de infantes de la marina (*marines*) estadounidense a Panamá para sojuzgar (*quell*) la primera insurrección popular.	**1903** José Martínez Ruiz («Azorín»): *Antonio Azorín* **1903-1928** Pío Baroja: *Memorias de un hombre de acción*	**1903** Antonio Machado: *Soledades*		
1903 Panamá gana la independencia a cambio de un tratado que cede (*surrenders*) por cien años la zona del Canal a los Estados Unidos.				
1904 El dramaturgo español José Echegaray recibe el primer Premio Nóbel de Literatura otorgado a un escritor hispánico.	**1904** Baldomero Lillo: *Sub terra*	**1904** Juan Ramón Jiménez: *Jardines lejanos*	**1904** Florencio Sánchez: *La gringa*	**1904** José Martínez Ruiz («Azorín»): *Las confesiones de un pequeño filósofo* Ramón Menéndez Pidal: *Gramática histórica*
		1905 Rubén Darío: *Cantos de vida y esperanza*	**1905** Serafín y Joaquín Álvarez Quintero: *Mañana de sol*	**1905** José Martínez Ruiz («Azorín»): *Los pueblos, La ruta de don Quijote* **1905–1910** Marcelino Menéndez y Pelayo: *Orígenes de la novela, Historia de la poesía hispanoamericana*
1906 Tropas de los Estados Unidos ocupan nuevamente Cuba.	**1906** Leopoldo Lugones: *Las fuerzas extrañas* **1907** Baldomero Lillo: *Sub sole*	**1907** Miguel de Unamuno: *Poesías*	**1907** Jacinto Benavente: *Los intereses creados*	

SIGLO XX

EVENTOS	NARRATIVA	POESÍA	DRAMA	ENSAYO
	1908 Enrique Larreta: *La gloria de don Ramiro* Jorge Payró: *Pago chico* **1909** Pío Baroja: *Zalacaín el aventurero*	**1908** José Asunción Silva: *Poemas* (obra póstuma)	**1908** Jacinto Benavente: *El nietecito*	
1910 Nicaragua. El gobierno liberal y progresista de Santos Zelaya (1893–1909) es derrocado tras una rebelión respaldada por los Estados Unidos y Gran Bretaña. **1910** Se inicia la Revolución mexicana como reacción contra la dictadura de Porfirio Díaz. Se postula la justicia social y agraria.	**1911** Pío Baroja: *El árbol de la ciencia*			
	1913 Federico Gamboa: *El espejo de la muerte*	**1912** Antonio Machado: *Campos de Castilla* **1913** Delmira Agustini: *Los cálices vacíos*	**1913** Jacinto Benavente: *La Malquerida*	**1912** José Martínez Ruiz («Azorín»): *Castilla* **1913** Miguel de Unamuno: *Del sentimiento trágico de la vida*
1914 Comienza la primera guerra mundial. España se mantiene neutral.	**1914** Miguel de Unamuno: *Niebla* Federico Gamboa: *La maestra normal* Juan Ramón Jiménez: *Platero y yo*	**1915** Gabriela Mistral: *Los sonetos de la muerte*		
	1916 Vicente Blasco Ibáñez: *Los cuatro jinetes del Apocalipsis* Mariano Azuela: *Los de abajo*	**1916** Juan Ramón Jiménez: *Diario de un poeta recién casado*, «Inteligencia, dame», «Vino, primero, pura» (*Eternidades*) Vicente Huidobro: «Arte poética», «La capilla aldeana» (*El espejo de agua*)		

EVENTOS	NARRATIVA	POESÍA	DRAMA	ENSAYO
		SIGLO XX		
1917 Revolución soviética que resulta en la fundación de la Unión de Repúblicas Socialistas Soviéticas y la propagación del comunismo a nivel global.	**1917** Miguel de Unamuno: *Abel Sánchez*	**1917** Antonio Machado: «Proverbios y cantares» (*Poesías completas*) Amado Nervo: «La pregunta», «Si tú me dices "¡Ven!"» (*Elevación*)		**1917** Alfonso Reyes: *Visión de Anáhuac*
1918 Fin de la primera guerra mundial.		**1919** Juana de Ibarbourou: «La higuera», «Rebelde» (*Las lenguas de diamante*)		
1920 Fin de la Revolución mexicana.	**1921** Miguel de Unamuno: *La tía Tula*	**1922** Federico García Lorca: «Canción del jinete» (*Canciones*) Gabriela Mistral: *Desolación*	**1921** Ramón del Valle-Inclán: *Los cuernos de don Friolera*	
1923 Tras un golpe militar, Alfonso XIII de España concede al general Primo de Rivera poderes dictatoriales.	**1923** Emilia Pardo Bazán: «Las medias rojas» (*Cuentos de la tierra*)	**1923** Pablo Neruda: *Crepusculario*		**1923** José Ortega y Gasset: *El tema de nuestro tiempo* André Breton publica en Francia el *Manifiesto del surrealismo*, obra destinada a revolucionar la visión de la realidad que caracteriza el arte vanguardista.
1927 Los Estados Unidos ocupan Nicaragua e instalan la Guardia Nacional. Su comando es entregado a Anastasio Zomoza García (1896–1956), quien era responsable del previo asesinato de Augusto Sandino (1895–1934).				
1928 Descubrimiento de la penicilina por parte del médico y bacteriólogo escocés Alejandro Fleming (1881–1955).				

EVENTOS	NARRATIVA	POESÍA	DRAMA	ENSAYO
		SIGLO XX		
1929 Colapso de la Bolsa de Valores de Wall Street e inicio de la Gran Depresión económica global.				
1930 República Dominicana. Se instala bajo Rafael Trujillo (1891–1961) una larga e inhumana dictadura militar.				
1933 Protegido por los Estados Unidos, el militar cubano Fulgencio Batista (1890–1973), asume el poder político de la isla, poder férreo que no soltará por más de cuarenta años.		**1934** Nicolás Guillén: «Sensemayá» (*West Indies, Ltd.*)	**1934** Federico García Lorca: *Yerma*	
1934 La intervención de los Estados Unidos en Cuba pone fin a la Revolución social liderada por Ramón Grau San Martín. Inicio de la tiranía de Fulgencio Batista, quien gobernará la isla, directa o indirectamente, por más de dos décadas.		**1935** Pablo Neruda: *Residencia en la tierra*		
		1935–1958 Octavio Paz: «El sediento» (*Libertad bajo palabra*)	**1936** Federico García Lorca: *La casa de Bernarda Alba*	**1935–1977** Victoria Ocampo: *Testimonios*
1936 Guerra civil española entre los republicanos, partidarios de un nuevo orden «reformista», igualitario y secularizador, y los nacionalistas, apegados al orden tradicional que favorecía la autoridad monárquica y la eclesiástica.				
1936 Somoza realiza un golpe de estado contra Juan Bautista Sacasa, presidente liberal de la República (1932–1936) opuesto a la ocupación estadounidense. Inicia así una vergonzosa y bárbara dictadura que durará más de cuatro décadas.	**1938** María Luisa Bombal: *La amortajada*	**1938** Gabriela Mistral: *Tala*		
	1939 Juan Carlos Onetti: El pozo			
	1940 Adolfo Bioy Casares: La invención de Morel			

SIGLO XX

EVENTOS	NARRATIVA	POESÍA	DRAMA	ENSAYO
		1934 Nicolás Guillén: «Sensemayá» (*West Indies, Ltd.*)	**1934** Federico García Lorca: *Yerma*	**1935–1977** Victoria Ocampo: *Testimonios*
		1935 Pablo Neruda: *Residencia en la tierra*		
		1935–1958 Octavio Paz: «El sediento» (*Libertad bajo palabra*)	**1936** Federico García Lorca: *La casa de Bernarda Alba*	
1939 España. Fin de la Guerra civil y triunfo de los nacionalistas, que instalan la dictadura neofascista del generalísimo Francisco Franco. Franco restaura el Código Civil de 1889, el cual enfatiza el patriarcado. Dicha ley es revocada en 1958. **1937** En Nicaragua, la Guardia Nacional depone al presidente democrático Juan Batista Sacasa e instala al general Anastasio (*Tacho*) Somoza García, responsable del asesinato del activista liberal Augusto César Sandino.	**1938** María Luisa Bombal: *La amortajada*	**1938** Gabriela Mistral: *Tala*		

SIGLO XX

EVENTOS	NARRATIVA	POESÍA	DRAMA	ENSAYO
1939–1945 Segunda guerra mundial. España permanece neutral. La chilena Gabriela Mistral gana el primer Premio Nobel de Literatura en Latinoamérica.		**1939** César Vallejo: «Yuntas», «El momento más grave de la vida» (*Poemas humanos*)		**1940** Ezequiel Martínez Estrada: «Estaciones de descanso» (*La cabeza de Goliat*) Gregorio Marañón: *Don Juan*
	1941 Ciro Alegría: *El mundo es ancho y ajeno*		**1942** Roberto Arlt: *El desierto* Samuel Eichenbaum: *Un tal Servando Díaz*	**1942** Alfonso Reyes: *Ultima Tule* Julián Marías: *Miguel de Unamuno*
	1942 Ramón Sender: *Crónica del alba* Camilo José Cela: *La familia de Pascual Duarte*			
1944 Guatemala. El dictador Jorge Ubico (1931–1944), títere (*puppet*) de las potencias extranjeras, es derrocado. Le suceden gobiernos populistas (*people's parties*) que traen al país reformas y progreso.	**1944** Carmen Laforet: *Nada*	**1944** Dámaso Alonso: «Insomnio», «La vida del hombre» (*Hijos de la ira*)	**1944** Xavier Villaurrutia: *Invitación a la muerte* Alejandro Casona: *La dama del alba*	**1944** Alfonso Reyes: *El deslinde*
	1944 Jorge Luis Borges: *Ficciones*		**1945** Alejandro Casona: *La barca sin pescador*	**1945** Pedro Laín Entralgo: *La generación del 98* María Zambrano: *Pensamiento y poesía en la vida española*
1946 Juan Domingo Perón es elegido presidente de la República Argentina.	**1946** Miguel Ángel Asturias: *El señor presidente* Adalberto Ortiz: *Juyungo*			**1946** Gregorio Marañón: *Ensayos liberales*
1946 Argentina. Con el apoyo de los sindicatos (*trade unions*), Juan Domingo Perón (1895–1974) instituye un gobierno militar populista	**1947** Juan Antonio Zunzunegui: *La quiebra*	**1947** Pablo Neruda: *Tercera residencia en la tierra*	**1947** Rodolfo Usigli: *El gesticulador; Corona de sombra*	**1947** Simone de Beauvoir publica en Francia *El segundo sexo*, tratado que influye en el futuro movimiento de liberación de la mujer y el feminismo.
	1948 Silvina Ocampo: *Autobiografía de Irene*			

SIGLO XX

EVENTOS	NARRATIVA	POESÍA	DRAMA	ENSAYO
	1948 Ernesto Sábato: *El túnel*			**1948** Américo Castro: *España en su historia: cristianos, árabes y judíos*
1949 Perón revoca la Constitución democrática de 1853. Con la colaboración de su esposa Eva (*Evita*) Perón, se gana el apoyo de las clases marginadas.	**1949** Jorge Luis Borges: *El Aleph*			
1950 Guerra de Corea.	**1950** Gabriel García Márquez: «La mujer que llegaba a las seis» (*Ojos del perro azul*)	**1950** Pablo Neruda: *Canto general*	**1950** Antonio Buero Vallejo: *En la ardiente oscuridad*	**1950** Rosario Castellanos: *Sobre cultura femenina*
				1950 Octavio Paz: *El laberinto de la soledad*
	1951 Julio Cortázar: *Bestiario* Camilo José Cela: *La colmena*		**1951** Rodolfo Usigli: *El niño y la niebla*	**1951** Eva Perón: *La razón de mi vida*
1952 Muerte prematura de Eva Perón; disminuye considerablemente la popularidad de Juan Domingo.				**1952** Jorge Luis Borges: *Otras inquisiciones*
1953 Fin de la Guerra de Corea.	**1953** José María Gironella: *Los cipreses creen en Dios* Juan Rulfo: «No oyes ladrar los perros» (*El llano en llamas*)		**1953** Alfonso Sastre: *Escuadra hacia la muerte*	**1953** Jorge Luis Borges: *Historia de la eternidad*
1954 Paraguay. Principio del gobierno del general Alfredo Stroessner, régimen que acoge de brazos abiertos a los nazis fugitivos de los juicios de Nurenberg.		**1954** Gabriela Mistral: *Lagar* Vincente Aleixandre: *Historia del corazón*		
1954 Guatemala. Para protegerse de las reformas agrarias, la oligarquía bananera y cafetalera instala una larga serie de dictaduras militares protegidas por los Estados Unidos y otras potencias extranjeras.				
1955 Caída de Perón y destierro a España.	**1955** Juan Rulfo: *Pedro Páramo*			
	1956 Julio Cortázar: «La noche boca arriba» (*Final del juego*)			**1956** Arturo Uslar Pietri: *Las nubes*

EVENTOS	NARRATIVA	POESÍA	DRAMA	ENSAYO
		SIGLO XX		
	1957 Rosario Castellanos: *Balún-Canán* **1957** Ana María Matute: *Los hijos muertos*		**1957** Osvaldo Dragún: *Tupac Amarú, El hombre que se convirtió en perro* Carlos Solórzano: *Las manos de Dios* **1958** Carlos Solórzano: *Los fantoches* Emilio Carballido: *Medusa*	**1959** José Ferrater Mora: *El hombre en la encrucijada*
1959 España. Fundación de la ETA (Patria Vasca y Libertad), organización terrorista cuyo fin es formar un estado separado, de carácter marxista, en las provincias norteñas de Vizcaya, Guipozcoa, Alava, Navarra, y en ciertos territorios del suroeste de Francia.	**1960** Mario Benedetti: *La tregua* **1960** Ramón Sender: *Réquiem por un campesino español*		**1960** Alfonso Sastre: *La cornada*	**1960** Jorge Luis Borges: *El hacedor*
1961 Cuba. Invasión fallida de la Bahía de Cochinos por parte de fuerzas armadas anticastristas presuntamente organizadas, armadas y financiadas por la CIA.	**1961** Juan Carlos Onetti: *El astillero* **1961** Ana María Matute: «*Pecado de omisión*» (*Historias de la Artámila*) Gabriel García Márquez: *El coronel no tiene quien le escriba*	**1961** Ernesto Cardenal: *Epigramas: poemas*		**1961** Pedro Laín Entralgo: *Teoría y realidad del otro* Germán Arciniegas: *América mágica*
1962 Intervención estadounidense en la Guerra del Vietnam. **1962** Crisis cubana. El presidente estadounidense John F. Kennedy bloquea las armas soviéticas enviadas a Fidel Castro por la Unión Soviética. La crisis acaba con el retiro de los mísiles y la prohibición a Cuba de importar armas.	**1962** Carlos Fuentes: *La muerte de Artemio Cruz* Gabriel García Márquez: *Los funerales de la Mamá Grande* Rosario Castellanos: *Oficio de tinieblas*	**1962** Pablo Neruda: «*Verbo*» (*Poeta de guardia*) Bertalicia Peralta: «*La libertad*», «*El silencio*» (*Sendas fugitivas*) Vicente Aleixandre: *En un vasto dominio*	**1962** Sebastián Salazar Bondy: *El fabricante de deudas* Emilio Carballido: *El censo (D.F.)*	**1962** Julián Marías: *Los españoles*

EVENTOS	NARRATIVA	POESÍA	DRAMA	ENSAYO
		SIGLO XX		
1963 Asesinato del presidente de los Estados Unidos, John F. Kennedy. **1963** Asesinato del presidente norteamericano John F. Kennedy (1917–1963), uno de los líderes más progresistas y estimados del mundo. **1966** Guatemala. Primeros movimientos guerrilleros castristas, seguidos por otros de tipo indigenista y nacionalista. **1968** Asesinato de Martin Luther King (1929–1968), ministro Bautista y líder pacifista del movimiento por los derechos civiles y la integración racial en Norteamérica (Premio Nobel de Paz en 1964). **1968** Perú. Golpe de estado militar que implanta el gobierno populista y nacionalista de Velasco Alvarado. Éste promueve la reforma agraria y nacionaliza empresas previamente en manos de los Estados Unidos.	**1963** Elena Garro: *Los recuerdos del porvenir* Julio Cortázar: *Rayuela* **1965** Rosario Castellanos: *Rito de iniciación*			**1963** Betty Friedan publica en los Estados Unidos *The Feminine Mystique*, obra seminal del feminismo. **1964** Sebastián Salazar Bondy: *Lima la horrible*

SIGLO XX

EVENTOS	NARRATIVA	POESÍA	DRAMA	ENSAYO
	1966 Severo Sarduy: *De donde son los cantantes* 1967 Guillermo Cabrera Infante: *Tres tristes tigres* 1967 Juan Benet: *Volverás a región* Gabriel García Márquez: *Cien años de soledad*		1965 Griselda Gámbaro: *Viejo matrimonio*	1965 Germán Arciniegas: *El continente de siete colores* 1967 Julio Cortázar: *La vuelta al día en ochenta mundos*
1968 Tropas gubernamentales masacran a cientos de disidentes estudiantiles y otros ciudadanos desarmados en la Plaza de Tlalteloco, Ciudad de México.	1968 Mario Vargas Llosa: *Conversación en La Catedral*	1968 Eberto Padilla: *Fuera del juego* 1968 Vicente Aleixandre: *Poemas de consumación*	1968 Lucía Quintero: *1 + 1 = 1, pero 1 + 1 = 2 (Verde angustiario)*	
1969 Los astronautas norteamericanos Neil Armstrong, Edwin «Buzz» Aldrin y Michael Collins realizan el primer alunizaje (*moon landing*).	1969 José Donoso: *El obsceno pájaro de la noche* 1969 Elena Poniatowska: *Hasta no verte, Jesús mío*	1969 Octavio Paz: *Ladera este* Gloria Fuertes: «Sale caro ser poeta», «Mis mejores poemas» (*Cómo atar los bigotes al tigre*)		1969 Rosario Castellanos: *Juicios sumarios* 1969 Arturo Uslar Pietri: *En busca del nuevo mundo*
1970 En Nicaragua, el gobierno sandinista asume el poder tras una revolución que pone fin a la dictadura de Luis Somoza Debayle, quien gobernaba desde 1957.	1970 Juan Goytisolo: *La reivindicación del Conde don Julián* Rosario Ferré: *Papeles de Pandora*			1970 Ariel Dorfman: *Imaginación y violencia en América* 1970 Carlos Monsiváis: *Días de guardar* 1970 Elena Poniatowska: *La noche de Tlatelolco*

EVENTOS	NARRATIVA	POESÍA	DRAMA	ENSAYO
		SIGLO XX		
	1971 Rosario Castellanos: *Álbum de familia*	1971 Octavio Paz: *Topoemas* Ernesto Cardenal: *Poemas*		1971 Fernando Alegría: *Literatura y revolución* Elena Poniatowska: *La noche de Tlatelolco-Testimonios*
1972 En El Salvador, José Napoleón Duarte, fundador del Partido Demócrata Cristiano, es elegido presidente y es luego depuesto por los militares.		1972 Blanca Varela: *Valses y otras confesiones*		
1973 Surgen en Argentina bajo los generales Juan Carlos Onganía, Roberto Levingston y Alejandro Lanusse, regímenes militares de asombrosa crueldad, cuyos delitos han quedado impunes hasta la actualidad.		1973 Gloria Fuertes: *Sola en la sala*		1974 Hernán Valdés: *Tejas verdes: Diario de un campo de concentración* 1974 Carmen Naranjo: *Cinco temas en busca de un pensador*

EVENTOS	NARRATIVA	POESÍA	DRAMA	ENSAYO
	1972 Severo Sarduy: *Cobra* **1973** Hernán Valdés: *Tejas Verdes: diario de un campo de concentración*			**1974** Octavio Paz: *El mono gramático* Rosario Castellanos: «La liberación del amor» (*El uso de la palabra*) **1975** Gabriel Zaid: *Cómo leer en bicicleta*
1975 Golpe militar en Chile y muerte del presidente social-democrático Salvador Allende. El general Augusto Pinochet asume el poder absoluto, que no soltará hasta 1989. Progreso económico a expensas de los derechos humanos. Muere en España el caudillo Francisco Franco. Sube al trono Juan Carlos de Borbón, quien restaura las primeras elecciones democráticas desde el fin de la guerra civil. Fin de la Guerra del Vietnam.	**1975** Antonio Skármeta: *Ardiente pasión: El cartero de Neruda*			
1976 Unificación de las dos repúblicas vietnamitas, tras el triunfo de Vietnam del Norte.	**1976** Manuel Puig: *El beso de la mujer araña*		**1976** Jaime Salom: *La piel del limón*	**1976** Ernesto Cardenal: *La santidad de la revolución* **1976** Lydia Cabrera: *Francisco y Francisca: chascarrillos de negros viejos* Ernesto Sábato: *La cultura en la encrucijada nacional*
1977 Acuerdo entre el presidente populista panameño Omar Torrijos y el norteamericano Jimmy Carter, compromiso según el cual la zona del Canal sería devuelta a Panamá en 1999.		**1977** Óscar Hahm: *Arte de morir* **1977** Eugenio Montejo: *Torredad*	**1977** Roberto Cossa: *La nona*	
1978 Nueva Constitución Democrática en España. **1978** Exitoso estreno de «Evita», producción musical basada en la autobiografía de Eva Perón.			**1978** Rodolfo Sirera: *El veneno del teatro* Fernando Fernán-Gómez: *Las bicicletas son para el verano* **1978** Víctor Hugo Rascón Banda: *Los ilegales*	**1978** Elena Poniatowska: *Gaby Brimmer* **1978** Fernando Sánchez Dragó: *Gargoris y Habidis. Una historia mágica de España*

SIGLO XX

EVENTOS	NARRATIVA	POESÍA	DRAMA	ENSAYO
1979 Napoleón Duarte vuelve al poder en El Salvador, con el apoyo del presidente Jimmy Carter. Se esfuerza por restaurar los derechos humanos, pero sucumbe al poder de los militares y tolera la represión política.	**1979** Rosa Montero: *Crónica de desamor* **1979** Elena Poniatowska: «El recado» (*De noche vienes*)			**1979** Octavio Paz: *El ogro filantrópico*
1979 Nicaragua. Triunfo de la Revolución llevada a cabo por el Frente Sandinista de Liberación Nacional. La lucha se había intensificado al saber que Somoza había confiscado los fondos internacionales de socorro para el terremoto de Managua (**1972**) y había asesinado a Pedro Chamorro, jefe de la prensa nacional por haber divulgado el escándalo.				
1980 Asesinato de todo un grupo de dirigentes políticos salvadoreños reformistas, y masacre de tres religiosas y una empleada estadounidenses.	**1980** Elena Garro: *Andamos huyendo Lola*	**1980** José Ángel Valente: *Tres lecciones de tinieblas* **1980** Gloria Fuertes: Historia de Gloria (*Amor, humor y desamor*)		**1980** Elena Poniatowska: *Fuerte es el silencio* Carlos Monsiváis: *A ustedes les consta*
1980 El Salvador. Asesinato del arzobispo Oscar Arnulfo Romero, activista de los derechos humanos y de un grupo de dirigentes políticos reformistas. Masacre de tres religiosas y una empleada estadounidenses.				
1980 Inician en el Perú las actividades terroristas del Sendero Luminoso, denominación del Partido Comunista peruano.				
1981 Fracasa en España el golpe militar del general Torres Rojas y se acaba el poder judicial de las fuerzas armadas.				

SIGLO XX

EVENTOS	NARRATIVA	POESÍA	DRAMA	ENSAYO
	1980 Esther Tusquets: *Varada en el último naufragio*			**1981** Ernesto Cardenal: *La paz mundial y la Revolución en Nicaragua*
				1981 Cristina Peri Rossi: *La mujer postergada*
				1981 Claribel Alegría: *No me agarran viva: La mujer salvadoreña en la lucha*
				1982 Octavio Paz: *Sor Juana Inés de la Cruz o Las trampas de la fe*
	1982 Ariel Dorfman: *Viudas*		**1982** Jorge Ignacio Cabrujas: *Una noche oriental*	
	1982 Rima de Vallbona: «En el reino de la basura» (*Mujeres y agonías*)			
	1982 Rima de Vallbona: *Mujeres y agonías*			
	1982 Omar Cabezas: *La montaña es más que una estepa verde*			

1981 Es asesinado. el general Omar Torrijos, ex presidente de Panamá y, sucesivamente, Comandante de la Guardia Nacional. Con su fallecimiento muere también la esperanza de un gobierno del pueblo. En su lugar nacen dictadores como el coronel Manuel Antonio Noriega, quien se asciende (*promotes himself*) a general en 1983.

1981 Los partidos centroderechistas en España son derrotados por los socialistas moderados, dirigidos por el primer ministro Felipe González.

1982 Guerra de las Malvinas (*Falkland Islands*). La Argentina es derrotada por los ingleses, precipitando la caída de los militares que gobernaban el país opresivamente desde 1976.

1982 Perú. Principio de las actividades terroristas del Movimiento Revolucionario Tupac Amaru, acusado de miles de muertes y de gran parte del narcotráfico en el país.

1982 Nicaragua. Los Estados Unidos organizan una fuerza armada rebelde, la llamada «contra», e instigan una guerra civil que erosiona (*erodes*) la economía del país.

EVENTOS	NARRATIVA	POESÍA	DRAMA	ENSAYO
		SIGLO XX		
	1983 Juan Carlos Onetti: *Primavera con la esquina rota*	**1983** José Kozer: *Bajo este cien*	**1983** Emilio Carballido: *Tiempo de ladrones* **1983** Carlos Gorostiza: *Papi*	**1983** Rigoberta Menchú: *Me llamo Rigoberta Menchú* **1984** Lydia Cabrera: *Vocabulario Congo. El Bantú que se habla en Cuba*
1985 El líder soviético Mikhail Gorbachev pone fin a la Guerra Fría, instituyendo la política de «glasnost» (*franqueza*) y de «*perestroika*» (*reconstrucción*).	**1985** José María Merino: *La orilla oscura* Mercedes Ballesteros: «Angelita o el gozo de vivir» (*Pasaron por aquí*)	**1984** Ángel González: *Poemas o menos* **1984** Ana María Fagundo: «Casi un poema», «Trinos» (*Como quien no dice voz alguna al viento*) **1985** Nancy Morejón: «Renacimiento», «Mujer Negra» (*Where the Island Sleeps Like a Wing*)	**1985** José Luis A. de Santos: *Bajarse al moro* Paloma Pedero: *La llamada de Lauren, Resguardo personal* **1985** Paloma Pedrero: *Invierno de luna alegre*	**1985** Héctor Libertella: *¡Cavernícolas!* **1985** Pedro Gimferrer: *Cine y literatura* **1986** Rosario Ferré: «La autenticidad de la mujer en el arte» (*Sitio a Eros*)
1986 España se incorpora a la OTAN. Seguirá una serie de gobiernos socialistas (1982–1996) liderados por el presidente Felipe González. Durante esta época el país se integra plenamente a la Comunidad Económica Europea (CEE). **1986** Debido en gran parte al gobierno progresista de González, España se une a la OTAN (Organización del Tratado del Atlántico Norte) y a la CEE (Comunidad Económica Europea).	**1986** Rosario Ferré: *Maldito amor* **1987** Claribel Alegría: *Luisa en el país de la realidad* **1988** Laura Esquivel: *Como agua para chocolate* **1989** Gioconda Belli: *Sofía de los presagios* **1989** Antonio Muñoz Molina: *Beltenebros*	**1986** Nancy Morejón: *Piedra pulida*	**1986** Víctor Hugo Rascón Banda: *Tina Modotti y otras obras de teatro* **1986** Pilar Pombo: *Remedios* Antonio Buero Vallejo: *Lázaro en el laberinto* Griselda Gámbaro: *Antígona furiosa* **1988** Ana Diosdado: *Los ochenta son nuestros*	
1989 Los socialistas españoles ganan la tercera elección consecutiva.				

EVENTOS	NARRATIVA	POESÍA	DRAMA	ENSAYO
		SIGLO XX		
El presidente norteamericano George Bush despacha a Panamá un contingente de soldados y captura al dictador Manuel Noriega, bajo acusación de complicidad en el tráfico de drogas.		**1986** Claribel Alegría: *Despierta, mi bien, despierta*		
Reunificación de Alemania y desintegración de la Unión Soviética. Cesa, a partir de ese momento, la amenaza comunista a Latinoamérica y a los demás países del tercer mundo.		**1988** Orlando González Esteva: *El pájaro tras la flecha*		
1989 Paraguay. Fin de la tiranía de Stroessner, quien se refugia impunemente en el Brasil.		**1989** Carlos Salazar: *Invisibles redes*		
1989 Fuerzas armadas norteamericanas invaden Panamá, donde capturan a Noriega.				
1989 Los Estados Unidos, a pesar del fin de la amenaza del comunismo sovético en Latinoamérica, siguen respaldando en El Salvador la lucha del gobierno derechista contra los rebeldes.				
En el Perú los guerrillos del «Sendero Luminoso», igual que los partidarios de Fidel Castro en Cuba, siguen abrazando el comunismo.				**1990** Cristina Peri Rossi: *Fantasías eróticas*
Elecciones democráticas en Nicaragua. Violeta Barrios de Chamorro derrota a Daniel Ortega del partido sandinista. Su gobierno resulta ineficaz por los obstáculos que le presentan tanto las organizaciones izquierdistas como los Contras, guerrilleros de derecha desilusionados con las promesas incumplidas.	**1990** Carlos Gorostiza: *Aeroplanos*	**1990** Concha García: *Pormenores*		**1990** Octavio Paz: *Pequeñas crónicas de grandes países*
1990 Nicaragua. Gana las elecciones la Unión Nacional Opositora, partido conservador. Violeta Chamorro, viuda del periodista asesinado por Zomoza, es elegida presidente de la República.		**1991** García Luis Montero: *Habitaciones separadas*		
1991 Guerra del golfo pérsico: se manifiesta la necesidad de utilizar los recursos petrolíferos de México.		**1991** Claudio Rodríguez: *Casi una leyenda*		
	1992 Reinaldo Arenas: *Antes que anochezca*		**1992** Ariel Dorfman: *La muerte y la doncella*	
		1993 Ernesto Cardenal: *Telescopio en la noche*	**1993** Griselda Gambaro: *Después del día de fiesta*	
		1993 Elsa Cross: *Poemas desde la India*		
		1995 Abelardo Sánchez: *El túnel de la herradura*		
		1995 Ana Istarú: *Verbo madre*		

SIGLO XX

EVENTOS	NARRATIVA	POESÍA	DRAMA	ENSAYO
El creciente número de inmigrantes ilegales en los Estados Unidos es parte importante de la controversia sobre un acuerdo para el libre comercio entre los Estados Unidos, México y el Canadá.				
1992 Noriega es juzgado en Miami y condenado a cuarenta años de prisión.	**1992** Javier Marías: *Corazón tan blanco*			
1992 Perú. Alberto Fujimori realiza un golpe de estado y se reelige presidente del país.				
1992 Por medio de la intervención de las Naciones Unidas, el presidente Alfredo Cristiani firma un tratado de paz en El Salvador, con los guerrilleros del Frente Nacional Farabundo Martí.				
1994 Chiapas, México: El ejército zapatista, apoyado por millones de campesinos indígenas simpatizantes, se levanta y ocupa varios pueblos a fin de protestar, ante el país y el mundo, las deplorables condiciones económicas y sociales de un estado tradicionalmente descuidado y pobre.	**1994** Rosa Regás: *Azul* **1994** Carmen Rico-Godoy: *Cómo ser mujer y no morir en el intento*			**1994** Carmen Naranjo: *En partes* **1994** Hilia Moreira: *Cuerpo de mujer: Reflexión sobre lo vergonzante* **1994** Hilia Moreira: *Mujeres, deseo y comunicación* **1994** Isabel Allende: *Afrodita*
1994 Puesta en práctica del TLC (Tratado de Libre Comercio; NAFTA).				
1995 España asume la Presidencia de la Unión Europea.	**1995** Ignacio Carrión: *Cruzar el Danubio*	**1995** Gloria Fuertes: *Mujer de verso en pecho*	**1995** Carmen Resino: *Bajo sospecha*	
1996 Comienza en Panamá la presidencia conciliadora de Mireya Moscoso, cargo que desempeña (*she discharges*) exitosamente todavía.	**1996** Carmen Rico Godoy: *La costilla asada de Adán* Almudena Grandes: *Modelos de mujer* **1996** Almudena Grandes: *Modelos de mujer* **1996** Rosario Ferré: *La casa de la laguna* **1996** Elena Poniatowska: *Paseo de la Reforma*	**1996** Marjorie Agosín: *Noche estrellada* **1996** Felipe Benítez Reyes: *Equipaje* **1996** Roger Wolfe: *Mensajes en botellas rotas*	**1996** Lidia Falcón: *No moleste, calle y pague, señora* **1996** Paloma Pedrero: *Locas de amor*	

EVENTOS	NARRATIVA	POESÍA	DRAMA	ENSAYO
		SIGLO XX		
1997 Hong Kong, uno de los centros financieros más grandes del mundo, productor y exportador de una gran cantidad y variedad de mercancías, pasa a ser parte de la República Popular de China. Termina así el control de Gran Bretaña, que había adquirido el territorio en 1842 tras el Tratado de Nanking. No obstante la anexión, Hong Kong retiene el derecho de ser exenta (*free*) del sistema y de la política socialistas de China.	**1997** Carlos Cañeque: *Quién* Manuel de Prada: *La tempestad*	**1997** David Huerta: *La música de lo que pasa* **1997** Nancy Morejón: *Elogio y paisaje* **1997** Jenaro Talens: *Viaje al fin del invierno*		
1998 Crisis económica en el Extremo Oriente y Rusia. Este suceso perjudica (*harms, damages*) la economía global, abatiendo notablemente el desarrollo latinoamericano. Detención en Inglaterra de Augusto Pinochet, acusado de haber causado la desaparición y muerte de miles de españoles en Chile durante los catorce años de su dictadura militar.	**1998** Antonio Skármeta: *La composición*	**1998** Coral Bracho: *La voluntad de ámbar*	**1998** Paloma Pedrero: *Una estrella*	
1998 El populista Hugo Chávez es elegido presidente de Venezuela, país en el que reina la pobreza. Chávez se empeña en acabar con la desigualdad social y económica.				
1999 Guatemala. Fin de las dictaduras y la guerra civil. Alfonso Portillo, conservador, es elegido presidente.	**1999** Ernesto Cardenal: *Vida perdida: Memorias, I*	**1999** Nancy Morejón: *Richard trajo su flauta y otros poemas* **1999** Eduardo Chirinos: *Abecedario del agua* **1999** Gloria Fuertes: *Garra de la guerra*	**1999** Paloma Pedrero: *Juegos de noche. Nueve piezas en un acto* **1999** Fernando del Paso: *La muerte se va a Granada* **1999** Francisco Nieva: *Aventuras de Tirante el Blanco*	**1999** Agustín García Calvo: *De mujeres y de hombres* **1999** Sergio Ramírez: *Adiós, muchachos: Memoria de la revolución sandinista* **1999** Ernesto Cardenal: *Memorias, I* **1999** Fernando Savater: *Ética para Amador*

SIGLO XX

EVENTOS	NARRATIVA	POESÍA	DRAMA	ENSAYO
2000 España. En Madrid, el presidente del Gobierno José María Aznar y los ex presidentes Adolfo Suárez, Leopoldo Calvo Sotelo y Felipe González marchan con millones de manifestantes para protestar los atentados de la ETA, causa de casi dos mil muertos y heridos desde los años 60.	**2000** Marina Mayoral: *La sombra del ángel*		**2000** Ariel Dorfman: *El purgatorio*	
2000 Perú. Bajo acusaciones de corrupción y violación de los derechos humanos en los diez años de su gobierno autoritario, el presidente Fujimori se dimite (*resigns*) y se refugia en el Japón.	**2001** Ernesto Cardenal: *Años de Granada: Memorias, II*	**2001** Nancy Morejón: *La quinta de los molinos*	**2001** Griselda Gambaro: *Mi querida*	**2001** Ernesto Cardenal: *Memorias, II*
2001 Venezuela. Animados por Hugo Chávez, los sindicatos inician una serie de huelgas contra la industria petrolera, reclamando mejoras salariales.		**2001** Gloria Fuertes: *Glorierías para que os enteréis*	**2001** Jaime Salóm: *Las señoritas de Aviñón*	
2001 El acto terrorista del 11 de septiembre en Nueva York, y las sucesivas amenazas desalientan (*discourage*) la actividad económica, el consumo, la inversión (*investments*) y el turismo mundial, comprometiendo sobre todo las perspectivas de los países en estado de desarrollo.	**2002** Ernesto Cardenal: *Ínsulas extrañas: Memorias, III*	**2002** Guillermo Camero: *Espejo de gran tiniebla*		**2002** Jenaro Talens: *Negociaciones para una poética dialógica*
				2002 Ernesto Cardenal: *Memorias, III*
2003 Guerra en Irak.	**2003** Ernesto Cardenal: *La revolución perdida: Memorias IV*		**2003** Griselda Gambaro: *La malasangre*	**2003** Ernesto Cardenal: *Memorias, IV*

 **CREDITS**

Photo Credits: Page 7 (left) "La crucifixión" El (Domenikos T.) Greco. Museo del Prado, Madrid/SuperStock, Inc.; **(right)** "Cristo en el garaje", Antonio Berni (1905–1981)/Courtesy of José A. Berni and Elena Berni; **8** Art Resource, NY; **8** Designed by Oscar Niemever, 1970/photo © Jeremy Homer/Corbis-Bettmann; **41** Portrait from *Santa Lucía* by Bernabe de Módena, Cathedral of Murcia, published in *El Conde Lucanor* by Don Juan Manuel, Clásicos Castalia, 1982; **45** Courtesy of Columbus Memorial Library, OAS; **49** Portrait of Countess de Pardo Bazán, by Joaquin Sorolla y Bastida/Courtesy of the Hispanic Society of America; **53** Courtesy of Columbus Memorial Library, OAS; **59** © Layle Silbert/The New York Public Library/Art Resource; **66** © Layle Silbert/The New York Public Library/Art Resource; **68** © Layle Silbert/The New York Public Library/Art Resource; **73** Courtesy of Ediciones Destino, Barcelona; **77** Editorial Crea, Buenos Aires; **79** © Layle Silbert/The New York Public Library/Art Resource; **82** Courtesy of Diana Decker; **88** © Ed Kashi/CORBIS; **96** Portrait by Ignacio Zuloaga y Zamora/Courtesy of the Hispanic Society of America; **160** Illustration published in *Historia de la literatura espanola* by José García López, Editorial Vicens-Vives, Barcelona; **162** Archivo MAS/Institut Amatller d'Art Hispanic; **165** Archivo MAS/Institut Amatller d'Art Hispanic; **168** Archivo MAS/Institut Amatller d'Art Hispanic; **171** Portrait by Diego Rodríguez de Silva y Velázquez/Maria Antoinette Evens Fund, Courtesy of the Museum of Fine Arts, Boston; **174** AKG Photo, London; **176** Archivo MAS/Institut Amatller d'Art Hispanic; **178** El Museo de América/Archivo MAS/ Institut Amatller d'Art Hispanic; **180** Archivo MAS/Institut Amatller d'Art Hispanic; **183** Archivo MAS/Institut Amatller d'Art Hispanic; **186** Archivo MAS/Institut Amatller d'Art Hispanic; **188** Archivo MAS/Institut Amatller d'Art Hispanic; **190** Courtesy of Banco de La República, Sante Fe de Bogotá, D.C. Colombia; **195** Courtesy of Columbus Memorial Library, OAS; **198** Archivo MAS/Institut Amatller d'Art Hispanic; **200** Portrait by Joaquín Sorolla y Bastida/Courtesy of the Hispanic Society of America; **202** Courtesy of the Hispanic Society of America; **204** © AP/Wide World Photos, Inc.; **205** Juan Larrea/Courtesy of the Literature Department, Americas Society; **208** Courtesy of David Bary; **210** Aguilar, S.A. de Ediciones, Madrid; **212** Archivo MAS/Institut Amatller d'Art Hispanic; **216** Courtesy of Editorial de la Universidad de Puerto Rico; **218** Courtesy of Columbus Memorial Library, OAS; **221** © Alain Dejean/Sygma; **223** Ediciones Cátedra, Madrid; **225** © Jeffery Clapper/Courtesy of New Directions; **227** Reuters/Bettman New Photo/Corbis-Bettman; **230** © Donna Smart/Courtesy of Ana María Fagundo; **233** © Layle Silbert/The New York Public Library/Art Resource; **274** Archivo MAS/Institut Amatller d'Art Hispanic; **282** Courtesy of *Primer Acto;* **289** Courtesy of Emilio Carballido/© Gilberto Chen Charpentier; **299** Courtesy of Latin Focus; **316** Courtesy of Robert Muro; **389** Museo Romantico, Madrid/Archivo MAS/Institut Amatller d'Art Hispanic; **400** Courtesy of Eugenio María Hostos Community College; **405** © Hulton-Deutsch Collection/Corbis-Bettmann; **409** © Lola Alvarez Bravo; **413** Courtesy of Rosario Ferré

Literary Credits: Page 20 Ana María Matute, excerpt from "Enviada" and from "La Chusma" in *Historias de la Artámila*. © Ana María Matute, 1961; **23** Miguel de Unamuno, excerpt from *Niebla*. Copyright © the heirs of Miguel de Unamuro; **24** Carlos Fuentes excerpt from *Aura* © Carlos Fuentes, 1962; **24** Miguel de Unamuno, excerpt from *Niebla*. Copyright © the heirs of Miguel de Unamuro; **54** Teresa de la Parra, "Blanca Nieves y compañía" in *Las memorias de Mamá Blanca,* Monte Ávila Editores Latinoamericana, 2000. Used by permission of Monte Ávila Editores; **60** Julio Cortázar, "La noche boca arriba" in *Final del juego*. © Heirs of Julio Cortázar, 1956; **66** Jorge Luis Borges "El etnógrafo." © 1995 by Maria Kodama. Reprinted with permission of the Wylie Agency; **69** Juan Rulfo, "No oyes ladrar los perros" in *El llano en llamas*. © Heirs of Juan Rulfo, 1953; **74** Ana María Matute, "Pecado de omisión" in *Historias de la Artamila*. © Ana María Matute, 1961; **78** Marco Denevi, "El dios de las moscas" in *Falsificaciones: Obras Completas*, Buenos Aires, Corregidor, 2003; **80** Elena Poniatowska, "El recado." Reprinted with permission of Elena Poniatowska; **83** Cristina Peri Rossi, "El museo de los esfuerzos inútiles." Used by permission of Antonia Kerrigan Agencia Literaria; **89** Isabel Allende, "La mujer del juez" in *Cuentos de Eva Luna*. © Isabel Allende, 1990; **96** Miguel de Unamuro, "San Manuel Bueno, Mártir." Copyright © Heirs of Miguel de Unamuro; **130** Dámaso Alonso, excerpt from "Ciencia de amor" in *Obras Completas, Volume X* (Madrid: Gredos, 1993). Courtesy of La Real Academia Española, Madrid; **131** Federico García Lorca, excerpt from "Romance de la luna, luna." © Heirs of Federico García Lorca; **133** Miguel de Unamuro, excerpt from "De Fuerteventura a Paris." Copyright © the heirs of Miguel de Unamuro. Used by permission; **134** Machado, Antonio, excerpts from *Campos de Castilla* and *Soledades*. © Heirs of Antonio Machado; **137** Machado, Antonio, excerpt from "XXX" and from "XLI" in *Campos de Castilla*. © Heirs of Antonio Machado; **139** Federico García Lorca, excerpt from "Poema del cante jondo." © Heirs of Federico García Lorca; **140** Miguel de Unamuno excerpt from "La vida de la muerte." Copyright © Heirs of Miguel de Unamuro; **146** Miguel de Unamuro, Excerpt from "Salamanca." Copyright © Heirs of Miguel de Unamuro; **146** Antonio Machado, excerpt from "LXXXVI" in *Proverbios y cantares*. © Heirs of Antonio Machado; **201** Antonio Machado, "Proverbios y cantares, XXIX" and "La saeta." © Heirs of Antonio Machado; **203** Juan Ramón Jiménez, "Inteligencia, dame" and "Vino, Primero, pura." Used by permission of the heirs of Juan Ramón Jiménez; **204–205** Gabriela Mistral, "Meciendo" and "Yo no tengo soledad." Reprinted with permission of La Provincia Franciscana de la Santísima Trinidad, Santiago de Chile; **209** Vicente Huidobro, "Arte poética" and "La capilla aldeana." Reprinted with permission of Fundación Vicente Huidobro; **211–212** Juana de Ibarbourou, "La higuera" and "Rebelde." Reprinted with permission of AGADU, Montevideo, Uruguay; **213** Federico García Lorca, "Prendimiento de Antoñito el Camborio en el camino de Sevilla" and "Canción primaveral." © Heirs of Federico García Lorca; **217–218** Luis Palés Matos, "Danza negra" and "El gallo." © Editorial de la Universidad de Puerto Rico; **219–220** Nicolás Guillén, "Sensemayá (Canto para matar a una culebra)" and "No sé porqué piensas tú." Courtesy of the Heirs of Nicolás Guillén and Agencia Literaria Latinoamericana; **221–222** Pablo Neruda, "Me gustas cuando callas" from *Veinte poemas de amor y una canción desesperada* © Fundación Pablo Neruda, 1968 and "Verbo" from *Las manos del día*. © Fundación Pablo Neruda, 1924; **224** Gloria Fuertes, "Sale caro ser poeta" and "Mis mejores poemas." Reprinted with permission of Ediciones Cátedra, Madrid; **226** Octavio Paz, "El sediento" and "Cifra." Reprinted with permission of Fondo de Cultura Económica, México; **228** Ernesto Cardenal, excerpts from "Epigramas." Reprinted with permission of Ernesto Cardenal; **231–232** Ana María Fagundo, "Letanía" and "Trinos." Used by permission of Ana María Fagundo; **234** Nancy Morejón, "Mujer Negra" and "Renacimiento." Reprinted with permission of Nancy Morejón; **251** Excerpt from *Death of a Salesman* by Henry Miller. Copyright 1949, renewed © 1977 by Arthur Miller. Used by permission of Viking Penguin, a division of Penguin Group (USA) Inc.; **252** Excerpt from *A Streetcar Named Desire,* copyright © 1947 by The University of the South. Reprinted by permission of New Directions Publishing Corp.; **254** Excerpt from *En la ardiente oscuridad* by Antonio Buero Vallejo. Used by permission of the heirs of Antonio Buero Vallejo; **255** Excerpt from *Who's Afraid of Virginia Wolf* by Edward Albee. Reprinted with the permission of Scribner, an imprint of Simon & Schuster Adult Publishing Group. Copyright © 1962 Edward Albee; **256** Excerpt from *El Padre* by José Ruibal. Used by permission of Ediciones Cátedra, Madrid; **275** Jacinto Benavente, *"El nietecito."* Used by permission of the heirs of don Jacinto Benavente; **282** Osvaldo Dragún, *Historia del hombre que se convirtió en perro*. The editors wish to thank the author and his publishers, Girol Books, Inc., for permission to reproduce the text of 'Historia del hombre que se convirtió en perro,' which appears in *Historias para ser contadas*, Edición completa. Ottawa: Girol Books, Inc., 1982, pp. 34–40. ISBN 0-919659-00-4; **290** Emilio Carballido, *El censo*. Used by permission of Fondo de Cultura Económica, México; **300** Griselda Gambaro, *Antígona furiosa*. Used by permission of the author; **317** Paloma Pedrero, *Resguardo personal*. Used by permission; **324** Federico García Lorca, *La casa de Bernarda Alba*. © Herederos de Federico García Lorca; **370** Julio Cortázar, excerpt from "Manual de instrucciones" in *Historias de cronopios y de famas*. © Heirs of Julio Cortázar, 1962; **371** Miguel de Unamuro, excerpt from "Del sentimiento trágico de la vida." Copyright © the heirs of Miguel de Unamuro. Used by permission; **405** Eva Perón, "Los obreros y yo." Used by permission of Fundación de Investigaciones Históricas Evita Perón, Buenos Aires; **410** Rosario Castellanos, "Y las madres, ¿Qué opinan?" Reprinted with permission of Gabriel Guerra Castellanos; **414** Rosario Ferré, "La autenticidad de la mujer en el arte." From *Sitio a eros*. Copyright © 1980 by Rosario Ferré. Published by Joaquin Mortiz, S.A. de C. V., Grupo Editorial Planet, Mexico. Reprinted by permission of Susan Bergholz Literary Services, New York. All rights reserved.

466